Unterrichtsgestaltung und Unterrichtsqualität

AF281509

Waxmann Verlag GmbH
Steinfurter Straße 555, 48159 Münster
info@waxmann.com

Kurt Reusser, Christine Pauli,
Monika Waldis (Hrsg.)

Unterrichtsgestaltung und Unterrichtsqualität

Ergebnisse einer internationalen und
schweizerischen Videostudie
zum Mathematikunterricht

Waxmann 2010
Münster / New York / München / Berlin

Bibliografische Informationen der Deutschen Nationalbibliothek
Die Deutsche Nationalbibliothek verzeichnet diese Publikation in der
Deutschen Nationalbibliografie; detaillierte bibliografische Daten sind im
Internet über http://dnb.d-nb.de abrufbar.

ISBN 978-3-8309-2136-3

© Waxmann Verlag GmbH, Münster 2010

www.waxmann.com
info@waxmann.com

Umschlaggestaltung: Christian Averbeck, Münster
Umschlagbild: Andreas Stäuble, Luzern
Lektorat: Jonna Truniger, Zürich
Satz und Layout: Heidi Lehmann, Bern
 Gedruckt auf alterungsbeständigem Papier, säurefrei gemäß ISO 9706

Inhalt

Vorwort..7

1 Unterrichtsgestaltung und Unterrichtsqualität – Ergebnisse einer
  internationalen und schweizerischen Videostudie zum
  Mathematikunterricht: Einleitung und Überblick
  Kurt Reusser & Christine Pauli..9

2 Methode
  Monika Waldis..33

3 Unterrichtsgestaltung im internationalen Vergleich:
  Die Schweiz in der TIMSS 1999 Video Study
  Christine Pauli & Kurt Reusser...57

4 Differenzierende Massnahmen zur Individualisierung des
  Unterrichts
  Isabelle Hugener & Kathrin Krammer..91

5 Individuelle Unterstützung der Schülerinnen und Schüler
  durch die Lehrperson während der Schülerarbeitsphasen
  Kathrin Krammer, Kurt Reusser & Christine Pauli............................107

6 Gibt es eine spezifisch schweizerische Perspektive auf Unterrichtsqualität? –
  Ergebnisse aus Diskussionen internationaler Expertengruppen
  Dominik Petko, Kathrin Krammer, Christine Pauli & Kurt Reusser.................123

7 Selbst- und Unterrichtswahrnehmung der Lehrpersonen
  Christine Pauli & Kurt Reusser...143

8 Der schweizerische Mathematikunterricht aus der Sicht von Schülerinnen
  und Schülern und in der Perspektive hochinferenter Beobachterurteile
  Monika Waldis, Urs Grob, Christine Pauli & Kurt Reusser..............171

9   Der Einfluss der Unterrichtsgestaltung auf Fachinteresse
    und Mathematikleistung
    Monika Waldis, Urs Grob, Christine Pauli & Kurt Reusser............................209

10 Die Qualität der Lernmotivation in Mathematik auf der Basis freier
    Äusserungen: Welches Bild präsentiert sich bei Deutschschweizer
    Schülerinnen und Schülern im 8. und 9. Schuljahr?
    Alex Buff, Kurt Reusser & Christine Pauli 253

11 Selbstvertrauen ist wichtig, aber nicht ausreichend – Die Bedeutung
    von Unterricht, Selbstvertrauen und Qualität der Lernmotivation für
    Engagement und Leistung im Fach Mathematik
    Alex Buff, Kurt Reusser & Christine Pauli 279

12 Reformorientierter Mathematikunterricht in der Deutschschweiz
    Christine Pauli, Kurt Reusser & Urs Grob...309

13 Abschluss und Bilanz
    Kurt Reusser & Christine Pauli 341

    Autorinnen und Autoren...359

    Schweizerisch-internationale Videostudie: Mitarbeitende und
    Projektpartner und -partnerinnen 360

Vorwort

Der vorliegende Band stellt die Ergebnisse zweier repräsentativer (inter-)nationaler Video-studien zur Praxis und Qualität des Mathematikunterrichts erstmals in einer umfassenden Gesamtsicht dar. Zum einen handelt es sich um die *TIMSS 1999 Video Study*, zu der die Schweiz zusammen mit fünf weiteren „Best practice"-Ländern aufgrund ihrer im interna-tionalen Vergleich sehr guten Schülerleistungen eingeladen wurde, zum anderen um eine darauf aufbauende, stark erweiterte *gesamtschweizerische Videostudie*, in der über die Merkmale der Unterrichtsgestaltung hinaus vor allem die Qualität der Lehr- und Lernpro-zesse in den Blick genommen wurde. Während die Ergebnisse der internationalen Studie bisher nur in englischer Sprache (Hiebert et al., 2003) und in einer knappen deutsch-sprachigen Übersicht auf einer Doppel-CD mit Videobeispielen (Reusser & Pauli, 2003) zugänglich waren, gibt es zu den Ergebnissen der Schweizer Videostudie zwar zahlreiche Teilauswertungen und Überblicksbeiträge in internationalen Zeitschriften, Dissertationen und Buchkapitel, eine Gesamtdarstellung fehlte jedoch bislang. Diese Lücke wird mit dem vorliegenden Buch geschlossen.

Videostudien setzen dort an, wo die seit einem Jahrzehnt ebenfalls in der Schweiz pe-riodisch durchgeführten internationalen Schulleistungsstudien aufhören. Während PISA (und zuvor TIMSS) wertvolle Erkenntnisse und Trends zu den Ergebnissen nationaler Bildungssysteme liefern, machen sie keine Aussagen über die Qualität der Bildungspro-zesse, insbesondere des Unterrichts. Im Hinblick auf die Schulentwicklung und die Leh-rerbildung sind jedoch Daten über den Unterrichts*prozess,* über seine Gestaltungs- und Qualitätsmerkmale von grosser Wichtigkeit. Zumal wir wissen, dass die Professionalität des Unterrichts und des Lehrerhandelns von zentraler Bedeutung für den Lernerfolg der meisten Kinder ist. Die im Buch dargestellte schweizerische Videostudie begegnet diesem Mangel, indem sie systematisch erhobene, für die Schweiz exemplarische Daten zur Ver-fügung stellt.

Der TIMSS 1999 Video Study und ihrer Vorläuferstudie aus den 1990er-Jahren kommt insofern Pioniercharakter zu, als von ihnen mehrere weitere Studien (auch in der Schweiz) in verschiedenen Fächern angeregt wurden und ein nachhaltiger Einfluss auf die empi-rische Unterrichtsforschung ausgegangen ist. Videostudien – in der Gestalt repräsentativer „Video-Surveys" oder als systematische Unterrichtsqualitätsstudien – stellen aus heutiger Sicht nicht nur eine notwendige Ergänzung zu vergleichenden Leistungsmessungen wie TIMSS, PISA und Co. dar, sondern haben sich zu einem eigenständigen Forschungsty-pus entwickelt. Der Einbezug von systematischen Videoanalysen und damit von Daten zur didaktischen Inhalts- und Prozessstruktur des Unterrichts erscheint in der aktuellen Unterrichtsforschung mittlerweile als nahezu selbstverständlich und ist nicht mehr weg-zudenken. Videostudien stärken zudem jene forschungsmethodologischen Ansätze in der Erziehungswissenschaft, die dafür eintreten, die qualitativen Erscheinungsformen des pädagogischen Unterrichtshandelns und der didaktischen Interaktion ernst zu nehmen und in ihren vielfältigen Beziehungen zur Qualität und Wirksamkeit des Lernens von Schüle-rinnen und Schülern zu untersuchen.

Der vorliegende Band richtet sich zum einen an ein wissenschaftliches Publikum im Bereich der empirischen Unterrichtsforschung und Mathematikdidaktik, zum anderen aber auch an Personen im Bereich der Aus- und Weiterbildung von Lehrpersonen sowie an interessierte Lehrpersonen und Studierende, die sich anhand zweier exemplarischer Studien ein Bild von den Möglichkeiten videobasierter Forschung machen wollen. Wir haben uns deshalb um eine auch für ein nicht direkt forschungsbezogenes Publikum verständliche Darstellung unter Wahrung der wissenschaftlichen Standards bemüht.

Obgleich formal ein Sammelband, handelt es sich bei der vorliegenden Publikation insofern um eine Monografie, als deren Beiträge ausschliesslich von Mitgliedern des Zürcher Video-Forschungsteams verfasst wurden. Im Rahmen einer langjährigen produktiven Zusammenarbeit, auch mit unseren Forschungspartnern in der Westschweiz und im Tessin, haben wir nicht nur die Schweizer Videostudie durchgeführt, sondern auch die auf die Schweiz bezogenen Daten der internationalen Studie im Videolabor des Instituts für Erziehungswissenschaft der Universität Zürich (und nicht in den USA) ausgewertet – Letzteres im engen Austausch mit dem Projektzentrum in Los Angeles.

Die Durchführung der beiden breit angelegten, methodisch und logistisch anspruchsvollen Studien wäre für einen einzelnen Lehrstuhl nicht möglich gewesen ohne grosszügige finanzielle Unterstützung von mehreren Seiten sowie das Wohlwollen und die Mitarbeit einer Vielzahl von Personen und Institutionen. So arbeiteten während der langen Phasen der Datenerhebung, Videotranskription und der Basiscodierung bis zu 25 Personen an den beiden miteinander verbundenen Studien. Eine Liste aller Mitarbeitenden und Projektpartner, denen wir uns zu grossem Dank verpflichtet wissen, findet sich im Anhang zu diesem Buch. Namentlich danken möchten wir an dieser Stelle unseren hauptsächlichen Geldgebern, welche die beiden Videostudien durch namhafte Beiträge ermöglicht haben: dem U.S. Department of Education (dem die Schweiz auch die Einladung zur Teilnahme an der internationalen Studie verdankt), der Stiftung Ecoscientia für ihre nachhaltige Unterstützung, dem Schweizerischen Nationalfonds (SNF) sowie der schweizerischen Koordinationskonferenz Bildungsforschung (CORECHED). Danken möchten wir auch unseren internationalen und nationalen Forschungs- und Kooperationspartnern in Los Angeles (James Stigler, Ronald Gallimore und James Hiebert), Genf (Norberto Bottani) und Bellinzona (Emanuele Berger) für die langjährige produktive Zusammenarbeit.

Unser herzlicher Dank gilt sodann den Lehrpersonen und ihren Schülerinnen und Schülern, die sich haben filmen und auf vielfältige Weise befragen lassen. Ganz besonders danken wir all jenen Lehrpersonen und ihren Klassen, die uns die Erlaubnis erteilt haben, die Videoaufnahme ihres Unterrichts einem breiteren Publikum zugänglich zu machen, sei es in Form von Unterrichtsausschnitten auf unseren thematischen DVDs in der Reihe „Unterrichtsvideos mit Begleitmaterialien für die Aus- und Weiterbildung von Lehrpersonen" oder sei es als Teil unseres Videoportals (http://www.didac.uzh.ch). Ihre Bereitschaft legte den Grundstein zu einer mittlerweile umfangreichen Sammlung von authentischen Unterrichtsbeispielen, die sich für viele an Unterricht Interessierte als äusserst wertvoll erwiesen haben.

Danken möchten wir schliesslich auch Frau Jonna Truniger für das sorgfältige Lektorat der Manuskripte und Frau Heidi Lehmann für die Erstellung der Druckvorlage.

Im Dezember 2009
Kurt Reusser, Christine Pauli und Monika Waldis

Kurt Reusser & Christine Pauli

1 Unterrichtsgestaltung und Unterrichtsqualität – Ergebnisse einer internationalen und schweizerischen Videostudie zum Mathematikunterricht: Einleitung und Überblick

Dieses Buch befasst sich mit dem alltäglichen Mathematikunterricht auf der Sekundarstufe I in der Schweiz und in sechs weiteren Ländern, nämlich Australien, den Niederlanden, Japan, den USA, Tschechien und Hongkong[1]: Wie läuft eine Mathematikstunde in einer Schulklasse des 8. Schuljahrs irgendwo in der Deutsch- oder Westschweiz, im Tessin, in Hongkong oder New York ab? Unterscheiden sich Mathematikstunden aus Australien, Japan oder Tschechien hinsichtlich der Art der Aufgaben, die von den Schülerinnen und Schülern im Klassenverband oder in Einzelarbeit gelöst werden? Antworten zu solchen Fragen lassen sich den Ergebnissen der international vergleichenden Videostudie „TIMSS 1999 Video Study" (im Folgenden jeweils als „Sieben-Länder-Videostudie" bezeichnet) entnehmen, die die Praxis des Mathematik-(und Naturwissenschafts-)Unterrichts in den erwähnten sieben Ländern auf der Basis repräsentativer Stichproben von je circa 100 videografierten Unterrichtsstunden pro teilnehmendem Land untersuchte (vgl. Givvin, Hiebert, Jacobs, Hollingsworth & Gallimore, 2005; Hiebert et al., 2003; Hiebert et al., 2005; Reusser & Pauli, 2003; Roth et al., 2006). Die vertiefende Darstellung der Ergebnisse dieser Videostudie aus der Perspektive der Schweiz ist eines der Themen dieses Buches.

Neben der internationalen Videostudie, die sich von ihrem methodischen Ansatz her als „Video-Survey" (Stigler, 1998) charakterisieren lässt, stellt die Darstellung der damit verbundenen schweizerischen bzw. schweizerisch-internationalen Videostudie[2] und deren Ergebnisse das zweite Hauptthema dieses Buches dar. Das schweizerische Videoprojekt ist insofern mit der Siebenländer-Videostudie eng verknüpft, als die im Rahmen der internationalen Studie erhobenen Video- und Befragungsdaten für weitere Analysen verwendet werden konnten. Zusätzlich wurden in der Schweiz weitere Befragungs- und Testdaten erhoben mit dem Ziel, alltäglichen Mathematikunterricht in der Deutsch- und Westschweiz und dem Tessin hinsichtlich der Prozesse, Bedingungen und Wirkungen bzw. hinsichtlich der Unterrichtsqualität vertieft zu untersuchen. Ein besonderes Augenmerk galt zudem der Umsetzung aktueller Unterrichtsreformen in der Deutschschweiz. Dargestellt werden in diesem Buch somit Ergebnisse von zwei miteinander verknüpften Videostudien, welche sich hinsichtlich Zielsetzung, methodischer Anlage und Forschungskontext unterscheiden, sich aber in Bezug auf die Schweiz auf die gleiche Stichprobe beziehen: zum einen der internationale Video-Survey, der die Praxis des schweizerischen Mathematikunterrichts

---

1 Hongkong wurde als Verwaltungsregion mit besonderem Status einbezogen; obwohl es sich dabei nicht um ein Land handelt, wird in diesem Buch im Hinblick auf die bessere Lesbarkeit von sechs bzw. sieben teilnehmenden „Ländern" gesprochen.

2 Wir verwenden im Folgenden die Bezeichnung „schweizerisch-internationale Videostudie", wenn auf beide Teilstudien zugleich verwiesen werden soll, und „schweizerische Videostudie" wenn nur auf den schweizerischen Teil Bezug genommen wird.

im Vergleich zu jenem in sechs andern Ländern beschreibt, und zum anderen die schweizerische Videostudie, welche sich der videobasierten Unterrichtsforschung zuordnen lässt und auf die vertiefende Analyse von Bedingungen, Prozessen und Wirkungen von Unterrichtsqualität im Mathematikunterricht zielt (vgl. Pauli & Reusser, 2006).

1.1 Alltagsmathematikunterricht in der Schweiz und in sechs anderen Ländern – die Schweiz als Teilnehmerin am international vergleichenden Video-Survey der TIMSS 1999 Video Study

Internationale Vergleiche haben in den letzten Jahren (auch) im Bildungswesen der Schweiz zunehmend an Bedeutung gewonnen und stossen auf ein beträchtliches öffentliches und bildungspolitisches Interesse, wie die TIMS-Studien (Ramseier, Keller & Moser, 1999) und insbesondere das als periodisch wiederkehrende Messungen angelegte OECD-Programm PISA (Zahner Rossier, 2005; Zahner Rossier et al., 2004; Zahner Rossier & Holzer, 2007) zeigen.[3] Diese Vergleichsstudien erfassen die Bildungsqualität bisher vor allem – wenn auch nicht ausschliesslich – anhand des Outputs, das heisst anhand der Kompetenzen, beispielsweise in Mathematik, Naturwissenschaften oder Lesen, über welche die Schülerinnen und Schüler einer bestimmten Altersstufe verfügen. Insgesamt vermitteln diese Messungen wichtige Erkenntnisse über relative Stärken und Schwächen der verglichenen Bildungs*systeme* und leisten damit einen Beitrag zu Entscheidungen im Bereich der Bildungspolitik. Was solche Studien aber bisher kaum leisten, ist die Bereitstellung von Hilfestellungen für Schulen und Lehrpersonen zur Verbesserung ihres professionellen Handelns. Da der Output eines Bildungssystems von einer Vielzahl von Kontext- und Prozessbedingungen abhängt, die zudem auf mehreren Ebenen wirken, lassen sich die Testergebnisse kaum unterrichtsbezogen interpretieren. Was bei den meisten internationalen Schulleistungsstudien bislang in der Regel offen bleiben musste, ist, wieweit die gemessenen Leistungsergebnisse von schulischen *Bildungsprozessen* und dabei insbesondere von der (fach-)didaktischen Qualität des Lehrerhandelns abhängen. Im Hinblick auf die Gewinnung von verlässlichen Informationen und Hinweisen für die Qualitätsentwicklung von Schulen und der Lehrerbildung stellen Kenntnisse über Merkmale und Qualität der Bildungsprozesse im Unterricht eine unverzichtbare zusätzliche Datenquelle dar. Bereits im Rahmen der TIMS-Studie anfangs der 1990er-Jahre wurde deshalb versucht, die den Vergleichsstudien zugrunde liegende, produktorientierte fachliche Leistungsmessung zu ergänzen mit prozessbezogenen Daten über Merkmale des Unterrichts, sei es durch die Befragung von Schülerinnen und Schülern und/oder Lehrpersonen (vgl. z.B. Moser, Ramseier, Keller & Huber, 1997) oder durch Unterrichtsbeobachtungen einzelner Klassen im Rahmen von Fallstudien (Cogan & Schmidt, 1999).

Mit der TIMSS 1995 Video Study leisteten James W. Stigler und seine Forschungsgruppe in Los Angeles insofern Pionierarbeit, als sie erstmals Videodaten für eine international vergleichende Untersuchung von Mathematikunterricht mittels repräsentativer Stichpro-

---

3   Wir erwähnen hier aus der Fülle internationaler Publikationen zu TIMSS und PISA nur eine kleine, auf die Schweiz bezogene Auswahl.

ben aus drei Ländern (USA, Deutschland, Japan) nutzten (Stigler & Hiebert, 1999) – ein Vorgehen, das sie später als „Video-Survey" bezeichneten (Stigler, 1998; Stigler, Gallimore & Hiebert, 2000). Dahinter steht die Idee, auf der Basis grösserer, über qualitative Fallstudien hinausgehender Stichproben die spezifischen Vorteile *videobasierter* Analysen mit jenen eines (international) *komparativen* bzw. *kulturvergleichenden* Ansatzes für die Untersuchung der Praxis des Mathematikunterrichts zu verbinden.

1.1.1 Unterrichtsvideos als Datenquelle

Die Vorteile von *Videodaten* zur Untersuchung von Unterrichtsprozessen sind in erster Linie darin zu sehen, dass sie – zusätzlich zu einer über Befragungsdaten zugänglichen Innensicht der am Unterricht beteiligten Akteure (Schülerinnen, Schüler und Lehrpersonen) – eine objektivierbare und für die Bearbeitung wichtiger Fragestellungen unerlässliche *Aussensicht* auf das Unterrichtsgeschehen wesentlich erleichtern. Ein besonderer Gewinn von Videodaten gegenüber der direkten Beobachtung im Klassenzimmer besteht dabei in der permanenten *Verfügbarkeit* und beliebigen *Wiederholbarkeit* der Aufzeichnung. Überdies lassen sich Videodaten mit relativ geringen Einschränkungen und Vorstrukturierungen aufzeichnen, so dass mit ihnen eine phänomennahe und ganzheitliche Repräsentation des Geschehens im Klassenzimmer zur Verfügung steht; dies, obwohl selbstverständlich auch bei Videoaufzeichnungen bestimmte Realitätsausschnitte fokussiert und gewisse Dimensionen und Blickwinkel ausgeschlossen werden.

Insgesamt ergeben sich eine Reihe von methodischen Vorzügen einer Verwendung von Unterrichtsvideos, die bereits an anderer Stelle beschrieben worden sind (u.a. Hiebert et al., 2003; Pauli, 2008; Petko, Waldis, Pauli & Reusser, 2003; Stigler, 1998; Wild, 2003) und hier nur noch kurz erwähnt werden. Videodaten unterstützen die daten- und theoriegeleitete Entwicklung von Beobachtungsinstrumenten und Kategoriensystemen und die Qualitätssicherung bei der Datenauswertung (unter anderem Überprüfung und Sicherung der Beobachterübereinstimmung, Verminderung von Beobachtungsfehlern). Zudem – und dies ist wohl der zentrale Vorteil aus wissenschaftlicher Sicht – können die Daten für verschiedenste Analysen durch unterschiedliche Forschende, unter unterschiedlichen Gesichtspunkten und mithilfe unterschiedlichster quantitativer und qualitativer Methoden genutzt und die unterschiedlichen Analysen aufeinander bezogen werden (Hugener, Rakoczy, Pauli & Reusser, 2006). So stellten auch die von Stigler und Hiebert (1999) publizierten Basisanalysen der TIMSS 1995 Video Study sozusagen nur den Ausgangspunkt für weiterführende Analysen dar, welche von Mitgliedern der amerikanischen Forschungsgruppe selber (Kawanaka & Stigler, 1999) sowie von Forschenden in Deutschland durchgeführt worden sind, und dies teilweise Jahre nach Abschluss der internationalen Studie. Das Beispiel Deutschland machte dabei erstmals das weiterführende Potenzial von Videodaten deutlich: Durch eine erweiterte Datenerhebung in Deutschland war es möglich, vertiefte Analysen der in der Dreiländer-Studie gefilmten Mathematikstunden unter verschiedenen Gesichtspunkten und unter Nutzung qualitativer und quantitativer Ansätze durchzuführen und diese mit weiteren in Deutschland verfügbaren Daten in Beziehung zu setzen – beispielsweise mit solchen zur Leistungs- und Motivationsentwicklung (Clausen, 2002; Klieme, Schümer & Knoll, 2001; Knoll, 2003; Kunter, 2005; Neubrand, 2004). Schliesslich verbindet sich mit Videodaten auch die Möglichkeit, die Ergebnisse von Analysen mittels Videobeispielen illustrieren zu können (Lessonlab, 2003; Reusser & Pauli, 2003) und die Videos – unter Berücksichtigung von Vorgaben und Massnahmen im Bereich des Datenschutzes – für die Aus- und Weiterbildung von Lehrpersonen zu nutzen (vgl. u.a. Brophy, 2004; Krammer et al., 2008; Reusser, 2005; Reusser, Pauli & Krammer, 2004; Seidel et al., 2006). Unterrichtsvideos können damit einen wichtigen Beitrag leisten im Hinblick auf die wissenschaftliche und die professionsbezogene Kommunikation über Unterrichtsprozesse und Qualitätsmerkmale des didaktischen Handelns. Bedeutet beispielsweise das Konzept „problemlösender Unterricht" für einen amerikanischen Mathematikdidaktiker das Gleiche wie für einen niederländischen Mathematiklehrer oder für eine Didaktikdozentin aus der Schweiz? Unterrichtsvideos können eine solche Verständigung erleichtern, da direkt auf Unterrichtsphänomene gezeigt werden kann, was nicht zuletzt zur Entwicklung einer Fachsprache für die Verständigung über Lehr- und Lernprozesse im Unterricht beiträgt. Dies ist nicht nur für den Kontext internationaler und interdisziplinärer Forschungszusammenarbeit und die Kommunikation von Forschungsergebnissen bedeutsam, sondern auch für die Lehrerbildung und Unterrichtsentwicklung (Grossman & McDonald, 2008).

Unterrichtsforschung wie auch Lehrerbildung haben den Wert der Aufzeichnung von Unterricht früh erkannt und diese Datenquelle entsprechend genutzt (vgl. z.B. Erickson, 2006; Evertson & Green, 1986). Seit den 1980er-Jahren haben sich nun dank der digitalen technischen Revolution die Voraussetzungen für die Nutzung von Unterrichtsvideos markant verbessert in Bezug auf die Aufzeichnung, Aufbereitung, Speicherung und Analyse von Daten. Damit wurde es möglich, Videodaten auch für systematische Unterrichtsanalysen im Rahmen *internationaler kulturvergleichender Untersuchungen* zu nutzen, wie dies in den beiden TIMSS-Videostudien erstmals der Fall war.

1.1.2   Unterricht im (videobasierten) Kulturvergleich

Auch mit dem zweiten Charakteristikum der beiden TIMSS Videostudien – dem komparativen bzw. kulturvergleichenden Ansatz der Untersuchung von Unterrichtsprozessen – verbindet sich eine Reihe von spezifischen Vorzügen. Naheliegend ist zunächst die Idee, durch die Konfrontation mit der Unterrichtspraxis anderer Länder möglicherweise neue, alternative Vorgehensweisen und Unterrichtspraktiken kennenzulernen, welche in der eigenen Praxis kaum vorkommen. Zudem erlaubt es der Vergleich, die eigene Praxis im internationalen Vergleich zu situieren, womit Eigenheiten, Stärken, aber auch Schwachpunkte aufgedeckt werden können. Oft braucht es den „fremden Blick" von und nach aussen, um bestimmte Merkmale der eigenen kulturellen Praxis überhaupt sichtbar zu machen: Im komplexen interaktiven Geschehen des Unterrichts läuft vieles in Form von eingespielten Routinen und gemäss impliziten Normen und Regeln des Verhaltens ab, die uns als Angehörigen der Kultur so vertraut sind, dass wir sie gar nicht bewusst wahrnehmen. Der Vergleich mit fremden Kulturen kann solche Routinen und Normen sichtbar machen. Dazu trägt nicht nur der eigene, vergleichende Blick auf „das Fremde", sondern auch der „fremde Blick auf das Eigene" bei – zum Beispiel in Form einer systematischen Codierung des Unterrichts mithilfe eines im internationalen Konsens entwickelten Beobachtungsinstruments oder in Form einer direkten Fremdbeurteilung des eigenen Unterrichts durch Expertinnen und Experten anderer Länder (vgl. dazu auch Kapitel 6 in diesem

Band). Aufgrund dieser Charakteristika lassen sich aus der international vergleichenden Analyse von Unterricht wertvolle Erkenntnisse für die Sicherung und Förderung der Bildungsqualität im Bereich der Unterrichtsentwicklung sowie der Aus- und Weiterbildung von Lehrpersonen gewinnen.

Abgesehen von ihrer praktischen Relevanz sind kulturvergleichende Analysen videografierter Unterrichtspraxis auch für den Forschungskontext bedeutsam im Hinblick auf die Klärung wichtiger Fragestellungen. So stellt sich die Frage, inwieweit und in welcher Hinsicht es sich bei der Praxis des schulischen Unterrichts um ein universelles, kulturübergreifendes Phänomen oder um eine kultur- und kontextgebundene soziale Praxis handelt (vgl. auch LeTendre, Baker, Akiba, Goesling & Wiseman, 2001). Hierzu kann zum Beispiel die Untersuchung von intra- und interkulturellen Gemeinsamkeiten und Unterschieden einen Beitrag leisten (vgl. u.a. Clarke, Emanuelsson, Jablonka & Mok, 2006a; Givvin et al., 2005). Bedeutsam sind videobasierte international vergleichende Unterrichtsanalysen in diesem Zusammenhang auch in Bezug auf die Klärung, Weiterentwicklung und Ausdifferenzierung zentraler Konzepte wie zum Beispiel Unterrichtsqualität, unter anderem mit Blick auf die Frage, inwieweit es möglich ist, Unterrichtsqualität kulturübergreifend, oder zumindest kulturgerecht, zu bestimmen (vgl. auch Alexander, 2006; Kaiser, Hino & Knipping, 2006).

Das Potenzial der vergleichenden Perspektive wird sowohl im Rahmen systematischer Analysen im Sinne von Video-Surveys als auch in qualitativ vorgehenden, oft ethnografisch und/oder stärker fachdidaktisch ausgerichteten Untersuchungen genutzt (vgl. u.a. Clarke, 2003; Clarke, Emanuelsson, Jablonka & Mok, 2006b; Clarke, Keitel & Shimizu, 2006). Letztere unterscheiden sich vom Ansatz des Video-Surveys sowohl in Bezug auf das Forschungsdesign und die Analysemethoden als auch in Bezug auf die Fragestellungen und Forschungsziele. Im Vordergrund steht meist eine möglichst tief gehende Rekonstruktion von Lehr- und Lernkulturen in einzelnen Schulklassen bzw. einzelner Lehrpersonen. Dies erfordert eine andere Datenbasis als jene eines Video-Surveys: Zum einen reicht eine einzige gefilmte Unterrichtsstunde nicht aus, um einer bestimmten Lehrperson gerecht zu werden; der Unterricht muss über längere Zeit verfolgt werden können, wobei sich vergleichende Analysen nicht notwendigerweise auf ganze Schulstunden als Einheit beziehen, sondern mehrheitlich nur auf bestimmte Elemente, bedeutsame Ereignisse oder Sequenzen, wie beispielsweise die Stundeneröffnung oder Phasen der selbstständigen Schülerarbeit (vgl. z.B. Clarke, Keitel et al., 2006).[4] Zum anderen wird in diesem Ansatz der Einbezug der Innenperspektive der am Unterricht Beteiligten als unabdingbar betrachtet (Clarke, Emanuelsson et al., 2006a) und überdies vielfach die wiederholte direkte Anwesenheit der Forschenden in den betreffenden Klassenzimmern über eine längere Zeitspanne (Alexander, 2006).

Anders als diese qualitativ ausgerichteten Untersuchungen zielen Video-Surveys im Sinne von Stigler (1998) nicht darauf, Aussagen über einzelne Lehrpersonen oder Klassenzimmerkulturen zu machen. Vielmehr möchte man sich ein Bild einer „allgemeinen", über viele Lehrpersonen und Gegenstände variierenden Unterrichtspraxis auf einer kultu-

---

4   Weitere Beispiele solcher Analyseeinheiten innerhalb von Stunden aus komparativen Studien, die sich nicht auf Videodaten stützen, sind unter anderem der Umgang mit Beweisen (Knipping, 2003), Fehlersituationen oder Ergebnisbesprechungen (Kaiser, 1999).

rellen und länderspezifischen Systemebene machen: „The goal for the TIMSS 1999 Video Study was to provide national-level pictures of teaching" (Hiebert et al., 2003, S. 7). Ziel des Video-Surveys im Sinne von Stigler und Mitarbeitenden war also nicht der Vergleich bestimmter, einzelner Lehrpersonen verschiedener Länder anhand einer möglichst erschöpfenden und realitätsgetreuen Rekonstruktion ihres Unterrichts, sondern eine auf reliabel beobachtbare Merkmale zielende Charakterisierung des Mathematikunterrichts der beteiligten Länder auf der Basis einer gefilmten Einzelstunde, wie man sie anlässlich eines Unterrichtsbesuchs bei diesen Lehrpersonen an einem zufällig ausgewählten Tag erleben konnte. Entsprechend liegt der Stichprobenziehung die Strategie zugrunde, Mathematikstunden möglichst vieler Lehrpersonen pro Land (möglichst verteilt über ein ganzes Schuljahr, um möglichst viele verschiedene Unterrichtsthemen einzufangen) im Sinne einer repräsentativen Stichprobe aufzuzeichnen, anstatt möglichst viele Mathematikstunden einiger weniger Lehrpersonen. Insgesamt zielen beide Forschungsansätze auf unterschiedliche Fragestellungen und erlauben unterschiedliche Schlussfolgerungen auf unterschiedlichen Betrachtungsebenen. Sie sind denn auch nicht als Alternativen, sondern als komplementäre Ansätze anzusehen (Clarke, Emanuelsson et al., 2006a, S. 15).

1.1.3   TIMSS 1999 Video Study – Video-Survey mit Schweizer Beteiligung

Nachdem die Dreiländer-Videostudie als erster internationaler Video-Survey zu interessanten Ergebnissen geführt hatte (vgl. Kapitel 3), wurde mit der TIMSS 1999 Video Study, also der Siebenländer-Videostudie, eine weitere Untersuchung mit diesem Ansatz geplant, mit dem Ziel, Fragestellungen zu bearbeiten, welche nach der Drei-Länder-Videostudie offen geblieben oder sich aus deren Ergebnissen ergeben hatten (vgl. Kap. 3.1 in diesem Band und Hiebert et al., 2003).

Ein wichtiges Ziel dieser zweiten internationalen Videostudie war es, den in der Dreiländer-Studie durchgeführten Vergleich des amerikanischen Mathematikunterrichts[5] mit jenem in Japan zu vertiefen, wobei vor allem auch inhaltsbezogenen Aspekten stärker Rechnung getragen werden sollte. Gleichzeitig sollte die Vergleichsbasis über Japan hinaus erweitert werden: Wie sieht der Mathematikunterricht in weiteren Ländern aus, die im internationalen Vergleich der Mathematikleistungen (TIMSS) ebenfalls gut abgeschnitten hatten? Um dies zu klären, wurden in die neue Videostudie neben den USA sowohl asiatische als auch westliche Länder einbezogen, die sich allesamt durch gute bis sehr gute Mathematiktestleistungen auszeichneten: Es waren dies Hongkong, Australien, die Niederlande, Tschechien und die Schweiz. Zudem wurden auch die bereits in der Dreiländer-Videostudie verwendeten Lektionen aus Japan nochmals einbezogen. Somit umfasste die Stichprobe Mathematiklektionen aus insgesamt sieben Ländern, nämlich Australien, Hongkong, Japan, den Niederlanden, der Schweiz, Tschechien und den USA. Die Siebenländer-Videostudie stellte damit aus US-Sicht eine Art „Best-Practice-Studie" dar, insofern man sich aus dem Vergleich des amerikanischen mit dem Unterricht in sechs in internationalen Mathematiktests deutlich besser abschneidenden Ländern Anhaltspunkte

---

5   Die TIMSS 1999 Video Study untersuchte neben dem Mathematikunterricht auch den naturwissenschaftlichen Unterricht in fünf Ländern. Die Ergebnisse dieser Studie wurden in Roth et al. (2006) publiziert.

für konkrete Verbesserungsmöglichkeiten des eigenen Unterrichts erhoffte (Stigler & Hiebert, 2004).

Aus Schweizer Sicht stellte die Teilnahme an der Studie die einmalige Chance dar, ein Bild des Mathematikunterrichts in den drei grossen Sprachregionen Deutschschweiz, Westschweiz und Tessin zu gewinnen unter Nutzung des oben beschriebenen Potenzials des videobasierten und komparativen Vorgehens. Anders als bei den übrigen teilnehmenden Ländern wurden in der Schweizer Forschungsgruppe darüber hinaus zwei weitere Ziele verfolgt: Zum einen sollte ein Teil der Unterrichtsvideos später als Material für die Aus- und Weiterbildung von Lehrpersonen zur Verfügung gestellt werden können. Dies bedingte einige wichtige Weichenstellungen, unter anderem jene, dass die Transkription der schweizerischen Videos nicht in englischer, sondern in deutscher, französischer und italienischer Sprache erfolgte.[6] Zum anderen sollten die für die internationale Studie aufgezeichneten Schweizer Mathematikstunden für vertiefende Merkmals- und Qualitätsanalysen im Sinne einer *videobasierten Unterrichtsforschung* verwendet werden können – ein Ansatz, der im Vergleich zu einem deskriptiv, fast ausschliesslich auf Videos basierenden Survey zusätzliche Anforderungen an das Forschungsdesign stellt (vgl. auch Pauli & Reusser, 2006). Darauf geht der folgende Abschnitt ein.

1.2 Unterrichtshandeln und Lehr- und Lernqualität als Gegenstand der empirischen Unterrichtsforschung

Anders als beim deskriptiv angelegten Video-Survey-Ansatz geht es bei der empirischen Lehr- und Lern- bzw. Unterrichtsforschung um die Beschreibung und *Erklärung* von Bildungswirkungen in Abhängigkeit von der Qualität von Unterricht und Lehrerhandeln, das heisst in Abhängigkeit von kognitiven und motivationalen Prozessen sowie sozialen Interaktionsstrukturen bei der systematischen Vermittlung und Aneignung allgemeiner und fachbezogener Kompetenzen. Um über die *Qualität* von Unterricht Aussagen machen zu können, ist es sinnvoll, sich zunächst zu fragen, was schulischen Unterricht als besonderes Tätigkeitsfeld auszeichnet. Hierzu bietet sich die Grundvorstellung des *didaktischen Dreiecks* an (Reusser, 2008, 2009). In dieser zu Unrecht in Misskredit geratenen Denkfigur erscheint Unterricht als ein in den Kontext von Schule und Gesellschaft eingebettetes, institutionell gerahmtes Tätigkeitsfeld, das durch die Pole „Bildungsgegenstand" (Kulturinhalte), „Lernende" (als Individuen und Gruppe) und „Lehrperson" (Reusser, 2008) konstituiert wird (vgl. Abbildung 1.1). Damit wird deutlich, dass Lehr- und Lernhandeln im Unterricht nicht etwas ist, was Lehrpersonen allein bestimmen und tun und worüber sie reflektieren, sondern etwas, was gemeinsam mit den Schülerinnen und Schülern, teilweise von diesen allein, mit einem Stoff, abhängig von individuellen und kollektiven, institutionellen, personalen und materialen Voraussetzungen, Werkzeugen, Bedingungen, Einflüssen und Kontexten geschieht und vollzogen wird. Anhand der drei Seiten des didaktischen Dreiecks lassen sich drei Basisdimensionen von Unterricht und die damit verbundenen Qualitätsfelder näher bestimmen, welche als „Ziel- und Stoffkultur", „Wissens- und Lern-

---

6   Ein Teil der Transkripte wurde ins Englische übersetzt und war so auch für die internationale Projektgruppe verfügbar.

kultur" sowie „Beziehungs- und Unterstützungskultur" bezeichnet werden können (Abbildung 1.1).

Gegenstand

Ziel- und Stoffkultur

Wissens- und Lernkultur

Personale und kulturelle Signifikanz der Inhalte, Aufgabenqualität, Lehrstofforganisation

Lehr- und Lernqualität, Verstehen, Kompetenzaufbau, Erwerb und Nutzung von Wissen, Lernmotivation

Lernende

Lehrperson

Beziehungs- und Unterstützungskultur
Interaktions-, Kommunikations- und Lernhilfequalität, Lerndialog und Lernklima

Lernende

Abbildung 1.1: Das didaktische Dreieck (Reusser, 2008).

„Ziel- und Stoffkultur" beschreibt die bildungsinhaltliche Dimension des Unterrichts, bzw. die Frage nach dem WAS: Was soll warum, wozu und wann gelehrt und gelernt werden? *„Wissens- und Lernkultur"* bezieht sich auf das WIE, das heisst auf die Inszenierung und die Prozesse des Lernens: Wie, in welchen Formen und Prozessqualitäten soll und kann unter gegebenen kontextuellen Bedingungen im Unterricht gelernt werden? *„Beziehungs- und Unterstützungskultur"* schliesslich bezieht sich auf die Partizipations- und Interaktionsstrukturen sowie die Kommunikations- und Beziehungsgestaltung im Unterricht, dies sowohl zwischen Lehrperson und Lernenden als auch unter den Lernenden selbst. Für jede der drei Dimensionen lassen sich Fragen nach qualitätsrelevanten Merkmalen des Unterrichtshandelns und der dabei auszulösenden individuellen und sozialen Lernprozesse stellen. Im Kontext der Allgemeinen Didaktik wurden entsprechende Qualitätsmerkmale lange Zeit vor allem normativ auf der Grundlage von Vorstellungen über pädagogisch wertvollen Unterricht bestimmt und in Form von Unterrichtsprinzipien formuliert, so zum Beispiel in Bezug auf die Stoffkultur das Prinzip der „Kindgemässheit", in Bezug auf die Lehr- und Lernkultur Prinzipien wie jene der Anschauung, der Selbsttätigkeit oder des Fortschreitens vom Einfachen zum Schwierigen, und in Bezug auf die Beziehungs- und Unterstützungskultur das Prinzip der Schülerorientierung. Die empirische Unterrichts- und Lehr- und Lernforschung und in zunehmendem Masse auch die forschungsbezogene Fachdidaktik stellen demgegenüber die Frage ins Zentrum, inwieweit sich theoretisch vermutete Zusammenhänge zwischen Qualitätsmerkmalen des Unterrichts und seinen multikriterialen Wirkungen anhand empirischer Daten bestätigen lassen.

1.2.1 Von der Lehrerpersönlichkeitsforschung zu Angebots-Nutzungs-Modellen der Bildungswirksamkeit

Die empirische Unterrichtsforschung betrachtet die Frage nach der Qualität des unterrichtsbezogenen Handelns vor allem unter dem Gesichtspunkt der Lehr- und Lern*wirkungen* (zusammenfassend u.a. Bromme, 1997; Brophy, 2006; Brophy & Good, 1986; Einsiedler, 1997, 2000; Helmke, 2003; Helmke & Weinert, 1997). Dabei richtete sich die Aufmerksamkeit lange Zeit – bis in die 1950er- und 1960er-Jahre – auf die Lehrperson: Gesucht wurde im Rahmen der Lehrerpersönlichkeits- und Erziehungsstilforschung nach Zusammenhängen zwischen Merkmalen der Lehrpersönlichkeit und damit verbundenen Unterrichts- oder Erziehungsstilen (zum Beispiel „autokratischer" versus „sozial-integrativer" Erziehungsstil) einerseits und bildenden Wirkungen bei den Schülerinnen und Schülern andererseits. Dieser Ansatz erwies sich insgesamt als wenig ertragreich, war er doch mit theoretischen Defiziten und methodischen Schwierigkeiten behaftet (Einsiedler, 2000). Mit der Zeit setzte sich die Einsicht durch, dass Unterrichtsqualität nicht primär von globalen (und schwer fassbaren) Persönlichkeitsmerkmalen der Lehrpersonen, sondern von ihrem Handeln in den konkreten Interaktionen mit den Lernenden bestimmt ist. Charakteristisch für die aufgrund des methodischen Ansatzes der Prozess-Produkt-Forschung zuzuordnende Lehreffektivitätsforschung ist denn auch die Identifikation von Zusammenhängen zwischen Merkmalen des Lehrerhandelns und erwünschten Unterrichtswirkungen (zum Beispiel Leistungsentwicklung), dies vor allem auf der Basis von Korrelationen. Insgesamt erwies sich die Forschung im Rahmen des Prozess-Produkt-Paradigmas als äusserst produktiv, wie mehrere einschlägige Handbuch- und Überblickstexte deutlich machen (u.a. Brophy, 2006; Brophy & Good, 1986).

Dass das einfache Prozess-Produkt-Modell etwa ab den 1990er-Jahren wesentliche Erweiterungen und Differenzierungen erfuhr, hängt mit der zunehmenden Orientierung der allgemeinen Bildungsforschung an Angebots-Nutzungs-Modellen zusammen, wie sie von Fend (1998; 2008) und anderen (z.B. Helmke, 2003) entwickelt worden sind. Unterricht wird in diesem Rahmen als mehr oder weniger qualitätsvolles Angebot von Lerngelegenheiten verstanden, das von den Lernenden in mehr oder weniger qualitätsvoller Weise genutzt wird (Abb. 1.2). Angebots-Nutzungs-Modelle widerspiegeln somit einerseits die Erkenntnis, dass Bildungsqualität und Bildungswirkungen nicht allein durch das Lehrhandeln erzeugt werden, sondern in ihrer Einbettung in bzw. ihrer sozialen Rahmung durch die Gesamtheit des Bildungssystems betrachtet werden müssen. Zum anderen machen diese Modelle deutlich, dass die durch das Lehrerhandeln geschaffenen Lernumgebungen als Angebote von Lerngelegenheiten zu verstehen sind, die von Lernenden aus unterschiedlichen familiär-kulturellen Kontexten und mit unterschiedlichen Eigenschaften, Begabungen und Lernbereitschaften unterschiedlich wahrgenommen und genutzt werden.[7] Methodisch versucht die neuere Unterrichtsforschung diesem Umstand Rechnung zu tragen, indem sie im Sinne eines erweiterten Prozess-Mediations-Produkt-Modells die verschiedenen Einflussfaktoren auf Angebots- und Nutzerseite ebenso wie die ko-konstruktiven Prozesse und Aktivitäten der Lernenden mitzuberücksichtigen versucht.

---

7   Auch die Qualität des Lernangebots selbst ist z.T. abhängig von den Nutzern, beispielsweise davon, ob in einer Klasse störungsfreies und zielorientiertes Arbeiten überhaupt möglich ist.

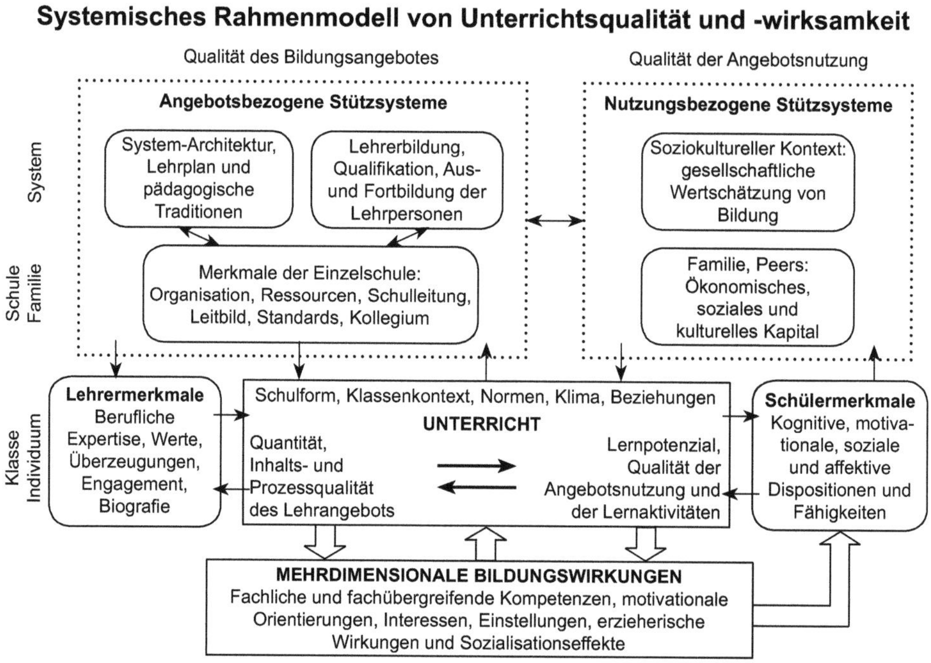

Systemisches Rahmenmodell von Unterrichtsqualität und -wirksamkeit

Abbildung 1.2: Systemisches Rahmenmodell von Unterrichtsqualität und -wirksamkeit

Eine wesentliche Rolle spielen dabei auch neuere Entwicklungen im Bereich der Lehr- und Lernforschung und der Fachdidaktik.

1.2.2 Konstruktivistisches Lernverständnis und Lehr- und Lernforschung

Im Bereich der *Lehr- und Lernforschung* ist im Zusammenhang mit der Frage nach Merkmalen guter Unterrichtsqualität insbesondere der Wandel von einem behavioristisch geprägten Lernkonzept hin zu einem kognitiv-konstruktivistischen Verständnis von Lehr- und Lernprozessen von Bedeutung (Reusser, 2006). Bereits in den 1970er-Jahren hatte Aebli (1963) in seiner psychologischen Didaktik auf der Grundlage der Assimilationstheorie von Piaget eine konstruktivistische Sicht von Lehr- und Lernprozessen entwickelt (vgl. auch Aebli, 1983) und mittlerweile besteht international ein breiter Konsens darüber, dass produktives Lernen – auch in der Schule – eine aktive Konstruktionsleistung der Lernenden darstellt. Daraus folgt, dass sowohl in der Unterrichtsforschung als auch in der Theorie des didaktischen Handelns verstärkt die Lernenden und ihre geistigen Prozesse und Aktivitäten in den Blick genommen werden müssen. Optimale Lernprozesse lassen sich aus konstruktivistischer Sicht auf der Basis des aktuellen Forschungsstands etwa wie folgt charakterisieren: „Je aktiver und selbstmotivierter, je problemlösender und dialogischer, aber auch je bewusster und reflexiver Wissen erworben bzw. (ko-)konstruiert wird, desto besser wird es verstanden und behalten (Transparenz, Stabilität), desto beweglicher kann es beim Denken und Handeln genutzt werden (Transfer, Mobilität) und desto bedeutsamer werden die mit dessen Erwerb verbundenen Lernerträge erfahren (Motivationsgewinn,

Zugewinn an Lernstrategien, Selbstwirksamkeit)" (Reusser, 2006, S. 159). Das heisst, dass produktives Lernen nicht nur kognitive Konstruktionsleistungen, sondern auch metakognitive, motivationale und emotionale Aspekte beinhaltet. Zum einen erfordert die aktive Auseinandersetzung mit dem Stoff die Bereitschaft und Anstrengung, sich darauf einzulassen und beim Lernen durchzuhalten. Zum andern ist unter dem Gesichtspunkt des Aufbaus fachlicher und überfachlicher Kompetenzen die Förderung metakognitiver, kommunikativer und motivationaler Fähigkeiten ein eigenständiges Ziel des Unterrichts.

Entsprechend stützen sich neuere Untersuchungen im Bereich der Lehr- und Lernforschung sowohl auf Erkenntnisse und Methoden der Kognitionspsychologie wie auch der Motivations- und Emotionspsychologie (vgl. Greeno, 2006), wobei methodisch neben Befragungen auch die Unterrichtsbeobachtung bis hin zu Mikroanalysen von Lehrer-Schüler- oder Schüler-Schüler-Interaktionen zum Einsatz kommt. Die aktive Rolle der Lernenden im Sinne des konstruktivistischen Lernkonzepts anzuerkennen, heisst allerdings nicht, die ebenso wichtige Rolle der Lehrperson zu verkennen. Vielmehr kommt auch in der Perspektive eines konstruktivistischen Lernverständnisses der Lehrperson weiterhin eine aktive und bedeutsame, gegenüber einem traditionellen Verständnis von Unterricht allerdings insofern erweiterte Rolle zu, als neben der Aufgabe der direkten Steuerung und Instruktion auch Formen indirekter Steuerung an Bedeutung gewinnen, wie beispielsweise die Begleitung und Förderung selbstregulierter Lernaktivitäten sowie die Modellierung, Förderung und Unterstützung sinnstiftender Gespräche im Hinblick auf die gemeinsame Wissenskonstruktion (Franke, Kazemi & Battey, 2007; Greeno, 2006; Pauli, 2006).

1.2.3 Oberflächen- und Tiefenstruktur des Unterrichts und Fachdidaktik

Insgesamt fokussieren die psychologische Lehr- und Lernforschung und eine entsprechend orientierte Didaktik vor allem auf jene Ebene des Unterrichtsgeschehens, welche als dessen erkenntnispsychologische *Tiefenstruktur* bezeichnet werden kann. Gemeint sind damit jene psychologischen Prozesse und Merkmale des Lehrens und Lernens, welche dem Unterricht als psychologisch-didaktische Qualitätsdimensionen zugrunde liegen. Ausgelöst bzw. angeregt werden diese Prozesse und Merkmale durch das sichtbare methodische Handeln von Lehrpersonen, worunter das variable Spiel der Inszenierungen, Methoden und Formelemente als austauschbare, mit den Tiefenstrukturdimensionen in Beziehung stehende *Oberflächenstrukturen* des Unterrichts zu verstehen ist (Reusser, 2008).[8] Welche Beziehungen zwischen Oberflächen- und Tiefenstrukturen bestehen, ist empirisch nur zum Teil geklärt und stellt unseres Erachtens eine wichtige Fragestellung künftiger Forschung dar. Hier können namentlich auch Design-Studien, wie sie in jüngerer Zeit vor allem in fachdidaktischen Kontexten durchgeführt werden, zur weiteren Klärung beitragen, wobei es weniger um die Frage geht, *ob* eine bestimmte Methode oder Inszenierungsform „wirkt", als vielmehr um die Frage, *wie* und unter welchen kontextuellen, stofflichen, lehrer- und schülerseitigen Bedingungen sie wirkt, das heisst es geht um die Frage nach der Qualität der Lehr- und Lernprozesse in bestimmten Lernumgebungen (Greeno, 2006).

---

8   Eine zum Teil ähnliche Unterscheidung findet sich unter anderem auch bei Nuthall (2004) sowie bei Oser und Baeriswyl (2001).

Ein wesentlicher Beitrag dazu wird von den *Fachdidaktiken* zu leisten sein, deren Aufgabe im Rahmen einer sich fachlich ausdifferenzierenden Lehr- und Lernforschung in der gegenstandsbezogenen Spezifizierung von Unterrichtsprozessen und ihrer fachdidaktischen Qualität (vgl. u.a. Franke et al., 2007; Hiebert & Grouws, 2007) sowie in der Präzisierung der entsprechenden Bildungsziele bzw. anzustrebenden Kompetenzen besteht (vgl. u.a. Klieme & Rakoczy, 2008; Reiss & Reiss, 2006). So unterstreichen entwickelte Konzepte mathematischer Kompetenz die Bedeutung multikriterialer Bildungsziele, indem als Komponenten der Kompetenz neben einer beweglichen Wissensbasis auch auf kognitive und metakognitive Fähigkeiten sowie motivationale, volitionale und soziale Bereitschaften verwiesen wird (De Corte, 2004; Reiss & Reiss, 2006). Vor diesem Hintergrund stellen Fachleistungen nur eine Komponente anzustrebender Bildungs- und Lernziele dar. Sowohl die allgemeine Bildungs- und Unterrichtsforschung als auch die fachdidaktische Lehr- und Lernforschung gehen denn auch zunehmend von multiplen Bildungszielen als Kriterium der Wirksamkeit von Unterricht aus (z.B. DESI-Konsortium, 2008; Kunter, 2005; Lipowsky, Rakoczy, Klieme, Reusser & Pauli, 2005; Seidel et al., 2006) und damit von Kriterien und Wirkungsdimensionen, wie sie auch im Kontext der Allgemeinen Didaktik und der Schulpädagogik formuliert worden sind.

1.2.4 Vom Video-Survey zur videobasierten Unterrichtsforschung

Insgesamt spiegelt sich in der Perspektive eines erweiterten Angebots-Mediations-Nutzungs-Modells der Unterrichtsforschung eine Annäherung unterschiedlicher Forschungsansätze wider, da sich das Modell – was die Untersuchung des Unterrichts im engeren Sinne betrifft – auf theoretische und empirische Erkenntnisse der Lehr- und Lernforschung und der Fachdidaktik (sowie auf weitere Forschungsbereiche) abstützt.[9] Allerdings stellt die adäquate Erfassung der Wirksamkeit von Unterricht unter (fach-)didaktisch bedeutsamen Gesichtspunkten von Qualität und unter Berücksichtigung einer Angebots-Nutzungs-Sicht hinsichtlich des Zustandekommens von Lernerträgen hohe Anforderungen an entsprechende Forschungsdesigns (vgl. auch Pauli & Reusser, 2006):

*   Um der Idee eines Angebots-Nutzungs-Modells Rechnung zu tragen, muss bei der Erfassung von Unterrichtsqualität zwischen Angebot und Nutzung unterschieden werden, was angesichts üblicherweise verfügbarer Datenquellen oft nicht ohne Weiteres (zudem auf unabhängige Weise) möglich ist. So erscheint es als zweifelhaft, Unterrichtsqualität lediglich über die Befragung der Lehrperson erfassen zu wollen, ohne die Nutzung ebendieses Unterrichts durch die Schülerinnen und Schüler zu berücksichtigen. Umgekehrt ergibt eine Befragung der Lernenden zwar wertvolle Informationen über die Qualität des Unterrichts aus der Sicht der Nutzerinnen und Nutzer, diese können jedoch (unter anderem mangels didaktischen Wissens und Vergleichsmöglichkeiten) in der Regel nur beschränkt präzise Auskunft über Qualitäten der didaktischen Gestaltung und der Lehrer-Schüler-Interaktion geben (Clausen, 2002) – über Merkmale, welche gerade im Hinblick auf die Generierung praxisrelevanten Wissens über Unterrichtsqualität für die Lehrerbildung von Interesse wären.

---

9   Weitere ebenfalls relevante Forschungsbereiche werden hier ausgeklammert (vgl. ausführlicher Fend, 2002, 2008).

Hierfür sind Unterrichtsbeobachtungen besser geeignet. Es drängt sich vor diesem Hintergrund ein mehrperspektivischer Ansatz zur Erfassung des Unterrichts auf, der sowohl die Innensicht der Lehrperson und der Schüler und Schülerinnen als auch eine Aussensicht durch externe Beobachterinnen und Beobachter ein- und aufeinander beziehen kann.

- Unterrichtsanalysen müssen sowohl die Oberflächen- als auch die Tiefenstruktur erfassen und aufeinander beziehen können. Hierzu leisten Videoanalysen einen besonderen Beitrag, da sie es erlauben, den Unterricht mehrfach und unter Nutzung unterschiedlicher Analyseverfahren und -methoden zu untersuchen (vgl. Abschnitt 1.1.1).
- Sowohl bei der Analyse der Unterrichtsprozesse als auch bei der Erfassung der Unterrichtswirkungen müssen die relevanten Kontextvariablen berücksichtigt werden: Auf Angebotsseite sind dies unter anderem Merkmale und Voraussetzungen der Lehrperson (Merkmale ihrer professionellen Kompetenz), aufseiten der Lernenden sind dies unter anderem ihre kognitiven und motivationalen Voraussetzungen oder ihr familiärer Hintergrund.
- Schliesslich sind bei der Erfassung von Unterrichtswirkungen die situativen Prozesse der Angebotsnutzung durch die Lernenden zu berücksichtigen, und die Erfassung von Unterrichtswirkungen kann sich nicht allein auf fachliche Leistungen beziehen, sondern muss den mit der Zielvorstellung des Kompetenzaufbaus verbundenen multiplen Zielen Rechnung tragen. Ausserdem ist ein längsschnittliches Design erforderlich, um Aussagen über die Wirksamkeit von Unterricht machen zu können.

1.3 Die schweizerisch-internationale Videostudie: Überblick über die Studie und den Aufbau des vorliegenden Bandes

Den in Abschnitt 1.2.4 beschriebenen Anforderungen an Forschungsdesigns im Sinne videobasierter Unterrichtsforschung wurde mit der schweizerischen Videostudie als Erweiterung der TIMSS Video Study mit der Erhebung zusätzlicher Daten sowie durch weitere Videoanalysen der vorliegenden Unterrichtsvideos so weit wie möglich Rechnung zu tragen versucht. Im Überblick lässt sich die schweizerisch-internationale Videostudie anhand folgender Eckdaten charakterisieren:

a) Die Schweiz als Teilnehmerin an der TIMSS 1999 Video Study: Analysen der Unterrichtsgestaltung von je einer zufällig ausgewählten Mathematikstunde im Vergleich mit sechs anderen Ländern. Datenbasis: Videoaufzeichnung je einer zufällig ausgewählten Mathematikstunde einer repräsentativen Stichprobe von $N = 140$ Lehrpersonen (Deutschschweiz, Westschweiz, Tessin), schriftliche Befragung der Lehrpersonen, schriftliche Kurzbefragung der Lernenden im Anschluss an die gefilmte Mathematikstunde. Ausserdem erfolgte im Rahmen der internationalen Studie zweimal ein Gruppeninterview mit Expertinnen und Experten.

b) Schweizerische Videostudie: Untersuchungsgegenstand sind Unterrichtsgestaltung, Unterrichtsqualität und Unterrichtswirkungen im Mathematikunterricht der Sekundarstufe I aus Lehrer-, Schüler- und Beobachterperspektive. Datenbasis: Die Videoaufzeichnungen der TIMSS 1999 Video Study sowie zusätzliche schriftliche Befragungen der Lehrpersonen und der Schülerinnen und Schüler, Leistungstests und ein kognitiver Fähigkeitstest. Für die Bearbeitung einiger Fragestellungen im Zusammenhang mit innovativen Unterrichtsformen in der Deutschschweiz wurde zusätzlich eine nicht zufällig ausgewählte Stichprobe von 15 „reformorientierten" Lehrpersonen miteinbezogen.

Mit den vorgenommenen Ergänzungen im Rahmen der schweizerischen Videostudie konnten die in Abschnitt 1.2.4 erörterten Anforderungen zu einem grossen Teil erfüllt werden. Trotzdem sind selbstverständlich auch einige Einschränkungen zu machen, die teilweise mit der Einbettung in die internationale Videostudie zusammenhängen. Diese Einbettung hat den Vorteil, dass den Auswertungen eine repräsentative Stichprobe von gefilmten Mathematikstunden zugrunde gelegt werden konnte, aber gleichzeitig den Nachteil, dass pro Lehrperson nur eine einzige Lektion zu einem beliebigen Stoff vorlag. Während dies, wie in Abschnitt 1.1.2 bereits erläutert wurde, im Rahmen eines Video-Surveys als unproblematisch angesehen wird, muss es im Rahmen videobasierter Unterrichtsforschung bei der Dateninterpretation als Einschränkung berücksichtigt werden, da hier der Unterricht einzelner Lehrpersonen und Klassen fokussiert wird. Da Lehrpersonen in der Regel von Unterrichtseinheiten ausgehen und sich die Unterrichtsgestaltung nach der Situierung innerhalb der Unterrichtseinheit richtet (zum Beispiel Einführung eines neuen Konzepts versus Vertiefen und Üben), kann eine Einschätzung des Unterrichts auf der Basis einer einzigen, zufällig ausgewählten Mathematikstunde unter Umständen ein verzerrtes oder zumindest unvollständiges Bild ergeben. Idealerweise sollten deshalb pro Lehrperson mehrere Lektionen aufgezeichnet und überdies sollte der Unterrichtsstoff standardisiert werden, um vergleichbare Daten zu erhalten, was in einigen neueren Videostudien bereits praktiziert wird.[10] Allerdings führt die Entscheidung, mehrere Stunden pro Lehrperson aufzuzeichnen, in der Regel dazu, dass nur mit kleineren Stichproben gearbeitet werden kann, so dass keine repräsentative Stichprobe mehr möglich ist. Insofern stellt die Datenbasis der schweizerischen Videostudie zugleich einen Vorteil (repräsentative Stichprobe) und einen Nachteil (Beschränkung auf nur eine aufgezeichnete Mathematikstunde pro Lehrperson) dar.

Eine weitere Einschränkung besteht darin, dass unmittelbar nach den Videoaufnahmen keine Lehrer- und Schülerbefragungen oder Tests durchgeführt werden konnten. Die in den Befragungen erhobene Schüler- und Lehrerwahrnehmung des Unterrichts bezieht sich somit nicht direkt auf die gefilmte Mathematikstunde, sondern spiegelt die Langzeitperspektive der Lehrenden und Lernenden wider. Dies ist freilich wiederum nicht nur als Nachteil zu werten, denn diese Daten können zur Validierung der Beobachtungsdaten beitragen, vor allem angesichts der oben erwähnten Beschränkung auf eine gefilmte Lektion pro Lehrperson. Schliesslich ist festzuhalten, dass einige der Befragungs- und Testinstrumente nicht in allen Sprachregionen und nicht in allen Klassen eingesetzt werden konnten. So war es beispielsweise nur für eine Teilstichprobe der beteiligten Klassen möglich, die Leistungs- und Motivationsentwicklung im Längsschnitt zu erfassen, was die Auswertungsmöglichkeiten im Zusammenhang mit den Unterrichtswirkungen begrenzte (vgl. im Detail Kapitel 2).

---

10 Vergleiche dazu auch unsere eigene, binationale Videostudie zum Mathematikunterricht, die in Kooperation mit dem DIPF in Frankfurt (E. Klieme) durchgeführt wurde (Klieme Reusser & Pauli, 2009).

Die Darstellung der Ergebnisse in den folgenden Kapiteln folgt der zweifachen Ausrichtung der Analysen und Auswertungen: Nach der allgemeinen Erläuterung der Stichprobe und des methodischen Vorgehens in Kapitel 2 stehen in einem ersten Teil der Ergebnisdarstellung (Kapitel 3 bis 8) deskriptive Auswertungen im Vordergrund. Dargestellt werden die Ergebnisse des internationalen Video-Surveys sowie weitere deskriptive Analysen der schweizerischen Unterrichtsvideos. Im zweiten Teil (Kapitel 9 bis 12) werden Fragen der Unterrichtsqualität sowie Bedingungen und Wirkungen des Unterrichts bearbeitet.

Monika Waldis stellt in *Kapitel 2* das *methodische Vorgehen* des schweizerisch-internationalen Videoprojekts dar: Erläutert werden das Forschungsdesign der internationalen und der schweizerischen Videostudie, die Stichproben (bezogen auf die drei beteiligten Sprachregionen der Schweiz), das Vorgehen bei der Datenerhebung und Datenaufbereitung, der Code-Entwicklung und der (internationalen) Codierung. Anschliessend werden die eingesetzten Befragungs- und Testinstrumente vorgestellt.

Kapitel 3 (*Christine Pauli & Kurt Reusser*) ist den *Ergebnissen der internationalen Videostudie* aus den vergleichenden *Analysen der Unterrichtsgestaltung* gewidmet. Vor der detaillierten Ergebnisdarstellung (welche sich auf eine Auswahl der aus unserer Sicht besonders interessanten Ergebnisse beschränkt) werden die Fragestellungen der internationalen Studie präzisiert und einige Besonderheiten des methodischen Vorgehens erläutert, welche das Bestreben der internationalen Projektgruppe verdeutlichen, der kulturellen Einbettung der erhobenen Videodaten gerecht zu werden und einer „amerikazentrierten" Sichtweise bei den Analysen möglichst entgegenzuwirken (einschliesslich zweier Befragungen lokaler Expertinnen und Experten der Mathematikdidaktik in den teilnehmenden Ländern; vgl. dazu auch Kapitel 6).

In *Kapitel 4* stellen *Isabelle Hugener* und *Kathrin Krammer* zum einen die Ergebnisse einer zusätzlichen Analyse der schweizerischen Unterrichtsvideos unter dem Gesichtspunkt *differenzierender Angebote während der selbstständigen Schülerarbeit* vor (in der Praxis oft auch als „Stillarbeit" bezeichnet, obwohl es dabei im Klassenzimmer keineswegs still sein muss, da neben der Einzelarbeit auch Partner- und Gruppenarbeiten dazu gehören). Zum anderen werden je fünf Inszenierungsmuster von Einführungsstunden sowie von Übungs- und Vertiefungsstunden dargestellt, welche auf der Basis einer Codierung der Lektionsverläufe mittels eines typenbildenden Verfahrens herausgearbeitet werden konnten. Im Vergleich zu den in Kapitel 3 dargestellten Ergebnissen der internationalen Analysen bestätigen diese Ergebnisse den Befund, dass die in der Schweizer Stichprobe beobachteten Lektionsverläufe im internationalen Vergleich relativ heterogen erscheinen (Givvin et al., 2005). Zugleich wird deutlich, dass je nach „Auflösungsgrad" der Analysen eher die Gemeinsamkeiten (internationale Analysen, Kapitel 3) oder aber eher die Vielfalt der Unterrichtsverläufe (Kapitel 4, Hugener & Krammer) innerhalb der Videostichprobe zum Vorschein kommen.

Kapitel 5 (*Kathrin Krammer, Kurt Reusser & Christine Pauli*) schliesst direkt an Kapitel 4 an, indem es sich ebenfalls mit den Phasen der selbstständigen Schülerarbeit in den Schweizer Lektionen beschäftigt: Gegenstand der dargestellten Analysen ist die *individuelle Unterstützung der Schülerinnen und Schüler durch die Lehrperson*. Dargestellt werden Ergebnisse zur Frage, wie oft und in welcher Form die Lehrpersonen die

Schülerinnen und Schüler während der Schülerarbeitsphasen unterstützten.[11] Die in den Kapiteln 4 und 5 dargestellten Ergebnisse illustrieren die mit Videodaten verbundene Möglichkeit, das Datenmaterial wiederholten Analysen unter verschiedenen Gesichtspunkten zu unterziehen (eine weitere Analyse – Einschätzung der Qualität mithilfe eines Rating-Instruments – wird in Kapitel 8 dargestellt). Dabei können verschiedene Analysen aufeinander aufbauen: So stellten die internationalen Codierungen die Grundlage für die weiterführenden Analysen dar, indem sie die gezielte Auswahl vergleichbarer Situationen (selbstständige Schülerarbeit) innerhalb der gefilmten Mathematikstunden erlaubten. Dass solche auf bestimmte Situationen oder *lesson events* (Clarke, Emanuelsson et al., 2006a) bezogene Analysen gerade auch im internationalen Vergleich interessante Ergebnisse liefern können, zeigt unter anderem die internationale Videostudie von Clarke und Mitarbeitenden (Clarke, Emanuelsson et al., 2006b; Clarke, Keitel et al., 2006). In der Tat wäre es interessant, beispielsweise die Lernunterstützung auch in den anderen am Video-Survey beteiligten Ländern näher zu untersuchen, insbesondere in Ländern, deren gefilmte Mathematikstunden sich hinsichtlich des zeitlichen Anteils und möglicherweise auch der Funktion der selbstständigen Schülerarbeit besonders von jenen der Schweiz unterscheiden (zum Beispiel Niederlande).

Mit *Kapitel 6* (*Dominik Petko, Kathrin Krammer, Christine Pauli & Kurt Reusser*) verbindet sich ein Fokuswechsel: Untersuchungsgegenstand ist nicht mehr der gefilmte Unterricht selbst, sondern die im Rahmen von Gruppendiskussionen erhobene *Sicht internationaler Expertinnen und Experten auf diesen Unterricht*. Die von der internationalen Forschungsgruppe initiierte Zusatzstudie knüpft an die in Kapitel 3 dargestellte Expertenbefragung im Vorfeld der Videostudie an, wobei nun nicht mehr nach typischen Gestaltungsmerkmalen des „eigenen" Unterrichts gefragt wurde, sondern – auf der Basis von ausgewählten Videoaufnahmen – nach der *Beurteilung* des Unterrichts im eigenen Land und den anderen Ländern hinsichtlich einer Reihe von Qualitätskriterien. Aufgrund der Ergebnisse dieser Expertendiskussionen fassen Petko et al. erstens zusammen, wie Expertinnen und Experten anderer Länder den schweizerischen Unterricht sehen und beurteilen, und untersuchen zweitens die Frage, ob sich eine spezifisch schweizerische Perspektive auf Unterrichtsqualität ausmachen lässt. Dabei stehen auch Unterschiede zwischen den Expertengruppen in den drei beteiligten Sprachregionen der Schweiz zur Diskussion.

Die Kapitel 7 und 8 stehen für den mehrperspektivischen Ansatz der schweizerischen Videostudie. Sie ergänzen die Beobachterperspektive, die den Kapiteln 3 bis 6 zugrunde liegt, um die Perspektive der am Unterricht Beteiligten. Den Anfang macht in *Kapitel 7* (*Christine Pauli & Kurt Reusser*) der Blick auf die Lehrpersonen. Im Rahmen des internationalen Video-Surveys füllten die Lehrpersonen einen kurzen Fragebogen aus, der Merkmale ihrer Ausbildung und ihrer Arbeitsbedingungen an der Schule sowie Angaben zur gefilmten Mathematikstunde erfasste (unter anderem Abweichungen vom üblichen Unterricht und Schülerverhalten). In der Schweiz wurde ein zusätzlicher Lehrerfragebogen eingesetzt, der darauf abzielte, die subjektiven Lehr- und Lerntheorien der Schweizer Lehrpersonen sowie ihre Sicht auf die eigene Unterrichtsgestaltung (unter anderem Ablauf typischer Mathematikstunden und Häufigkeit eingesetzter Lehr- und Lernformen) zu

---

11 Weitere Analysen zur individuellen Lernunterstützung werden an anderer Stelle dargestellt (Krammer, 2009).

erfassen. Neben der Darstellung der *Ergebnisse zur Selbst- und Unterrichtswahrnehmung* der Lehrpersonen in den drei einbezogenen Sprachregionen der Schweiz werden Auswertungen zur Frage dargestellt, inwiefern sich die Selbstbeschreibung der Unterrichtsgestaltung und die subjektive Lehr- und Lerntheorie in der durch die internationalen Videoanalysen (Kapitel 3) erfassten Unterrichtsgestaltung in den gefilmten Mathematikstunden widerspiegeln.

Mit *Kapitel 8 (Monika Waldis, Urs Grob, Christine Pauli & Kurt Reusser)* erfolgt ein zweifacher Perspektivenwechsel: Zum einen steht nach der Beobachterperspektive (Kapitel 3 bis 6) und der Lehrpersonenperspektive (Kapitel 7) nun auch die *Schülerperspektive auf den Unterricht* im Zentrum. Zum andern ändert sich auch der Gesichtspunkt, unter dem Unterricht betrachtet wird: Standen bisher vor allem Merkmale der Oberflächenstruktur des Unterrichts im Vordergrund (Lehrformen, Organisation der Mathematikstunden), rücken mit den im 8. Kapitel bearbeiteten Aspekten von Unterrichtsqualität stärker auch *tiefenstrukturelle Qualitätsmerkmale* in den Vordergrund. Dabei wird den Auswertungen ein auf Ergebnissen der empirischen Unterrichtsforschung beruhendes Modell von Unterrichtsqualität zugrunde gelegt, das von drei „Basisdimensionen" von Unterrichtsqualität im Mathematikunterricht ausgeht, nämlich (mit teilweise variierenden Bezeichnungen) „Effizienz/Klassenführung", „Kognitive Aktivierung" und „Unterstützendes Sozialklima" (Klieme, Lipowsky, Rakoczy & Ratzka, 2006; Kunter et al., 2006). Um die Ausprägung solcher Merkmale auch aus Beobachterperspektive zu erfassen, wurden die internationalen Videoanalysen mit *Qualitätsbeurteilungen* anhand von Rating-Inventaren durch geschulte Beobachterinnen und Beobachter ergänzt (im Folgenden als „hochinferente Qualitätsratings" bezeichnet). Analysiert wird die Schüler- und Beobachtersicht auf Unterrichtsqualität mit Blick auf die Sprachregionen, Schultypen und mögliche Unterschiede zwischen Mädchen und Jungen. Die theoretischen Erörterungen und Datenauswertungen dieses Kapitels stellen teilweise theoretische und methodische Grundlagen für weitere, in den folgenden Kapiteln dieses Bandes dargestellte Auswertungen dar. Einige der skizzierten Theorieansätze und Forschungsfelder werden denn auch in späteren Kapiteln wieder aufgegriffen und unter dem Gesichtspunkt spezifischer Fragestellungen vertieft.

Kennzeichnend für die verbleibenden Kapitel des Ergebnisteils (Kapitel 9 bis 12) ist, dass die dargestellten Auswertungen über deskriptive Analysen hinausgehen, indem auch *Bedingungen und Wirkungen* ausgewählter Aspekte der Unterrichtsqualität und der Angebotsnutzung durch die Lernenden untersucht werden. Aufgrund der verfügbaren Daten erfolgte ein Teil dieser Auswertungen auf der Basis verschiedener Teilstichproben. Dies betrifft vor allem jene Analysen, welche die Unterrichtswirkungen an der *Entwicklung* von Leistung, Interesse oder anderen Schülermerkmalen über ein Schuljahr hinweg festmachten. Denn nicht von allen Klassen lagen entsprechende Daten von zwei Messzeitpunkten vor (vgl. dazu im Detail Kapitel 9.6.1).

Kapitel 9 (Monika Waldis, Urs Grob, Christine Pauli & Kurt Reusser) schliesst direkt an Kapitel 8 an, indem die in Kapitel 8 dargestellten Schüler- und Beobachterurteile hinsichtlich verschiedener Qualitätsmerkmale nochmals aufgegriffen werden im Zusammenhang mit der Frage nach möglichen *Effekten auf den Lernerfolg* der Schülerinnen und Schüler bzw. auf das *Interesse und die Mathematikleistung sowie deren Entwicklung* im Verlaufe eines Schuljahrs. Ausgangspunkt und Grundlage bilden wiederum das in Kapitel 8 dargestellte Modell der Grund- oder Basisdimensionen der Unterrichtsqualität und deren vermutete Wirkungen (Klieme et al., 2006). Auf dieser Basis werden Ergebnisse zum Zusammenhang zwischen Merkmalen der Unterrichtsqualität und dem Mathematikinteresse sowie den Mathematikleistungen zunächst in Querschnittanalysen (auf der Basis der repräsentativen Stichprobe) und anschliessend in Bezug auf die Leistungs- und Interessenentwicklung zwischen dem 8. und 9. Schuljahr (auf der Basis einer Teilstichprobe) dargestellt.

Gegenstand von *Kapitel 10* (*Alex Buff, Kurt Reusser & Christine Pauli*) ist die *Lernmotivation der Schülerinnen und Schüler*. Anders als in den meisten diesbezüglichen Untersuchungen wurde die Qualität der Lernmotivation in der schweizerischen Videostudie mithilfe freier Äusserungen der Lernenden erfasst, die auf der Grundlage der Selbstbestimmungstheorie (vgl. auch Kapitel 8) analysiert werden. Vor diesem Hintergrund erfolgt im Ergebnisteil eine systematische Darstellung der von den Lernenden genannten Gründe, weshalb sie sich im Mathematikunterricht anstrengen. Ausserdem wird anhand weiterer Auswertungen dargestellt, wie die Qualität der Lernmotivation und ihre Entwicklung zwischen dem 8. und 9. Schuljahr mit der Schülerwahrnehmung des Engagements im Mathematikunterricht sowie mit einigen aus motivationaler Perspektive relevanten Merkmalen der Unterrichtsgestaltung und -qualität, die zum Konstrukt „Motivierungsqualität des Unterrichts" zusammengefasst werden, zusammenhängen.

Kapitel 11 (*Alex Buff, Kurt Reusser & Christine Pauli*) setzt die vertiefenden Datenanalysen im Zusammenhang mit möglichen Unterrichtswirkungen im Hinblick auf nicht kognitive Persönlichkeitsmerkmale der Lernenden fort, indem es sich mit ihrem *Selbstvertrauen* und ihrer motivationalen Orientierung befasst. Ausgehend von der theoretischen Erörterung des Konstrukts „Selbstvertrauen" und dessen Bedeutung für das leistungsbezogene Handeln auf der Grundlage eines Erwartungs-Wert-Modells wird der Frage nach dem Zusammenhang zwischen einer aus theoretischer Sicht als günstig zu beurteilenden Unterrichtsgestaltung und dem Unterrichtserleben der Lernenden nachgegangen. Zudem wird untersucht, ob und inwieweit sich Unterrichtsgestaltung und Unterrichtserleben positiv auf das Selbstvertrauen und die Qualität der motivationalen Orientierung der Lernenden auswirken und ob sich ein positiver Effekt von Unterrichtsgestaltung, Unterrichtserleben, Selbstvertrauen und Qualität der motivationalen Orientierung hinsichtlich des Engagements und der Leistungen (bzw. deren Entwicklung im Verlauf eines Schuljahrs) nachweisen lässt.

Den Abschluss des Ergebnisteils bilden in *Kapitel 12* (*Christine Pauli, Kurt Reusser & Urs Grob*) Auswertungen im Zusammenhang mit *„Erweiterten Lehr- und Lernformen"* (ELF), der schweizerischen Variante eines Reformkonzepts, das in Deutschland unter der Bezeichnung „Offener Unterricht" diskutiert wird. Dass in der Schweiz die Bezeichnung „ELF" verwendet wird, macht auf unterschiedliche Akzentuierungen im Reformdiskurs aufmerksam, die sich wohl auch in einem in der Schweiz eher etwas pragmatischeren Verständnis einer „Öffnung" des Unterrichts zeigen. Ausgangs- und Anknüpfungspunkt des Kapitels sind neben der Erörterung des Reformkonzepts und einem Blick in die Forschung bereits früher publizierte Auswertungen (Pauli, Reusser, Waldis & Grob, 2003) sowie verschiedene, in den vorhergehenden Kapiteln dargestellte Befunde (vgl. vor allem Kapitel 3, 4 und 7) im Zusammenhang mit dieser Unterrichtsreform. Auf der Basis einer Teilstichprobe wird untersucht, inwieweit eine (von den Lehrpersonen selbst eingeschätzte) höhere Ausprägung von zwei unterscheidbaren Dimensionen einer an ELF orientierten Unter-

richtspraxis mit einem anspruchsvollen (konstruktivistisch fundierten) Lehr- und Lernkonzept der Lehrpersonen einhergeht und sich überdies im beobachtbaren Lehrhandeln in
Bezug auf zwei relevante Basisdimensionen der Unterrichtsqualität manifestiert, und zwar
sowohl aus der Sicht von Beobachterinnen der videografierten Mathematikstunde als auch
in der (auf der Langzeiterfahrung beruhenden) Wahrnehmung und dem Unterrichtserleben
der Lernenden. Nachgegangen wird auch der Frage nach möglichen Effekten auf die Leis-
tungs- und Interessenentwicklung zwischen dem 8. und 9. Schuljahr.

Mit einer kurzen Bilanz in Kapitel 13 findet dieser Band seinen Abschluss.

Literatur

Aebli, H. (1963). *Psychologische Didaktik. Didaktische Auswertung der Psychologie von
Jean Piaget.* Stuttgart: Klett.

Aebli, H. (1983). *Zwölf Grundformen des Lehrens.* Stuttgart: Klett-Cotta.

Alexander, R.J. (2006). *Culture and pedagogy. International comparisons in primary education.* Malden, MA: Blackwell.

Bromme, R. (1997). Kompetenzen, Funktionen und unterrichtliches Handeln des Lehrers. In F.E. Weinert (Hrsg.), *Psychologie des Unterrichts und der Schule (Enzyklopädie der Psychologie, Themenbereich D, Serie I, Bd. 3)* (S. 177-212). Göttingen:
Hogrefe.

Brophy, J. (Hrsg.). (2004). *Using video in teacher education.* Amsterdam: Elsevier.

Brophy, J. (2006). Observational research on generic aspects of classroom teaching. In
P.A. Alexander & P. Winne (Hrsg.), *Handbook of educational psychology* (2. Aufl.,
S. 755-780). Mahwah, NJ: Erlbaum.

Brophy, J. & Good, T.L. (1986). Teacher behavior and student achievement. In M.C.
Wittrock (Hrsg.), *Handbook of research on teaching* (3. Aufl., S. 328-375). New
York: MacMillan.

Clarke, D. (2003). International comparative research in mathematics education. In
A.J. Bishop, M.A. Clements, C. Keitel, J. Kilpatrick & F.K. S. Leung (Hrsg.), *Second
international handbook of mathematics education* (S. 143-184). Dordrecht: Kluwer.

Clarke, D., Emanuelsson, J., Jablonka, E. & Mok, I.A.C. (2006a). The learner's perspective study and international comparisons of classroom practice. In D. Clarke, J. Emanuelsson, E. Jablonka & I.A.C. Mok (Hrsg.), *Making connections: Comparing mathematics classrooms around the world* (S. 1-22). Rotterdam: Sense Publishers.

Clarke, D., Emanuelsson, J., Jablonka, E. & Mok, I.A.C. (Hrsg.). (2006b). *Making connections: Comparing mathematics classrooms around the world.* Rotterdam: Sense
Publishers.

Clarke, D., Keitel, C. & Shimizu, Y. (Hrsg.). (2006). *Mathematics classrooms in twelve
countries: The insider's perspective.* Rotterdam: Sense Publishers.

Clausen, M. (2002). *Unterrichtsqualität: Eine Frage der Perspektive? Empirische Analysen zur Übereinstimmung, Konstrukt- und Kriteriumsvalidität.* Münster: Waxmann.

Cogan, L.S. & Schmidt, W.H. (1999). An examination of instructional practices in six
countries. In G. Kaiser, E. Luna & I. Huntley (Hrsg.), *International comparisons in
mathematics education* (S. 68-85). London: Falmer Press (= Studies in Mathematics
Education Series: 11).

De Corte, E. (2004). Mainstreams and perspectives in research on learning (mathematics) from instruction. *Applied Psychology: An International Review, 53* (2), 279-310.

DESI-Konsortium. (Hrsg.). (2008). *Unterricht und Kompetenzerwerb in Deutsch und Englisch. Ergebnisse der DESI-Studie.* Weinheim: Beltz.

Einsiedler, W. (1997). Unterrichtsqualität und Leistungsentwicklung: Literaturüberblick. In F.E. Weinert & A. Helmke (Hrsg.), *Entwicklung im Grundschulalter* (S. 225-240). Weinheim: Beltz/PVU.

Einsiedler, W. (2000). Von Erziehungs- und Unterrichtsstilen zur Unterrichtsqualität. In M.K.W. Schweer (Hrsg.), *Lehrer-Schüler-Interaktion. Pädagogisch-psychologische Aspekte des Lehrens und Lernens in der Schule* (S. 109-128). Opladen: Leske + Budrich.

Erickson, F. (2006). Definition and analysis of data from videotape: Some research procedures and their rationales. In J. Green, G. Camilli & P. Elmore (Hrsg.), *Handbook of complementary methods in education research* (S. 177-191). Washington, DC: American Educational Research Association/Erlbaum.

Evertson, C.M. & Green, J. (1986). Oberservation as inquiry and method. In M.C. Wittrock (Hrsg.), *Handbook of research on teaching* (3. Aufl., S. 162-213). New York: Macmillan.

Fend, H. (1998). *Qualität im Bildungswesen. Schulforschung zu Systembedingungen, Schulprofilen und Lehrerleistung.* Weinheim: Juventa.

Fend, H. (2002). Mikro- und Makrofaktoren eines Angebot-Nutzungsmodells von Schulleistungen. Zum Stellenwert der Pädagogischen Psychologie bei der Erklärung von Schulleistungsunterschieden verschiedener Länder. *Zeitschrift für Pädagogische Psychologie, 16* (3/4), 141-149.

Fend, H. (2008). *Schule gestalten. Systemsteuerung, Schulentwicklung und Unterrichtsqualität.* Wiesbaden: VS Verlag für Sozialwissenschaften.

Franke, M.L., Kazemi, E. & Battey, D. (2007). Mathematics teaching and classroom practice. In F.K. Lester (Hrsg.), *Second handbook of research on mathematics teaching and learning. A project of the National Council of Teachers of Mathematics* (S. 225-256). Charlotte, NC: Information Age Publishing/NCTM.

Givvin, K.B., Hiebert, J., Jacobs, J., Hollingsworth, H. & Gallimore, R. (2005). Are there national patterns of teaching? Evidence from the TIMSS 1999 Video Study. *Comparative Education Review, 49* (3), 311-343.

Greeno, J.G. (2006). Theoretical and practical advances through research on learning. In Y.L. Green, G. Camilli, P. Elmore, A. Skukauskaite & E. Grace (Hrsg.), *Handbook of complementary methods in education research* (S. 795-822). Washington, DC: American Educational Research Association.

Grossman, P. & McDonald, M. (2008). Back to the future: Directions for research in teaching and teacher education. *American Educational Research Journal, 45* (1), 184-205.

Helmke, A. (2003). *Unterrichtsqualität – erfassen, bewerten, verbessern.* Seelze: Kallmeyer.

Helmke, A. & Weinert, F.E. (1997). Bedingungsfaktoren schulischer Leistung. In F.E. Weinert (Hrsg.), *Psychologie des Unterrichts und der Schule (= Enzyklopädie der Psychologie, Themenbereich D, Serie I, Bd. 3)* (S. 71-176). Göttingen: Hogrefe.

Hiebert, J., Gallimore, R., Garnier, H., Givvin, K.B., Hollingsworth, H. & Jacobs, J. (2003). *Teaching mathematics in seven countries. Results from the TIMSS 1999 video study*. Washington, DC: U.S. Department of Education, National Center for Education Studies.

Hiebert, J. & Grouws, D.A. (2007). The effects of classroom mathematics teaching on students' learning. In F.K. Lester (Hrsg.), *Second handbook of research on mathematics teaching and learning* (S. 371-404). Charlotte, NC: Information Age Publishing.

Hiebert, J., Stigler, J.W., Jacobs, J., Givvin, K.B., Garnier, H., Smith, M., Hollingsworth, H., Manaster, A., Wearne, D. & Gallimore, R. (2005). Mathematics teaching in the United States today (and tomorrow): Results from the TIMSS 1999 Video Study. *Educational Evaluation and Policy Analysis, 27* (2), 111-132.

Hugener, I., Rakoczy, K., Pauli, C. & Reusser, K. (2006). Videobasierte Unterrichtsforschung: Integration verschiedener Methoden der Videoanalyse für eine differenzierte Sicht auf Lehr-Lernprozesse. In S. Rahm, I. Mammes & M. Schratz (Hrsg.), *Schulpädagogische Forschung. Unterrichtsforschung. Perspektiven innovativer Ansätze* (S. 41-53). Innsbruck: StudienVerlag.

Kaiser, G. (1999). *Unterrichtswirklichkeit in England und Deutschland. Vergleichende Untersuchungen am Beispiel des Mathematikunterrichts*. Weinheim: Beltz.

Kaiser, G., Hino, K. & Knipping, C. (2006). Proposal for a framework to analyse mathematics education in Eastern and Western traditions. Looking at England, France, Germany and Japan. In F.K.S. Leung, K.-D. Graf & F.J. Lopez-Real (Hrsg.), *Mathematics education in different cultural traditions – A comparative study of East Asia and the West* (S. 319-351). New York: Springer.

Kawanaka, T. & Stigler, J.W. (1999). Teachers' use of questions in eighth-grade mathematics classrooms in Germany, Japan, and the United States. *Mathematical Thinking and Learning, 1* (4), 255-278.

Klieme, E., Lipowsky, F., Rakoczy, K. & Ratzka, N. (2006). Qualitätsdimensionen und Wirksamkeit von Mathematikunterricht. Theoretische Grundlagen und ausgewählte Ergebnisse des Projekts „Pythagoras". In M. Prenzel & L. Allolio-Näcke (Hrsg.), *Untersuchungen zur Bildungsqualität von Schule. Abschlussbericht des DFG-Schwerpunktprogramms* (S. 127-146). Münster: Waxmann.

Klieme, E., Pauli, C. & Reusser, K. (2009). The Pythagoras Study: Investigating effects of teaching and learning in Swiss and German mathematics classsrooms. In T. Janik & T. Seidel (Hrsg.), *The Power of Video Studies in Investigating Teaching and Learning in the Classroom* (S. 137-160). Müster: Waxmann

Klieme, E. & Rakoczy, K. (2008). Empirische Unterrichtsforschung und Fachdidaktik. *Zeitschrift für Pädagogik, 54* (2), 222-237.

Klieme, E., Schümer, G. & Knoll, S. (2001). Mathematikunterricht in der Sekundarstufe I: „Aufgabenkultur" und Unterrichtsgestaltung. In E. Klieme & J. Baumert (Hrsg.), *TIMSS – Impulse für Schule und Unterricht* (S. 43-57). Bonn: Bundesministerium für Bildung und Forschung.

Knipping, C. (2003). Learning from comparing. A review and reflection on qualitative oriented comparisons of teaching and learning mathematics in different countries. *Zentralblatt für Didaktik der Mathematik, 35* (6), 282-293.

Knoll, S. (2003). *Verwendung von Aufgaben in Einführungsphasen des Mathematikunterrichts* (Dissertation). Freie Universität Berlin, Fachbereich Erziehungswissenschaft und Psychologie. Marburg: Tectum.

Krammer, K. (2009). *Individuelle Lernunterstützung in Schülerarbeitsphasen. Eine video-basierte Analyse des Unterstützungsverhaltens von Lehrpersonen im Mathematikunterricht.* Münster: Waxmann.

Krammer, K., Schnetzler, C.L., Ratzka, N., Reusser, K., Pauli, C., Lipowsky, F. & Klieme, E. (2008). Lernen mit Unterrichtsvideos: Konzeption und Ergebnisse eines netzgestützten Weiterbildungsprojekts mit Mathematiklehrpersonen aus Deutschland und der Schweiz. *Beiträge zur Lehrerbildung, 26* (2), 178-197.

Kunter, M. (2005). *Multiple Ziele im Mathematikunterricht.* Münster: Waxmann.

Kunter, M., Klusmann, U., Dubberke, T., Baumert, J., Blum, W., Brunner, M., Jordan, A., Krauss, S., Löwen, K., Neubrand, M. & Tsai, Y.-M. (2006). Linking aspects of teacher competence to their instruction. Results from the COACTIV project. In M. Prenzel (Hrsg.), *Studies on the educational quality of schools* (S. 39-59). Münster: Waxmann.

Lessonlab. (2003). *TIMSS 1999 Mathematics Public Release Lessons.* 4-CD-Set. Santa Monica, CA: Lessonlab Inc. (www.lessonlab.com).

LeTendre, G., Baker, D.P., Akiba, M., Goesling, B. & Wiseman, A. (2001). Teachers' work: Institutional isomorphism and cultural variation in the U.S., Germany, and Japan. *Educational Researcher, 30* (6), 3-5.

Lipowsky, F., Rakoczy, K., Klieme, E., Reusser, K. & Pauli, C. (2005). Unterrichtsqualität im Schnittpunkt unterschiedlicher Perspektiven – Rahmenkonzept und erste Ergebnisse einer binationalen Studie zum Mathematikunterricht in der Sekundarstufe I. In H.G. Holtappels & K. Höhmann (Hrsg.), *Schulentwicklung und Schulwirksamkeit. Systemsteuerung, Bildungschancen und Entwicklung der Schule* (S. 223-238). Weinheim: Juventa.

Moser, U., Ramseier, E., Keller, C. & Huber, M. (1997). *Schule auf dem Prüfstand. Eine Evaluation der Sekundarstufe I auf der Grundlage der „Third International Mathematics and Science Study".* Chur: Rüegger.

Neubrand, J. (2004). *Eine Klassifikation mathematischer Aufgaben zur Analyse von Unterrichtssituationen. Selbsttätiges Arbeiten in Schülerarbeitsphasen in den Stunden der TIMSS-Video-Studie.* Hildesheim: Franzbecker.

Nuthall, G. (2004). Relating classroom teaching to student learning: A critical analysis of why research has failed to bridge the theory-practice gap. *Harward Educational Review, 74* (3), 273-306.

Oser, F. & Baeriswyl, F.J. (2001). Choreographies of teaching: Bridging Instruction to learning. In V. Richardson (Hrsg.), *Handbook of Research on teaching* (4. Aufl., S. 1031-1065). New York: Macmillan.

Pauli, C. (2006). „Fragend-entwickelnder Unterricht" aus der Sicht der soziokulturalistisch orientierten Unterrichtsgesprächsforschung. In M. Baer, M. Fuchs, P. Füglister, K. Reusser & H. Wyss (Hrsg.), *Didaktik auf psychologischer Grundlage. Von Aeblis kognitionspsychologischer Didaktik zur modernen Lehr-Lernforschung* (S. 192-206). Bern: h.e.p.

Pauli, C. (2008). Unterrichtsbeobachtung. In F. Hellmich (Hrsg.), *Lehr-Lernforschung und Grundschulpädagogik* (S. 143-155). Bad Heilbrunn: Klinkhardt.

Pauli, C. & Reusser, K. (2006). Von international vergleichenden Video Surveys zur videobasierten Unterrichtsforschung und -entwicklung. *Zeitschrift für Pädagogik, 52* (6), 774-798.

Pauli, C., Reusser, K., Waldis, M. & Grob, U. (2003). „Erweiterte Lehr- und Lernformen" im Mathematikunterricht der Deutschschweiz. *Unterrichtswissenschaft, 31* (4), 291-320.

Petko, S., Waldis, M., Pauli, C. & Reusser, K. (2003). Methodologische Überlegungen zur videogestützten Forschung in der Mathematikdidaktik. Ansätze der TIMSS 1999 Video Studie und ihrer schweizerischen Erweiterung. *Zentralblatt für Didaktik der Mathematik, 35* (6), 265-280.

Ramseier, E., Keller, C. & Moser, U. (1999). *Bilanz Bildung: Eine Evaluation am Ende der Sekundarstufe II auf der Grundlage der „Third international mathematics and science study".* Chur: Rüegger.

Reiss, K. & Reiss, M. (2006). Unterrichtsqualität und der Mathematikunterricht. In I. Hosenfeld & F.-W. Schrader (Hrsg.), *Schulische Leistung. Grundlagen, Bedingungen, Perspektiven* (S. 225-242). Münster: Waxmann.

Reusser, K. (2005). Situiertes Lernen mit Unterrichtsvideos. Unterrichtsvideografie als Medium des situierten beruflichen Lernens. *Journal für Lehrerinnen- und Lehrerbildung, 2,* 10-18.

Reusser, K. (2006). Konstruktivismus – vom epistemologischen Leitbegriff zur Erneuerung der didaktischen Kultur. In M. Baer, M. Fuchs, P. Füglister, K. Reusser & H. Wyss (Hrsg.), *Didaktik auf psychologischer Grundlage. Von Hans Aeblis kognitionspsychologischer Didaktik zur modernen Lehr- und Lernforschung* (S. 151-168). Bern: h.e.p.

Reusser, K. (2008). Empirisch fundierte Didaktik – didaktisch fundierte Unterrichtsforschung. Eine Perspektive zur Neuorientierung der Allgemeinen Didaktik. In M. A. Meyer, M. Prenzel & S. Hellekamps (Hrsg.), *Perspektiven der Didaktik* (*Zeitschrift für Erziehungswissenschaft, Sonderheft 9,* S. 219-237). Wiesbaden: VS Verlag für Sozialwissenschaften.

Reusser, K. (2009). Unterricht. In S. Andresen, R. Casale, T. Gabriel, R. Horlacher, S. Larcher Klee & J. Oelkers (Hrsg.), *Handwörterbuch Erziehungswissenschaft* (S. 881-896). Weinheim: Beltz.

Reusser, K. & Pauli, C. (2003). *Mathematikunterricht in der Schweiz und in weiteren sechs Ländern. Bericht über die Ergebnisse einer internationalen und schweizerischen Video-Unterrichtsstudie.* Doppel-CD-ROM. Zürich: Universität Zürich.

Reusser, K., Pauli, C. & Krammer, K. (Hrsg.). (2004). *Unterrichtsvideos mit Begleitmaterialien für die Aus- und Weiterbildung von Lehrpersonen.* Zürich: Universität Zürich, Lehrstuhl Pädagogische Psychologie und Didaktik.

Roth, K.J., Druker, S.L., Garnier, H., Lemmens, M., Chen, C., Kawanaka, T., Rasmussen, D., Trubacova, S., Warvi, D., Okamoto, Y., Gonzales, P., Stigler, J.W. & Gallimore, R. (2006). *Teaching Science in five countries: Results from the TIMSS 1999 Video Study.* Washington, DC: National Center for Education Statistics.

Seidel, T., Prenzel, M., Rimmele, R., Dalehefte, I.M., Herweg, C., Kobarg, M. & Schwindt, K. (2006). Blicke auf den Physikunterricht. Ergebnisse der IPN Videostudie. *Zeitschrift für Pädagogik, 52* (6), 798-821.

Stigler, J.W. (1998). Video Surveys: New data for the improvement of classroom instruction. In S.G. Paris & H.M. Wellman (Hrsg.), *Global prospects for education. Development, culture and schooling.* (S. 129-168). Washington, DC: American Psychological Association.

Stigler, J.W., Gallimore, R. & Hiebert, J. (2000). Using video surveys to compare classrooms and teaching across cultures: Examples and lessons from the TIMSS video studies. *Educational Psychologist, 35* (2), 87-100.

Stigler, J.W. & Hiebert, J. (1999). *The teaching gap.* New York: Free Press.

Stigler, J.W. & Hiebert, J. (2004). Improving mathematics teaching. *Educational Leadership,* February, 12-17.

Wild, K.-P. (2003). Videoanalysen als neue Impulsgeber für eine praxisnahe prozessorientierte empirische Unterrichtsforschung. *Unterrichtswissenschaft, 31* (2), 98-102.

Zahner Rossier, C. (2005). *PISA 2003: Kompetenzen für die Zukunft. Zweiter nationaler Bericht.* Neuchâtel/Bern: Bundesamt für Statistik (BFS)/EDK.

Zahner Rossier, C., Berweger, S., Brühwiler, C., Holzer, T., Mariotta, M., Moser, U. & Nicoli, M. (2004). *PISA 2003: Kompetenzen für die Zukunft. Erster nationaler Bericht.* Neuchâtel/Bern: Bundesamt für Statistik (BFS) und Schweizerische Konferenz der kantonalen Erziehungsdirektoren (EDK).

Zahner Rossier, C. & Holzer, T. (2007). PISA 2006. *Kompetenzen für das Leben – Schwerpunkt Naturwissenschaften. Nationaler Bericht.* Neuchâtel: Bundesamt für Statistik.

Monika Waldis

2 Methode

Dieses Kapitel vermittelt einen Überblick über das methodische Vorgehen der vorzustellenden Studie. Es beinhaltet die Beschreibung des Untersuchungsdesigns und der Stichprobe, eine Übersicht über die verwendeten Instrumente sowie die Beschreibung des Vorgehens bei der Datenerhebung und Datenaufbereitung. Die zur Anwendung gekommenen statistischen Analysemethoden werden in den einzelnen Kapiteln des Ergebnisteils genauer erläutert. Aus diesem Grund wird an dieser Stelle auf eine Darstellung derselben weitgehend verzichtet.

2.1 Anlage und Untersuchungsdesign der schweizerisch-internationalen Videostudie „Mathematiklernen in unterschiedlichen Unterrichtskulturen"

Die schweizerisch-internationale Videostudie „Mathematiklernen in unterschiedlichen Unterrichtskulturen" untersucht die Gestaltung und Qualität des schweizerischen Mathematikunterrichts im 8. Schuljahr im Vergleich mit sechs weiteren Ländern und vermittelt damit einen Einblick in die alltägliche Unterrichtspraxis im Schulfach Mathematik. Die Studie ist Teil der internationalen TIMSS 1999 Video Study (Hiebert, Gallimore et al., 2003). In der Schweiz wurden – wie auch in anderen Teilnehmerländern – zusätzliche nationale Erhebungen durchgeführt, welche einen detaillierteren Blick auf die nationale Schul- und Unterrichtskultur ermöglichen. Im Folgenden wird zunächst das Studiendesign der internationalen TIMSS 1999 Video Study beschrieben. Im Anschluss daran folgt die Darstellung der nationalen Erhebungen.

2.1.1 Die internationale TIMSS 1999 Video Study

Die TIMSS 1999 Video Study unter der amerikanischen Leitung von James W. Stigler und Ron Gallimore (beide University of Los Angeles) sowie James Hiebert (University of Delaware) untersuchte den Mathematikunterricht in den sieben Ländern Australien, Hongkong, Japan, Niederlande, Tschechien, Schweiz und USA. Ziel der Studie war es, einen repräsentativen Querschnitt durch die Unterrichtswirklichkeit im Fach Mathematik auf der 8. Jahrgangsstufe der teilnehmenden Nationen zu gewinnen. Im Rahmen eines Video-Surveys wurden 638 Mathematiklektionen der 8. Jahrgangsstufe auf Video aufgezeichnet und ausgewertet. Im Vordergrund stand dabei die Deskription der Unterrichtsrealität. Die erhobenen Videodaten lassen allerdings auch Schlussfolgerungen über das mit diesem Unterricht erreichte nationale Leistungsniveau zu. Aus US-amerikanischer Sicht ging es dabei um einen Vergleich zwischen dem amerikanischen Unterricht und der Unterrichtspraxis in sechs anderen Ländern, welche in den internationalen Leistungstests TIMSS 1995 (Beaton et al., 1996) und TIMSS 1999 (Mullis et al., 2000) sehr gut abgeschnitten hatten. Der internationale Vergleich ist jedoch auch für die anderen teilnehmenden Länder von

Interesse. So stellen international vergleichende Unterrichtsstudien beispielsweise einen Referenzrahmen dar, in den nationale Unterrichtskulturen eingeordnet werden können. Solche Vergleiche geben womöglich entscheidende Impulse für die Aus- und Weiterbildung von Lehrpersonen, die Unterrichtsentwicklung sowie für zukünftige Schulreformen dar.

Das Design der internationalen TIMSS 1999 Video Study sah vor, dass pro Teilnehmerland in je 100 repräsentativ ausgewählten Klassen der 8. Jahrgangsstufe im Verlaufe des Schuljahres 1999/2000 eine zufällig ausgewählte Mathematiklektion gefilmt werden sollte. Die Lehrpersonen wurden aufgefordert, eine alltägliche Mathematiklektion durchzuführen, welche der persönlichen Unterrichtsplanung folgen sollte. Ergänzt wurde die Videodatenbasis durch eine schriftliche Befragung der Lehrpersonen zum erweiterten Kontext der videografierten Lektion mittels Lehrervideofragebogen. Gleichsam wurden bei den Schülerinnen und Schülern mithilfe eines Schülervideofragebogens einige elementare soziodemografische Angaben erhoben.

Mit dem bewussten Verzicht auf eine Vorgabe von Themen oder Inhalten wurde dem Studienziel Folge geleistet, ein Bild der Unterrichtskultur auf nationaler Ebene zu erfassen. Es wurde davon ausgegangen, dass die grosse Anzahl an gesammelten Videolektionen einen repräsentativen Einblick in die Unterrichtsrealität im Fach Mathematik innerhalb eines Landes zu vermitteln vermag. Die gefilmten Mathematiklektionen sind jedoch nur beschränkt als repräsentativ für den Unterricht einer einzelnen Lehrperson zu betrachten (vgl. Stigler et al., 2000).

Nebst den Aufnahmen im Fach Mathematik wurden in der internationalen TIMSS 1999 Video Study auch Unterrichtsaufnahmen in Naturwissenschaften gemacht und analysiert. Die Schweiz hat sich an diesem naturwissenschaftlichen Teil der Studie nicht beteiligt.

2.1.2 Nationale Studie

Das Erhebungsdesign der internationalen Studie konnte in der Schweiz von der Forschergruppe am Pädagogischen Institut der Universität Zürich unter der Leitung von Prof. Dr. Kurt Reusser dahingehend erweitert werden, dass zusätzliche schriftliche Befragungen mit den teilnehmenden Lehrpersonen und Klassen durchgeführt sowie weitere Codierverfahren angewandt wurden. Die nationale Stichprobe wurde zudem um ausgewählte Klassen erweitert, bei denen im Mathematikunterricht extensiv neuere Lehr- und Lernformen praktiziert wurden.

Einem systemischen Verständnis von Unterrichtsqualität folgend (Fend, 1998; Reusser & Pauli, 2003) wurden die zusätzlichen nationalen Erhebungen mit dem Ziel durchgeführt, erweiterte Kenntnisse über relevante Faktoren zu gewinnen, die auf die Gestaltung des Mathematikunterrichts und dessen Bildungswirkungen Einfluss nehmen. Zu diesem Zweck wurden Informationen zur Unterrichtspraxis aus unterschiedlichen Perspektiven, wie derjenigen der Schülerinnen und Schüler, der Lehrpersonen oder von Beobachterinnen und Beobachtern, sowie auf verschiedenen Ebenen des Bildungssystems zusammengetragen. Zusätzlich zu den internationalen Erhebungen wurde in den gefilmten Klassen in der zweiten Hälfte des 8. Schuljahres eine umfangreiche Schülerbefragung zu Aspekten des Mathematikunterrichts durchgeführt. Hinzu kamen die Durchführung des TIMSS-1995-Leistungstests (Beaton et al., 1996) und die Erfassung der kognitiven Grundfähigkeiten mittels KFT 4-13. Die gefilmten Lehrpersonen beantworteten zusätzlich zum internationalen Videofragebogen einen nationalen Lehrerfragebogen, welcher allgemein- und fachdidaktische sowie pädagogische Aspekte des Unterrichtens im Fach Mathematik thematisierte. Im Tessin und in der Deutschschweiz konnte ein Jahr später, im 9. Schuljahr, eine Nachbefragung durchgeführt werden. Dabei bearbeiteten die Schülerinnen und Schüler nochmals den im 8. Schuljahr eingesetzten Mathematikleistungstest sowie einen Kurzfragebogen zu ihren motivationalen Einstellungen. Leider fehlte eine beträchtliche Anzahl von Klassen bei der Nachbefragung, da sie aus schulorganisatorischen Gründen zum Teil ganz aufgelöst worden waren, sehr grosse Fluktuationsraten von Schülerinnen und Schülern verzeichneten oder aus anderen Gründen nicht mehr einbezogen werden konnten. In der Westschweiz musste aus schulpolitischen Gründen ganz auf eine Nachbefragung verzichtet werden.

Die internationale repräsentative Stichprobe von 140 Klassen aus drei Sprachregionen der Schweiz wurde – wie bereits erwähnt – um 16 Deutschschweizer Klassen erweitert, deren Lehrpersonen nach eigener Auskunft regelmässig erweiterte Lehr- und Lernformen (ELF) einsetzten, die den Schülerinnen und Schülern vermehrt Gelegenheiten eigenverantworteten Lernens bieten. Die Erweiterung der Stichprobe mit diesen ausgewählten „ELF-Klassen" lässt die Untersuchung der Wirksamkeit neuerer Lehr- und Lernformen im Mathematikunterricht mittels einer grösseren Stichprobe zu.

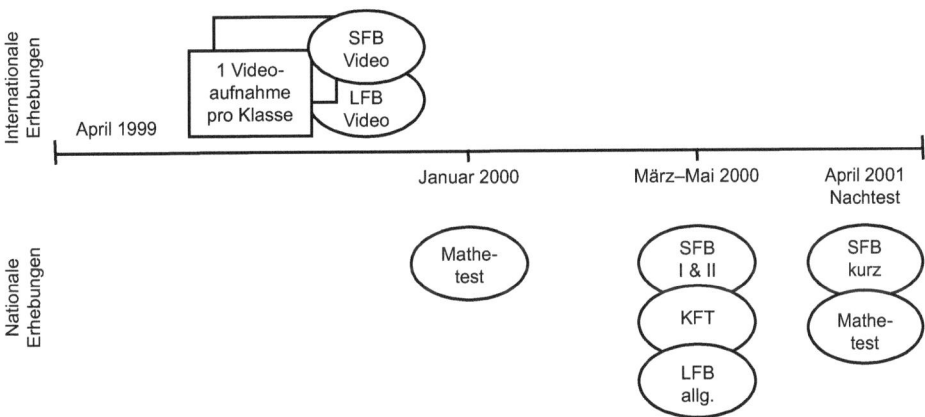

Abbildung 2.1: Internationales und nationales Studiendesign

2.1.3 Durchführung der Datenerhebungen und Auswertungen

Die schweizerischen Erhebungen der TIMSS 1999 Video Study und ihrer nationalen Erweiterung wurden vom Pädagogischen Institut der Universität Zürich unter der Leitung von Prof. Dr. Kurt Reusser unter Beteiligung der beiden nationalen Forschungspartner Service de la recherche en éducation (SRED) Genf unter der Leitung von Norberto Bottani und dem Ufficio studi e ricerche (USR) Bellinzona unter der Leitung von Francesca Pedrazzini und Emanuele Berger durchgeführt. Die Aufbereitung und Auswertung der

Videodaten fand teilweise in der Schweiz und teilweise in den USA statt. Datenaufbereitung und Auswertung der nationalen Erhebungen erfolgten am Pädagogischen Institut der
Universität Zürich.

Tabelle 2.1 zeigt die verwendeten Instrumente und deren Einsatz bei der Datenerhebung im Überblick. Die Videografierung der 156 Mathematiklektionen fand im Zeitraum
zwischen Frühjahr 1999 und Sommer 2000 statt. Die schweizerischen Zusatzerhebungen
erfolgten im selben Zeitraum. Die Nachbefragungen wurden im Frühjahr 2001 durchgeführt.

Tabelle 2.1: Übersicht über die Erhebungsinstrumente und deren zeitlichen Einsatz

	April 1999	Juli-Dez. 1999	Jan. 2000	März 2000	Mai 2000	April 2001
TIMSS 1999 Video Study, international						
Videografierung einer Mathematiklektion gemäss internationalem Kameraskript	Klassen ID 1-18[1]	Klassen Deutschschweiz 19-96 Alle Klassen Westschweiz Alle Klassen Tessin				
Internationaler Fragebogen für Mathemtikehrerinnen und -lehrer und internationaler Fragebogen Schülerinnen und Schüler	Klassen ID 1-18[1]	Klassen ID 19-96 Alle Klassen Westschweiz Alle Klassen Tessin				
Nationale Erhebungen						
Nationaler Fragebogen für Mathematiklehrerinnen und -lehrer					D/F/I-CH[2]	
Nationaler Fragebogen für Schülerinnen und Schüler, Teil I und Teil II	Klassen ID 1–18[1]			D/F/I-CH[2]		
Mathematiktest TIMSS 1995	Klassen ID 1–18[1]		D/F/I-CH[2]			D/I-CH[4]
Kognitiver Fähigkeitstest KFT 4-13 für das 8. Schuljahr					D/I-CH[3]	
Kurzfragebogen für Schülerinnen und Schüler						D/I-CH[4]

Anmerkungen:
D-CH = Deutschschweiz; F-CH = Westschweiz; I-CH = Tessin
1   Aus schulorganisatorischen Gründen mussten bei den Deutschschweizer Klassen mit ID 1-18 die Datener-
    hebungen vor Schuljahresende im Frühjahr 1999 abgeschlossen werden.
2   Aus der Deutschschweiz nur Klassen mit ID 19-96.
3   Der kognitive Fähigkeitstest konnte nur in der Deutschschweiz (ID 19-75) und im Tessin (ID 101-135)
    durchgeführt werden.
4   Die Nachbefragungen konnten nur in der Deutschschweiz und im Tessin durchgeführt werden.

2.2   Stichproben

2.2.1   Die internationale Stichprobe

Die Vorgaben für die Stichprobenziehung der TIMSS 1999 Video Study hatten zum Ziel,
in jedem Teilnehmerland ein repräsentatives Sample von Mathematiklektionen der 8.
Klasse zusammenzustellen. Im Allgemeinen kamen jene Standards und Prozeduren zur

Stichprobenziehung zur Anwendung, welche in den TIMSS-1999-Leistungstests verwendet wurden (vgl. Martin, Gregory & Stemler, 2002). Das PPS-Sample (*probablility proportionate to size*) ist dadurch gekennzeichnet, dass die Selektionswahrscheinlichkeit einer Schule sich proportional zur landesweiten Anzahl von Schülerinnen und Schülern in achten Klassen verhält. In den ausgewählten Schulen wurde nach dem Zufallsprinzip eine Klasse bestimmt, in der die Erhebungen durchgeführt werden sollten.

Tabelle 2.2: Stichprobengrösse und Partizipationsrate für jedes Teilnehmerland der TIMSS 1999 Video Study

Land	Anzahl der teilnehmenden Schulen	Prozentualer Anteil der teilnehmenden Schulen einschliesslich Ersatzschulen[1] – ungewichtet[2]	Prozentualer Anteil der teilnehmenden Schulen einschliesslich Ersatzschulen[1] – gewichtet[3]
Australien[4]	87	85	85
Tschechien[4]	100	100	100
Hongkong	100	100	100
Japan[5]	50	100[6]	100[6]
Niederlande	85[7]	87	85
Schweiz[4,8]	140	93	93
USA	83	77	76

Quelle: U.S. Department of Education, National Center for Education Statistics, Third International Mathematics and Science Study, Video Study, 1999

Anmerkungen:
1   Die Partizipationsrate der teilnehmenden Schulen einschliesslich Ersatzschulen ergibt die Gesamtzahl der partizipierenden Schulen (Original- und Ersatzschulen).
2   Die ungewichteten Partizipationsraten errechnen sich aus der aktuellen Anzahl Schulen und widerspiegeln den Erfolg der operationalen Aspekte der Studie (z.B. Schulen zur Teilnahme bewegen).
3   Die gewichteten Partizipationsraten repräsentieren die Selektionswahrscheinlichkeit der einzelnen Schulen und beschreiben den Erfolg der Studie bezüglich der Repräsentativität der Stichprobe.
4   Für Australien, Tschechien und die Niederlande repräsentieren diese Zahlen die Teilnahmerate in der Mathematik- und Naturwissenschaftsstudie.
5   Die japanischen Daten wurden 1995 erhoben.
6   Diese Zahlen unterscheiden sich von früheren Berichten (vgl. Stigler et al., 1999), da die Vorgehensprozedur für die Teilnahmerate revidiert werden musste, um sie in Übereinstimmung mit den Methoden von TIMSS 1995 und TIMSS 1999 zu bringen.
7   In den Niederlanden wurden 78 Mathematiklektionen gefilmt.
8   In der Schweiz nahmen 74 Deutschschweizer Schulen (99 % ungewichtete und gewichtete Partizipationsrate), 39 Westschweizer (95 % ungewichtete und gewichtete Partizipationsrate) und 27 Tessiner Schulen (77 % ungewichtete und gewichtete Partizipationsrate) teil.

Die Teilnehmerländer des internationalen Projektes waren verpflichtet, zu Projektstart eine repräsentative Auswahl von 100 Schulen vorzunehmen. Aus verschiedenen Gründen hielten sich nicht alle Länder an diese Vorgabe. In der Schweiz kamen mit dem nachträglichen Eintritt der Westschweiz in das Forschungsprojekt 40 zusätzliche Klassen zur Stichprobe hinzu. Für Japan wurden die Daten reanalysiert, welche bereits in der TIMSS Video Study 1995 erhoben worden waren, wobei diese Stichprobe allerdings nur 50 Schulen umfasste.

Die realisierte Stichprobe der TIMSS 1999 Video Study umfasst insgesamt 638 Mathematiklektionen. Tabelle 2.2 zeigt im Überblick die Anzahl der teilnehmenden Schulen und die Partizipationsrate in jedem Teilnehmerland.

Innerhalb der oben beschriebenen Vorgaben zeichneten die einzelnen Länder für die Auswahl der Stichprobe verantwortlich. In allen Fällen wurden die relevanten Sampling-Variablen der Firma Westat zugesandt. Diese verarbeitete die Informationen zu den partizipierenden Schulen und jenen Schulen, die zwar ausgewählt worden waren, aber an der Studie nicht teilgenommen hatten und auch nicht durch eine Ersatzschule ersetzt worden waren, zu Gewichtungsvariablen. Mit den Gewichtungsvariablen wird der Ausfall ausgewählter Schulen aufgefangen. Mit dem Einbezug der Gewichtungsvariablen bei den statistischen Analysen wird die Repräsentativität der errechneten Ergebnisse sichergestellt.

2.2.2 Die schweizerische Stichprobe

Für die drei Sprachregionen der Schweiz kamen unterschiedliche Verfahren der Stichprobenziehung zum Einsatz. Im Folgenden wird die Stichprobenziehung für jede Sprachregion separat dargestellt.

Stichprobe der deutschsprachigen Schweiz
Bei der Auswahl der 75 Teilnehmerklassen in der Deutschschweiz griff man auf die repräsentative Stichprobe der TIMSS-Leistungsstudie von 1995 zurück. In einem zweistufigen Verfahren wurde nach der Bestimmung der Schulort-Schultyp-Einheiten die Auswahl der Klassen vorgenommen, und zwar derart, dass die ursprüngliche Samplestruktur von TIMSS erhalten blieb. Unter Einhaltung des Dienstweges folgte die Anfrage an die Lehrperson bezüglich der Teilnahme an der Studie. Bei einer Absage vonseiten der Lehrperson[1] wurde die im Voraus zugewiesene Ersatzschule kontaktiert (vgl. Abschnitt 2.2.3). In 51 der ursprünglich ausgewählten Schulen konnte gefilmt werden, hinzu kamen 23 Ersatzschulen. Die repräsentative Deutschschweizer Stichprobe umfasst somit 74 Klassen. Zusätzlich zu diesen 74 Klassen, welche die deutschsprachige Schweiz in der internationalen TIMSS 1999 Video Study repräsentierten, wurde die nationale Stichprobe um 16 gezielt ausgewählte Klassen erweitert, von denen bekannt war, dass bei ihnen im Fach Mathematik regelmässig mit erweiterten Lehr- und Lernformen gearbeitet wurde.[2] Insgesamt nahmen 90 Deutschschweizer Klassen an den Videoerhebungen der Studie teil.

Stichprobe der französischsprachigen Schweiz
Die Klassen der französischsprachigen Schweiz wurden aus der Grundgesamtheit der Klassen in den einzelnen Kantonen ausgewählt. Es kam eine systematische Stichprobenziehung mit gleicher Selektionswahrscheinlichkeit pro Klasse zur Anwendung, wobei sich der Entscheid, wie viele Schulen pro Kanton in der Westschweizer Teilstichprobe vertreten sein sollten, nach der prozentualen Verteilung der Bevölkerung in den einzelnen

---

1   Absagegründe waren die Teilnahme an weiteren wissenschaftlichen Studien (PISA), ein laufendes Schulprojekt, Krankheit der Lehrperson und Ähnliches.
2   Es handelt sich hierbei um eine Gruppe von Lehrpersonen, deren Adressen wir über Empfehlungen von Inspektoren und Lehrerbildungsinstitutionen (Praxislehrer- und -lehrerinnenliste) erhielten. Zum Begriff „Erweiterte Lehr- und Lernformen" vgl. Kapitel 12.

Kantonen richtete. 37 der ursprünglich 41 selektierten Schulen willigten in eine Teilnahme an der Studie ein, hinzu kamen zwei Ersatzschulen. Von diesen insgesamt 39 Schulen wurde zufällig je eine Klasse ausgewählt, in denen eine Mathematiklektion gefilmt werden konnte.

Stichprobe der italienischsprachigen Schweiz
Die Stichprobenziehung der italienischsprachigen Schweiz beschränkte sich auf den Kanton Tessin. Im ersten Schritt wurden alle Schulen des Kantons für die Studie selektiert. 27 von insgesamt 35 Schulen erklärten sich zur Teilnahme an der Studie bereit. Im zweiten Schritt wurde in den teilnehmenden Schulen zufällig je eine Klasse des zuvor bestimmten Anforderungsniveaus (Schultyp) ausgewählt. Es wurden in allen ausgewählten Klassen Videoaufnahmen einer Mathematiklektion gemacht. Tabelle 2.3 zeigt die Zusammensetzung der effektiv an der Studie beteiligten Schulen pro Sprachregion und Schultyp.

Tabelle 2.3: Verteilung der Schulen in der Stichprobe nach Sprachregionen und Schultypen

Schultyp	Anzahl Schulen	Prozentualer Anteil	Total Schulen pro Sprachregion
Deutschsprachige Schweiz			
Realschulen (Grundansprüche)	26	35.1	
Sekundarschulen (erweiterte Ansprüche)	38	51.4	
Progymnasium (hohe Ansprüche)	10	13.5	*n* D-CH repräsentativ = 74
Zusätzliche ELF-Klassen	16		*n* D-CH alle = 90
Französischsprachige Schweiz			
Exigences élémentaries (Grundansprüche)	5	12.8	
Exigences moyennes (erweiterte Ansprüche)	20	51.3	
Gymnasium (hohe Ansprüche)	14	35.9	*n* F-CH = 39
Italienischsprachige Schweiz			
Corso base (Grundansprüche)	9	33.3	
Corso attitudinale (erweiterte Ansprüche)	18	66.6	*n* I-CH = 27

Anmerkungen:
D-CH = deutschsprachige Schweiz; F-CH = französischsprachige Schweiz;
I-CH = italienischsprachige Schweiz.

2.2.3 Rekrutierung der Lehrkräfte und Klassen

Im Anschluss an die Stichprobenziehung wurden in einem ersten Schritt die Schulbehörden und die Schulleitungen kontaktiert; in einem zweiten Schritt wurde danach eine zufällig ermittelte Lehrperson der jeweiligen Schule bezüglich einer Teilnahme an der Studie angefragt. Um die Repräsentativität der Studie zu gewährleisten, kam pro Schule nur eine zufällig ausgewählte Lehrperson für die Teilnahme an der Studie infrage. Den internationalen Richtlinien folgend wurde im Falle einer Absage die im Voraus bestimmte Ersatzschule kontaktiert.

Da die angefragten Lehrpersonen eine Teilnahme an der TIMSS 1999 Video Study auch ablehnen konnten, ist trotz dieses recht aufwendigen Rekrutierungsverfahrens ein gewisser Selbstselektionsprozess nicht auszuschliessen. Es ist gut möglich, dass eine Lehrperson die Studienteilnahme hie und da ablehnte, weil sie die Klasse als zu unruhig und undiszipliniert einschätzte, oder weil es ihr an Selbstsicherheit fehlte, um sich mit der Klasse vor die Kamera zu stellen. Auf der anderen Seite scheint die Ablehnung der Studienteilnahme auch kulturell geprägt zu sein. In der Schweiz variiert beispielsweise der Anteil der Ersatzschulen von Region zu Region. Während in der deutschsprachigen Schweiz für einen Drittel der angefragten Schulen bzw. Lehrpersonen ein Ersatz gesucht werden musste, fiel die Bereitschaft zur Teilnahme in der französischsprachigen und italienischsprachigen Schweiz deutlich höher aus (vgl. Jacobs et al., 2003, S. 40 f.).

Tabelle 2.4 zeigt die Verteilung der beteiligten Klassen sowie die genaue Anzahl der beteiligten Schülerinnen und Schüler in den einzelnen Sprachregionen und Schultypen der Schweiz.

Tabelle 2.4: Übersicht über die nationale Stichprobe: Beteiligte Klasse und Anzahl Schülerinnen und Schüler in den Sprachregionen und in den einzelnen Schultypen

Schultyp	Klassen	Mädchen	Gesamt pro Schultyp	Gesamt pro Sprachregion
Deutschsprachige Schweiz				
Realschulen (Grundansprüche)	26	225	443	
Sekundarschulen (erweiterte Ansprüche)	38	408	749	
Progymnasium (hohe Ansprüche)	10	116	210	1402 (repräsentativ)
Zusätzliche ELF-Klassen Realschule	6	21	58	
Zusätzliche ELF-Klassen Sekundarschule[1]	10 (9)	77 (69)	170 (157)	228 (215)
Französischsprachige Schweiz				
Exigences élémentaries (Grundansprüche)	5	39	89	
Exigences moyennes (erweiterte Ansprüche)	20	181	353	
Gymnasium (hohe Ansprüche)	14	145	267	709
Italienischsprachige Schweiz				
Corso base (Grundansprüche)	9	57	103	
Corso attitudinale (erweiterte Ansprüche)	18	184	360	463
Total				2802 (2789)

Anmerkung:
1   Klassen mit ID 81 und 82 besuchten den Mathematikunterricht bei derselben Lehrperson. Aus Gründen des Studiendesigns – Auswahl einer Klasse pro Schule – musste die Klasse mit ID 81 ausgeschlossen werden. Bei den Zahlen in Klammern ist diese Klasse nicht mehr berücksichtigt.

2.3   Durchführung der Videoaufzeichnungen

In den folgenden Abschnitten 2.3 bis 2.6 wird das Vorgehen bei der Datenerhebung und der Datenaufbereitung beschrieben. Wir beginnen mit der Darstellung der Videoaufzeichnungen.

Zwischen April 1999 und Juni 2000 wurde in Klassen des 8. Schuljahrs während der regulären Unterrichtszeit eine beliebige Mathematiklektion gefilmt. Die Lehrpersonen wurden ausdrücklich gebeten, eine alltägliche, wie üblich vorbereitete Lektion abzuhalten, welche bezüglich des Inhalts der individuellen Planung folgte. Der Filmtermin wurde mit den Lehrpersonen ca. zwei Wochen im Voraus telefonisch vereinbart. Die Videoaufzeichnungen wurden nach standardisierten Richtlinien durchgeführt, welche die Vergleichbarkeit der Aufnahmen sicherstellten. Das im Rahmen der internationalen Studie entwickelte Kameraskript soll im Folgenden in seinen Grundzügen vorgestellt werden. Ergänzt werden diese Informationen durch Bemerkungen zum Vorgehen bei der Schulung des Kamerapersonals und bei der Qualitätssicherung der Videoaufnahmen. Für detaillierte Angaben sei an dieser Stelle auf den technischen Bericht der internationalen TIMSS 1999 Video Study (Jacobs et al., 2003) verwiesen.

2.3.1   Kameraskript

Bei der Aufzeichnung einer Unterrichtslektion standen zwei Kameras im Einsatz, die beide von mindestens einer Kameraperson bedient wurden, die während der Aufnahmen im Schulzimmer anwesend war. Für die Schweiz war in der Regel ein zweiköpfiges Kamerateam unterwegs. Die beiden Kameras hatten unterschiedliche Verwendungszwecke.

Der Einsatz der sogenannten „Lehrerkamera" hatte zum Ziel, die Interaktionen zwischen Lehrpersonen und Schülerinnen und Schülern sowie den Prozess der Inhaltsvermittlung zu dokumentieren. Diese Perspektive wurde in TIMSS-Video als „Zone der Interaktion" bezeichnet. Die Lehrerkamera wurde seitlich im hinteren Drittel des Schulzimmers aufgestellt und während der gesamten Lektion von einer Kameraperson dynamisch geführt. Leitgedanke bei diesen Aufnahmen war das Prinzip *„follow the teacher"*. Wenn die Situation es erlaubte, konnten mit dieser Kamera kurze Nahaufnahmen von verwendeten Unterrichtsmaterialien, einer Wandtafelanschrift und Ähnlichem gemacht werden. Lehrer-Schüler-Gespräche in Stillarbeits- oder Gruppenarbeitsphasen wurden ebenfalls per Nahaufnahme festgehalten.

Mit der zweiten Kamera, der sogenannten „Klassenkamera", wurde versucht, möglichst viel vom Klassengeschehen zu erfassen. Die Klassenkamera wurde auf einem Stativ seitlich im vorderen Drittel des Schulzimmers aufgestellt und filmte die Klasse mit einer weiten Kamerawinkeleinstellung von vorne. Die Klassenkamera war während der Filmaufnahmen nicht bedient. Das Filmmaterial dieser Kamera wurde bei der Datenanalyse herangezogen, wenn beim Betrachten der Lehrerkamera-Aufnahmen Unsicherheiten in der Situationsinterpretation auftraten. Für den Fall, dass bei der Lehrerkamera technische Schwierigkeiten auftraten, bot die Klassenkamera zudem die Möglichkeit, den Verlust auszugleichen.

Bei der Positionierung der Kameras im Klassenzimmer wurde darauf geachtet, diese wenn möglich auf der Fensterseite des Raumes aufzustellen. Damit konnten Lichteffekte weitgehend vermieden werden. Aufgrund der räumlichen Gegebenheiten konnte nicht in jedem Fall die optimale Kameraaufstellung realisiert werden.

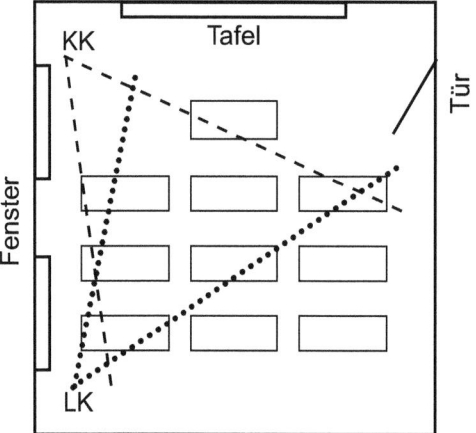

Abbildung 2.2: Skizze zur Kameraaufstellung im Klassenzimmer (KK = Klassenkamera; LK = Lehrerkamera).

2.3.2 Tonaufnahmen

Nebst guten Bildaufnahmen spielt die Tonqualität beim Verstehen von Lehr- und Lernhandlungen in Klassenzimmern eine wichtige Rolle. Technische Entwicklungen bei den Mikrofonen ermöglichen heutzutage eine passable Erfassung der Gespräche in lehrergeleiteten Unterrichtsphasen. Für Tonaufzeichnungen der Gespräche während Paar- und Gruppenarbeitsphasen werden weitere Mikrofone benötigt. Die Bestückung eines normalen Klassenzimmers mit dem dafür notwendigen Equipment steht nun aber im Konflikt mit dem Anspruch, die Datenerhebungssituation möglichst alltagsnah und wenig invasiv zu gestalten. Zur Vermeidung von Invasivität und aus Kostengründen wurde auf eine weitergehende Verkabelung des Klassenzimmers verzichtet. Bei den Videoaufnahmen standen demzufolge drei Mikrofone im Einsatz: Ein kabelloses Mikrofon, das die Lehrperson am Körper trug, ein Richtmikrofon, das der Lehrerkamera aufgesetzt war, und das eingebaute Mikrofon der Schülerkamera. Das Kamerapersonal hatte den Auftrag, die Tonqualität während der Aufnahmen sorgfältig zu überwachen und bei Bedarf Anpassungen vorzunehmen.

2.3.3 Schulung der Kameraleute und Qualitätssicherung der Videoaufnahmen

Die Schulung der Kameraleute fand während der Dauer einer Woche in Los Angeles statt. Mindestens zwei Videoleute pro Teilnehmerland nahmen an diesem Training teil, anlässlich dessen die genauen Aufnahmeregeln gemäss Kameraskript erlernt und Probeaufnahmen in Klassenzimmern gemacht wurden. Im weiteren Verlauf des Datenerhebungsprozesses wurden die ersten zwei Aufnahmen und danach jede zehnte Videoaufnahme nach

Los Angeles geschickt und dort auf Bild- und Tonqualität sowie auf die Einhaltung des festgelegten Kameraskripts hin überprüft. Sobald Schwierigkeiten auftraten, wurde mit den Kameraleuten Rücksprache genommen.

2.3.4 Datenschutz

Den an der Studie teilnehmenden Lehrerinnen und Lehrern sowie deren Schülerinnen und Schülern wurde die Einhaltung des Datenschutzes garantiert. Generell werden keine personen-, klassen- oder schulbezogenen Daten veröffentlicht. Mit der Teilnahme an der Studie willigten die Lehrpersonen in die Verwendung der Videodaten für wissenschaftliche Zwecke ein. Die Eltern der betroffenen Schülerinnen und Schüler wurden gebeten, der Teilnahme ihrer Tochter oder ihres Sohnes an den Videoaufnahmen schriftlich zuzustimmen. Falls ein Kind keine Erlaubnis zur Teilnahme erhielt, wurde es während der Filmaufnahmen entweder in einem separaten Raum beschäftigt oder im Schulzimmer so umplatziert, dass es auf der Filmaufnahme nicht sichtbar war.

Eine Auswahl von videografierten Lektionen bzw. von Teilen besonders interessanter Lektionen sollten der Lehrerbildung und weiteren Kreisen für Dokumentations-, Informations-, Aus- und Weiterbildungszwecke zugänglich gemacht werden (sogenannte „öffentliche Videos"). Wurde eine Lektion dafür in Betracht gezogen, so wurde die Filmaufnahme den Lehrpersonen zur Begutachtung zugesandt und es wurde um nochmalige schriftliche Einwilligung in eine weiterführende Verwendung gebeten.

2.4 Aufbereitung der Videodaten

Bevor die Daten analysiert werden konnten, waren vielfältige Schritte der Datenaufbereitung nötig. Sämtliche Videodaten wurden in computerlesbare Formate umgewandelt. Dadurch wurde es möglich, die grossen Datenmengen mit teilweise eigens für das Projekt entwickelter Software zu analysieren. Die Prozeduren werden im Folgenden kurz beschrieben.

2.4.1 Digitalisierung der Daten

Die aufgezeichneten Videodaten wurden an einer eigens dafür eingerichteten Computerstation mit spezifischer Videohardware digitalisiert, in MPEG-1-Format komprimiert und auf CD-ROM gebrannt. Die komprimierten Videodaten wurden ausserdem auf einen Videoserver geladen, welcher über ein Netzwerk Computereinzelarbeitsplätze bediente. Die eingesammelten Unterrichtsmaterialien wie beispielsweise Kopien von Lehrbuchseiten, Arbeitsblättern, Hellraumprojektorfolien und Ähnlichem wurden eingescannt und digital im PDF-Format abgespeichert.

2.4.2 Computerunterstützte Datenaufbereitung und -analyse mit vPrism

Die Transkription und die spätere Codierung der Videos erfolgten mit der Analysesoftware vPrism. Die Software kam bereits in der Dreiländer-Studie TIMSS-Video (1995) zum Einsatz und wurde in der Folge an die Bedürfnisse der TIMSS 1999 Video Study angepasst. Das Programm ist ein Multimediaplayer zur Wiedergabe von digitalisiertem Videomaterial. Parallel zur Wiedergabe können Transkripte des sprachlichen Inhalts angefertigt werden. Die eigentliche Auswertungsfunktion zur Datencodierung liegt bei vPrism in der Möglichkeit einer Abgrenzung von Sequenzen innerhalb des Videomaterials und der Zuordnung dieser Sequenzen zu im Voraus definierten Codierkategorien.

Die Oberfläche von vPrism ist so aufgebaut, dass simultan ein Videofenster, ein Transkriptfenster und ein Codierfenster, in dem die codierten Ereignisse aufgelistet werden, auf dem Bildschirm erscheinen. Bei der Transkription und bei der Codierung stehen die Videodaten demzufolge immer zur Verfügung. vPrism erlaubt ein präzises und schnelles Navigieren beim Betrachten und bei der Bearbeitung von Videolektionen. Die mit vPrism hergestellten Transkripte können mit den dazugehörigen Zeitencodes in eine Word-Datei exportiert werden. Die eingegebenen Codierungen werden auf einer Datenbank abgespeichert. Sie können in ein Tabellenformat exportiert werden und stehen dann der Auswertung mittels Statistikprogrammen wie zum Beispiel SPSS oder Excel zur Verfügung.

2.4.3   Transkription der Videolektionen

Die digitalisierten Videolektionen wurden unter Einhaltung der im internationalen Projekt TIMSS 1999 ausgearbeiteten Transkriptionsrichtlinien bearbeitet (vgl. Jacobs et al., 2003). Grundsätzlich wurden alle Gespräche im Klassenzimmer schriftlich festgehalten. Nonverbale Zeichen wurden nicht erfasst, da die Videoaufnahme und das Transkript auf der vPrism-Benutzeroberfläche immer gleichzeitig ablaufen und bei der Auswertung der Videodaten zur Verfügung stehen. Die Niederschrift eines Transkripts erfolgte manuell in drei Schritten:
- *Schritt 1*: Erstellung des Transkripttextes.
- *Schritt 2*: Kontrolle des Transkripts und Ersetzung der Namen durch Pseudonyme.
- *Schritt 3*: Überprüfung des Transkripts durch eine zweite Person. Anbringung letzter Korrekturen.

Mit Ausnahme der schweizerischen Videos wurden alle gefilmten Lektionen in Los Angeles verarbeitet. Dort wurde von bilingualen Personen ein englischsprachiges Transkript angefertigt. Die schweizerische Projektgruppe entschied sich, die Transkription der Unterrichtsvideos in der jeweiligen Landessprache auszuführen. Von ungefähr jeder achten Schweizer Lektion wurde im Anschluss an die Transkription eine englische Übersetzung hergestellt. Diese englischen Transkripte wurden von unseren internationalen Projektpartnern in den USA bei der Code-Entwicklung und bei der Codierung von länderspezifischen Subsamples verwendet.

2.5   Codierung der Videodaten

Durch die internationale Anlage der TIMSS 1999 Video Study ergab sich das Problem der Entwicklung eines Codiersystems, das einen länder- und kulturübergreifenden Vergleich von Mathematiklektionen erlaubt. Da an der Studie Nationen aus unterschiedlichen Kulturkreisen teilnahmen, musste diese Aufgabe mit äusserster Sorgfalt angegangen werden.

Werden Bildungsprozesse als Teil des gesellschaftlichen Systems betrachtet (vgl. Fend, 1980), so scheint klar, dass auch Unterricht kulturell geprägt ist und dass die beobachtbaren Lehr- und Lernaktivitäten nur vor dem Hintergrund der jeweiligen Kultur adäquat interpretiert werden können. Die Analyse der Videolektionen konnte deshalb nicht aus der einseitigen Sichtweise je nationaler Forschungsteams erfolgen, sondern es mussten kulturübergreifende Kriterien der Beschreibung erarbeitet werden. Dieses kulturübergreifende *grounding*, also die Verständigung auf eine gemeinsame Sichtweise, erfolgte in einer multinationalen Code-Entwicklungsgruppe in Los Angeles unter der Leitung der beiden Professoren Ron Gallimore (University of Los Angeles) und James Hiebert (University of Delaware). Jedes Teilnehmerland wurde in dieser Gruppe von mindestens einer Vertretung repräsentiert, welche den Kontakt mit den Studienverantwortlichen und deren Mitarbeiterinnen und Mitarbeitern in den Teilnehmerländern pflegte.[3]

2.5.1 Entwicklung des Codiersystems

Die Entwicklung des internationalen Codiersystems erfolgte in einem mehrstufigen Prozess, wobei an den Erfahrungen der Code-Entwicklung im Rahmen der zuvor durchgeführten Dreiländer-Studie (TIMSS 1995, Deutschland, Japan, USA) angeknüpft werden konnte. Um die kulturelle Prägung von Unterricht wissend, entschied man sich in der internationalen Codiergruppe dafür, zunächst einmal die direkt beobachtbaren Aspekte der Sicht- und Oberflächenstruktur des Unterrichts zu erfassen, wie beispielsweise die Unterrichtsorganisation hinsichtlich der eingesetzten Interaktions- und Sozialformen oder hinsichtlich der Bearbeitung fachlicher Inhalte sowie die Verwendung von technischen Hilfsmitteln und Medien. Bei der Kategorienentwicklung wurde das Ziel fokussiert, exakt formulierte Definitionen der Analysekategorien zu formulieren, welche dem Beobachtenden einen möglichst kleinen Interpretationsspielraum offen lassen. Die Codierung sollte „objektiv" vorgenommen werden und bei der Beobachterin oder beim Beobachter möglichst wenig schlussfolgernde Kognitionen erfordern. Ein wichtiges Gütekriterium für *diese niedriginferenten Codierungen* stellt die Codiererübereinstimmung dar. Die Codierpersonen sollten in möglichst vielen Fällen dieselben Codierentscheidungen treffen (vgl. Abschnitt 2.5.2).

2.5.1.1 Wahl der Analyseeinheit
Der Wahl der Analyseeinheit kommt in Videocodierungen eine zentrale Rolle zu. Die Spanne der Herangehensweisen liegt dabei zwischen den Extremen der kleinschrittigen Zergliederung in einzelne Sprecherwechsel oder Turns, wie es in der klassischen Inter-

---

3   Aus personellen und organisatorischen Gründen war eine ständige Vertretung der Schweiz in der internationalen Projektgruppe nicht möglich. Unser Land wurde deshalb durch eine in Deutschland aufgewachsene und ausgebildete Mitarbeiterin, Frau Nicole Kersting, vertreten, welche bereits in der Dreiländer-Studie die Codierung der deutschen Daten betreut hatte. Frau Kersting nutzte die Gelegenheit, sich während ihrer mehrwöchigen Aufenthalte in der Schweiz mit den Kernkonzepten der schweizerischen Mathematikdidaktik und der Unterrichtsgestaltung im Allgemeinen vertraut zu machen. Weiter wurde versucht, durch länger dauernde temporäre Aufenthalte von schweizerischen Projektmitarbeiterinnen die schweizerische Sichtweise in den Code-Entwicklungsprozess einzubringen. Dies war vor allem in der Anfangsphase zwischen August 1998 und Januar 1999 beim Entwurf des Codiersystems und in der Abschlussphase der Code-Entwicklung zwischen Dezember 2000 und März 2001 wichtig.

aktionsanalyse getan wird, und der Gliederung in längere Sequenzen, bis hin zu ganzen Lektionen. In Bezug auf allgemein- und fachdidaktische Fragestellungen hat sich die Sequenzierung der Lektion in kleinere Analyseeinheiten, die mehrere Sprecheraktivitäten umfassen, als praktikabel erwiesen (vgl. Petko et al., 2003). Zur Segmentierung der Lektion in Analyseeinheiten, die einer Unterrichtsaktivität entsprechen, können grundsätzlich zwei Strategien angewandt werden: Bei der Methode des *time-sampling* wird die Lektion in gleich lange Zeitabschnitte, beispielsweise 10-Sekunden-Einheiten, gegliedert. Bei der Codierung der Lektion muss für jede Einheit eine Codierentscheidung gefällt werden. Ein Wechsel in der Codierkategorie bedeutet demnach einen Wechsel in der Aktivitätsstruktur. Bei der Vorgehensweise des *event-sampling* wird die Lektion in unterschiedlich lange Zeitabschnitte mit jeweils eigenem, präzise bestimmtem Anfangs- und Endpunkt für jedes (Unterrichts-)Ereignis eingeteilt. In der TIMSS 1999 Video Study kam die Methode des *event-sampling* zum Einsatz.

Im Verlauf der Codierarbeiten zeigte sich, dass zur Erfassung dessen, was in einer Lektion läuft, zwei Typen von Codes nützlich sind: Sogenannte „flächendeckende Codes" (*coverage codes*), mit deren Hilfe die gesamte Lektion lückenlos segmentiert werden kann, und die sogenannten „Ereigniscodes" (*occurrence codes*), welche zur Erfassung spezifischer Ereignisse verwendet werden können. Mit den beiden Codetypen werden unterschiedliche Angaben erhoben. Die flächendeckenden Codes geben Auskunft über die zeitliche Dauer eines Unterrichtsereignisses; die Ereigniscodes hingegen lassen eine Aussage darüber zu, wie oft ein bestimmtes Ereignis bzw. eine bestimmte Handlung im Unterrichtsverlauf vorkommt. Die Nennung einer Zielangabe zu Beginn der Lektion oder der Alltagsbezug einer mathematischen Aufgabe kann so problemlos mit einem Ereigniscode erfasst werden. In der TIMSS 1999 Video Study wurde in den ersten beiden Codierdurchgängen zu den Interaktionsformen (Sozialformen) und den mathematikbezogenen Arbeitsformen flächendeckend codiert. Damit verbunden war die Aufgliederung der Lektion in sinnvolle Analyseeinheiten, welche in späteren Durchgängen im Detail betrachtet werden konnten. Da im Fach Mathematik ein grosser Anteil der Unterrichtszeit mit dem Lösen von mathematischen Aufgaben zugebracht wird, wurde mit der Feststellung und genauen Abgrenzung der mathematischen Probleme[4] eine zentrale Analyseeinheit geschaffen.

2.5.1.2 Code-Entwicklung

Video-Surveys profitieren von dem Vorteil, dass die vorhandenen Daten sowohl eine qualitative Beschreibung als auch, aufgrund des umfangreichen Datensatzes, eine Quantifizierung und statistische Reliabilitätsprüfung der beschriebenen Phänomene zulassen (Jacobs, Kawanaka & Stigler, 1999, S. 719). Damit wird in der Lehr- und Lernforschung eine Brücke zwischen bislang recht stark getrennten Forschungszugängen geschlagen.

Die Kombination qualitativer Unterrichtsanalysen mit quantitativen Auswertungen beinhaltet ein Verfahren, das einem zyklischen Kategorienentwicklungsprozess folgt (vgl. Abbildung 2.3). Ausgangspunkt für die Entwicklung von niedriginferenten Beobachtungskategorien bilden einerseits theoretische Grundlagen über das betrachtete Phänomen, Forschungsfragen und theoretisch begründete Forschungshypothesen, andererseits einzelne Videosequenzen, welche unter bestimmten theoretischen Blickwinkeln betrachtet werden.

---

4   Es wurde dabei ein sehr weit gefasster Problembegriff gewählt.

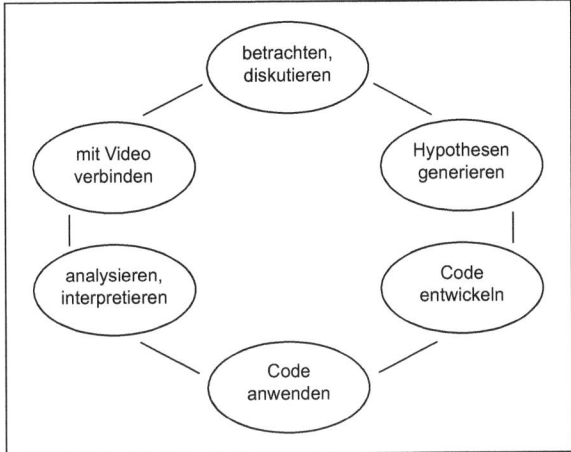

Abbildung 2.3: Kategorienentwicklungszyklus bei der Analyse von Videodaten (Jacobs et al., 1999).

Aufgrund der ersten Sichtung des Videomaterials werden Indikatoren und Auswertungsschemata abgeleitet, Codekategorien entwickelt und erste Codedefinitionen formuliert. In einem nächsten Schritt werden die Codedefinitionen auf ein grösseres Teilsample angewandt. Dabei zeigt sich in der Regel, ob und inwiefern die gefundenen Codedefinitionen bestimmte Unterrichtsmerkmale treffend beschreiben oder ob Änderungen in den Definitionen vorgenommen werden müssen. Erweisen sich die entwickelten Codes als brauchbar und sinnvoll, werden diese auf den ganzen Datensatz angewandt.

Statistische Analysen können zur Feststellung der Validität einer Kategoriendefinition bzw. eines Kategoriensystems herangezogen werden. Dabei geht es um die Prüfung der Frage, ob tatsächlich die zentralen Phänomene festgehalten werden konnten oder ob mit den gefundenen Definitionen eher vereinzelt vorkommende Ereignisse erfasst wurden. Schliesslich können die gefilmten Unterrichtssequenzen von den Forschenden wiederum als Hilfe bei der Interpretation der quantitativen Ergebnisse herangezogen werden. Dieser analytische Zirkel kann unter Umständen mehrere Male wiederholt werden, bis eine Kategoriendefinition im Detail passt oder bis eine zu Beginn eher weit gefasste Forschungshypothese eine praxisrelevante Fokussierung erfahren hat. Dieser zyklische Prozess kann allerdings nur mit einer genügend grossen Videostichprobe durchgeführt werden. Bei kleineren Studien können die Videodaten zwar zur qualitativen Beschreibung einzelner Aktivitäten und Prozesse herangezogen werden, es muss aber auf die quantitative Validierung anhand einer grossen, repräsentativen Stichprobe verzichtet werden (vgl. Jacobs et al., 1999, S. 718).

2.5.1.3 Ausgangspunkt für die Codierentwickungsarbeiten in der TIMSS 1999 Video Study

Zunächst wurden auf der Basis von fünf Pilotaufnahmen Hypothesen über kulturelle Skripts bzw. kulturspezifische Modelle des Unterrichtens im Mathematikunterricht entwickelt. Diese hypothetischen Skripts wurden aufgrund von Expertenbefragungen und Unterrichtsbesuchen in den Teilnehmerländern überarbeitet. Die Ergebnisse dieser Expertenrunden wurden wiederum in die internationale Code-Entwicklungsgruppe zurückgetragen und dort so lange diskutiert, bis bei der Interpretation der beobachtbaren Lehr- und Lernaktivitäten ein Konsens hergestellt werden konnte. Mit der Entwicklung und Diskussion dieser länderspezifischen Skripts sollte einer systematischen Verzerrung durch den Einsatz eines kulturzentrierten Analyseinstruments vorgebeugt werden. Gleichzeitig wurde damit ein holistischer Bezugs- und Deutungsrahmen für die Interpretation der Basiscodierungen geschaffen. Erst nach diesen Vorarbeiten wurde die eigentliche Entwicklung des Codierinstruments für die systematische Basiscodierung der Lektionen in Angriff genommen.

2.5.2 Überblick über das internationale Codiersystem der TIMSS 1999 Video Study

Die Codierung der Lektionen erfolgte in insgesamt sieben Codierdurchgängen. Bei jedem Durchgang wurde eine Lektion von Anfang bis Ende betrachtet und codiert. Die flächendeckenden Codes der ersten Durchgänge dienten der Aufgliederung der Lektion in sinnvolle Analyseeinheiten. Diese Einheiten wurden in den späteren Codierdurchgängen detailliert betrachtet. Insgesamt wurden 45 Codes verwendet. Die folgende Zusammenstellung gibt einen Überblick über die vorgenommenen Basiscodierungen. Eine detaillierte Beschreibung dieser Codierungen findet sich im technischen Bericht der internationalen TIMSS 1999 Video Study (Jacobs et al., 2003).

*   *Lektionsanfang und -ende*: Mit der Bestimmung des Lektionsanfangs und des Lektionsendes wird die effektive Dauer einer Lektion bestimmt.
*   *Interaktionsformen (Sozialformen)*: Es wurde unterschieden zwischen Klassenunterricht (Frontalunterricht) und selbstständiger Schülerarbeit. In einigen Ländern konnten Mischformen festgestellt werden. Diese wurden ebenfalls mit Codes erfasst.
*   *Mathematikbezogene Arbeitsformen*: Es wurde zwischen mathematikfremden und mathematikbezogenen Tätigkeiten unterschieden. Bei den mathematikbezogenen Tätigkeiten wurde weiter differenziert nach „mathematikbezogener Organisation", „mathematikbezogener Lernzeit ohne Aufgabenbearbeitung" (beispielsweise Erarbeitung von Theorie) und „mathematikbezogener Lernzeit mit Aufgabenbearbeitung". Bei letzterer Kategorie wurde die Unterscheidung in drei Aufgabentypen vorgenommen: 1) Aufgabe, von der nur die Lösung genannt wird, 2) Einzelaufgabe, welche in der Regel mit der ganzen Klasse bearbeitet wird, und 3) Aufgabenblock, welcher von den Schülerinnen und Schülern zumindest teilweise selbstständig bearbeitet wird.
*   *Mathematische Themen und Themengebiete:* Es wurde das in der Lektion bearbeitete Thema identifiziert und den fünf übergeordneten Themengebieten Zahlen, Geometrie, Statistik, Algebra und Trigonometrie zugeordnet.
*   *Vertiefende Analyse der einzelnen Mathematikaufgaben und Probleme*: Die einzelnen Aufgaben, die während der Lektion zur Bearbeitung kamen, wurden vertiefenden Analysen unterzogen. In den Codierungen wurden Kriterien erfasst wie Alltagsbezug, Anwendungsbezug, prozedurale Komplexität der geforderten Problemlösungen, mathematischer und inhaltlicher Zusammenhang der gewählten Aufgaben, Präsentation vielfältiger Lösungsverfahren und mathematisches Argumentieren inklusive Beweisführung.

- *Vertiefende Analyse der mathematikbezogenen Lernzeit ohne Aufgabenbearbeitung*: Die Arbeit an mathematischen Konzepten, der Austausch von kontextbezogenen Informationen, die Ankündigung bzw. die Erläuterung von Hausaufgaben und Prüfungen sowie weitere mathematische Tätigkeiten wie das Schreiben von Theoriehefteinträgen wurden mit eigenen Codes erfasst.
- *Strukturierende Elemente in der Lektionsgestaltung*: Strukturierende Elemente in der Lektionsgestaltung wie das Nennen des Lektionsziels oder das Zusammenfassen der wichtigsten Inhalte zum Schluss der Lektion wurden mit einzelnen Ereigniscodes erfasst. Ebenso wurden Lektionsunterbrechungen mit einem Code erfasst.
- *Verwendete Unterrichtsmedien*: Erfasst wurde der Einsatz von Unterrichtsmedien wie Wandtafel und Hellraumprojektor, Lehrbüchern und Arbeitsblättern, speziellen didaktischen Hilfsmitteln, Alltagsgegenständen, Taschenrechnern und Computern.
- *Didaktische Grobziele*: Es wurde für die ganze Lektion flächendeckend zwischen den drei Funktionen „Repetition bereits gelernter Inhalte", „Einführung neuer Inhalte" sowie „Üben bzw. Anwenden neu eingeführter Inhalte" unterschieden.

Diese internationale Basiscodierung wurde durch verschiedene Codierarbeiten in nationalen und internationalen Subgruppen erweitert (vgl. Abschnitte 2.5.4-2.5.6).

2.5.3 Durchführung der Codierung

2.5.3.1 Rekrutierung des Codierpersonals

Zur Codierung der Videodaten wurden in Los Angeles Personen eingesetzt, welche idealerweise die Schulzeit in einem der Teilnehmerländer absolviert hatten oder über sonstige Unterrichtserfahrung im betreffenden Land verfügten und zugleich bilingual waren (Englisch und Landessprache). Bei der Rekrutierung der schweizerischen Codiererinnen wurde die gute Kenntnis der Landessprachen vorausgesetzt sowie auf einen pädagogischen bzw. erziehungswissenschaftlichen Hintergrund geachtet.

2.5.3.2 Codiertraining

Die Schulung des Codierpersonals wurde von der Code-Entwicklungsgruppe durchgeführt. Häufig zeigte sich in den Trainings, wo Unschärfen in den Codedefinitionen bestanden. In Zusammenarbeit mit den Codiererinnen und Codierern wurden die Unklarheiten bereinigt und in das Codiermanual eingearbeitet. In der fortgeschrittenen Phase der Codierarbeiten wurde dem Codierpersonal eine aktivere Rolle bei der Entwicklung weiterer Codes zugestanden, waren doch diese Personen zu jenem Zeitpunkt bestens mit dem vorliegenden Videomaterial vertraut.

2.5.3.3 Reliabilität der Codierungen

Im Anschluss an das Codiertraining sowie nach der Codierung der ersten Hälfte der Unterrichtsvideos wurden Reliabilitätsprüfungen zur Ermittlung der Beobachterübereinstimmung durchgeführt. Vor dem Beginn der Codierarbeiten wurde die Eingangsreliabilität als Übereinstimmung zwischen Entscheidungen von Codierpersonen und der Codiervorlage, welche von der Code-Entwicklungsgruppe erstellt wurde,[5] ermittelt. Nach der Bearbeitung der Hälfte der Lektionen wurden die Zwischenreliabilitäten mittels Feststellung der Übereinstimmung der Codierentscheidungen je eines Codiererpaares erhoben. Es wurde jeweils die prozentuale Übereinstimmung ermittelt. Für die Eingangsreliabilität wurde der Grenzwert für jede einzelne Kategorie auf .85 festgelegt, bei der Feststellung der Zwischenreliabilitäten mussten Codiererpaare eine Übereinstimmung von mindestens .80 erreichen. Die Reliabilität wurde hierbei immer in einem doppelten Sinne gemessen, nämlich einerseits in Bezug auf die übereinstimmende Bestimmung des Anfangs- und Endpunktes der Analyseeinheit (+/- 10 Sekunden) und andererseits in Bezug auf die Zuordnung der jeweiligen Kategorien.

Wegen der komplexen Kategorienstruktur wurde die Analyse in mehrere, aufeinander aufbauende Codierdurchgänge aufgeteilt. Damit blieb die Aufmerksamkeit des Codierpersonals in jedem Durchgang relativ fokussiert und eine reliable Codierung wurde erleichtert. Dennoch führte der strenge Reliabilitätsanspruch, insbesondere im internationalen Kontext, zum Verlust bedeutsamer Kategorien. Während die bisher beschriebenen Codierungen reliabel zu bestimmen waren, scheiterte beispielsweise die Differenzierung der Bearbeitungsweise von Einzelaufgaben in die vordergründig relativ eindeutigen Kategorien „Demonstrieren", „Entwickeln", „Antworten hervorrufen", „Erklärungen hervorrufen" und „Exploration erleichtern" am besagten Kriterium.

2.5.3.4 Codierung des Datenmaterials
Die meisten Codes wurden direkt in die Multimedia Datenbank vPrism eingegeben. Transkriptsequenzen bzw. Ereignisse im Video und Codes waren somit direkt miteinander verbunden. Die eingegebenen Daten wurden exportiert und für statistische Analysen in Tabellenformat aufbereitet. In einigen Fällen, in denen sich das Codeformat der vPrism Software als unpraktisch erwies, wurden Codes direkt in eine Excel-Tabelle eingegeben.

2.5.4 Amerikanische Spezialistengruppen

Neben dem internationalen Codeentwicklungsteam beschäftigten sich weitere Spezialistengruppen mit dem Videomaterial. Die „Mathematical Problem Analysis Group" untersuchte das Anforderungsniveau und die Anordnung der bearbeiteten Aufgaben einer Lektion. Die „Mathematics Quality Analysis Group" analysierte eine zufällige Auswahl von 20 Lektionen pro Land im Hinblick auf die allgemeine Kohärenz und Klarheit im Aufbau der Lektion als Ganzer, die geforderten mathematischen Argumentationen und die kognitive Aktivierung der Lernenden. Genauere Angaben zum Vorgehen dieser Spezialistengruppen sind dem internationalen technischen Report (Jacobs et al., 2003, Appendix D) zu entnehmen.

---

5   Diese Vorlage wurde erstellt, indem die einzelnen Mitglieder der Kategorienentwicklungsgruppe dieselbe Lektion codierten, dann im Team die individuellen Codierungen besprachen und die Nichtübereinstimmungen so lange diskutierten, bis Konsens hergestellt werden konnte.

2.5.5 Schweizerische Code-Entwicklung

Eine weiterführende schweizerische Code-Entwicklung von Hugener und Krammer (2001) baut auf dem *TIMSS 1999 Math Coding Manual* (2003) auf. Sie ermöglicht eine Analyse der individualisierenden und differenzierenden Unterrichtsorganisation, der Funktionen im Lernprozess sowie der Art der Lektion (vgl. Kapitel 4). Darüber hinaus erlaubt ein weiteres durch Krammer entwickeltes Codiersystem die spezifische Codierung von verschiedenen Arten der individuellen Unterstützung der Schülerinnen und Schüler durch die Lehrpersonen während der Schülerarbeitsphasen (vgl. Kapitel 5).

2.5.6 Schweizerisch-deutsche Videoanalysen: hochinferente Ratings

Das Codierverfahren der internationalen Studie kann als Beispiel für eine niedriginferente Codierung gelten, welche die Erfassung der zeitlichen Dauer und Auftretenshäufigkeit bestimmter Unterrichtsereignisse und Verhaltensweisen zum Ziel hat. Mit der Auswertung dieser Codierungen lassen sich Angaben über Schwerpunktsetzungen in den unterrichtlichen Aktivitätsstrukturen machen. Es sind beispielsweise Aussagen darüber möglich, wie viele mathematische Aufgaben pro Lektion bearbeitet werden und wie viel Zeit für eine Aufgabe durchschnittlich aufgewendet wird. Allgemein- und fachdidaktische Fragestellungen führen aber häufig über solche Feststellungen hinaus. Niedriginferente Verfahren gelangen dann an ihre Grenzen, wenn Aussagen über abstraktere Sachverhalte wie zum Beispiel die Klarheit und Strukturiertheit der Lektion, den Grad der kognitiven Aktivierung der Schülerinnen und Schüler oder die Disziplin im Klassenzimmer gemacht werden sollen. Zwar finden sich in den Videos hinsichtlich solcher Sachverhalte, welche letztlich einer Bewertung bedürfen, durchaus Anhaltspunkte. Diese sind jedoch häufig über die ganze Lektion verstreut und lassen sich nicht an einem spezifischen Ereignis festmachen. Ausserdem fliessen Quervergleiche zwischen den Lektionen in die Bewertung ein. Zur Erfassung dieser globaleren Merkmale von Unterrichtsqualität sind demnach Beurteilungsverfahren erforderlich, welche interpretative Prozesse aufseiten der Beobachterinnen und Beobachter explizit einschliessen. Solche Verfahren werden als hochinferent charakterisiert. Im Beurteilungsprozess spielen die Expertise der Beobachterinnen und Beobachter sowie deren profunde Kenntnis eines breiten Spektrums von theoretischen und praktischen Grundlagen zur Gestaltung von Lehr- und Lernprozessen ebenso eine Rolle wie der Vergleich der gefilmten Lektionen untereinander.

Die Verwendung eines hochinferenten Beurteilungsansatzes für die Codierung internationaler Unterrichtskulturen, wie es in der TIMSS 1999 Video Study der Fall war, ist nicht unproblematisch, da latent immer die Gefahr einer kulturellen Voreingenommenheit vorhanden ist. Im internationalen Projekt wurde die Methode von einer Spezialistengruppe zur Einschätzung der allgemeinen Kohärenz und Klarheit der Lektion, der geforderten mathematischen Argumentationen und anderer Qualitätsmerkmale eingesetzt. Grundlage der hochinferenten Ratings bildete dabei nicht mehr die gefilmte Lektion, sondern sogenannte *lesson tables*, in welchen die Inhalte der Lektionen in anonymisierter Form dargestellt wurden. Das Vorgehen ist im internationalen technischen Bericht (Jacobs et al., 2003) ausführlich beschrieben.

Im Rahmen der nationalen Studie bot sich der Schweiz die Gelegenheit einer Kooperation mit Deutschland. In Zusammenarbeit mit Marten Clausen (Universität Mannheim) und Eckhart Klieme (Universität Frankfurt) wurde ein hochinferenter Beurteilungsansatz an das gesamte schweizerische Videosample und an die deutschen Videolektionen, welche aus der TIMSS 1995 Video Study vorlagen, angelegt (vgl. Clausen, Reusser & Klieme, 2003).

Aufbauend auf dem Beurteilungsraster, das im Rahmen einer Dissertation am Max-Planck-Institut in Berlin entwickelt worden war (Clausen, 2002), sowie Instrumenten der TIMSS 1995 Video Study (Klieme, Schümer & Knoll, 2001) wurde unter der Federführung von Marten Clausen ein Ratingfragebogen für die Erfassung verschiedenster Qualitätsmerkmale des Unterrichts entwickelt. Die Auswahl der erfassten Merkmale orientierte sich dabei an den Ergebnissen der empirischen Unterrichtsforschung zu allgemeinen Qualitätsmerkmalen des Unterrichts sowie an theoretischen Postulaten der aktuellen Lehr- und Lernforschung und der Mathematikdidaktik. Insbesondere zum konstruktivistischen Unterricht und zum situierten Lernen wurden neue Skalen und Items entwickelt. Das eingesetzte Instrument umfasste zum Schluss insgesamt 94 Items, wobei jedes interessierende Unterrichtsmerkmal mit jeweils drei bis vier (eine Skala bildenden) Items erfasst wurde, beispielsweise „Interaktionstempo" mit Items wie „Der Lehrer lässt bei Fragen kaum Zeit zum Nachdenken" oder „Der Lehrer geht gleich zum Nächsten, wenn ein Schüler nicht sofort antwortet". Solche Aussagen waren mit den Antwortabstufungen „trifft überhaupt nicht zu", „trifft eher nicht zu", „trifft eher zu" bzw. „trifft voll und ganz zu" einzuschätzen. Als Analyseeinheit diente die ganze Lektion.

Für die Durchführung der *high-inference ratings* wurden vier deutsche und vier schweizerische Beobachterinnen und Beobachter rekrutiert. Es handelte sich um fortgeschrittene Studierende mit pädagogischem Hintergrund. Die schweizerischen Beobachterinnen verfügten alle über einschlägige Berufserfahrungen als Lehrpersonen auf Sekundarstufe I oder II. Im Rahmen eines einwöchigen Trainingsworkshops unter der Leitung von Marten Clausen wurden die Beurteilungsstandards an Feldtestlektionen erarbeitet und innerhalb der Beobachtergruppe in Übereinstimmung gebracht.

Die Güte der Beobachterurteile wurde in Generalisierbarkeitsanalysen untersucht. Im Kern ging es darum, die gemessene Variation in den Unterrichtsmerkmalen auf verschiedene potenzielle Varianzquellen zurückzuführen. Dabei interessierte insbesondere, welcher Anteil auf tatsächliche Unterschiede zwischen den Unterrichtsstunden und welcher Anteil auf charakteristische Unterschiede in der Beurteilung durch mehrere Raterinnen und Rater zurückzuführen war, beispielsweise durch Strenge-, Milde-, Extrem- oder Mittetendenzen. Für die Mehrzahl der beurteilten Unterrichtsaspekte ergaben sich gute bis sehr gute Generalisierbarkeitskoeffizienten (vgl. Clausen, Reusser & Klieme, 2003). Weiter wurden Reliabilitätsanalysen zur Überprüfung der Kohärenz der Beurteilungen zwischen den verschiedenen Beobachterinnen und Beobachtern durchgeführt und die Einzelitems zu Skalen zusammengefasst. Die erfassten Merkmale konnten schliesslich faktorenanalytisch in die geplante Struktur von vier übergreifenden Merkmalsbereichen unterteilt werden. Es liegen somit Beurteilungen der Merkmale „Instruktionseffizienz", „Schülerorientierung", „kognitive Aktivierung" sowie „Klarheit und Strukturiertheit" vor.

2.6 Schriftliche Datenerhebungen

Wie bereits in Abschnitt 2.1.2 erwähnt, kamen nebst den Videoaufnahmen umfangreiche Befragungen und Tests zum Einsatz. Die internationalen Instrumente wurden durch schweizerische Zusatzerhebungen ergänzt. Ziel war es, Kenntnisse über relevante Faktoren zu gewinnen, welche die Gestaltung des Unterrichts und dessen Bildungswirkungen beeinflussen. Die Inhalte der schriftlichen Erhebungsinstrumente der internationalen und nationalen Studie werden hier kurz vorgestellt. Es wird an dieser Stelle auf die Darstellung statistischer Kennwerte verzichtet, da diese in den einzelnen Kapiteln im Ergebnisteil abgebildet sind.

2.6.1 Internationale Befragungsinstrumente

2.6.1.1 Der internationale Lehrerfragebogen
Der internationale Lehrerfragebogen, der in allen Teilnehmerländern eingesetzt wurde, sammelte Daten zum Kontext der gefilmten Lektion. Die Lehrpersonen wurden unter anderem danach gefragt, als wie üblich sie die gezeigte Lektion einschätzten, welche Gegebenheiten ihre Lektionsplanung beeinflusst hätten, welche Ziele in der Lektion verfolgt wurden und wie die Lektion in einer grösseren Lektionsreihe stand. Ausserdem wurden Angaben zur Klasse, zur Schule und zum Werdegang (Ausbildung, Weiterbildung) der gefilmten Lehrperson erhoben. Die Lehrpersonen waren angewiesen, diesen Fragebogen innerhalb von 48 Stunden nach dem Filmtermin auszufüllen und zurückzuschicken.

2.6.1.2 Der internationale Schülerfragebogen
Mit dem Kurzfragebogen für Schülerinnen und Schüler wurden soziodemographische Angaben wie Alter, Geschlecht, Nationalität, Geburtsort, Alter bei eventueller Immigration ins Aufenthaltsland, nationale Herkunft der Eltern, Bildungsabschlüsse der Eltern und eigene Bildungsambitionen der gefilmten Schülerinnen und Schüler sowie die Bildungsnähe des Elternhauses erfasst. Nach Absprache mit der internationalen Projektleitung konnten diese Items in den nationalen Schülerfragebogen integriert werden.

2.6.2 Nationale Befragungsinstrumente

2.6.2.1 Der allgemeine Lehrerfragebogen
Der nationale Lehrerfragebogen wurde in Ergänzung zum internationalen Befragungsinstrument entwickelt und umfasste Fragen zu pädagogischen Einstellungen und Überzeugungen, zu didaktischen Konzepten und zu deren Umsetzung im Mathematikunterricht. Weiter wurde nach Grundmustern der Lektionsgestaltung und nach der Selbstwahrnehmung des Unterrichts hinsichtlich klassischer und neuerer Qualitätsmerkmale gefragt.

2.6.2.2 Der schweizerische Schülerfragebogen

Der schweizerische Schülerfragebogen fragte einerseits nach der Wahrnehmung des Fachunterrichts (Prozessmerkmale) durch die Schülerinnen und Schüler, andererseits wurden motivationale Dispositionen wie Lernmotivation, fachliches Interesse, fachbezogenes Fähigkeitsselbstkonzept sowie Kausalattributionen erfasst. Zudem wurden die Jugendlichen zu ihrem weiteren Lebens- und Lernkontext befragt. Zu diesem Zweck wurden Items zur Erfassung des soziokulturellen Umfelds, des elterlichen Interesses an der Schule, zur elterlichen Unterstützung bei den Hausaufgaben und zur Nutzung von Stütz- oder Nachhilfeunterricht eingesetzt. Das umfangreiche Befragungsinstrument bestand aus zwei Teilen, die je 40 Minuten Bearbeitungszeit erforderten. Teil I und Teil II wurden den Schülerinnen und Schülern im Abstand von zwei Wochen zur Beantwortung während der regulären Unterrichtszeit vorgelegt.

2.6.2.3 Mathematikleistungstest

Die Mathematikleistungen wurden mit dem aus der TIMSS 1995 Video Study vorliegenden Testinstrument erhoben (Beaton et al., 1996). Für die Bedürfnisse der gegenwärtigen Studie wurden die naturwissenschaftlichen Aufgaben von TIMSS 1995 aus den Testheften entfernt. Die Testzeit für die verbleibenden Mathematikaufgaben wurde auf 40 Minuten festgelegt. Die Testheftversionen (1-8) wurden in den einzelnen Klassen regelmässig gestreut.

2.6.2.4 Kognitiver Fähigkeitstest

Erwiesenermassen wird eine Vielzahl der im Schülerfragebogen erhobenen Variablen von der individuellen Begabung (Intelligenz) beeinflusst. Um diesen Sachverhalt angemessen zu berücksichtigen, wurde in der Deutschschweiz und im Tessin ein kognitiver Fähigkeitstest eingesetzt. Zur Anwendung kam der Wort- und Figurenanalogientest eines bestehenden Testinstrumentariums zur Erhebung allgemeiner kognitiver Fähigkeiten (Kognitiver Fähigkeitstest, KFT 4-13+). Die Durchführung des Fähigkeitstests oblag eigens für diesen Zweck geschulten Untersuchungsleitern, welche den Videoklassen einen Schulbesuch abstatteten und den Test den strengen Richtlinien gemäss durchführten.

2.6.2.5 Nachtest ein Jahr später

Der Nachtest ein Jahr später im 9. Schuljahr umfasste die Wiederholung des im 8. Schuljahr eingesetzten TIMSS-1995-Mathematikleistungstests (unter Ausschluss der naturwissenschaftlichen Aufgaben) sowie die Beantwortung eines gekürzten Schülerfragebogens, der Items zur wiederholten Erfassung motivationaler Dispositionen wie Interesse, Selbstkonzept, Lernmotivation und Kausalüberzeugungen enthielt. Die vorliegenden Daten erlauben es, Aussagen zur Entwicklung der motivationalen Einstellungen und der mathematischen Leistung innerhalb eines Jahres zu machen.

Bei der Wiederholung des Mathematiktests wurden dieselben Bedingungen vorgegeben wie zum ersten Testzeitpunkt im 8. Schuljahr. Mittels Testheftrotation wurde sichergestellt, dass die einzelnen Schülerinnen und Schüler eine andere Testheftversion als die bereits gelöste zur Bearbeitung erhielten. Die nachfolgende Befragung mittels Kurzfragebogen nahm 15 Minuten in Anspruch und wurde während der regulären Unterrichtszeit durchgeführt.

Literatur

Aebli, H. (1997). *Zwölf Grundformen des Lehrens. Eine Allgemeine Didaktik auf psychologischer Grundlage* (9. Aufl.). Stuttgart: Klett-Cotta.

Bakeman, R. & Gottman, J.M. (1994). *Observing interaction: An introduction to sequential analysis* (2nd Ed.). Cambridge: Cambridge University Press.

Beaton, A., Mullis, I.V.S., Martin, M.O., Gonzalez, E.J., Kelly, D.L. & Smith, T.A. (1996). *Mathematics Achievement in the Middle School Years: IEA's Third International Mathematics and Science Study.* Chestnut Hill, MA: Boston College.

Clausen, M. (2002). *Unterrichtsqualität: Eine Frage der Perspektive? Empirische Analysen zur Übereinstimmung, Konstrukt- und Kriteriumsvalidität.* Münster: Waxmann.

Clausen, M., Reusser, K. & Klieme, E. (2003). Unterrichtsqualität auf der Basis hochinferenter Unterrichtsbeurteilungen: Ein Vergleich zwischen Deutschland und der deutschsprachigen Schweiz. *Unterrichtswissenschaft, 31* (2), 122-141.

Fend, H. (1980). *Theorie der Schule.* München: Urban & Schwarzenberg.

Hiebert, J., Gallimore, R., Garnier, H., Bogard Givvin, K., Hollingsworth, H., Jacobs, J., Chui, A.M.Y., Wearne, D., Smith, M., Kersting, N., Manaster, A., Tseng, E., Etterbeek, W. Manaster, C., Gonzales, P. & Stigler, J. (2003). *Teaching Mathematics in Seven Countries: Results from the TIMSS 1999 Video Study* (No. NCES 2003-013). Washington, DC: U.S. Department of Education, National Center for Education Statistics.

Jacobs, J., Garnier, H., Gallimore, R., Hollingsworth, H., Givvin, K.B., Rust, K., Kawanaka, T., Smith, M., Wearne, D., Manaster, A., Etterbeek, W., Hiebert, J. & Stigler, J.W. (2003). *TIMSS 1999 Video Study Technical Report: Volume 1: Mathematics Study.* Washington, DC: U.S. Department of Education, National Center for Education Statistics.

Jacobs, J., Kawanaka, T. & Stigler, J. (1999). Integrating qualitative and quantitative approaches to the analysis of video data on classroom teaching. *International Journal of Educational Research, 31,* 717- 724.

Klieme, E., Schümer, G. & Knoll, S. (2001). Mathematikunterricht in der Sekundarstufe I. „Aufgabenkultur" und Unterrichtsgestaltung. In Bundesministerium für Bildung und Forschung (BMBF) (Hrsg.), *TIMSS – Impulse für Schule und Unterricht* (S. 43-57). Bonn: Bundesministerium für Bildung und Forschung (BMBF).

Martin, M.O., Gregory, K.D. & Stemler, S.E. (2000). *TIMSS 1999 Technical Report.* Chestnut Hill, MA: Boston College.

Mullis, I.V.S., Martin, M.O., Gonzalez, E.J., Grogory, K.D., Garden, R.A., O'Connor, K.M., Chrostowski, S.J. & Smith, T.A. (2000). *TIMSS 1999 International Mathematics Report: Findings from IEA's Repeat of the Third International Mathematics and Science Study at the Eighth Grade.* Chestnut Hill, MA: Boston College.

Petko, D., Waldis, M., Pauli, C. & Reusser, K. (2003). Methodologische Überlegungen zur videogestützten Forschung in der Mathematikdidaktik. Ansätze der TIMSS 1999 Videostudie und ihrer schweizerischen Erweiterung. *Zentralblatt der Didaktik für Mathematik, 35* (6), 265-280.

Reusser, K. & Pauli, C. (2003). *Mathematikunterricht in der Schweiz und in weiteren sechs Ländern. Bericht mit Videobeispielen über die Ergebnisse einer internationalen und schweizerischen Video-Unterrichtsstudie* (CD-Rom). Universität Zürich: Pädagogisches Institut.

Stigler, J. (1998). Video Surveys: New Data for the Improvement of Classroom Instruction. In S.G. Paris & H.M. Wellman (Hrsg.), *Global Prospects for Education. Development, Culture and Schooling* (S. 129-168). Washington, DC: American Psychological Association.

Stigler, J., Gallimore, R. & Hiebert, J. (2000). Using video surveys to compare classrooms and teaching across cultures: Examples and lessons from the TIMSS Videostudies. *Educational Psychologist, 35* (2), 87-100.

Stigler, J., Gonzales, P., Kawanaka, T., Knoll, S. & Serrano, A. (1999). *The TIMSS Videotape Classroom Study: Methods and Findings From an Exploratory Research Project on Eighth-Grade Mathematics Instruction in Germany, Japan and the United States* (No. NCES 1999-074). Washington, DC: U.S. Department of Education, National Center for Education Statistics.

Christine Pauli & Kurt Reusser

3   Unterrichtsgestaltung im internationalen Vergleich: Die Schweiz in der TIMSS 1999 Video Study

Dieses Kapitel vermittelt einen Überblick über die Fragestellungen und die wichtigsten Ergebnisse der TIMSS 1999 Video Study, in welche das schweizerische Videoprojekt eingebettet war. Ziel dieses Kapitels ist es, die bisher mit Ausnahme einer Kurzübersicht auf CD (Reusser & Pauli, 2003) nur in englischer Sprache publizierten Ergebnisse der internationalen Videostudie (vgl. u.a. Givvin, Hiebert, Jacobs, Hollingsworth & Gallimore, 2005; Hiebert et al., 2003; Hiebert et al., 2005; Jacobs et al., 2006; Stigler & Hiebert, 2004) in deutscher Sprache zugänglich zu machen. Das Kapitel gliedert sich in drei Abschnitte: Im ersten Abschnitt werden die Fragestellungen und das methodische Vorgehen der TIMSS 1999 Video Study vor dem Hintergrund des empirischen und theoretischen Forschungsstands erläutert (für detaillierte Angaben zum Design und den Analyseinstrumenten verweisen wir auf Kapitel 2 in diesem Buch). Im zweiten Abschnitt werden einige Ergebnisse einer Expertenbefragung vorgestellt, welche im Vorfeld der Datenerhebung in den einzelnen Ländern durchgeführt wurde und eine Grundlage für die Code-Entwicklung darstellte. Im dritten Abschnitt erfolgt schliesslich die Darstellung der Ergebnisse der Videoanalysen.

3.1   Die TIMSS 1999 Video Studie: Auf der Suche nach Merkmalen eines „guten Mathematikunterrichts"

Ausgangspunkt der TIMSS 1999 Video Study (Hiebert et al., 2003) ist eine frühere internationale Videostudie zum Mathematikunterricht auf der Sekundarstufe I (im Folgenden als „Drei-Länder-Videostudie" bezeichnet), welche ebenfalls im Rahmen von TIMSS unter der Leitung von James W. Stigler und James Hiebert durchgeführt worden war und einen Vergleich der Unterrichtsgestaltung in den drei Ländern Japan, USA und Deutschland ermöglicht hatte (Stigler & Hiebert, 1999). Sie stellte eine wichtige Ergänzung der TIMSS-Leistungstests dar, in welchen bekanntlich einige ostasiatische Länder, wie beispielsweise Japan, sehr gut abgeschnitten hatten, während die USA eher in der unteren Hälfte figurierten. Auch die Schweizer Schülerinnen und Schüler zeigten gute Leistungen (Moser, Ramseier, Keller & Huber, 1997). Diese Befunde wurden unterdessen durch weitere internationale Vergleichsstudien wie zum Beispiel PISA bestätigt (Baumert et al., 2001; Zahner Rossier et al., 2004; Zahner Rossier & Holzer, 2007). Das nur mässige Abschneiden der eigenen Schülerinnen und Schüler wurde von US-amerikanischer Seite zum Anlass genommen, den Mathematikunterricht als eine der möglichen Ursachen näher zu untersuchen. Es stellte sich die Frage, inwieweit sich parallel zu den mässigen Schülerleistungen der USA im Vergleich zum Unterricht erfolgreicher Länder auch gewisse Defizite der Unterrichtsqualität an amerikanischen Schulen im Vergleich zum Unterricht erfolgreicher Länder zeigen würden. Dieser Frage sollte durch eine vergleichende Videostudie zum Mathematikunterricht in Japan, den USA und Deutschland nachgegangen werden.

Unter den Ergebnissen der Studie stiessen besonders zwei Befunde auf grosses internationales Interesse. Zum einen konnte für jedes der drei Länder ein je charakteristisches Verlaufs- oder Inszenierungsmuster einer Mathematiklektion rekonstruiert werden, welches das Geschehen in einer Mehrheit der gefilmten Lektionen des betreffenden Landes gut repräsentierte (ebd. und Baumert et al., 1997). Zum anderen zeigte sich, dass das Gestaltungsmuster, welches in den *japanischen* Mathematikstunden beobachtet wurde, im Wesentlichen dem entsprach, was man aufgrund der Erkenntnisse der neueren Lehr- und Lernforschung und der Mathematikdidaktik als „guten Unterricht" bezeichnen würde: Der Unterricht war problemorientiert und bot den Lernenden viele Gelegenheiten zur individuellen und kooperativen Auseinandersetzung mit anspruchsvollen Problemen sowie zum fachbezogenen Argumentieren, und die Übungs- und Anwendungssequenzen zeichneten sich durch variantenreiche sowie anspruchsvolle Aufgabenstellungen aus. Demgegenüber schienen die gefilmten Mathematikstunden aus *Deutschland* und den *USA* deutlich weniger Spielräume für anspruchsvolle kognitive Aktivitäten der Lernenden, wie zum Beispiel die Auseinandersetzung mit anspruchsvollen Problemen oder die Diskussion von unterschiedlichen Lösungsmethoden, zu bieten (Baumert et al., 1997). Angesichts der Spitzenleistungen der japanischen Schülerinnen und Schüler legten diese Ergebnisse einen möglichen Zusammenhang zwischen der in den japanischen Lektionen beobachteten Art des Unterrichtens und guten Schülerleistungen nahe.

Allerdings wäre es naiv, aufgrund dieser einen Videostudie nun anzunehmen, dass das japanische Gestaltungsmuster automatisch zu besseren Schülerleistungen führt – zu viele Fragen blieben nach der Drei-Länder-Videostudie offen: Abgesehen von der Tatsache, dass die Qualität des Unterrichts nur *eine* Bedingung guter Schulleistungen darstellt (vgl. Kapitel 1.2.1), gibt die Drei-Länder-Videostudie zum Beispiel keine Auskunft darüber, inwiefern sich das japanische Modell des Mathematikunterrichts überhaupt auf einen anderen kulturellen Kontext und ein anderes Bildungssystem übertragen lässt. Ungeklärt bleibt auch, ob dieses Modell die einzige mögliche Art und Weise ist, einen qualitätsvollen Mathematikunterricht zu gestalten.

Solche Fragen standen am Anfang der zweiten, erweiterten Videostudie (TIMSS 1999 Video Study), welche 1998 unter der Leitung von James W. Stigler, James Hiebert und Ronald Gallimore initiiert wurde und auf welche das vorliegende Kapitel Bezug nimmt („Sieben-Länder-Videostudie, vgl. Kap. 1). Ein wichtiges Ziel dieser zweiten internationalen Videostudie war es, den in der Drei-Länder-Videostudie durchgeführten Vergleich des amerikanischen Mathematikunterrichts mit jenem in Japan zu vertiefen, wobei vor allem auch inhaltsbezogenen Aspekten noch stärker Rechnung getragen werden sollte. Gleichzeitig sollte die Vergleichsbasis über Japan hinaus erweitert werden: Wie sieht der Mathematikunterricht in weiteren Ländern aus, die im internationalen Vergleich der Mathematikleistungen ebenfalls gut abschnitten? Um dies zu klären, wurden in die neue Videostudie neben den USA sowohl asiatische als auch westliche Länder einbezogen, die sich im internationalen Vergleich allesamt durch gute bis sehr gute Mathematiktestleistungen im internationalen Vergleich auszeichneten: Es sind dies Hongkong, Australien, die Niederlande, Tschechien und die Schweiz. Zudem wurden auch die bereits in der Drei-Länder-Videostudie verwendeten Lektionen aus Japan nochmals hinzugezogen. Somit umfasste die Stichprobe Mathematiklektionen aus insgesamt sieben Ländern, nämlich Australien, Hongkong, Japan, den Niederlanden, der Schweiz, Tschechien und den USA. Insgesamt stellte die TIMSS 1999 Video Study mit diesem Vorgehen eine Art „Best-Practice-Studie" dar, die darauf abzielte, aus dem Vergleich des Unterrichts in sechs in internationalen Mathematiktests besser abschneidenden Ländern Anhaltspunkte für konkrete Verbesserungsmöglichkeiten des amerikanischen Unterrichts zu gewinnen (Stigler & Hiebert, 2004).[1] Im Folgenden werden die zwei Hauptfragestellungen der Studie kurz erläutert.

3.1.1 Kulturspezifische Inszenierungsmuster und Unterrichtsskripts?

Eine erste Fragestellung der TIMSS 1999 Video Study griff die aufgrund der Ergebnisse der Drei-Länder-Videostudie entwickelten Ideen der *national patterns of teaching* (Stigler & Hiebert, 1999, S. 73 ff.) – im Folgenden als „länderspezifische Inszenierungsmuster" bezeichnet – und der Unterrichts- oder Lehr- und Lernskripts (*script for teaching*; ebd., S. 85 ff.) auf: Ziel war es, zu prüfen, ob sich auch in einer auf sieben Länder erweiterten Stichprobe bestimmte Inszenierungsmuster identifizieren und beschreiben liessen, und ob sich die Annahme länderspezifischer Inszenierungsmuster auch auf der Basis dieser erweiterten Stichprobe aufrechterhalten liesse.

3.1.1.1 Kulturspezifische Inszenierungsmuster: Grundlagen und methodische Konsequenzen in der TIMSS 1999 Video Study

Die aufgrund der Videoanalysen in der Drei-Länder-Videostudie postulierten länderspezifischen Inszenierungsmuster des Unterrichts in Japan, Deutschland und den USA hatten international grosses Interesse ausgelöst und führten – namentlich in Europa – zu einem verstärkten Augenmerk auf die Dramaturgie oder Orchestrierung von Lektionen im Sinne einer sinnvollen Sequenz unterschiedlicher didaktischer Settings. Unterrichtsqualität wird aus dieser Sicht nicht primär an der Auftretenshäufigkeit einzelner Merkmale festgemacht, sondern an einer von den Lehrpersonen nicht zufällig gestalteten Abfolge verschiedener Lernsituationen im Verlauf von Lektionen (Fischler, Schröder, Tonhäuser & Zedler, 2002; Klieme, 2002; Klieme & Baumert, 2001a; Prenzel et al., 2002; Seidel, 2003) – einer Inszenierung, welche durch die Gestaltung unterschiedlicher aufeinanderfolgender didaktischer Arrangements und Aktivitäten der Initiierung und Unterstützung vollständiger individueller Lernprozesse dient (vgl. auch Oser & Baeriswyl, 2001).

Die Vermutung, dass solche Inszenierungsmuster *länderspezifisch* ausgeprägt sein könnten, wurde im Anschluss an die Drei-Länder-Videostudie teilweise kontrovers diskutiert. LeTendre und Mitarbeitende (2001) stellten das Konzept des kulturspezifischen Inszenierungsmusters grundsätzlich in Frage. Sie verwiesen darauf, dass organisierter Unterricht eine zentrale Institution aller industrialisierten Kulturen sei und auf einem kulturübergreifenden und somit global verbreiteten Skript von Mathematikunterricht beruhe. Demzufolge sollte der Unterricht in allen Ländern relativ einheitlich gestaltet werden. Sie stützten ihre Annahme mit Daten aus der Drei-Länder-Videostudie, die in Bezug auf die Auftretenshäufigkeit verschiedener Unterrichtsmerkmale mehr Gemeinsamkeiten als Dif-

---

1 Die TIMSS 1999 Video Study untersuchte neben dem Mathematikunterricht auch den naturwissenschaftlichen Unterricht in fünf Ländern. Die Ergebnisse dieser Studie sind in Roth et al. (2006) publiziert.

ferenzen zwischen den Ländern gezeigt hatten. Auch Tharp und Dalton (2007) gehen von einer relativ grossen länderübergreifenden Ähnlichkeit des Unterrichts aus und betrachten diese als Folge eines weltweit von der Mehrheit der an Schul- und Bildungsprozessen beteiligten Personen geteilten Alltagsverständnisses von Lehr- und Lernprozessen, welches sie als *transmission view* bezeichnen – ein Verständnis, das Lernen im Wesentlichen als Übertragung und Aufnehmen von Wissen konzipiert und im Gegensatz zum konstruktivistischen Lehr- und Lernkonzept der neueren Unterrichts- und Lehr- und Lernforschung steht.

Im Gegensatz zu LeTendre und Mitarbeitenden sowie Tharp und Mitarbeitenden, welche die *länderübergreifenden Gemeinsamkeiten* der Unterrichtsgestaltung hervorgehoben haben, bezweifelten Clarke und Mitarbeitende (2007) die These kulturspezifischer Muster mit Verweis auf *Unterschiede innerhalb* der Länder. Aufgrund ihrer Analysen, welche sich auf jeweils mehrere Lektionen pro Lehrperson stützten, liess sich nach Meinung dieser Autoren die Annahme eines einheitlichen beobachtbaren Verlaufsmusters innerhalb von Ländern für die von ihnen untersuchten Länder nicht bestätigen, fanden sie doch eine grosse Variabilität *innerhalb* jeweiligen Länderstichproben. Auch Seidel und Prenzel (2006) stellten aufgrund von Videoanalysen von je zwei Physik-Unterrichtseinheiten (je 3 Lektionen zu den Themen „Stromkreis" und „Kraft") von 13 Lehrpersonen eine gewisse Variabilität der Inszenierungsformen fest, welche mit dem Unterrichtsthema zusammenhing und vor allem die Organisation der Lernaktivitäten betraf, während andere Dimensionen über die Unterrichtsthemen hinweg stabil blieben (zum Beispiel Merkmale des Lehrgesprächs).

Unterschiedliche Inszenierungsmuster innerhalb und über Landesgrenzen hinaus wurden auch im Rahmen einer binationalen Videostudie zum Mathematikunterricht auf der Sekundarstufe I in zwei deutschen Bundesländern und zwei Kantonen der Schweiz gefunden (Lipowsky, Rakoczy, Klieme, Reusser & Pauli, 2005). Auf der Basis von Videoanalysen von je einer Unterrichtseinheit (zu drei Lektionen) von je 20 deutschen und 20 schweizerischen Lehrpersonen zu einem standardisierten Inhalt (Einführung in die Satzgruppe des Pythagoras) konnten drei unterschiedliche Inszenierungsmuster von Einführungslektionen identifiziert werden (Lehrervortrag, fragend-entwickelndes und entdecken-lassendes Vorgehen), welche sowohl innerhalb der deutschen als auch innerhalb der schweizerischen Stichprobe und in ähnlicher Verteilung vorkamen (Hugener, 2008).

In der TIMSS 1999 Video Study wurde die Frage nach kulturspezifischen Inszenierungsmustern methodisch in zwei Schritten bearbeitet: Zum einen wurden aufgrund niedriginferenter Codierungen Häufigkeiten und Dauer von Merkmalen ermittelt, die den Verlauf des Unterrichts in den Mathematiklektionen strukturierten, nämlich „Sozialform" (öffentlicher bzw. Klassenunterricht versus selbstständige Schülerarbeit), „Didaktische Funktion der Aktivitäten" (Repetition von früherem Stoff, Einführung von neuem Stoff und Vertiefung des neuen Stoffs) und „Organisation der Aufgabenbearbeitung" (gleichschrittiges Aufgabenlösen im Klassenverband oder individuell in eigenem Tempo). In einem zweiten Schritt wurde zusätzlich die Lokalisierung dieser Merkmale im zeitlichen Verlauf der Mathematikstunden berücksichtigt (Givvin et al., 2005). Dazu wurden in jeder Lektion 11 Messzeitpunkte festgelegt, nämlich Lektionsanfang und Lektionsende sowie fortlaufend jeweils nach 10 % abgelaufener Unterrichtszeit je ein Messzeitpunkt, was zu 9 weiteren Messpunkten innerhalb der Lektion führte (nach 10 %, nach 20 %, ... nach 90 %

der Unterrichtszeit). Für jeden dieser Messzeitpunkte wurde sodann die aktuelle Ausprägung der drei Gestaltungsmerkmale (Funktion, Sozialform, Organisation der Aufgabenbearbeitung) bestimmt und auf dieser Basis festgestellt, wie viele Lektionen über alle Länder hinweg (= globale Konvergenz) oder innerhalb der einzelnen Länder (= nationale Konvergenz) zu diesem Zeitpunkt die gleiche Ausprägung der einzelnen Merkmale sowie über alle Merkmale hinweg aufwiesen. Dabei wurde von einer „einfachen Mehrheit" (*simple majority*) gesprochen, wenn mindestens 51 % der Lektionen zu einem bestimmten Messzeitpunkt die gleiche Ausprägung aufweisen; von einer „starken Mehrheit" (*super majority*) wenn dies für mindestens 67 % der Lektionen der Fall war. Aufgrund dieser Messgrössen wurde schliesslich der Anteil der Messzeitpunkte ermittelt, für die eine einfache und eine starke Mehrheit hinsichtlich der Gestaltungsmerkmale bestanden und dies zum einen länderübergreifend (globale Konvergenz) und zum anderen innerhalb der Länder (nationale Konvergenz). Dies ermöglichte sowohl einen Vergleich zwischen den Ländern hinsichtlich der nationalen Konvergenz als auch einen Vergleich zwischen der nationalen Konvergenz und der globalen Konvergenz.

3.1.1.2 Kulturspezifische Lehr-Lern-Skripts: Grundlagen und methodische Konsequenzen in der TIMSS 1999 Video Study

Stigler und Hiebert (1999) hatten die anhand der Drei-Länder-Studie beschriebenen länderspezifischen Inszenierungsmuster auf gemeinsam geteilte Unterrichtsskripts bzw. mentale Repräsentationen der Lehrpersonen innerhalb der drei Länder zurückgeführt. Dieser Gedanke ist unterdessen in verschiedenen Untersuchungen aufgegriffen worden, welche auf die direkte Erfassung solcher Skripts durch die Befragung von Lehrpersonen und/oder anderen Fachpersonen mit Expertise in Unterrichts- und didaktischen Fragen zielten (z.B. Blömeke, Eichler & Müller, 2003; Pauli & Reusser, 2003).

Aufgrund einer Befragung von rund 150 Lehrpersonen in Deutschland und der Schweiz konnten Pauli und Reusser (2003) die Annahme eines einheitlichen, länderspezifischen Skripts nicht bestätigen. Stattdessen fanden sie für die Gestaltung von Einführungslektionen mindestens zwei unterschiedliche Skripts, die nicht an die Nationalität der Lehrpersonen, sondern eher an unterschiedliche Unterrichtsphilosophien („eher traditionell" versus „reformorientiert") innerhalb der beiden Länder gebunden schienen und länderübergreifend auftraten: Auf die Frage nach dem Ablauf einer für ihren Mathematikunterricht typischen Lektion beschrieb sowohl in Deutschland als auch in der Deutschschweiz ein Teil der Lehrpersonen ein Vorgehen, das man als traditionelle, fragend-entwickelnde Erarbeitung des Lehrstoffs im Lehrgespräch mit anschliessender Übungs- und Vertiefungsphase bezeichnen kann, während ein anderer Teil ein Vorgehen beschrieb, welches das selbstständige Problemlösen und Explorieren von Lösungswegen dem gelenkten Lehrgespräch voranstellt und so das Selber-Entdecken von Zusammenhängen und Regelhaftigkeiten ermöglichen will. Beide Ansätze wurden sowohl von deutschen als auch von Schweizer Lehrpersonen beschrieben, allerdings in unterschiedlichem Ausmass: Von den Schweizer Lehrpersonen wurde das „entdecken-lassende" Muster etwas häufiger beschrieben als von ihren deutschen Kolleginnen und Kollegen. Trotzdem lassen sich diese Befunde eher als Hinweis auf unterschiedliche „Theoriekulturen" interpretieren, welche sich nicht entlang von Landesgrenzen, sondern – länderübergreifend und innerhalb der Länder – eher durch gemeinsam geteilte Vorstellungen von Lehrpersonen über die adäquate Gestaltung von Lehr- und Lernprozessen und Mathematikstunden abgrenzen. Darauf deutet auch der oben erwähnte Befund einer ähnlichen Verteilung von drei unterschiedlichen Inszenierungsmustern in Mathematiklektionen deutscher und schweizerischer Lehrpersonen hin (Hugener et al., 2007).

Im Rahmen der TIMSS 1999 Video Study war es nicht möglich, die teilnehmenden Lehrpersonen in den sieben Ländern zu ihren Unterrichtsskripts zu befragen. Länderspezifische Sichtweisen und Vorstellungen über guten Unterricht wurden in der Siebenländer-Videostudie insofern berücksichtigt, als in den beteiligten Ländern je zwei – allerdings nicht repräsentative – Befragungen (Gruppeninterviews) lokaler Expertinnen und Experten durchgeführt wurden, in denen es um Charakteristika des Mathematikunterrichts im jeweiligen Land sowie um Gütekriterien von Mathematikunterricht ging. Eine erste Befragung fand im Vorfeld der eigentlichen Datenerhebung statt und hatte zum Ziel, mithilfe eines strukturierten (Gruppen-)Interviews die Unterrichtsskripts lokaler Expertinnen und Experten im Sinne einer für den Unterricht des Landes typischen „Modell-Lektion" zu rekonstruieren. Diese Modell-Lektionen ermöglichten es der Code-Entwicklungsgruppe, kulturell geprägte bzw. länderspezifische Interpretationen und Erwartungen hinsichtlich des Ablaufs von Mathematikstunden kennenzulernen. Dahinter stand nicht zuletzt auch das Anliegen der Projektleitung, bei der Code-Entwicklung eine US-zentrierte und möglicherweise verzerrte Sichtweise auf den Unterricht anderer Länder zu vermeiden. Die Interviews wurden durch die in der Code-Entwicklungsgruppe vertretene Repräsentantin der einzelnen Länder im Anschluss an mehrere Unterrichtsbesuche im teilnehmenden Land mit ausgewählten Expertinnen und Experten durchgeführt und resultierten in einer schriftlichen Übersicht über den Ablauf einer aus der Sicht der Experten typischen Mathematikstunde in Bezug auf mehrere vorgegebene Dimensionen des Geschehens (*hypothesized country model*; vgl. 3.2 und Hiebert et al., 2003, Anhang E). Diese Modell-Lektionen wurden sodann in der internationalen Code-Entwicklungsgruppe präsentiert und diskutiert, wobei es auch darum ging, die Interpretationen der in den Feldtestlektionen beobachteten Ereignisse und Unterrichtsmerkmale mit der Sichtweise lokaler Expertinnen und Experten zu vergleichen und auf dieser Basis innerhalb der Code-Entwicklungsgruppe ein gemeinsam geteiltes Verständnis zu entwickeln, womit eine wichtige Voraussetzung für die Entwicklung valider und reliabler Codes geschaffen wurde.

Eine zweite Expertenbefragung fand nach Abschluss der Datenerhebung in den einzelnen Ländern wiederum in Form von Gruppeninterviews statt und diente dazu, die Gesichtspunkte und Beurteilungskriterien lokaler Expertinnen und Experten bei der Einschätzung von Unterrichtsqualität zu erfassen und so gegebenenfalls länderspezifische Konzepte „guten Unterrichts" zu erfassen (vgl. Kap. 6 und Givvin, Jacobs, Hollingsworth & Hiebert, 2009).

Aus Schweizer Sicht ist die Frage nach landestypischen, charakteristischen Inszenierungsmustern sowie Unterrichtsskripts in Mathematikstunden nicht zuletzt auch im Hinblick auf die verschiedenen Sprachregionen von Interesse: Wie läuft eine Mathematiklektion in Genf, Basel oder Locarno ab? Gibt es sprachregionale Besonderheiten, sei es in Bezug auf die beobachtbaren Inszenierungsmuster oder in Bezug auf die Unterrichtsskripts von Lehrpersonen und Expertinnen bzw. Experten? Mit der TIMSS 1999 Video Study bot sich erstmals die Gelegenheit, diese Frage anhand von Beobachtungsdaten aus einer repräsentativen Stichprobe von Lehrpersonen bzw. Klassen aus der Deutschschweiz, der

Romandie und dem Tessin nachzugehen. Im Rahmen der nationalen Videostudie konnten zudem durch eine schriftliche Befragung auch die Unterrichtsskripts der Lehrpersonen erfasst werden (vgl. Kapitel 7).

3.1.2 Inwieweit lassen sich in den videografierten Mathematikstunden Merkmale guter Unterrichtsqualität identifizieren? Lassen sich im Unterricht der sechs in Leistungstests gut abschneidenden Länder diesbezüglich Gemeinsamkeiten erkennen?

Eine zweite Fragestellung der TIMSS 1999 Video Study zielte darauf ab, die erfassten Mathematikstunden im Hinblick auf die Ausprägung von Merkmalen guter Unterrichtsqualität zu analysieren. Dabei interessierte auch, ob diesbezüglich Unterschiede zwischen den amerikanischen Lektionen auf der einen und den Lektionen der sechs Länder mit guten Testleistungen auf der anderen Seite bestanden.

Hauptfokus der Analysen waren spezifische Qualitätsmerkmale, wie sie von der neueren Mathematikdidaktik und Lehr- und Lernforschung herausgearbeitet worden sind (u.a. De Corte, 2004; NCTM, 2000). Mathematiklernen wird in dieser Sicht als intentionaler, selbstregulierter Prozess der aktiven (Ko-)Konstruktion von Wissen verstanden. Als optimaler Kontext für die Förderung solcher aktiver Konstruktionsleistungen wird ein ausgeprägt verstehens- und problemlösungsorientierter Unterricht betrachtet, welcher vielfältige Gelegenheiten zur individuellen und kooperativen Auseinandersetzung mit anspruchsvollen und herausfordernden Problemstellungen und zum Austausch von Lösungsvorschlägen und Sichtweisen im Rahmen von fachbezogenen Diskussionen bietet (u.a. Greeno, 2006; Hiebert et al., 1996; Hiebert & Grouws, 2007; Hiebert & Wearne, 2003; Hollenstein, 1996; Klieme & Baumert, 2001b; NCTM, 2000; Wälti-Scolari, 2001), ohne den Stellenwert intelligenter Formen des Durcharbeitens, Übens und Anwendens im Hinblick auf die Flexibilisierung und Konsolidierung des Wissens zu verkennen (u.a. Neubrand, 1998). Auf der Basis dieses Lehr- und Lernkonzepts stellen die Qualität der bearbeiteten Inhalte und insbesondere der Aufgaben und Problemstellungen (Stichwort Aufgabenqualität bzw. „Aufgabenkultur") Gelegenheiten zu möglichst selbstreguliertem Problemlösen und zur aktiven Beteiligung an fachlich anspruchsvollen Diskussionen drei wichtige Aspekte von Unterrichtsqualität dar, welche der Entwicklung des Analyseverfahrens zugrunde gelegt wurden. Tabelle 3.1 vermittelt eine Übersicht über die entsprechenden Indikatoren.

Die in Tabelle 3.1 dargestellten Indikatoren machen relevante Merkmale von Unterrichtsqualität an beobachtbaren Ereignissen und Merkmalen fest und erlaubten so eine relativ niedriginferente Codierung des Datenmaterials, das sowohl Unterrichtsvideos als auch schriftliche Begleitmaterialien wie zum Beispiel sämtliche im Unterricht bearbeiteten Aufgaben umfasste.

Bei der Code-Entwicklung war man sich indessen im Klaren darüber, dass mit dieser niedriginferenten Codierung nicht alle Aspekte von Unterrichtsqualität erfasst werden können. So vermag eine noch so detaillierte Analyse jeder Aufgabe nichts über die Kohärenz und den Zielbezug einer Mathematikstunde als Ganzer auszusagen – hierfür müsste die ganze Lektion in den Blick genommen und im Sinne eines hochinferenten Beurteilungsverfahrens hinsichtlich ihrer Qualität eingeschätzt werden. Solche Qualitätsein-

Tabelle 3.1: Operationalisierung von Merkmalen guter Unterrichtsqualität aus fachdidaktischer Sicht: Durch die Codierung erfasste Indikatoren

„Aufgabenqualität"	Komplexität der Aufgaben (Anzahl erforderlicher Lösungsschritte)
	Beziehung zwischen aufeinanderfolgenden Aufgaben (repetitiv versus anspruchsvollere Beziehung)
	Bearbeitungszeit pro Aufgabe im Klassenunterricht
	Alltagsbezug der Aufgaben
	Mathematischer Anforderungsgehalt der Aufgaben und Ausschöpfung dieses Anforderungsgehalts bei der Aufgabenbearbeitung
	Bearbeitung von Beweisen
Selbstständige Auseinandersetzung mit anspruchsvollen Problemstellungen und intelligentes Üben	Kognitive Anforderungen während der selbstständigen Schülerarbeit (repetitives Üben versus anspruchsvollere kognitive Aktivitäten, zum Beispiel Problemlösen)
Diskursivität	Selbstständiges Explorieren von Lösungswegen
	Präsentation und Diskussion von unterschiedlichen Lösungswegen
	Sprechanteile von Lehrperson und Lernenden im Klassengespräch

schätzungen wurden in der TIMSS 1999 Video Study zumindest für eine Teilstichprobe von 20 Mathematikstunden pro Land durch eine Gruppe von Expertinnen und Experten der Mathematik und Mathematikdidaktik vorgenommen. Die Einschätzungen erfolgten nicht aufgrund der Videos, sondern einer ausführlichen schriftlichen Dokumentation (erweiterte Transkripte einschliesslich Unterrichtsmaterialien und Beschreibungen), aus welcher sämtliche Hinweise auf die Länder-Zugehörigkeit entfernt worden waren, um möglichen Voreingenommenheiten und daraus entstehenden Verzerrungen vorzubeugen. Eingeschätzt wurden neben der Kohärenz auch das allgemeine Niveau der Lerninhalte, die Qualität der Präsentation neuer Inhalte und die kognitive Aktivierung der Lernenden. Obwohl diese Qualitätsurteile wegen der eingeschränkten Stichprobe nicht als repräsentativ gelten können, liefern sie doch einige interessante Anhaltspunkte und werden deshalb im Rahmen dieses Berichts kurz dargestellt.

3.2   *Hypothesized Country Models* – Mathematikunterricht in der Erwartung von lokalen Expertinnen und Experten

Bevor im dritten Teil dieses Kapitels eine Auswahl der wichtigsten Ergebnisse der internationalen Videostudie dargestellt wird, wird im Folgenden die Expertenbefragung im Vorfeld der Datenerhebung der TIMSS 1999 Video Study im Überblick präsentiert. Ziel dieser Befragung war es einerseits, anhand einer „Insider-Perspektive" Besonderheiten und „kritische Merkmale" der Unterrichtspraxis der beteiligten Länder kennenzulernen und andererseits, die Spannweite länderübergreifender Unterrichtsmerkmale als Basis der Entwicklung eines quantifizierenden Codiersystems auszuloten (Hiebert et al., 2003, S. 2004). Im Gegensatz zu den deskriptiven Ergebnissen der Videoanalysen können diese Ergebnisse keine Repräsentativität beanspruchen. Trotzdem sind sie als Teil der Code-Entwicklung von Interesse, namentlich auch im Zusammenhang mit den ab Kapitel 4 dargestellten erweiterten Datenanalysen im Rahmen der schweizerischen Videostudie. Deshalb gehen wir hier besonders auf die Experteninterviews und die daraus hervorgehenden Modell-Lektionen der Schweiz (Deutschschweiz und Tessin) ein.

Vorgehen

Grundlage der strukturierten Gruppeninterviews bildeten in allen Ländern videografierte Mathematikstunden, welche zuvor im Rahmen eines Feldtests im betreffenden Land aufgezeichnet worden waren, sowie gemeinsame Unterrichtsbesuche mit den Expertengruppen. Im Anschluss an diese Unterrichtsbesuche und die Betrachtung der Unterrichtsvideos wurden die Fachpersonen zunächst gebeten, anzugeben, welche Merkmale der beobachteten Lektion sie als typisch für den Mathematikunterricht auf der Sekundarstufe I in ihrem Land betrachteten. Anschliessend wurden sie aufgefordert, anhand eines von der Projektleitung in Los Angeles vorgegebenen Rasters den Ablauf einer typischen Mathematikstunde zu beschreiben. Folgende Dimensionen waren im Raster enthalten:

- *Purpose* (didaktische Funktion einer Aktivität, eines Stundensegments),
- *Classroom routine* (im Sinne von wiederkehrenden charakteristischen Handlungsmustern, wie beispielsweise Aufgabenkontrolle oder Ergebnisbesprechung nach Stillarbeit),
- *Actions of participants* (was Schülerinnen, Schüler und Lehrperson konkret tun),
- *Content*,
- *Classroom talk* (Charakteristika des Unterrichtsgesprächs),
- *Climate*.

Das von den Interviewerinnen während des Interviews provisorisch ins Raster eingetragene Modell wurde in Anschluss an die Interviews von denselben bereinigt und – im Sinne eines Dialog-Konsens-Verfahrens – den Expertinnen und Experten zur Begutachtung schriftlich zugestellt, so dass am Schluss eine von Letzteren korrigierte und autorisierte Version vorlag.

In der Schweiz wurden im Januar und Februar 1999 insgesamt vier Expertenmeetings durchgeführt (je ein Meeting in Bellinzona, Bern, Biel und Zürich). Teilnehmende waren Personen mit Expertise in den Bereichen Mathematikdidaktik und Allgemeine Didaktik mit engem Bezug zur Unterrichtspraxis (Tätigkeit in Aus- oder Weiterbildung von Lehrpersonen bzw. Unterrichtsentwicklung).[2] Durchgeführt wurden die Interviews in der Schweiz durch das für die Schweiz zuständige, ständige Mitglied der internationalen Code-Entwicklungsgruppe (Nicole Kersting) in Gemeinschaft mit der Erstautorin dieses Kapitels, welche sich im Verlauf wiederholter Präsenzphasen in Los Angeles temporär an der Entwicklungsarbeit beteiligte. Da die Teilnahme der Westschweiz in dieser frühen Phase der Code-Entwicklung noch nicht feststand, wurde in der Westschweiz kein Meeting durchgeführt und somit auch keine Modell-Lektion erstellt.

---

2 Wir danken Gianfranco Arrigo, Kurt Eggenberger, Armin Hollenstein, Walter Hohl, Werner Jundt, Annegret Nydegger, Martin Schneeberger, Armin Trummer und Beat Wälti sowie den teilnehmenden Lehrpersonen für ihre Mitwirkung.

Tabelle 3.2: Zusammenfassender Überblick über die anhand der Experten-Interviews erstellten Modell-Lektionen aus sechs Ländern in Bezug auf die Aktivitäten und Rollen der Lehrpersonen und der Lernenden innerhalb der drei Lektionsteile Wiederholung, Einführung und Vertiefung

	Wiederholung von früherem Stoff	Einführung von neuem Stoff	Vertiefung des neuen Stoffs
AU	Aufgaben lösen im Klassenverband: Lehrerfragen, kurze S-Antworten	LP erklärt neuen Stoff unter Einbezug von Schülerantworten	1) Anleitung durch LP, 2) individuelle Übungsphase, 3) Besprechung, 4) individuelle Übungsphase, 5) Abschluss (Zusammenfassung)
CZ	1) Abfragen (S löst Aufgabe an WT vor und wird benotet) 2) Individuelles Aufgabenlösen, LP-Erklärungen nach Bedarf	Problemstellung und Diskussion (Einbezug der Ss), danach wird Lösung durch LP Schritt für Schritt entwickelt, ggf. mit Ss-Beteiligung	Lösen von Übungs- und Anwendungsaufgaben meist im Klassenverband, evtl. auch individuell
HK	LP erklärt Aufgaben an WT und/oder stellt kurze Fragen an die Ss	LP erklärt neuen Stoff anhand mehrerer Beispiele, zum Teil unter Einbezug der Ss. Einführung stark an Lehrmitteln orientiert	Wiederholter Wechsel von individuellen Lösen einer Aufgabe und Besprechung von Ss-Lösungen (einige Ss arbeiten an der WT)
NL	Entweder Besprechung von (Haus-)Aufgaben durch LP an WT und/oder individuelles Ss-Arbeitsphase mit individueller Beratung durch LP	Neuer Stoff wird anhand des Lehrbuchtextes angeeignet, entweder unter Leitung der LP (LP liest vor und erklärt) oder durch selbstständige Lektüre der Ss	Individuelles Lösen von Aufgaben, ein Teil ist als HA vorgesehen; LP verfügbar für Beratung
CH[1]	evtl. HA-Kontrolle; Wiederholungsphase ist nicht zwingend vorgesehen	Einstimmung bzw. Problemstellung, dann: Variante1): fragend-entwickelnder Unterricht, oder: Variante 2)[2]: selbstständige Lösungsversuche der Ss, Diskussion und Sichern des neuen Verfahrens durch LP. Oft anschliessend Hefteintrag	Gemeinsames und/oder individuelles Lösen von Übungsaufgaben; LP berät einzelne Ss
USA	1) Aufgabenlösen als Quiz (Klassenunterricht) 2) HA-Besprechung und weitere Aufgaben, Ss beantworten kurze Fragen	LP erklärt den Stoff (wann, warum, wie wird ein neues Verfahren angewendet) und löst einige Beispiele, zum Teil unter Einbezug von kurzen S-Antworten	1) Gemeinsames und 2) individuelles Lösen von Übungsaufgaben, LP berät einzelne Ss

Anmerkungen:
LP: Lehrperson; S, Ss: Lernende; HA: Hausaufgaben; WT: Wandtafel
1   Nur Einführungslektion berücksichtigt
2   Variante 2) sollte gemäss der Expertengruppe in der Deutschschweiz als Reformansatz eine gewisse Verbreitung aufweisen und im Tessin den grössten Teil aller Einführungslektionen charakterisieren.

Ergebnisse

Überblickt man die Modelle in allen sechs Ländern (vgl. Hiebert et al., 2003, S. 204 ff.), lässt sich in allen Ländern unschwer eine Aufteilung der Unterrichtszeit in drei Hauptteile „Wiederholung von früherem Stoff und/oder Hausaufgabenbesprechung" zu Beginn, „Einführung von neuem Stoff" im mittleren Teil und „Vertiefen, Üben des neuen Stoffs" im letzten Teil der Mathematikstunde erkennen. Wenn man jedoch die Beschreibung der Lehrer- und Schülerhandlungen und -rollen betrachtet, so finden sich innerhalb dieser Teile durchaus einige unterschiedliche Akzentsetzungen. Dies geht aus Tabelle 3.2 hervor, welche die Angaben über den Charakter der Lehrer- und Schüleraktivitäten innerhalb der drei Lektionsteile im Überblick über alle Länder zusammenfassend wiedergibt (für die vollständige tabellarische Darstellung vgl. Hiebert et al., 2003, S. 204 ff.). Anzumerken ist, dass für die Schweiz mehrere Modell-Lektionen rekonstruiert wurden (vgl. unten); in die Tabelle wurde das Modell einer Einführungslektion eingetragen.

Wie Tabelle 3.2 zeigt, enthalten einige der Modell-Lektionen teilweise mehrere mögliche Vorgehensweisen, insbesondere in der niederländischen und der schweizerischen Modell-Lektion.

Was die Schweiz betrifft, so zeigte sich in den Expertengesprächen, dass den Fachpersonen weder im Tessin noch in der Deutschschweiz eine einzige Modell-Lektion als Beschreibung des alltäglichen Mathematikunterrichts auf der Sekundarstufe I angemessen erschien. Vielmehr wurden mehrere Unterscheidungen als erforderlich erachtet: Einerseits eine Unterscheidung zwischen „Einführungslektion" bzw. „Introduzione di contenuto nuovo" (Lektionen, in denen es um die Einführung eines neuen Stoffes geht) und „Vertiefungs- oder Übungslektion" bzw. „Raffinamento Tecnico" (Lektionen, in denen es um das Üben und Anwenden von bereits bekanntem Stoff geht).[3] Der Ablauf von Einführungs- und Vertiefungslektionen unterscheidet sich vor allem dadurch, dass in den Einführungslektionen die Erarbeitung eines neuen Konzepts, oft im Klassenunterricht im Sinne eines problemlösenden, fragend-entwickelnden Unterrichtsgesprächs grossen Raum einnimmt, in der Regel ausgehend von einer „Einstimmung", welche auch motivierenden Charakter haben soll und entweder in der Formulierung des Lehrziels und/oder aus einer Problemstellung mit einem gewissen Bezug zur Alltagswelt der Lernenden besteht. Demgegenüber wechseln sich in Vertiefungs- oder Übungslektionen Phasen des individuellen und des gemeinsamen Lösens von Aufgaben im Klassenverband sowie der Aufgabenbesprechung ab, ohne dass eine eigentliche Einführungsphase stattfindet.

Ausserdem wurde auf die Verbreitung von reformorientierten Unterrichtsansätzen mit je charakteristischen Inszenierungsformen hingewiesen. So beschrieb das Expertenteam sowohl in der Deutschschweiz als auch im Tessin für Einführungslektionen als Alternative zum fragend-entwickelnden Verfahren ein problemlösend-entdeckendes Verfahren, das zunächst eine Phase des selbstständigen Problemlösens durch die Lernenden vorsieht, sei es in Einzel-, Partner- oder Gruppenarbeit, bevor die Lösungsvorschläge im Klassenunterricht aufgegriffen und diskutiert und das neu erarbeitete Konzept oder Verfahren auf den Punkt gebracht und oft in Form eines Hefteintrags festgehalten wird. Diese Variante wurde vom Tessiner Experten als das im Tessin übliche Verfahren beschrieben, während die Deutschschweizer Expertengruppe davon ausging, dass dies nur für eine Minderheit der Deutschschweizer Lehrpersonen der Fall sei. Zusätzlich beschrieb die Deutschschweizer Expertengruppe eine Modell-Lektion des Typs „Erweiterte Lehr- und Lernformen" (ELF), welche sich durch stärker individualisierte Lernarrangements, insbesondere durch die Arbeit an Tages- oder Wochenplänen und eine entsprechend höhere Gewichtung selbstständiger Schülerarbeit charakterisieren lassen. Eine gewisse Verbreitung dieses Unterrichtsmodells wird auch durch eine frühere Befragung von Schweizer Lehrpersonen nahegelegt (Stebler & Reusser, 2000).

---

3   Im Tessin wurde noch ein dritter, eigenständiger Typ, die „Lezione laboratorio" erwähnt, in welchem die Förderung kognitiver Strategien, des logischen Denkens und des Problemlösens im Vordergrund steht.

Interessant ist, dass die Unterscheidung von Einführungs- und Vertiefungslektionen offenbar in keinem anderen Land eine Rolle spielt. Überblickt man die Modell-Lektionen der anderen Länder, fällt aber auf, dass in jeder dieser Modell-Lektionen eine Einführung von neuem Stoff vorgesehen ist. Diese Differenz zur Schweiz könnte man zum einen damit erklären, dass die Expertinnen und Experten der anderen Länder möglicherweise einfach nur Einführungslektionen beschrieben haben und Vertiefungslektionen sozusagen mitgedacht, aber nicht explizit als Modell-Lektionen beschrieben haben. Eine andere Interpretation wäre, dass tatsächlich in jeder Lektion neuer Stoff eingeführt wird und entweder generell weniger Zeitbedarf für die eigentliche Einführungsphase veranschlagt wird, so dass innerhalb der gleichen Lektion noch Zeit für vertiefende (Übungs- und Anwendungs-)Aktivitäten übrig bleibt, oder/und die Vertiefung vermehrt auch ausserhalb der Unterrichtszeit in Form von Hausaufgaben erfolgt. Drittens könnten sich hier aber auch unterschiedliche Vorstellungen darüber zeigen, was unter „Einführung von neuem Stoff" verstanden wird: So könnte für die eine Expertin bereits als Einführung von neuem Stoff gelten, was ein anderer Experte noch als Durcharbeiten, anspruchsvolles Üben oder die Anwendung eines Konzepts auf eine neue Situation bezeichnen würde. Dieser Interpretationsspielraum liess sich auch innerhalb der Code-Entwicklungsgruppe letztlich nicht auflösen und macht exemplarisch die Schwierigkeiten deutlich, mit denen sich auch die multikulturell zusammengesetzte Code-Entwicklungsgruppe konfrontiert sah bei der Aufgabe, ein Codiersystem zu entwerfen, das didaktisch relevante Merkmale der videografierten Lektionen länderübergreifend reliabel zu erfassen vermochte. Letztlich liess sich dies nur durch ein niedriginferentes Codiersystem bewerkstelligen, welches den Unterricht relativ verhaltensnah erfasste und weitestgehend vom Anspruch absah, auch tiefer liegende, auf die Qualität der kognitiven Aktivitäten der Lernenden bezogene Merkmale zu erfassen.

3.3   Ergebnisse

3.3.1 Datenauswertung

Für jedes codierte Unterrichtsmerkmal wurde der Mittelwert der Dauer oder Häufigkeit über alle Lektionen eines Landes errechnet, was einen Ländervergleich in Bezug auf den betreffenden Code ermöglichte. Zur Berücksichtigung der unterschiedlichen Gesamtdauer der Mathematikstunden wurde die zeitliche Ausdehnung von Merkmalen und Ereignissen generell in den prozentualen Anteil pro Lektion umgerechnet. Alle Analysen beruhen auf gewichteten Daten, welche den unterschiedlichen Ausschöpfungsgrad der Stichproben in den einzelnen Ländern und Landesteilen sowie bestimmte merkmalsbezogene Disproportionalitäten kompensieren. Um der hierarchischen Struktur der Stichprobe Rechnung zu tragen und unverzerrte Rückschlüsse auf die Grundgesamtheit zu ermöglichen, wurden die Standardfehler mittels Jackknife-Verfahren empirisch bestimmt. Die entsprechenden Analysen erfolgten mithilfe der Software WesVar 4.0 (Westat, 2000), wobei die Vergleiche von mehr als zwei Gruppen zur Vermeidung einer Alphafehlerinflation nach Bonferroni korrigiert wurden. Eine ausführliche Darstellung der eingesetzten Gewichtungsprozeduren und der statistischen Datenauswertung findet sich im technischen Bericht zur Videostudie

(Jacobs et al., 2003), welcher online zur Verfügung steht und als PDF-Dokument herunter-geladen werden kann (http://nces.ed.gov/pubsearch/pubsinfo.asp?pubid=2003012).

3.3.2   Merkmale der Unterrichtsorganisation und die Frage nach länderspezifischen Inszenierungsmustern

Wie in Abschnitt 3.1.1.1 erwähnt, wurde die Frage nach Inszenierungsmustern in zwei Schritten bearbeitet, nämlich zunächst durch die Ermittlung der Häufigkeit und Dauer von Merkmalen der Unterrichtsorganisation (sowie der curricularen Inhalte) und anschliessend durch die Berücksichtigung der zeitlichen Sequenz im Verlauf der Mathematiklektionen.

Was den ersten Schritt betrifft, so fallen zunächst mehrere *Gemeinsamkeiten* der Lektionen aller beteiligten Länder auf:

- Mathematikunterricht bedeutet in erster Linie das Lösen von Aufgaben (> 80% der Unterrichtszeit in allen Ländern), in der restlichen Zeit werden in allen Ländern vor allem Erläuterungen sowie weitergehende Informationen im Zusammenhang mit be-handeltem Stoff vermittelt.
- In allen Ländern wird praktisch in jeder Lektion mindestens teilweise anhand eines Lehrbuchs oder eines Arbeitsblatts gearbeitet.
- In allen Ländern lassen sich in den meisten Lektionen drei Teile mit unterschiedlicher Funktion in Bezug auf den Aufbau und die Vertiefung von Wissen unterscheiden: Re-petition von früherem Stoff, Einführung von neuem Stoff und Vertiefung/Übung des in der Lektion neu eingeführten Stoffes.
- Die Aufgaben werden in allen Ländern teilweise im Gleichschritt (und dabei oft im Ganzklassenunterricht) und teilweise in selbstständiger Schülerarbeit in individu-ellem Tempo gelöst.
- Der Unterricht erfolgt in allen Ländern zum Teil im Klassenunterricht und zum Teil in individueller Schülerarbeit (vor allem Einzelarbeit, seltener auch in Partner- oder Gruppenarbeit).

Auch innerhalb der Schweiz zeigten sich zwischen den drei Sprachregionen kaum bedeut-same Unterschiede. Obwohl für alle der im Folgenden dargestellten Datenauswertungen auch die Werte der einzelnen Sprachregionen der Schweiz ermittelt wurden, wird deshalb im Folgenden auf eine nach Sprachregionen der Schweiz aufgeschlüsselte Darstellung der Befunde verzichtet.

Eine weitere Gemeinsamkeit betrifft die Unterrichtsinhalte: Um festzustellen, welche mathematischen Stoffgebiete in den Lektionen bearbeitet wurden, wurde jede der insge-samt rund 15 000 in den gefilmten Lektionen vorkommenden Aufgaben einem von fünf Stoffgebieten des Mathematikunterrichts zugeteilt, nämlich Arithmetik, Geometrie, Sta-tistik, Algebra und Trigonometrie. Die Auswertung zeigt, dass die Verteilung der Aufga-ben auf die Stoffgebiete in allen Ländern mit Ausnahme der japanischen Lektionen recht ähnlich war (vgl. Tabelle 3.3) und sich vor allem auf Arithmetik, Algebra und Geometrie konzentrierte. In japanischen Lektionen jedoch machten die Geometrieaufgaben mit 84 % einen wesentlich höheren Anteil am Gesamttotal der Aufgaben aus als in allen andern Ländern.

Zu beachten ist, dass in Japan für die TIMSS 1999 Video Study *keine neuen Lektionen aufgezeichnet*, sondern die bereits im Rahmen der Drei-Länder-Videostudie aufgenom-

Tabelle 3.3: Durchschnittliche prozentuale Anteile von Aufgaben, die verschiedenen curricularen Stoffgebieten der Mathematik zugeordnet werden können, nach Ländern

Mathematisches Teilgebiet	Land						
	AU	CZ	HK	JP	NL	CH	US
Arithmetik	36	27	18	‡	16	42	30
Geometrie	29	26	24	84	32	33	22
Statistik	9	3	2	‡	10	2	6
Algebra	22	43	40	12	41	22	41
Trigonometrie	‡	‡	14	‡	‡	‡	‡
Andere	‡	1	‡	‡	‡	1	1

Anmerkungen:
Summe der Spalten ergibt zum Teil nicht 100 infolge gerundeter Zahlen.
‡: Gerundete Zahl ergibt Null. Quelle: Hiebert et al. (2003, S. 69)

menen Lektionen reanalysiert wurden. Anders als in den übrigen sechs Ländern waren diese Lektionen innerhalb einer relativ kurzen Zeitperiode aufgezeichnet worden. Infolge der starken Standardisierung des japanischen Unterrichts war in dieser Zeitspanne mehrheitlich Geometrie unterrichtet worden. Sieht man von der Besonderheit der japanischen Lektionen ab, bestätigt diese Auswertung frühere Befunde, wonach im Fach Mathematik ein relativ grosser Überlappungsbereich der verschiedenen Curricula, wenn auch mit teilweise unterschiedlicher Schwerpunktsetzung in einzelnen Ländern zu bestehen scheint (Moser et al., 1997; Schmidt, McKnight, Valverde, Houang & Wiley, 1997).

Leicht unterschiedliche Akzentsetzungen finden sich bei der Aufteilung der Unterrichtszeit auf die verschiedenen Sozialformen (Klassenunterricht versus selbstständige Schülerarbeit in Einzel-, Partner- oder Gruppenarbeit). Dies zeigt Tabelle 3.4, welche die durchschnittlichen zeitlichen Anteile für Klassenunterricht, selbstständige Schülerarbeit und eine Mischform in einer Lektion nach Ländern sowie die Anteile von Partner- oder Gruppenarbeit an der individuellen Schülerarbeit wiedergibt.

Tabelle 3.4 verdeutlicht die Spannweite der zeitlichen Anteile von Klassenunterricht bzw. selbstständiger Schülerarbeit über die Länder hinweg, wobei Hongkong mit 75 % den grössten Anteil an Klassenunterricht aufweist. Zählt man auch die „Mischform" als eine tendenziell von der Lehrperson geführte Art und Weise des Arbeitens zum Klassenunterricht – in der Regel löst hier eine Schülerin oder ein Schüler unter der Leitung/Überwachung der Lehrperson eine Aufgabe vor, oft an der Wandtafel, während die übrigen Lernenden an ihren Pulten die gleiche Aufgabe im Heft oder auf einem Blatt lösen –, ist der durchschnittliche Anteil gelenkten oder öffentlichen Arbeitens in den tschechischen Lektionen mit insgesamt 79 % ebenso hoch. Demgegenüber weisen die australischen und schweizerischen, insbesondere aber die niederländischen Lektionen (mit 44 %) durchschnittlich einen wesentlich geringeren Anteil an Klassenunterricht auf. Die Niederlande sind denn auch das einzige Land, in dem der durchschnittliche Anteil an selbstständiger Schülerarbeit mehr als die Hälfte der Lektion ausmacht. Noch akzentuierter zeigt sich diese Schwerpunktsetzung, wenn man die Organisationsformen des Aufgabenlösens – „gleichschrittiges Aufgabenlösen" („unabhängige Aufgaben") versus „Aufgabenlösen in individuellem Tempo („fortlaufende Aufgaben") versus „Ergebnisse abrufen" (bezieht

Tabelle 3.4: Prozentuale Anteile der Lektionszeit, die in einer durchschnittlichen Lektion für drei verschiedene Sozialformen eingesetzt werden

	Klassen-unterricht	Selbstständige Schülerarbeit	Gemischt	Anteil Partner- oder Gruppenarbeit an selbstständiger Schülerarbeit
Australien (AU)	52	48	#	27
Tschechien (CZ)	61	21	18	8
Hongkong (HK)	75	20	5	5
Japan (JP)	63	34	3	24
Niederlande (NL)	44	55	‡	11
Schweiz (CH)	54	44	1	26
USA (US)	67	32	1	20

Anmerkungen:
#: Gerundete Zahl ergibt null.
‡ Wegen zu geringer Anzahl Fälle nicht in die Analyse einbezogen.
Klassenunterricht: CZ>NL; HK>AU, CZ, JP, NL, CH; JP>AU, NL; US>AU, NL, CH.
Selbstständige Schülerarbeit: AU, CH>CZ, HK, JP, US; JP, US>CZ, HK; NL>CZ, HK, JP, CH, US.
Gemischt: CZ>AU, HK, JP, CH, US; JP>AU; HK>AU, CH, US.
Anteil Partner- oder Gruppenarbeit an der selbstständigen Schülerarbeit: AU, JP, CH>CZ, HK; US>HK.
Quelle: Hiebert et al. (2003, S. 54 und S. 55)

sich auf Aufgaben, welche bereits früher, zum Beispiel als Hausaufgaben, gelöst wurden) – betrachtet (Abbildung 3.1).

Die Bedeutung selbstständiger Schülerarbeit in den niederländischen Mathematikstunden wird durch eine weitere Besonderheit unterstrichen: Deutlich mehr als in allen anderen Ländern beschäftigen sich die niederländischen Lernenden während der Lektion mit Hausaufgaben, sei es bei der Besprechung der vorhergehenden Hausaufgaben oder sei es, dass die Schülerinnen und Schüler im Unterricht bereits an den zukünftigen Hausaufgaben arbeiten. Insgesamt beschäftigen sich niederländische Klassen durchschnittlich während 26 Minuten einer Lektion mit bisherigen oder künftigen Hausaufgaben, wie Tabelle 3.5 deutlich macht.

Abgesehen von diesen eher kleineren Abweichungen einzelner Länder zeigt sich in Bezug auf drei erfasste Merkmale der Unterrichtsorganisation insgesamt eine recht grosse länderübergreifende Ähnlichkeit der analysierten Mathematikstunden. Die Frage stellt sich, inwieweit diese Ähnlichkeit erhalten bleibt, wenn nicht Dauer oder Häufigkeit, sondern die Stellung der Merkmale im Stundenverlauf betrachtet wird.

Die entsprechenden Ergebnisse wurden an anderer Stelle ausführlich dargestellt (Givvin et al., 2005); wir beschränken uns hier auf einen zusammenfassenden Überblick. Insgesamt legen die Auswertungen eine differenzierte Antwort nahe. So verweist die ermittelte globale Konvergenz (vgl. Abschnitt 3.1.1) auf eine relativ grosse länderübergreifende Ähnlichkeit der Lektionsverläufe insbesondere hinsichtlich der Sozialformen, während sie in Bezug auf didaktische Funktion und die Organisation der Aufgabenbearbeitung kleiner ist. Bezüglich der Konvergenz *innerhalb* der Länder zeigen die Auswertungen, dass die Unterrichtsgestaltung in den einzelnen Ländern in unterschiedlichem Ausmass variiert, wobei die Einheitlichkeit der Stundenverläufe bei den japanischen Lektionen am höchsten und bei den schweizerischen Lektionen am tiefsten ist. Die Ermittlung der globalen und lokalen Konvergenz berücksichtigte indessen nur die relative *Anzahl* der Messzeitpunkte,

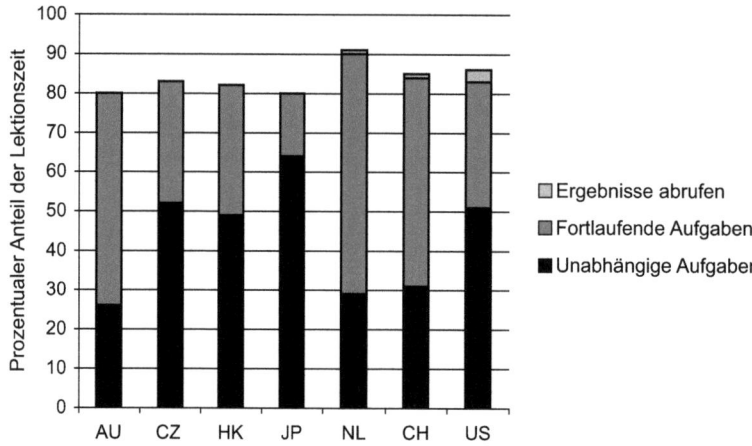

Abbildung 3.1: Prozentuale Anteile der Lektionszeit, die in einer durchschnittlichen Lektion für drei verschiedene Organisationsformen des Aufgabenlösens eingesetzt wird.

Tabelle 3.5: Ausmass an Lektionszeit, die der Bearbeitung (Besprechung) von bisherigen und der Bearbeitung von künftigen Hausaufgaben dient, in einer durchschnittlichen Lektion in Minuten

	Arbeit an bisherigen Hausaufgaben in Minuten	Arbeit an Aufgaben, die als künftige Hausaufgaben bezeichnet wurden, in Minuten
Australien (AU)	1	4
Tschechien (CZ)	-	2
Hongkong (HK)	1	3
Japan (JP)	1	1
Niederlande (NL)	16	10
Schweiz (CH)	5	4
USA (US)	7	3

an welchen die Mathematikstunden in Bezug auf die drei erfassten Merkmale entweder im Sinne einer einfachen oder starken Mehrheit konvergierten, und nicht deren „Ort" im Stundenverlauf. Deshalb wurde in einem zweiten Schritt für jedes Land zusätzlich berücksichtigt, zu *welchen* Messzeitpunkten die Lektionen in welchem Ausmass konvergierten. Dabei zeigte sich, dass die Variabilität der Stundenverläufe innerhalb der Länder nicht nur im Hinblick auf die drei Dimensionen, sondern auch auf den zeitlichen Verlauf der Lektionen durchaus unterschiedlich ausgeprägt war (Givvin et al., 2005). So präsentiert sich beispielsweise die Unterrichtsgestaltung in den schweizerischen Mathematikstunden zu Beginn und am Schluss der Stunden einheitlicher als im mittleren Teil, in dem die Variabilität relativ gross scheint.

Aus Schweizer Sicht entsprechen die Ergebnisse damit durchaus der aus den Experten-Interviews hervorgehenden Erwartung einer gewissen Heterogenität innerhalb der Schweizer Stichprobe. Allerdings lässt sich aufgrund dieser Auswertungen nicht eruieren, *wodurch* die Heterogenität zustande kommt, d.h. ob sich hier systematische Unterschiede zwischen Einführungs- und Vertiefungslektionen, zwischen traditionellem und reformorientiertem Unterricht oder möglicherweise auch zwischen Sprachregionen oder Schulformen manifestieren. Entsprechende Anhaltspunkte lassen sich aus den weiteren Auswertungen im Rahmen der schweizerischen Videostudie gewinnen, die in späteren Kapiteln dieses Buches dargestellt werden (vgl. besonders Kapitel 4, 7, 8 und 12). Was die internationalen Videoanalysen betrifft, lässt sich, wie bereits erwähnt, festhalten, dass sich in Bezug auf Merkmale der Unterrichtsorganisation kaum Differenzen zwischen den drei untersuchten *Sprachregionen* zeigen, abgesehen von minimalen Abweichungen im zeitlichen Ablauf und einem in den Tessiner Lektionen im Durchschnitt signifikant höheren Anteil an Unterrichtszeit, die für die Einführung von neuem Stoff eingesetzt wurde. Es sei an dieser Stelle bereits vorweggenommen, dass auch bei den im folgenden Abschnitt dargestellten Ergebnissen zu Merkmalen der Unterrichtsqualität keine Unterschiede zwischen den Sprachregionen der Schweiz gefunden wurden. Es werden deshalb auch im folgenden Abschnitt nur die Ergebnisse für die gesamte Schweizer Stichprobe dargestellt, ohne sie nach Sprachregion aufzuschlüsseln.

3.3.3 Inwieweit können in den Mathematikstunden Merkmale guter Unterrichtsqualität beobachtet werden und zeichnen sich die Mathematikstunden der sechs Länder mit guten Testleistungen diesbezüglich durch eine höhere Ausprägung aus?

Wie in Abschnitt 3.1.2 erwähnt, wurden *allgemeine* Kriterien guter Unterrichtsqualität, wie sie die empirische Unterrichtsforschung herausgearbeitet und belegt hat, eher am Rande berücksichtigt. Eine Annäherung an die Qualitätskriterien der *klaren und strukturierten Präsentation* und der *effektiven Klassenführung* stellte die Erfassung expliziter Zielformulierungen und Zusammenfassungen der wesentlichen Inhalte der Lektion durch die Lehrperson sowie der Störungen bzw. Unterbrüche im Lektionsverlauf dar. Weder für die Zielformulierungen noch für das Vorkommen von Zusammenfassungen liess sich ein gemeinsames Muster der erfolgreichen Länder im Kontrast zu den USA erkennen, wie Abbildung 3.2 deutlich macht. Unterrichtsstörungen und Unterbrüche wurden generell eher selten beobachtet und es zeigten sich diesbezüglich kaum Unterschiede zwischen den Ländern (keine Abbildung; vgl. Hiebert et al., 2003, S. 61 ff.).

Den Schwerpunkt der Analysen bildeten wie erwähnt *fachdidaktisch begründete Qualitätskriterien*, welche auf der Grundlage eines sozialkonstruktivistischen Lehr- und Lernkonzepts als Indikatoren eines verständnisorientierten, diskursiven, das aktive Problemlösen und Lernen unterstützenden Unterrichts verstanden wurden. Ausgehend von

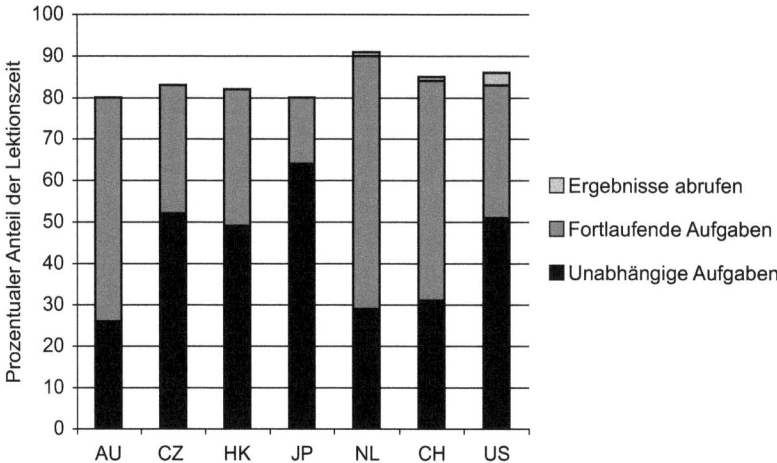

Anmerkungen:
Zielformulierung: AU>NL, CH; CZ>AU, HK, NL, CH, US; HK, JP, CH, US>NL
Zusammenfassung: CZ>CH, US; HK, JP>CH. Die Signifikanztests beziehen den Standardfehler für die aufge-
führten Differenzen mit ein. Deshalb kann eine Differenz zwischen zwei Durchschnittswerten zweier Länder
signifikant sein, während die gleiche Differenz zwischen zwei anderen Ländern nicht signifikant ist.
Quelle: Hiebert et al. (2003, S. 60 f.)

Abbildung 3.2: Anteil der gefilmten Lektionen in Prozent, in denen mindestens eine
Zielformulierung (grau) und mindestens eine Zusammenfassung der wesentlichen Lerninhalte (schwarz) vorkommt.

der bereits in der Drei-Länder-Videostudie festgestellten und in der vorliegenden Studie
bestätigten Tatsache, dass das Lösen von Aufgaben die überaus dominierende Aktivität im
Mathematikunterricht ist, galt ein Hauptaugenmerk der Analysen der Qualität der Aufgaben, gemessen am Kriterium der kognitiven Aktivierung der Lernenden. Aufgaben, welche zu Problemlösungsprozessen bzw. zu anspruchsvollen kognitiven und metakognitiven
Aktivitäten herauszufordern, wird in dieser Sicht eine höhere Qualität zugeschrieben als
Aufgaben, welche lediglich die Anwendung verfügbarer Prozeduren erfordern. In diesem
Sinne wurde die Qualität jeder der insgesamt rund 15 000 in den analysierten Mathematikstunden vorkommenden Aufgaben anhand mehrerer Kriterien analysiert.

Aufgabenqualität
Einen ersten Anhaltspunkt zum Anforderungsgehalt von Aufgaben gibt deren *Bearbei-
tungsdauer*, ist doch anzunehmen, dass anspruchsvolle Problemstellungen eine längere
Bearbeitungszeit erfordern als einfache Routineaufgaben.

　　　Tabelle 3.6 fasst einerseits die Anzahl der im Durchschnitt pro Lektion (gleichschrittig) gelösten Aufgaben und andererseits die pro Aufgabe durchschnittlich eingesetzte
Bearbeitungsdauer in den einzelnen Ländern zusammen. Erfasst wurden hier nur die im
Gleichschritt der Klasse gelösten Aufgaben, da sich die Anzahl und Bearbeitungsdauer
der in individuellem Tempo gelösten Aufgaben nicht ermitteln liess, weil hier nicht klar
unterschieden werden konnte, wie viele der vorgegebenen Aufgaben tatsächlich während

Tabelle 3.6: Durchschnittliche Anzahl der gleichschrittig gelösten Aufgaben pro Lektion und durchschnittliche Bearbeitungsdauer einer Einzelaufgabe in Minuten, nach Ländern

	Anzahl Einzelaufgaben	Durchschnittliche Bearbeitungsdauer von Einzelaufgaben, in Minuten
Australien (AU)	7	3
Tschechien (CZ)	13	4
Hongkong (HK)	7	4
Japan (JP)	3	15
Niederlande (NL)	8	2
Schweiz (CH)	5	4
USA (US)	10	5

Anmerkungen:
Anzahl Einzelaufgaben: CZ>HK, JP, NL, CH; HK, US>JP, CH; CH, NL>JP
Bearbeitungsdauer: JP>AU, CZ, HK, NL, CH, US
Quelle: Hiebert et al. (2003, S. 44 und S. 46)

der beobachteten Mathematikstunde und wie viele zum Beispiel erst als Hausaufgabe zu lösen waren.[4]

Dass die Bearbeitungszeit pro Aufgabe in den japanischen Lektionen im Vergleich so viel höher ist als in den anderen Ländern, legt nahe, dass in japanischen Lektionen andere Aufgaben bearbeitet werden, welche zeitlich aufwendiger sind. Dies bestätigt die Analyse der *Aufgabenkomplexität* und der *Beziehung zwischen im Lektionsverlauf aufeinanderfolgenden Aufgaben* deutlich. Diese Analyse wird in Tabelle 3.7 erläutert.
Abbildungen 3.3 und 3.4 zeigen die durchschnittlichen Anteile der Aufgaben auf den drei Komplexitätsstufen sowie den Anteil der Aufgaben, welche in repetitiver, mathematischer, thematischer oder keiner Beziehung zur vorhergehenden Aufgabe stehen (Abbildung 3.4). Erfasst wurden bei diesen Analysen sämtliche, das heisst auch die von den Lernenden individuell bearbeiteten Aufgaben.

Insgesamt zeigt sich in Bezug auf die Komplexität, die Bearbeitungsdauer und die Beziehung zwischen Aufgaben, dass sich die japanischen Lektionen von jenen aller anderen Länder, also auch der Länder mit guten Mathematiktestleistungen, unterscheiden. Dieses Bild wird noch bestärkt durch einen in den japanischen Lektionen signifikant höheren durchschnittlichen Anteil an *angewandten Aufgaben* (nicht abgebildet; 74 % in den japanischen gegenüber 34 bis 51 % in den anderen Lektionen; Ausnahme: Schweizer Lektionen: 55 % und kein signifikanter Unterschied zu Japan) sowie durch ein signifikant häufigeres Vorkommen von mathematischen Beweisen (in 39 % der japanischen Lektionen wurde mindestens ein Beweis bearbeitet, während dies in den anderen Ländern in 0 bis 11 % der Lektionen der Fall war). Es stellt sich allerdings die Frage, ob die Besonderheit der Aufgaben mit der starken Fokussierung der japanischen Lektionen auf *Geometrie* zusammenhängt (vgl. Tabelle 3.3). Um diese Frage zu prüfen, wurde eine spezielle Stichprobe gebildet, die aus den Lektionen aller Länder nur noch die Geometrieaufgaben umfasste. Der Länder-Vergleich zeigt, dass die Beschränkung auf Geometrieaufgaben in Bezug auf

---

4 So variiert die Anzahl der individuell gelösten Aufgaben zum Beispiel in den Schweizer Mathematikstunden zwischen 0 und 459 Aufgaben, was vermutlich auch damit zusammenhängt, dass in einigen Lektionen mit Wochenplänen gearbeitet wurde, in welchen das Pensum einer ganzen Woche enthalten war.

Tabelle 3.7: Beschreibung der Ausprägungen der Aufgabenmerkmale „prozedurale Komplexität" und „Beziehung zur vorhergehenden Aufgabe"

Prozedurale Komplexität

Geringe Komplexität	Die Standardlösung der Aufgabe erfordert höchstens 4 Entscheidungen bzw. Schritte. Die Aufgabe enthält keine eingebetteten Teilprobleme. Beispiel: Löse die Gleichung 2x + 7 = 2.
Mittlere Komplexität	Die Lösung der Aufgabe erfordert mehr als 4 Entscheidungen und kann ein eingebettetes Teilproblem enthalten, das im Zuge der Lösung bearbeitet werden muss. Beispiel: Löse die folgenden Gleichungen nach x und y auf: 2y = 3x − 4; 2x + y = 5.
Hohe Komplexität	Die Lösung der Aufgabe erfordert mehr als 4 Entscheidungen und enthält zwei oder mehr Teilprobleme. Beispiel: Stelle die folgenden linearen Ungleichungen grafisch dar und bestimme den Bereich der Überschneidung: y ≤ x + 4; x ≤ 2; y ≥ -1.

Beziehung zwischen aufeinanderfolgenden Aufgaben

Wiederholung, repetitive Beziehung	Gleiche Aufgabe wie die Vorhergehende. Zur Lösung muss die gleiche mathematische Prozedur durchgeführt werden; unterschiedlich sind bloss die Zahlen oder Variablen.
Mathematische Beziehung	Die Aufgabe ist nicht bloss eine Wiederholung und steht zur vorhergehenden in einem bedeutsamen mathematischen Zusammenhang. So wird zum Beispiel die Lösung der vorhergehenden Aufgabe für die Lösung gebraucht, oder die Aufgabe erweitert die Vorhergehende durch Einbezug von weiteren Operationen, oder sie ist eine Vereinfachung oder eine Elaboration (zum Beispiel alternatives Lösungsverfahren) der vorhergehenden Aufgabe.
Thematische Beziehung	Die Aufgabe ist nicht bloss eine Wiederholung und steht zur vorhergehenden Aufgabe nur in einem thematischen, nicht aber mathematischen Zusammenhang. Falls auch ein mathematischer Zusammenhang besteht, wurde der Code „mathematischer Zusammenhang" vergeben.
Keine Beziehung	Die Aufgabe steht zur vorhergehenden Aufgabe in keinerlei Zusammenhang (keine Wiederholung, keine mathematische, keine thematische Beziehung erkennbar).

Quelle: Hiebert et al. (2003, S. 71 und S. 76)

die *prozedurale Komplexität* in der Tat einen Effekt hat: Der Unterschied zwischen den japanischen Lektionen und jenen der übrigen Länder wird kleiner, wenn nur die Geometrieaufgaben einbezogen werden. In Bezug auf die Beziehung zwischen den Aufgaben sowie auf das Vorkommen von Beweisen führt die Beschränkung auf Geometrieaufgaben jedoch kaum zu Veränderungen der Ergebnisse. Der Fokus auf Geometrie ist somit zwar eine, aber nicht die einzige Ursache der Differenz zwischen Japan und den anderen Ländern.

Durchbrochen wird das Muster der besonderen Aufgabenqualität in Japan einzig beim Kriterium des Alltagsbezugs, wie Abbildung 3.5 deutlich macht.

Zusammenfassend lässt sich mit Blick auf die *Aufgabenqualität* feststellen, dass in den beobachteten Mathematikstunden mit Ausnahme Japans auch in den Ländern mit guten Mathematiktestleistungen das Lösen einer grösseren Zahl von Aufgaben dominiert, die wenig komplex sind, im Klassenunterricht in kürzester Zeit gelöst werden können und mehrheitlich das repetitive Anwenden von zuvor bereits besprochenen Lösungsverfahren erfordern.

Allerdings sagen diese Analysen nichts darüber aus, wie im Unterricht mit diesen Aufgaben umgegangen wurde. Hier setzte ein Teilprojekt der Videostudie an, welches die Zusammenhänge zwischen dem Anforderungsniveau der Aufgaben einerseits und dem Anforderungsniveau der Bearbeitung im Klassenunterricht untersuchte (vgl. Hiebert et

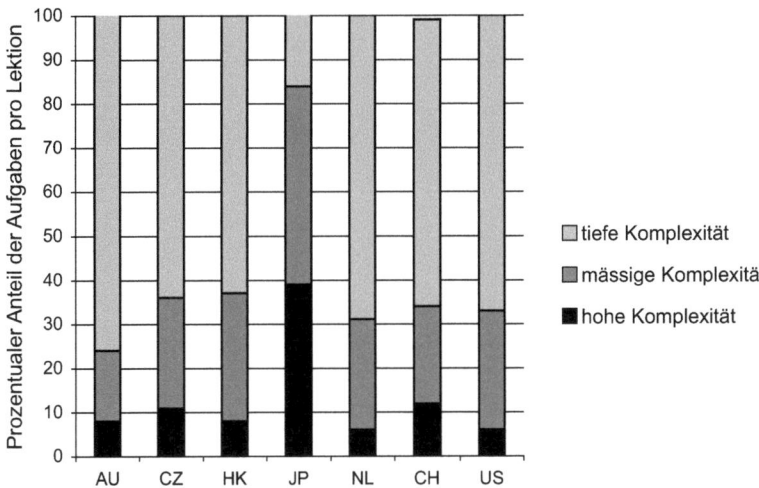

Anmerkungen:
Hohe Komplexität: JP>AU, CZ, HK, NL, CH, US
Mässige Komplexität: HK>AU; JP>AU, CH
Niedrige Komplexität: AU, CZ, HK, NL, CH, US>JP. *Quelle*: Hiebert et al. (2003, S. 71)

Abbildung 3.3: Durchschnittlicher Anteil von Aufgaben pro Lektion auf drei Stufen der Komplexität in Prozent

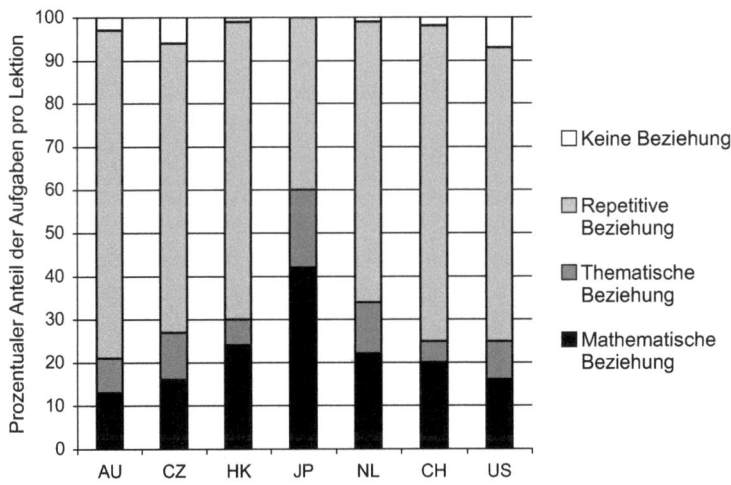

Anmerkungen:
Mathematische Beziehung: HK>AU; JP>AU, CZ, HK, NL, CH, US
Thematische Beziehung: CZ, JP>CH; NL>HK, CH
Repetitive Beziehung: U, CZ, HK, NL, CH, US>JP
Keine Beziehung: CZ>HK, NL, CH. *Quelle*: Hiebert et al. (2003, S. 77)

Abbildung 3.4: Durchschnittlicher Anteil von Aufgaben pro Lektion nach Beziehung zur vorhergehenden Aufgabe.

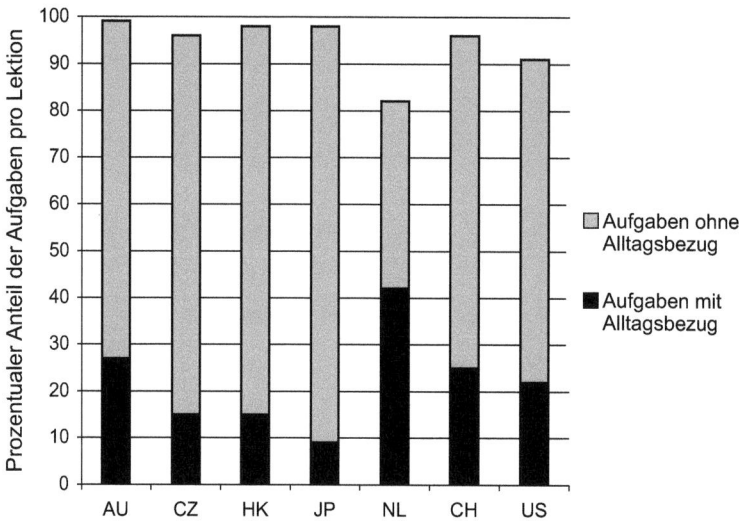

Anmerkungen:
Aufgaben mit Alltagsbezug: AU, CH>JP; NL>CZ, HK, JP, US
Aufgaben ohne Alltagsbezug: AU, CZ, HK, CH, US>NL; JP>AU, CH, US
Quelle: Hiebert et al. (2003, S. 85)

Abbildung 3.5: Durchschnittlicher Anteil von Aufgaben pro Lektion, die einen Alltagsbezug aufweisen.

al., 2003, S. 97 ff.).[5] Dazu wurden in einem ersten Schritt alle Aufgaben einem von drei Anforderungsniveaus zugeteilt: „Prozeduren anwenden", „Konzepte benennen/erkennen" und „Beziehungen/Verknüpfungen stiften", wobei Letzteres als das höchste Niveau verstanden wurde. Wie aufgrund der oben dargestellten Analysen zu erwarten war, zeigte sich (mit Ausnahme der Niederlande) in den japanischen Lektionen ein signifikant höherer Anteil an Verknüpfungsaufgaben (54 %), während in den übrigen Ländern die Aufgaben des Typs „Prozeduren anwenden" dominierten (57-84 %). In einem zweiten Schritt wurde nun untersucht, in welcher Weise die Aufgaben jeden Typs im Klassenunterricht tatsächlich bearbeitet wurden, d.h. welche mathematischen Denkprozesse während der Bearbeitung im Klassenunterricht verbalisiert wurden. Es wurden die gleichen Kategorien für die Aufgabenbearbeitung unterschieden wie für den Aufgabentyp, zusätzlich musste jedoch noch eine weitere Kategorie – „Nennen der Antwort ohne weitere Einzelheiten" – generiert werden.

Dabei zeigte sich einerseits, dass ein Teil der Aufgaben des tiefsten Niveaus (Prozeduren anwenden) auf dem höchsten Niveau – Beziehungen stiften – bearbeitet wurde: In diesen Fällen machten die Lehrpersonen somit mathematisch-kognitiv wenig anspruchsvolle Aufgaben zum Ausgangspunkt anspruchsvoller Denkprozesse, was insbesondere in den japanischen und niederländischen Lektionen zu beobachten war (vgl. Abbildung 3.6). Umgekehrt wurde ein Teil der Verknüpfungsaufgaben lediglich auf dem Niveau des Anwendens von Prozeduren bearbeitet. In diesen Fällen wurde sozusagen das Aufgabenpo-

---

5   Die schweizerischen Lektionen konnten in diese Analyse nicht einbezogen werden, da nicht von allen Lektionen eine – für diese Analysen erforderliche – englische Übersetzung erstellt werden konnte.

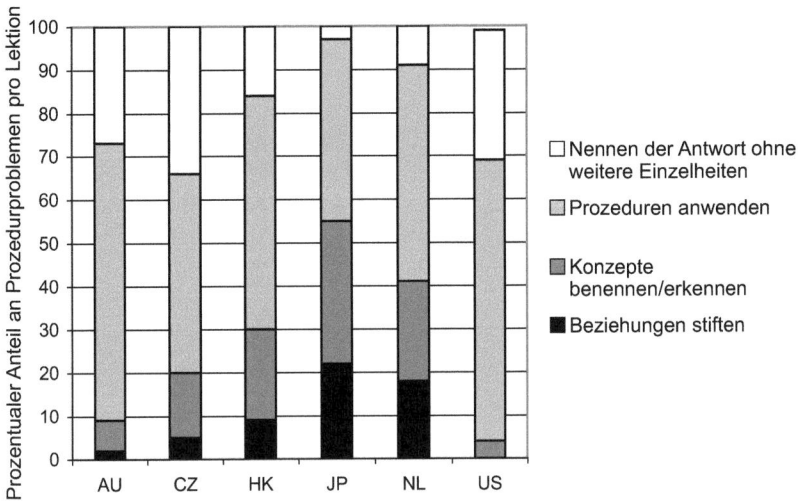

Anmerkungen:
Beziehungen stiften: HK, JP, NL>AU; JP, NL>CZ
Konzepte benennen/erkennen: HK, JP, NL>AU, US; CZ>US
Prozeduren Anwenden: US>CZ, JP
Nennen der Antwort ohne weitere Einzelheiten: AU>JP; CZ>HK, JP, NL; HK>JP; US>HK, JP, NL
Quelle: Hiebert et al. (2003, S. 102)

Abbildung 3.6: Prozentualer Anteil der Prozeduraufgaben, die auf vier verschiedenen Niveaus bearbeitete wurden, an der Gesamtmenge der Aufgaben des Typs „Prozedur":

tenzial bei der Bearbeitung nicht ausgeschöpft. Abbildung 3.7 zeigt die durchschnittlichen Anteile der auf den unterschiedlichen Niveaus bearbeiteten Aufgaben des Typs „Beziehungen stiften" und macht deutlich, dass besonders in den amerikanischen und australischen Lektionen das Potenzial anspruchsvoller Aufgaben relativ wenig ausgeschöpft worden ist. Dieser Befund weist darauf hin, dass es nicht genügt, Lehrpersonen – beispielsweise mithilfe von Lehrmitteln – qualitativ anspruchsvolles Aufgabenmaterial zur Verfügung zu stellen, um eine Verbesserung des Unterrichts in Richtung einer verstärkten Förderung anspruchsvoller mathematischer Denk- und Problemlösungsaktivitäten zu erreichen.

Selbstständiges Problemlösen, intelligentes Üben und mathematische Diskussionen
Wie in Abschnitt 3.1.2 (Tabelle 3.1) dargestellt, wurden neben der Aufgabenqualität zwei weitere Qualitätsindikatoren betrachtet, nämlich das Ausmass an Gelegenheiten zur selbstständigen Bearbeitung anspruchsvoller Aufgaben sowie zur Diskussion unterschiedlicher Lösungsverfahren. Das Ausmass an Gelegenheiten zu selbstständiger Auseinandersetzung mit anspruchsvollen Problemstellungen wurde anhand der kognitiven Anforderungen der selbstständigen Schülerarbeit untersucht, wobei eine einfache Unterscheidung zwischen „repetitiven" Tätigkeiten einerseits und kognitiv anspruchsvolleren Tätigkeiten andererseits zugrunde gelegt wurde. Die durchschnittlichen zeitlichen Anteile dieser beiden Tätigkeitstypen an der selbstständigen Schülerarbeit pro Lektion finden sich in Abbildung 3.8. Im Hinblick auf Gelegenheiten zur Teilnahme an *mathematischen Diskussionen* im Zusammenhang mit unterschiedlichen Lösungsverfahren wurde schliesslich der Anteil von

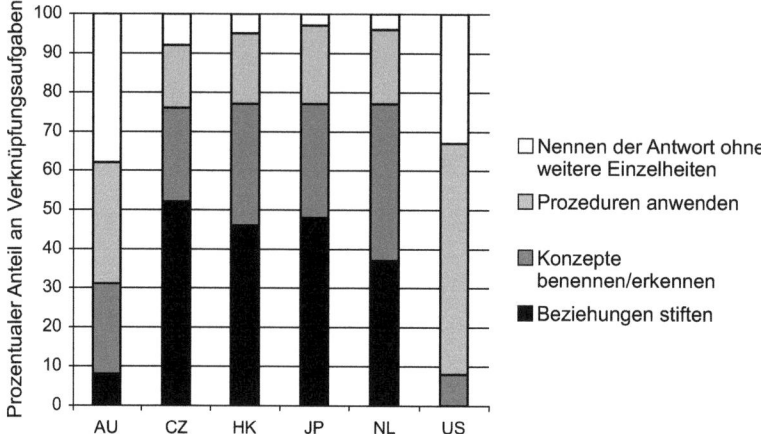

Anmerkungen:
Beziehungen stiften: CZ, HK, JP, NL>AU, US
Konzepte benennen/erkennen: JP, NL>US
Prozeduren anwenden: US>CZ, HK, JP, NL
Nennen der Antwort ohne weitere Einzelheiten: AU, US>CZ, HK, JP, NL
Quelle: Hiebert et al. (2003, S. 104)

Abbildung 3.7: Prozentualer Anteil der Verknüpfungsaufgaben, die auf 4 Niveaus bearbeitet wurden, an der Gesamtheit der Aufgaben vom Typ „Verknüpfungs-Aufgaben" bzw. „Beziehungen stiften".

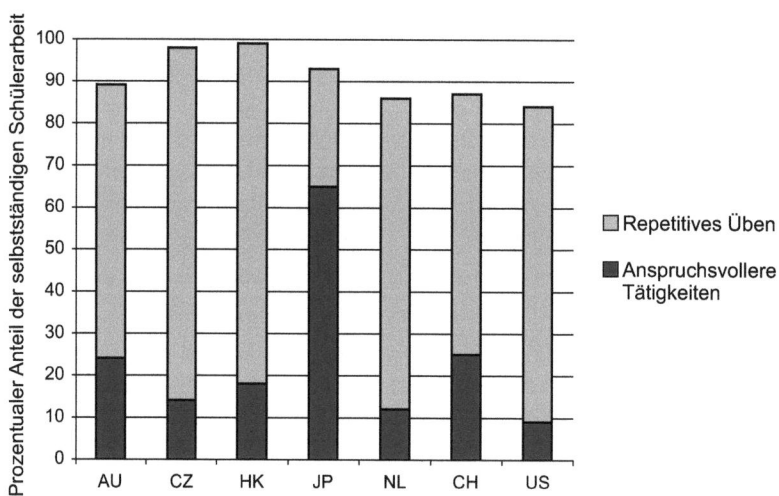

Anmerkungen:
Anspruchsvollere Tätigkeiten (Problemlösen): JP>AU, CZ, HK, NL, CH, US; AU, CH>US
Repetitives Üben: AU, NL, CH, US>JP; CZ, HK>JP, CH
Quelle: Hiebert et al. (2003, S. 105)

Abbildung 3.8: Durchschnittlicher prozentualer Anteil der selbstständigen Schülerarbeit, die für repetitives Üben und für kognitiv anspruchsvollere Tätigkeiten (Problemlösen) eingesetzt wird.

Aufgaben erfasst, a) bei welchen die Lernenden explizit aufgefordert wurden, eigene Lösungswege zu entwickeln, b) bei denen mehr als ein Lösungsweg vor der Klasse vorgestellt wurde, und c) bei welchen eine selbstständige Exploration von Lösungswegen *und* eine anschliessende Präsentation und Diskussion unterschiedlicher Lösungsmöglichkeiten beobachtet werden konnten.

Wie Tabelle 3.8 zeigt, ist der Anteil an Aufgaben, die eine Wahlmöglichkeit für die Lernenden ermöglichen und Aufgaben, zu denen mindestens zwei unterschiedliche Lösungswege präsentiert wurden, in allen Ländern mit Ausnahme Japans eher klein. Noch kleiner ist der Anteil an Aufgaben, in denen Schüler Gelegenheit zu selbstständigem Ex-

Tabelle 3.8: Durchschnittlicher Anteil von Aufgaben, a) mit Wahlmöglichkeiten eines Lösungsverfahrens; b) mit öffentlicher Präsentation von mindestens zwei unterschiedlichen Lösungswegen und c) mit selbstständiger Exploration und anschliessender Diskussion von Lösungsmöglichkeiten durch die Lernenden

	a) Anteil Aufgaben mit Wahlmöglichkeit	b) Anteil Aufgaben mit Präsentation mehrerer Lösungswege	c) Anteil Aufgaben mit Exploration von Lösungswegen
AU	8	2	1
CZ	4	2	‡
HK	3	4	1
JP	15	17	9
NL	‡	5	‡
CH	7	4	3
US	9	5	2

Anmerkungen:
‡: Gerundete Zahl ergibt Null. Einbezogen wurden nur Aufgaben, zu denen die Lösung öffentlich präsentiert wurde. Signifikante Unterschiede zwischen den Ländern:
a) Keine Unterschiede.
b) JP>AU, CZ, HK
c) JP>AU, CZ, HK, US
Quelle: Hiebert et al. (2003, S. 94 ff.)

plorieren mit anschliessender Präsentation und Diskussion ihrer Lösungswege hatten. Die japanischen Lektionen weisen einen höheren Anteil an solchen Aufgaben auf als jene der meisten anderen Länder. Dies dürfte jedoch auch damit zusammenhängen, dass in japanischen Lektionen insgesamt deutlich weniger Aufgaben gelöst werden, während die Zahl der Aufgaben in den anderen Ländern stark variiert und mitunter, zum Beispiel in schweizerischen Lektionen, sehr hoch sein kann. Entsprechend wird der Unterschied zwischen Japan und der Restgruppe kleiner, wenn nicht mehr der *Anteil an Aufgaben* errechnet wird, sondern der *prozentuale Anteil von Lektionen,* in denen *mindestens eine Aufgabe* vorkommt, die den oben beschriebenen Kriterien entspricht (Tabelle 3.9).

Wie Tabelle 3.9 zeigt, konnte ein problemlösend-entdeckendes Verfahren, welches sowohl selbstständige Lösungsversuche als auch eine Klassendiskussion unterschiedlicher präsentierter Lösungswege umfasste, auch im japanischen Unterricht nur in knapp einem Viertel der videografierten Lektionen beobachtet werden. Umgekehrt kam dieses Vorgehen aber auch in den anderen Ländern (mit Ausnahme der Niederlande) durchaus vor, wenn auch noch seltener als in der japanischen Stichprobe.

Tabelle 3.9: Anteil der Lektionen in Prozent, in denen mindestens eine Aufgabe a) mit Wahlmöglichkeiten eines Lösungsverfahrens; b) mit öffentlicher Präsentation von mindestens zwei unterschiedlichen Lösungswegen und c) mit selbstständiger Exploration und anschliessender Präsentation von Lösungsmöglichkeiten durch die Lernenden vorkommt

	a) Anteil Lektionen mit mindestens 1 Aufgabe mit Wahlmöglichkeit	b) Anteil Lektionen mit mindestens 1 Aufgabe mit Präsentation mehrerer Lösungswege	c) Anteil Lektionen mit mindestens 1 Aufgabe mit selbstständiger Exploration von Lösungswegen
AU	25	25	8
CZ	20	16	3
HK	17	23	12
JP	31	42	24
NL	‡	30	‡
CH	24	24	14
US	45	37	17

Anmerkungen:
‡: Gerundete Zahl ergibt Null. Signifikante Unterschiede zwischen Ländern:
a) US>CZ, HK
b) US>CZ
c) JP, US>CZ. *Quelle*: Hiebert et al. (2003, S. 94 ff.)

Hochinferente Qualitätseinschätzungen durch Mathematikdidaktikerinnen und Mathematikdidaktiker

Da gewisse Qualitätsmerkmale mithilfe niedriginferenter Codierungen kaum erfasst werden können, wurde eine Teilstichprobe von je 20 Lektionen pro Land einem hochinferenten Qualitätsrating durch eine Gruppe von Expertinnen und Experten der Mathematikdidaktik unterzogen[6] (vgl. Abschnitt 3.1.2). Die Expertinnen und Experten stuften die Lektionen auf einer Beurteilungsskala von 1 bis 5 (5 = höchste Qualitätsstufe) hinsichtlich einer Reihe von Kriterien ein. Die wichtigsten Beurteilungsdimensionen sowie Indikatoren der je tiefsten und höchsten Qualitätsstufe sind in Tabelle 3.10 zusammengefasst.

Abbildung 3.9 fasst die mittels der 20 beurteilten Lektionen errechneten durchschnittlichen Einstufungen hinsichtlich der drei Teildimensionen und der globalen Qualitätseinschätzung zusammen (für eine ausführlichere Darstellung der Ergebnisse verweisen wir auf Hiebert et al., 2003, S. 190 ff.).

Interessant ist, dass die Qualitäts-Ratings zumindest für die Lektionen aus Hongkong, Tschechien und der Schweiz mit Durchschnittswerten von durchgehend mindestens 3.3 relativ hoch ausfallen. Verglichen mit den oben dargestellten Ergebnissen der niedriginferenten Codierungen der Aufgabenqualität erscheint diese Beurteilung erstaunlich positiv. Sehr günstig wurde insbesondere die Kohärenz über den Verlauf der Lektion beurteilt. Es scheint, dass die Expertenurteile, die sich stärker an einem kohärenten Aufbau der Lektion als Ganzer sowie an Merkmalen der Lehrer-Schüler-Interaktion orientieren, von der Qualität der *einzelnen* Aufgaben wenig beeinflusst wurden. Die Aussagekraft dieser Analyse ist allerdings, dies sei nochmals betont, durch die geringe Zahl der einbezogenen Lektionen und das Fehlen der japanischen Lektionen eingeschränkt.

---

6   Die japanischen Lektionen konnten in diese Analyse nicht einbezogen werden, da sie von den gleichen Expertinnen und Experten bereits im Rahmen der Dreiländer-Videostudie beurteilt worden waren.

Tabelle 3.10: Beurteilungsdimensionen und Indikatoren für die tiefste (1) und die höchste (5) Ausprägung in den beurteilten Lektionen

	Stufe 1 (minimale Ausprägung)	Stufe 5 (maximale Ausprägung)
inhaltliche Kohärenz	Fragmentarisch: Lektion enthält viele Themen, die miteinander in keinem Zusammenhang stehen.	Lektion fokussiert ein mathematisches Thema, das im Lektionsverlauf in Form einer inhaltlich sinnvollen Abfolge von Teilzielen bearbeitet wird.
Erarbeitungs- qualität	Einüben von Prozeduren, ohne jeden Hinweis auf deren mathematische Bedeutung; keine Begründungen, keine Herleitungen. Keine mathematische Argumentation erkennbar.	Konzepte oder Prozeduren werden entwickelt, begründet, diskutiert. Bezüge zum Vorwissen der Lernenden werden hergestellt; verste- hensorientiertes Vorgehen, mathematische Argumentation wird gefördert.
kognitive Aktivierung	Geringe kognitive Aktivierung der Lernenden. Fragen und Aufgaben zielen nicht auf höhere Denkprozesse und Problemlösen.	Hohe kognitive Aktivierung der Lernenden. Kognitiv anregende Fragen und Aufgaben, Schülerinnen und Schüler sind herausgefordert zum Problemlösen, Mitdenken und Mitdisku- tieren.
Gesamturteil der Qualität	Tief: Wenig Gelegenheit zur aktiven Konstruktion von mathematischem Wissen bzw. zu verständnisvollem Lernen.	Hoch: Unterricht schafft und nutzt zahlreiche Gelegenheiten für die Lernenden zur aktiven Konstruktion von mathematischem Wissen und fördert verständnisvolles Lernen.

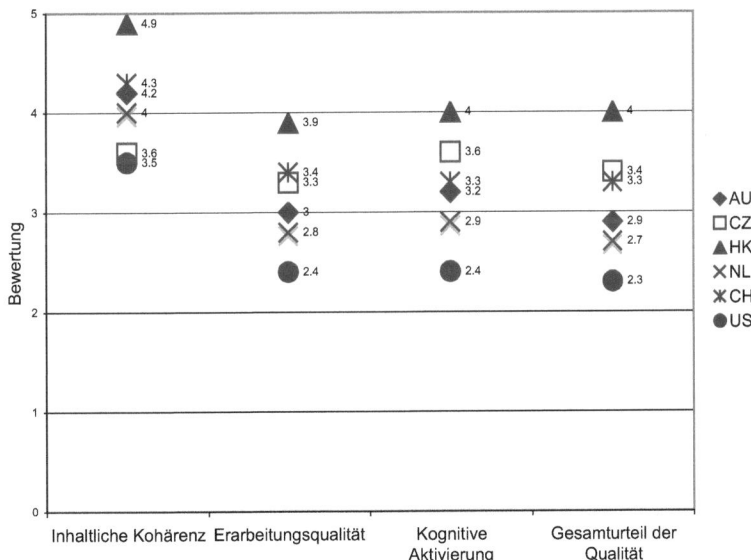

Anmerkungen:
Zufällig ausgewählte Teilstichproben von je 20 Lektionen pro Land (ohne Japan). Expertenurteile auf einer Rating-Skala von 1 (tiefste Qualitätsstufe) bis 5 (höchste Qualitätsstufe)
Quelle: Hiebert et al. (2003, S. 201)

Abbildung 3.9: Durchschnittliche Einschätzung der Unterrichtsqualität (Teilstichprobe)

3.4   Zusammenfassung und Diskussion

Zwei Fragestellungen standen im Zentrum der im Rahmen der TIMSS 1999 Video Study vorgenommenen Videoanalysen: Die Frage nach länderspezifischen Inszenierungsmustern und die Frage, inwieweit der Mathematikunterricht in sechs in internationalen Mathematiktests erfolgreichen und einem eher mässig abschneidenden Land fachdidaktisch begründeten Kriterien guter Unterrichtsqualität entspricht. Dazu wurden in Bezug auf eine Reihe von Unterrichtsmerkmalen, welche mithilfe niedriginferenter Codes erfasst werden konnten, je die Mittelwerte der Länderstichproben errechnet und verglichen. Angesichts der grossen Bedeutung des Aufgabenlösens als der zentralen Aktivität im Mathematikunterricht wurde dabei ein Schwerpunkt der Analysen auf Qualitätsmerkmale der bearbeiteten Aufgaben gelegt.

In Bezug auf die Frage nach *länderspezifischen Inszenierungsmustern* kommen Givvin und Mitarbeitende (2005) aufgrund der Analysen zum Schluss, dass sowohl die Annahme einer globalen Ähnlichkeit der Unterrichtsgestaltung im Sinne von LeTendre und Mitarbeitenden (2001) und von Tharp und Dalton (2007) wie auch die Annahme länderspezifischer Inszenierungsmuster im Sinne von Stigler und Hiebert (1999) durch die vorliegenden Befunde tendenziell gestützt werde, je nachdem, welche Dimension in den Blick genommen werde, wenn auch die Variabilität innerhalb der Länder unterschiedlich gross sei. Dabei ist allerdings festzuhalten, dass sich diese Analysen auf lediglich drei Merkmale der Unterrichtsorganisation beziehen, nämlich die Aufteilung der Unterrichtszeit in Bezug auf die Sozialformen, auf die Organisation des Aufgabenlösens (gleichschrittiges Aufgabenlösen der Klasse versus Lösen einer Aufgabensammlung in individuellem Tempo) und auf die didaktische Ausrichtung der Aktivitäten (Wiederholung von früherem Stoff, Einführung von neuem Stoff und Vertiefung des neuen Stoffs). Deutlich wird, dass es aufgrund der Ergebnisse dieser Studie nicht möglich ist, den Unterricht der sieben Länder in so prägnanter Weise zu charakterisieren, wie es nach der Drei-Länder-Videostudie mit den länderspezifischen Inszenierungsmustern Deutschlands, Japans und der USA noch möglich war. Dies liegt allerdings nicht nur in der erweiterten Stichprobe und einer gegebenenfalls grösseren Ähnlichkeit der erfassten Mathematikstunden, sondern vermutlich auch im methodisch unterschiedlichen Verfahren begründet, wurde doch in der Sieben-Länder-Studie im Vergleich zur Drei-Länder-Studie ein wesentlich strikteres Vorgehen angewendet, das ausschliesslich auf quantifizierten niedriginferenten Codierungen der erwähnten drei Merkmale der Unterrichtsorganisation beruhte. Zwar beruhten auch die im Rahmen der Drei-Länder-Videostudie entwickelten Unterrichtsmuster auf quantitativen Codierungen. Diese flossen jedoch im Sinne einer Typenbildung in narrative Beschreibungen ein, wobei unterschiedliche Dimensionen in unterschiedlicher Gewichtung einbezogen wurden, welche teilweise über Merkmale der Oberflächenstruktur des Unterrichts hinausgingen. Das lässt sich an der Charakterisierung der Einführung von neuem Stoff, einem Kernmerkmal der Inszenierungsmuster der Drei-Länder-Videostudie, besonders gut illustrieren:

(1) So wurde in der Drei-Länder-Videostudie zwischen einem blossen Bekanntgeben des neuen Konzepts (*stated*) und dessen Entwicklung (*developed*) unterschieden (vgl. Tabelle 3.10 für eine analoge Unterscheidung bei den hochinferenten Qualitätseinschätzungen). Der Unterschied zwischen dem amerikanischen und dem deutschen Inszenierungsmuster besteht zu einem wesentlichen Anteil darin, dass das deutsche Inszenierungs-

muster ein entwickelndes, das amerikanische ein bekanntgebendes bzw. demonstrierendes Vorgehen vorsieht (Stigler & Hiebert, 1999). Eine ähnliche Charakterisierung von Einführungssequenzen, welche über relativ oberflächliche Merkmale der Unterrichtsorganisation hinausgeht und tiefer liegende, für die Qualität der Lehr- und Lernprozesse relevante Merkmale der Lehrer-Schüler-Interaktion erfasst, wurde in der Sieben-Länder-Videostudie ursprünglich zwar ebenfalls angestrebt, konnte jedoch nicht in einen reliabel anwendbaren Code gefasst werden, weshalb auf eine entsprechende Codierung verzichtet werden musste.

(2) Charakteristisches Merkmal des im Rahmen der Drei-Länder-Videostudie entwickelten japanischen Musters ist ein problemlösend-explorierendes Vorgehen, welches eine Phase des eigenständigen Problemlösens und eine anschliessende Präsentation und Diskussion unterschiedlicher Lösungswege vorsieht (ebd.). Aufgrund der wesentlich strikteren Erfassung dieses Vorgehens mithilfe eines Codes, der drei Indikatoren – (1) die explizite Offenheit für unterschiedliche Lösungswege, (2) die öffentliche Präsentation von mehr als einem Lösungsweg durch die Lernenden und (3) eine vergleichende Diskussion der unterschiedlichen Lösungswege – bezogen auf eine Aufgabe zwingend verlangte, wurde dieses Vorgehen in der Sieben-Länder-Videostudie in nur 24 % der japanischen Mathematikstunden identifiziert, obwohl es sich hier um eine Reanalyse derselben Stichprobe handelte, welche in der Drei-Länder-Videostudie verwendet worden war.

Diese Beispiele zeigen, dass ein direkter Vergleich zwischen den beiden TIMSS-Videostudien von 1995 und 1999 hinsichtlich der Frage nach länderspezifischen Inszenierungsmustern kaum vornehmbar ist. Möglich ist, dass einige länderspezifischen Charakteristika mithilfe der angewandten Codierung, welche den strikten Vorgaben in Bezug auf die Intercodierer-Reliabilität innerhalb einer multikulturell zusammengesetzten Gruppe von gegen dreissig Codiererinnen und Codierern genügen musste, nicht erfasst werden konnten. Insgesamt machen die Ergebnisse der 1999er-Studie aus unserer Sicht eher *länderübergreifende* Ähnlichkeiten als prägnante *länderspezifische* Charakteristika deutlich. Dies gilt auch für den innerschweizerischen Vergleich der drei in die Untersuchung einbezogenen Sprachregionen.

Inwieweit sich hier, wie von Tharp und Dalton (2007) vorgeschlagen, ein von den Lehrpersonen über Landesgrenzen hinweg gemeinsam geteiltes rezeptives Lehr- und Lernverständnis (*transmission view*) widerspiegelt, welches Lehren im Wesentlichen als das Weitergeben und Lernen als mehr oder weniger passives Aufnehmen von Information konzipiert, liess sich im Rahmen der internationalen Videostudie nicht überprüfen, da die hierzu erforderlichen Daten (Lehr- und Lernkonzepte der Lehrpersonen) nicht verfügbar waren. Die erweiterte Datenbasis der *schweizerischen Videostudie* ermöglichte diesbezüglich weitergehende Auswertungen zumindest für die Deutschschweiz; entsprechende Ergebnisse werden in den Kapiteln 7 und 12 vorgestellt. Ausgehend von der innerhalb der Schweizer Lektionen festgestellten Heterogenität wurde im Rahmen der schweizerischen Videostudie zudem versucht, die schweizerischen Lektionen in ihrem Ablauf noch phänomennäher zu beschreiben und durch ein typenbildendes Verfahren Varianten von Inszenierungsmustern innerhalb der Schweizer Stichprobe herauszuarbeiten (vgl. Kapitel 4). Ausserdem wurden Expertenurteile zur Unterrichtsqualität in allen drei Sprachregionen erhoben (Kapitel 6).

Zur zweiten Fragestellung, welche auf das durchschnittliche Ausmass der Verwirklichung von fachdidaktisch relevanten Qualitätsmerkmalen in den Mathematikstunden der einzelnen Länder zielte, lässt sich zusammenfassend festhalten, dass keines dieser Merkmale gleichzeitig in allen sechs Ländern mit guten Mathematiktestleistungen besonders stark bzw. stärker als in den amerikanischen Lektionen ausgeprägt war. Es sind denn auch nicht Lektionen der in Leistungstests mässig abschneidenden USA, welche ein von den Profilen der Gruppe der besser abschneidenden Länder abweichendes Profil aufwiesen, sondern vielmehr die japanischen Lektionen, welche sich sowohl von den amerikanischen als auch von jenen der in Vergleichstests gut abschneidenden Ländern bezüglich der Qualitätskriterien mehrheitlich unterschieden. Stigler und Hiebert (2004, S. 14) folgerten denn auch: „Effective teaching takes many forms" und weiter: „The 1999 study, however, makes it clear that despite the well-crafted nature of the Japanese lessons, high achievement does not necessitate a Japanese style of teaching."

Mit Blick auf die auf der Basis eines konstruktivistischen Lernkonzepts im Kontext von Lehr- und Lernforschung und Mathematikdidaktik herausgearbeiteten Kriterien guter Unterrichtsqualität zeigt sich mit Ausnahme Japans insgesamt ein eher ernüchterndes Bild, scheint doch der beobachtete Unterricht auch in den Ländern mit guten Testleistungen kaum solchen Kriterien zu entsprechen: Der analysierte Mathematikunterricht präsentiert sich im Wesentlichen als verfahrensorientiert und wenig diskursiv; es dominiert das Lösen zahlreicher Aufgaben mit mehrheitlich geringem kognitivem Anforderungsgehalt, welche im Klassenunterricht innert kürzester Zeit gelöst werden können, und während der selbstständigen Schülerarbeit sind die Lernenden mehrheitlich mit Übungsaufgaben beschäftigt, deren Anforderungen nicht über die Anwendung bereits bekannter Prozeduren hinausgehen.

Allerdings weisen die Ergebnisse der – nicht Repräsentativität beanspruchenden – hochinferenten Ratings auf weitere Dimensionen von Unterrichtsqualität hin, welche durch die niedriginferenten und mehrheitlich an der Qualität der Einzelaufgaben festgemachten Codierungen nicht erfasst werden konnten, wie zum Beispiel das Ausmass eines kohärenten Aufbaus der Lektionen als Ganzer oder Spielräume für die Partizipation der Lernenden an den Denk- und Problemlösungsprozessen. Ausserdem erlaubt das Design der internationalen Videostudie keine Folgerungen über die Bedingungen und die Wirksamkeit dieses Unterrichts. Hierzu wären weitere Daten erforderlich, die in der internationalen Videostudie nicht verfügbar waren.

Die schweizerische Videostudie ging insofern einen Schritt weiter als die internationale Studie, als die internationalen Analysen mit weiteren Codierungen, hochinferenten Qualitätseinschätzungen und der Schüler- und Lehrerwahrnehmung des Unterrichts ergänzt wurden, um weiteren qualitätsrelevanten Unterrichtsmerkmalen und gegebenenfalls auch unterschiedlichen Qualitätsprofilen sowie Merkmalen der Lehrpersonen innerhalb der schweizerischen Stichprobe auf die Spur zu kommen. Diese weitergehenden Analysen finden sich in den folgenden Kapiteln in diesem zweiten Teil des Buches, während in den Kapiteln des dritten Teils auch Bedingungen und Wirkungen des Unterrichts in den Blick genommen werden.

Die oben erwähnten Einschränkungen in Bezug auf die Ergebnisse der TIMSS 1999 Video Study sollten jedoch nicht über den eigentlichen Ertrag dieser Studie hinwegtäuschen (Pauli & Reusser, 2006), der erstens in der in dieser Form erst- und einmaligen präzisen, international vergleichenden *Beschreibung des alltäglichen* Mathematikunterrichts in sieben Ländern anhand repräsentativer Stichproben, zweitens in der Entwicklung von – auf grössere Stichproben anwendbaren – *Instrumenten, Verfahren und Qualitätsstandards für die videobasierte Analyse von Unterricht*, welche massgeblich zur Weiterentwicklung der videobasierten Unterrichtsforschung beigetragen haben und drittens in der Bereitstellung einer reichhaltigen *Sammlung videografierter Mathematikstunden* besteht, welche nicht nur für weitergehende Analysen, sondern auch im Kontext von Lehrerbildung und Unterrichtsentwicklung vielfältig genutzt werden können.

Literatur

Baumert, J., Klieme, E., Neubrand, J., Prenzel, M., Schiefele, U., Schneider, W., Stanat, P., Tillmann, K.-J. & Weiss, M. (Hrsg.). (2001). *PISA 2000. Basiskompetenzen von Schülerinnen und Schülern im internationalen Vergleich.* Opladen: Leske + Budrich.

Baumert, J., Lehmann, R., Lehrke, M., Schmitz, B., Clausen, M., Hosenfeld, I., Köller, O. & Neubrand, J. (1997). *TIMSS – Mathematisch-naturwissenschaftlicher Unterricht im internationalen Vergleich. Deskriptive Befunde.* Opladen: Leske + Budrich.

Blömeke, S., Eichler, D. & Müller, C. (2003). Rekonstruktion kognitiver Strukturen von Lehrpersonen als Herausforderung für die empirische Unterrichtsforschung. *Unterrichtswissenschaft, 31* (2), 103-121.

Clarke, D. (2003). *The structure of mathematics lessons in Australia.* Paper presented at the 10th Biennial Conference of the European Association for Research on Learning and Instruction (EARLI), Padova, Italy, August 26-30, 2003.

De Corte, E. (2004). Mainstreams and perspectives in research on learning (mathematics) from instruction. *Applied Psychology: An International Review, 53* (2), 279-310.

Fischler, H., Schröder, H.-J., Tonhäuser, C. & Zedler, P. (2002). Unterrichtsskripts und Lehrerexpertise: Bedingungen ihrer Modifikation. *Zeitschrift für Pädagogik, 45. Beiheft*, 157-172.

Givvin, K.B., Hiebert, J., Jacobs, J., Hollingsworth, H. & Gallimore, R. (2005). Are there national patterns of teaching? Evidence from the TIMSS 1999 Video Study. *Comparative Education Review, 49* (3), 311-343.

Greeno, J.G. (2006). Theoretical and practical advances through research on learning. In Y.L. Green, G. Camilli, P. Elmore, A. Skukauskaite & E. Grace (Hrsg.), *Handbook of complementary methods in education research* (S. 795-822). Washington, DC: American Educational Research Association.

Hiebert, J., Carpenter, T.P., Fennema, E., Fuson, K., Human, P., Hanlie, M., Olivier, A. & Wearne, D. (1996). Problem solving as a basis for reform in curriculum and instruction: the case of mathematics. *Educational Researcher, 25* (4), 12-21.

Hiebert, J., Gallimore, R., Garnier, H., Givvin, K.B., Hollingsworth, H. & Jacobs, J. (2003). *Teaching mathematics in seven countries. Results from the TIMSS 1999 video study.* Washington, DC: U.S. Department of Education, National Center for Education Studies.

Hiebert, J. & Grouws, D.A. (2007). The effects of classroom mathematics teaching on students' learning. In F.K. Lester (Hrsg.), *Second handbook of research on mathematics teaching and learning* (S. 371-404). Charlotte, NC: Information Age Publishing.

Hiebert, J., Stigler, J.W., Jacobs, J., Givvin, K.B., Garnier, H., Smith, M., Hollingsworth, H., Manaster, A., Wearne, D. & Gallimore, R. (2005). Mathematics teaching in the United States today (and tomorrow): Results from the TIMSS 1999 Video Study. *Educational Evaluation and Policy Analysis, 27* (2), 111-132.

Hiebert, J. & Wearne, D. (2003). Developing understanding through problem solving. In H.L. Schoen (Hrsg.), *Teaching mathematics through problem solving. Grades 6-12* (S. 3-13). Reston, VA: NTCM.

Hollenstein, A. (1996). *Schreibanlässe im Mathematikunterricht: eine Unterrichtsform für den anwendungsorientierten Mathematikunterricht auf der Sekundarstufe: theoretische Analyse, didaktischer Vorschlag und empirische Evaluation*. Bern: Haupt.

Hollingsworth, H., Givvin, K.B. & Jacobs, J. (2003). *What is good mathematics teaching? International experts' judgments of mathematics lessons from the TIMSS 1999 Video Study*. Los Angeles: LessonLab (unveröffentlichtes Manuskript).

Hugener, I. (2008). *Inszenierungsmuster im Unterricht und Lernqualität. Sichtstrukturen schweizerischen und deutschen Mathematikunterrichts in ihrer Beziehung zu Schülerwahrnehmung und Lernleistung – eine Videoanalyse*. Münster: Waxmann.

Jacobs, J., Garnier, H., Gallimore, R., Hollingsworth, H., Givvin, K.B., Rust, K., Kawanaka, T., Smith, M., Wearne, D., Manaster, A., Etterbeck, W., Hiebert, J., Stigler, J.W. & Gonzales, P. (2003). *Third international mathematics and science study 1999. Video study technical report. Volume 1: Mathematics*. Washington, DC: NCES.

Jacobs, J., Hiebert, J., Givvin, K.B., Hollingsworth, H., Garnier, H. & Wearne, D. (2006). Does eight-grade mathematics teaching in the United States align with the NCTM standards? Results from the TIMSS 1995 and TIMSS 1999 video studies. *Journal for Research in Mathematics Education, 37* (1), 5-32.

Klieme, E. (2002). Einleitung: Lehrerexpertise und Unterrichtsmuster in Mathematik und Physik. *Zeitschrift für Pädagogik, 45. Beiheft*, 102-106.

Klieme, E. & Baumert, J. (2001a). Identifying national cultures of mathematics education: Analysis of cognitive demands and differential item functioning in TIMSS. *European Journal of Psychology of Education, 16* (3), 385-402.

Klieme, E. & Baumert, J. (Hrsg.). (2001b). *TIMSS – Impulse für Schule und Unterricht. Forschungsbefunde, Reforminitiativen, Praxisberichte und Video-Dokumente*. Bonn: Bundesministerium für Bildung und Forschung.

LeTendre, G., Baker, D.P., Akiba, M., Goesling, B. & Wiseman, A. (2001). Teachers' work: Institutional isomorphism and cultural variation in the U.S., Germany, and Japan. *Educational Researcher, 30* (6), 3-5.

Lipowsky, F., Rakoczy, K., Klieme, E., Reusser, K. & Pauli, C. (2005). Unterrichtsqualität im Schnittpunkt unterschiedlicher Perspektiven – Rahmenkonzept und erste Ergebnisse einer binationalen Studie zum Mathematikunterricht in der Sekundarstufe I. In H.G. Holtappels & K. Höhmann (Hrsg.), *Schulentwicklung und Schulwirksamkeit. Systemsteuerung, Bildungschancen und Entwicklung der Schule* (S. 223-238). Weinheim: Juventa.

Moser, U., Ramseier, E., Keller, C. & Huber, M. (1997). *Schule auf dem Prüfstand. Eine Evaluation der Sekundarstufe I auf der Grundlage der „Third International Mathematics and Science Study"*. Chur: Rüegger.

NCTM. (Hrsg.). (2000). *Principles and standards for school mathematics*. Reston: NCTM (National Council of Teachers in Mathematics).

Neubrand, J. (1998). Japanischer Unterricht aus mathematikdidaktischer Sicht. *Mathematik lehren, 90*, 52-55.

Oser, F. & Baeriswyl, F.J. (2001). Choreographies of teaching: Bridging Instruction to learning. In V. Richardson (Hrsg.), *Handbook of Research on teaching* (4. Aufl., 1031-1065). New York: Macmillan.

Pauli, C. & Reusser, K. (2003). Unterrichtsskripts im schweizerischen und im deutschen Mathematikunterricht. *Unterrichtswissenschaft, 31* (3), 238-272.

Pauli, C. & Reusser, K. (2006). Von international vergleichenden Video Surveys zur videobasierten Unterrichtsforschung und -entwicklung. *Zeitschrift für Pädagogik, 52* (6), 774-798.

Prenzel, M., Seidel, T., Lehrke, M., Rimmele, R., Duit, R., Euler, M., Geiser, H., Hoffmann, L., Müller, C. & Widodo, A. (2002). Lehr-Lernprozesse im Physikunterricht – eine Videostudie. *Zeitschrift für Pädagogik, 45. Beiheft*, 139-156.

Reusser, K. & Pauli, C. (2003). *Mathematikunterricht in der Schweiz und in weiteren sechs Ländern. Bericht über die Ergebnisse einer internationalen und schweizerischen Video-Unterrichtsstudie. Doppel-CD-ROM*. Zürich: Universität Zürich.

Roth, K. J., Druker, S.L., Garnier, H., Lemmens, M., Chen, C., Kawanaka, T., Rasmussen, D., Trubacova, S., Warvi, D., Okamoto, Y., Gonzales, P., Stigler, J.W. & Gallimore, R. (2006). *Teaching Science in five countries: Results from the TIMSS 1999 Video Study*. Washington, DC: National Center for Education Statistics.

Schmidt, W.H., McKnight, C.C., Valverde, G.A., Houang, R.T. & Wiley, D.E. (1997). *Many visions, many aims (Vol. 1). A cross-national investigation of curricular intentions in school mathematics*. Dordrecht: Kluwer.

Seidel, T. (2003). *Lehr-Lernskripts im Unterricht*. Münster: Waxmann.

Shimizu, Y. (2003). *Capturing the structure of Japanese mathematics lessons as embedded in the teaching unit*. Paper presented at the 10th Biennial Conference of the European Association for Research on Learning and Instruction (EARLI), Padova, Italy, August 26-30, 2003.

Stebler, R. & Reusser, K. (2000). Progressive, classical or balanced – a look at mathematical learning environments in Swiss-German lower-secondary schools. *Zentralblatt für die Didaktik der Mathematik, 32* (1), 1-10.

Stigler, J.W. & Hiebert, J. (1999). *The teaching gap*. New York: Free Press.

Stigler, J.W. & Hiebert, J. (2004). Improving mathematics teaching. *Educational Leadership* (February), 12-17.

Tharp, R.G. & Dalton, S.S. (2007). Orthodoxy, cultural compatibility, and universals in education. *Comparative Education, 43* (1), 53-70.

Wälti-Scolari, B. (2001). *Problemlösen macht Schule: Anregungen zum Mathematikunterricht auf der Sekundarstufe 1*. Zug: Klett und Balmer.

Westat. (2000). *WesVar 4.0 User's Guide*. Rockville, MD: Westat.

Zahner Rossier, C., Berweger, S., Brühwiler, C., Holzer, T., Mariotta, M., Moser, U. & Nicoli, M. (2004). *PISA 2003: Kompetenzen für die Zukunft. Erster nationaler Bericht*. Neuchâtel/Bern: Bundesamt für Statistik (BFS) und Schweizerische Konferenz der kantonalen Erziehungsdirektoren (EDK).

Zahner Rossier, C. & Holzer, T. (2007). *PISA 2006. Kompetenzen für das Leben – Schwerpunkt Naturwissenschaften. Nationaler Bericht*. Neuenburg: Bundesamt für Statistik.

Isabelle Hugener & Kathrin Krammer

4 Differenzierende Massnahmen zur Individualisierung des Unterrichts

Ausgehend von der Annahme, dass Unterricht besonders produktiv ist, wenn er den individuellen Lernvoraussetzungen der einzelnen Schülerinnen und Schüler angepasst ist, interessiert in diesem Kapitel die Realität des Gebrauchs von Differenzierungsmassnahmen zur Individualisierung in den gefilmten Schweizer Lektionen der TIMSS 1999 Video Study. Die Einleitung bietet eine kurze problemgeschichtliche Einbettung der Individualisierung. Anschliessend gehen wir in zwei einzeln beschriebenen Analyseschritten zwei aufeinander aufbauende/n Fragestellungen nach: In Abschnitt 4.2 wird aufgezeigt, welche didaktisch-methodischen Massnahmen Schweizer Lehrpersonen ergreifen, um die Schülerarbeitsphasen mit dem Ziel der Individualisierung zu differenzieren. In Abschnitt 4.3 werden die Phasen der selbstständigen Schülerarbeit wieder in den Kontext des gesamten Lektionsverlaufes eingebettet, indem typische Muster der Unterrichtsinszenierung gebildet werden.

4.1 Einleitung

Die Diskussion um Individualisierung im Unterricht hat eine lange Tradition. Die Idee der Anpassung des Unterrichts an die einzelnen Lernenden zur Erhöhung des Lernerfolgs findet sich bereits bei den Chinesen des 4. Jahrhunderts v. Chr. oder im ersten Jahrhundert n. Chr. bei Quintilian (vgl. Corno & Snow, 1986). Mit der durch die Reformpädagogik[1] zu Beginn des 20. Jahrhunderts erhobenen Forderung einer Pädagogik „vom Kinde aus (Glaeser, 1920) erfuhr die pädagogische Diskussion über das Prinzip der Individualisierung eine besondere Akzentuierung. Sie blieb aber aus Gründen mangelnder Empirie weiterhin ein normatives Postulat.

Mit den Erkenntnissen der kognitionspsychologischen Forschung der ungefähr letzten 40 Jahre kann die Forderung der Reformpädagogik nach einer Schülerorientierung des Unterrichts nun auch lerntheoretisch begründet werden. Seit der kognitiven Wende vollzog sich in der lernpsychologischen Forschung und Theoriebildung eine Hinwendung zum Lernsubjekt und dessen Lernprozess. Die Frage nach dem Zustandekommen der Erkenntnis beantwortet der Konstruktivismus mit einem individuellen, aktiven Aufbau von Wissensstrukturen (Piaget, 1973; Reusser, 1998). Neue Strukturen bauen immer auf den bestehenden auf, Wissensaufbau und Lernen sind also kumulativ. Dies verweist auf die zentrale Rolle des je individuellen Vorwissens, auf welchem jedes weitere Lernen aufbaut. Das Lernen als individuelle, eigenaktive Konstruktion bzw. Rekonstruktion auf eigenen Wegen kann von aussen nicht eingesehen und kontrolliert, sondern nur angestossen und begleitet werden.

---

1 Übersichtsdarstellungen der Reformpädagogik finden sich in Scheibe (1994) und Röhrs (1994). Während Scheibe sich nur auf die deutsche reformpädagogische Bewegung bezieht, betrachtet sie Röhrs unter internationalem Aspekt. Eine kritische Diskussion der Reformpädagogik als Epoche leistet Oelkers (1996).

Eigenaktives, selbstgesteuertes Lernen wird insbesondere in selbstständigen Schüler-arbeitsphasen ermöglicht. Mittels verschiedener didaktischer Massnahmen können Phasen selbstständiger Schülerarbeit zusätzlich differenziert werden, womit das Ziel einer Anpas-sung an die unterschiedlichen kognitiven Voraussetzungen und Bedürfnisse verfolgt wird. In der Literatur werden zahlreiche Differenzierungsmassnahmen zur Gestaltung variabler Lernwege im Unterricht vorgeschlagen, welche beinahe das gesamte didaktisch-metho-dische Instrumentarium abdecken (vgl. v.a. Bönsch, 1983, 1991, 1995; Geppert & Preuss, 1978; Hausser, 1981; Klafki & Stöcker, 1976; Meyer-Willner, 1979; Teschner, 1971; Winkeler, 1975). Üblicherweise wird die grosse Vielfalt an Differenzierungsmassnahmen denn auch in vier Gruppen zusammengefasst: soziale Differenzierung, thematisch-intenti-onale Differenzierung, methodische Differenzierung und mediale Differenzierung. Unse-re Analysen konzentrieren sich auf in der Schülerarbeitsphase beobachtbare Massnahmen, welche die Lehrperson zur Differenzierung einsetzt: Möglichkeit zur Kooperation (so-ziale Differenzierung), Differenzierung des Schwierigkeitsgrades (thematische Differen-zierung) sowie Differenzierung des Lerntempos und Möglichkeit zur Selbstkontrolle der Ergebnisse (methodische Differenzierung).

4.2   Differenzierungsmassnahmen in Phasen der selbstständigen Schülerarbeit

4.2.1 Fragestellung

Unter dem Gesichtspunkt der Individualisierung interessiert die differenzierende, didak-tisch-methodische Organisation der selbstständigen Schülerarbeit durch die Lehrperson. Wie gross ist der zeitliche Anteil der selbstständigen Schülerarbeit, in welchem Differen-zierungsmassnahmen eingesetzt werden? Gibt es regionale Unterschiede bezüglich der eingesetzten Differenzierungsmassnahmen?

Ausgehend von diesen Fragestellungen wurden die Schülerarbeitsphasen der gefilm-ten Unterrichtslektionen auf die folgenden Differenzierungsmassnahmen hin untersucht: (i) Differenzierung des Lerntempos und des Schwierigkeitsgrades, (ii) Möglichkeit zur Selbstkontrolle der Ergebnisse sowie (iii) Möglichkeit zur Kooperation beim Bearbeiten der Aufgaben.

4.2.2 Datenbasis

Codiert wurden alle Schweizer Lektionen des internationalen Samples der TIMSS 1999 Video Study, welche eine Schülerarbeitsphase enthalten, in der Aufgaben bearbeitet wer-den ($N = 130$ Lektionen). Von den insgesamt 140 Lektionen wurden die 10 Lektionen nicht in die Analysen miteinbezogen, welche keine solchen Schülerarbeitsphasen aufweisen (D-CH: 4, F-CH: 2, I-CH: 4). Der durchschnittliche Anteil an selbstständiger Schülerarbeit während Phasen der Aufgabenbearbeitung beträgt in den 130 Lektionen 21.2 Minuten oder 47% der gesamten Unterrichtszeit mit einer mittleren Dauer von 46 Minuten.

4.2.3   Methode zur Analyse der differenzierenden Unterrichtsorganisation

Die niedriginferenten Codes zur differenzierenden Unterrichtsgestaltung wurden auf die durch die TIMSS 1999 Video Study codierten Schülerarbeitsphasen angewendet. Das Codierverfahren zur Codierung der Differenzierungsmassnahmen entsprach jenem der TIMSS 1999 Video Study (vgl. Jacobs et al., 2003 und zusammenfassend Waldis, Kapitel 2 in diesem Buch). Der Codierprozess inklusive des Verfahrens zur Entwicklung und Qualitätsüberprüfung (Reliabilität) sowie die Codes zur Erfassung der Differenzierungsmassnahmen in den Schülerarbeitsphasen werden in der Lizenziatsarbeit von Hugener und Krammer (2001) detailliert beschrieben. An dieser Stelle werden die niedriginferenten Videocodes kurz zusammengefasst. Sie ermöglichen die Erfassung von Aspekten der didaktisch-methodischen Organisation der selbstständigen Schülerarbeit durch die Lehrperson.

Die Analyseeinheit entsprach den durch die internationale Codierung identifizierten selbstständigen Schülerarbeitsphasen, welche für die mathematikbezogene Lernzeit mit Aufgabenbearbeitung (vgl. Waldis, Kapitel 2 in diesem Buch) eingesetzt wurde.

Bei der Codierung wurden die so definierten und identifizierten selbstständigen Schülerarbeitsphasen mit den Codes zur Erfassung der differenzierenden Unterrichtsorganisation versehen. Somit können Aussagen darüber gemacht werden, welche Differenzierungsmassnahmen im schweizerischen Unterricht wie häufig eingesetzt werden.

Codes zur Erfassung der Differenzierungsmassnahmen

Differenzierung des Lerntempos
Eine Differenzierung des Lerntempos liegt dann vor, wenn die Lernenden nicht nur eine einzelne Aufgabe nach eng geführter Zeitvorgabe während der selbstständigen Arbeitsphase lösen, sondern wenn die Lernenden im Rahmen eines aufgegebenen Aufgabensets nach eigenem Tempo arbeiten können.

Differenzierung des Schwierigkeitsgrades der Aufgaben
Aufgaben verschiedenen Schwierigkeitsgrades werden von der Lehrperson individuell zugeteilt oder es bestehen Wahlmöglichkeiten bezüglich verschieden schwieriger Aufgaben oder Zusatzaufgaben von unterschiedlicher Komplexität.

Möglichkeit zur Selbstkontrolle der Ergebnisse
Die Lehrperson legt Lösungsblätter oder einen Lösungsschlüssel frei zugänglich im Schulzimmer auf, so dass die Lernenden die Korrektur ihrer Ergebnisse individuell vornehmen können.

Möglichkeit zur Kooperation beim Bearbeiten der Aufgaben
Dieser Code erfasst nicht nur die explizit verordneten Partner- oder Gruppenarbeiten, sondern auch die geduldete Kooperation, d.h. den Austausch mit der Banknachbarin oder dem Banknachbarn, welcher durch die Lehrperson nicht verhindert, sondern geduldet oder gar gefördert wird.

4.2.4 Ergebnisse zu den Massnahmen der Differenzierung in Schülerarbeitsphasen

Abbildung 4.1 zeigt, wie häufig die Lehrpersonen in der Schweiz durchschnittlich die unterschiedenen Massnahmen zur Differenzierung in den Phasen der selbstständigen Schülerarbeit einsetzen. Die Werte geben an, wie gross der prozentuale Anteil an der Gesamtzeit der selbstständigen Schülerarbeitsphasen ist, in welchem die Differenzierungsmassnahmen eingesetzt werden.

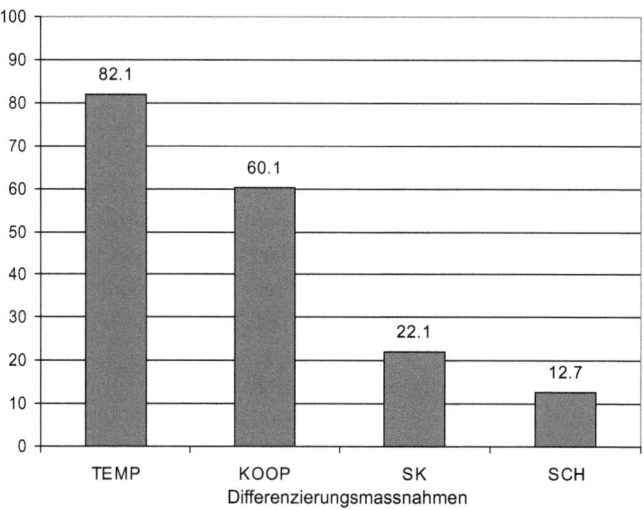

Differenzierungsmassnahmen:
TEMP: Differenzierung des Lerntempos
KOOP: Möglichkeit zur Kooperation
SK: Möglichkeit zur Selbstkontrolle der Ergebnisse
SCH: Differenzierung des Schwierigkeitsgrades der Aufgaben

Abbildung 4.1: Durchschnittliche Anteile der Dauer der Schülerarbeitsphasen mit Differenzierungsmassnahmen (TEMP, KOOP, SK, SCH) an der Gesamtdauer der Schülerarbeitsphasen im schweizerischen Unterricht ($N = 130$).

Meist arbeiten die Lernenden während der selbstständigen Schülerarbeit nach eigenem, individuellem Lerntempo an Aufgabensets ($M = 82.1\%$; $SD = 35.22$), und häufig haben sie die Möglichkeit, mit anderen Lernenden zu kooperieren ($M = 60.1\%$; $SD = 45.57$). Die Möglichkeit zur Selbstkontrolle der eigenen Ergebnisse ($M = 22.1\%$; $SD = 39.56$) und die Schwierigkeitsgraddifferenzierung ($M = 12.7\%$; $SD = 32.45$) kommen während der selbstständigen Schülerarbeitsphasen des schweizerischen Unterrichts weniger häufig vor.

Regionale Unterschiede in der Differenzierung des Unterrichts zeigen sich auf signifikantem Niveau bezüglich der Schwierigkeitsgraddifferenzierung und der Möglichkeit zur Selbstkontrolle der eigenen Ergebnisse (vgl. Abbildung 4.2).

Die regionalen Vergleiche in Abbildung 4.2 zeigen, dass im Unterricht der Deutschschweiz am häufigsten eine Differenzierung des Lerntempos eingesetzt wird. Während

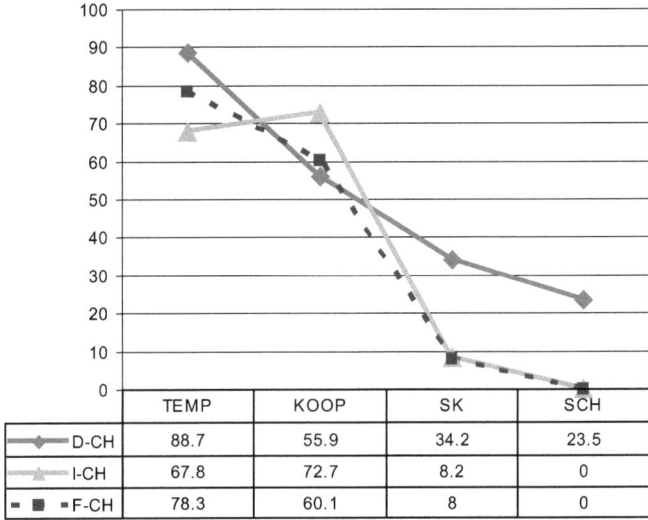

	TEMP	KOOP	SK	SCH
D-CH	88.7	55.9	34.2	23.5
I-CH	67.8	72.7	8.2	0
F-CH	78.3	60.1	8	0

Regionen:
D-CH=Deutschschweiz (n=70)
I-CH=Italienische Schweiz (n=23)
F-CH=Französische Schweiz (n=37)

Differenzierungsmassnahmen:
TEMP: Differenzierung des Lerntempos
KOOP: Möglichkeit zur Kooperation
SK: Möglichkeit zur Selbstkontrolle der Ergebnisse
SCH: Differenzierung des Schwierigkeitsgrades der Aufgaben

Abbildung 4.2: Durchschnittliche Anteile der Dauer der Schülerarbeitsphasen mit Differenzierungsmassnahmen (TEMP, KOOP, SK, SCH) an der Gesamtdauer der Schülerarbeitsphasen in den verschiedenen Regionen der Schweiz (N=130).

88.7% (SD=28.53) der Gesamtdauer der Schülerarbeitsphasen arbeiten die Lernenden nach eigenem Lerntempo an einem Set von Aufgaben. In der italienischen Schweiz wird vermehrt die Möglichkeit zur Kooperation geboten. Während 72.7% (SD=43.45) der selbstständigen Schülerarbeitszeit haben die Lernenden die Möglichkeit, einen anderen Lernenden um Rat zu fragen oder sich mit ihm auszutauschen.

Signifikante Unterschiede[2] sind zwischen der Deutschschweiz und den anderen beiden Landesteilen zu verzeichnen. Die Möglichkeit zur Selbstkontrolle wird in der Deutschschweiz am häufigsten eingesetzt. Der Anteil der Schülerarbeitsphase an der Gesamtdauer der Schülerarbeitsphasen, während dessen die Ergebnisse selbstständig und individuell nach eigenem Arbeitstempo korrigiert werden können, liegt bei 34.2% (SD=45.69), während er in der italienischen Schweiz mit 8.2% (SD=25.97) und der französischen Schweiz mit 8.0% (SD=24.16) signifikant tiefer liegt ($F_{(2,127)}$=9.64, p < .001). Die Schwierigkeitsdifferenzierung wird in der italienischen und französischen Schweiz überhaupt nicht eingesetzt, während sie in der Deutschschweiz in einem Anteil von 23.5% (SD=41.34) an den selbstständigen Schülerarbeitsphasen beobachtbar ist ($F_{(2,127)}$=7.77, p < .01).

---

2   Das Signifikanzniveau der im Text erwähnten signifikanten Unterschiede liegt bei mindestens .01. Die statistische Absicherung erfolgte durch univariate Varianzanalysen (ANOVA) und anschliessende Paarvergleiche unter Anwendung der Bonferroni-Korrektur.

4.2.5 Diskussion

Häufig besteht die selbstständige Schülerarbeit aus dem Bearbeiten eines Aufgabensets, in mehr als der Hälfte der Zeit mit der Möglichkeit zur Kooperation, aber ohne dass weitere Differenzierungsmassnahmen eingesetzt werden. Die Ergebnisse verdeutlichen, dass in der Deutschschweiz mehr Differenzierungsmassnahmen (Selbstkontrolle und Schwierig-keitsgraddifferenzierung) eingesetzt werden als in den anderen beiden Sprachregionen. Dies kann Ausdruck dessen sein, dass die Diskussion um erweiterte Lehr- und Lernformen vor allem in der Deutschschweiz intensiv geführt wird und sich auch in der Gestaltung des Unterrichts niederschlägt.

4.3 Einbettung der Phasen selbstständiger Schülerarbeit in den Lektionsverlauf: Inszenierungsmuster

Ausgehend von der Beschreibung der selbstständigen Schülerarbeitsphasen mittels der eingesetzten Differenzierungsmassnahmen interessiert, wie diese Schülerarbeitsphasen in den Unterrichtsverlauf eingebettet sind. Um die Ebene der Identifizierung und Beschrei-bung einzelner Ereignisse im Unterricht zu überwinden, wurden typische Muster der Un-terrichtsinszenierung gebildet. Als theoretische Grundlage der Musterbildung dienten die Formalstufen zur Beschreibung von Lehr- und Lernprozessen im Unterricht (Aebli, 1997; Shuell, 1988; Reusser, 2004): Auf der Grundlage eines interessanten Problems oder einer herausfordernden Aufgabenstellung werden am je individuellen Vorwissen anknüpfend neue Wissensstrukturen aufgebaut; der individuelle aktive Aufbau von Wissen und Kom-petenzen kann in Phasen des selbstständigen Entdeckens aber auch im gemeinsamen, fra-gend-entwickelnden Lehr- und Lerngespräch erfolgen. Mit dem Ziel, den Lerngegenstand tief zu verstehen, müssen die Wissensstrukturen in einer ersten flexibilisierenden Übungs-phase durchgearbeitet werden: Es erfolgen eine Vernetzung und Systembildung, welche die Denkstrukturen beweglich machen. In einer zweiten konsolidierenden Übungsphase werden die Strukturen wiederholt, eingeübt und gefestigt. Die Lehrperson unterstützt als Begleiterin und Beraterin und bietet adaptiv und nach dem Prinzip der minimalen Hilfe Unterstützung und Lernberatung an. In der Anwendungsphase erfolgt die Lernübertragung des aufgebauten Wissen und Könnens auf neue Situationen. In Reflexionsphasen wird immer wieder Rückschau auf die Arbeit gehalten: Sowohl in methodischer als auch in inhaltlicher Hinsicht werden Erfolge ausgewertet und Defizite festgestellt. Selbstverständ-lich können in einer einzelnen Unterrichtslektion kaum alle diese Phasen bzw. Funktionen des vollständigen Lehr- und Lernprozesses enthalten sein. Aber die genannten Funktionen helfen bei der Beschreibung der Unterrichtslektionen. Sie ermöglichen es, zu beschreiben, welchen Funktionen die individualisierenden Schülerarbeitsphasen dienen und wie diese Phasen im Unterrichtsverlauf eingebettet sind.

4.3.1 Fragestellung

Mit dem Ziel, die einzelnen Phasen der selbstständigen Schülerarbeit in Bezug zum Ver-lauf der ganzen Lektion zu setzen, wird zusätzlich zu den eingesetzten Differenzierungsmassnahmen erhoben, welche didaktische Funktion den Phasen der selbstständigen Schülerarbeit und den öffentlichen Unterrichtsphasen für den Lernprozess zukommt. Diese Codierung erlaubt es, der übergreifenden Frage nach der Einbettung der einzelnen Phasen der selbstständigen Schülerarbeit in den gesamten Lektionsverlauf nachzugehen und typische Muster der Unterrichtsinszenierung im Hinblick auf die Funktion und Einbettung der Schülerarbeitsphase in den Unterricht zu beschreiben.

4.3.2 Datenbasis

Der Frage nach der Einbettung der Schülerarbeit in den Lektionsverlauf gingen wir in allen Lektionen in der Deutschschweiz nach, in denen selbstständige Schülerarbeitsphasen vorkommen ($n=70$). Die Analyse wird für die Subgruppen der Einführungslektionen ($n=33$) und Übungslektionen ($n=37$) getrennt durchgeführt (vgl. zu dieser Unterscheidung Abschnitt 4.3.3.2), dies unter der Annahme, dass sich Einführungs- und Übungslektionen in der Unterrichtsgestaltung unterscheiden.[3]

4.3.3 Methode zur Bildung von Inszenierungsmustern

Der Frage nach der Einbettung einzelner differenzierender Phasen der selbstständigen Schülerarbeit in den Gesamtverlauf der Lektion wurde in drei Analyseschritten nachgegangen: Zuerst wurden die Lektionen in Bezug auf Funktionen im Lernprozess codiert (Abschnitt 4.3.3.1), anschliessend wurden die Lektionen basierend auf ebenfalls reliabel angewendeten Codes nach Übungs- und Einführungslektionen unterschieden (Abschnitt 4.3.3.2). Aufbauend auf diesen beiden Codierungsschritten konnten schliesslich Inszenierungsmuster gebildet werden (Abschnitt 4.3.3.3).

4.3.3.1 Funktionen im Lernprozess
Das Lehr- und Lerngeschehen im Unterricht erfüllt unterschiedliche Funktionen in Bezug auf den Lernprozess der Schülerinnen und Schüler (Aebli, 1997; Shuell, 1988; Reusser, 2004). Es wurde nach Funktionen in selbstständigen Schülerarbeitsphasen und solchen in gemeinsamen, öffentlichen Phasen unterschieden:

(a) Funktionen der selbstständigen Schülerarbeitsphasen
Die Analyseeinheit entspricht den durch die internationale Codierung identifizierten selbstständigen Schülerarbeitsphasen, während welchen die mathematikbezogene Lernzeit für die Aufgabenbearbeitung (vgl. Waldis, Kapitel 2 in diesem Buch) eingesetzt wird.

Bei der Codierung wurden die so definierten und identifizierten selbstständigen Schülerarbeitsphasen mit ausschliesslich einem der nachfolgenden sieben Codes zur Funktion im Lernprozess näher beschrieben.

---

3 Zumindest auf der Ebene der schriftlichen Beschreibung von Einführungs- und Übungslektionen durch Lehrpersonen bestätigt sich diese Annahme von spezifischen Verlaufsmustern für Einführungs- und Übungslektionen in einer anderen Studie (vgl. Pauli & Reusser, 2003, S. 261).

- *Automatisieren von Grundfertigkeiten:* Die Lernenden bearbeiten Aufgaben, welche keinen direkten Bezug zum Inhalt der restlichen Lektion haben (zum Beispiel Kopfrechnen, grosses Einmaleins).
- *Repetition von bereits bekannten Inhalten:* Die Lernenden bearbeiten selbstständig Aufgaben zur Repetition bereits bekannter Inhalte.
- *Repetitives Üben:* Die Lehrperson lässt die Lernenden an Aufgaben arbeiten, deren Lösungsmethode sie vorher vorgeführt hat. Die Lernenden hatten vorgängig die Möglichkeit zu sehen, wie Aufgaben des entsprechenden Typs gelöst werden.
- *Anspruchsvolles Üben:* Die Lehrperson lässt die Lernenden an Aufgaben arbeiten, deren Lösungsverfahren vorher nicht erarbeitet wurde. Die Lösungsschritte wurden nie an einem konkreten und vergleichbaren Aufgabenbeispiel mit entsprechender Aufgabenkomplexität öffentlich bearbeitet.
- *Repetitives und anspruchsvolles Üben:* Diese selbstständigen Schülerarbeitsphasen enthalten sowohl Aufgaben, welche die Funktion des repetitiven Übens beinhalten, als auch Aufgaben, welche die Funktion des anspruchsvollen Übens erfüllen.
- *Repetitives oder anspruchsvolles Üben (Restgruppe):* Dieser Code wurde zur Bezeichnung von Phasen gewählt, deren Funktion nicht eindeutig dem repetitiven bzw. anspruchsvollen Üben zugeschrieben werden konnte.
- *Explorative Erarbeitung von neuen Inhalten:* Die Lehrperson lässt die Lernenden selbstständig einen mathematischen Inhalt bearbeiten, ohne dass er vor der selbstständigen Bearbeitung vorgezeigt wurde. Die Lernenden suchen selbstständig ein allgemeines Verfahren, eine Formel oder einen Merksatz.

(b) Funktionen der gemeinsamen, öffentlichen Phasen
Die maximale Analyseeinheit ist durch den internationalen Code des Klassenunterrichts definiert (vgl. Waldis, Kapitel 2 in diesem Buch). Jedoch können diese gemeinsamen, öffentlichen Phasen vor oder nach selbstständigen Schülerarbeitsphasen mehr als eine Funktion erfüllen, d.h. mit mehr als einem der nachfolgenden Codes beschrieben werden.
- *Organisation:* Während dieser Phasen zu Beginn oder am Ende einer Lektion macht die Lehrperson organisatorische Bemerkungen zum Vorgehen oder zur Gliederung der Lektion, oder sie erteilt Hausaufgaben.
- *Automatisieren von Grundfertigkeiten:* Die Lernenden bearbeiten gemeinsam mit der Lehrperson Aufgaben, welche keinen direkten Bezug zum Inhalt der restlichen Lektion haben (zum Beispiel Kopfrechnen, grosses Einmaleins).
- *Hausaufgabenkontrolle:* Die Hausaufgaben werden kontrolliert und eventuell besprochen.
- *Aktivierung des Vorwissens:* Als Aktivierung des Vorwissens werden Sequenzen codiert, in denen öffentlich auf mathematische Inhalte Bezug genommen wird, die bereits in früheren Lektionen erarbeitet wurden.
- *Situierung:* Ein Alltagsbezug wird hergestellt oder ein lebensweltlicher Kontext aufgebaut.
- *Erarbeitung von neuen Konzepten oder Verfahren:* Dieser Funktionscode umfasst alle öffentlichen Sequenzen, in denen den Lernenden auf irgendeine Weise neuer mathematischer Inhalt öffentlich vorgestellt wird oder gemeinsam Aufgaben bearbeitet

werden. Es wird anhand einer Aufgabe öffentlich eine Lösungsprozedur erarbeitet oder eine Prozedur, eine Regel oder eine Formel wird theoretisch demonstriert.

- *Kontrolle der Ergebnisse:* Im Anschluss an eine selbstständige Arbeitsphase werden die Ergebnisse von Aufgaben kontrolliert. Die richtigen Lösungen werden von der Lehrperson oder den Lernenden vorgetragen oder schriftlich vorgelegt.

- *Präsentation des Lösungsweges:* Im Anschluss an eine selbstständige Arbeitsphase werden die Ergebnisse nicht nur kontrolliert, sondern der Weg zur Lösung der Aufgabe(n) wird zusätzlich demonstriert.

- *Verschiedene Lösungswege aufzeigen:* Im Anschluss an eine selbstständige Arbeitsphase bespricht und vergleicht die Lehrperson mit den Lernenden unterschiedliche Lösungswege.

4.3.3.2 Art der Lektion

Auf der Grundlage der Analyseeinheit der ganzen gefilmten Lektion wurde die Art der Lektion bestimmt: Es wurde anhand von Äusserungen der Lehrperson und mithilfe eines Vergleichs der Lektionsinhalte mit den Inhalten vorhergehender Lektionen (Angaben im Lehrerfragebogen) zwischen Einführungs- und Übungslektionen unterschieden.

- *Einführungslektion:* Neue Inhalte oder Konzepte werden eingeführt, erklärt oder exploriert, bevor sie gegebenenfalls noch geübt werden ($n = 33$).

- *Übungslektion:* Bereits bekannte Konzepte oder Verfahren werden geübt oder angewendet ($n = 37$).

4.3.3.3 Bildung von Inszenierungsmustern

Um Aussagen darüber machen zu können, wie die Schülerarbeitsphasen in den Lektionsverlauf eingebettet sind, wurde ein Zusammenhang zwischen den in den Phasen der selbstständigen Schülerarbeit eingesetzten Differenzierungsmassnahmen, der Funktion dieser Schülerarbeit und deren Position im Verlauf des Unterrichts gesucht. Mit dem qualitativen Verfahren der Typenbildung (Gerhardt, 1995; vgl. Kluge, 1999), welches sich dazu eignet, verschiedene vorliegende Fälle zu Gruppen ähnlicher Struktur zu ordnen, wurden die verschiedenen Lektionen zu typischen Unterrichtsmustern verdichtet. Unter typischen Mustern der Unterrichtsinszenierung werden in Analogie zu den „Idealtypen" bei der Typenbildung typische Verlaufsstrukturen von Unterricht verstanden. Als Kriterien des Gruppierens der Lektionen zu typischen Inszenierungsmustern dienten die Funktion und die Dauer der selbstständigen Schülerarbeitsphase, die Anzahl dieser Phasen im Lektionsverlauf, deren Verteilung sowie die Funktion der öffentlichen Unterrichtsphase, welche der Phase der selbstständigen Schülerarbeit jeweils vorangeht bzw. folgt. Jede einem auf diese Weise identifizierten Muster zugeordnete Gruppe von Lektionen enthält solche Lektionen, deren Verlauf näher am idealtypisch beschriebenen Muster steht, und solche, die demselben Muster nur aufgrund weniger prägnanter Gesichtspunkte zugehören.

4.3.4   Ergebnisse: Darstellung der Inszenierungsmuster

Im Folgenden werden die unterschiedlichen Muster der Unterrichtsinszenierung getrennt nach Einführungs- und Übungslektionen beschrieben und anschliessend gemeinsam besprochen. Für eine ausführliche Darstellung mit grafischer Veranschaulichung verweisen wir auf Hugener und Krammer (2001, S. 179-194).

4.3.4.1 Inszenierungsmuster in Einführungslektionen

Bei den Einführungslektionen ($n = 33$) wurden fünf typische Inszenierungsmuster unterschieden. Die Spannweite reicht von Mustern mit einer oder mehreren kurzen Phasen selbstständiger Schülerarbeit bis hin zu solchen, in denen eine lange individualisierende Unterrichtssequenz die Lektion dominiert. Die Schülerarbeit wurde in den verschiedenen Mustern meist entweder zum repetitiven Üben bereits vorgezeigter Prozeduren oder zum selbstständigen Entdecken neuer Verfahren oder Inhalte eingesetzt.

Ef 1: Einführung und repetitives Üben von Aufgaben (12 Lektionen)
In der längeren öffentlichen Phase wird ein mathematischer Inhalt eingeführt und an Aufgabenbeispielen gemeinsam bearbeitet. In Anschluss an die öffentliche Erarbeitung, welche häufig auch einen Theoriehefteintrag beinhaltet, lösen die Lernenden individuell repetitive Übungsaufgaben.

Ef 2: Rhythmisiertes Einführen und Üben von Aufgaben (6 Lektionen)
Wie beim ersten Muster von Einführungslektionen (Ef 1) wird hier ein mathematischer Inhalt eingeführt und geübt. Dies geschieht jedoch rhythmisiert: Ein neuer Inhalt wird öffentlich eingeführt und anhand von Aufgaben präsentiert und besprochen. Daraufhin bearbeiten die Lernenden entsprechende Aufgaben individuell. Anschliessend werden die bearbeiteten Aufgaben öffentlich kontrolliert und eine weitere Vorgehensweise wird anhand von Aufgaben vorgezeigt oder besprochen. Diese üben die Lernenden wiederum selbstständig an einem entsprechenden Block von Aufgaben.

Ef 3: Repetition und darauf aufbauendes Einführen und Üben eines Verfahrens mit Möglichkeit zur Kooperation (5 Lektionen)
Die Lernenden aktivieren ihr Vorwissen individuell anhand von Aufgaben mit Repetitionscharakter. Das repetierte Verfahren wird in einer anschliessenden öffentlichen Phase kontrolliert oder besprochen. Darauf aufbauend wird ein neues Verfahren oder ein neuer mathematischer Inhalt öffentlich erarbeitet und in der folgenden individuellen Phase geübt. Während der individuellen Arbeitssequenz können die Lernenden kooperieren. Im Anschluss an die individuelle Arbeit wird die Vorgehensweise nochmals öffentlich besprochen, worauf die Lernenden wiederum die Gelegenheit haben, das Verfahren einzeln zu üben.

Ef 4: Rhythmisiertes kooperatives Explorieren eines Vorgehens mit öffentlicher Sicherung und Übungsaufgaben (7 Lektionen)
In einer ersten Unterrichtssequenz wird das Vorwissen über bekannte Verfahren öffentlich aktiviert. Anschliessend explorieren die Lernenden selbstständig, aber mit der Möglichkeit zur Kooperation, ein allgemeines Verfahren oder eine Formel. In der folgenden öffentlichen Phase wird das entdeckte Verfahren festgehalten und ein neuer Suchauftrag wird formuliert. Nach der anschliessenden Schülerarbeit wird das allgemeine Verfahren nochmals öffentlich besprochen. Darauf folgt ein individueller Übungsteil, in welchem

Aufgaben bearbeitet werden, in denen das neu erarbeitete Verfahren zur Anwendung kommt.

Ef 5: Exploration eines allgemeinen Verfahrens (3 Lektionen)
In den drei Lektionen dieses Musters erarbeiten die Lernenden während einer langen selbstständigen Arbeitsphase ein neues Verfahren. Die Aufträge sind so gestellt, dass die Lernenden mittels der explorativen Bearbeitung von Aufgaben eine neue Gesetzmässigkeit oder ein allgemeines Verfahren selber entdecken sollen. Die Lernenden können kooperativ arbeiten und die Aufträge beinhalten die Möglichkeit zur Schwierigkeitsdifferenzierung. Nur in einer dieser drei Lektionen wird die erarbeitete Vorgehensweise nach der individuellen Arbeitsphase öffentlich besprochen, bei den anderen beiden wird aus Bemerkungen der Lehrperson klar, dass dies in der nächsten Lektion erfolgen wird.

4.3.4.2 Inszenierungsmuster in Übungslektionen

Bei den Übungslektionen ($n = 37$) konnten ebenfalls fünf Inszenierungsmuster gebildet werden. Die meist eher länger dauernde Zeit der Schülerarbeit ist auf eine oder mehrere Sequenzen aufgeteilt und nimmt je verschiedene Positionen im Unterricht ein. In Übungslektionen dient die selbstständige Schülerarbeit dem repetitiven Üben vorgezeigter Prozeduren oder dem selbstständigen Lösen von anspruchsvollen Anwendungsaufgaben.

Üb 1: Repetitives Üben von Aufgaben mit Möglichkeit zur Kooperation und zur Selbstkontrolle (4 Lektionen)
In der öffentlichen Phase wird zu Beginn der Lektion vorgezeigt oder repetiert, wie die anschliessenden Aufgaben zu lösen sind. Häufig wird eine Verbindung zu Inhalten früherer Lektionen hergestellt. Der Lösungsweg wird öffentlich an Beispielaufgaben präsentiert und anschliessend lösen die Lernenden einen Block von entsprechenden Aufgaben individuell. Sie haben die Gelegenheit, die gelösten Aufgaben mit Lösungsblättern zu kontrollieren und können mit ihren Banknachbarinnen und Banknachbarn kooperieren.

Üb 2: Rhythmisiertes Vorzeigen und Üben von Aufgaben über mehrere Phasen (8 Lektionen)
In einer ersten gemeinsamen Phase wird der Lösungsweg am Beispiel von Aufgaben öffentlich präsentiert. Im Anschluss daran wird dieses Verfahren an entsprechenden Aufgaben individuell, ohne Kooperationsmöglichkeit, geübt. Die Aufgaben werden in der anschliessenden öffentlichen Phase kontrolliert oder besprochen. Darauf wird der Lösungsweg zum Lösen des nächsten Aufgabenblocks wiederum zuerst öffentlich präsentiert oder erarbeitet und danach individuell in Einzelarbeit geübt.

Üb 3: Individuelles Lösen von anspruchsvollen Aufgabe, mit Möglichkeit zur Kooperation und anschliessendes Vorzeigen des Lösungsweges (10 Lektionen)[4]
Eine Aufgabe oder ein Block von anspruchsvollen Aufgaben wird individuell, mit der Möglichkeit zur Kooperation, bearbeitet. Der Lösungsweg wird im Voraus nicht bespro-

---

4 In Hugener und Krammer (2001) wurden ursprünglich sechs Muster von Übungslektionen unterschieden: 5 Lektionen des Typs Üb 3 wiesen am Ende noch einen Block mit repetitiven Übungsaufgaben auf. Für die klarere Ergebnisdarstellung wurde in diesem Kapitel auf diese weitergehende Differenzierung verzichtet.

chen, sondern im Anschluss an die individuelle Bearbeitungsphase öffentlich präsentiert. Danach folgen nochmals anspruchsvolle Übungsaufgaben, welche wieder mit der Möglichkeit zur Kooperation individuell bearbeitet und daraufhin öffentlich besprochen werden.

Üb 4: Gruppenteilige Bearbeitung verschiedener anspruchsvoller Übungsaufgaben mit anschliessender Präsentation des Lösungsweges (6 Lektionen)
Zu Beginn der Lektion wird inhaltlich an bereits bearbeitete mathematische Verfahren angeknüpft. Im Anschluss daran bearbeiten die Lernenden gruppenteilig einzelne Aufgaben verschiedenen Schwierigkeitsgrades, deren Lösungsweg sie anschliessend öffentlich präsentieren.

Üb 5: Bearbeitung anspruchsvoller Übungsaufgaben mit Möglichkeit zur Selbstkontrolle, Kooperation und mit Schwierigkeitsgraddifferenzierung (Planarbeit) (9 Lektionen)
Die Lernenden arbeiten während beinahe der ganzen Lektion an einem Block von Aufgaben, deren Lösungsweg im Voraus nicht vorgezeigt wurde. Als gemeinsames Merkmal ist bei allen Lektionen dieses Musters eine Sammlung von Aufgaben zur Bearbeitung auf einem Plan aufgelistet. Die Lernenden haben die Möglichkeit zur Kooperation, Lösungsblätter liegen auf und die Pläne beinhalten auch schwierigere Aufgaben, welche wahlweise gelöst werden können.

4.3.5   Besprechung der Inszenierungsmuster

Die Analysen zeigen, dass sich sowohl innerhalb der Einführungs- als auch innerhalb der Übungslektionen verschiedene Muster der Unterrichtsinszenierung beschreiben lassen. Zusammenfassend kann gesagt werden, dass sowohl bei den 33 Einführungs- als auch bei den 37 Übungslektionen eine Gruppe von Inszenierungsmustern mit gemeinsamer, öffentlicher Erarbeitung sowie Phasen der selbstständigen Nachkonstruktion einer Gruppe von Mustern mit eher „entdecken-lassendem" Unterricht mit längeren Phasen der selbstständigen Konstruktion gegenübergestellt werden kann. Entsprechend dieser Unterteilung werden die einzelnen festgestellten Muster der Unterrichtsinszenierung im Folgenden besprochen.

4.3.5.1 Erarbeitender Unterricht mit individuellen Übungsphasen
Das klassische Unterrichtsmuster von öffentlicher Erarbeitung mit anschliessender repetitiver Übungsphase tritt in Einführungslektionen und Übungslektionen auf (Ef 1, Ef 2 und Ef 3 sowie Üb 1 und Üb 2). Gemeinsam ist den Lektionen dieses Unterrichtsmusters, welches rund die Hälfte aller Lektionen der Deutschschweiz repräsentiert, dass die individuellen Sequenzen vor allem dazu eingesetzt werden, die Lernenden selbstständig überprüfen zu lassen, ob sie die eingeführten Inhalte verstanden haben. Auf eigenen Denkwegen vollziehen sie die gemeinsam erarbeiteten Denkschritte nach und festigen diese. Nur in deutlich längeren Phasen können die Schülerinnen und Schüler dabei auch kooperieren (Üb 1 und Ef 3).

4.3.5.2 „Entdecken-lassender" Unterricht mit Phasen des selbstständigen Erarbeitens

Sowohl in Einführungsstunden als auch in Übungsstunden sind Lektionen vorzufinden, in denen die Lernenden nicht repetitiv bereits vorgezeigte Prozeduren anwenden, sondern selbstständig auf eigenen Denkwegen mathematisches Wissen erarbeiten. Interessant ist, dass die Lernenden in den Einführungs- und Übungslektionen dieses Musters praktisch immer die Gelegenheit zur Kooperation haben.

In Einführungslektionen des „entdecken-lassenden" Unterrichts werden mathematische Konzepte oder Vorgehensweisen von den Lernenden selbstständig exploriert (Ef 4 und Ef 5). Dieses selbstständige Erkunden eines mathematischen Inhalts wurde in etwas weniger als der Hälfte aller Einführungslektionen festgestellt.

Demgegenüber wird in Übungslektionen das individuelle „Entdecken-Lassen" mit dem Bearbeiten von Aufgaben, deren Lösungsweg im Voraus nicht bekannt gegeben wird, verwirklicht (Üb 3, Üb 4 und Üb 5). Dieses Muster ist bei den Übungslektionen beinahe doppelt so oft vertreten wie das Muster des repetitiven Übens der im Voraus erarbeiteten Prozeduren (Üb 1 und Üb 2).

4.3.5.3 Planarbeit

Als sogenannte „Spezialgruppe" der Übungslektionen rangiert die Gruppe der Lektionen, in denen mit Lern- oder Wochenplan gearbeitet wird, auch „Planunterricht" genannt (Üb 5). Sie macht einen Viertel aller Übungslektionen aus. Die Schülerinnen und Schüler lösen dabei selbstständig Aufgaben anhand eines von der Lehrperson zusammengestellten Arbeitsplanes. Die Erarbeitung oder Einführung der Verfahren und Konzepte, die der Lösung der Aufgaben im Plan zugrunde liegen, ist in diesen Lektionen meist nicht beobachtbar. Bemerkenswert ist bei diesem Inszenierungsmuster der hohe Grad an Selbstständigkeit der Lernenden, da sie beinahe während der ganzen Lektion individuell arbeiten.

Durch zwei diesem Muster zugeordnete Lektionen, in denen die Lernenden während des Grossteils der Lektion selbstständig Planaufgaben ohne Möglichkeit zur Kooperation oder Schwierigkeitsgraddifferenzierung bearbeiten, wird deutlich veranschaulicht, dass Planarbeit kein Garant für eine individuelle Anpassung der Aufgabenbearbeitung an interindividuell unterschiedliche Ansprüche sein muss. Planarbeit kann auch sehr konservativ als Lösen von Aufgaben in Einzelarbeit umgesetzt werden.

4.4   Schlussdiskussion

Als erfreulichen Befund gilt es als Erstes hervorzuheben, dass im Mathematikunterricht der Lehrpersonen in der Deutschschweiz keine Monokultur von lehrerzentriertem Klassenunterricht zu beobachten ist. Dieser Befund bestätigt die Ergebnisse einer Lehrerbefragung in der Deutschschweiz von Stebler und Reusser (2000) sowie die Ergebnisse einer Analyse von schriftlichen Beschreibungen von typischen Mathematiklektionen durch Lehrpersonen (Pauli & Reusser, 2003). Im Gegensatz zur aus Deutschland berichteten Monokultur des Frontalunterrichts (Hage et al., 1985; Terhart, 1997; Klieme, Schümer & Knoll, 2001) ist in der Deutschschweiz eine Heterogenität von Unterrichtsformen erkennbar. Dies zeigt sich zum einen in den eingesetzten Differenzierungsmassnahmen und zum anderen in der Vielzahl der für die Deutschschweiz ermittelten Muster der Unterrichts-inszenierung.

Zusammenfassend kann gesagt werden, dass im Mathematikunterricht der Schweiz Massnahmen zur Differenzierung eingesetzt werden, am häufigsten in der Deutsch-schweiz. Der hohe Anteil der Schülerarbeitsphase an der Gesamtdauer der Lektion bei durchschnittlich doch eher geringem Einsatz von Differenzierungsmassnahmen weist aber auch auf ein Entwicklungspotenzial für Unterricht hin. Weiterführende Analysen in der Deutschschweiz zeigen, dass verschiedene Inszenierungsmuster des Unterrichts in Bezug auf den Einsatz von Schülerarbeitsphasen beschrieben werden können. Die Phasen der selbstständigen Schülerarbeit unterscheiden sich hinsichtlich der Anzahl der eingesetzten Differenzierungsmassnahmen sowie hinsichtlich ihrer didaktischen Funktion in Bezug auf den Lernprozess. Einerseits scheint die traditionelle Form erarbeitenden Unterrichts mit repetitiver Übung in den Schülerarbeitsphasen und wenigen Massnahmen zur Differen-zierung immer noch sehr verbreitet zu sein. Andererseits konnte in etlichen Lektionen ein „entdecken-lassendes" Unterrichtsmuster festgestellt werden. In diesen Lektionen wird ein mathematischer Inhalt exploriert oder ein Block anspruchsvoller Aufgaben bearbeitet, wobei die Lernenden den Lösungsweg selbstständig erarbeiten müssen. Als Massnahmen zur Differenzierung werden in diesen Lektionen entweder die Möglichkeit zur Koopera-tion oder zur Selbstkontrolle, die Schwierigkeitsgraddifferenzierung oder eine Kombina-tion dieser Massnahmen eingesetzt.

Als einschränkende Bemerkung muss an dieser Stelle angefügt werden, dass Planar-beit die Individualisierung im Unterricht nicht garantiert. Massnahmen zur Differenzie-rung müssen bewusst eingesetzt werden. Das vorliegende Kapitel will auch kein Plädoyer für Planunterricht und vollständig individualisierten Unterricht sein. Beispielsweise stellt sich aus der Perspektive eines kognitiv-konstruktivistischen Lehr- und Lernverständnisses die Frage, wo im Unterricht mit Arbeitsplänen die Systematisierung mathematischen Wis-sens erfolgt und wie diese aussieht. Die Beobachtungen weisen darauf hin, dass zur In-dividualisierung im Unterricht eingesetzte Arbeitspläne hauptsächlich für Übungs- und Anwendungsbereiche verwendet werden. Die wenigen Einführungslektionen, in denen während einer längeren Sequenz ein mathematischer Inhalt exploriert wird, sind ein schö-nes Beispiel für das selbstständige Erarbeiten von Inhalten, meistens fehlt in diesen Lekti-onen aber das gemeinsame Diskutieren und Vergleichen verschiedener Lösungswege (vgl. dazu auch die internationalen Ergebnisse in Kapitel 3.3 in diesem Band). Das festgestellte Fehlen der Diskussion von Lösungswegen kann eine Folge der Analyseeinheit von nur einer Lektion sein. Die Auswertung der individuellen Arbeit in den nächsten Lektionen ist nicht beobachtbar. Immerhin weisen insgesamt fünf der elf gebildeten Muster das auf die Schülerarbeitsphasen folgende *Vorzeigen* des Lösungsweges auf (Ef 3, Ef 4, Ef 5, Üb 3 und Üb 4), doch ersetzt dieses keineswegs ein *Diskutieren* verschiedener Vorge-hensweisen, ein Aushandeln des gemeinsamen Wissens. Gerade im individualisierenden Unterricht kommt dem gemeinsamen Vergleichen und Aushandeln verschiedener Denk- und Lösungswege eine zentrale Rolle zu. In diesen Phasen werden die unterschiedlichen Denkwege wieder zusammengeführt und zueinander in Beziehung gesetzt, wodurch das geteilte Wissen expliziert und gesichert werden kann.

Literatur

Aebli, H. (1997). *Zwölf Grundformen des Lehrens* (9. Aufl.). Stuttgart: Klett-Cotta.

Becker, G. (1997). Der lange Abschied von der grossen Illusion. Lernwege differenziert gestalten. *Praxis Schule, 2,* 6-8.

Bönsch, M. (1983). Differenzierung. In D. Lenzen & K. Mollenhauer (Hrsg.), *Theorien und Grundbegriffe der Erziehungswissenschaft* (Band 1, S. 318-331). Stuttgart und Dresden: Klett.

Bönsch, M. (1991). *Variable Lernwege: Ein Lehrbuch der Unterrichtsmethoden.* Paderborn: UTB.

Bönsch, M. (1995). *Differenzierung in Schule und Unterricht. Ansprüche, Formen, Strategien.* München: Ehrenwirth.

Corno, L. & Snow, R.E. (1986). Adapting teaching to individual differences among learners. In M.C. Wittrock (Hrsg.), *Handbook of research on teaching* (3rd ed., S. 605-629). New York: MacMillan.

Geppert, K. & Preuss, E. (1978). *Differenzierender Unterricht – konkret.* Bad Heilbrunn: Kinkhardt.

Gerhardt, U. (1995). Typenbildung. In U. Flick, E. von Kardoff, H. Keupp, L. von Rosenstiel & S. Wolff (Hrsg.), *Handbuch qualitative Sozialforschung. Grundlagen, Konzepte, Methoden und Anwendungen* (2. Aufl., S. 435-439). Weinheim: Beltz PVU.

Glaeser, J. (Hrsg.). (1920). *Vom Kinde aus.* Hamburg: Arbeiten des Pädagogischen Ausschusses der Gesellschaft der Freunde des vaterländischen Schul- und Erziehungswesens.

Hage, K., Bischoff, H., Dichanz, H., Eubel, K.-D., Oehlschläger, H.-J. & Schwittmann, D. (1985). *Das Methodenrepertoire von Lehrern. Eine Untersuchung zum Schulalltag der Sekundarschule 1.* Opladen: Leske + Budrich.

Hausser, K. (1980). *Die Einteilung von Schülern. Theorie und Praxis schulischer Differenzierung.* Weinheim und Basel: Beltz.

Hiebert, J., Gallimore, R., Garnier, H., Givvin, K.B., Hollingsworth, H., Jacobs, J., Chiu, A.M.-Y., Wearne, D., Smith, M., Kersting, N., Manaster, A., Tseng, E., Etterbeek, W., Manaster, C., Gonzales, P. & Stigler, J. (2003). *Teaching Mathematics in Seven Countries: Results From the TIMSS 1999 Video Study* (NCES 2003-013). Washington, DC: U.S. Department of Education, National Center for Education Statistics.

Hugener, I. & Krammer, K. (2001). *Individualisierung im Unterricht. Eine videobasierte Unterrichtsanalyse von 75 Mathematiklektionen.* Unveröffentlichte Lizentiatsarbeit, Universität Zürich.

Jacobs, J.K., Garnier, H., Gallimore, R., Hollingsworth, H., Givvin, K.B., Rust, K., Kawanaka, T., Smith, M., Wearne, D., Manaster, A., Etterbeeck, W., Hiebert, J., Stigler, J. & Gonzales, P. (2003). *Third international mathematics and science study. 1999 Video study technical report: Volume 1. Mathematics.* (NCES Publication No. 2003-012). Washington, DC: US. Department of Eduation, National Center for Education Statistics.

Klafki, W. & Stöcker, H. (1985). Innere Differenzierung des Unterrichts. In W. Klafki (Hrsg.), *Neue Studien zur Bildungstheorie und Didaktik. Beiträge zur kritisch-konstruktiven Didaktik* (S. 119-154). Weinheim und Basel: Beltz.

Klieme, E., Schümer, G. & Knoll, S. (2001). Mathematikunterricht in der Sekundarstufe I: „Aufgabenkultur" und Unterrichtsgestaltung. In BMBF (Bundesministerium für Bildung und Forschung) (Hrsg.), *TIMSS – Impulse für Schule und Unterricht. Forschungsbefunde, Reforminitiativen, Praxisberichte und Video-Dokumente* (S. 43-57). Bonn: BMBF.

Kluge, S. (1999). *Empirisch begründete Typenbildung*. Opladen: Leske & Budrich.

LessonLab, Inc. (2003). *TIMSS 99 Math Coding Manual*. Verfügbar unter: http://www.lessonlab.com/timss1999/codedev.htm [Stand: 14.04.2004].

Meyer-Willner, G. (1979). *Differenzieren und Individualisieren. Begründung und Darstellung des Differenzierungsproblems*. Bad Heilbrunn: Klinkhardt.

Oelkers, J. (1996). *Reformpädagogik. Eine kritische Dogmengeschichte* (3. überarbeitete und erweiterte Auflage). Weinheim und München: Juventa.

Pauli, C. & Reusser, K. (2003). Unterrichtsskripts im schweizerischen und im deutschen Mathematikunterricht. *Unterrichtswissenschaft, 31* (3), 238-271.

Piaget, J. (1973). *Einführung in die genetische Erkenntnistheorie*. Frankfurt: Suhrkamp.

Reusser, K. (1998). Denkstrukturen und Wissenserwerb in der Ontogenese. In F.E. Weinert (Hrsg.), *Enzyklopädie der Psychologie, Kognition: Wissen* (S. 115-166). Göttingen: Hogrefe.

Reusser, K. (2004). KAFKA und SAMBA als Grundfiguren der Artikulation des Lehr-Lerngeschehens. In B. Zobrist, K. Krammer & K. Reusser, *Einführungssequenzen* (DVD). Aus der Reihe: *Unterrichtsvideos und Begleitmaterialien für die Aus- und Weiterbildung von Lehrpersonen*. Hrsg. von K. Reusser, C. Pauli & K. Krammer. Zürich: Pädagogisches Institut, Universität Zürich.

Röhrs, H. (1994). *Die Reformpädagogik: Ursprung und Verlauf unter internationalem Aspekt* (4. Aufl.). Weinheim: Deutscher Studien Verlag.

Scheibe, W. (1994). *Die Reformpädagogische Bewegung 1900-1932. Eine einführende Darstellung* (10. Aufl.). Weinheim und Basel: Beltz.

Shuell, T.J. (1988). The role of the student in learning from instruction. *Contemporary Educational Psychology, 13*, 276-295.

Stebler, R. & Reusser, K. (2000). Progressive, classical or balanced – a look at mathematical learning environments in Swiss-German lower-secondary schools. *Zentralblatt für Didaktik der Mathematik, 32* (1), 1-10.

Terhart, E. (1997). *Lehr-Lern-Methoden. Eine Einführung in Probleme der methodischen Organisation von Lehren und Lernen* (2. überarb. Aufl.). Weinheim: Juventa.

Teschner, W. (1971). *Differenzierung und Individualisierung des Unterrichts*. Göttingen: Vandenhoeck & Ruprecht.

Winkeler, R. (1975). *Differenzierung. Funktionen, Formen und Probleme*. Ravensburg: Otto Maier Verlag.

Wittenberg, R. (1998). *Grundlagen computergestützter Datenanalyse. Handbuch für computergestützte Datenanalyse* (Bd. 1). Stuttgart: Fischer.

Kathrin Krammer, Kurt Reusser & Christine Pauli

5 Individuelle Unterstützung der Schülerinnen und Schüler durch die Lehrperson während der Schülerarbeitsphasen

In Kapitel 4 zur Individualisierung des Unterrichts wurden die Phasen der selbstständigen Schülerarbeit genauer analysiert (vgl. Hugener & Krammer, 2001). Während dort die Organisation der Schülerarbeitsphasen im Hinblick auf die Differenzierung im Zentrum stand (Makroadaption), wird in diesem Kapitel auf die *Unterstützung der Lernenden durch die Lehrperson* während dieser Phasen der selbstständigen Schülerarbeit fokussiert (Mikroadaption). Es interessiert, in welcher Weise die Lehrpersonen das Lernen der einzelnen Schülerinnen und Schüler innerhalb der Schülerarbeitsphasen begleiten.

Die Erfassung der Lernunterstützung durch die Lehrperson während der Schülerarbeitsphasen war bereits im Codier-Manual der TIMSS 1999 Video Study mit dem Code „Teacher Assistance" geplant, konnte aber damals nicht realisiert werden, weil das Gütekriterium der Reliabilität unter den teilnehmenden Ländern nicht erreicht wurde. Die Analyse von Interaktionen im Klassenzimmer stellt jedoch ein zentrales Element der Video-Unterrichtsforschung dar und auch aus theoretischer Perspektive kommt ihr eine hohe Relevanz zu; aus diesen Gründen wurde das Kategoriensystem zur Erfassung der Unterstützungsformen für die Lektionen der TIMSS 1999 Video Study aus der Schweiz weitergetrieben.

Einleitend wird ein Überblick über den theoretischen Hintergrund der Frage nach der individuellen Unterstützung der Lernenden durch die Lehrperson gegeben. Im Anschluss daran wird aufgezeigt, wie die Unterstützungsformen in den Schülerarbeitsphasen erfasst wurden und auf welche Weise die Lehrpersonen ihre Schülerinnen und Schüler in den aufgezeichneten Lektionen während der Schülerarbeitsphasen unterstützen. Abschliessend werden diese Ergebnisse zusammengefasst sowie diskutiert und weiterführende Fragen werden aufgeworfen.

5.1 Theoretischer Hintergrund

Rosenshine und Stevens (1986) stellen für die Schülerarbeitsphasen in den USA einen erstaunlich hohen Anteil von 50 bis 70 % am gesamten Unterricht fest (1.-7. Schuljahr). Dieser hohe Anteil der Schülerarbeitsphasen am Gesamtunterricht erstaunt umso mehr, wenn man die von Hage, Bischoff, Dichanz, Eubel, Oehlschläger und Schwittmann (1985) berichtete Monokultur des Frontalunterrichts in Deutschland betrachtet (Sekundarstufe I). Untersuchungen von Kaiser (1999), in denen der Mathematikunterricht in England mit demjenigen in Deutschland verglichen wird, bestätigen einen niedrigen Anteil an Schülerarbeitsphasen im deutschen Unterricht im Gegensatz zu einem höheren Anteil in England (6.-11. Schuljahr). Die videobasierte Unterrichtsstudie des IPN (Seidel et al., 2006) bestätigt ebenfalls einen sehr niedrigen Anteil von Schülerarbeitsphasen in deutschen Physiklektionen der Oberstufe. Der Unterschied zwischen englischsprachiger und deutschsprachiger Unterrichtskultur zeigt sich ebenfalls in den Mathematiklektionen der TIMSS 1999 Video Study (8. Schuljahr), nun aber nicht in derselben Weise. Mit einem durchschnittlichen Anteil der Schülerarbeitsphasen von 44 % der gesamten Unterrichtszeit arbeiten Schülerinnen und Schüler in der Schweiz beinahe die Hälfte der durchschnittlichen Lektionszeit von 46 Minuten selbstständig oder in Gruppen. Die ermittelten Werte für die Schülerarbeitsphasen liegen im internationalen Vergleich der TIMSS 1999 Video Study im oberen Bereich, die Werte reichen von 20 % (HK) bis 55 % (NL), der Durchschnitt liegt bei 36 % (vgl. Kapitel 3).

Mit einem hohen Anteil an selbstständiger Arbeit der Lernenden verschaffen sich die Lehrpersonen die Möglichkeit, die individuellen Lernprozesse im Klassenzimmer zu begleiten, den Lernstand und die Verstehenstiefe zu diagnostizieren und individuelle Unterstützung anzubieten (Schrader, 1997). Sowohl angesichts des hohen Anteils selbstständiger Arbeit im Unterricht als auch aus lernpsychologischer Perspektive ist die Frage nach der Form der individuellen Unterstützung durch die Lehrperson während der selbstständigen Arbeit von hoher Relevanz. Im sozial-konstruktivistischen Lehr- und Lernverständnis dient die Lehrperson als kognitives Modell und begleitet die einzelnen Lernenden durch die Zone ihrer nächsten Entwicklung (Collins, Brown & Newman, 1989; Vygotsky, 1978).

Vor allem in der angloamerikanischen Literatur wurden theoretische und empirische Anstrengungen unternommen, das Phänomen der Unterstützung der Lernenden genauer zu fassen. Einen ersten wegweisenden Artikel zum Thema „Tutoring als Unterstützung von einzelnen Lernenden beim Lösen eines Problems durch eine Person mit mehr Expertise" veröffentlichte eine Gruppe um Bruner (Wood, Bruner & Ross, 1976). In diesem Artikel wird das Scaffolding als eine Form der adaptiven Unterstützung eingeführt, welche die Lernenden befähigt, ein Problem in Zukunft selbstständig lösen zu können, und dabei weit mehr beinhaltet als das Vorzeigen und Imitieren eines Verhaltens, weil auf das Verstehen des Problems abgezielt wird. Aufgrund der Analyse von Tutoring-Situationen mit Kindern im Alter von drei bis fünf Jahren beim Zusammensetzen eines dreidimensionalen Holzpuzzles beschreiben sie die folgenden Funktionen als charakteristisch für das Scaffolding: Aufmerksamkeit auf zentrale Anforderungen des Problems lenken, das Problem vereinfachen, auf relevante Aufgabenmerkmale hinweisen, Motivation aufrechterhalten und Lösungswege vorzeigen.

Ausgehend von diesem Artikel und dem sozial-konstruktivistischen Lernverständnis wurde die individuelle Unterstützung der Lernenden in den darauffolgenden Jahrzehnten sowohl im ausserschulischen als auch im schulischen Kontext und dort in unterschiedlichen Fächern und Altersklassen untersucht. Aktuell wird die individuelle Unterstützung der Lernenden je nach Kontext und Fokus unter verschiedenen Begriffen wie „Scaffolding" (Bliss, Askew & Macrae, 1996; Chi, Siler, Jeong, Yamauchi & Hausmann, 2001; Collins et al., 1989; Hogan & Pressley, 1997; Lajoie, 2005; Rogoff, 1990), „Tutoring" (Chi, Siler & Jeong, 2004; VanLehn, Siler, Murray, Yamauchi & Baggett, 2003), „Teacher Assistance" (Tharp & Gallimore, 1988; TIMSS 1999 Video Study), „Teacher Intervention" (Leiss & Wiegand, 2005; Mercer & Fisher, 1992) oder „Online-Assessment" (Serrano, 1996) diskutiert. Den unterschiedlichen Begriffen mit ihrer zum Teil unterschiedlichen Fokussierung ist gemeinsam, dass sie sich mit den Fragen nach den Formen und der Wirksamkeit der Unterstützung von einzelnen oder einer kleinen Gruppe von Lernenden durch eine Person mit mehr Expertise beim Lösen eines Problems oder einer Aufgabe im Hinblick auf das zukünftige selbstständige Bewältigen ebensolcher Probleme befassen. Der Begriff „Scaffolding" bezieht sich meist spezifisch auf die adaptiven inhaltlichen Hilfestellungen zum Lernen, der Begriff „Tutoring" ist etwas weiter gefasst und bezeichnet allgemein die Unterstützung einer lernenden Person durch eine Person mit mehr Expertise. „Teacher Assistance" oder „Teacher Intervention" meint ebenfalls diese Hilfe für einzelne oder eine Gruppe von Lernenden, dies aber ausschliesslich durch die Lehrperson, und „Online-Assessment" bezieht sich spezifisch auf die diagnostische Tätigkeit der Lehrperson während der Schülerarbeitsphasen; diese Tätigkeit kann sich auf das Beobachten der Lernenden und/oder das individuelle Gespräch mit den Lernenden beziehen.

Individuelle Interventionen der Lehrperson werden in der (diesbezüglich eher spärlichen) deutschsprachigen Literatur unter Begriffen wie „Hilfe" für die Lernenden (u.a. Keller, 1993), „Begleitung" (Hess, 2003; Kobarg, 2004) oder „Unterstützung" der Lernenden (Pauli, 1998) diskutiert. Im vorliegenden Kapitel wird von der „individuellen Unterstützung der Lernenden durch die Lehrperson während der Schülerarbeitsphasen" gesprochen, um explizit die beteiligten Akteure zu benennen und klar zu machen, dass sich die Intervention der Lehrperson auf einzelne Lernende oder eine kleine Gruppe von Lernenden im Unterrichtskontext bezieht. Zusätzlich impliziert der Begriff der Unterstützung, dass die Intervention darauf abzielt, die Schülerinnen und Schüler zur selbstständigen Lösung der Aufgabe oder des Problems zu befähigen. Damit soll nicht behauptet werden, dass alle in den Lektionen während der Schülerarbeitsphasen beobachtbaren Interventionen der Lehrpersonen die Lernenden tatsächlich zur selbstständigen Problemlösung befähigen, aber es wird davon ausgegangen, dass die Lehrpersonen zumindest die Absicht haben, die Lernenden mit ihrer Intervention zur selbstständigen Weiterarbeit zu befähigen.

Forschungsergebnisse zeigen, dass der Einfluss der Lernunterstützung auf die Leistung von der Form der Unterstützung abhängig ist (Helmke & Schrader, 1988). Entscheidend für die Wirksamkeit der Unterstützung ist deren Situationsangemessenheit, das heisst, sie muss den aktuellen Bemühungen und Bedürfnissen der Lernenden entsprechen (Schrader, 1989, S. 39 ff.). Voraussetzung dafür sind ein fundiertes inhaltliches und pädagogisches Fachwissen (Tharp & Gallimore, 1988) und die Bereitschaft, sich auf die Denk- und Lernwege der Lernenden einzulassen. In verschiedenen qualitativen Studien wurden die Unterstützungsstrategien von Lehrpersonen genauer untersucht und beschrieben (Leiss, 2007; Mercer, 1995; Roehler & Cantlon, 1997). Eine besondere Bedeutung kommt sowohl aus theoretischer als auch aus empirischer Perspektive dem indirekten Anregen der Denkprozesse durch weiterführende Hinweise und Denkanstösse anstelle des Vorgebens von richtigen Lösungswegen zu (Chi et al., 2001, Hogan & Pressley, 1997; Lepper, Drake & O'Donnell-Johnson, 1997). Analysen der Lehrer-Schüler-Interaktionen in verschiedenen Unterrichtsfächern und Altersstufen berichten einen überraschend niedrigen Anteil an adaptiver Unterstützung der Lernenden im Sinne eines Scaffoldings der Lern- und Denkprozesse (z.B. Bliss et al., 1996; Kobarg, 2004; Kobarg & Seidel, 2007). Der Vergleich von Lernenden, die mit Lernunterstützung arbeiten, und Lernenden ohne Unterstützung oder ausschliesslich computerbasierter Unterstützung zeigt eindeutig Vorteile der Unterstützung durch eine fähigere Person auf (Hogan, Nastasi & Pressley, 2000; Lajoie, 2005). Die Ergebnisse der verschiedenen meist qualitativen Studien sind jedoch mit Vorbehalt zu vergleichen, da die Lernunterstützung jeweils unterschiedlich operationalisiert wird. Spezifisch für den Mathematikunterricht liegen bislang nur wenige Ergebnisse zur individuellen Lernunterstützung vor und gar keine Untersuchungen zur Verbreitung der Unterstützung in einer repräsentativen Stichprobe.

5.2   Fragestellung

Durch die verschiedenen Sozialformen wie Einzelarbeit oder Gruppenarbeit ermöglichen Lehrpersonen die selbstständige Arbeit der Lernenden und öffnen sich gleichzeitig ein „Zeitfenster" (Kobarg, 2004) für die individuelle Unterstützung von einzelnen Lernenden oder einer Gruppe von Lernenden. Ausgehend von dem hohen Anteil an selbstständiger Schülerarbeit in den für die TIMSS 1999 Videos Study gefilmten schweizerischen Mathematiklektionen von 44 % interessiert, ob und in welcher Weise die Lehrpersonen die Schülerinnen und Schüler während dieser Zeit unterstützen.

Zu diesem Zweck wurden die Interaktionen zwischen der Lehrperson und den Lernenden in den Schülerarbeitsphasen der gefilmten Unterrichtslektionen erfasst und analysiert. Dies erlaubt die Beschreibung der Häufigkeit respektive der *Anzahl* und der *durchschnittlichen Dauer* der Interaktionen zwischen Lehrperson und einzelnen Lernenden in diesen Schülerarbeitsphasen sowie die Bestimmung der Form der durch die Lehrperson gewährten Unterstützung in den Interaktionen. Dementsprechend widmet sich die nachfolgend beschriebene Analyse den folgenden Fragen:

*   Wie viel Zeit verwenden die Lehrpersonen während der Schülerarbeitsphasen für die Unterstützung der einzelnen Lernenden?
*   Welche Form von individueller Unterstützung gewähren die Lehrpersonen den Lernenden während der Schülerarbeitsphasen?
*   Wie verteilen sich die verschiedenen Unterstützungsformen anteilsmässig auf die Dauer der gesamten für die Unterstützung aufgewendeten Zeit und auf die Anzahl der Unterstützungsinteraktionen?

5.3   Methode

5.3.1 Datenbasis

Ausgangslage für die Analyse bildeten alle Lektionen aus dem schweizerischen Sample der TIMSS 1999 Video Study. Von den insgesamt 140 Lektionen aus den drei Landesteilen Deutschschweiz, Westschweiz und Tessin kommt nur in 10 Lektionen gar keine Schülerarbeitsphase vor. In den verbleibenden 130 Lektionen findet jeweils mindestens eine Schülerarbeitsphase statt, in der die Lernenden individuell oder in Gruppen an Mathematikaufgaben arbeiten und die Lehrperson die Möglichkeit hat, ihre Schülerinnen und Schüler individuell zu unterstützen.

Der durchschnittliche Anteil der selbstständigen Schülerarbeit an Mathematikaufgaben in den 130 Lektionen aus der Schweiz beträgt 21.2 Minuten oder 47 % der gesamten Unterrichtszeit einer Lektion mit einer mittleren Dauer von 46 Minuten.

5.3.2 Interaktionsanalyse

Als Analyseeinheit wurden die einzelnen Unterstützungsinteraktionen zwischen der Lehrperson und den Lernenden innerhalb der Schülerarbeitsphasen gewählt. Die Codes zur Charakterisierung der Unterstützung wurden jeweils der Gruppe von Turns zugeordnet, in der die Lehrperson mit einer oder einem einzelnen Lernenden oder einer kleinen Gruppe von Lernenden interagiert. Von jeder Interaktion wurden Anfangs- und Endzeitpunkt sowie die Form der Unterstützung festgehalten; nicht erfasst wurde, wer die Interaktion initiiert. Zum Teil ist auch nur die Bemerkung der Lehrperson zu einem oder einer Lernenden aufgezeichnet, wobei diese Äusserung ebenfalls als Unterstützung aufgefasst und codiert wurde. Für jede Unterstützungsinteraktion wurde ausschliesslich ein Code vergeben.

Die Code-Entwicklung und die Codierung erfolgten analog zum Vorgehen in der TIMSS 1999 Video Study (Jacobs et al., 2003). In Tabelle 5.1 sind die Bezeichnungen und eine kurze Beschreibung der einzelnen Codes aufgelistet. Die ausführlichere Beschreibung des Codiersystems folgt im nächsten Abschnitt.

Tabelle 5.1: Codes zur Charakterisierung der Form der individuellen Unterstützung

Code-Name	Abkürzung	Beschreibung
Unterstützung mit ausschliesslich organisatorischen Informationen (OU)		
Organisation Allgemein (off task)	OA	Allgemeine organisatorische Bemerkungen, welche nicht im Zusammenhang mit der Arbeit an den Mathematikaufgaben stehen (Schulreise, Disziplin, Hausaufgaben, Prüfungen).
Organisation Mathematikaufgaben	OM	Organisatorische Bemerkungen, welche im Zusammenhang mit den zu bearbeitenden Mathematikaufgaben stehen und sowohl OMM als auch OMA enthalten.
Organisation Mathematikaufgaben: Material	OMM	Organisatorische Bemerkungen, welche im Zusammenhang mit den zu bearbeitenden Mathematikaufgaben stehen und das Material oder formale Aspekte (wie zum Beispiel Antwortformat, Grösse der Schrift) betreffen.
Organisation Mathematikaufgaben: Arbeitsform	OMA	Organisatorische Bemerkungen, welche im Zusammenhang mit den zu bearbeitenden Aufgaben stehen und die Arbeitsform der Lernenden betreffen.
Inhaltliche, mathematikbezogene Unterstützung (MU)		
Evaluation des Wissensstandes	EV	Fragen der Lehrperson, welche ausschliesslich auf das Abschätzen des Schülerverständnisses abzielen.
Feedback	FB	Kurze Rückmeldung der Lehrperson zur Korrektheit der Schülerarbeit (evtl. in Kombination mit EV, aber keine weiteren Informationen).
Erklärung, direkt	E	Erklären, Vorzeigen, Modellieren der Lösung einer Mathematikaufgabe oder einzelner Teilschritte (direkte Anweisung zum weiteren Vorgehen).
Hinweis, indirekt	H	Inhaltlicher und/oder strategischer Hinweis, der zum Weiterdenken anregt (indirekte Unterstützung, Anregung zur Schüleraktivität).
Erklärung *und* Hinweis	EH	Sowohl Erklärung als auch weiterführende Hinweise.
Unterstützung nicht bestimmbar	UN	Nicht bestimmbare Unterstützung, Restkategorie.

5.3.3 Beschreibung des Codiersystems

5.3.3.1 Individuelle Unterstützung während der Schülerarbeitsphasen

Zur Erfassung der individuellen Unterstützung der Lernenden wurden die zehn in Tabelle 5.1 aufgeführten Codes entwickelt, welche die Form der Unterstützung beschreiben. Analysiert wurden ausschliesslich Lehrer-Schüler-Interaktionen während der Schülerarbeitsphasen, in denen die Schülerinnen und Schüler an mathematischen Inhalten arbeiten.

Als Analyseeinheit diente die Interaktion der Lehrperson mit einem oder einer Lernenden oder einer kleinen Gruppe von Lernenden. Alle Turns einer Lehrperson mit einer Schülerin oder einem Schüler wurden derselben Interaktion zugeordnet. Eine neue Interaktion beginnt, wenn die Lehrperson sich einer oder einem neuen Lernenden zuwendet. Aufgrund der lehrpersonenzentrierten Kameraführung war es nicht möglich zu erfassen, von wem die Interaktion ursprünglich initiiert wurde. Jede Interaktion wurde mit Anfangs- und Endzeitpunkt erfasst und mit ausschliesslich einem der nachfolgend dargestellten Codes versehen.

Es gibt einzelne Fälle von Interaktionen, in denen eine Interaktion zuerst klar auf eine Aufgabe bezogen ist und sich die Lehrperson direkt im Anschluss daran bezüglich weiterer anderer Aufgaben an dieselben Lernenden wendet. Die Interaktion zum neuen Thema wurde als einzelne Interaktion aufgefasst und codiert. Gar nicht erfasst wurden die folgenden Bemerkungen/Interaktionen innerhalb der Schülerarbeitsphasen:

- in der Basiscodierung als „Public Announcements" codierte Äusserungen der Lehrperson während der Schülerarbeitsphase,
- reine Schüler-Schüler-Interaktionen,
- nicht transkribierte, aber hörbare Äusserungen,
- Umhergehen der Lehrperson ohne Äusserungen,
- Gestik/Mimik der Lehrperson ohne begleitende Äusserung,
- Tafelanschriften durch die Lehrperson, zu denen sie aber keine Bemerkungen macht,
- Interaktionen der Lehrperson mit anderen Personen als den Lernenden (zum Beispiel Filmteam, Klopfen an der Tür),
- Schülerfragen ohne Antwort der Lehrperson während der Schülerarbeitsphase.

Die letzte Kategorie wäre von Interesse, konnte aber beinahe nie beobachtet werden und ist eventuell wegen der Kameraführung nicht in allen Fällen ersichtlich. Im Falle von Interaktionen, welche wegen eines Ausfalls des Mikrofons nur teilweise erfasst sind, wurden nur die aufgezeichneten und transkribierten Äusserungen der Lehrperson codiert. Sequenzen, in denen auf dem Video zwar eine Interaktion beobachtbar, das Gespräch aber nicht aufgezeichnet ist, wurden grundsätzlich nicht codiert. Ist eine Äusserung zwar zum Teil verständlich und transkribiert, aber aufgrund der Unvollständigkeit nicht eindeutig einem Code zuordenbar, wurde sie der Restkategorie der nicht bestimmbaren Unterstützungsformen (UN) zugeordnet.

5.3.3.2 Unterstützung mit ausschliesslich organisatorischen Informationen (OU)

Als Unterstützung mit ausschliesslich organisatorischen Informationen gelten Interaktionen, in denen die Lehrperson den Lernenden rein organisatorische und logistische Informationen gibt und keine inhaltlich auf die Aufgabenbearbeitung bezogenen Äusserungen macht. Die folgenden Formen von Unterstützung mit organisatorischen Informationen wurden unterschieden:

Organisation Allgemein (OA)
Diese Kategorie umfasst allgemeine organisatorische Bemerkungen, welche sich nicht auf die zu bearbeitenden Aufgaben beziehen, sondern auf andere Themen wie zum Beispiel eine Prüfung, auf Disziplinfragen oder auf ausserschulische Themen (*off task*).

Organisation Mathematikaufgaben (OM)
Diese Kategorie umfasst organisatorische Bemerkungen, welche *direkt* mit der Bearbeitung der aufgetragenen Aufgaben verbunden sind. Dieser Code wird in die beiden Unterkategorien OMM und OMA aufgeteilt. Treffen für eine Interaktion sowohl OMM als auch OMA zu, dann wird sie als OM codiert.

Organisation Mathematikaufgaben: Material (OMM)
Die Information der Lehrperson hängt mit dem für die zu bearbeitenden Aufgaben benötigten Material und formalen Aspekten der Bearbeitung zusammen (zum Beispiel Aufgabenauswahl, Hinweis auf Lösungsblätter, Bemerkungen zur Heftführung).

Organisation Mathematikaufgaben: Arbeitsform (OMA)
Äusserungen der Lehrperson, welche sich auf die Organisation der Arbeitsform beziehen, werden als OMA codiert. Diese Äusserungen können sowohl mit der Organisation der Unterstützung durch die Lehrperson zusammenhängen als auch mit der Organisation der Unterstützung einzelner Lernender durch andere Lernende. Auch in die Organisation der Arbeitsform fallen Äusserungen zur Bearbeitungszeit der Aufgaben.

5.3.3.3 Mathematikbezogene Unterstützung (MU)

Evaluation des Wissensstandes (EV)
Als EV werden Fragen der Lehrperson codiert, welche zum Abschätzen des aktuellen Verständnisses der Lernenden dienen oder auf das Erfassen des gegenwärtigen Lernstandes abzielen. Sobald die Lehrperson zusätzliche Rückmeldungen, Erklärungen oder Hinweise zur Aufgabe gibt, wird die Interaktion einem der nachfolgenden Codes zugeordnet.

Feedback (FB)
Die Lehrperson meldet einem Lernenden oder einer Gruppe von Lernenden zurück, ob die Aufgabe oder ein Teilschritt der Aufgabe richtig oder falsch gelöst wurde. Wichtiges Merkmal dieses Codes ist, dass die Interaktion nur eine Rückmeldung der Lehrperson beinhaltet und keine weitere Unterstützung geleistet wird. Die Lehrperson sagt, *was falsch/ richtig* ist oder *welcher Teil falsch/richtig* ist, ohne auf die weitere Bearbeitung der Frage einzugehen. Die Art und der Inhalt des Fehlers werden nicht gekennzeichnet.

Es gibt auch eine *indirekte Form* von Rückmeldung, beispielsweise die Bemerkungen „Bist du sicher, dass das hier richtig ist?" oder „Kann das sein?". Sie fallen unter den Code FB, da sie für die Lernenden eine *Rückmeldung ohne weitere Unterstützung* darstellen.

Ebenfalls als FB werden Ja/Nein-Antworten der Lehrperson auf eine Schülerfrage bezüglich der Aufgabenbearbeitung codiert. Auch hier weiss die oder der Lernende nur, dass der eigene Gedanke richtig oder falsch ist, ohne jedoch weitere Hinweise zu erhalten. Sobald ein Feedback weitere Hinweise zur Aufgabenbearbeitung enthält, wird es als E, H oder EH codiert.

Erklärung, direkt (E)
Die Lehrperson erklärt einem oder einer kleinen Gruppe von Lernenden, wie eine Aufgabe oder ein Teilschritt einer Aufgabe zu lösen ist. Die Lehrperson erklärt zum Beispiel die Aufgabenstellung nochmals, zeigt einen Schritt oder bestimmte Schritte direkt vor, beschreibt Beziehungen zwischen verschiedenen Teilschritten oder Beziehungen und gibt Anweisungen zum nächsten Lösungsschritt. Die Erklärung kann auch eine Begründung eines Lösungsschrittes oder zusätzlich ein Feedback beinhalten. Als Erklärung gilt ebenfalls, wenn die Lehrperson eine Schülerfrage ausführlich beantwortet (nicht nur mit Ja/ Nein, vgl. FB). Stellt die Lehrperson eine Frage und beantwortet diese Frage im folgenden Satz gleich selbst, wird dies ebenfalls als E codiert. Ein wichtiges Kriterium dieses Codes ist, dass der oder die Lernende von der Lehrperson in der Interaktion direkt über den nächsten Schritt oder die Strategie zur Lösung der Aufgabe informiert wird.

Hinweis, indirekt (H)
Die Lehrperson unterstützt einen Lernenden oder eine Gruppe von Lernenden beim Bearbeiten von Aufgaben, indem sie einen Hinweis oder Tipp gibt, der die Lernenden zum Denken anregt. Der Hinweis kann inhaltlicher oder strategischer Art sein, ohne prozedurale, kleinschrittige Anweisungen zu geben und den nächsten konkreten Lösungsschritt oder die richtige Lösung vorzuzeigen respektive zu nennen. Die Lehrperson macht beispielsweise auf ein wichtiges Merkmal der Aufgabe aufmerksam, fordert die Lernenden dazu auf, wichtige Informationen in der Aufgabe zu suchen oder sie in Teilschritte zu zerlegen, stellt Hilfsmittel bereit oder vergleicht das zu lösende Problem mit einem bereits behandelten Problem oder einem analogen Beispiel.

Diese Form der Unterstützung bedeutet aus der Sicht der Lernenden, dass die Lehrperson sie zum Denken anregt, sie auf dem Lösungsweg weiterbringt, ohne aber selbst eine Erklärung abzugeben. Die Funktion dieser Interaktion besteht darin, dass die Schülerin oder der Schüler selber herausfindet, wie die Aufgabe gelöst wird respektive wie der nächste Lösungsschritt aussieht.

Erklärung und Hinweis (EH)
Sobald die Lehrperson einzelnen oder einer Gruppe von Lernenden sowohl eine Erklärung als auch weiterführende Hinweise gibt, wird der Code EH vergeben. In einer solchen Interaktion kann auch ein Feedback enthalten sein. Die Reihenfolge von Erklärungen und Hinweisen ist nicht entscheidend, es können zuerst auch weiterführende Hinweise abgegeben und dann noch Erklärungen hinzugefügt werden.

Unterstützung nicht bestimmbar (UN)
In seltenen Fällen ist die Form der Unterstützung nicht bestimmbar. Diese Interaktionen werden als UN codiert.

5.3.4 Statistische Auswertung

Zur Auswertung der Daten in SPSS standen für jede Lektion respektive jede Lehrperson die Gesamtdauer sowie die Auftretenshäufigkeit der einzelnen Unterstützungsformen zur Verfügung.

Das Signifikanzniveau der im Text erwähnten signifikanten Unterschiede liegt bei mindestens .01. Die statistische Absicherung erfolgte durch univariate Varianzanalysen (ANOVA) und anschliessende Paarvergleiche unter Anwendung der Bonferroni-Korrektur.

5.4   Ergebnisse

Insgesamt wurden in den 130 Lektionen mit Schülerarbeitsphasen 3635 Interaktionen der individuellen Unterstützung erfasst und codiert. Der Durchschnittswert pro Lektion liegt bei 28 Unterstützungsinteraktionen. Nicht zuletzt aufgrund der unterschiedlichen Länge der Schülerarbeitsphasen schwankt die Anzahl der erhobenen Interaktionen erheblich, die Standardabweichung beträgt hohe 15.49. In Tabelle 5.2 wird die durchschnittliche Dauer der einzelnen Unterstützungsformen in Sekunden dargestellt. Die Berechnung erfolgte auf der Basis der für die einzelnen Lehrpersonen berechneten durchschnittlichen Dauer der einzelnen Unterstützungsformen. Zusätzlich wird angegeben, wie häufig die Unterstützungsform durchschnittlich pro Lektion auftritt. In der letzten Spalte wird die Anzahl Lektionen genannt, in denen die einzelnen Codes mindestens einmal vergeben wurden.

Tabelle 5.2: Durchschnittliche Dauer und Häufigkeit der unterschiedenen Formen der individuellen Unterstützung

Unterstützungsform	M (Sekunden)	SD	M (Anzahl pro Lektion)	SD	Anzahl Lektionen (n)
Organisatorische Informationen (OU):	11.1	5.8	9.0	7.5	124
OA	9.1	6.0	3.9	5.2	86
OM	21.1	11.9	1.0	0.2	9
OMM	12.1	7.1	5.3	4.1	117
OMA	8.0	7.8	2.6	2.8	59
Mathematische Informationen (MU):	33.6	18.1	18.7	11.8	126
EV	8.2	5.2	3.5	2.8	97
FB	16.1	10.2	5.9	5.7	113
E	33.3	16.6	5.6	5.7	109
H	41.6	25.4	4.2	3.7	101
EH	88.7	45.2	3.3	2.5	96
UN	6.9	6.1	1.6	1.0	59

Die verschiedenen Unterstützungsformen unterscheiden sich stark bezüglich ihrer durchschnittlichen Dauer. Während die Interaktionen, in denen die Lehrpersonen ihre Lernenden mit organisatorischen Informationen unterstützen, durchschnittlich nur 8 bis 21

Sekunden dauern, sind die Interaktionen mit mathematischer Unterstützung, welche mehr als das Erfragen des Fortschritts und das Geben von Rückmeldungen beinhalten, zwischen 33 Sekunden und 89 Sekunden lang. Dieses erste Ergebnis ist plausibel und beruhigend zugleich. Es bestätigt, dass das Geben von Hinweisen und das inhaltliche Begleiten der Lernprozesse mehr Zeit in Anspruch nehmen als organisatorische respektive quittierende Fragen und Bemerkungen.

Interessant ist neben der durchschnittlichen Dauer der einzelnen Unterstützungs-formen vor allem auch die Frage nach der Verteilung dieser Unterstützungsformen in den Schülerarbeitsphasen. Da die absoluten Werte der Dauer und der Häufigkeit der Unter-stützungsformen aufgrund der sehr unterschiedlichen Dauer der Schülerarbeitsphasen pro Lektion wenig aussagekräftig sind, wird nachfolgend mit den relativen Werten der prozentualen Anteile der Unterstützungsformen an der Gesamtdauer der Schülerarbeits-phasen gerechnet. Es wird zuerst auf den zeitlichen Anteil der Unterstützungsformen in den Lektionen eingegangen und anschliessend auf die Häufigkeit des Auftretens der Un-terstützungsformen.

5.4.1 Dauer der Unterstützung

Durchschnittlich werden von den Lehrpersonen in den analysierten Lektionen 55% der Schülerarbeitsphasen für die individuelle Unterstützung von einzelnen Lernenden ge-nutzt. Erfreulicherweise beinhalten durchschnittlich nur 8% der Schülerarbeitsphasen ausschliesslich organisatorische Informationen, die restlichen durchschnittlich 46% der Schülerarbeitsphasen werden für die mathematikbezogene Unterstützung genutzt. In der unten stehenden Abbildung 5.1 wird der durchschnittliche Anteil der organisatorischen und mathematischen Unterstützung an der Dauer der Schülerarbeitsphasen getrennt nach den drei Landesteilen dargestellt. Der Anteil an mathematischen Informationen umfasst in allen drei Landesteilen knapp die Hälfte der Dauer der Schülerarbeitsphasen. Der gesamte

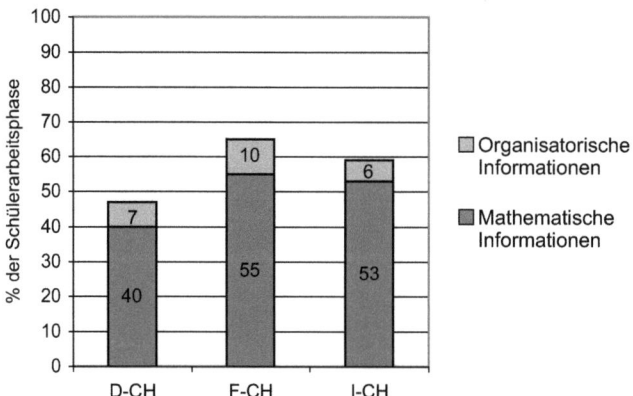

Abbildung 5.1: Durchschnittlicher prozentualer Anteil der Dauer der Unterstützungsfor-men an der Dauer der Schülerarbeitsphasen pro Lektion ($N=130$; D-CH=70, F-CH=37, I-CH=23). D-CH=Deutschschweiz; F-CH=Westschweiz; I-CH=Tessin

durchschnittliche Anteil der individuellen Unterstützung während der Schülerarbeitsphasen fällt in der Deutschschweiz (D-CH, 48 %) signifikant geringer aus als in der Westschweiz (F-CH, 65 %).

Der durchschnittliche prozentuale Anteil der mathematischen Informationen liegt gemessen an der gesamten durchschnittlichen Zeit individueller Unterstützung pro Lektion bei 80 %. Der Vergleich zwischen den Regionen zeigt, dass der durchschnittliche Anteil der Dauer der mathematischen Informationen an der gesamten Unterstützungszeit in den Regionen zwischen 79 % (D-CH) und 87 % (I-CH) variiert; die Unterschiede sind aber nicht signifikant.

Aufgrund der Codierung lässt sich die Form der mathematischen Informationen weiter differenzieren (vgl. Abbildung 5.2). Für die nachfolgende Darstellung wurde der prozentuale Anteil der Dauer der verschiedenen Unterstützungsformen mit mathematischem Inhalt an der Gesamtdauer der mathematischen Unterstützung (MU) berechnet, die rein organisatorische Unterstützung (OU) wurde ausgeschlossen. Den grössten zeitlichen Anteil nehmen die Interaktionen mit Erklärungen (E), Hinweisen (H) und sowohl Erklärungen als auch Hinweisen (EH) ein. Dies ist plausibel, da das ausschliessliche Fragen nach dem Stand des Leistungsfortschrittes (EV) und das Geben von Rückmeldungen bezüglich der Korrektheit der Schülerarbeit (FB) in der Regel weniger Zeit in Anspruch nehmen als die Unterstützung in Bezug auf einen Lösungsweg. Diese Verteilung sieht in den einzelne Landesteilen etwa gleich aus, es sind keine signifikanten Unterschiede feststellbar.

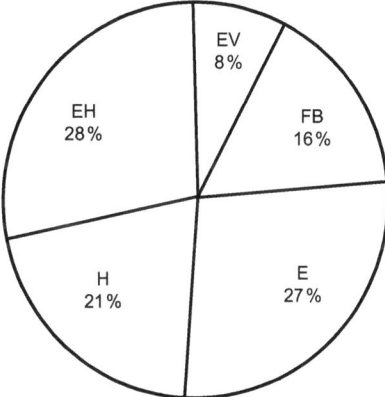

Abbildung 5.2: Anteile der Dauer der mathematischen Unterstützungsformen an der Gesamtdauer mathematischer Unterstützung ($N = 126$).

Da auch bei den Werten der durchschnittlichen Dauer der Unterstützungsformen die Standardabweichungen sehr hoch sind, erfolgt als Nächstes eine Charakterisierung der Form der individuellen Unterstützung auf der Basis der Anzahl der individuellen Interaktionen.

5.4.2 Anzahl der individuellen Unterstützung

Um mehr Informationen über die Auftretenshäufigkeit der Unterstützungsformen zu erhalten, bietet sich die Beschreibung des durchschnittlichen Anteils der Anzahl der verschiedenen Unterstützungsformen an der Gesamtanzahl aller Unterstützungsinteraktionen
an. Zur Beschreibung der Auftretenshäufigkeit der einzelnen Unterstützungsformen wird
in Abbildung 5.3 als Erstes die Verteilung von Interaktionen mit ausschliesslich organisa-
torischem Inhalt (OU) den Interaktionen mit mathematischem Inhalt (MU) gegenübergestellt. Die Lehrpersonen unterstützen die Lernenden in durchschnittlich 64 % der Interaktionen mit mathematischen Informationen und in 32 % der Interaktionen ausschliesslich
mit organisatorischen Informationen. Durchschnittlich 4 % der Interaktionen pro Lektion
sind nicht bestimmbar und wurden der Restgruppe zugeordnet (UN).

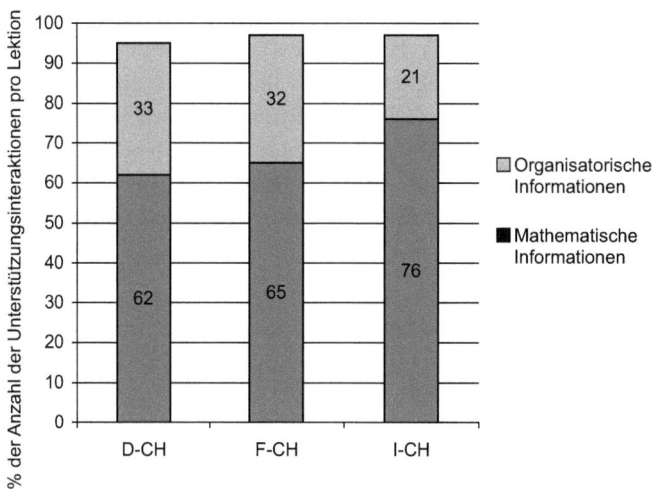

Abbildung 5.3: Durchschnittlicher prozentualer Anteil an Anzahl Unterstützungsinteraktionen pro Lektion nach Regionen (*N* = 130; D-CH = 70, F-CH = 37, I-CH = 23).
D-CH = Deutschschweiz; F-CH = Westschweiz; I-CH = Tessin.

Der Vergleich der durchschnittlichen Anzahl der Unterstützungsinteraktionen mit mathematischen respektive organisatorischen Informationen über die drei Landesteile hinweg
zeigt, dass in den Lektionen im Tessin (I-CH) in den Unterstützungsinteraktionen signifikant seltener ausschliesslich organisatorische und häufiger mathematische Informationen
abgegeben werden als in der Deutschschweiz (D-CH) und der Westschweiz (F-CH).

Der durchschnittliche Anteil von 66 % der mathematischen Unterstützungsinteraktionen pro Lektion lässt sich noch weiter nach den unterschiedlichen Formen aufschlüsseln.
Abbildung 5.4 zeigt den durchschnittlichen Anteil der unterschiedlichen Formen der Unterstützung an der Gesamtzahl der Unterstützungsinteraktionen pro Lektion.

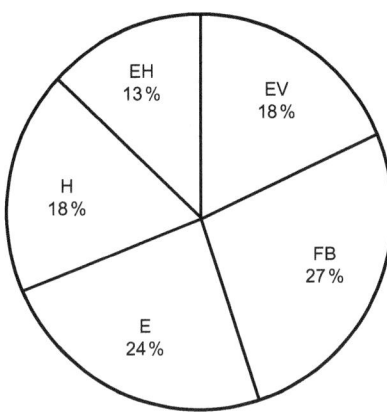

Abbildung 5.4: Durchschnittlicher prozentualer Anteil der Anzahl der unterschiedenen mathematischen Unterstützungsformen an der Gesamtanzahl der mathematischen Unterstützungsinteraktionen pro Lektion (*N* = 126).

Der grösste Anteil an der Gesamtanzahl mathematischer Unterstützungsinteraktionen mit mathematischen Informationen entfällt mit je rund einem Viertel dieser Interaktionen auf Rückmeldungen an die Lernenden (FB) sowie Erklärungen (E). Wiederum fallen die Standardabweichungen hoch aus (*SD* FB = 19.9; *SD* E = 19.4) und zeugen von einer hohen Streuung der durchschnittlichen Anzahl in den einzelnen Lektionen. Mit 18 % aller mathematischen Unterstützungsinteraktionen pro Lektion macht die Anzahl der Interaktionen mit weiterführenden Hinweisen (H) beinahe einen Fünftel aus (*SD* = 16.5). Weitere 13 % der Interaktionen pro Lektion beinhalten sowohl weiterführende Hinweise als auch Erklärungen (EH) (*SD* = 13.3). Geht man aufgrund der Theorie davon aus, dass dem Geben von Hinweisen und dem behutsamen Begleiten durch die Zone der nächsten Entwicklung der Lernenden eine besondere Bedeutung zukommt, kann man festhalten, dass die Lehrpersonen ihren Schülerinnen und Schülern in nur gerade 31 % aller mathematischen Unterstützungsinteraktionen (oder 20 % aller Unterstützungsinteraktionen) pro Lektion diese Form von Unterstützung gewähren.

5.5   Diskussion

Wie in Kapitel 4 gezeigt, besteht die selbstständige Schülerarbeit häufig im Bearbeiten eines Aufgabensets; dies in mehr als der Hälfte der Zeit mit der Möglichkeit zur Kooperation, aber ohne dass weitere Differenzierungsmassnahmen eingesetzt werden. Die in diesem Kapitel dargestellte Untersuchung beschreibt, welche Form von Unterstützung die Lehrpersonen den einzelnen Lernenden während dieser Arbeitsphasen zukommen lassen. Die Ergebnisse zeigen, dass die Lehrpersonen gut die Hälfte dieser Zeit für individuelle Unterstützung nutzen (rund 12 Minuten).

Der grösste Anteil der Unterstützungsinteraktionen hat erfreulicherweise mathematischen Inhalt. Dieser Unterschied zeigt sich bei der durchschnittlichen Dauer der verschiedenen Unterstützungsformen deutlicher als bei der durchschnittlichen Anzahl der Unterstützungsformen. Allgemein lässt sich das Verhältnis der Werte der durchschnittlichen Dauer und Auftretenshäufigkeit einer Unterstützungsform so beschreiben, dass die relativen Werte für die Häufigkeit bei kürzeren Unterstützungsformen (zum Beispiel organisatorische Informationen, OU) verhältnismässig höher sind als die relativen Werte für die zeitlichen Anteile und umgekehrt. Die relativen zeitlichen Anteile der Unterstützungsformen bieten präzisere Informationen über das Unterrichtsgeschehen.

Detaillierte Interaktionsanalysen haben das Potenzial der indirekten adaptiven Begleitung des Lernprozesses deutlich gemacht. Entsprechend interessierte in der vorliegenden Analyse vor allem die Form der mathematischen Unterstützung, welche die Lehrpersonen den Lernenden zukommen lassen. Diesbezüglich zeigte sich bei der Analyse der durchschnittlichen Dauer wie auch der durchschnittlichen Anzahl der mathematischen Unterstützungsinteraktionen pro Lektion, dass dem direkten Erklären und Geben von Anweisungen (E) zwar eine zentrale Rolle zukommt, das eher indirekte Begleiten des Lernprozesses mit weiterführenden Hinweisen (H und EH) insgesamt aber häufiger vorkommt.

Einschränkend muss jedoch darauf hingewiesen werden, dass der Anteil an adaptiver Unterstützung in Form von weiterführenden Hinweisen und Denkanregungen (H und EH) mit durchschnittlich 20% der Anzahl und 40% der Dauer aller Unterstützungsinteraktionen oder 25% der Dauer der Schülerarbeitsphasen pro Lektion immer noch relativ niedrig ist (rund 5 Minuten). Dies bestätigt die Ergebnisse von Kobarg und Seidel (2007), welche ebenfalls einen niedrigen Anteil an tatsächlich prozessorientierter Lernbegleitung im Physikunterricht berichten. Auf der Basis des gleichen Analyseinstruments wie Kobarg und Seidel schätzt Knierim (2008) demgegenüber die prozessorientierte Lernbegleitung während der Schülerarbeitsphasen in 40 analysierten Physiklektionen aus der Schweiz positiver ein. Allerdings weist auch bei Knierim das Rating-Item „Denkanstösse für die Lernenden" einen tiefen Wert auf.

Die insgesamt eher tiefen Werte für die adaptive, kognitiv aktivierende Unterstützung in Schülerarbeitsphasen weisen einerseits auf Grenzen der Möglichkeit zur individuellen Unterstützung im Unterricht hin. Andererseits macht dieses Ergebnis auf die Notwendigkeit aufmerksam, Lehrpersonen in Bezug auf die Nutzung der Schülerarbeitsphasen für die produktive, prozessorientierte individuelle Lernunterstützung zu sensibilisieren und weiterzubilden sowie die Formen der Lernunterstützung im Curriculum der Ausbildung von Lehrpersonen zu verankern. Nicht zuletzt bietet sich dabei das problembasierte Lernen mit videografierten Unterstützungssequenzen als produktive Methode für den Aufbau und die Erweiterung des diesbezüglichen Wissens an (Krammer & Reusser, 2005; Reusser, 2005).

Die individuelle Unterstützung der Schülerinnen und Schüler durch die Lehrperson während der Schülerarbeitsphasen sowie deren Analyse werden in der Dissertation von Krammer (2009) eingehender behandelt und mit Merkmalen der Schülerarbeitsphasen sowie mit Unterrichtswahrnehmungen, Leistung und Interesse der Schülerinnen und Schüler in Beziehung gesetzt.

Literatur

Bliss, J., Askew, M. & Macrae, S. (1996). Effective teaching and learning: scaffolding revisited. *Oxford Review of Education, 22* (1), 37-61.

Chi, M.T.H., Siler, S.A. & Jeong, H. (2004). Can tutors monitor students' understanding accurately? *Cognition and Instruction, 22* (3), 363-387.

Chi, M.T.H., Siler, S.A., Jeong, H., Yamauchi, T. & Hausmann, R.G. (2001). Learning from human tutoring. *Cognitive Science, 25*, 471-533.

Collins, A., Brown, J.S. & Newman, S.E. (1989). Cognitive apprenticeship: Teaching the crafts of reading, writing, and mathematics. In L.B. Resnick (Hrsg.), *Knowing, learning, and instruction: Essays in honor of Robert Glaser* (S. 453-494). Hillsdale, NJ: Erlbaum.

Hage, K., Bischoff, H., Dichanz, H., Eubel, K., Oehlschläger, H. & Schwittmann, D. (1985). *Das Methodenrepertoire von Lehrern. Eine Untersuchung zum Unterrichtsalltag in der Sekundarstufe I*. Opladen: Leske & Budrich.

Hess, K. (2003). *Lehren – zwischen Belehrung und Lernbegleitung: Einstellungen, Umsetzungen und Wirkungen im mathematischen Anfangsunterricht*. Bern: h.e.p.-Verlag.

Hogan, K., Nastasi, B.K. & Pressley, M. (2000). Discourse patterns and collaborative scientific reasoning in peer and teacher-guided discussions. *Cognition and Instruction, 17* (4), 379-432.

Hogan, K. & Pressley, M. (1997). Becoming a scaffolder of students' learning. In K. Hogan & M. Pressley (Hrsg.), *Scaffolding student learning: Instructional approaches and issues* (S. 184-191). Cambridge, MA: Brookline Books.

Hugener, I. & Krammer, K. (2001). *Individualisierung im Unterricht. Eine videobasierte Unterrichtsanalyse von 75 Mathematiklektionen*. Universität Zürich: unveröffentlichte Lizenziatsarbeit.

Jacobs, J., Garnier, H., Gallimore, R., Hollingsworth, H., Givvin, K.B. & Rust, K. (2003). *Third international mathematics and science study 1999. Video study technical report*. Washington, DC: NCES.

Kaiser, G. (1999). *Unterrichtswirklichkeit in England und Deutschland. Vergleichende Untersuchungen am Beispiel des Mathematikunterrichts*. Weinheim: Beltz.

Keller, G. (1993). *Lehrer helfen lernen: Lernförderung, Lernhilfe, Lernberatung* (4. Auflage). Donauwörth: Auer.

Knierim, B. (2008). *Lerngelegenheiten anbieten – Lernangebote nutzen. Eine Videostudie im Schweizer Physikunterricht*. Hamburg: Kova.

Kobarg, M. (2004). *Die Bedeutung prozessorientierter Lernbegleitung für kognitive und motivationale Prozesse im Physikunterricht – eine Videostudie*. Institut für Psychologie der Christian-Albrechts-Universität Kiel: Unveröffentlichte Diplomarbeit.

Kobarg, M. & Seidel, T. (2007). Prozessorientierte Lernbegleitung – Videoanalysen im Physikunterricht der Sekundarstufe I. *Unterrichtswissenschaft, 35* (2), 148-168.

Krammer, K. (2009). *Individuelle Lernunterstützung in Schülerarbeitsphasen. Eine videobasierte Analyse des Unterstützungsverhaltens von Lehrpersonen im Mathematikunterricht*. Münster: Waxmann.

Krammer, K. & Reusser, K. (2005). Unterrichtsvideos als Medium der Aus- und Weiterbildung von Lehrpersonen. *Beiträge zur Lehrerbildung, 23*, 35-50.

Lajoie, S.P. (2005). Extending the scaffolding metaphor. *Instructional Science, 33* (5/6), 541-557.

Leiss, D. (2007). *„Hilf mir es selbst zu tun" – Lehrerinterventionen beim mathematischen Modellieren.* Hildesheim: Franzbecker.

Leiss, D. & Wiegand, B. (2005). A classification of teacher interventions in mathematics teaching. *Zentralblatt für Didaktik der Mathematik, 37* (3), 240-245.

Lepper, M.R., Drake, M.F. & O'Donnell-Johnson, T. (1997). Scaffolding techniques of expert human tutors. In K. Hogan & M. Pressley (Hrsg.), *Scaffolding student learning: Instructional approaches and issues* (S. 108-144). Cambridge, MA: Brookline Books.

Mercer, N. (1995). *The guided construction of knowledge. Talk amongst teachers and learners.* Clevedon: Multilingual Matters.

Mercer, N. & Fisher, E. (1992). How do teachers help children to learn? An analysis of teachers' interventions in computer-based activities. *Learning and Instruction, 2* (4), 339-355.

Pauli, C. (1998). *Computerunterstützte Schülerzusammenarbeit im Mathematikunterricht.* Zürich: Zentralstelle der Studentenschaft.

Reusser, K. (2005). Situiertes Lernen mit Unterrichtsvideos. Unterrichtsvideografie als Medium des situierten beruflichen Lernens. *Journal für Lehrerinnen- und Lehrerbildung, 5* (2), 8-18.

Roehler, L.R. & Cantlon, D.J. (1997). Scaffolding: A powerful tool in social constructivist classrooms. In K. Hogan & M. Pressley (Hrsg.), *Scaffolding student learning: Instructional approaches and issues* (S. 6-42). Cambridge, MA: Brookline Books.

Rogoff, B. (1990). *Apprenticeship in thinking. Cognitive development in social context.* New York: Oxford University Press.

Rosenshine, B. & Stevens, R. (1986). Teaching functions. In M.C. Wittrock (Hrsg.), *Handbook of research on teaching* (3rd ed., S. 376-391). New York: Macmillan.

Schrader, F.-W. (1997). Lern- und Leistungsdiagnostik im Unterricht. In F.E. Weinert (Hrsg.), *Psychologie des Unterrichts und der Schule (Enzyklopädie der Psychologie, Themenbereich D, Serie I, Bd. 3)* (S. 559-661). Göttingen: Hogrefe.

Seidel, T., Prenzel, M., Rimmele, R., Dalehefte, I.M., Herweg, C., Kobarg, M. & Schwindt, K. (2006). Blicke auf den Physikunterricht. Ergebnisse der IPN Videostudie. *Zeitschrift für Pädagogik, 52* (6), 798-821.

Serrano, A. (1996). *Opportunities for on-line assessment during mathematics classroom instruction.* University of California, Los Angeles: Unpublished Dissertation.

Tharp, R.G. & Gallimore, R. (1988). *Rousing minds to life. Teaching, learning, and schooling in social context.* Cambridge: University Press.

VanLehn, K., Siler, S., Murray, C., Yamauchi, T. & Baggett, W.B. (2003). Why do only some events cause learning during human tutoring? *Cognition and Instruction, 21* (3), 209-249.

Vygotsky, L.S. (1978). *Mind in society.* Cambridge, MA: Harvard University Press.

Wood, D., Bruner, J.S. & Ross, G. (1976). The role of tutoring in problem solving. *Journal of Child Psychology and Psychiatry, 17*, 89-100.

Dominik Petko, Kathrin Krammer, Christine Pauli & Kurt Reusser

6 Gibt es eine spezifisch schweizerische Perspektive auf Unterrichtsqualität? – Ergebnisse aus Diskussionen internationaler Expertengruppen

6.1 Fragestellung

In der Unterrichtsqualitätsforschung werden in den letzten Jahren vor allem quantifizierende inhaltsanalytische Beobachtungsverfahren in Kombination mit Leistungstests und umfangreichen Befragungen von Lernenden und Lehrpersonen angewendet (vgl. Prenzel et al., 2002; Hiebert et al., 2003; Helmke, 2003; Einsiedler, 2002). Die in diesen Studien erarbeiteten Qualitätskriterien wie zum Beispiel. „Verständnisorientierung" oder „kognitive Aktivierung" werden in der internationalen Forschungsliteratur mehrheitlich geteilt. Demgegenüber ist jedoch zu vermuten, dass andere Kriterien der Unterrichtsqualität nur teilweise kulturunabhängig zu bestimmen sind. So erscheinen etwa bestimmte Unterrichtsmerkmale japanischen Expertinnen und Experten aufgrund ihres theoretischen und kulturellen Hintergrundes besonders bedeutsam, während Expertinnen und Experten aus der Schweiz andere Merkmale als wichtig erachten. Stigler und Hiebert (1999) vermuten als Grund für die in der TIMSS 1995 Video Study festgestellten Unterschiede in den Mathematiklektionen der drei Länder Deutschland, Japan und USA ein innerhalb der jeweiligen Länder gemeinsam geteiltes Wissen über die Gestaltung des Mathematikunterrichts. Solche kulturellen Unterschiede sind nicht nur über derart weite Distanzen zu vermuten, sondern bereits zwischen den drei grossen Sprachregionen der Schweiz denkbar. Tatsächlich weisen die Ergebnisse der Schülerbefragung und der Einschätzung der Unterrichtsqualität durch geschulte Experten und Expertinnen sowohl auf Gemeinsamkeiten als auch auf (wenn auch eher geringe) Unterschiede zwischen den Sprachregionen innerhalb der Schweiz hin (vgl. Kapitel 8). Den festgestellten Unterschieden in der Unterrichtsgestaltung könnten ebenfalls regional unterschiedliche Vorstellungen von gutem Mathematikunterricht zugrunde liegen. Wenngleich national wie international ein immer breiterer Konsens über allgemeine Grundmerkmale von Unterrichtsqualität anzunehmen ist, so ist das Bemerken von regionalen Unterschieden in der Einschätzung der Bedeutsamkeit von einzelnen Unterrichtsmerkmalen doch ein wesentlicher Aspekt differenzierter Bildungswissenschaft. Die Inhalte und Reichhaltigkeit dieser auf einer langen Geschichte der Unterrichtsentwicklung gegründeten Haltungen gilt es zu explorieren und der Diskussion zugänglich zu machen.

6.2 Methode

Ein Beitrag zur Erhebung von regionalen Differenzen bei der Verwendung von Kriterien der Unterrichtsqualität wurde als Ergänzung der quantitativen Analysen im Rahmen der internationalen TIMSS 1999 Video Study geleistet (vgl. Hiebert et al., 2003). In sechs

Ländern (Tschechien, Hongkong, Australien, USA, Niederlande und Schweiz) wurden Expertengruppen für Mathematikdidaktik beauftragt, Videos typischer Lektionen des Mathematikunterrichts in der 8. Klasse aus diesen sechs Ländern zu begutachten und zu diskutieren (Givvin et al., 2009; Hollingsworth, Givvin & Jacobs, 2003). Aus diesem Vorgehen sollten im Vergleich zu den eher quantifizierend zergliedernden Analysen der TIMSS-1999-Erhebungen eher qualitativ-holistische Einschätzungen der Unterrichtsqualität in den beteiligten Ländern gewonnen werden. Aus der Sicht der Schweiz war interessant, dass in diesem Zusammenhang ein internationales Feedback zur Unterrichtsqualität in der Schweiz zustande kam. Im Gegenzug beurteilten Schweizer Expertenteams die Unterrichtsqualität in den anderen Ländern und gewannen auf diese Weise auch Einsichten in eigene Beurteilungskriterien guten Unterrichts. Die eigene Perspektive wurde in jedem der drei Landesteile separat diskutiert.[1] Bei den teilnehmenden Ländern der TIMSS 1999 Video Study handelte es sich, mit Ausnahme der USA, um Länder, die in den vorgängigen TIMSS-Mathematikleistungstests überdurchschnittlich gut abgeschnitten hatten. Beim Vergleich prototypischer Lektionen ging es also vor allem um einen „Good-Practice"-Vergleich. Die Diskussionen wurden in den Jahren 2001 oder 2002 in allen beauftragten Ländern bzw. Regionen durchgeführt, mit Ausnahme der Niederlande, wo die Befragung an logistischen Problemen scheiterte.

6.2.1 Sampling der teilnehmenden Expertinnen und Experten

Ein Aspekt, der bei qualitativen Untersuchungen besondere Bedeutung besitzt, ist die Auswahl der Untersuchungsteilnehmenden. Angesichts kleiner Untersuchungsstichproben kann die Auswahl nicht per Zufall oder beliebig erfolgen. Ein gängiges Verfahren zur qualitativen Stichprobenziehung ist das selektive Sampling, nämlich die gezielte Auswahl besonders prototypischer Akteure in Bezug auf bestimmte Merkmale. Dieses Verfahren kam auch in der vorliegenden Studie zur Anwendung. In jedem Land wurde eine Expertengruppe von drei bis neun Personen gebildet. Eine Ausnahme bildete die Schweiz, die mit je einer Expertengruppe pro Sprachregion, das heisst drei Expertengruppen vertreten war. Die Auswahl der Expertinnen und Experten oblag der TIMSS-Koordination des jeweiligen Landes bzw. der betreffenden Region. Bei der Auswahl der Expertinnen und Experten wurde darauf geachtet, dass es sich um profilierte Vertreterinnen und Vertreter der mathematikdidaktischen Lehre oder Forschung der betreffenden Region handelte. In allen Ländern konnte diese Vorgabe eingehalten werden. Dennoch stellt sich die Frage, ob die Einschätzungen der Expertengruppen die fachliche Kultur einer Region widerspiegeln. Unter der Annahme, dass es tatsächlich so etwas wie eine kulturell bestimmte Sicht von Repräsentieren gibt, liesse sich diese Frage nur durch eine anschliessende Diskussion der Expertenurteile in anderen Expertengruppen der betreffenden Region validieren. Darauf wurde in der vorliegenden Studie jedoch verzichtet.

---

[1]   Für die deutschsprachige Schweiz wurden diese Diskussionen von Kathrin Krammer und Dominik Petko durchgeführt. In der Westschweiz standen die Gespräche unter der Leitung von Olivier de Marcellus, im Tessin unter der Leitung von Emanuele Berger und Kathya Tamagni Bernasconi. Ihnen und allen beteiligten Expertinnen und Experten sei hier herzlich gedankt.

6.2.2 Sample der begutachteten Videos

Von jeder Expertengruppe wurden dieselben 13 Unterrichtsvideos diskutiert, jeweils zwei
für Tschechien, Hongkong, Australien, die USA und die Niederlande sowie drei für die
Schweiz, wobei je ein Video pro Sprachregion ausgewählt wurde. Sämtliche Videos ent-
stammten dem Sample der TIMSS 1999 Video Study, aus dem pro Land zwischen 80
und 140 Lektionen vorlagen.[2] Die ausgewählten Unterrichtsvideos sollten im Hinblick
auf die in der Studie codierten Lektionsmerkmale einer möglichst typischen Lektion des
jeweiligen Landes entsprechen. Die Typik bezieht sich demnach eher auf die allgemeine
Unterrichtsgestaltung wie zum Beispiel die Ablaufstruktur des Inhalts, die Menge und
Art der bearbeiteten Mathematikaufgaben und die verwendeten Sozialformen als auf das
mathematische Anspruchsniveau oder das Interaktionsklima. Die Auswahl der Lektionen
erfolgte durch das Codierpersonal der einzelnen Länder und wurde durch die Projektleitung verifiziert. Trotz dieser sorgfältigen Auswahl bleibt die Frage offen, ob anhand von
nur zwei bis drei Lektionen tatsächlich ein typisches Bild des Unterrichts eines Landes
vermittelt werden kann. Die Videos sind in jedem Fall als Ausschnitt der Unterrichtskultur
eines Landes zu verstehen. Da es sich zudem immer um je zwei Videos handelte, eröff-
neten sie zugleich auch Spielräume, die bei der Interpretation zu berücksichtigen und zu
erweitern sind. Die Videos wurden mit der Analyse-Software vPrism vorgeführt, welche
das parallele Abspielen von Videobild und englischem Transkript ermöglicht. Zusätzlich
wurden den Expertinnen und Experten das ausgedruckte Transkript und eine Kurzbe-
schreibung jeder Lektion zur Verfügung gestellt.

6.2.3 Gruppendiskussionen – Methode, Aufgabenstellung, Durchführung

Die Methode des Gruppeninterviews existiert in verschiedenen Ausprägungen. Zwar
können Gruppeninterviews als preiswertere Alternative dienen, um Einzelmeinungen zu
erfassen, die eigentliche Stärke dieses Verfahrens liegt jedoch darin, kollektive Gruppenmeinungen, namentlich Gruppenkonsens bzw. -dissens zu generieren (vgl. Bohnsack,
1997; Lamnek, 1998; Loos & Schäffer, 2000). Anhand des Diskussionsprozesses lassen
sich die Genese und die argumentative Struktur der Konsensfindung rekonstruieren. Eine
weitere Differenzierung der Ansätze von Gruppeninterview-Verfahren betrifft die Frage,
ob sich die Diskussion auf einen zuvor präsentierten medialen Fokus konzentriert oder
ob die Diskussion ohne einen Fokus offen geführt wird. Wenn wie im vorliegenden Fall
eine medial repräsentierte Diskussionsvorlage vorliegt, wird im Anschluss an die Methode
des fokussierten Interviews nach Merton, Fiske und Kendall (1990) von Fokusgruppen
gesprochen (vgl. Krueger, 1994; Morgan, 1998; Litosseliti, 2003); wie bei anderen qualitativen Verfahren zeichnet sich das Gesprächsverhalten in diesen durch Offenheit und

---

2 Aus Datenschutzgründen können die verwendeten Lektionen nicht veröffentlicht werden. Öffentliche Lektionen befinden sich auf dem 4-CD-Set der TIMSS 1999 Video Study (LessonLab, 2003), auf der Doppel-
CD zur TIMSS 1999 Video Study und der schweizerischen Vertiefungsstudie (Reusser & Pauli, 2003), auf
einer Reihe von DVDs mit Unterrichtsvideos und Begleitmaterialien für die Aus- und Weiterbildung von
Lehrpersonen (Reusser, Krammer & Pauli, 2004) sowie auf dem Videoportal des Pädagogischen Instituts
der Universität Zürich. Diese Produkte können unter www.didac.uzh.ch/produkte eingesehen und bestellt
werden.

Diskursivität aus. Das Interview kann durch einen flexibel zu handhabenden Leitfaden strukturiert werden. Der Diskussionsleiter oder die Diskussionsleiterin steht dabei vor der Aufgabe, die Gruppe als Ganze anzusprechen und immer wieder nachzufragen, ob eine Äusserung eine Einzelmeinung darstellt oder ob sie von der Gruppe geteilt wird. Wo diese Ad-hoc-Validierung nicht geschieht, ist eine spätere Interpretation äusserst schwierig.

In der vorliegenden Studie wurden die Gruppen beauftragt, die hauptsächlichen Ähnlichkeiten und Unterschiede in den ausgewählten Unterrichtslektionen der sechs Länder herauszuarbeiten. Besondere Aufmerksamkeit sollte dabei den in den Videos sichtbaren Lehrmethoden (*teaching methods*) und den dabei vermuteten Lerngelegenheiten (*learning opportunities*) für die Schülerinnen und Schüler gelten. Es konnten jedoch auch andere Aspekte bemerkt werden. Die Expertinnen und Experten wurden zudem gebeten, die Kriterien zu beschreiben, nach denen die Lektionen bewertet wurden. Der Modus der Diskussion und die Reihenfolge der Betrachtung der Videos wurden offen gelassen. Für je zwei Videos eines Landes, die vollständig oder in leicht gekürzter Form vorgeführt werden konnten, war üblicherweise eine Diskussionsdauer von zwei Stunden vorgesehen. Die Diskussionen erstreckten sich insgesamt über zwei bis drei Tage. Sie wurden in einigen Gruppen von wissenschaftlichem Personal moderiert und protokolliert, in anderen Gruppen organisierten sich die Beteiligten selbst. In einigen Gruppen nahmen die nationalen TIMSS-Forschungskoordinatoren selbst teil (so auch in den drei Landesteilen der Schweiz). Anders als bei traditionellen Gruppeninterviews war nicht der Interviewleitfaden, sondern die vorgegebene Aufgabenstellung des Konsensberichtes der zentrale Impuls zur Konvergenzbildung der Gruppenmeinungen.

6.2.4 Erstellen von Konsensberichten

Die Ergebnisse sollten von den einzelnen Gruppen in Form eines sogenannten „Konsensberichtes" festgehalten werden, das heisst, einhellige Gruppenmeinungen sollten referiert und Aspekte, in denen innerhalb der jeweiligen Gruppe ein Dissens bestand, explizit gemacht werden. Für den Bericht wurden folgende Leitfragen festgelegt, die zugleich als Grundlage für die Selbstorganisation der Gruppen dienten:

1. Identifizieren Sie die Dimensionen, die Sie verwendet haben, um die Lektionen zu vergleichen und gliedern Sie alle Kommentare über jedes Land entlang dieser Dimensionen (einige Dimensionen könnten nur für einige Länder relevant sein). Dies erfordert es, Stichworte zu notieren, während die Lektionen begutachtet werden.
2. Fassen Sie Ihre Schlussfolgerungen zu grösseren Gemeinsamkeiten und Unterschieden zwischen den Lektionen zusammen.
3. Schlagen Sie grössere „Geschichten" vor, von denen Sie denken könnten, dass man sie ausgehend von diesen Lektionen erzählen könnte.
4. Geben Sie Kommentare zu Lektionen aus diesem Set ab, von denen Sie glauben, dass sie qualitativ besonders hochwertig sind und identifizieren Sie Schlüsselelemente, die qualitativ hochwertige Lektionen von anderen unterscheiden.

Entlang dieser Aufträge machten die beteiligten acht Expertenteams qualitative Aussagen sowohl über typische Lektionen aus anderen Ländern als auch über typische Lektionen aus dem eigenen Land. Dabei erarbeiteten sie zugleich Merkmale ihres „Idealbildes" von Unterricht und verglichen diese Kriterien mit den vorgefundenen „Realbildern". Dennoch variierte die Form der Berichte beträchtlich. Während einige Expertengruppen jede einzelne Lektion kommentierten, fassten andere die Eindrücke nach Ländern zusammen. Einige legten ihre Kriterien in einem eigenständigen Kapitel offen, andere wiederum liessen ihre Kriterien eher implizit. Der Umfang der Beschreibungen und Statements variierte ebenfalls.

Die Datengrundlage für die vorliegenden Auswertungen besteht in Berichten von insgesamt acht Expertengruppen mit einem Umfang zwischen 6 (Tschechien) und 18 Seiten (Westschweiz). Die Berichte wurden in der jeweiligen Landessprache verfasst und anschliessend ins Englische übersetzt.

6.3 Auswertung und Ergebnisse

Die Auswertung der Expertenberichte zielt auf zwei verschiedene Fragestellungen.

Erstens geht es um die Qualität des landestypischen Mathematikunterrichts, wie er sich in den Videos manifestiert. Das Ergebnis einer derartigen Analyse ist eine international differenzierte Einschätzung der zentralen Elemente von Unterrichtsqualität jedes Landes, vorausgesetzt natürlich, dass die sorgfältig ausgewählten Lektionen einen einigermassen treffenden Eindruck der Unterrichtskultur eines Landes vermitteln können. Diese Analyse wurde durch Hollingsworth, Givvin und Jacobs (2003) durchgeführt. In Abschnitt 6.3.1 werden die Ergebnisse, die sich auf die Schweiz beziehen, zusammengefasst und kurz mit den Ergebnissen zu den Lektionen aus den anderen Ländern verglichen.

Zweitens interessieren die Kriterien der Unterrichtsbeurteilung, welche die einzelnen nationalen Expertenteams in ihren Diskussionen erarbeitet haben. Dabei geht es um die Rekonstruktion der landestypischen „Idealbilder" von Unterricht, wie sie in den Diskussionen und Kriterien der Expertinnen und Experten zum Ausdruck kamen. Eine derartige Analyse zielt auf die Frage, ob es international und im Fall der Schweiz regional unterschiedliche bzw. geteilte Perspektiven auf Unterrichtsqualität gibt. In Abschnitt 6.3.2 wird der von Hollingsworth und Mitarbeitenden (2003) erarbeitete internationale Vergleich der von den Diskussionsgruppen verwendeten Kriterien für guten Mathematikunterricht zusammengefasst (vgl. Givvin et al., 2009). Als Schwerpunkt des vorliegenden Berichts werden zusätzlich in noch detaillierterer Weise die Einschätzungen der Expertengruppen aus den drei partizipierenden Landesteilen der Schweiz – Deutschschweiz, Westschweiz und Tessin – betrachtet. Die hierbei zu vergleichenden Dimensionen wurden *bottom-up*, entlang den Schritten der *grounded theory* entwickelt (vgl. Strauss, Corbin & Legewie, 1996). Vorgehensweise und Ergebnisse werden in Abschnitt 6.3.3 dargestellt.

6.3.1 Qualität des schweizerischen Unterrichts aus internationaler Perspektive

Grundlage der Auswertung von Hollingsworth et al. (2003) war eine tabellarische Protokollierung der wichtigsten Statements aller Expertengruppen zu allen Lektionen. Die gliedernde Protokollierung erfolgte entlang der vier inhaltlichen Dimensionen „Lehrerrolle", „Schülerrolle", „Inhalt" und „Unterrichtsklima". Diese Dimensionen erheben nicht den Anspruch der gegenseitigen Trennschärfe, sondern helfen, die Daten grob zu strukturie-

Tabelle 6.1: Eindrücke der internationalen Expertinnen und Experten zu den schweizerischen Lektionen (Übersetzung von „Table 5. Expert Groups' Impressions of the Swiss Lessons", Hollingsworth et al., 2003)

	Lehrerrolle	Schülerrolle	Inhalt	Klima
AU	Lehrperson ist dominant	Schüleraktivität und Schülereinbezug werden wertgeschätzt	Abfolge und Struktur der Mathematik wird betont Mathematisches Denken und Schlussfolgern wird gefördert Angemessene mathematische Sprache	*Meinungen waren nicht für alle Lektionen einheitlich*
CZ	Lehrperson arbeitet mit Schülerinnen und Schülern zusammen Gut vorbereitet	Aktives Problemlösen Fokussiert, diszipliniert, motiviert	Struktur fokussiert auf das Lösen von Problemen Nicht sehr anspruchsvoll, aber gut verknüpft	Gute Arbeitsmoral und Disziplin Freundliches Verhältnis zwischen Lehrperson und Lernenden
HK	Lehrergeleitet Gut geplant	Hohes Engagement und hohe Beteiligung von Schülern Viele mündliche Schülerbeiträge Individuelle Schülerbetreuung, aber keine Zusammenarbeit Viele Wahlmöglichkeiten für mathematische Aktivität Ziemlich hohe Erwartungen an Schülerarbeit	Reichhaltige mathematische Inhalte Denkprozess wird betont Rechnen wird nicht betont	Erfreuliche Atmosphäre für Schülerinnen und Schüler, eigene Motivation ist ziemlich hoch
USA	*Meinungen waren nicht für alle Lektionen einheitlich*	Das geforderte Denkniveau variiert Die mathematischen Ansprüche an die Schüler variieren von niedrig bis hin zu mittelmässig	*Meinungen waren nicht für alle Lektionen einheitlich*	Keine Kommentare
F-CH	Lehrperson übernimmt indirekte oder subtile Leitung	Lernende sind beteiligt und machen mit	*Meinungen waren nicht für alle Lektionen einheitlich*	Keine Kommentare
D-CH	Lehrperson bereitet hoch strukturierte Lektionen vor, basierend auf Didaktik Wissen wird häufig fragend entwickelt Während der Einzelarbeit versucht die Lehrperson Fehler zu diagnostizieren und Hinweise zu geben	Lernende beteiligen sich aktiv Einige selbstständige Schülerarbeiten, in denen eigene Schritte konstruiert werden Entdeckendes individuelles oder gruppenbasiertes Problemlösen Fehler werden als Lerngelegenheiten wahrgenommen	Fokussiert auf Sinn und Verstehen statt auf mathematische Prozeduren Schülerinnen und Schüler haben Gelegenheit, ein tieferes Verständnis für mathematische Strukturen und Prinzipien zu erwerben	Respektvolles Klima Kaum extrinsische Motivatoren fokussiert
I-CH	*Meinungen waren nicht für alle Lektionen einheitlich*	Schülerrolle variiert von repetitiven Prozeduren bis hin zu entdeckenden und reflektierenden Aktivitäten	Das Ausmass, mit dem Lernsituationen geschaffen werden, variiert Das Lernziel der Lektion ist nicht immer klar definiert	Ruhig, ernsthaft, verantwortungsvoll

ren. Es wurden nur solche Elemente protokolliert, die für alle Lektionen des jeweiligen Landes genannt wurden. Die Protokollierung erfolgte durch zwei wissenschaftliche Mitarbeitende in Los Angeles, deren Protokolle in einem zweiten Schritt verglichen, diskutiert und zusammengeführt wurden.

In Tabelle 6.1 werden die Kommentare der Expertenteams der einzelnen Länder zu den drei gezeigten Schweizer Lektionen (aus den drei Landesteilen Deutschschweiz, Westschweiz und Tessin) dargestellt, die als gemeinsames Merkmal aller drei Lektionen genannt wurden. Insofern spiegeln sie die aus internationaler Expertensicht gewonnen generellen Eindrücke zur schweizerischen Unterrichtskultur. Bei den einzelnen Aussagen handelt es sich um die Übersetzung der stichwortartigen Paraphrasierung durch Hollingsworth et al. (2003) der originalen Aussagen aus den Expertenkommentaren. Zur Kennzeichnung der einzelnen Länder werden die internationalen Länderabkürzungen beziehungsweise für die Schweiz Abkürzungen für die Sprachregionen verwendet (AU=Australien, CZ=Tschechien, HK=Hongkong, USA=Vereinigte Staaten, F-CH=französischsprachige Schweiz, D-CH=Deutschschweiz, I-CH=italienischsprachige Schweiz).

Die durch die internationalen Expertenteams abgegebenen Kommentare zu den Schweizer Lektionen weisen mehrere Gemeinsamkeiten und Unterschiede auf, die nachfolgend ausgeführt werden.

Lehrerrolle

Die Mehrheit der Diskussionsgruppen ist der Ansicht, dass der Schweizer Unterricht mehrheitlich lehrergeleitet ist, die Gruppe aus der Deutschschweiz benennt den Unterrichtsstil als vorwiegend fragend-entwickelnd. Im Gegensatz dazu schätzt das Expertenteam aus der Westschweiz die Leitung durch die Lehrperson als eher indirekt und subtil ein, das Team aus dem Tessin als zumindest teilweise offen. Die US-amerikanischen Expertinnen und Experten kommen zu keinem einheitlichen Bild. Positiv wird durch die Expertengruppen aus Hongkong, Tschechien und der Deutschschweiz die gute Vorbereitung und Strukturierung der Lektionen vermerkt.

Schülerrolle

Die meisten Expertengruppen sehen die Schüleraktivität in den ausgewählten Lektionen als deutlich vorhanden und positiv an. Verschiedene Gruppen erkennen in den Lektionen problemlösende und entdeckende Aktivitäten. Die US-Expertinnen und US-Experten merken an, dass das Niveau der Schüleraktivitäten eher mittel bis niedrig sei, die Gruppe aus Hongkong schätzt die Anforderungen an die Lernenden jedoch als eher hoch ein. Nach Ansicht der Tessiner Gruppe reicht das Ziel der Schüleraktivität in den Schweizer Lektionen von der Repetition von Prozeduren bis hin zum Entdecken und Reflektieren von Strategien. Die Meinungen gehen auch bezüglich der Gruppenarbeit auseinander, die gemäss den Expertinnen und Experten aus Hongkong inexistent und gemäss denen aus der Deutschschweiz durchaus vorhanden ist.

Inhalte

Die Qualität der Inhalte wird von den Gruppen deutlich verschieden beurteilt. Einige Expertengruppen (AU, HK, D-CH) halten die Inhalte für geeignet, um mathematisches Denken und Schlussfolgern zu fördern und die Anregung eines vertieften mathematischen

Verständnisses scheint möglich. Die US-amerikanischen und die Westschweizer Expertinnen und Experten kommen jedoch zu keinem einheitlichen Urteil über die drei Lektionen. Die Tessiner nehmen unterschiedliche Ziele an und sehen echte Lernsituationen in unterschiedlichem Masse realisiert. Tschechische Expertinnen und Experten meinen, dass die Inhalte eher nicht anspruchsvoll, jedoch gut verknüpft seien.

Klima

Die Expertengruppen stimmen weitgehend darin überein, dass das Unterrichtsklima in den gezeigten Schweizer Lektionen positiv zu werten ist. Teilweise wird eher der Bereich des emotionalen Kontakts, teilweise eher der Bereich der produktiven Disziplin hervorgehoben.

Hollingsworth et al. (2003) merken an, dass weniger Kommentare alle drei schweizerischen Lektionen gemeinsam betreffen als dies bei den Rückmeldungen zu den anderen Ländern der Fall ist. Die Expertengruppen hätten zum Teil sehr unterschiedliche Einschätzungen der drei Lektionen aus der Schweiz gehabt. Gleichzeitig wiesen die abgegebenen Kommentare zu den in allen drei Lektionen festgestellten Merkmalen eine gute Konsistenz zwischen den verschiedenen Expertengruppen auf. Diese Bemerkung zur unterschiedlichen Einschätzung der drei Lektionen aus der Schweiz lässt die Vermutung zu, dass die drei typischen Schweizer Lektionen aus der Deutschschweiz, der Westschweiz und dem Tessin möglicherweise (zumindest leicht) unterschiedlichen Unterrichtskulturen entstammen. Diese Vermutung kann angesichts einer einzelnen Lektion pro Landesteil freilich keineswegs als erwiesen gelten.

Mit dem beschriebenen Profil sticht die Schweiz in den Sichtweisen der internationalen Expertenteams durch die im Vergleich zu den übrigen Ländern als durchwegs positiv wahrgenommene Balanciertheit heraus. Lehrerrolle und Schülerrolle scheinen insofern ausgeglichen zu sein, als dass die schweizerischen Stunden zwar als klar lehrergeleitet wahrgenommen werden, jedoch im Urteil der Expertinnen und Experten auch eine aktive, selbstverantwortliche und explorative Involvierung der Lernenden möglich ist. Dies steht im Gegensatz zum Unterricht in anderen Ländern, in denen entweder die Lehrerzentrierung die (kognitive) Aktivität der Lernenden zu verdrängen droht (prototypisch USA) oder die Lehreraktivität fast gänzlich der Schüleraktivität folgt (prototypisch NL). Das mathematische Anspruchsniveau wird tendenziell als etwas weniger hoch eingeschätzt als in den Lektionen aus Hongkong und Tschechien, dennoch unterscheiden sich die Schweizer Lektionen von den eher schlechter eingestuften Lektionen anderer Länder durch ihren klaren mathematisch-konzeptionellen Bezug. Das Klima wird ebenfalls als Balance aus Disziplin und Freundlichkeit wahrgenommen.

6.3.2 Die verwendeten Kriterien zur Unterrichtsbeurteilung im internationalen Vergleich

Nach Hollingsworth et al. (2003) stimmten alle internationalen Expertengruppen darin überein, dass sie die Bedeutung anspruchsvoller mathematischer Inhalte hervorhoben und einen auf Routinen und Prozeduren ausgerichteten Unterricht eher ablehnten. Lektionen, die eine hohe inhaltliche Schwierigkeit und einen klaren konzeptuellen Fokus besassen, wurden positiver beurteilt. Obwohl die Expertinnen und Experten in den Diskussionsaufträgen gebeten wurden, eher über Lehrmethoden und Lerngelegenheiten nachzudenken und der Qualität der Inhalte nur untergeordnete Beachtung zu schenken, wurde dem inhaltlichen Aspekt in den Diskussionen starke Bedeutung zugemessen.

Bei der Beurteilung von Lehrerrolle und Schülerrolle herrschte Übereinstimmung in der Befürwortung eines „konstruktivistischen" oder „entdeckenden" Lernmodells. Hierbei geht es um die selbstständige Bearbeitung anspruchsvoller mathematischer Probleme mit konzeptionellem Hintergrund. Dabei sahen die Expertenteams ein hohes Mass an Schülerbeteiligung und selbstständiger Schüleraktivität als wichtigstes Qualitätskriterium. Lektionen, in denen die Lehrperson eine aktivere Rolle übernahm und wenig Raum für substanzielle Schülerbeiträge blieb, wurden tendenziell schlechter beurteilt.

In Sachen Klima herrschte nicht immer Konsens. Hollingsworth et al. (2003) vermuten eine Konfundierung mit inhaltlichen Aspekten, d.h. dass vor allem in Lektionen, in denen das inhaltliche Niveau als eher niedrig angesehen wurde, auch das Klassenklima als eher „informell" beurteilt wurde (AU, USA, NL); in Lektionen mit hohen inhaltlichen Ansprüchen hingegen war das Klima im Unterricht nach Ansicht der Expertinnen und Experten eher diszipliniert und arbeitsfördernd (CZ, HK, CH).

Unterschiede zwischen den Expertengruppen bestanden nach Hollingsworth et al. (2003) weniger in den grundsätzlichen Kriterien, als vielmehr im Grad der Erreichung, den sie in den vorgegebenen Lektionen beobachten konnten. Die Expertinnen und Experten teilten international ein grundlegendes Idealbild guten Unterrichts, legten dieses jedoch als stärker oder schwächer geeichtes Kriterium an das Realbild an. Im oben dargestellten Beispiel wurde die inhaltliche Qualität der schweizerischen Lektionen mehrheitlich als konzeptuell anspruchsvoll und anregend beurteilt, einzelne Stimmen bemängelten jedoch das inhaltliche Anspruchsniveau als zu niedrig. Bei anderen Lektionen stimmten die Expertengruppen zwar mit dem Erkennen eines bestimmten Merkmals überein, unterschieden sich jedoch dahingehend, ob es positiv oder negativ konnotiert werden sollte. So wurde etwa die lebendige Atmosphäre in niederländischen Schulstunden von einigen Expertenteams als problematische Undiszipliniertheit und von anderen als offenes Klassenklima verstanden. Hollingsworth et al. stellen zudem fest, dass sich (mit Ausnahme AU) die Einschätzungen von Lektionen des eigenen Landes mit denen der anderen Expertengruppen weitgehend decken. Für die drei Schweizer Expertenteams kommt die US-amerikanische Projektleitung zum Ergebnis, dass sich die Positionen weitgehend gleichen und nur „subtil" unterscheiden:

> Given that there were three educator groups from the different language regions of Switzerland (French, German, and Italian), another natural question is whether they tended to agree or disagree. Overall, while there were some differences, these were more subtle than pronounced. The Swiss-Italian group tended to be the most critical, perhaps because they expressed the most concern about the lack of observed opportunities for discovery learning. But on the whole, like all of the educator groups, the three Swiss groups all wanted to see challenging, conceptually-oriented content that actively engaged the students. (Hollingsworth et al., 2003, S. 19)

Dieser These, dass vornehmlich Gemeinsamkeiten in den Einschätzungen und verwendeten Kriterien der drei Landesteile der Schweiz bestehen und die Unterschiede allenfalls gering ausfallen, soll im nächsten Abschnitt im Detail nachgegangen werden. Dazu wurden in den Berichten der drei schweizerischen Expertengruppen sowohl die expliziten

Kriterien und Dimension als auch die impliziten Kriterien, die sich in Nebensätzen finden, mittels eigener Analysen gesammelt und verglichen.

6.3.3   Die Kriterien der schweizerischen Expertengruppen im regionalen Vergleich

Ein detaillierter Vergleich der Kriterien der drei schweizerischen Expertengruppen stellt eine besondere Herausforderung dar. Allen drei Expertengruppen lagen zwar dieselben Videos zur Diskussion vor und es wurde an denselben Fragen gearbeitet, dennoch sind die Ergebnisse in mehreren Hinsichten andersartig. Unterschiedlich sind einerseits die Länge der Berichte und die Ausführlichkeit, mit der sich die Expertengruppen zu den einzelnen Lektionen äussern. Während die Westschweizer Expertinnen und Experten zu jeder einzelnen Lektion ein Urteil abgaben, formulierten die Tessiner und die Deutschschweizer Expertinnen und Experten eine jeweils zusammenfassende Beurteilung zu allen Lektionen jedes Landes. Eine weitere Schwierigkeit liegt darin, dass die einzelnen Expertengruppen ihrer Einschätzung unterschiedliche Kriterien zugrunde legten, dies zudem in unterschiedlichen pädagogischen Terminologien und unterschiedlichen Sprachen. Hinter bestimmten Begriffen stehen möglicherweise theoretische Konnotationen, die nur in der jeweiligen Sprachregion verständlich sind. Der Vergleich erfolgt deshalb in aller Vorsicht und unter Zitierung der jeweiligen Originalsprache.

Um die drei Berichte dennoch vergleichen zu können, wurde ein Bottom-up-Codierverfahren gewählt, das sich an der *grounded theory* orientiert. Als grundlegende Analyseeinheit wurden längere Abschnitte gewählt, die sich jeweils auf ein einzelnes Land oder eine Passage allgemeiner Art beziehen. Damit ergeben sich für jeden Expertenbericht sieben Analyseeinheiten (sechs Kommentarsequenzen zu den einzelnen Ländern und ein zusammengezogener allgemeiner Teil, der sich in allen Expertenberichten findet). Innerhalb dieser Analyseeinheiten wurden in der Phase des offenen Codierens Bottom-up-Kategorien gebildet, die die jeweiligen Aussagen in grösstmöglicher Prägnanz wiedergeben. In einer zweiten Phase („achsiales Codieren") wurden diese Kategorien in einem Vergleich der drei Berichte zusammengefasst, entlang von theoretischen Dimensionen gegliedert und ergänzt. Das Material wurde mit diesem prägnanteren Kategoriensystem erneut codiert. Dabei wurden weitere Anpassungen im Kategoriensystem vorgenommen. In einer dritten Phase (dem sogenannt „selektiven Codieren") wurden mithilfe einer Häufigkeitsauszählung die wichtigsten Kategorien herausgearbeitet und die Urteile der Expertengruppen bezüglich dieser Kategorien verglichen. Die Auswertung wurde mithilfe der qualitativen Datenanalysesoftware ATLAS.ti vorgenommen. Bestimmte Muster der Beurteilung wurden anschliessend durch eine Clusteranalyse in der Statistiksoftware SPSS exploriert. Bei einer Clusteranalyse sämtlicher Analyseeinheiten mithilfe der zentralen Kategorien ergibt sich aus den Urteilen der drei Expertengruppen eine relativ klare Zwei-Cluster-Lösung mit eindeutiger Aussagekraft. Im ersten Cluster finden sich die Beurteilungen der Lektionen aus Tschechien, Hongkong und der Schweiz, die von den Expertengruppen eher positiv bewertet wurden. Die einzige echte Inkonsistenz zeigt sich bei der Beurteilung der Lektionen Hongkongs, die von den Tessiner Expertinnen und Experten der schlechter beurteilten Gruppe zugerechnet wurde. Das zweite Cluster umfasst die Beurteilungen der Lektionen aus Australien, den USA und den Niederlanden, die einhellig eher kritische

Stimmen erhielten. Auch wenn auf der Basis dieser globalen Tendenz anzunehmen wäre, dass sich die Beurteilungskriterien stark ähneln, ist dem nicht so. Zur Darstellung dieser detaillierten Auswertungen lassen sich folgende Arten von Kriterien unterscheiden:

- von allen Schweizer Expertengruppen geteilte Kriterien, die zu ähnlichen Beurteilungen der Lektionen führen (Abschnitt 6.3.3.1: Geteilte Kriterien mit hohem Konsens der Beurteilung);
- von allen Schweizer Expertengruppen geteilte Kriterien, die zu unterschiedlichen Beurteilungen mehrerer Lektionen führen (Abschnitt 6.3.3.2: Geteilte Kriterien mit teilweise abweichenden Beurteilungen);
- von nur zwei Schweizer Expertengruppen geteilte Kriterien, die zu ähnlichen Beurteilungen der Lektionen führen (Abschnitt 6.3.3.3: Teilweise geteilte Kriterien mit hohem Konsens der Beurteilung);
- von nur zwei Schweizer Expertengruppen geteilte Kriterien, die zu unterschiedlichen Beurteilungen mehrerer Lektionen führen (Abschnitt 6.3.3.4: Teilweise geteilte Kriterien mit abweichenden Beurteilungen);
- Kriterien, die jeweils nur von einer Expertengruppe zur Beurteilung der Lektionen verwendet wurden (Abschnitt 6.3.3.5: Weitere zentrale Kriterien einzelner Expertengruppen).

Tabelle 6.2: Kriterien, welche von den Expertenteams der Schweiz (Deutschschweiz, Westschweiz, Tessin) für die Beurteilung der Lektionen aus allen Ländern verwendet wurden

Von den Expertenteams zur Beurteilung der Lektionen verwendete Kriterien	Vom Deutschschweizer Expertenteam verwendet	Vom Westschweizer Expertenteam verwendet	Vom Tessiner Expertenteam verwendet	Konsens der Beurteilung
Schülerbeteiligung	x	x	x	x
Verstehensorientierung	x	x	x	
Offene Aufgabenstellung	x	x	x	
Klassenklima	x	x	x	
Autonomie der Lernenden	x	x		x
Klassenführung	x	x[a]	x[a]	
Vorteilhafte Räume/Medien		x	x	
Lebensweltbezug	x		x	
Anspruchsniveau/Richtigkeit der mathematischen Inhalte		x	x	
Fehler als Lerngelegenheiten	x	x		
Aktivierung des Vorwissens		x		[b]
Vielfalt der Zugänge		x		[b]
Motivierung der Lernenden	x			[b]
Gruppenarbeit	x			[b]

Anmerkungen:
[a] Kriterium wurde nicht für alle Lektionen verwendet und wird deshalb unter den Kriterien aufgeführt, die nur von zwei Expertengruppen verwendet wurden (vgl. Abschnitt 6.3.3.4)
[b] Nur von einem Expertenteam verwendete Kriterien können nicht in Bezug auf Konsens oder Abweichung zwischen den Expertenteams in der Beurteilung der Länder untersucht werden (vgl. Abschnitt 6.3.3.5)

Als Übersicht über die in den folgenden Unterkapiteln dargestellten Ergebnisse der Vergleiche der Kriterien der Expertengruppen aus den drei Landesteilen Deutschschweiz, Westschweiz und Tessin zur Beurteilung der typischen Lektionen aus den verschiedenen Ländern werden die betreffenden Kriterien in Tabelle 6.2 aufgelistet.

Bei den Vergleichen werden nur solche Kategorien berücksichtigt, die von mindestens zwei Expertengruppen in jeweils mehr als der Hälfte der Lektionskommentare zur Sprache kamen. Im Folgenden wird eine zergliedernde Darstellungsweise gewählt, die die Kontraste zwischen den einzelnen Expertengruppen maximieren kann. Dennoch sind die einzelnen Kriterien letztlich nur in ihrem Zusammenspiel zu begreifen. Jede Expertengruppe verfügt über ein teilweise implizites und damit nur schwer rekonstruierbares Modell von Unterrichtsqualität. Unterrichtsqualität realisiert sich dabei jeweils in unterschiedlichen Kombinationen verschiedener Kriterien. In einigen Fällen kann das Vorhandensein eines Kriteriums das Fehlen eines anderen möglicherweise kompensieren, in anderen Fällen eliminiert das Fehlen eines Aspekts den Sinn eines anderen. Vermutlich gibt es nicht nur eine einzelne „Best-Practice"-Kombination der jeweiligen Merkmale, sondern Unterrichtsqualität realisiert sich im Urteil der Expertengruppen in verschieden Kombinationen von Einzelqualitäten.

6.3.3.1 Geteilte Kriterien mit hohem Konsens der Beurteilung

Kriterien, die von allen Expertenteams an die Lektionen angelegt werden und über deren Einschätzung weitgehender Konsens zu herrschen scheint, sind rar.

Hohe Übereinstimmung herrscht allein in Bezug auf das *Ausmass der Schüleraktivität bzw. Schülerbeteiligung*. Dahinter steht aufseiten aller Expertengruppen die grundlegende Vorstellung, dass Schülerinnen und Schüler wesentliche Denkschritte im Mathematikunterricht selbst durchführen sollen und ihnen die Lehrperson diese Schritte nicht durch reine Erklärung vorgeben sollte. Übereinstimmend negative Beurteilungen erhalten in diesem Punkt die gezeigten Lektionen aus Australien, den USA, Hongkong und den Niederlanden. In diesem Aspekt übereinstimmend positiv beurteilt werden hingegen die Lektionen aus Tschechien und der Schweiz. Dennoch ist die Übereinstimmung nicht vollumfänglich. Die Westschweizer Expertinnen und Experten bewerten vor allem eine Lektion aus Hongkong positiver. Die Gründe hierfür hängen vor allem mit der Einschätzung des mathematischen Anspruchsniveaus zusammen, das die Schüleraktivität in einem anderen Licht erscheinen lässt.

6.3.3.2 Geteilte Kriterien mit teilweise abweichenden Beurteilungen

Bei den wahrscheinlich wichtigsten Kategorien der Arbeitsgruppen zur Beurteilung der Lektionen zeigen sich verschiedene Akzentunterschiede. Diese Kategorien spielen auch in den zusammenfassenden Kapiteln der jeweiligen Expertenberichte eine tragende Rolle.

Unter dem Begriff der *Verstehensorientierung* können in allen drei Schweizer Expertengruppen diejenigen Aspekte zusammengefasst werden, die das Ausmass bestimmen, mit dem im Mathematikunterricht nicht nur prozedurale Fertigkeiten und Fähigkeiten eingeübt werden, sondern auch mathematische Begründungen und Beweise gefragt sind. Es wird als wesentlicher Qualitätsaspekt angesehen, dass Schülerinnen und Schüler nicht nur wissen *wie*, sondern auch *warum* bestimmte Berechnungen oder Konstruktionen durchgeführt werden können. Diese Dimension bildet übereinstimmend auch den wichtigsten Referenzpunkt für die Beurteilung der Gesamtqualität einer Lektion.

Über die Beurteilung der einzelnen Länder herrscht in diesem Punkt unter den Schweizer Expertengruppen weitgehende Einigkeit. Die australischen, niederländischen und US-amerikanischen Lektionen werden übereinstimmend eher als Vermittlung prozeduraler Fertigkeiten angesehen und eine Verstehensorientierung ist nach übereinstimmender Ansicht der drei schweizerischen Expertengruppen nicht gegeben. In den tschechischen und schweizerischen Lektionen sehen alle drei Expertengruppen neben prozeduralen auch beweisende und begründende Elemente, so dass alle die Verstehensorientierung als gegeben ansehen. Dabei scheint es, dass die Expertinnen und Experten die Lektion aus der eigenen Sprachregion vom Ansatz her als positiv beurteilen, zugleich aber auch verpasste Chancen für noch weitergehende Lerngelegenheiten bemängeln. Über die Lektionen aus Hongkong sind die Ansichten hingegen geteilt. Während die Expertinnen und Experten der Westschweiz in diesen Lektionen einen Prototyp mathematisch anspruchsvollen Unterrichts erkennen und diejenigen der Deutschschweiz sowohl prozedurales Wissen als auch Begründungswissen vermittelt sehen, beurteilen die Expertinnen und Experten aus dem Tessin die Lektionen im Sinne der Verstehensorientierung als unzureichend. Dies zeigt sich etwa im Kommentar der Tessiner zum Unterricht in Hongkong, der die Unterschiede am deutlichsten zeigt:

> Nelle video di Hongkong non sono offerte occasioni di apprendimento, non c'è uno spazio per l'allievo: si tratta di un approccio frontale e estremamente tecnico. Secondo gli esperti lo stesso è assolutamente non formativo e risponde alla semplice esigenza che un allievo raggiunga certe competenze strumentali e che sia competitivo. Gli esperti suppongono che in quest'ottica sia stato stipulato un contratto tra docente e allievo che ai più risulta comunque chiaro, esplicito e probabilmente socialmente condiviso. (Auszug aus dem Tessiner Expertenbericht)

Dabei zeigt sich bei näherer Analyse ein Interaktionseffekt mit der Frage nach der *Offenheit der Aufgabenstellung* und der Möglichkeit eines eigenständig explorierenden Zugangs. Für die Tessiner Expertinnen und Experten ist eine Verstehensorientierung vor allem dann gegeben, wenn Schülerinnen und Schüler Zusammenhänge und ihre Begründungen selbst entdecken können, ohne dass die Lehrperson erklärend interveniert.

Für die Deutschschweizer Expertinnen und Experten hingegen ist im Unterricht von Hongkong durchaus ein verstehensorientiertes Moment vorhanden, allerdings geschieht dies allein nachvollziehend, nicht jedoch aktiv lernend. Dies kann nach Ansicht dieser Gruppe für gute Schülerinnen und Schüler durchaus einen Lerngewinn bedeuten, für schwächere bringt es jedoch deutliche Probleme mit sich. Damit teilt diese Expertengruppe zumindest teilweise die Einschätzung der Tessiner Kollegen:

> Die Lernenden sollen im Unterricht in Hongkong rezeptiv Prozeduren nachvollziehen, welche die Lehrperson vorzeigt und erklärt. Schüler sollen Fertigkeiten erwerben, die es ihnen ermöglichen, die Aufgaben des Schulbuches fehlerfrei zu lösen. Das vertiefte Verständnis der Prozeduren wird angestrebt, jedoch ebenfalls auf rein rezeptiver Ebene. Ein selbstständiges kognitives Konstruieren mathematischen Strukturwissens wird nach Ansicht der Experten nicht gefördert. (Auszug aus dem Deutschschweizer Expertenbericht)

Aus der Sicht der Westschweizer Expertinnen und Experten scheint auch ein anspruchsvoller lehrergeleiteter Unterricht einer Verstehensorientierung zu entsprechen. Ebenfalls
am deutlichsten zeigt sich dies kontrastiv in der Beurteilung der Lektionen aus Hongkong,
die, neben denen aus Tschechien, von den Westschweizer Expertinnen und Experten am
positivsten beurteilt werden:

> Les classes exemplaires nous semblent évidemment CZ058 et HK097 (…).Même si on
> ne pourrait sans doute pas transposer immédiatement un tel enseignement dans d'autres
> contextes socio-culturels, les deux enseignants illustrent une capacité de suivre et stimuler
> les élèves dans leur raisonnement dans une maïeutique qui a une réelle profondeur. En même
> temps, ils ont une distance par rapport aux interactions en cours qui leur permet de gérer
> simultanément différents aspects ou niveaux de la situation (raisonnement de haut niveau
> par rapport au simple calcul, discipline, profiter d'une question ou d'une erreur, etc.) En cela
> ils sont vraiment „maîtres" de leur discipline. Ils ont des styles et rythmes très différents,
> mais les deux savent prendre le temps quand il faut (alors que certains semblent plutôt fuir
> les moments délicats aussi vite que possible). (Auszug aus dem Westschweizer Experten-
> bericht)

Interessant an diesen Kommentaren ist jedoch auch, insbesondere bei denen der Tessiner
und Westschweizer Expertinnen und Experten, dass die kulturelle Gebundenheit bestimmter Lernarrangements vermutet wird. Dem entspricht der Vorbehalt, dass gewisse Lehrmethoden in einem bestimmten kulturellen Kontext als sinnvoll erachtet werden und nicht
ohne Weiteres aus der Sicht einer anderen Kultur verstanden, geschweige denn in diese
Kultur übertragen werden können. Die hohe Disziplin und das hohe Niveau der Schülerinnen und Schüler in Hongkong scheinen bestimmte Lernarrangements erst möglich zu
machen.

Die *Offenheit der Aufgabenstellungen*, die von explorierenden, offenen Aufgaben
bis zu kleinschrittigem, durchgeplantem Unterricht reichen kann, wird von den Gruppen
der Deutschschweiz und der Romandie auch unabhängig vom Kriterium der Verstehensorientierung bewertet. Diese beiden Expertengruppen legen diese Frage systematisch an
sämtliche Lektionen an, während die Tessiner diesen Aspekt nur bei einzelnen Lektionen
kommentieren, dies allerdings, wie gezeigt, umso deutlicher. Mehrheitlich kleinschrittige
Aufgaben werden übereinstimmend in den Lektionen Australiens, Tschechiens, Hongkongs und der USA gesehen. Dabei wird nach Ansicht der Expertengruppe der Romandie
in Australien explorierendes Arbeiten immerhin angestrebt, letztlich jedoch nicht realisiert.
Geteilt werden die Ansichten zu den niederländischen und Deutschschweizer Lektionen.

Die Deutschschweizer Expertinnen und Experten sehen in beiden Ländern ein deut-
liches Bemühen um explorative Aufgabenstellungen. Der Modus des Lehrens wird hierbei als eine Hilfestellung (Scaffolding) verstanden. Dieses Qualitätskriterium gilt für die
Deutschschweizer Gruppe offenkundig auch für den lehrergeleiteten Unterricht. Entscheidend ist offenbar eine bestimmte Qualität des Diskurses, wodurch ein „fragend-entwickelnder" Zugang im Sinne eines „sokratischen Dialogs" als qualitativ äquivalent zur explorativen Wissensaneignung beurteilt wird:

> Der Mode of Teaching bezeichnet die zentrale Lehreraktivität im Unterricht. Die Exper-
> ten differenzieren zwischen den Formen Darbieten/Demonstrieren – Erarbeiten/Fragend
> Entwickeln – Explorieren/Entdecken Lassen. [...] In den USA, Australien, Hongkong und
> Tschechien werden wesentliche Inhalte der Lektion durch die Lehrperson instruiert. In der

deutschsprachigen Schweiz wird mathematisches Verständnis im Diskurs zwischen Lehrperson und Lernenden erarbeitet. Auch Hongkong und Tschechien zeigen Ansätze dieser Arbeitsform, wobei jedoch die Form und Menge der Schülerbeteiligung deutlich begrenzter ist. Formen des explorierenden Lernens finden sich in den Lektionen der Niederlande, französisch- und insbesondere der italienischsprachigen Schweiz. In den Niederlanden wurde der Lehrperson von den Experten die Rolle eines Lernbegleiters/Facilitators zugeschrieben, während in allen anderen Ländern die Lehrperson mindestens phasenweise versucht, Wissen erarbeitend oder demonstrierend zu vermitteln. (Auszug aus dem Deutschschweizer Expertenbericht)

Offenkundig sieht die Deutschschweizer Expertengruppe den fragend-entwickelnden Zugang als ein Mittelding zwischen demonstrierendem und explorierendem Unterricht. Hier geschieht Exploration im kleineren Massstab, im Nachdenken über einen anspruchsvollen Teilschritt.

In der Sichtweise der Expertinnen und Experten aus der Romandie und dem Tessin werden Ansätze explorierenden Lernens in den begutachteten Lektionen mehrheitlich vergeben. Damit beurteilen sie den Erfolg des explorierenden Arbeitens kritischer als ihre Deutschschweizer Kolleginnen und Kollegen.

Mit der Beurteilung des *Klassenklimas* formulieren die Expertinnen und Experten Annahmen über die sozioemotionalen Auswirkungen des Unterrichts auf die Schülerinnen und Schüler. Hier besteht Konsens bezüglich der schweizerischen, der australischen und der US-amerikanischen Lektionen, in denen alle Schweizer Expertengruppen das Klassenklima als gut und freundlich einschätzen. Daneben bestehen jedoch auch einige Unterschiede in den Einschätzungen. Während das Deutschschweizer Expertenteam das Klima in tschechischen Klassen vor allem aufgrund des hohen Leistungsdruckes der klassenöffentlichen Beurteilungen als problematisch empfindet, halten die Tessiner und die Westschweizer dieses für durchaus freundlich. Ähnliches zeigt sich für das Klassenklima der Lektionen aus Hongkong, welches die Deutschschweizer als kalt, die Tessiner als gut bezeichnen. Das Klima in den niederländischen Lektionen wird von den Tessinern als schlecht bezeichnet und von den Westschweizern und Deutschschweizern als permissiv und damit ebenfalls negativ eingeschätzt.

6.3.3.3 Teilweise geteilte Kriterien mit hohem Konsens der Beurteilung

Ein Aspekt, der eng mit der Beurteilung der Schüleraktivität, der Verstehensorientierung und der Offenheit der Aufgabenstellung zusammenhängt und der insbesondere von den Expertinnen und Experten der Deutschschweiz und der Romandie hervorgehoben wird, ist derjenige der *Autonomie der Lernenden*, der sich auf die Autonomie der Wahl von Aufgaben, der Bearbeitungsreihenfolge, der Hilfestellung, der Lösungswege, des Lerntempos und der Aufgabenkontrolle richten kann. Hierbei werden sämtliche betrachteten Lektionen ausser denen der Schweiz übereinstimmend als negativ beurteilt.

6.3.3.4 Teilweise geteilte Kriterien mit abweichenden Beurteilungen

Das Kriterium der *disziplinierten Klassenführung* wird von allen Expertengruppen genannt, jedoch nur von den Expertinnen und Experten der Deutschschweiz an alle Lektionen angelegt. So finden sich zum Unterricht eines Landes häufig nur Urteile aus zwei Expertengruppen. Eine disziplinierte Klassenführung wird übereinstimmend in Lektionen aus Tschechien und Hongkong festgestellt. Die Lektionen aus den Niederlanden werden ebenso übereinstimmend als undiszipliniert wahrgenommen. Daneben bestehen einzelne Unterschiede in den Beurteilungen. Während das Deutschschweizer Team die Klassenführung in australischen Lektionen als diszipliniert wahrnimmt, sieht die Westschweizer Gruppe dies deutlich kritischer. Die Westschweizer Gruppe empfindet auch die Disziplin in der analysierten Deutschschweizer Lektion verbesserungsbedürftig. Unterschiede bestehen zudem zwischen Tessiner und Deutschschweizer Expertinnen und Experten. Die Deutschschweizer beurteilen die US-Lektionen als diszipliniert, während die Tessiner eine vordergründige Disziplin vermuten, bei der die Lernenden dennoch nicht wirklich am Unterricht teilnehmen.

Vorteilhafte *Räume und Medien* stellen für die Expertengruppen aus dem Tessin und der Westschweiz einen wichtigen Aspekt der Gesamtqualität einer Lektion dar. In der Expertengruppe der Deutschschweiz wird dieser Aspekt nahezu gänzlich vernachlässigt. Zwischen der Romandie und dem Tessin besteht in diesem Punkt ein hoher Grad an Konsens, insbesondere in der positiven Beurteilung der Lektionen aus Tschechien, der Schweiz und den USA.

Die Mathematikdidaktikerinnen und -didaktiker aus der Deutschschweiz und dem Tessin legen besonderen Wert auf einen *Lebensweltbezug* der gestellten Mathematikaufgaben. Dabei geht es vor allem darum, nicht nur innermathematische Zusammenhänge zu vermitteln, sondern Mathematik auch in ihrem Anwendungsbezug verständlich zu machen. Doch auch zwischen Tessiner und Deutschschweizer Expertinnen und Experten scheint kein völliger Konsens zu bestehen. Die Deutschschweizer differenzieren zur Kennzeichnung der Lektionen der drei Landesteile insbesondere unterschiedliche Ebenen des Alltagsbezugs:

> In der Lektion der französisch- und italienischsprachigen Schweiz wird den Schülerinnen und Schülern ein abstraktes und systemorientiertes Mathematikverständnis vermittelt. Es wird dabei grosser Wert auf eine korrekte Fachsprache gelegt. Besonders in der französischsprachigen Schweiz findet ein intensives sprachliches Modeling statt. Die Lektion der deutschsprachigen Schweiz knüpft hingegen tendenziell eher an einen alltagsweltlich-lebenspraktischen Verstehenskontext an. In der italienischsprachigen Lektion ist eine starke Orientierung auf handlungspraktisches Lernen in mehreren medialen Formen feststellbar. (Auszug aus dem Deutschschweizer Expertenbericht)

Die Expertinnen und Experten aus der Westschweiz zeigen sich davon eher überrascht, wie insbesondere ihr Kommentar zur Deutschschweizer Lektion zeigt:

> On a plus l'impression qu'il s'agit d'un cours de Physique. Est-ce le même enseignant pour les deux disciplines? (Westschweizer Expertenbericht)

Auch wenn in den Fragestellungen zu den Gruppendiskussionen darauf hingewiesen wurde, dass das *Anspruchsniveau und die Richtigkeit der mathematischen Inhalte* nach Möglichkeit nicht diskutiert werden sollten, wurde dieser Aspekt vor allem von Westschweizer und Tessiner Expertinnen und Experten insbesondere für Lektionen diskutiert, in denen er als kritisch beurteilt wurde. Als inhaltlich anspruchslos werden übereinstimmend die Lektionen aus Australien, den Niederlanden und den USA genannt. Der Bericht der Westschweizer enthält in Bezug auf diesen Aspekt durchaus programmatische Passagen. Das Anspruchsniveau der mathematischen Inhalte wird als Kern guten Mathematikunterrichts hervorgehoben. Übertriebene Vereinfachung wird als äusserst kontraproduktiv eingeschätzt, da sie bei Lernenden letztlich zu Desinteresse und Unverständnis führe. Dies zeigt insbesondere der Kommentar der Westschweizer Expertinnen und Experten zu einer niederländischen Lektion:

> Les élèves sont sans doute „faibles", mais les traiter comme des imbéciles ne peut qu'empirer les choses. Soit, ils croiront qu'ils le sont, soit que les mathématiques sont une activité totalement sans intérêt. Ne se trouve-t-on pas dans une situation où – pour le rendre plus facile – on rend le travail complètement insipide et inintéressant? Avec le résultat d'encore diminuer l'intérêt, l'attention et l'implication de l'élève? Ici, celui dans l'esprit ne vagabonde pas est vraiment un cas! En tout cas, ces élèves semblent s'embêter. L'accent est exclusivement sur la règle aux dépens du raisonnement. Les possibilités d'apprentissage ou de réflexion sont négligées. L'aide offert aux élèves escamote les difficultés. Prendre plus de temps, plus de précautions, en abordant des opérations intellectuelles difficiles est une chose, les évacuer au profit d'opérations sans intérêt en est une autre. (Auszug aus dem Westschweizer Expertenbericht)

Die Einschätzung der Bedeutsamkeit der Frage danach, ob *Fehler als Lerngelegenheiten* wahrgenommen werden, wird von den Expertinnen und Experten der Romandie und der Deutschschweiz geteilt, während die Tessiner diesen Bereich in ihrem Bericht kaum ansprechen. Das Team der Westschweiz kommt für die einzelnen Lektionen der meisten Länder zu unterschiedlichen Urteilen, so dass sich kein einheitliches Bild zeichnen lässt und ein Vergleich mit dem Urteil der Deutschschweizer schwierig ist. Die Deutschschweizer Expertinnen und Experten fassen ihre Urteile über mehrere Lektionen eines Landes zusammen. Positiv gesehen werden von ihnen in die Fehlerkultur in den Lektionen aus Tschechien, der Schweiz und den Niederlanden, während an den anderen Ländern Kritik geübt wird.

6.3.3.5 Weitere zentrale Kriterien einzelner Expertengruppen

Bei der Darstellung weiterer Kriterien, die nur von einzelnen Expertengruppen angewendet wurden, werden nur solche genannt, die von der jeweiligen Gruppe an sämtliche begutachteten Lektionen angelegt wurden. Insofern besitzen diese Kriterien für die jeweilige Gruppe eine grosse Bedeutung.

Die Experten und Expertinnen der Romandie befragten jede begutachtete Lektion nach der von ihnen vermuteten *Aktivierung des Vorwissens* der Lernenden und nach der *Vielfalt der Zugänge* zu einem mathematischen Problem. Während die Frage nach der Aktivierung des Vorwissens offen blieb, wurde die Fähigkeit von Lehrpersonen, bei Verständnisproblemen einen alternativen Ansatz oder eine alternative Erklärung zu wählen, mit hoher inhaltlicher und didaktischer Qualität konnotiert.

Das Expertenteam der Deutschschweiz fragte bei der Beurteilung aller Lektionen nach der Quelle der *Motivierung der Lernenden*. Unterschieden wurden insbesondere extrinsische Motivationsquellen wie Tests, Fehlersanktion und offener Tadel und intrinsische Motivationsquellen, die dann angenommen wurden, wenn keine extrinsischen sichtbar waren. Eine zweite genuin deutschschweizerische Frage betraf das *Vorhandensein von Gruppenarbeit*. Lektionen, in denen Schülerinnen und Schüler die Gelegenheit zur Zusammenarbeit hatten, wurden tendenziell positiver beurteilt als Gruppen ohne derartige Möglichkeit.

6.4   Zusammenfassung

Als Erstes wurden im vorliegenden Kapitel die Kommentare der Expertenteams der an der TIMSS 1999 Video Study teilnehmenden Länder zu den typischen Schweizer Lektionen aus den drei Landesteilen Deutschschweiz, Westschweiz und Tessin nach Hollingsworth et al. (2003) zusammengefasst. Die Einschätzungen zeigen übereinstimmend, dass die Lektionen von einer klaren Leitung durch die Lehrperson und gleichzeitig von einer hohen Schüleraktivität im Mathematikunterricht der Schweiz zeugen. Das Klima wird weitgehend übereinstimmend positiv eingeschätzt. Unterschiedlich fallen die Kommentare in Bezug auf die Beurteilung der Qualität der im Unterricht bearbeiteten mathematischen Inhalte aus. Allgemein auffällig sind einerseits die hohe Übereinstimmung der verschiedenen Expertengruppen und andererseits die Unterschiedlichkeit der Einschätzung der drei Lektionen. Letzteres könnte als Hinweis auf regional unterschiedliche Unterrichtskulturen innerhalb der Schweiz gedeutet werden.

Dieser Hypothese widersprechen die als Zweites dargestellten Befunde von Hollingsworth et al. (2003) zur Gemeinsamkeit bzw. Unterschiedlichkeit der verwendeten Kriterien zur Unterrichtsbeurteilung der verschiedenen Expertenteams. Sie stellen eine hohe Übereinstimmung bei den verwendeten Kriterien fest, sowohl international als auch bei den regionalen Gruppen der Schweiz. Zentral ist aus der Sicht aller Expertenteams die auf das Verstehen ausgerichtete Arbeit an anspruchsvollen mathematischen Inhalten mit aktiver Beteiligung der Lernenden. Unterschiede zwischen den verschiedenen Gruppen zeigen sich erst bei der Beurteilung des Grades der Erreichung der gewählten Kriterien.

Aus schweizerischer Sicht interessiert die Frage nach den regionalen Unterschieden. Aus diesem Grund wurden die Kommentare aus den drei schweizerischen Expertenteams der Deutschschweiz, der Westschweiz und des Tessins mittels weitergehender qualitativer Analysen in Bezug auf Gemeinsamkeiten und Unterschiede der Kriterien und der Einschätzung der Erreichung dieser Kriterien untersucht. Es bestätigt sich, dass alle drei Schweizer Expertengruppen die Hauptqualität guten Mathematikunterrichts übereinstimmend in einer Verstehensorientierung sehen, die sich klar abgrenzt von einem eher behavioristischen Lehr- und Lernverständnis. Hier entsprechen die Urteile der Schweizer Diskussionsgruppen auch dem internationalen Konsens. Als negativ beurteilen alle Expertengruppen aus der Schweiz Mathematiklektionen, in denen einfaches Vormachen – Nachmachen und ständige kleinschrittige Verstärkungsmechanismen dominieren, mit denen bestimmte Regeln eingeübt werden, ohne dass sie verstanden werden. Von grosser Wichtigkeit sind hingegen begründende Elemente.

Die Expertengruppen haben jedoch unterschiedliche Vorstellungen, wie diese begründenden Elemente den Lernenden nahegebracht werden sollen. Während die Tessiner Expertinnen und Experten mit Nachdruck das rein selbstständige und explorative Entdecken solcher Begründungen zu befürworten scheinen, darf die Lehrperson nach Ansicht der Gruppe aus der Deutschschweiz eine aktivere Rolle einnehmen. Von den Deutschschweizer Expertinnen und Experten werden so auch das Coaching in Phasen eigenständigen Arbeitens sowie der Diskurs im fragend-entwickelnden Unterricht positiv gewertet. Den Westschweizer Expertinnen und Experten geht es hingegen vor allem um die inhaltliche Qualität der mathematischen Aufgaben, so dass neben explorativen und gesprächshaften Formen auch anspruchsvolle Lehrerdemonstrationen positiv beurteilt werden.

Ein weiterer deutlicher Unterschied besteht im Kontextbezug des Mathematikunterrichts. Während es dem Westschweizer Expertenteam vor allem darum zu gehen scheint, die Lernenden für die innere Logik der Mathematik zu interessieren, ist für die Deutschschweizer der Anwendungsbezug der Mathematik von grösster Bedeutung. Für die Tessiner, quasi als Mittelposition, scheinen Anschaulichkeit und greifbare Modellierung zentrale Elemente zu sein, wobei sich diese jedoch durchaus im abstrakten Raum abspielen dürfen.

Bei den Deutschschweizer Expertinnen und Experten scheint die höchste Bereitschaft zu herrschen, hinter verschiedenen Unterrichtseindrücken Disziplin zu vermuten, hingegen sind sie diejenigen, die ein Klassenklima am ehesten nicht mehr als besonders freundlich empfinden.

Daneben gibt es auch Kriterien, über deren Bedeutung weitgehende Einigkeit zu bestehen scheint. Positiv beurteilt werden Lektionen, in denen die Schülerinnen und Schüler selbst aktiv werden und in denen sie gehaltvolle mathematische Prozesse durchführen. Konsens besteht auch hinsichtlich einer möglichst hohen Autonomie der Schülerinnen und Schüler bei der Steuerung ihres Lernprozesses.

Aus den Ergebnissen der qualitativen Analyse der Kommentare der Expertengruppen aus der Deutschschweiz, der Westschweiz und dem Tessin kann der Schluss gezogen werden, dass die Expertengruppen aus den unterschiedlichen Sprachregionen der Schweiz in zentralen Aspekten unterschiedliche Akzente setzen. Ob diese Differenzen, wie sie sich in den einzelnen Diskussionsberichten niederschlagen, tatsächliche Unterschiede in der Deutungskultur der regionalen Fachdidaktiken widerspiegeln, kann im Rahmen dieser Untersuchung nicht beantwortet werden. Die Ergebnisse können jedoch eine Gesprächsgrundlage bilden, um in Zukunft vermehrt über die Sprachregionen hinweg zu diskutieren.

Interessant erscheint in diesem Zusammenhang auch ein Vergleich mit den schriftlich vorliegenden Unterrichtsskripts der Lehrpersonen, die mit dem schweizerischen Lehrerfragebogen erhoben worden waren (vgl. Kapitel 7). Anders als bei den Experteninterviews zeigen sich bei den Unterrichtsskripts der Lehrpersonen keine nennenswerten sprachregionalen Unterschiede (Kapitel 7.3.2.3). So finden sich beispielsweise in Bezug auf die Beschreibung von Lektionen, in denen neuer Stoff eingeführt wird, in allen drei Sprachregionen ungefähr gleich hohe Anteile „traditioneller" und eher „reformorientierter" Unterrichtsskripts.

Literatur

Bohnsack, R. (1997). Gruppendiskussionsverfahren und Milieuforschung. In B. Friebertshäuser & A. Prengel (Hrsg.), *Handbuch Qualitative Forschungsmethoden in der Erziehungswissenschaft* (S. 492-502). Opladen: Leske & Budrich.

Einsiedler, W. (2002). Das Konzept „Unterrichtsqualität". *Unterrichtswissenschaft, 30* (3), 194-196.

Givvin, K.B., Jacobs, J., Hollingsworth, H. & Hiebert, J. (2009). What is effective mathematics teaching? International educators' judgments of mathematics lessons from the TIMSS 1999 Video Study. In J. Cai, A. Kaiser, B. Perry & N.-Y. Wong (Hrsg.), *Effec-*

tive mathematics teaching from teachers' perspectives: National and cross-national studies* (S. 37-69). Rotterdam: Sense Publishers.

Helmke, A. (2003). *Unterrichtsqualität. Erfassen – bewerten – verbessern*. Seelze: Kallmeyer.

Hiebert, J., Gallimore, R., Garnier, H., Givvin, K.B., Hollingsworth, H., Jacobs, J., Chui, A.M., Wearne, D., Smith, M., Kersting, N., Manaster, A., Tseng, E., Etterbeek, W., Manaster, C., Gonzales, P. & Stigler, J. (2003). *Teaching Mathematics in Seven Countries: Results from the TIMSS 1999 Video Study* (NCES 2003-013). Washington, DC: National Center for Education Statistics.

Hollingsworth, H., Givvin, K.B. & Jacobs, J. (2003). *What is good mathematics teaching? International experts' judgments of mathematics lessons from the TIMSS 1999 Video Study*. Unveröffentlichtes Manuskript.

Krueger, R.A. (1994). *Focus groups: A practical guide for applied research* (2. ed.). Thousand Oaks: Sage.

Lamnek, S. (1998). *Gruppendiskussion. Theorie und Praxis*. Weinheim: Psychologie Verlags Union.

Litosseliti, L. (2003). *Using Focus Groups in Research*. London und New York: continuum.

Loos, P. & Schäffer, B. (2000). *Das Gruppendiskussionsverfahren: Theoretische Grundlagen und empirische Anwendung*. Opladen: Leske & Budrich.

Merton, R.K., Fiske, M. & Kendall, P.L. (1990). *The focused interview. A manual of problems and procedures*. New York: Free Press.

Morgan, D.L. (1998). *Focus Groups as Qualitative Research* (2. Ed.). Thousand Oaks: Sage.

Pauli, C. & Reusser, K. (2003). Unterrichtsskripts im schweizerischen und im deutschen Mathematikunterricht. *Unterrichtswissenschaft, 31* (3), 238-272.

Prenzel, M., Seidel, T., Lehrke, M., Rimmele, R., Duit, R., Euler, M. et al. (2002). Lehr-Lernprozesse im Physikunterricht – eine Videostudie. In M. Prenzel & J. Doll (Hrsg.), *Bildungsqualität von Schule: Schulische und ausserschulische Bedingungen mathematischer, naturwissenschaftlicher und überfachlicher Kompetenzen. Zeitschrift für Pädagogik, 45. Beiheft* (S. 139-156). Weinheim: Beltz.

Stigler, J. & Hiebert, J. (1999). *The Teaching Gap: Best ideas from the world's teachers for improving education in the classroom*. New York: Free Press.

Strauss, A.L., Corbin, J.M. & Legewie, H. (1996). *Grounded theory. Grundlagen qualitativer Sozialforschung*. Weinheim: Beltz Psychologie-Verlags-Union.

Christine Pauli & Kurt Reusser

7 Selbst- und Unterrichtswahrnehmung der Lehrpersonen

Dieses Kapitel beschäftigt sich mit den Lehrerinnen und Lehrern der gefilmten Klassen. Wie sehen sie ihren Unterricht und sich selbst als Lehrpersonen? Dargestellt werden Ergebnisse aus zwei schriftlichen Lehrpersonenbefragungen im Rahmen der internationalen sowie der schweizerischen Videostudie: Der *internationale Lehrerfragebogen* wurde von den Lehrpersonen in sechs der sieben teilnehmenden Länder (ohne Japan) gleich im Anschluss an die Videoaufnahme ausgefüllt. Ziel dieses Fragebogens war es zum einen, wichtige Kontextinformationen zur gefilmten Mathematikstunde zu erhalten, so unter anderem über die in der betreffenden Stunde verfolgten Lehrziele und die Einbettung der Stunde in eine grössere Unterrichtseinheit. Zudem sollte die Befragung auch Aufschluss darüber geben, inwieweit es sich bei der gefilmten Mathematikstunde tatsächlich über typischen bzw. alltäglichen Unterricht dieser Lehrperson handelte, und schliesslich erfasste der Fragebogen auch wichtige Merkmale der jeweiligen Lehrperson, insbesondere ihre Ausbildung, ihre fachliche Spezialisierung in Mathematik und ihre Bereitschaft, sich mit Reformkonzepten der Mathematikdidaktik auseinanderzusetzen. In der Schweiz wurde überdies ein umfangreicherer Fragebogen eingesetzt, der zusätzlich auf die Erfassung der Lehr- und Lernkonzepte (subjektive Theorien über Lehr- und Lernprozesse im Mathematikunterricht) und der Unterrichtsskripts der schweizerischen Lehrpersonen sowie auf deren Wahrnehmung des eigenen Unterrichts zielte.

Im Folgenden wird die theoretische und empirische Grundlegung der beiden Fragebogen zunächst kurz erläutert, bevor im zweiten Teil die Befragungsinstrumente und im dritten Teil die Ergebnisse dargestellt werden.

7.1 Theoretische und empirische Grundlegung

7.1.1 Unterrichtsgestaltung und professionelle Kompetenz von Lehrpersonen

Die Bedeutung der beruflichen Kompetenz der Lehrperson für die Qualität des Unterrichts ist unbestritten. Doch was genau macht einen „guten Lehrer", eine „gute Lehrerin" aus? Auf diese Frage kann auch die heutige Unterrichts- und Lehrerforschung keine einfachen Antworten geben (Terhart, 2006). Aktuelle Forschungsarbeiten, die sich mit der professionellen Kompetenz von Lehrpersonen befassen, orientierten sich mehrheitlich am Expertiseparadigma und gehen von einem professionellen Wissen und Können aus, das sich aus unterschiedlichen Komponenten zusammensetzt. Eine Reihe von Forschungsarbeiten hat sich mit der Struktur und den Inhalten des beruflichen Wissens beschäftigt und dabei eigentliche Topologien des Lehrerwissens entwickelt (vgl. Bromme, 1997; Messner & Reusser, 2000; Shulman, 1986). Auf der Basis dieser Arbeiten fokussiert die aktuelle Lehrerforschung vor allem drei Wissenskomponenten, nämlich das Fachwissen, das fachdidaktische Wissen (*pedagogical content knowledge*), und das pädagogische Wissen (Lipowsky, 2006); dazu kommen motivationale Orientierungen, selbstregulative Fähigkeiten sowie Werthaltungen und Überzeugungen (Baumert & Kunter, 2006; Leuchter, Pauli, Reusser & Lipowsky, 2006). Letztere lassen sich nicht trennscharf vom beruflichen Wissen im engeren Sinne abgrenzen und sind – im Sinne subjektiver Theorien – dadurch charakterisiert, dass sie, wissenschaftlichen Theorien ähnlich, der Erklärung und Vorhersage von unterrichtsrelevanten Phänomenen (wie beispielsweise Lehr- und Lernprozessen) aus der Sicht der Lehrpersonen dienen (Dann, 1994).

Bezüglich der Bedeutung des *fachlichen Wissens* für die Qualität des Unterrichts und den Lernerfolg der Schülerinnen und Schüler lässt sich die neuere empirische Forschungsliteratur gemäss Lipowsky (2006) und Baumert und Mitarbeitenden (2006) dahingehend zusammenfassen, dass für das Fach Mathematik mehrheitlich positive Zusammenhänge zwischen dem Fachwissen der Lehrperson und der Leistungsentwicklung der Schülerinnen und Schüler gefunden wurden, wobei das Fachwissen meist indirekt, zum Beispiel anhand der Studienjahre, der Art des Lehrdiploms oder der Anzahl besuchter Fortbildungskurse erfasst wurde. Auch ein gutes *fachdidaktisches* Wissen von Mathematiklehrpersonen scheint sich günstig auf die Leistungsentwicklung der Lernenden auszuwirken. Dies zeigte sich sowohl in Untersuchungen, welche das fachdidaktische Wissen indirekt – zum Beispiel anhand besuchter fachdidaktisch ausgerichteter Kurse – erfassten, als auch in Untersuchungen, in welchen das fachdidaktische Wissen mittels Tests und Befragungen direkt gemessen werden konnte (Hill, Rowan & Ball, 2004; Krauss et al., 2008).

Mit dem Einfluss von *Überzeugungen oder Beliefs* auf das Lehrpersonenhandeln hat sich eine ganze Reihe von Untersuchungen befasst, welche einerseits Effekte von epistemologischen Überzeugungen im Zusammenhang mit dem unterrichteten Schulfach (zum Beispiel „mathematisches Weltbild") und andererseits von Vorstellungen über (fachliche) Lehr- und Lernprozesse auf die Unterrichtsqualität und/oder die Leistungsentwicklung der Lernenden untersuchten (vgl. Calderhead, 1996; Muijs & Reynolds, 2002). Was die Beliefs über das Lehren und Lernen betrifft, so stand vor allem die Frage im Vordergrund, inwieweit die Vorstellungen der Lehrpersonen über Lehren und Lernen mit dem *konstruktivistischen Lernkonzept* der aktuellen Lehr- und Lernforschung übereinstimmen, welches auch den Qualitätskriterien eines aus didaktischer und fachdidaktischer Sicht guten Unterrichts zugrunde liegt. Verstehen die Lehrpersonen Lernen als Prozess, der in aktiver Auseinandersetzung mit dem Lerngegenstand in einem bestimmten Kontext (situativ) erfolgt, in dem neue Informationen mit dem Vorwissen verknüpft und Strukturen aufgebaut werden, wobei der Austausch mit andern (der Lehrperson, andern Lernenden) eine wesentliche Rolle spielt (Aebli, 1983; Shuell, 1996)? Oder gehen sie stattdessen von einem eher *rezeptiven oder behavioristisch geprägten Lernverständnis* aus und verstehen Lernen im Wesentlichen als passive Informationsaufnahme und Einüben von Verfahren? Je nachdem welcher Auffassung eine Lehrperson zuneigt, könnten in ihrem Unterricht andere Akzentsetzungen erwartet werden (Fennema & Franke, 1992; Peterson, Fennema, Carpenter & Loef, 1989) – bei konstruktivistisch orientierten Lehrpersonen zum Beispiel mehr Gelegenheiten für die aktive, problemlösende Auseinandersetzung mit anspruchsvollen Aufgaben und fachbezogenen Austausch zwischen den Lernenden, bei rezeptiv orientierten Lehrpersonen hingegen ein stärkerer Akzent auf genaues Vorzeigen und ausgiebiges Einüben von Prozeduren. Entsprechende Zusammenhänge zwischen

Beliefs und Lehrerhandeln konnten in mehreren Untersuchungen nachgewiesen werden (u.a. Dubberke et al., 2008; Hartinger, Kleickmann & Hawelka, 2006; Stipek, Givvin, Salmon & MacGyvers, 2001). Zusammenhänge wurden in einigen Untersuchungen auch zwischen konstruktivistisch orientierten Lehr- und Lernkonzepten der Lehrkräfte und dem Lernerfolg der Schülerinnen und Schüler festgestellt, sei es hinsichtlich der Leistungsentwicklung (Staub & Stern, 2002) oder hinsichtlich der Lernmotivation (Hartinger et al., 2006). Andere Untersuchungen weisen jedoch auch auf Widersprüche zwischen Lehrerüberzeugungen und Unterrichtsgestaltung hin bzw. fanden keine Zusammenhänge (z.B. Olafson & Schraw, 2006; Seidel, Schwindt, Rimmele & Prenzel, 2008). Obwohl also die Bedeutung von Lehrervorstellungen über Lehr- und Lernprozesse für die Unterrichtsgestaltung allgemein als wichtig anerkannt wird (Blömeke, Eichler & Müller, 2003; Muijs & Reynolds, 2002; Tharp & Dalton, 2007), ist die diesbezügliche empirische Evidenz bisher nicht eindeutig. Dies hat nicht zuletzt auch mit den Schwierigkeiten zu tun, subjektive Theorien und Überzeugungen von Lehrpersonen verlässlich zu erfassen (Leuchter et al., 2006) und festgestellte Inkonsistenzen zwischen Beliefs und dem Handeln sinnvoll interpretieren zu können (Philipp, 2007; Speer, 2008). Die in den einzelnen Untersuchungen verwendeten Vorgehensweisen und Instrumente fokussieren zudem teilweise unterschiedliche Aspekte der Lehr- und Lernkonzepte, was die Vergleichbarkeit der Untersuchungen zusätzlich erschwert.

In der Lehrerbefragung der schweizerischen Videostudie wurden die Überzeugungen der Lehrpersonen mithilfe eines bereits in früheren Untersuchungen eingesetzten Instruments erfasst, das so weit als möglich unverändert übernommen wurde: Erfasst wurden Lehrervorstellungen über Lehr- und Lernprozesse im Hinblick auf deren konstruktivistische Orientierung mithilfe einer Teilmenge von Items aus einem Fragebogen, der von Peterson und Mitarbeitenden (Peterson et al., 1989) entwickelt und eingesetzt und von Staub und Stern (2002) in einer übersetzten und erweiterten Version im deutschen Sprachraum verwendet worden war. Erfasst wurden ferner (im internationalen Fragebogen) die Vertrautheit mit reformorientierten Unterrichtskonzepten sowie Merkmale der Aus- und Weiterbildung der Lehrpersonen. Die Art der Ausbildung kann als indirekter Indikator für das fachliche Wissen der Lehrpersonen angesehen werden, besteht doch, wie Brunner et al. (2006) kürzlich wiederum gezeigt haben, ein deutlicher Zusammenhang zwischen dem fachlichen und fachdidaktischen Wissen von Lehrpersonen einerseits und ihrem Ausbildungsgang andererseits. An der Schnittstelle zwischen Lehrerkognitionen und Beschreibung des eigenen Unterrichts wurden mit Blick auf die Diskussionen um länderspezifische Unterrichtsskripts im Anschluss an die TIMSS-Dreiländer-Videostudie im schweizerischen Lehrerfragebogen auch *Unterrichtsskripts* der Lehrpersonen erfasst. Damit sollte zum einen eine Untersuchung von Zusammenhängen zwischen (länderspezifischen oder globalen) Inszenierungsmustern und zugrunde liegenden Lehr- und Lernkonzepten ermöglicht werden, wie sie verschiedentlich postuliert worden sind (z.B. Tharp & Dalton, 2007). Zum andern interessierten die Selbstbeschreibungen von Unterrichtsskripts auch im Zusammenhang mit den Ergebnissen der im Vorfeld der Studie durchgeführten Experten-Interviews, welche eher für ein Nebeneinander mehrerer Skripts als für ein einheitliches, für die Schweiz charakteristisches (kulturspezifisches) Unterrichtsskript gesprochen hatten (vgl. Abschnitt 7.1.2).

7.1.2 Die Perspektive der Lehrpersonen auf den eigenen Unterricht

Die Unterrichtswahrnehmung der gefilmten Lehrpersonen stellt insofern eine wichtige Ergänzung der Videoanalysen dar, als Letztere eine Aussen- bzw. Expertenperspektive auf eine einzige, zufällig ausgewählte Mathematikstunde vermitteln, während die Unterrichtswahrnehmung der Lehrpersonen (ebenso wie jene der Lernenden) eine Innensicht der Beteiligten repräsentiert und zudem den Zeithorizont der Unterrichtsbeschreibung über die gefilmte Lektion hinaus erweitert. Untersuchungen haben gezeigt, dass Lehrpersonen differenziert Auskunft über die didaktische und methodische Unterrichtsgestaltung geben können, während für die Erfassung leistungs- und motivationsrelevanter Prozessmerkmale des Unterrichts (wie zum Beispiel Klassenführung, Merkmale der sozialen Interaktion) die Befragung der Lernenden aussagekräftiger scheint (Clausen, 2002). Es ist deshalb sinnvoll, sowohl die Lernenden als auch die Lehrpersonen zu unterschiedlichen Aspekten der Unterrichtsgestaltung und -qualität zu befragen. So wurden die Lehrpersonen relativ detailliert über verschiedene Gestaltungsmerkmale ihres alltäglichen Unterrichts befragt. Neben der Selbsteinschätzung der Häufigkeit des Einsatzes unterschiedlicher Lehr- und Sozialformen interessierten speziell auch die Unterrichtsskripts der Lehrpersonen, insbesondere auch die Frage, ob sich aufgrund der Lehrpersonenaussagen ein Konsens in Bezug auf ein bestimmtes Unterrichtsskript zeigen würde. Diese Frage interessierte im Zusammenhang mit dem Konzept des kulturspezifischen Skripts und war zunächst im Anschluss an die Dreiländer-Videostudie von Stigler und Hiebert (1999) bezogen auf den amerikanischen, deutschen und japanischen Mathematikunterricht geäussert und in der Folge in verschiedenen weiteren Untersuchungen aufgegriffen worden (u.a. Blömeke et al., 2003; Pauli & Reusser, 2003; Seidel, 2003). Für die dreisprachige Schweiz stellte sich die Frage nach den Entsprechungen zwischen den von den Lehrpersonen beschriebenen Skripts einerseits und den in den Experten-Interviews von Expertinnen und Experten der Mathematik- und Allgemeinen Didaktik beschriebenen landestypischen Modellen von Mathematiklektionen in der Deutschschweiz und dem Tessin (vgl. Kapitel 3.2; Experten-Interviews) andererseits.

Zusammenfassend gehen wir in diesem Kapitel den folgenden Fragen nach:

* Wie lassen sich die gefilmten Lehrpersonen hinsichtlich ihrer Ausbildung (Fachstudium) und ihrem Arbeitspensum (Spezialisierung als Fachlehrpersonen für Mathematik) im internationalen Vergleich charakterisieren?
* In welchem Ausmass entsprechen ihre Vorstellungen über das Lehren und Lernen im Fach Mathematik einem konstruktivistischen Verständnis von Lehr- und Lernprozessen (nur schweizerische Lehrkräfte)?
* Welche Lehr- und Lernformen setzen die Schweizer Lehrpersonen in ihrem Mathematikunterricht nach eigenen Angaben häufig ein?
* Lässt sich aufgrund der Angaben der Lehrpersonen ein gemeinsam geteiltes „schweizerisches" Unterrichtsskript für den Mathematikunterricht rekonstruieren?
* Besteht ein Zusammenhang zwischen dem fachlichen und fachdidaktischen Wissen sowie dem Lehr- und Lernkonzept der Lehrpersonen und der Gestaltung ihres Unterrichts (internationale Videoanalysen)?

7.2   Methode

7.2.1   Stichprobe

Eine Beschreibung der Lehrpersonenstichprobe findet sich in Kapitel 2. Nicht alle Lehrpersonen füllten den schweizerischen Lehrerfragebogen aus. Es resultierte diesbezüglich eine reduzierte Stichprobe von $n = 124$ (vgl. Tabelle 7.1), was eine entsprechende Anpassung der Gewichtung erforderlich machte.

Tabelle 7.1: Stichprobe der Schweizer Lehrpersonen, welche den schweizerischen Lehrerfragebogen ausgefüllt haben, im Vergleich mit der Gesamtstichprobe, nach Schultyp

Schultyp	Internationaler Lehrerfragebogen		Schweizer Lehrerfragebogen	
	Anzahl LP	Prozentualer Anteil in Sprachregion	Anzahl LP	Prozentualer Anteil in Sprachregion
Deutschsprachige Schweiz				
Realschulen (Grundansprüche)	26	35.1	25	35.2
Sekundarschulen (erweiterte Ansprüche)	38	51.4	36	50.7
Progymnasium (hohe Ansprüche)	10	13.5	10	14.1
Französischsprachige Schweiz				
Exigences élémentaires (Grundansprüche)	5	12.8	5	17.9
Exigences moyennes (erweiterte Ansprüche)	20	51.3	14	50.0
Gymnasium (hohe Ansprüche)	14	35.9	9	32.1
Italienischsprachige Schweiz				
Corso base (Grundansprüche)[1]	9	33.3	9	36.0
Corso attitudinale (erweiterte Ansprüche)	18	66.7	16	64.0
Total Schweiz	140			124.0

Anmerkungen:
LP = Lehrpersonen
1   „Corso base" und „Corso attitudinale" bezeichnen Niveau-Kurse, welche im Fach Mathematik gebildet werden.

7.2.2   Instrumentarium

Der internationale Lehrerfragebogen wurde vom für die Schweiz zuständigen Mitglied der internationalen Code-Entwicklungsgruppe vom Englischen ins Deutsche übersetzt und in Zusammenarbeit mit der Zürcher Projektgruppe an die schweizerischen Gegebenheiten angepasst. Die Übersetzung und Anpassung der italienisch- und französischsprachigen Versionen erfolgte durch die Kooperationspartner in Bellinzona und Genf. Der schweizerische Lehrerfragebogen wurde für die Westschweiz und das Tessin durch französisch- bzw. italienischsprachige Übersetzer übersetzt und von den Projektgruppen in der Westschweiz und im Tessin kontrolliert und überarbeitet. Die Dateneingabe erfolgte in Genf und Bellinzona, die Auswertung der Daten in Zürich. Nach Möglichkeit wurde bei der Datenauswertung mit theoretisch begründeten und/oder aus früheren Untersuchungen bereits vorliegenden Skalen gearbeitet. Ein faktorenanalytischer Zugang war wegen der kleinen Fallzahl nur bedingt und auf der Basis der gesamtschweizerischen Stichprobe möglich. Vor allem in der Westschweiz und im Tessin war die Fallzahl im Verhältnis zur einzubeziehenden Anzahl der Items in der Regel zu klein. Die Überprüfung der Skalen (Reliabilität und Trennschärfen) wurde jeweils sowohl für die ganze Schweiz als auch getrennt für die drei Sprachregionen gerechnet. Dies führte teilweise zum Ausschluss weiterer Items aus der Skala aufgrund unbefriedigender Trennschärfen in einer oder mehreren Sprachregionen. In einigen Fällen erwies es sich als unmöglich, eine Skala zu bilden, welche in allen drei Sprachregionen befriedigende Kennwerte aufwies. Einzelne Aspekte konnten deshalb nicht in allen Sprachregionen untersucht werden, zudem waren einzelne Fragen nicht in allen Sprachregionen gestellt worden. Die im vorliegenden Kapitel behandelten Dimensionen der Lehrerbefragung sind in Tabelle 7.2 zusammengefasst.

Tabelle 7.2: Dimensionen der Lehrpersonenbefragung

Lehrermerkmale	Lehrersicht auf den eigenen Unterricht
Ausbildung[1]	Angaben zur gefilmten Mathematikstunde[1]
Zusammensetzung des Pensums[1]	Unterrichtsskripts[2]
Reformbereitschaft[1]	Lehr- und Lernformen[2]
Fachbezogene Kooperation[2]	
Vorstellungen über Lehr- und Lernprozesse (konstruktivistische Orientierung)[2]	

1   Internationaler Lehrerfragebogen
2   Schweizer Lehrerfragebogen

Lehrermerkmale

Fachstudium Mathematik: Im internationalen Lehrerfragebogen wurden die Lehrpersonen detailliert nach ihrer Ausbildung befragt. Die entsprechende Frage wurde in den drei Schweizer Versionen (deutsch, französisch, italienisch) an die Verhältnisse in der Schweiz angepasst. Da sich die Lehrerbildungen zum Zeitpunkt der Datenerhebung kantonal sehr unterschiedlich präsentierten, ist eine vergleichende Sicht über die ganze Schweiz schwierig und ausserdem wenig aussagekräftig, weshalb darauf verzichtet wird. Im internationalen Lehrerfragebogen wurde jedoch zusätzlich erfasst, ob ein Fachstudium in Mathematik auf universitärer Stufe von mindestens zwei Jahren Dauer absolviert worden war. Diese letztere Angabe wurde in die Auswertungen einbezogen als (indirekter) Indikator für das mathematische und mathematikdidaktische Fachwissen der Lehrpersonen.

Zusammensetzung des Arbeitspensums: Im internationalen Lehrerfragebogen gaben die Lehrpersonen den wöchentlichen Zeitaufwand (in Stunden) pro Aktivität für eine Liste von berufsbezogenen Tätigkeiten an.

Reformbereitschaft: Im internationalen Fragebogen wurde die Reformbereitschaft der Lehrpersonen mit zwei Items erfasst. Sie lauteten für die Deutschschweiz: „Im Allgemeinen halte ich mich über neue Ideen und Lehrmethoden für den Mathematikunterricht auf dem Laufenden" und „Im Allgemeinen fällt es mir leicht, neue Lehrmethoden für den Mathematikunterricht im Klassenzimmer auszuprobieren" (Antwortformat: 1 = das trifft nicht zu; 2 = keine Meinung; 3 = das trifft zu).

Überzeugungen in Bezug auf Lehr- und Lernprozesse (konstruktivistisches Lehr- und Lernkonzept): Für die Erfassung der Vorstellungen über die optimale Gestaltung von Lehr- und Lernprozessen im Mathematikunterricht – sie werden im Folgenden vereinfachend auch als Lehr- und Lernkonzepte der Lehrpersonen bezeichnet –, wurden Teile eines Fragebogens von Staub und Stern (2002), einer deutschsprachigen Adaptation eines Fragebogens von Peterson et al. (1989), eingesetzt. Dieser Fragebogen war ursprünglich für Mathematiklehrpersonen an der Unterstufe entwickelt worden und wurden für die Videostudie in Kooperation mit Fritz C. Staub an die Gegebenheiten der Sekundarstufe I angepasst. Von den 48 Items des Originalfragebogens wurden 17 Items verwendet. Die Items waren zur Hälfte so formuliert, dass eine hohe Zustimmung einem konstruktivistischen Verständnis entsprach, und zur andern Hälfte so, dass ein hoher Wert gerade nicht eine konstruktivistische Auffassung abbildete (Negativ-Items). Diese letzteren Items stellten das genaue Vorzeigen, Anleiten und Einüben von Prozeduren in den Vordergrund (Beispiel: „Schüler/innen sollten häufig Gelegenheiten haben, den Musterlösungen ihrer Lehrperson folgen zu können [Vorlösen der Aufgaben durch die Lehrperson]), während Positiv-Items die kognitive Schüleraktivität, die Bedeutung des selbstständigen Entdeckens, des Beschreitens eigener Lösungswege und des Austauschs über unterschiedliche Lösungsverfahren in der sozialen Interaktion mit Mitschülerinnen und Mitschülern sowie der Lehrperson betonten (Beispiel: „Es hilft Schülern, Mathematik zu begreifen, wenn man sie ihre eigenen Lösungsideen diskutieren lässt."). Die Lehrpersonen gaben auf einer vierstufigen Antwortskala (1 = stimmt gar nicht bis 4 = stimmt genau) ihre Zustimmung zu den Aussagen an, und dies je zweimal: Zum einen im Hinblick auf „überdurchschnittliche bis sehr gute" Schülerinnen und Schüler, zum anderen im Hinblick auf „unterdurchschnittliche bis schwache" Schülerinnen und Schüler. Für die Weiterverarbeitung wurden die Durchschnittswerte der für die überdurchschnittlichen und unterdurchschnittlichen Schülerinnen und Schüler verwendet oder es wurde mit den Skalen betreffend „guter Schüler" versus „schwacher Schüler" einzeln gearbeitet. Nach Umpolung der Negativ-Items wurde ein Summenscore bzw. eine Skala (13 Items) „Konstruktivistisch orientiertes Lernverständnis" gebildet, welche in allen drei Sprachregionen befriedigende Reliabilitäten erreichte (ganze Schweiz: $\alpha = .80$; Deutschschweiz: $\alpha = .79$, Tessin $\alpha = .77$, Westschweiz $\alpha = .86$; Mittelwert $M = 2.74$; Standardabweichung $SD = .35$). Lehrpersonen mit hoher Ausprägung auf dieser Skala weisen ein eher konstruktivistisch orientiertes Verständnis von Lehr- und Lernprozessen auf.

Unterrichtsgestaltung aus Lehrersicht

Einschätzung der gefilmten Mathematikstunde: Im internationalen Lehrerfragebogen wurden die Lehrpersonen gefragt, inwieweit die Gestaltung der gefilmten Mathematikstunde ihren alltäglichen Unterricht widerspiegle. Unter der Überschrift „Wie typisch war die gefilmte Lektion?" wurde eine Reihe von Fragen zu den eingesetzten Methoden, zur Schwierigkeit des Inhalts und zum Verhalten der Schülerinnen und Schüler gestellt. In der deutschsprachigen Version lauteten die Fragen: „Wie oft benutzen Sie die Lehrmethoden, die Sie in der gefilmten Lektion anwenden?" (Antwortformat: selten – manchmal – oft –

fast immer); „Wie würden Sie das Betragen der Schülerinnen und Schüler während der gefilmten Lektion beschreiben?" (Antwortformat: besser als normalerweise – ziemlich normal – wie immer – schlechter als normalerweise).

Lehr- und Lernformen im Unterricht: Für die Beschreibung der methodisch-didaktischen Gestaltung des Unterrichts über die gefilmte Mathematikstunde hinaus gaben die Lehrpersonen auf einer Liste von 31 Lehr- und Lernformen an, wie häufig sie diese im Unterricht einsetzen (1 = weniger als einmal im Monat; 2 = ein- bis zweimal pro Monat; 3 = einmal pro Woche; 4 = zwei- bis dreimal pro Woche; 5 = (fast) jede Lektion). Die Liste war in einer früheren Untersuchung von Stebler und Reusser (2000) verwendet worden und wurde für die Videostudie durch einige neue Items ergänzt.

Unterrichtsskripts: Die Lehrpersonen wurden aufgefordert, ein „persönliches Grundmuster" darzustellen, nach welchem eine alltägliche Mathematikstunde bei ihnen üblicherweise abläuft, und zwar – nach Bedarf – je für eine Einführungs- und für eine Vertiefungs- und Übungslektion. Die Möglichkeit, Einführungs- und Vertiefungslektionen zu unterscheiden, wurde aufgrund der zuvor in der Deutschschweiz und dem Tessin durchgeführten Experten-Interviews (vgl. Kapitel 3.2) angeboten; es stand den Lehrpersonen jedoch frei, nur ein Muster anzugeben, falls diese Unterscheidung für sie nicht relevant war. Nach einer kurzen Einleitung und einem (frei erfundenen) Beispiel folgte je eine leere A4-Seite, in welche die Abfolge der Aktivitäten der Lehrperson und der Lernenden im Verlauf der Lektion in eigenen Worten einzutragen war. Die Beschreibungen der Lehrpersonen wurden anschliessend durch zwei Codiererinnen inhaltsanalytisch ausgewertet (vgl. im Detail 7.3.2.3).

7.3   Ergebnisse

Im Folgenden gehen wir zuerst auf Merkmale der Lehrpersonen ein. Anschliessend werden Ergebnisse zur Selbstwahrnehmung der Unterrichtsgestaltung durch die Lehrpersonen und zum Schluss Ergebnisse zum Zusammenhang zwischen Lehrerwissen und der Gestaltung der videografierten Mathematikstunden dargestellt. Die Datenauswertung erfolgte – analog zu den internationalen Auswertungen der Videoanalysen – mit der Software Wesvar 4.0 (Westat, 2000). Die statistische Absicherung sämtlicher Paarvergleiche (zwischen den Sprachregionen) erfolgte unter Berücksichtigung der Bonferroni-Korrektur; dargestellt werden nur Unterschiede, welche auf dem Niveau von $p < .05$ signifikant sind.

7.3.1   Lehrpersonenmerkmale

Die von den Lehrpersonen angegebene Zusammensetzung des wöchentlichen Arbeitspensums ergibt einen Anhaltspunkt darüber, ob die Lehrpersonen eher die Rolle von Fachspezialistinnen für Mathematik oder eher von Generalisten innehaben und zeigt, wie viel Zeit die gefilmten Lehrpersonen für das Fach Mathematik aufwenden konnten. Tabelle 7.3 fasst die von den Lehrpersonen angegebene Aufteilung der wöchentlichen Arbeitsstunden im internationalen Vergleich zusammen.

Die Ergebnisse machen deutlich, dass vor allem in der Deutschschweiz an den gefilmten Klassen zum Teil „Generalisten" oder „Allrounderinnen" unterrichteten, für welche

Tabelle 7.3: Durchschnittliche wöchentlich aufgewendete Zeit in Stunden für Mathematikunterricht und andere berufliche Aktivitäten der Lehrpersonen: Internationaler und regionaler Vergleich (Angaben der Lehrpersonen)

	AU	CZ	HK	NL	USA	CH		D-CH	I-CH	F-CH
Mathematikunterricht[1]	12	14	13	20	18	11		9	17	13
Unterricht andere Fächer[2]	4	8	6	3	4	13		17	3	9
Fachbezogene Kooperation[3]	2	1	1	1	2	2		2	1	1
Math-bezogene Aktivitäten in Schule[4]	6	6	9	3	7	3		3	2	3
Math-bezogene Aktivitäten zu Hause[5]	6	6	5	8	6	5		4	7	6
andere schulbezogene Aktivitäten[6]	6	8	7	4	5	9		11	6	7

Anmerkungen:
1   Mathematikunterricht: CZ, HK>CH; NL, USA>AU, CZ, HK, CH. Schweizer Regionen: I-CH, F-CH>D-CH
2   Unterricht andere Fächer: CZ>AU, NL, USA; HK>NL; CH>AU, CZ, HK, NL, USA. Schweizer Regionen: D-CH>I-CH, F-CH; F-CH>I-CH
3   Fachbezogene Kooperation: AU, CH>HK. Schweizer Regionen: D-CH>F-CH
4   Math-bezogene Aktivitäten in der Schule: AU, CZ, HK, US>NL, CH
5   Math-bezogene Aktivitäten zu Hause: NL>CZ, HK, CH. Schweizer Regionen: F-CH, I-CH>D-CH
6   Andere schulbezogene Aktivitäten: HK>NL; CH>NL, USA. Schweizer Regionen: D-CH>F-CH, I-CH
Quelle (internationaler Vergleich): Hiebert et al. (2003, S. 20)

das Fach Mathematik nur eines von mehreren Fächern darstellt, während in der Westschweiz und besonders im Tessin eine deutlich stärkere Spezialisierung der Lehrpersonen vorherrschte. Diese Differenz widerspiegelt sich auch in regionalen Unterschieden hinsichtlich der fachlichen Ausbildung in Mathematik. Da ein internationaler und nationaler Vergleich der Ausbildung der schweizerischen Lehrpersonen aufgrund der föderalistischen Vielfalt der Lehrerbildungsgänge nicht sinnvoll scheint und sich die Lehrerbildungsgänge seit der Befragung durch die Verschiebung der Lehrerbildung auf die Tertiärstufe grundlegend verändert haben, beschränkt sich unsere diesbezügliche Auswertung auf die Unterscheidung von Lehrpersonen mit versus ohne ein mindestens zwei Jahre dauerndes Fachstudium in Mathematik auf Universitätsstufe. Tabelle 7.4 zeigt, dass sich die Sprachregionen hinsichtlich des Anteils von Lehrpersonen mit Fachstudium in Mathematik unterscheiden.

Tabelle 7.4: Prozentualer Anteil der gefilmten Lehrpersonen in der Deutschschweiz, dem Tessin und der Westschweiz, welche über ein mindestens zwei Jahre dauerndes Fachstudium in Mathematik auf Universitätsstufe verfügten

Ganze Schweiz	Deutschschweiz	Tessin	Westschweiz
55%	44%	88%	71%

Deutschschweiz < Tessin, Westschweiz; Westschweiz < Tessin

Aufgeschlüsselt nach Schultypen, zeigt sich, dass in der Deutschschweiz und Westschweiz Lehrpersonen ohne universitäre Fachausbildung in Mathematik wie zu erwarten vor allem auf der Stufe der Grundanforderungen, teilweise aber auch auf der Stufe mit erweiterten Anforderungen unterrichten, während in beiden Regionen an den Gymnasien ausschliess-

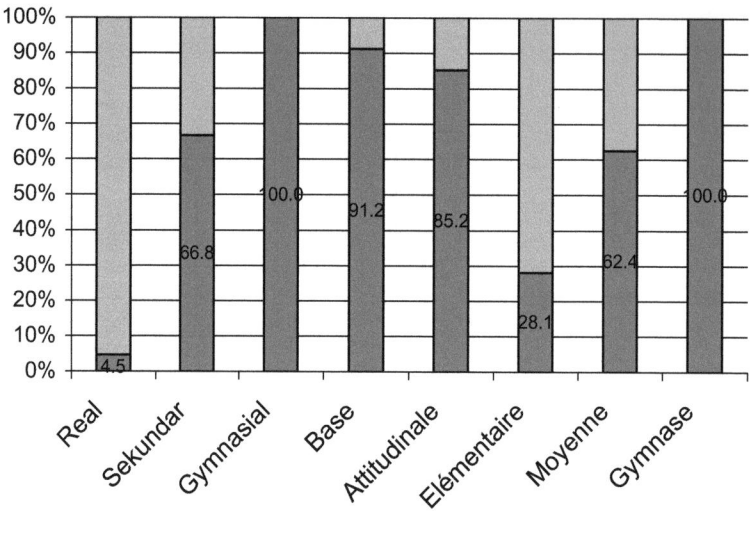

Mathestudium > 2 Jahre ☐ kein Studium

Anmerkungen:
Deskriptive Auswertung. Real = Realschule (Grundanforderungen Deutschschweiz); Sekundar = Sekundarschule (erweiterte Anforderungen Deutschschweiz); Gymnasial: Untergymnasium bzw. gymnasiale Klassen
Deutschschweiz. Base = Corso Base (tieferes Niveau Tessin); Attitudinale = Corso Attitudinale (= höheres Niveau Tessin). Elémentaire = Exigences élémentaires (Grundanforderungen Westschweiz); Moyenne = Exigences
moyennes (erweiterte Anforderungen Westschweiz); Gymnase (Gymnasiale Klassen Westschweiz).

Abbildung 7.1: Lehrpersonen mit versus ohne Fachstudium in Mathematik auf Universitätsstufe von mindestens zwei Jahren Dauer, nach Schultypen in der Schweiz, in Prozent.

lich Lehrpersonen mit universitärem Fachstudium tätig sind. Im Tessin unterrichten in
beiden Kursniveaus grösstenteils Lehrpersonen mit Fachstudium auf universitärer Stufe
(vgl. Abbildung 7.1).
    Dies spiegelt sich auch in der Zusammensetzung des in Tabelle 7.3 dargestellten wö-
chentlichen Pensums bzw. in der Anzahl wöchentlich unterrichteter Mathematiklektionen
wider: In allen drei Sprachregionen besteht diesbezüglich ein signifikanter Unterschied
zwischen Lehrpersonen mit versus solchen ohne Mathematikstudium (Deutschschweiz:
$F(50) = 51.663$, $p < .001$; Tessin: $F(50) = 7.91$, $p < .005$); Westschweiz: $F(5) = 16.699$,
$p < .001$): Lehrpersonen mit Mathematikstudium unterrichteten ein stärker auf Mathematik spezialisiertes Pensum.
    Neben der fachlich-mathematischen Ausbildung auf universitärem Niveau wurde im
internationalen Fragebogen auch die Selbsteinschätzung der Lehrpersonen hinsichtlich
der Vertrautheit mit aktuellen fachdidaktischen Konzepten und Modellen erfragt. Abbildung 7.2 zeigt die Ergebnisse des internationalen Vergleichs.
    Innerhalb der Schweiz unterscheiden sich die Lehrpersonen bezüglich der (selbst
eingeschätzten) Vertrautheit mit aktuellen mathematikdidaktischen Konzepten weder in
Bezug auf die Sprachregionen noch in Bezug auf die universitäre Fachausbildung in Mathematik (mit Ausnahme eines im Tessin verglichen mit der Deutschschweiz grösseren
Anteils an Lehrpersonen, welche „keine Meinung" hatten).

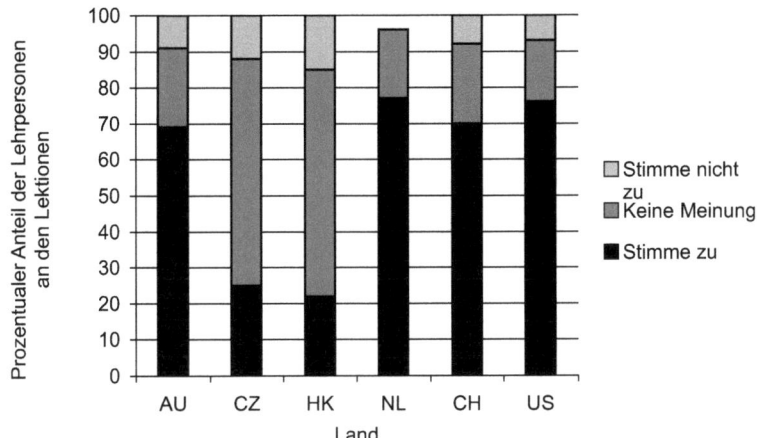

Stimme zu: AU, NL, CH, US>CZ, HK
Keine Meinung: CZ, HK>AU, NL, CH, US
Stimme nicht zu: Keine signifikanten Unterschiede
Anmerkung:
Die Prozentzahlen ergeben infolge Rundung oder nicht berichteter Daten zusammengezählt nicht immer 100.
Quelle: Hiebert et al. (2003, S. 25)

Abbildung 7.2: Prozentuale Anteile von Lehrpersonen in Bezug auf ihre Einschätzung, mit aktuellen Konzepten in Bezug auf das Mathematiklehren und -lernen vertraut zu sein, in sechs Ländern (ohne Japan).

Vorstellungen über Lehr- und Lernprozesse (konstruktivistisches Lehr- und Lernverständnis): Tabelle 7.5 zeigt anhand der Ausprägung auf der vierstufigen Skala „Konstruktivistisches Lehr- und Lernverständnis", inwieweit die schweizerischen Lehrpersonen zu einem konstruktivistisch orientierten Lehr- und Lernverständnis tendieren. Wie in Abschnitt 7.2.2 erwähnt, beantworteten die Lehrpersonen die Frage nach der optimalen Förderung des Mathematiklernens im Unterricht einerseits bezogen auf überdurchschnittlich und andererseits bezogen auf unterdurchschnittlich leistungsfähige Schülerinnen und Schüler. Die Auswertung erfolgte sowohl getrennt für die beiden Schülergruppen wie auch bezogen auf den für jede Lehrperson errechneten Durchschnittswert (über- und unterdurchschnittlich leistungsfähige Lernende; in der Tabelle als „alle Schülerinnen und Schüler" bezeichnet).

Insgesamt stimmen die Mathematiklehrpersonen einem konstruktivistischen Lehr- und Lernverständnis tendenziell eher zu. Besonders gross ist die Zustimmung, wenn sie überdurchschnittlich leistungsfähige Lernende vor Augen haben. In Bezug auf das Lernen unterdurchschnittlich leistungsfähiger Schülerinnen und Schüler unterscheiden sich die Sprachregionen signifikant (Gesamtmodell: $F(50)=5.545$, $p <.05$): Die Tessiner Lehrpersonen weisen ein stärker konstruktivistisch orientiertes Lehr- und Lernverständnis auf als die Lehrpersonen in der Deutschschweiz. Tessiner Lehrpersonen unterscheiden zudem weniger stark zwischen besseren und schwächeren Schülerinnen und Schülern als die Deutschschweizer Lehrpersonen (in der Tabelle nicht dargestellt, $F(50)=6.269, p <.005$). Anders als die Sprachregion spielt das Fachstudium in Mathematik auf Universitätsstufe für die konstruktivistische Orientierung des Lehr- und Lernverständnisses keine Rolle.

Tabelle 7.5: Konstruktivistische Orientierung des Lehr- und Lernverständnisses nach Sprachregion

	Ganze CH N=124 M (SD)	D-CH N=71 M (SD)	I-CH N=25 M (SD)	F-CH N=28 M (SD)
Konstruktivismus, alle Ss	2.72 (.36)	2.69 (.31)	2.84 (.31)	2.74 (.44)
Konstruktivismus, gute Ss	3.15 (.34)	3.16 (.34)	3.12 (.33)	3.13 (.34)
Konstruktivismus, schw. Ss	2.29 (.49)	2.22 (.41)	2.56 (.43)	2.37 (.60)

Anmerkungen:
D-CH: Deutschschweiz; I-CH: Tessin; F-CH: Westschweiz. 4-stufiges Antwortformat (1=stimmt gar nicht; 2=stimmt eher nicht; 3=stimmt eher; 4=stimmt genau)
„Alle Ss": Durchschnitt aus Wert für überdurchschnittlich und unterdurchschnittlich leistungsfähige Lernende; „gute Ss": Wert für überdurchschnittlich leistungsfähige Lernende, „schw. Ss": Wert für unterdurchschnittlich leistungsfähige Lernende
Paarvergleiche: Konstruktivismus, schwächere Ss: D-CH < I-CH

7.3.2 Unterrichtsgestaltung aus der Sicht der Lehrpersonen

7.3.2.1 Einschätzung der gefilmten Mathematikstunde
Die Einschätzungen der gefilmten Mathematikstunde hinsichtlich der eingesetzten Lehrmethoden sowie des Verhaltens der Schülerinnen und Schüler durch die Lehrpersonen im internationalen Vergleich sind in den Abbildungen 7.3 und 7.4 dargestellt.

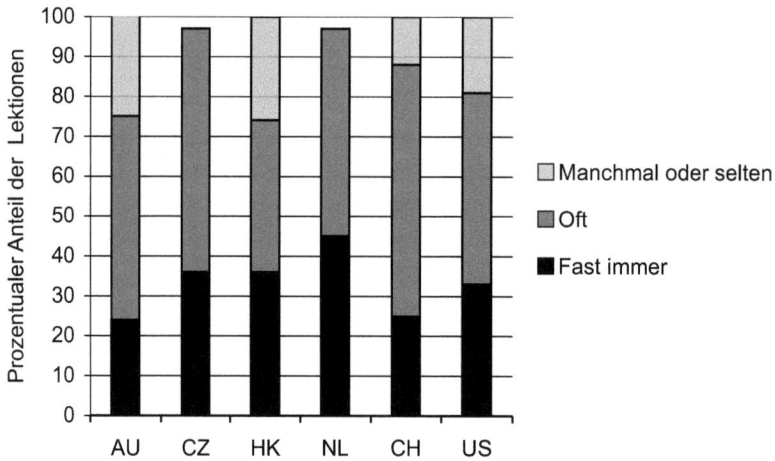

Fast immer: keine signifikanten Unterschiede. Oft: CZ, CH>HK
Manchmal oder selten: keine signifikanten Unterschiede
Anmerkung:
Die Prozentzahlen ergeben aufgrund von Rundungen und nicht berichteten Daten zusammengezählt nicht immer 100.
Quelle: Hiebert et al. (2003, S. 28)

Abbildung 7.3: Einschätzung der gefilmten Mathematikstunde durch die Lehrperson hinsichtlich der Häufigkeit, mit der die eingesetzten Lehrmethoden üblicherweise eingesetzt werden.

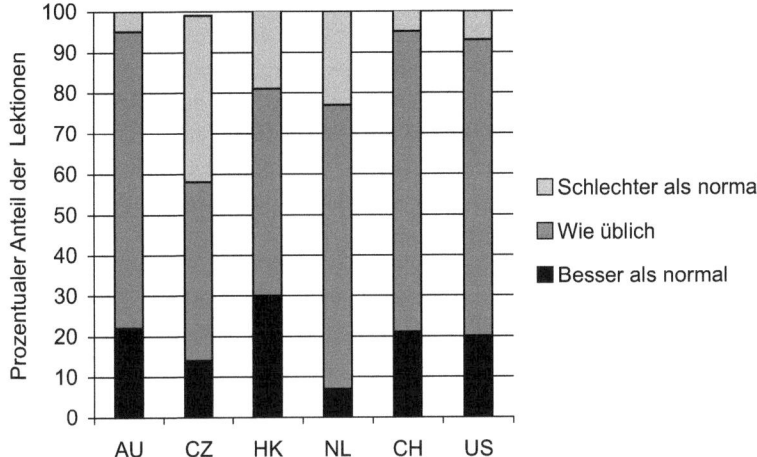

Besser als gewöhnlich: HK>NL
Ungefähr gleich: AU, NL, CH, US>CZ; CH>HK
Schlechter als gewöhnlich: CZ>AU, CH, US
Anmerkung:
Infolge Rundung ergeben die Prozentangaben zusammengezählt nicht immer 100.
Quelle: Hiebert et al. (2003, S. 29)

Abbildung 7.4: Einschätzung des Schülerverhaltens in der gefilmten Mathematikstunde durch die Lehrpersonen

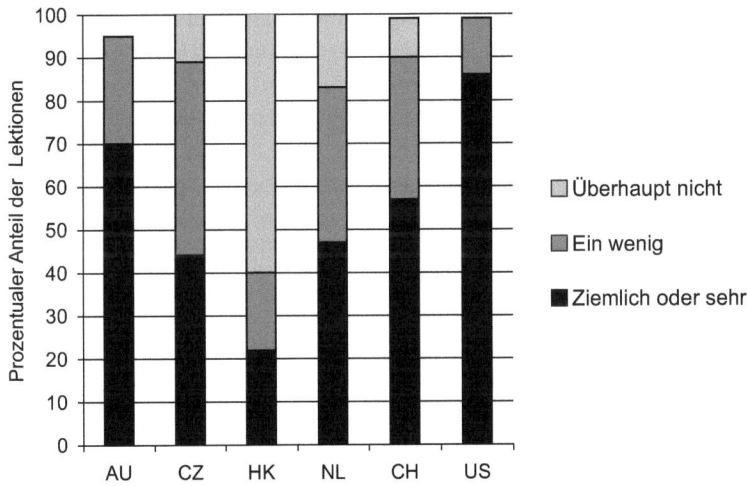

Ziemlich oder sehr: AU, CZ, NL, CH, US>HK; AU, US>CZ; US>NL, CH
Ein wenig: CZ, NL, CH>US; CZ>HK
Überhaupt nicht: HK>CZ, NL, CH
Schweiz, nach Sprachregionen: keine signifikanten Unterschiede
Anmerkung:
Die Prozentzahlen ergeben infolge Rundung oder nicht berichteter Daten zusammengezählt nicht immer 100.
Quelle: Hiebert et al. (2003, S. 26)

Abbildung 7.5: Prozentuale Anteile der Lehrpersonen in sechs Ländern in Bezug auf die Zustimmung zur Frage, inwieweit die gefilmte Mathematikstunde aktuellen mathematik-didaktischen Konzepten entspreche.

Wie aus den Abbildungen 7.3 und 7.4 hervorgeht, schätzen die Lehrpersonen die gefilmten Mathematikstunden sowohl hinsichtlich der eingesetzten Lehrmethoden als auch hinsichtlich des Schülerverhaltens mehrheitlich als durchaus alltäglich ein: Die verwendeten Lehrmethoden werden von der grossen Mehrheit der Lehrpersonen nach eigenen Angaben entweder oft oder fast immer verwendet und auch das Schülerverhalten wich in der Beurteilung der meisten Lehrpersonen nicht besonders vom üblichen Verhalten ab, mit Ausnahme der tschechischen Lektionen, bei denen immerhin 41 % der Lehrpersonen das Schülerverhalten als schlechter als normal beurteilten.

Auch hinsichtlich der Schwierigkeit der Inhalte (ohne Abbildung) zeigten sich keine grösseren Abweichungen: Zwischen 75 % (USA) und 92 % (Niederlande) der Lehrpersonen bezeichneten die Schwierigkeit des in der gefilmten Mathematikstunde bearbeiteten Stoffs als gleich wie üblich (Schweiz: 88 %). Innerhalb der Schweiz zeigten sich bei allen drei Merkmalen keine Unterschiede zwischen den Sprachregionen. Auch in Bezug auf die Einschätzung der Lehrpersonen, in welchem Ausmass die gefilmte Mathematikstunde aktuellen mathematikdidaktischen Konzepten entspreche (vgl. Abbildung 7.5), zeigen sich innerhalb der Schweiz keine bedeutsamen Unterschiede. Deshalb wird auch in dieser Abbildung nur der internationale Vergleich dargestellt. Für weitere Ergebnisse zum Kontext der gefilmten Mathematikstunde im internationalen Vergleich verweisen wir auf den internationalen Bericht (Hiebert et al., 2003, Kapitel 2).[1]

7.3.2.2 Häufigkeit des Einsatzes von Lehr- und Lernformen
Anhaltspunkte für den Einsatz von Lehr- und Lernformen über die videografierten Lektionen hinaus vermitteln die Beschreibungen der eigenen methodischen Unterrichtsgestaltung durch die Lehrpersonen, welche sich auf den Mathematikunterricht im Allgemeinen beziehen. Solche Einschätzungen waren im schweizerischen Lehrerfragebogen erfragt worden. Abbildung 7.6 zeigt die durchschnittliche Häufigkeit des Einsatzes verschiedener Lehr- und Lernformen in den Mathematikstunden aus der Sicht der Lehrpersonen (Einzel-Items). Über alle Lehrpersonen hinweg gesehen zeigen sich dabei als Spitzenreiter – mindestens einmal pro Woche eingesetzt – die „Stillarbeit" (selbstständige Schülerarbeit), das Vorlösen von Aufgaben durch eine Schülerin oder einen Schüler, das Abfragen der Lernenden, das Erklären oder Vorlösen von Aufgaben durch die Lehrperson und fragend-entwickelndes Lehrgespräch. Es sind dies Lehr- und Lernformen, welche man eher mit einem traditionellen Unterricht assoziieren würde. Interessant ist, dass sich unter den wöchentlich mindestens einmal eingesetzten Lehrformen auch zwei finden, welche in die Richtung eines diskursiven Unterrichts weisen, nämlich der Einsatz Schülerinnen und Schülern als Lernhelfer und die Diskussion von Lösungswegen. Im Mittelfeld (> 2 = ein bis zweimal pro Monat) finden sich neben dem Abschreiben von der Wandtafel und dem Lehrervortrag mit dem Entdecken von Lösungswegen durch die Lernenden, der individuellen Lernberatung und der Planarbeit (Wochenplan) weitere didaktische Arrangements, welche einem

---

1 Referiert werden im internationalen Bericht Ergebnisse zu folgenden Aspekten: Merkmale der Ausbildung, Lehrpraxis in Jahren, Lehrziele für die gefilmte Mathematikstunde, Faktoren, welche die Themenwahl für die gefilmte Lektion beeinflussten (unter anderem Lehrplan, Lehrbuch, bevorstehende Prüfungen, Schülerinteresse usw.), weitere Anhaltspunkte in Bezug auf die Typikalität der Stunde wie Schülerverhalten, Vorbereitungsaufwand und eingesetzte Lehrformen im Vergleich zu gewöhnlichen Mathematikstunden (vgl. Hiebert et al., 2003, S. 15 ff.).

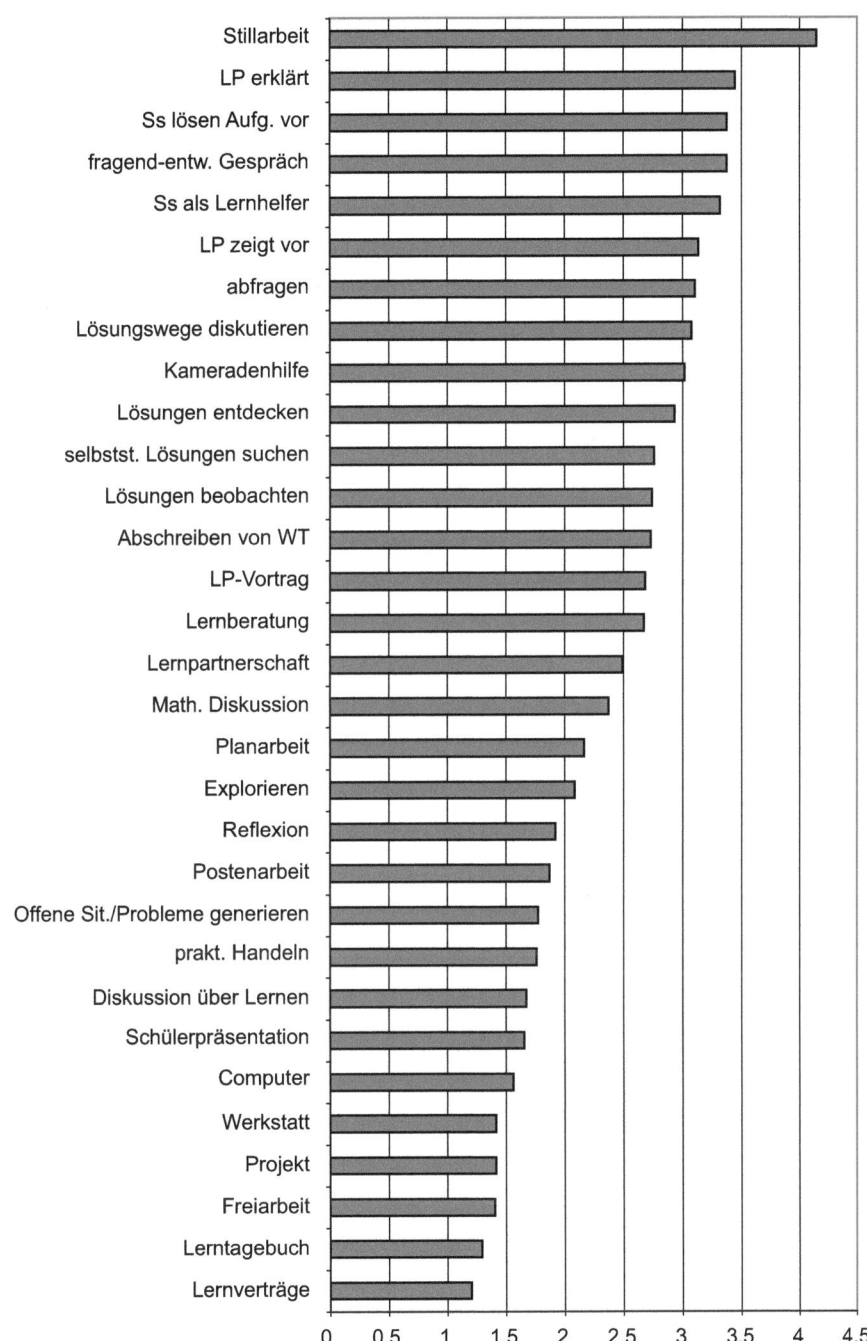

Anmerkungen:
Antwortformat: 1 = weniger als einmal pro Monat; 2 = ein- bis zweimal pro Monat; 3 = einmal pro Woche; 4 = zwei- bis dreimal pro Woche; 5 = (fast) jede Lektion. Einzel-Items, ganze Schweiz (*N* = 124). LP = Lehrperson; S und Ss = Schüler/Schülerinnen; WT = Wandtafel.

Abbildung 7.6: Häufigkeit des Einsatzes von 31 Lehrformen, Angaben der Lehrpersonen

problemorientierten und individualisierenden Unterricht entsprechen, während „offene"
Lehrformen wie beispielsweise Projektunterricht, Freiwahlarbeit, offene Situationen, in
denen die Lernenden selbstständig Probleme generieren sowie das Arbeiten an Computern
im Durchschnitt unter die selten eingesetzten Lehrformen fallen.

Um einen Anhaltspunkt über mögliche sprachregionale Akzentuierungen der Lehrpersonen in Richtung eines eher gelenkten Unterricht im Gegensatz zu einem eher schülerorientierten, Freiräume für selbstständige Problemlösungsaktivitäten gewährenden Unterricht
zu gewinnen, wurden mittels einer explorativen Faktorenanalyse zwei Skalen –„Gelenkter
Unterricht" und „Schülerzentrierte Lehr- und Lernformen" – gebildet.

Die Skala „Gelenkter Unterricht" umfasste 5 Items (Vorzeigen/Vorlösen; Schüler erhalten genaue Erklärungen; Lehrervortrag; Abfragen; Schüler beobachten das Entstehen
von Lösungen) und wies eine Reliabilität von $\alpha = .73$ (Deutschschweiz: $\alpha = .71$, Tessin:
$\alpha = .85$, Westschweiz: $\alpha = .69$) auf ($M = 3.0$, $SD = .68$). Die Skala „Schülerzentrierte Lehrformen" erfasste mittels 5 Items Gelegenheiten zu selbstständigem Problemlösen (Schüler
erzeugen Modelle/Explorieren Situationen; praktisches Handeln/Experimente der Schüler; Schüler entdecken selbstständig Lösungsverfahren; offene Situationen/generieren von
Problemen; Schüler suchen selbstständig Lösungswege). Die Reliabilität betrug $\alpha = .78$
(Deutschschweiz: $\alpha = .69$, Tessin: $\alpha = .91$, Westschweiz: $\alpha = .63$; $M = 2.22$, $SD = .68$).

Lassen sich nun aufgrund dieser Skalen Akzentuierungen in der Selbstbeschreibung
der Lehrpersonen in Richtung eines eher gelenkten im Gegensatz zu einem eher schülerorientierten, Freiräume für selbstständige Problemlösungsaktivitäten gewährenden
Unterrichts feststellen, und unterscheiden sich die Lehrpersonen der drei Sprachregionen

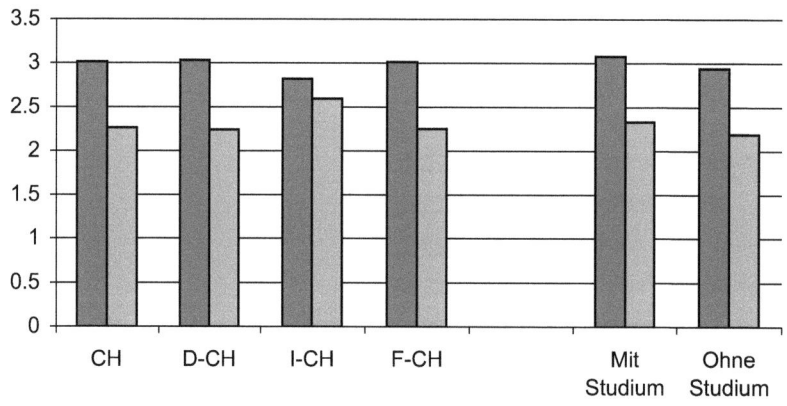

■ Gelenkter Unterricht □ schülerzentrierte Lehr-/Lernformen

Anmerkungen:
CH = ganze Schweiz; D-CH = Deutschschweiz; I-CH = Tessin; F-CH = Westschweiz (N = 124). 5-stufige Skala
(Antwortformat 1 = weniger als einmal pro Monat; 2 = ein- bis zweimal pro Monat; 3 = einmal pro Woche;
4 = zwei- bis dreimal pro Woche; 5 = (fast) jede Lektion). Keine signifikanten Unterschiede hinsichtlich Region
und Fachstudium.

Abbildung 7.7: Häufigkeit des Einsatzes von eher gelenktem Unterricht und eher schülerzentrierten Lehr- und Lernformen in den drei Sprachregionen und bei Lehrpersonen mit
vs. ohne Fachstudium in Mathematik auf Universitätsstufe, nach Selbsteinschätzung der
Lehrpersonen

bzw. Lehrpersonen mit versus ohne universitäres Fachstudium hinsichtlich dieser Akzentuierungen? Wie die Auswertungen zeigen, bestehen weder zwischen den Sprachregionen noch zwischen Lehrpersonen mit versus ohne Fachstudium signifikante Unterschiede (vgl. Abbildung 7.7). Es besteht jedoch ein Zusammenhang mit dem Lehr- und Lernverständnis, insofern die konstruktivistische Orientierung des Lehr- und Lernkonzepts positiv mit der Häufigkeit des Einsatzes schülerzentrierter Lehr- und Lernformen (.39, $p <.001$) und negativ mit der Häufigkeit des Einsatzes lehrergelenkter Lehrformen (-.36, $p <.005$) korreliert.

7.3.2.3 Unterrichtsskripts

Die Angaben über die Häufigkeit der im Unterricht praktizierten Lehr- und Lernformen geben keinen Aufschluss über die Gestaltung einzelner Mathematikstunden im Sinne eines bestimmten Ablaufs von Aktivitäten, wie es im Konzept des Unterrichtsskripts der Fall ist (vgl. Kapitel 3). Um entsprechende Informationen zu erhalten, wurden die Lehrpersonen im schweizerischen Lehrerfragebogen gebeten, den Verlauf einer Mathematikstunde, so wie sie üblicherweise bei ihnen abläuft, in eigenen Worten darzustellen, wobei die Möglichkeit bestand, gegebenenfalls zwei verschiedene Stunden zu beschreiben, falls aus der Sicht der Lehrpersonen eine Unterscheidung von Einführungs- und Vertiefungsstunden als relevant erachtet wurde (vgl. Abschnitt 7.2.2). Dies war bei der Mehrheit der Lehrpersonen der Fall: 71.7 % der Lehrpersonen beschrieben sowohl ein Einführungs- als auch ein Vertiefungsskript (nach Sprachregion: Deutschschweiz: 77.1 %; Tessin: 72.8 %, Westschweiz: 59.8 %. Insgesamt beschrieben 81.1 % aller Lehrpersonen mindestens ein Skript (im Fragebogen wurde der besseren Verständlichkeit wegen die Bezeichnung „Verlaufsmuster" verwendet). Die Gruppe derjenigen Lehrpersonen, welche mindestens ein Skript angaben, war in den drei Sprachregionen unterschiedlich gross (logistische Regression; Gesamtmodell Bonferroni-korrigiert signifikant, $p <.05$ gemäss Score-Test[2]): Die Bereitschaft, mindestens ein Skript zu beschreiben, war in der Westschweiz geringer als in der Deutschschweiz (Odds Ratio .21, $p <.05$). So beschrieben 88.9 % der Deutschschweizer, aber nur 62.8 % der Westschweizer Lehrpersonen mindestens ein Skript (Tessin: 88.2 %). Die unterschiedliche Antworthäufigkeit wurde bei den weiteren Auswertungen der Skript-Daten durch eine entsprechende Anpassung der Gewichte berücksichtigt.

Die Auswertung der Antworten erfolgte mithilfe einer qualitativen Inhaltsanalyse (Mayring, 1993). Die Kategorienentwicklung orientierte sich zum einen an den von den Expertinnen und Experten beschriebenen Modell-Lektionen in der Deutschschweiz und dem Tessin, das heisst, es wurde nach Hinweisen auf die vom Expertenteam beschriebenen Aktivitäten und Handlungsmuster gesucht. Weitere Kategorien wurden anhand des Materials datengeleitet entwickelt. Für die Entwicklung des Kategoriensystems standen Daten aus einer Pilotbefragung zur Verfügung. Das gesamte Material wurde von zwei Codiererinnen analysiert. Die Codierungen wurden anschliessend verglichen und abweichende Codierungen im Konsensverfahren bereinigt. Konnte kein Konsens erreicht werden, wurde der Datensatz aus den weiteren Auswertungen ausgeschlossen. Erfasst wurden abgrenzbare Aktivitäten, welche durch eine bestimmte, durch die Lehrperson definierte

---

2   Beim Score-Test handelt es sich um eine gegenüber dem Wald-Test verbesserte Form, welche für kleine N geeignet ist (Westat, 2000).

Zielsetzung sowie Rollen und Tätigkeiten der Lehrperson und der Lernenden charakterisiert sind (andernorts als *activity settings* bezeichnet, zum Beispiel bei Rivera und Tharp (2004)). Beispiele solcher Aktivitäten sind „Hausaufgabenkontrolle" oder „Schüler suchen in Partnerarbeit einen Lösungsweg". Bei jedem Wechsel der Aktivität wurde ein neuer Code gesetzt. Inhaltlich wurde zunächst unterschieden zwischen „Anfangsaktivitäten", welche die Lektion eröffnen (zum Beispiel Hausaufgabenkontrolle); dem Hauptteil der Lektion und Schlussaktivitäten (zum Beispiel Rückblick auf Lektion, Hausaufgaben erteilen usw.). Die weitere Verarbeitung erfolgte in zwei Schritten: Zunächst wurden in einem typenbildenden Verfahren unterschiedliche Typen von Skripts anhand von Merkmalen des Hauptteils rekonstruiert. Dies fiel bei Einführungsskripts leicht, da sich hier sehr deutlich zwei unterschiedliche Ansätze der Einführung von neuem Stoff, nämlich ein eher lehrergelenktes, fragend-entwickelndes Vorgehen sowie ein explorierend-entdeckendes Vorgehen unterscheiden liessen. Ähnlich prägnant unterschiedliche Typen wurden bei den Vertiefungsskripts nicht sichtbar, mit Ausnahme weniger Skripts, die einen individualisierten Unterricht im Sinne eines „Wochenplans" beschrieben. Anschliessend wurde die Häufigkeit der unterschiedlichen Typen festgestellt. Für die Vertiefungsskripts wurden ebenfalls typenbildend unterschiedliche Verläufe identifiziert, die sich im Wesentlichen in unterschiedlichen Kombinationen und zeitlichen Anordnungen von gemeinsamem Lösen von Aufgaben im Klassenunterricht versus in selbstständiger Schülerarbeit sowie in Besprechungen von in selbstständiger Schülerarbeit gelösten Aufgaben unterschieden. Schliesslich wurden die am häufigsten genannten Anfangs- und Schlussaktivitäten ermittelt. Im Folgenden werden zunächst Ergebnisse der Auswertung der *Einführungsskripts* (*N* = 94) dargestellt.

Skripts für Mathematikstunden, in denen neuer Stoff eingeführt wird
Insgesamt unterschieden sich die Skripts teilweise stark in der Ausführlichkeit der Beschreibung, von einer stichwortartigen Auflistung der Arrangements bis hin zu ausführlichen, teilweise mit Beispielen angereicherten Schilderungen.

Es zeigte sich bei den Auswertungen der Einführungsskripts, dass der Hauptteil der beschriebenen Stunden in den meisten Skripts in zwei abgrenzbare Teile zerfiel, welche als Einführungs- und als Vertiefungsphase bezeichnet werden können. Eine Vertiefungsphase wurde in 91.6 % der Einführungsskripts identifiziert. Der Einführungsteil der beschriebenen Einführungslektionen lässt sich, wie bereits erwähnt, durch zwei unterschiedliche Ansätze der Einführung von neuem Stoff charakterisieren: durch ein lehrergelenktes Verfahren im Sinne des fragend-entwickelnden Unterrichts und durch ein explorierend-entdeckendes Verfahren, das charakterisiert ist durch eine Problemstellung, selbstständige Lösungsversuche in Einzel-, Partner- oder Gruppenarbeit und eine anschliessende Diskussion im Klassenverband, in deren Verlauf das neue Konzept unter der Leitung der Lehrperson herausgearbeitet wird.

Mit insgesamt 65.8 % der Einführungsskripts wurde das fragend-entwickelnde Verfahren am häufigsten beschrieben; 27.5 % der Lehrpersonen beschrieben ein explorierend-entdeckendes Vorgehen; eine Lehrperson beschrieb beide Ansätze als gleichermassen übliches Vorgehen in ihrem Unterricht und vier Skripts konnten keinem dieser Ansätze eindeutig zugeordnet werden. Zwischen den Sprachregionen zeigten sich keine signifikanten Unterschiede hinsichtlich dieser Verteilung. So wurde das entdeckende Vorgehen –

entgegen den Erwartungen des Tessiner Experten (vgl. Kapitel 3, Abschnitt 3.2) – auch im Tessin nur von 21.6 % der Lehrpersonen beschrieben (Deutschschweiz: 29.7 %; Westschweiz: 25.4 %).

Was passiert nun vor und nach der Einführung des neuen Stoffs? Tabelle 7.6 fasst die am häufigsten genannten Aktivitäten getrennt für die fragend-entwickelnden und explorierend-entdeckenden Skripts zusammen.

Insgesamt lässt sich aufgrund der Angaben folgender Verlauf einer typischen Einführungsstunde mit *fragend-entwickelndem* Vorgehen als Unterrichtsskript beschreiben: Die Stunde beginnt mit einer Wiederholung von Vorwissen. Daran anschliessend wird der neue Stoff anhand einer Problemstellung fragend-entwickelnd eingeführt und anschliessend zum Teil schriftlich festgehalten, beispielsweise mit einem Hefteintrag. Im restli-

Tabelle 7.6: Häufigste Anfangs- und Schlussaktivitäten sowie Aktivitäten im Vertiefungsteil in den fragend-entwickelnden und explorierend-entdeckenden Skripts von Einführungslektionen (prozentuale Anteile der Skripts, in denen die Aktivitäten vorkamen). Aktivitäten, die in über 50 % der betreffenden Skripts des betreffenden Typs genannt wurden, sind grau schattiert.

	Fragend-entwickelndes Einführungsskript (N = 63). Prozentuale Anteile der Skripts, in denen verschiedene Varianten genannt werden	Explorierend-entdeckendes Einführungsskript (N = 26). Prozentuale Anteile der Skripts, in denen verschiedene Varianten genannt werden
Anfangsaktivitäten: Varianten		
Wiederholung von Vorwissen	29.3 %	22.4 %
Zielangabe	11.7 %	6.9 %
Hausaufgabenkontrolle	9.3 %	10.8 %
Einführungsphase	Problemstellung und fragend-entwickelnde Erarbeitung (100 %)	Problemstellung, selbstständige Lösungsversuche der Lernenden und Diskussion inklusive Herausarbeiten des Wesentlichen (100 %)
Festhalten/Sichern (z.B. Hefteintrag)	42.3 %	55.1 %
Vertiefungsphase: Varianten		
Nur selbstständiges Lösen von Aufgaben	48.5 %	56.0 %
1) gemeinsames Lösen von Aufgaben im Klassenverband, 2) selbstständiges Aufgabenlösen	24.4 %	8.6 %
Anderes (z.B. mehrere Übungs- und Besprechungsphasen, Wochenplan usw.)	22.5 %	16.2 %
Aufgabenbesprechungen		
Eine oder mehrere Besprechungen der selbstst. Schülerarbeit	32.0 %	18.4 %
Schlussaktivitäten		
Hausaufgaben erteilen, selten auch Rückblick auf Stunde	36.9 %	16.0 %

Anmerkung:
Prozentuale Anteile der fragend-entwickelnden und explorierend-entdeckenden Einführungsskripts, in denen verschiedene Anfangs-, Vertiefungs- und Schlussaktivitäten beschrieben wurden. Aktivitäten, die in über 50 % der Skripts des betreffenden Typs genannt wurden, sind grau schattiert.
Die Häufigkeit der Anfangs-, Vertiefungs- und Schlussaktivitäten unterscheidet sich nicht signifikant zwischen den beiden Skripttypen.

chen Teil der Stunde werden in selbstständiger Schülerarbeit Aufgaben gelöst, vor der Stillarbeit kann noch eine Phase des gemeinsamen Lösens von Aufgaben auftreten, und die Stillarbeit kann für Besprechungen ein oder mehrmals unterbrochen werden. Eine typische Mathematikstunde nach dem *explorierend-entdeckenden* Skript kann ebenfalls mit einer kurzen Wiederholungsphase und/oder Zielangabe und/oder Hausaufgabenkorrektur beginnen, gefolgt von einer Problemstellung. Danach versuchen die Lernenden einzeln oder in Partner- oder Gruppenarbeit, das Problem zu lösen, eine Gesetzmässigkeit zu entdecken oder ein Lösungsverfahren zu entwickeln. Die von den Lernenden entwickelten Verfahren werden anschliessend im Klassenunterricht besprochen oder diskutiert, und die wesentlichen Punkte werden von der Lehrperson herausgearbeitet und oft in einem Hefteintrag oder auf ähnliche Weise schriftlich festgehalten. Anschliessend werden Aufgaben in selbstständiger Schülerarbeit gelöst.

Insgesamt weisen die Daten somit auf die Koexistenz von zwei verschiedenen Skripts für Einführungslektionen im Mathematikunterricht in der Schweiz hin, wobei das fragend-entwickelnde Vorgehen der Stoffeinführung in allen drei Sprachregionen das dominierende Muster darstellt. Eine starke Minderheit von etwas mehr als einem Viertel der Lehrpersonen beschreibt einen explorierend-entdeckenden Ansatz, welcher im Kern dem im Anschluss an die TIMSS-Dreiländer-Videostudie beschriebenen Inszenierungsmuster japanischer Mathematikstunden ähnlich ist.[3]

Skripts für Vertiefungs- und Übungsstunden

Rund 70 % der Lehrpersonen haben neben dem Einführungsskript auch ein Skript für Vertiefungsstunden beschrieben. Da hier kein neuer Stoff eingeführt wird, fällt die Unterteilung in eine Einführungs- und eine Vertiefungsphase weg. Insgesamt liessen sich bei den Vertiefungsskripts kaum so prägnant unterschiedliche Ansätze der Stundengestaltung ausmachen, wie dies bei den Einführungsskripts der Fall war. Vielmehr sind die beschriebenen Verläufe durch eine mehr oder weniger kurz getaktete Rhythmisierung mit einem Wechsel von Phasen des gemeinsamen und selbstständigen Lösens von Aufgaben sowie Besprechens der selbstständig gelösten Aufgaben charakterisiert. Dabei nimmt der Klassenunterricht ein unterschiedlich grosses Gewicht ein: Das Spektrum reicht von ausschliesslich selbstständiger Schülerarbeit während der ganzen Stunde ohne jeden Klassenunterricht, das heisst weder gemeinsames Aufgabenlösen noch Besprechungen der Stillarbeit, bis hin zu mehreren kurzen Phasen des gemeinsamen Übens im Wechsel mit selbstständigem Üben. Einen deutlich abgrenzbaren, eigenständigen Ansatz stellt die Arbeit mit Wochenplänen dar. Diese Gestaltungsform macht aber nur 11.7 % der Vertiefungsskripts aus und wurde zehnmal in der Deutschschweiz und je einmal in der Westschweiz und im Tessin beschrieben. Interessant ist in diesem Zusammenhang, dass Wochenpläne in den Einführungslektionen mit Ausnahme eines einzigen Falls überhaupt nicht erwähnt wurden. Tabelle 7.7 fasst die am häufigsten beschriebenen Verlaufsvarianten von Vertiefungsstunden sowie die am häufigsten genannten Anfangs- und Schlussaktivitäten zusammen.

---

3   Zur Illustration der beiden Vorgehensweisen finden sich Beispiele auf zwei im Kontext der Videostudie entstandenen thematischen DVDs aus der Reihe „Unterrichtsvideos mit Begleitmaterialien für die Aus- und Weiterbildung von Lehrpersonen" (Reusser, Pauli & Krammer, 2004), nämlich auf der DVD „Einführungssequenzen" (Zobrist, Krammer & Reusser, 2005) sowie auf der DVD „Problemlösen im Mathematikunterricht" (Hugener, Krammer & Reusser, 2007).

Interessant ist, dass in 46.5 % der Vertiefungsskripts die individuelle Unterstützung der Lernenden durch die Lehrperson (oder auch durch andere Schülerinnen und Schüler) explizit erwähnt wird, in 11.5 % zudem die Möglichkeit der Selbstkontrolle der eigenen Arbeit durch die Schülerinnen und Schüler (Letzteres wurde nur in Tessiner und Deutschschweizer, nicht aber in Westschweizer Vertiefungsskripts gefunden). Zwischen den Sprachregionen zeigen sich ansonsten in Bezug auf die Vertiefungsskripts keine Unterschiede, mit Ausnahme der bei Tabelle 7.7 angeführten Abweichungen bei den beschriebenen Anfangsaktivitäten.

Tabelle 7.7: Vertiefungsskripts: Prozentuale Anteile der Vertiefungsskripts, in denen verschiedene Aktivitäten bzw. Varianten der Strukturierung genannt wurden

		Prozentualer Anteil der Vertiefungsskripts, in denen eine Aktivität bzw. Variante des Hauptteils genannt wurde
Anfangsaktivitäten	Zielangabe	13.4 %
	Hausaufgabenkontrolle	48.4 %
Hauptteil: Varianten des Aufgabenlösens	1) Gemeinsames, 2) selbstständiges Aufgabenlösen	43.7 %
	Ausschliesslich selbstständiges Aufgabenlösen	34.5 %
	Selbstständiges Aufgabenlösen aufgeteilt auf mehrere Phasen, unterbrochen von gemeinsamem Aufgabenlösen	9.3 %
	Wochenplan	11.7 %
Hauptteil: Besprechungen	Eine oder mehrere Besprechungen von selbstständig gelösten Aufgaben	47.9 %
Schlussaktivitäten	Hausaufgaben erteilen	32.2 %

Anmerkungen:
Paarvergleiche zwischen den Regionen:
Anfangsaktivitäten: Hausaufgabenkontrolle: D-CH > D-I-CH; F-CH > I-CH
Zielangabe: D-CH > F-CH

Insgesamt lässt sich aufgrund der Auswertungen festhalten, dass die Annahme eines einzigen nationalen Skripts des Mathematikunterrichts für die Schweiz nicht zutreffend ist. Vielmehr muss von mindestens drei unterschiedlichen Skripts ausgegangen werden, nämlich zwei verschiedenen Einführungsskripts und einem sich davon unterscheidenden Vorgehen für Vertiefungslektionen, das verschiedene Varianten aufweist, wovon der Wochenplanunterricht die am deutlichsten abgrenzbare Variante darstellt.

Zusätzlich zur Beschreibung der Skripts wurden die Lehrpersonen nach dem ungefähren Anteil der von ihnen erteilten Mathematikstunden gefragt, welche in dieser Form gestaltet werden. Dabei zeigten sich relativ grosse Abweichungen zwischen den Lehrpersonen, so dass diese Angaben vorsichtig zu interpretieren sind. Insgesamt gaben die Lehrpersonen an, dass die gemäss dem beschriebenen Einführungsskript gestalteten Mathematiklektionen rund ein Viertel aller erteilten Mathematikstunden ausmachten ($M = 26.57$, $SD = 13.81$), während etwas mehr als die Hälfte der Mathematikstunden ($M = 56.42$, $SD = 15.83$) dem Vertiefungsskript entsprechen würden und ein Rest von rund 20 % der Mathematikstunden weder nach dem Einführungs- noch nach dem Vertiefungsskript gestaltet würden. Betrachtet man die von den einzelnen Lehrpersonen angegebenen Anteile, zeigt sich entsprechend, dass bei 79 % der Lehrpersonen der von ihnen geschätzte Anteil an Mathematikstunden nach dem Muster des Vertiefungsskript höher ist als der geschätzte Anteil der Mathematikstunden, die nach dem Muster des Einführungsskripts ablaufen.

Mit Ausnahme der Tatsache, dass in der Westschweiz deutlich weniger Lehrpersonen überhaupt ein Skript beschrieben haben, unterscheiden sich die Sprachregionen nicht in Bezug auf die Verteilung der zwei verschiedenen Einführungsskripts, ebenso wenig wie die Lehrpersonen mit versus ohne Mathematikstudium.

7.3.3 Fachliches Wissen und Beliefs der Lehrpersonen und Lehrerhandeln in den gefilmten Mathematikstunden

Aufgrund des in Abschnitt 7.1 dargelegten Forschungsstands zum Zusammenhang zwischen professioneller Kompetenz und Lehrerhandeln könnte erwartet werden, dass Lehrpersonen mit einem eher konstruktivistisch orientierten Lehr- und Lernverständnis eher dazu neigen, im Unterricht Gelegenheiten für selbstständiges Explorieren von unterschiedlichen Lösungswegen zu anspruchsvollen Problemen und für die Präsentation und Diskussion solcher Lösungswege zu schaffen. Was die beschriebenen Skripts betrifft, konnten keine signifikanten Zusammenhänge zwischen den beiden Typen der Einführungsskripts und der konstruktivistischen Orientierung des Lehr- und Lernverständnisses der Lehrpersonen nachgewiesen werden.

Die Frage, inwieweit sich ein konstruktivistisch orientiertes Lehr- und Lernverständnis auf das Unterrichtshandeln auswirkt, konnte anhand der Videoanalysen der gefilmten Mathematikstunden untersucht werden. Folgende, durch die internationalen Videoanalysen erfassten Merkmale der Unterrichtsgestaltung erscheinen in diesem Zusammenhang besonders relevant:

- Anteil von Aufgaben pro Mathematikstunde, welche selbstständiges Explorieren von Lösungswegen erforderten;
- Anteil von Aufgaben pro Mathematikstunde, zu welchen unterschiedliche Lösungswege gesucht waren;
- Anteil von Aufgaben pro Mathematikstunde, zu welchen unterschiedliche Lösungswege in der Klasse diskutiert wurden;
- Anteil von Aufgaben mit hoher (versus niedriger) Komplexität pro Mathematikstunde;
- Anteil an selbstständiger Schülerarbeit, in welcher von den Lernenden mehr als repetitives Üben verlangt war.

Die Auswertungen ergaben jedoch keine systematischen Zusammenhänge zwischen diesen Merkmalen und der konstruktivistischen Orientierung des Lehr- und Lernverständnisses der Lehrpersonen, selbst wenn in die Analysen nur jene Lektionen einbezogen wurden, welche aufgrund der Angaben der Lehrpersonen als Einführungslektionen betrachtet werden konnten und in denen somit solche Lehrformen eher zu erwarten gewesen wären als in Vertiefungs- und Übungslektionen[4] (vgl. aber die Auswertungen in Kapitel 12, die ein anderes Bild ergeben).

---

4   Aufgrund von Angaben der Lehrpersonen (internationaler Lehrerfragebogen) und mittels des Vergleichs der Lektionsinhalte mit den Inhalten vorhergehender Lektionen (Angaben im internationalen Lehrerfragebogen) wurde zwischen Einführungs- und Übungslektionen unterschieden: *Einführungslektion:* Neue Inhalte

Unterschiede in der fachdidaktischen Gestaltung des Unterrichts im Sinne der oben erwähnten Merkmale liessen sich aufgrund der Forschungsergebnisse zur Rolle des fachlichen und fachdidaktischen Wissens auch in Bezug auf das fachliche und fachdidaktische Wissen der Lehrpersonen erwarten. Wie in Abschnitt 7.3.1 dargelegt, wurde das mathematische Wissen in der Videostudie nicht direkt, sondern nur indirekt anhand von Merkmalen der Ausbildung der Lehrpersonen erfasst, wobei ein Studium im Fach Mathematik auf universitärer Stufe von mindestens zwei Jahren Dauer als Indikator für ein höheres mathematisches Wissen betrachtet wurde. Allerdings ist dieses Merkmal nicht unabhängig vom Schultyp, an dem die Lehrpersonen unterrichteten (vgl. Abbildung 7.1). Um eine Konfundierung von Schultyp und Ausbildung zu vermeiden, wurde der Zusammenhang zwischen universitärer Mathematikausbildung und Unterrichtsgestaltung und -qualität nur innerhalb eines Schultyps untersucht, nämlich bei Lehrpersonen des Schultyps mit erweiterten Anforderungen in der Deutschschweiz und der Westschweiz.[5] Untersucht wurde, ob und inwieweit sich die Mathematikstunden der Lehrpersonen mit universitärem Mathematikstudium von jenen der Lehrpersonen ohne Studium hinsichtlich der oben erwähnten, in den internationalen Videoanalysen erfassten Gestaltungsmerkmale systematisch unterschieden. Dies war bei keinem der Merkmale der Fall.

7.4   Diskussion

Im vorliegenden Kapitel ging es um Merkmale der in den gefilmten Mathematikstunden unterrichtenden Lehrpersonen, um ihre Perspektive auf die gefilmten Stunden und den eigenen Mathematikunterricht im Allgemeinen sowie um diesbezügliche Zusammenhänge zum beobachtbaren Lehrerhandeln in den gefilmten Mathematikstunden.

Abgesehen von den in Abhängigkeit der Schultypen und Sprachregionen teilweise unterschiedlichen Ausbildungsgängen der Lehrpersonen und damit verbunden unterschiedlichen Anteilen von Lehrpersonen mit einem Fachstudium in Mathematik auf universitärer Stufe sowie einem unterschiedlichen Ausmass an Spezialisierung auf den Mathematikunterricht (Fachlehrerin versus „Generalist"), zeigte sich über die Sprachregionen hinweg ein ziemlich einheitliches Bild der Lehrpersonen, sei es in Bezug auf die selbst eingeschätzte Vertrautheit mit aktuellen mathematikdidaktischen Konzepten oder in Bezug auf die selbst eingeschätzte Häufigkeit von Lehr- und Lernformen. Auch für die von den Lehrpersonen beschriebenen Unterrichtsskripts spielte weder die Sprachregion noch die fachliche Ausbildung (mit versus ohne Fachstudium) der Lehrpersonen eine bedeutsame Rolle. Die einzige Ausnahme bildete das Lehr- und Lernverständnis, bei dem die Tessiner Lehrpersonen im Zusammenhang mit dem Lernen von weniger leistungsfähigen Schülerinnen und Schülern eine etwas höhere Ausprägung der konstruktivistischen Orientierung aufwiesen.

---

oder Konzepte werden eingeführt, erklärt oder exploriert, bevor sie gegebenenfalls noch geübt werden. *Übungslektion:* Bereits bekannte Konzepte oder Verfahren werden geübt oder angewendet.

5   Lehrpersonen des gymnasialen Schultyps wurden ausgeschlossen, da hier ausschliesslich Lehrpersonen mit universitärem Fachstudium unterrichteten; umgekehrt wurde der Schultyp mit Grundanforderungen ausgeschlossen, da hier nur eine sehr kleine Gruppe mit Fachstudium unterrichtete. Ausgeschlossen wurde auch der Kanton Tessin, weil keines der beiden Kursniveaus ohne Weiteres mit dem mittleren Schultyp (erweiterte Anforderungen) in der Deutsch- und Westschweiz vergleichbar war.

Einen Schwerpunkt der Lehrerbefragung bildete vor dem Hintergrund der Experten-Interviews im Vorfeld der Studie (vgl. Kapitel 3.2) die Frage nach den Unterrichtsskripts der Lehrpersonen, hatten doch die Expertinnen und Experten sowohl in der Deutschschweiz als auch im Tessin die Idee eines einheitlichen, für den schweizerischen Mathematikunterricht charakteristischen Unterrichtsskripts als unzutreffend bezeichnet und stattdessen mehrere Typen von Modell-Lektionen beschrieben. Es stellte sich die Frage, inwieweit sich diese Expertensicht auch in den Unterrichtsskripts der Lehrpersonen selber widerspiegelte. Dies war denn auch in einem gewissen Ausmass der Fall, beschrieben doch die meisten Lehrpersonen je einen Verlauf einer Einführungs- und einer Vertiefungslektion. Zudem liessen sich in den Unterrichtsskripts auch die zwei unterschiedlichen Ansätze der Stoffeinführung – fragend-entwickelndes Erarbeiten im lehrergeleiteten Unterrichtsgespräch vs. entdeckender Ansatz durch selbstständiges Problemlösen der Lernenden, gefolgt von Diskussion und Sicherung des Wesentlichen – identifizieren, ebenso in den Vertiefungslektionen das Muster eines stark individualisierenden Unterrichts im Sinne des Wochenplans. Der Anteil der reformorientierten Unterrichtsskripts (Fokus auf selbstständigem Problemlösen und Wochenplan) war jedoch relativ klein, und dies selbst im Tessin, obwohl der Tessiner Experte das explorierend-entdeckende Verfahren als den mittlerweile „üblichen" Ansatz bezeichnet hatte.

Insgesamt stimmen die Ergebnisse der Auswertungen zu Unterrichtsskripts gut überein mit Ergebnissen einer Untersuchung der Unterrichtsskripts von Mathematiklehrpersonen der Sekundarstufe I in den Kantonen Zürich und Bern und zwei deutschen Bundesländern, welche ebenfalls ein Nebeneinander dieser Unterrichtsskripts ergeben hatten. In letzterer Untersuchung war allerdings in der schweizerischen Stichprobe ein etwas höherer Anteil an explorierend-entdeckenden und Wochenplan-Skripts gefunden worden (Pauli & Reusser, 2003) als in der vorliegenden Befragung. Nicht bestätigen liess sich der ebenfalls in der schweizerisch-deutschen Befragung gefundene positive Zusammenhang zwischen einem explorierend-entdeckenden Unterrichtsskript und einem konstruktivistischen Lehr- und Lernverständnis oder – allgemeiner gesagt – zwischen Lehr- und Lernverständnis und Unterrichtsskript, wie dies beispielsweise von Tharp und Dalton (2007) angenommen wird. Festzuhalten bleibt, dass die Annahme *eines* „länderspezifischen Unterrichtsskripts" im Sinne einer kulturell geprägten, gemeinsam geteilten Vorstellung über den Verlauf einer Mathematikstunde, wie sie im Anschluss an die TIMSS-Dreiländer-Videostudie formuliert worden war (Stigler & Hiebert, 1999), für die Schweiz nicht zutreffend zu sein scheint.

Dass sich keine systematischen Zusammenhänge zwischen den internationalen Videoanalysen und den von den Lehrpersonen beschriebenen Unterrichtsskripts in Bezug auf einige in dieser Hinsicht relevante Unterrichtsmerkmale zeigten, könnte zum einen daran liegen, dass die Videostichprobe sowohl Einführungs- als auch Vertiefungslektionen umfasste, so dass beispielsweise von einigen Lehrpersonen, welche ein explorierend-entdeckendes Einführungsskript beschrieben hatten, gar keine Einführungs-, sondern eine Vertiefungslektion gefilmt worden war. Dies war auch tatsächlich der Fall.[6] Aufgrund der geringen Gruppengrösse war eine statistische Absicherung der Zusammenhänge in Bezug

---

6   Von 26 Lehrpersonen, welche ein explorierend-entdeckendes Unterrichtsskript beschrieben hatten, wurde in
    12 Fällen eine Vertiefungslektion und in 14 Fällen eine Einführungslektion aufgezeichnet.

auf die Lehrpersonen mit gefilmten Einführungslektionen nicht möglich. Zum andern ist nicht auszuschliessen, dass die Lehrpersonen in den gefilmten Lektionen nicht so unterrichteten, wie sie es in ihrem Unterrichtsskript beschrieben hatten, und darüber hinaus besteht die Möglichkeit, dass entsprechende Merkmale durch die internationale Videocodierung nicht erfasst wurden. Dass Letzteres mindestens teilweise der Fall sein könnte, darauf weist die typenbildende Analyse der Inszenierungsmuster in den Deutschschweizer Mathematikstunden hin, welche in Kapitel 4 vorgestellt wird und vielfältige Formen der Inszenierung ergeben hatte (vgl. auch die vertiefenden Auswertungen im Zusammenhang mit reformorientierten didaktischen Ansätzen in den Deutschschweizer Mathematikstunden in Kapitel 12).

Insgesamt stimmen die Ergebnisse der *internationalen* Videoanalysen mit den Lehrerangaben zu den Unterrichtsskripts und zur Häufigkeit des Einsatzes von Lehr- und Lernformen jedoch insofern tendenziell überein, als sich auf beiden Seiten mehrheitlich das Bild eines eher traditionellen Unterrichts abzeichnet, in dem die Lehrperson neuen Stoff erklärt und/oder fragend-entwickelnd mit der Klasse erarbeitet, gefolgt von einer Phase des Vertiefens und Übens in selbstständiger Schülerarbeit, welche nicht nur den Rest der Einführungslektionen ausfüllt, sondern sich in einer oder mehreren Vertiefungslektionen fortsetzt. Letzteres widerspiegelt sich in den internationalen Videoanalysen, insofern in den Vertiefungslektionen im Durchschnitt ein geringerer zeitlicher Anteil an Klassenunterricht beobachtet wurde als in den Einführungslektionen (49 % gegenüber 60 % in Einführungslektionen; $F(50) = 11.39$, $p < .005$).[7]

Aus methodischer Sicht sprechen diese Ergebnisse dafür, in künftigen Videostudien mehrere aufeinanderfolgende Stunden aufzuzeichnen und/oder eine gewisse Standardisierung (Einführung neuer Inhalte versus Vertiefung) anzustreben, wenn es um die Erfassung fachdidaktisch relevanter Qualitätsmerkmale des Unterrichts einzelner Lehrpersonen geht, wie es in verschiedenen neueren – im Gegensatz zur internationalen Videostudie allerdings nicht mit repräsentativen Stichproben operierenden – Videostudien der Fall ist (u.a. Lipowsky, Rakoczy, Klieme, Reusser & Pauli, 2005; Seidel et al., 2006).

Betrachtet man die Ergebnisse zu den Zusammenhängen zwischen dem mathematikbezogenen Wissen der Lehrpersonen und der Unterrichtsqualität, zeigt sich zum einen, dass sich ein Zusammenhang zwischen den *Vorstellungen der Lehrpersonen über Lehr- und Lernprozesse* (konstruktivistische Orientierung) und unter diesem Gesichtspunkt relevanten, in den internationalen Analysen erfassten Unterrichtsmerkmalen nicht nachweisen liess. Die Ergebnisse von Staub und Stern (2002), wonach bei Grundschullehrkräften ein konstruktivistisch orientiertes Lehr- und Lernverständnis mit dem vermehrten Einsatz anspruchsvollerer Aufgaben im Mathematikunterricht einherging, konnten somit in unserer Untersuchung nicht repliziert werden, obwohl im Prinzip der gleiche Fragebogen verwendet wurde. Zum abweichenden Ergebnis könnte zum einen beigetragen haben, dass der Fragebogen für die vorliegende Untersuchung an die Stufe (Sekundarstufe I) angepasst werden musste und nur eine eingeschränkte Zahl der Items verwendet werden konnte, um eine in allen Sprachregionen zufrieden stellende Skala zu erreichen. Zum andern weicht

---

7   Die Einführungs- und Übungslektionen unterschieden sich im Weiteren – nicht überraschend – in unterschiedlichen zeitlichen Anteilen, welche für die Repetition von früherem Stoff, die Einführung von neuem Stoff sowie die Vertiefung von neuem Stoff eingesetzt worden sind.

auch das in der internationalen Analyse verwendete Verfahren zur Ermittlung der Qualität der verwendeten Aufgaben relativ stark von jenem ab, das von Staub und Stern verwendet worden war, was den Vergleich der beiden Untersuchungen erschwert. Werden anstelle der in den internationalen Videoanalysen fokussierten Oberflächenmerkmale eher tiefen-strukturelle Merkmale der Unterrichtsqualität berücksichtigt, gibt es jedoch zumindest für die Deutschschweiz durchaus Hinweise auf Zusammenhänge zwischen einem konstruk-tivistisch orientierten Lehr- und Lernverständnis und Merkmalen der Unterrichtsqualität, wie die Auswertungen in Kapitel 12 deutlich machen.

Literatur

Aebli, H. (1983). *Zwölf Grundformen des Lehrens*. Stuttgart: Klett-Cotta.

Baumert, J. & Kunter, M. (2006). Stichwort: Professionelle Kompetenz von Lehrperso-nen. *Zeitschrift für Erziehungswissenschaft, 9*, 469-520.

Blömeke, S., Eichler, D. & Müller, C. (2003). Rekonstruktion kognitiver Strukturen von Lehrpersonen als Herausforderung für die empirische Unterrichtsforschung. *Unter-richtswissenschaft, 31*, 103-121.

Bromme, R. (1997). Kompetenzen, Funktionen und unterrichtliches Handeln des Lehrers. In F.E. Weinert (Hrsg.), *Psychologie des Unterrichts und der Schule (Enzyklopädie der Psychologie, Themenbereich D, Serie I, Bd. 3)* (S. 177-212). Göttingen: Hogrefe.

Brunner, M., Kunter, M., Krauss, S., Baumert, J., Blum, W., Dubberke, T. et al. (2006). Welche Zusammenhänge bestehen zwischen dem fachspezifischen Professionswissen von Mathematiklehrkräften und ihrer Ausbildung sowie beruflichen Fortbildung? *Zeit-schrift für Erziehungswissenschaft, 9*, 521-544.

Calderhead, J. (1996). Teachers: Beliefs and knowledge. In D.C. Berliner & R.C. Calfee (Hrsg.), *Handbook of educational psychology* (S. 709-725). New York: Macmillan.

Clausen, M. (2002). *Unterrichtsqualität: Eine Frage der Perspektive? Empirische Analy-sen zur Übereinstimmung, Konstrukt- und Kriteriumsvalidität*. Münster: Waxmann.

Dann, H.-D. (1994). Pädagogisches Verstehen: Subjektive Theorien und erfolgreiches Handeln von Lehrkräften. In K. Reusser & M. Reusser-Weyeneth (Hrsg.), *Verstehen. Psychologischer Prozess und pädagogische Aufgabe* (S. 163-182). Bern: Huber.

Dubberke, T., Kunter, M., McElvany, N., Brunner, M. & Baumert, J. (2008). Lerntheoreti-sche Überzeugungen von Mathematiklehrkräften. Einflüsse auf die Unterrichtsgestal-tung und den Lernerfolg von Schülerinnen und Schülern. *Zeitschrift für Pädagogische Psychologie, 22* (3/4), 193-206.

Fennema, E. & Franke, M.L. (1992). Teachers' knowledge and its impact. In D.A. Grouws (Hrsg.), *Handbook of research on mathematics teaching and learning* (S. 147-164). New York: Macmillan.

Hartinger, A., Kleickmann, T. & Hawelka, B. (2006). Der Einfluss von Lehrervorstellun-gen zum Lernen und Lehren auf die Gestaltung des Unterrichts und auf motivationale Schülervariablen. *Zeitschrift für Erziehungswissenschaft, 9*, 110-126.

Hiebert, J., Gallimore, R., Garnier, H., Givvin, K.B., Hollingsworth, H. & Jacobs, J. (2003). *Teaching mathematics in seven countries. Results from the TIMSS 1999 Video Study*. Washington, DC: U.S. Department of Education, National Center for Education Stu-dies.

Hill, H.C., Rowan, B.R. & Ball, D.L. (2004). Effects of teachers' mathematical knowledge for teaching on student achievement. *American Educational Research Journal, 42,* 371-406.

Hugener, I., Krammer, K. & Reusser, K. (2007). *Problemlösen im Mathematikunterricht* (DVD Nr. 2 aus der Reihe: Unterrichtsvideos für die Aus- und Weiterbildung von Lehrpersonen, hrsg. von K. Reusser, C. Pauli & K. Krammer). Zürich: Universität Zürich, Pädagogisches Institut.

Krauss, S., Neubrand, M., Blum, W., Baumert, J., Brunner, M., Kunter, M. & Jordan, A. (2008). Die Untersuchung des professionellen Wissens deutscher Mathematik-Lehrerinnen und -Lehrer im Rahmen der COACTIV-Studie. *Journal für Mathematikdidaktik, 29* (3/4), 223-257.

Leuchter, M., Pauli, C., Reusser, K. & Lipowsky, F. (2006). Unterrichtsbezogene Überzeugungen und handlungsleitende Kognitionen von Lehrpersonen. *Zeitschrift für Erziehungswissenschaft, 9,* 562-579.

Lipowsky, F. (2006). Auf den Lehrer kommt es an. Empirische Evidenzen für Zusammenhänge zwischen Lehrerkompetenzen, Lehrerhandeln und dem Lernen der Schüler. *Zeitschrift für Pädagogik, 52, 51. Beiheft*, 47-70.

Lipowsky, F., Rakoczy, K., Klieme, E., Reusser, K. & Pauli, C. (2005). Unterrichtsqualität im Schnittpunkt unterschiedlicher Perspektiven – Rahmenkonzept und erste Ergebnisse einer binationalen Studie zum Mathematikunterricht in der Sekundarstufe I. In H.G. Holtappels & K. Höhmann (Hrsg.), *Schulentwicklung und Schulwirksamkeit. Systemsteuerung, Bildungschancen und Entwicklung der Schule* (S. 223-238). Weinheim: Juventa.

Mayring, P. (1993). *Qualitative Inhaltsanalyse. Grundlagen und Techniken* (4., erweiterte Aufl.). Weinheim: Deutscher Studien Verlag.

Messner, H. & Reusser, K. (2000). Die berufliche Entwicklung von Lehrpersonen als lebenslanger Prozess. *Beiträge zur Lehrerbildung, 18,* 157-171.

Muijs, D. & Reynolds, D. (2002). Teachers' beliefs and behaviors: What really matters? *Journal of Classroom Interaction, 37,* 3-15.

Olafson, L. & Schraw, G. (2006). Teachers' beliefs and practices within and across domains. *International Journal of Educational Research, 45,* 71-84.

Pauli, C. & Reusser, K. (2003). Unterrichtsskripts im schweizerischen und im deutschen Mathematikunterricht. *Unterrichtswissenschaft, 31,* 238-272.

Peterson, P.L., Fennema, E., Carpenter, T.P. & Loef, M. (1989). Teachers' pedagogical content beliefs in mathematics. *Cognition and Instruction, 6,* 1-40.

Philipp, R. A. (2007). Mathematics teachers' beliefs and affect. In F.K. Lester (Hrsg.), *Second handbook of research on mathematics teaching an learning* (S. 257-315). Charlotte, NC: NCTM/Information Age Publishing Inc.

Reusser, K., Pauli, C. & Krammer, K. (Hrsg.). (2004). *Unterrichtsvideos mit Begleitmaterialien für die Aus- und Weiterbildung von Lehrpersonen.* Zürich: Pädagogisches Institut, Universität Zürich.

Rivera, H.H. & Tharp, R.G. (2004). Sociocultural activity settings in the classroom. A study of a classroom observation system. In H.C. Waxman, R.G. Tharp & R.S. Hilberg (Hrsg.), *Observational research in U.S. classrooms. New approaches for understanding cultural and linguistic diversity* (S. 205-225). Cambridge: Cambridge University Press.

Seidel, T. (2003). *Lehr-Lernskripts im Unterricht*. Münster: Waxmann.

Seidel, T., Prenzel, M., Rimmele, R., Dalehefte, I.M., Herweg, C., Kobarg, M. et al. (2006). Blicke auf den Physikunterricht. Ergebnisse der IPN Videostudie. *Zeitschrift für Pädagogik, 52*, 798-821.

Seidel, T., Schwindt, K., Rimmele, R. & Prenzel, M. (2008). Konstruktivistische Überzeugungen von Lehrpersonen: Was bedeuten sie für den Unterricht? In M.A. Meyer, M. Prenzel & S. Hellekamps (Hrsg.), *Perspektiven der Didaktik (Zeitschrift für Erziehungwissenschaft*, Sonderheft 9/2008) (S. 259-276). Wiesbaden: VS Verlag für Sozialwissenschaften.

Shuell, T.J. (1996). Teaching and learning in a classroom context. In D.C. Berliner & R.C. Calfee (Hrsg.), *Handbook of educational psychology* (S. 726-764). New York: Macmillan.

Shulman, L.S. (1986). Those who understand: Knowledge growth in teaching. *Educational Researcher, 15*, 4-14/21.

Speer, N. (2008). Connecting beliefs and practices: A fine-grained analysis of a College mathematics teacher's collections of beliefs and their relationship to his instructional practices. *Cognition and Instruction, 26*, 218-267.

Staub, F.C. & Stern, E. (2002). The nature of teachers' pedagogical content beliefs matters for students' achievement gains: Quasi-experimental evidence from elementary mathematics. *Journal of Educational Psychology, 94*, 344-355.

Stebler, R. & Reusser, K. (2000). Progressive, classical or balanced – a look at mathematical learning environments in Swiss-German lower-secondary schools. *Zentralblatt für die Didaktik der Mathematik, 32*, 1-10.

Stigler, J.W. & Hiebert, J. (1999). *The teaching gap*. New York: Free Press.

Stipek, D.J., Givvin, K.B., Salmon, J.M. & MacGyvers, V.L. (2001). Teachers' beliefs and practices related to mathematics instruction. *Teaching and Teacher Education, 17*, 213-226.

Terhart, E. (2006). Was wissen wir über gute Lehrer? *Pädagogik, 5*, 42-46.

Tharp, R.G. & Dalton, S.S. (2007). Orthodoxy, cultural compatibility, and universals in education. *Comparative Education, 43*, 53-70.

Westat. (2000). *WesVar 4.0 User's Guide*. Rockville, MD: Westat.

Zobrist, B., Krammer, K. & Reusser, K. (2005). Einführungssequenzen. In K. Reusser, C. Pauli & K. Krammer (Hrsg.), *Unterrichtsvideos mit Begleitmaterialien für die Aus- und Fortbildung von Lehrpersonen. DVD 1*. Zürich: Universität Zürich, Pädagogisches Institut.

Monika Waldis, Urs Grob, Christine Pauli & Kurt Reusser

8 Der schweizerische Mathematikunterricht aus der Sicht von Schülerinnen und Schülern und in der Perspektive hochinferenter Beobachterurteile

Die vorliegende Studie geht von einem komplexen Zusammenwirken von Variablen auf den unterschiedlichsten Ebenen des Bildungssystems und dessen Einfluss auf Unterricht aus. Mit einem multimethodalen Ansatz wurde das Ziel verfolgt, zentrale Faktoren und Prozesse der institutionell eingebetteten Lehr- und Lernsituation aus unterschiedlichen Perspektiven zu erfassen. In diesem Kapitel werden die Unterrichtswahrnehmungen der Schülerinnen und Schüler sowie die hochinferenten Unterrichtsbeurteilungen aussenstehender Beobachterinnen und Beobachter dargestellt.

8.1 Verschiedene Sichten auf Unterricht

8.1.1 Blick zurück

Die Erfassung und Beschreibung des Unterrichtsgeschehens in seiner Komplexität stellt auch heute noch eine Herausforderung für die Unterrichtsforschung dar. In jüngerer Zeit werden häufig Studien durchgeführt, die sich einer Kombination verschiedener Datenquellen zur Erfassung der verschiedenen Perspektiven auf Unterricht bedienen. Als wichtige Informationsquellen für Unterricht gelten Schülerinnen und Schüler, Lehrpersonen und externe Beobachterinnen und Beobachter, soweit sie Zugang zum Unterricht, zu Unterrichtsaufzeichnungen oder Unterrichtsdokumenten haben. Traditionellerweise beschäftigten sich verschiedene Forschungsansätze mit der Aussen- bzw. Innensicht auf Unterricht.

Beobachtungsdaten von Unterricht wurden bereits sehr früh in der mehrheitlich angloamerikanisch geprägten Lehrereffektivitätsforschung erhoben und im Anschluss daran systematisch mit Ergebnisdaten verknüpft. Im Zentrum stand dabei die Frage nach dem für die Leistungsentwicklung effektivsten Unterricht. Näher untersucht wurden die Informationsvermittlung im Allgemeinen sowie die Interaktionskultur im Klassenzimmer und die Lehrerfragen im Speziellen; es wurde aber auch versucht, die Unterrichtsquantität über Merkmale des Klassenmanagements, die Bestimmung der aktiven Lernzeit usw. zu erfassen (vgl. Brophy & Good, 1986). Mit der Etablierung kognitiver Lerntheorien in der pädagogischen Psychologie gelangte der Prozess-Produkt-Ansatz in die Kritik, wobei unter anderem die Untersuchung mediierender Prozesse gefordert wurde. In der Folge standen Schülerkognitionen und Lehrerkognitionen vermehrt im Blickfeld der Forschung.

Im Gegensatz zur Lehrereffektivitätsforschung richtete sich das Interesse der Schulklimaforschung von jeher auf die Erfassung der unmittelbar im Unterricht involvierten Akteure. Es ging dabei vor allem um die Erforschung von Reaktionsformen auf Schule als Ganzes bzw. um die Frage, wie Schule von Schülerinnen und Schülern wahrgenommen wird. Im Rahmen dieses Forschungsansatzes wurden verschiedenste Befragungsinstrumente zur Erfassung von Lernumwelten entwickelt (Eder, 1998; Fend & Specht, 1986; Von Saldern & Littig, 1985; für eine Übersicht siehe Gruehn, 2000), die zum Teil von der Unterrichtsforschung übernommen und weiterentwickelt wurden. Als anregend erwies sich darüber hinaus die Vorstellung der wechselseitigen Beeinflussung schulischer Wahrnehmungsprozesse, wie sie in Modellen zum kollektiven Klima beschrieben werden (Dreesmann, 1982; Pekrun, 1985). Diese Modelle verweisen unter anderem auf die sozialen Aushandlungsprozesse bei der Wahrnehmung und Bewertung von Schule und Unterricht: In Interaktionsprozessen zwischen Lehrpersonen und Schülerinnen und Schülern sowie in Interaktionen zwischen den Lernenden selbst werden schulische Umweltwahrnehmungen abgeglichen und modifiziert, wobei auf beiden Seiten subjektive Vorstellungen, Erwartungen und Handlungsentwürfe eine Rolle spielen.

Mit der systematischen Kombination verschiedener Informationsquellen in der heutigen Unterrichtsforschung wird das Ziel verfolgt, sowohl kurz- wie auch langfristige Prozesse abzubilden, aktuelle wie auch habituelle Verhaltensweisen von Lehrpersonen und Schülerinnen und Schülern zu erfassen sowie den fachlichen, fachdidaktischen oder lehr- und lernpsychologischen Blick von Expertinnen und Experten auf Unterricht zu ergänzen mit Daten zum individuellen Erleben von Lehrpersonen und Schülerinnen und Schülern. Es bleibt zu betonen, dass die verschiedenen Datenquellen unterschiedlichste Perspektiven auf Unterricht einbringen und somit verschiedene Aussagen über ein und denselben Unterricht vorliegen können.

8.1.2 Differenzielle Validitäten der Datenquellen

Studien, die unterschiedliche Erfassungsmethoden von Unterricht miteinander vergleichen, sind erstaunlicherweise nicht sehr zahlreich (Mayer, 1999; DeJong & Westerhof, 2001; McGrath & Lanahan, 2002; Clausen, 2002; Seidel, 2003). Eine systematische Einschätzung der Validität verschiedener Datenquellen nahm Clausen (2002) vor, indem er die Perspektive von Schülerinnen und Schülern, Lehrpersonen sowie Beobachterinnen und Beobachtern hinsichtlich bestimmter Merkmale ein und desselben Unterrichts miteinander verglich. Die Übereinstimmung in den Unterrichtsurteilen von Schülerinnen und Schülern, Lehrpersonen und Beobachtern fiel eher gering aus. In der Diskussion seiner Ergebnisse plädiert Clausen (2002) dafür, perspektivenspezifische Anteile nicht als Fehler zu bewerten, sondern als valide Informationen in spezifischer Hinsicht zu interpretieren.

Schüleraussagen über Unterricht stellen zuallererst authentische Berichte des individuellen Erlebens dar (Baumert, Kunter, Brunner, Krauss, Blum & Neubrand, 2004) und stehen als solche in engerem Bezug zu kognitiven und psychosozialen Entwicklungskriterien als beispielsweise die Einschätzungen durch Beobachterinnen und Beobachter (Clausen, 2002, S. 180 ff.). Aus der Sozialpsychologie und der Schulklimaforschung ist bekannt, dass es weniger die reale, objektive Umwelt ist, welche das Verhalten der Menschen beeinflusst, sondern vielmehr die subjektive Wahrnehmung und die Interpretation der Realität. So hat beispielsweise die Forschungsarbeit von DeJong und Westerhof (2001) gezeigt, dass die Wahrnehmung des Lehrerhandelns unter Umständen wichtiger für die Erklärung von Leistungen sein kann als das beobachtete Lehrerverhalten. Die subjektiven Interpretationen des Unterrichts können demnach die Qualität handlungsleitender Kognitionen haben. Schüleraussagen zur Unterrichtswahrnehmung liefern wichtige Hin-

weise darauf, wie Unterricht bei den Adressaten ankommt und mit welchen Erwartungs-
haltungen und Handlungsdispositionen sich Schülerinnen und Schüler Tag für Tag in die
Schulbank setzen.

In zweiter Linie stellen die Unterrichtswahrnehmungen von Schülerinnen und Schülern
eine Informationsquelle für die Beschreibung von Unterrichtsprozessen dar und werden
als solche von der Forschung genutzt. Es hat sich gezeigt, dass Schülerinnen und Schüler
bereits in relativ jungem Alter das, was sie täglich im Unterricht erleben, differenziert
wahrnehmen und beschreiben können. Die in der jeweiligen Lerngruppe (Klasse) gemittelten Schülerwahrnehmungen gelten als zuverlässige Schätzer für Unterrichtsprozesse
(Cronbach, 1976; Gruehn, 2000; Kunter, 2005), sofern es nicht um eine differenzierte
Auskunft über methodisch-didaktische Fragen der Unterrichtsgestaltung geht. Generell
wird der Schülerperspektive eine eher globale Sichtweise auf Unterricht zugeschrieben
(Baumert et al., 2004, S. 321).

Lehrpersonen gelten als erste professionelle Informationsquelle, wenn es um die Beschreibung von didaktischen und methodischen Aspekten des geplanten Unterrichts geht.
Expertenstatus kommt ihnen auch bei der Beschreibung subjektiver handlungsleitender
pädagogischer Vorstellungen und Überzeugungen, den sogenannten *teacher beliefs*, zu.
In der Regel fehlt es Lehrpersonen jedoch an vergleichenden Informationen aus Klassen,
die von Kolleginnen und Kollegen unterrichtet werden, so dass die Einschätzung gewisser
Qualitätsstandards des Unterrichtens schwierig wird. In dieser Hinsicht sind unabhängige
Beobachterinnen und Beobachter den Lehrpersonen überlegen, da sie über systematische
Vergleichsmöglichkeiten verfügen. Im Übrigen weisen auch Schülerinnen und Schüler
nur begrenzt Erfahrungen mit anderen Lehrpersonen und Klassen derselben Stufe auf. Die
Möglichkeiten des systematischen Vergleichs sind auch hier begrenzt.

Beobachterurteile stützen sich auf punktuelle Einsichten[1] in die Unterrichtspraxis,
wobei der Abgleich mit theoretischem Wissen über Unterricht sowie die Möglichkeit
des Vergleichs mit anderen Klassen und Lehrpersonen bedeutende Vorteile darstellen.
Beobachterdaten zur Erfassung von Unterrichtsmerkmalen lassen sich auf einem Kontinuum von niedriginferent bis hochinferent anordnen (vgl. Clausen, Reusser & Klieme,
2003): Niedriginferente Beobachtungen beschränken sich auf Aspekte des spezifischen,
beobachtbaren Verhaltens auf der Sicht- bzw. Oberflächenstruktur des Unterrichts, das
mittels Codierverfahren mit präzisen Analysekategorien und Entscheidungsleitlinien „objektiv" erfasst werden kann. Hochinferente Beurteilungsverfahren erfordern demgegenüber Schlussfolgerungen bzw. hochinferente Beurteilungsprozesse von Seiten der Beob-

---

1 In der Literatur immer wieder diskutiert wird die Frage, wie stabil die mittels Unterrichtsbeobachtungen
erfassten Merkmale sind bzw. wie viele Lektionen pro Lehrkraft für eine seriöse Beurteilung vorliegen müssen. Erstaunlicherweise werden die Anforderungen nicht allzu hoch gesetzt. Seidel und Mitautoren (2002)
zeigten für 13 Physikklassen über sechs Lektionen hinweg relativ stabile Muster der Unterrichtsorganisation
und der Struktur der Interaktionen. Zur gleichen Erkenntnis kommt Mayer (1999), der mehrere Wochen lang
in 17 High-School-Mathematik-Klassen Unterricht beobachtete und feststellte, dass der Unterrichtsstil der
Lehrpersonen über die Zeit hinweg eher geringfügig variierte. Bei der Festlegung der Zahl der gefilmten
Unterrichtslektionen pro Klasse müssen ausserdem der Gewinn bei der grösseren Genauigkeit der Beobachtung einer Klasse und die mögliche (negative) Beeinflussung der Teilnahmebereitschaft gegeneinander
abgewogen werden. Je nach Fragestellung wiegt der Vorteil, ein grosses repräsentatives Sample benutzen zu
können, die Nachteile des Studiendesigns mit einer oder zwei Videolektionen auf (vgl. Kunter & Baumert,
2006, S. 348).

achterinnen und Beobachter. Anhaltspunkte, die häufig über die ganze Lektion verstreut sind und sich nicht an einem spezifischen Ereignis festmachen lassen, fliessen dabei in den Beurteilungsprozess mit ein. Zur Überprüfung der Frage, ob die Varianzanteile in den hochinferenten Beurteilungen tatsächlich auf Varianz in Merkmalen der gefilmten Lektionen zurückzuführen sind und nicht auf charakteristische Unterschiede in der Beurteilung durch mehrere Raterinnen und Rater wie systematische Fehlervarianz, Strenge-, Milde-, Extrem- und Mittetendenzen, können Generalisierbarkeitskoeffizienten berechnet werden (Clausen et al., 2003; Rakoczy & Pauli, 2006). Geringe(re) Generalisierbarkeitskoeffizienten zeigten sich in beiden Studien in Aspekten der individuellen Förderung und bei der Beurteilung der Klarheit. Dieser Befund mag einerseits auf konzeptuelle Unschärfen dieser Konstrukte zurückzuführen sein, andererseits deuten die Ergebnisse darauf hin, dass die beiden Aspekte in engem Zusammenhang mit individuellen Bedürfnissen und dem individuellen Erleben von Unterricht stehen. Sie sind somit für Beobachter weniger deutlich sichtbar und bringen ein höheres Mass an Interpretation mit sich.

Allgemein wird der Unterrichtsbeobachtung mittels Video eine hohe Validität für die Beschreibung didaktischer und methodischer Aspekte des Unterrichts zugeschrieben; sie ist aber offensichtlich weniger valide in der Beschreibung und Beurteilung von seltenen Ereignissen und von Lehrer-Schüler-Interaktionen, in denen der Entwicklungsstand und die subjektiven Erwartungen und Bedürfnisse der einzelnen Lernenden eine wichtige Rolle spielen. Beobachterdaten geben keine Auskunft über handlungsleitende Kognitionen der am Unterricht Beteiligten und nur beschränkt Einblick in die Wissensverarbeitungsprozesse von Schülerinnen und Schülern.

Tabelle 8.1: Differenzielle Validitäten von Schüler- und Beobachterdaten (vgl. Baumert et al., 2004, ergänzt um Beobachtersicht)

Individuelle Schülersicht	
Hohe Validität für:	Subjektives Erleben des Unterrichts, insbesondere hinsichtlich affektiver und sozialer Merkmale
(Möglicherweise) eingeschränkte Validität für:	Differenzierte Beschreibung des Unterrichtsgeschehens infolge globaler Beurteilung
Geringe Validität für:	Beurteilung didaktischer Konzeptionen
Geteilte Schülerwahrnehmungen	
Hohe Validität für:	Beschreibung von Unterrichtsroutinen; Beurteilung von seltenen Ereignissen und affektiven und sozialen Merkmalen des Unterrichts
Eingeschränkte Validität für:	Neutrale, differenziertere Beschreibung des Unterrichtsgeschehens; didaktische Leitlinien; subjektives Erleben
Beobachtersicht	
Hohe Validität für:	Beschreibung didaktischer und methodischer Aspekte des Unterrichts im Quervergleich und entlang von didaktischen Leitlinien; Beschreibung von Interaktionen in der Gesamtgruppe (Klassenunterricht).
Eingeschränkte Validität für:	Beschreibung und Beurteilung von seltenen Ereignissen, Beurteilung der diagnostischen Kompetenz von Lehrpersonen, da in der Regel genauere Informationen über den Entwicklungsstand einzelner Schülerinnen und Schüler nicht vorliegen; Beurteilung der Interaktionsprozesse in Subgruppen (in Abhängigkeit von Kameraskript und Tontechnik).
Geringe Validität für:	Beschreibung handlungsleitender Kognitionen der am Unterrichtsprozess beteiligten Akteure (Schülerinnen, Schüler und Lehrpersonen); Beurteilung individueller Lernprozesse; Feststellung des subjektiven Erlebens von Unterricht (kognitive, emotionale, motivationale und affektive Prozesse).

Werden Daten aus verschiedenen Datenquellen zur Beschreibung von Unterricht herangezogen, so ist wichtig, dass ein adäquater Umgang mit der jeweiligen Perspektive gesucht wird und die differenziellen Validitäten der verwendeten Datenquellen bei der Interpretation der Ergebnisse miteinbezogen werden. Im vorliegenden Kapitel werden die Schülerwahrnehmungen des Unterrichts und die Unterrichtsbeurteilungen externer Beobachterinnen und Beobachter dargestellt. Als Nächstes stellt sich die Frage, welche Qualitätsmerkmale von Unterricht beschrieben werden sollen.

8.2 Erfassung von Merkmalen der Unterrichtsqualität: Welche Aspekte sind relevant?

8.2.1 Zielkriterien als Leitplanken der Bestimmung von Qualitätsmerkmalen

Ansichten, wie „guter" Unterricht zu gestalten sei, gibt es verschiedene. Während für die Schülerin oder den Schüler womöglich Spass und eine gute Stimmung im Vordergrund stehen, pochen Eltern auf die bestmögliche individuelle Förderung ihres Kindes, Bildungspolitiker hingegen auf Effizienz. Der Begriff „Unterrichtsqualität" beinhaltet eine normative Anschauung des „guten Unterrichts", nämlich eine Wertung, die über eine reine Beschreibung von Eigenschaften des Unterrichts hinausgeht. Psychologisches, pädagogisch-didaktisches sowie fachdidaktisches Wissen und Erfahrungen, Norm- und Wertvorstellungen sowie Hoffnungen und Erwartungen im Hinblick auf angestrebte Ziele fliessen mit ein, wenn Qualitätsmerkmale von Unterricht genannt werden. In Abhängigkeit davon, welche Ziele im Vordergrund stehen – wie zum Beispiel der Erwerb eines Grundverständnisses von mathematischen Prinzipien oder die Automatisierung von Rechenprozeduren, die Förderung der Leistungsstarken oder der Ausgleich von Leistungsunterschieden, die Aufrechterhaltung günstiger motivationaler Einstellungen oder die Erreichung von Leistungszielen – werden sich andere Vorgehensweisen und unterschiedliche Konfigurationen von Unterrichtsmethoden als günstig erweisen (vgl. Helmke, 2003).

   Auch für die Unterrichtsforschung gilt, dass die Bestimmung von Unterrichtsqualität nur unter Rückkoppelung auf bestimmte Zielkriterien geschehen kann. Allerdings liegt die Bestimmung dieser Zielkriterien nicht im Aufgabengebiet der Forschung selbst, sondern muss sowohl im öffentlichen wie auch im fachlichen Diskurs über Schule und Bildung geschehen. Der empirischen Forschung kommt die Rolle zu, die untersuchten Zielkriterien und die Auswahl der verwendeten Beschreibungsdimensionen von Unterricht transparent zu machen und – wo möglich – theoretisch zu verankern.

   In diesem Kapitel stehen die folgenden Zielbereiche im Zentrum: Erstens die Erweiterung der eigenen Wissensbasis und das Erreichen von Leistungszielen, wobei dem tiefen, konzeptuellen Verstehen auf diesem Weg ein besonderes Augenmerk zukommt. Und zweitens der Aufbau von selbstbestimmten motivationalen Tendenzen, das heisst, die gelungene Internalisierung fremdgesetzter Ziele sowie der Aufbau von fachspezifischen Interessen. Die beiden Zielbereiche sind als eng miteinander verbunden zu betrachten. Empirische Befunde zeigen, dass interessierte bzw. intrinsisch motivierte Lernerinnen und

Lerner aufmerksamer sind, länger durchhalten und insgesamt höhere Lernerträge erzielen
(Schiefele, 1996; Baumert, 1993).

8.2.2 Basisdimensionen der Unterrichtsqualität

Die angloamerikanische Lehrereffektivitätsforschung konnte in der Vergangenheit Qualitätsmerkmale des Unterrichts identifizieren, die ihre Wirkung unabhängig von der gewählten Inszenierungsform des Unterrichts, wie zum Beispiel einem lehrergeleiteten Unterricht
oder offenen Unterricht, entfalten. So wiesen etwa Wang, Haertel und Walberg (1993) auf
die Bedeutung von Klassenführung und Qualität der Lehrer-Schüler-Interaktion für einen
effektiven Unterricht hin; wobei unter Effektivität hohe Leistungszuwächse verstanden
wurden. Allerdings fehlte es an konzeptuellen Rahmentheorien, die eine systematische
Einordnung solcher Befunde erlaubten. In jüngerer Zeit wurden im Bereich der empirischen Unterrichtsforschung fachspezifische Rahmentheorien und Konzepte entwickelt,
die für die das Verstehen und die Interpretation des Zusammenspiels von Unterrichtsangebot, Lernprozessen und Wirkungen herangezogen werden können. Im Bereich des
Mathematiklernens werden auf der Grundlage eines konstruktivistischen Lernverständnisses jene Unterrichtsmerkmale hervorgehoben, die über herausfordernde kognitive Aktivitäten im Unterricht auf ein tiefes konzeptuelles Verstehen abzielen (Hiebert & Grouws,
2007; Mayer, 2004; Reusser, 2006). Im Rückgriff auf Befunde der Effektivitätsforschung
und fachdidaktische Vorstellungen produktiven Mathematiklernens identifizierten Klieme, Schümer und Knoll (2001) für den Mathematikunterricht drei Basisdimensionen der
Unterrichtsqualität, die gewährleisten, dass Lernen stattfindet: a) die effiziente Nutzung
der zur Verfügung stehenden Unterrichtszeit durch Massnahmen der Klassenführung und
der strukturierten Stoffpräsentation, b) die Förderung von Problemlöseaktivitäten und
Verstehensprozessen durch Schaffung von Gelegenheitsstrukturen für bedeutungsvolles
inhaltliches Lernen und c) die Schaffung eines unterstützenden Lernklimas, das individuelle (Förder-)Bedürfnisse von Schülerinnen und Schülern ernst nimmt und die wichtige Rolle der zwischenmenschlichen Interaktion für kognitive, affektive, emotionale und
motivationale Prozesse anerkennt. Zur Bezeichnung der drei Basisdimensionen schlugen
Klieme und Mitautoren (2001) die Begriffe „Effizienz", „Kognitive Aktivierung" und
„Schülerorientierung" vor. Das Konzept der drei Basisdimensionen wurde in der Folge
theoretisch ausdifferenziert und an Theorien des fachlichen Lernens und der Lernmotiva-
tion angebunden. In Variation zu den verwendeten Begrifflichkeiten finden sich in darauf
aufbauenden Forschungsarbeiten die drei Dimensionen „Klassenführung, Regelklarheit
& Struktur", „Kognitive Aktivierung" und „unterstützendes Unterrichtsklima" (Klieme,
Lipowsky, Rakoczy & Ratzka, 2006; Lipowsky et al., in Druck) oder „Klassenführung",
„Kognitive Aktivierung" und „Konstruktive Unterstützung" (Kunter, Dubberke, Baumert,
Blum, Brunner, Jordan, Klusmann, Krauss, Löwen, Neubrand & Tsai, 2006). Mit der Be-
griffsvariation gehen unterschiedliche Schwerpunktsetzungen in der theoretischen Bestimmung der drei Dimensionen einher. Im Folgenden werden die drei Basisdimensionen
der Unterrichtsqualität kurz charakterisiert. Die Beschreibungen werden ergänzt durch
Verweise auf dahinter liegende theoretische Konzepte und empirische Befunde in Bezug
auf den Zusammenhang zwischen einzelnen Unterrichtsmerkmalen und angestrebten Bildungszielen.

8.2.3 Effizienz

In der Erforschung von leistungsfördernden Lernumwelten hat sich immer wieder die Unterrichtsquantität, namentlich die effektive Zeit, in der sich Schülerinnen und Schüler mit Lerninhalten beschäftigen, als einer der wichtigsten Prädiktoren für Leistungszuwächse dargestellt (Wang, Haertel & Walberg, 1993; Einsiedler, 1997; Walberg & Paik, 2000). Als Unterrichtsstrategien, die eine möglichst effiziente Nutzung der Zeit erlauben, gelten *Klarheit und Strukturiertheit* bei der Darbietung von Inhalten und Aufgaben sowie in der Formulierung von Anforderungen und eine *effektive Klassenführung*. Letzteren Aspekt hat Kounin (1976) genauer ausdifferenziert: Eine effektive Klassenführung besteht demnach nicht nur in der Bewältigung von Disziplinproblemen, sondern ganzheitlicher aus der Fähigkeit einer Lehrperson, im Unterricht einen zügigen, gradlinigen und gut organisierten Stundenablauf zu gewährleisten, Disziplinprobleme schnell und effektiv abzuhandeln sowie die Klassenzimmerprozesse im Gesamten zu überblicken (die sprichwörtlichen „Augen im Hinterkopf"), um bei Schwierigkeiten und Problemen rasch und im Idealfall vorausblickend handeln zu können.

Eine effektive Klassenführung sowie die Klarheit und Strukturiertheit der Klassenzimmerinstruktion wurden in der Vergangenheit immer wieder als zentrale Aspekte eines Unterrichts bezeichnet, der sich durch eine relativ starke Steuerung des Lernprozesses durch die Lehrperson im Sinne der „direkten Instruktion" auszeichnet. In solchen Lernsettings werden Lernaktivitäten von der Lehrperson eingeleitet und überwacht, sie präsentiert die Lerninhalte, stellt Fragen und führt Aufgaben und Übungen ein. Der Stundenablauf ist häufig fest sequenziert, das Verstehen der Schülerinnen und Schüler wird laufend beobachtet; bei Bedarf wird eine kurze Intervention eingeschoben. Diese Strategien einer effizienten Anleitung und Überwachung von Lernprozessen sind vermutlich die im Rahmen der Unterrichtsforschung am besten analysierten Unterrichtsmerkmale. Der Grossteil aller Studien zeigt, dass in Klassen, in denen die Unterrichtszeit auf diese Weise effizient genutzt wird, deutliche Leistungszuwächse zu verzeichnen sind (vgl. Einsieder, 1997; Walberg & Paik, 2000).

Hinsichtlich der Entwicklung der Lernfreude und Motivation, deuten neuere Befunde an, dass eine strukturierte, klare und störungspräventive Unterrichtsführung womöglich auch hier von grundlegender Bedeutung ist. In verschiedenen Studien zeigte sich, dass sich Schülerinnen und Schüler durch einen effizienten Umgang mit Störungen und klare Strukturen in ihrem Streben nach Kompetenz und Selbstbestimmung unterstützt fühlten (Kunter, 2005; Kunter, Baumert & Köller, 2007; Rakozcy, 2006; Rakozcy, 2008). Solche Erfahrungen stehen in engem Zusammenhang mit der Motivations- und Interessentwicklung (vgl. Abschnitt 8.2.4).

In Bezug auf den Erwerb von komplexeren Wissensinhalten und Problemlösekompetenzen werden eine klare Strukturierung und eine effiziente Nutzung der Unterrichtszeit als notwendige, jedoch nicht hinreichende Bedingungen für Lernprozesse betrachtet (Klieme, et al., 2001; Klieme et al., 2006; Reusser, 2006). Es wird vermutet, dass Merkmale, die der Förderung von Problemlösen und Verstehen zuträglich sind, eine wichtige Rolle spielen. Darauf wird im nächsten Abschnitt eingegangen.

8.2.4 Kognitive Aktivierung

Seit einiger Zeit wird die Qualität von Mathematikunterricht vermehrt unter dem Gesichtspunkt eines (sozial-)konstruktivistischen Verständnisses von Lehr- und Lernprozessen diskutiert (DeCorte, 2004). Grundlegend ist die Annahme, dass Wissen und Problemlösekompetenzen durch subjektive Konstruktion von Ideen und Konzepten in sozialen
Kontexten aufgebaut werden. Lernen ist generell als Konstruktionsvorgang zu verstehen,
bei dem Lernende neue Inhalte mit individuellen Erfahrungen und bestehenden Konzepten verknüpfen. Auf einem Konzept der *Mathematical Literacy* und den Arbeiten von
Simon Freudental (1977) basierend, zeichnet die gegenwärtige internationale Mathematikdidaktik ein Bild von Mathematik als Werkzeug, das zur Lösung von Alltagsproblemen
dient, und betont damit die Anwendbarkeit des mathematischen Wissens (Reiss & Reiss,
2006). Ziele des Unterrichts sind nebst dem Erwerb von Rechenfertigkeiten und der Be-
herrschung von Routineprozeduren das Verständnis und die kognitive Durchdringung von
konzeptuellen Begriffen, Einsichten in mathematische Zusammenhänge, der Aufbau von
flexiblen Wissensstrukturen und die Förderung von Problemlösekompetenzen. Es soll dabei nicht nur ein kompetenter Umgang mit Inhalten aufgebaut werden, sondern auch die
damit verbundenen motivationalen, volitionalen und sozialen Bereitschaften und Fähigkeiten, um Problemlösungen variabel und verantwortungsvoll nutzen zu können (Reiss &
Reiss, 2006; Weinert, 2001).

Zur Erreichung dieser Ziele müssen *Gelegenheitsstrukturen für bedeutungsvolles
Lernen* geschaffen werden, die Raum geben für die eigenständige und kooperative Auseinandersetzung mit komplexen und anspruchsvollen Problemstellungen. In diesem Zusammenhang werden beispielsweise offene Aufgaben vorgeschlagen, die eine kreative
Verwendung bereits behandelter Lösungsroutinen und -prozeduren erfordern. Als ge-
winnbringend wird auch die Kenntnisnahme verschiedener Interpretationsansätze oder
Lösungswege erachtet, die die Möglichkeit bieten, das konzeptuelle Verständnis zu erweitern oder zu verfeinern (Cobb & Bowers, 1999). Der Kontextgebundenheit von Wissen und Fertigkeiten wird durch die *Einbettung des mathematischen Handelns in konkrete Problembezüge und lebensweltliche Kontexte* Rechnung getragen. Dabei können
(Alltags-)Erfahrungen, Vorwissen, Fehler oder „naive" Konzepte der Schülerinnen und
Schüler genutzt werden, um an bereits bestehende Wissensbestände anzuknüpfen, diese
umzustrukturieren bzw. zu erweitern. Weiter wird auf die Bedeutung kooperativer Lernge-
meinschaften aufmerksam gemacht (Lampert, 1986). Bedeutsam scheinen insbesondere
Anlässe zur Kommunikation, bei denen Schülerinnen und Schüler in der Interaktion mit
anderen herausgefordert werden, eigene Gedankengänge zu artikulieren und zu reflektieren (Lampert & Cobb, 2003).

Anders als zur effektiven Klassenführung und zum umfassenden Konzept der „direkten Instruktion" lagen bis vor zehn Jahren noch nicht allzu viele Erkenntnisse zur Anwendung solcher Gestaltungsmassnahmen in der (deutschsprachigen) Unterrichtspraxis
und zu deren Wirksamkeit vor. Viel Beachtung fanden die im Rahmen der TIMSS 1995
Video Study gewonnenen Einsichten zur Gestaltung japanischer Mathematikstunden,
wiesen doch viele japanische Lektionen Abschnitte auf, in denen die Lernenden eine Zeit
lang selbstständig und aktiv an anspruchsvollen Problemen arbeiteten und anschliessend
die verschiedenen Lösungsansätze im Klassenverband diskutierten (Baumert et al., 1997;

Stigler et al., 1999). Die Umsetzung konstruktivistischer Gestaltungsprinzipien in der alltäglichen Schulpraxis schien hier bereits weit fortgeschritten zu sein, während in Deutschland noch immer ein stark lehrerzentrierter Unterricht festgestellt werden konnte, dessen Fokus auf dem Einüben von Routinen und Prozeduren lag. In der Folge wurde im deutschsprachigen Raum in etlichen Studien die fachdidaktische Qualität des Unterrichts untersucht, wobei Merkmale der aktiven, inhaltlichen Auseinandersetzung dem übergeordneten Begriff der *kognitiven Aktivierung*[2] zugeordnet wurden. Untersucht wurden die Verwendung anspruchsvoller Übungsaufgaben anstelle des Abarbeitens von Routineaufgaben, die Nutzung von Fehlern als Lerngelegenheiten (z.B. Klieme et al., 2001; Klieme & Rakoczy, 2003; Kunter, 2005), das Einfordern und Verwenden begründender bzw. beweisführender Argumente (Reiss, Hellmich & Thomas, 2002), das kognitive Potenzial der im Unterricht eingesetzten Aufgaben und deren Aspekte, beispielsweise innermathematisches Modellieren oder mathematisches Argumentieren (Kunter, Dubberke et al., 2006), oder der prozessorientierte Umgang mit Hausaufgaben (Klieme et al., 2006). Die vorliegenden Ergebnisse zur Wirksamkeit kognitiv aktivierender Elemente auf die Leistungsentwicklung der Schülerinnen und Schüler sind allerdings disparat. Die Ergebnisse von Klieme und Rakoczy (2003), Kunter (2005) sowie Kunter und Baumert (2006) ergaben, dass die kognitive Aktivierung für die individuelle Leistungsentwicklung eine eher untergeordnete Rolle spielt. Hingegen wiesen Klieme und Mitautoren (2006) in einer je 20 deutsche und schweizerische Klassen umfassenden Stichprobe (erweiterte oder hohe Ansprüche) einen signifikant positiven Einfluss des prozessorientierten Umgangs mit Hausaufgaben auf die Leistungsentwicklung im Fach Mathematik innerhalb eines Schuljahres nach. In derselben Studie erwies sich die fachlich-inhaltliche Qualität des Unterrichts, erfasst durch Ratings der inhaltlich-strukturellen Klarheit der Theoriephasen sowie durch die Länge der Schülerbeiträge im Klassengespräch, jedoch nicht der festgestellte zeitliche Anteil anspruchsvoller Schülerarbeit für die Entwicklung des konzeptuellen Verständnisses als bedeutsam (Pauli, Drollinger-Vetter, Hugener & Lipowsky, 2008). Kunter, Dubberke und Mitautoren (2006) konnten im Rahmen ihrer Analysen der PISA-I-Längsschnittdaten einen signifikanten Effekt des kognitiven Aufgabenpotenzials und der Klassenführung auf die individuelle Leistungsentwicklung feststellen.

Noch wenig breit abgesichert sind Zusammenhang von Elementen kognitiver Aktivierung mit der Entwicklung von Interesse, Lernfreude und Lernmotivation sowie die über das Interesse mediierten Wirkungen der kognitiven Aktivierung auf Lernleistungen. Stefanou und Mitautoren (2004) weisen auf mögliche positive Wirkungen der Vorgabe offener Problemstellungen und der Möglichkeit zur selbstständigen und kreativen Auseinandersetzung mit dem Lerngegenstand hin. In Arbeiten von Turner und Mitarbeitenden erwies sich eine moderat empfundene Herausforderung als positiv für die Motivationsentwicklung (Schweinle, Turner & Meyer, 2006; Turner & Meyer, 2004). Lipowsky und

---

2 Wichtig ist dabei, dass „Aktivität" inhaltsbezogen, das heisst auf bedeutsame Lerninhalte fokussiert ist (vgl. Klieme et al., 2006). Es wird hervorgehoben, dass Handlungen allein nicht zwingend dazu führen, dass bestehende Schemata und Konzepte weiterentwickelt und ausdifferenziert oder bei Nicht-Passung überarbeitet werden: „Activity may help to promote meaningful learning, but instead of behavioral activity per se (e.g. hands-on activity, discussion, and free exploration), the kind of activity that really promotes meaningful learning is cognitive activity (e.g. selecting, organizing, and integrating knowledge)" (Mayer, 2004, S. 17).

Mitautoren (in Druck) berichten einen knapp nicht signifikanten Interaktionseffekt der kognitiven Aktivierung und des Interesses auf den Lernzuwachs von Schülerinnen und Schülern zum Thema „Pythagoras".

Die Wirkungsweise der kognitiven Aktivierung im Bereich der Kognition und Motivation ist demzufolge noch keineswegs befriedigend geklärt. Offen steht beispielsweise die Frage, ob eine effiziente Zeitnutzung und ein kognitiv aktivierender Ansatz gleichzeitig umgesetzt werden können oder ob das eine Gestaltungsmerkmal das andere eher ausschliesst. Eine besondere Herausforderung dürfte auch die Umsetzung eines kognitiv anspruchsvollen Unterrichts in Klassen mit stark heterogenen Lernvoraussetzungen darstellen.

8.2.5   Unterstützendes Lernklima

Es kann davon ausgegangen werden, dass der Grad des Lernengagements von Schülerinnen und Schülern nicht nur vom kognitiven Anregungsgehalt des Unterrichts bestimmt, sondern auch von einem unterstützenden Lernklima beeinflusst wird, das zum Weiterarbeiten oder Durchhalten motiviert und zugleich Schülerinnen und Schülern ein Gefühl der Wertschätzung und des „Akzeptiertseins" vermittelt. Klieme und Mitautoren (2006) fassen unter dem Aspekt des unterstützenden Lernklimas Merkmale der Lehrer-Schüler-Interaktion wie zum Beispiel eine positive Lehrer-Schüler-Beziehung, ein warmes, unterstützendes Lehrerverhalten im Allgemeinen sowie individuelle Unterstützung bei Verstehensproblemen und Lernschwierigkeiten, einen produktiven Umgang mit Schülerfehlern sowie positive und konstruktive Rückmeldungen. In verschiedenen Arbeiten zum unterstützenden Lernklima wird auf die Prämissen der Selbstbestimmungstheorie der menschlichen Motivation aufmerksam gemacht (Klieme et al., 2006; Lipowsky et al., in Druck; Rakozcy, 2008). Deci und Ryan (1993) gehen in ihrer Theorie vom Wunsch nach Selbstbestimmung als einem fundamentalen Mechanismus für menschliche Handlungen aus. Sie postulieren drei grundlegende Bedürfnisse, die für die Erfahrung von Selbstbestimmung zentral sind: Das Bedürfnis nach *Autonomie*, nämlich sich selber als eigenständiges Handlungszentrum zu erleben, das Bedürfnis nach dem Erleben eigener *Kompetenz*, das heisst, den sich stellenden Anforderungen gewachsen zu sein, und das Bedürfnis nach befriedigenden Sozialkontakten mit einer oder mehreren Personen, die in direktem Bezug zur Handlungssituation stehen, gefasst unter der Bezeichnung *„soziale Eingebundenheit"*. Es wird davon ausgegangen, dass Lernkontexte, welche die Befriedigung dieser drei *basic needs* ermöglichen, eine positiven Einfluss auf den Aufbau einer die selbstbestimmten, intrinsisch motivierten und interessierten Lernhaltung sowie auf kognitive Verarbeitungsprozesse nehmen.

Aus pädagogischer Sicht stellt sich die Frage, wie durch die Gestaltung von Lehr- und Lernarrangements das Erleben von Kompetenz, Autonomie und sozialer Eingebundenheit gefördert werden kann. Es muss dabei betont werden, dass guter Unterricht die Entstehung und Aufrechterhaltung dieser Erlebensqualitäten durch günstige Massnahmen unterstützt, sie aber bei den Lernern nicht automatisch erzeugen kann. Konkret bieten sich zwei Strategien an: Einerseits kann versucht werden, den Einfluss von Faktoren zu vermindern, die sich nachhaltig negativ auf die Qualität der bedürfnisbezogenen Erlebensqualitäten auswirken, andererseits können Aspekte der Unterrichtsgestaltung, die sich als positiv erweisen, verstärkt eingesetzt werden. Aus der Literatur sind verschiedenste Massnahmen zur Unterstützung der drei Erlebensqualitäten bekannt.

a) Förderung des Autonomieerlebens

In einer Reihe von Arbeiten, welche die Autonomieunterstützung im Unterrichtsalltag thematisieren, werden *organisatorische Massnahmen* genannt, wie zum Beispiel die Mitsprachemöglichkeit bei der Wahl von (Unterrichts-)Themen, Wahlangebote bei Lernaufgaben und -tätigkeiten (zum Teil ermöglicht durch didaktische Massnahmen wie Postenarbeit, Wochenplan), Spielräume bei der Planung des eigenen Vorgehens, bei der Wahl des Arbeitspartners sowie bei der Bestimmung der sozialen Arbeitsform, das heisst, ob man alleine, zu zweit oder zu dritt eine Aufgabe erledigt. Als weiterer Aspekt wird die *Absenz von Druck und Kontrolle* angeführt. Das Gefühl von Autonomie kann demnach dort aufkommen, wo Fremdkontrolle zugunsten von Selbstkontrolle und Eigenaktivität in den Hintergrund tritt, wo kontrollierende Zeitbeschränkungen und Druck fehlen, jedoch inhaltliche Standards klar kommuniziert werden (Deci & Ryan, 1987; Lewalter, Krapp & Wild, 2000; Assor, Kaplan & Roth, 2002). Assor und Mitarbeitende verweisen überdies mit ihrer Studie auf die Wichtigkeit einer *transparenten Unterrichtsführung*, in welcher der Sinn des Geschehens begründet und die Lernziele für die Schülerinnen und Schüler offen gelegt werden. Weiter konnten die Autoren zeigen, dass eine *Offenheit gegenüber angemessen formulierter Kritik* von Schülerinnen und Schülern als autonomieunterstützend erlebt, die Unterdrückung von Kritik hingegen als autonomieeinschränkend wahrgenommen wird.

In neueren Arbeiten wird auf die Wichtigkeit der *Autonomieunterstützung im kognitiven Bereich* – umgesetzt in der Verwendung offener Problemstellungen und ergänzt durch Anleitungen zur selbstständigen und kreativen Auseinandersetzung mit dem Lerngegenstand – für das Autonomieerleben hingewiesen (Stefanou et al., 2004). Diese Art der kognitiven Autonomieunterstützung, welche übrigens auch bei „konstruktivistischen" Ansätzen zur Förderung des Wissensaufbaus, des Problemlösens und Verstehens eine wichtige Rolle spielt, könnte für die Motivationsentwicklung wichtiger sein als die Bereitstellung organisatorischer Wahlfreiheiten. Bislang liegen zu dieser These kaum empirische Anhaltspunkte vor.

b) Förderung des Kompetenzerlebens

Für das Erleben von Kompetenz in einer Lernsituation spielt *der individuell wahrgenommene Schwierigkeitsgrad der Lernaufgabe* eine wichtige Rolle. Wird die Diskrepanz zwischen eigenem Wissensstand bzw. Fähigkeitsniveau und Anforderungsniveau der Aufgabe als bewältigbar erlebt, so kann von einer optimalen Herausforderung gesprochen werden, welche sich positiv auf das eigene Kompetenzerleben auswirkt. Länger dauernde Unterforderung hingegen führt zu Langeweile, Überforderung erzeugt Stress und Angstgefühle. Ein zweiter wichtiger Aspekt betrifft die Leistungsrückmeldungen im Unterricht. *Positive Rückmeldungen im Sinne eines informierenden Feedbacks* ermöglichen die realistische Wahrnehmung der eigenen Stärken und Schwächen und zeigen auf, wo konkret individuelle Verbesserungsmöglichkeiten liegen. Bekannt ist, dass die Mitteilung, ob das Arbeitsergebnis richtig oder falsch ist, oft negativ erlebt wird und deshalb keine günstige Wirkung auf das Kompetenzerleben erzielt (Deci & Ryan, 1985). In der Forschung zu Selbstkonzept und Zielorientierungen ist mittlerweile gut dokumentiert, dass Bewertungspraktiken, die ihren Fokus auf individuelle Verbesserungen und Forschritte legen, Lernende darin unterstützen, tendenziell eher Lernziele – im Sinne eines Meisterns der gestellten Ansprüche – anstelle von Leistungszielen – im Sinne des Besserseins als andere Personen – zu verfolgen (Köller, 2000; Church, Elliot & Gable, 2001).

Auf weitere Merkmale der Unterrichtsgestaltung zur Förderung des Kompetenzerlebens verweisen Skinner und Belmont (1993). Sie stellen in ihrer empirischen Untersuchung fest, dass Lehrpersonen, welche ihre eigenen Erwartungen klar kommunizieren, ein konsistentes Reaktionsverhalten auf Fragen vonseiten der Schülerinnen und Schüler an den Tag legen, *inhaltsbezogene Hilfe und Unterstützung anbieten*, Informationen bereitstellen, wie ein erwünschtes Ziel effektiv erreicht werden kann, und es insgesamt schaffen, *ihre persönlichen Lehrstrategien (Unterrichtstempo, Wahl der geeigneten Methode) an den Stand der Klasse bzw. der einzelnen Lernenden anzupassen*, positiven Einfluss auf das Kompetenzerleben ihrer Schülerinnen und Schüler nehmen. In der betreffenden Studie zeigte sich, dass diejenigen Lernenden, welche sich in ihrer Kompetenz unterstützt sahen, mehr aktiv beteiligendes Verhalten wie Anstrengungsbereitschaft, Aufmerksamkeit und Durchhaltevermögen an den Tag legten.

c) Kontexte, in denen das Erleben sozialer Eingebundenheit gefördert wird
Die subjektive Wahrnehmung der Beziehung zu wichtigen Personen und Gruppen wird als wichtige Voraussetzung dafür betrachtet, dass Schülerinnen und Schüler sich für schulische Ziele und Anforderungen engagieren. Umgekehrt wird davon ausgegangen, dass unsichere Beziehungen schulisches Verhalten negativ beeinflussen können. Lehrpersonen kommt eine zentrale Rolle in der Ausgestaltung schulischer Beziehungen zu, einerseits indem sie mit Schülerinnen und Schüler in einen persönlichen Austausch treten und andererseits indem als Vorbild und Modell für einen respektvollen Umgang miteinander und allenfalls auch mit Regeln das schulische Zusammenleben prägen.

Zur Beschreibung eines Lehrerverhaltens, das auf grundlegender Wertschätzung und einem respektvollen und einfühlsamen Umgang mit Schülerinnen und Schülern basiert, wird häufig der Begriff der Empathie oder derjenige des caring verwendet. Wentzel (1997) analysierte in einer ihrer Studien Schülerbeschreibungen zum Verhalten von Lehrpersonen. Als wertschätzend und fürsorglich wurden darin Lehrpersonen beschrieben, die einen demokratischen Interaktionsstil zeigten, individuelle Erwartungen an Lernende unter Berücksichtigung von deren Lernvoraussetzungen formulierten und konstruktive Rückmeldungen gaben. Solche Lehrpersonen wurden zudem als ehrlich, gerecht und vertrauenswürdig beschrieben und sie wurden als Personen charakterisiert, die sich für die Lernprozesse ihrer Schülerinnen und Schüler interessierten. Lernende, die ihre Lehrperson als derart wertschätzend und fürsorglich einschätzten, wiesen in der Studie von Wentzel eine positive Entwicklung im motivationalen Bereich auf. Weitere empirische Befunde unterstreichen die Bedeutung einer warmen und fürsorglichen Atmosphäre und eines respektvollen und wertschätzenden Klimas für motivationale und kognitive Lernprozesse (Assor, Kaplan & Roth, 2002; Reeve, 2002; Ryan & Deci, 2000). Aber auch die Förderung der Interaktion und des Respekts unter den Schülerinnen und Schülern sowie das Zugehörigkeitsgefühl zur Klasse erwiesen sich für motivationale Entwicklungen als bedeutsam (Ryan & Patrick, 2001).

Zusammenfassend kann festgestellt werden, dass unter dem Aspekt des lernunterstützenden Klimas eine ganze Palette von Merkmalen subsumiert werden, die aus unterschiedlichen Theorie- und Forschungstraditionen stammen. So klingt beispielsweise das Konzept des schülerorientierten Unterrichtens aus der angloamerikanischen Lehr- und Lernforschung an (Cornelius-White, 2007) und es werden theoretische Prämissen der Forschung zu Lernmotivation und Interesse herangezogen (Deci & Ryan, 1993; Krapp, 1998). Die Theorievielfalt verweist auf facettenreiche Prozesse in diesem Bereich und zeigt auf, dass vielen verschiedenen Faktoren Einfluss auf das Lerngeschehen zukommt. Wird ein übergeordnetes Fazit gezogen, so weisen die empirischen Befunde auf positive Zusammenhänge zwischen einem lernunterstützenden Klima und emotionalen und motivationalen Prozessen hin; hinsichtlich der Leistungsentwicklung hingegen zeigten sich bisher kaum bedeutsame Effekte (Campell, Kyriakidis, Muijs & Robinson, 2004).

8.2.6 Fragestellung

Das vorliegende Kapitel berichtet über die Wahrnehmung zentraler Aspekte der Unterrichtsqualität durch die Schülerinnen und Schüler sowie über die Unterrichtsbeurteilungen externer Beobachterinnen und Beobachter auf der Grundlage einer gefilmten Videolektion pro Klasse. Nebst der Darstellung der deskriptiven Daten zur Unterrichtsgestaltung in den drei Sprachregionen der Schweiz wird auch der Frage nach der Übereinstimmung von Schülerwahrnehmungen und Beobachterurteilen nachgegangen. Die folgenden Fragen stehen dabei im Vordergrund:

- Wie nehmen die Schülerinnen und Schüler den Mathematikunterricht in den drei Sprachregionen und in den verschiedenen Schultypen wahr? Finden sich regionenspezifische bzw. schultypenspezifische Differenzen?
- Wodurch sind die Unterrichtswahrnehmungen von Jungen und Mädchen charakterisiert? Bestehen Unterschiede zwischen den Geschlechtern?
- Wie charakterisieren externe Beobachterinnen und Beobachter den Unterricht in den drei Sprachregionen und in den verschiedenen Schultypen?
- In welchem Masse stimmen Schülerwahrnehmungen und Beobachterwahrnehmungen von Unterricht überein?

8.3 Methode

8.3.1 Stichprobe

In die Analyen einbezogen wurden die Schülerdaten der repräsentativen Stichprobe der TIMSS 1999 Video Study der deutsch-, italienisch- und französischsprachigen Schweiz. Insgesamt liegen von 2534 Schülerinnen und Schülern aus 139 Klassen der Sekundarstufe I (8. Schuljahr) Aussagen zum Unterricht vor. Disproportionen der Zusammensetzung der Stichprobe gegenüber jener der Grundgesamtheit wurden mittels Gewichtungsfaktoren auf Klassen- und Schülerebene kompensiert (vgl. Jacobs et al., 2003).

Tabelle 8.2: Stichprobe

	Deutschschweiz		Westschweiz		Tessin	
	n	% weibl.	n	% weibl.	n	% weibl.
Grundansprüche	443	51	89	44	103	55
erweiterte Ansprüche	749	55	353	51	320	50
hohe Ansprüche	210	55	267	54		
Total n = 2534	1402	53	709	51	423	52

Anmerkung:
Im Kanton Tessin ist die Oberstufe als Gesamtschulsystem mit tieferem und höherem Niveaukurs im Fach Mathematik organisiert. Diese Organisationsform ist nur bedingt mit dem dreigliedrigen System, das in der Deutschschweiz nach wie vor vorherrschend ist, vergleichbar.

8.3.2 Der schweizerische Schülerfragebogen zum Mathematikunterricht

Insgesamt hatte der nationale Schülerfragebogen zum Ziel, Prozessmerkmale des Unterrichts und der Lehrer-Schüler-Interaktion aus der Sicht der Lernenden sowie dispositionale Merkmale der Schülerinnen und Schüler wie Sach- und Fachinteresse, fähigkeitsbezogenes Selbstkonzept, Kausalattributionen und Weiteres zu erfassen (vgl. Kapitel 2). Für die vorliegenden Analysen wurde eine Auswahl von Skalen vorgenommen, die zur Erfassung der drei vorgestellten Basisdimensionen von Unterricht wie „Effizienz", „Kognitive Aktivierung" und „Unterstützendes Lernklima" eingesetzt wurden und in allen drei Sprachregionen erhoben werden konnten.

Tabelle 8.3 gibt einen Überblick über die einbezogenen Skalen und Items und deren Zuordnung zu einer übergreifenden Qualitätsdimension. Die Antwortkategorien waren in der Regel in einem 4-stufigen Zustimmungsformat „stimmt genau" (4), „stimmt eher" (3), „stimmt eher nicht" (2) und „stimmt gar nicht" (1) oder einem 4-stufigen Häufigkeitsformat „häufig" (4), „manchmal" (3), „selten" (2) und „nie" (1) vorgegeben. Die Zuordnung einzelner Unterrichtsmerkmale zu den übergreifenden Unterrichtsdimensionen erfolgte in erster Linie aufgrund theoretischer Überlegungen. Zusätzlich diente die empirische Überprüfung der Skalenstruktur zweiter Ordnung als Leitlinie für die vorgenommenen Zuordnungen. Ausserdem wurde zur Überprüfung der Messäquivalenz in den drei Sprachregionen pro übergeordnete Unterrichtsdimension je eine konfirmatorische Faktorenanalyse im Statistikprogramm AMOS 7.0 aufgesetzt (vgl. Abschnitt 8.3.3).

Tabelle 8.3: Übersicht über die in allen drei Sprachregionen eingesetzten Unterrichtsmerkmale und deren Zuordnung zu übergeordneten Qualitätsdimensionen

Qualitäts-dimension	Skala	Items	Item-Beispiel	Cronbachs Alpha		
				D-CH	I-CH	F-CH
Effizienz						
Klassen-führung	Überwachung Schü-lertätigkeiten	5	Unser ML weiss immer genau, was in der Klasse vor sich geht.	.79	.81	.70
	Regelklarheit	3	Im MU ist klar, was man machen darf und was nicht.	.71	.47	.65
Klarheit & Strukturierung	Strukturierungshilfen	4	Im MU wird häufig das Wichtigste nochmals zusammengefasst.	.81	.70	.73
	Lehrerkompetenz beim Erklären	5	Unser ML vergisst beim Erklären oft wichtige Dinge. (-).	.80	.81	.79
Kognitive Aktivierung						
Kognitive Aktivierung	Alltagsbezug	5	Um uns etwas Mathematisches zu erklären, nimmt unser ML oft ein Beispiel aus dem täglichen Leben.	.82	.81	.77
	Multiple Lösungs-wege	3	Im MU diskutieren wir über die verschiedenen Lösungswege, die wir gefunden haben.	.68	.70	.66
	Vermittlung Problemlöse-strategien	6	Im MU besprechen wir, wie man vorgehen kann, damit man kompli-zierte Aufgaben besser versteht.	.84	.83	.81
	Vermittlung Lerntechniken	4	Im MU sprechen wir darüber, wie man beim Lösen von Hausaufga-ben sinnvoll vorgehen kann.	.78	.77	.76
Unterstützendes Lernklima						
Individuelle Unter-stützung	Diagnosekompetenz der Lehrperson im Leistungsbereich	5	Unser ML merkt sofort, wenn et-was nicht richtig verstanden wird.	.84	.78	.80
	Individuelle Lern-unterstützung	4	Im MU hilft mir der Lehrer, wenn ich bei einer Aufgabe nicht wei-terweiss.	.78	.73	.79
	Emotionale Unter-stützung (Lob)	4	Mein ML freut sich über eine gute Leistung von mir.	.76	.78	.80
	Fehlerkultur	4	Der ML ist geduldig, wenn ein Schüler oder eine Schülerin im MU einen Fehler macht.	.68	.70	.72
Autonomie-freiräume	Zielvereinbarungen	3	Im MU vereinbaren wir mit unserem ML unsere persönlichen Lernziele (Arbeitsziele).	.76	.72	.66
	Individuelle Lern-wege	3	Im MU können wir selber entschei-den, wie wir arbeiten wollen.	.60	.59	.52
	Schülermitbestim-mung	2	Im MU gibt uns der ML Stoffe und Themen zur Auswahl.	.57	.57	.58
Soziales Klima	Sozialklima Klasse	3	Einige Schüler können zu anderen Schülern sehr gemein sein (-).	.66	.67	.58
	Konkurrenz unter Schülerinnen und Schülern	3	Einige Schüler unserer Klasse versuchen in Mathematik immer besser zu sein als die anderen (-).	.74	.64	.68

Anmerkungen:
Daten gewichtet. ML=Mathematiklehrer; MU=Mathematikunterricht

Die statistischen Kennwerte für die sechs gebildeten Qualitätsdimensionen (Skalen zweiter Ordnung) wie „Klassenführung", „Klarheit/Strukturierung", „Kognitive Aktivierung", „Individuelle Unterstützung", „Autonomiefreiräume" und „Soziales Klima" sind in Tabelle 8.4 abgebildet.

Tabelle 8.4: Kennwerte der Qualitätsdimensionen (Schülerfragebogenskalen zweiter Ordnung)

Unterrichtsdimension	Anzahl Skalen	D-CH			I-CH			F-CH		
		M	SD	α	M	SD	α	M	SD	α
Klarheit/Strukturierung	2	3.11	.56	.76	3.19	.53	.66	3.14	.55	.77
Klassenführung	2	2.98	.55	.67	2.99	.48	.59	3.00	.51	.57
Individuelle Unterstützung	4	2.99	.48	.79	3.00	.56	.83	2.87	.55	.83
Kognitive Aktivierung	4	2.87	.50	.77	2.92	.52	.70	2.80	.52	.77
Autonomiefreiräume	3	2.10	.56	.63	1.86	.54	.69	1.85	.51	.63
Soziales Klima	2	2.72	.51	.52	2.83	.59	.62	2.66	.59	.57

Anmerkungen:
Daten gewichtet. D-CH = Deutschschweiz; F-CH = Westschweiz; I-CH = Tessin

8.3.3 Exkurs zur Frage der Messäquivalenz in den drei Landesteilen

Der Einsatz des Fragebogens in drei Landesteilen der Schweiz brachte besondere methodologische Anforderungen mit sich. Gelangt nämlich ein Instrumentarium in verschiedenen Sprachversionen zum Einsatz, stellt sich die Frage, ob die verwendeten Skalen tatsächlich in der Lage sind, in allen drei Sprachregionen dieselben Merkmale zu messen, so dass ein Vergleich der Landesteile legitim erscheint. Die Problematik vergleichender Messungen liegt darin begründet, dass eine vorgefundene Differenz der Skalenmittelwerte von zwei oder mehr Teilstichproben Ausdruck einer tatsächlichen Differenz bezüglich des der Messung zugrunde liegenden Merkmals sein kann. Sie kann aber auch aus Eigenheiten bestimmter Items der Skala resultieren, welche dazu führen, dass die Angehörigen der einen Teilstichprobe systematisch anders antworten, ohne dass sie sich bezüglich des Merkmals tatsächlich unterscheiden. Umgekehrt können sich hinter scheinbar identischen Mittelwerten effektive Unterschiede verbergen, die durch eine nicht entdeckte Nichtäquivalenz der Messung kaschiert werden.

Aus diesem Grund ist die Qualität der Übersetzung aller Instrumente in die jeweilige Landessprache von grosser Bedeutung, wobei kulturspezifische Konnotation von Begriffen und Formulierungen besonderer Aufmerksamkeit bedürfen. Darüber hinaus gilt es, mittels geeigneter statistischer Verfahren zu untersuchen, ob sich die Annahme gleicher Messungen, das heisst Messinvarianz bzw. -äquivalenz bestätigt. Diesbezüglich gelten vergleichende konfirmatorische Faktorenanalysen für multiple Gruppen als Verfahren der Wahl.

Um nun zu prüfen, ob für die Instrumente der Schülerbefragung in den drei Sprachversionen ein hinreichender Grad an Messinvarianz angenommen werden kann, wurden für die vorliegende Studie in AMOS 7.0 konfirmatorische Faktorenanalysen für jeweils drei Subgruppen – die Schülerinnen und Schüler je einer Sprachregion – vorgenommen. Untersucht wurden die Messmodelle zu sechs Unterrichtsskalen zweiter Ordnung, in denen jeweils ein latenter Faktor zweiter Ordnung (zum Beispiel „Klassenführung") zwei oder mehr latente Faktoren erster Ordnung (zum Beispiel „Überwachung Schülertätigkeiten" und „Regelklarheit") bedingt bzw. erklärt, welche ihrerseits die manifesten Messwerte von je drei oder mehr Indikatoren erklären.

Erwiese sich die Struktur der Faktorladungen in den Teilstichproben als nur zufällig verschieden, würde von *vollständiger metrischer Messinvarianz* des Typs *Tau-Äquivalenz* gesprochen. Allerdings bestehen Argumente dafür, die Annahme völliger Parallelität der Faktorenstruktur als nicht realistisch und überzogen zu erachten. Das Konzept der *partiellen metrischen Invarianz* (Steenkamp & Baumgartner, 1998) operiert deshalb mit etwas weniger rigiden Restriktionen und sieht als Kriterium zusätzlich zur Nullsetzung aller Querladungen (*nonsalient loadings on nontarget factors*) in den zu vergleichenden Gruppen nur mehr die Gleichsetzung einzelner, nicht aber aller Hauptladungen (*salient loadings on target factors*) vor. Neben den Items, deren Faktorladung zur Bestimmung der Skalierung des latenten Faktors in allen Gruppen auf 1 fixiert ist, genügt es gemäss diesem Konzept bereits, wenn ein weiteres Item über die Gruppen hinweg eine metrisch invariante Faktorladung aufweist (Steenkamp & Baumgartner, 1998, S. 81). Für unsere Modelle zweiter Ordnung interpretierten wir diese Anforderung so, dass für jedes Konstrukt auf der ersten Stufe zumindest zwei Regressionsgewichte fixiert werden können müssen, ohne dass sich die Chi^2-Anpassungswerte signifikant verschlechtern.

Diesen Anforderungen entsprachen fünf der sechs verwendeten Unterrichtskonstrukte, so dass mit der einen Ausnahme von einer partiellen metrischen Invarianz ausgegangen werden kann, welche sprachregionenübergreifende Analysen als legitim erscheinen lässt. Für sämtliche genannten Skalen – einschliesslich jener, für die sich keine partielle Tau-Äquivalenz nachweisen liess – ergaben sich zudem für die restringierten Modelle Anpassungswerte, die nach üblichen Konventionen (vgl. Kline, 1998; Bühner 2004) als im Minimum befriedigend, zumeist aber als gut bis sehr gut gelten können.[3]

8.3.4 Statistische Analysen

Wie bereits im Theorieteil ausgeführt, besitzen die vorliegenden Schülerdaten eine Mehrebenenstruktur: Die Schülerinnen und Schüler sind einer bestimmten Klasse zugehörig und es ist anzunehmen, dass die Lernumwelterfahrungen innerhalb einer Klasse ähnlicher ausfallen als zwischen den Klassen. Wird diese „Klumpung" (Klassen) in den statistischen Analysen nicht berücksichtigt, so kann dies bei der Verwendung üblicher Softwarepakete wie SPSS zu einer Unterschätzung der Standardfehler und damit zu einer zu liberalen Signifikanztestung kommen. Aus diesem Grund wurde für die vorliegenden Analysen das Statistikprogramm WesVar 5.1 (Westat, 2000) verwendet, welches mittels Jackknife-Verfahren erlaubt, die geschachtelte Datenstruktur bei der Schätzung der Standardfehler zu berücksichtigen.

---

3   So liegt der *root mean square error of approximation* (RMSEA) für alle Skalen nahe oder unter .05. Der *pclose*-Wert, der die Wahrscheinlichkeit eines *close fit* repräsentiert, beläuft sich dementsprechend durchgehend auf 1.0. Die CFI-, GFI- und AGFI-Koeffizienten sind überwiegend grösser als .095, in jedem Fall aber grösser als .92.

8.3.5 Hochinferente Beobachterurteile auf der Grundlage einer videografierten Lektion

Von den befragten Klassen liegt je eine gefilmte Mathematiklektion aus dem 8. Schuljahr vor. Diese Lektionen wurden im Rahmen einer deutsch-schweizerischen Forschungskooperation der hochinferenten Beurteilung von Unterrichtsqualitätsmerkmalen unterzogen (Clausen et al., 2003). Es kam ein Beobachtungsinstrument zur Anwendung, das insgesamt 94 Items umfasste, die mit den Antwortabstufungen „trifft überhaupt nicht zu", „trifft eher nicht zu", „trifft eher zu" bzw. „trifft voll und ganz zu" einzuschätzen waren. Jedes Unterrichtsmerkmal wurde mit jeweils drei bis vier Items erfasst. Die durch vier trainierte Beobachterinnen und Beobachter vorgenommenen Unterrichtsbeurteilungen liessen sich vier Merkmalsbereichen zuordnen, die sich faktorenanalytisch replizieren lassen und gute Generalisierbarkeitskoeffizienten vorweisen: (1) Klarheit und Strukturiertheit, (2) Schülerorientierung, (3) Kognitive Aktivierung und (4) Instruktionseffizienz. Die statistischen Kennwerte sind in Tabelle 8.5 dargestellt.

Tabelle 8.5: Statistische Kennwerte der hochinferenten Beobachterurteile

Aspekt	Unterrichtsmerkmale	M	SD	α
Klarheit und Strukturiertheit	Klarheit, Strukturierungshilfen, Fokussierung, diagnostische Kompetenz im Leistungsbereich	3.09	.49	.85
Instruktionseffizienz	Regelklarheit, Unterrichtsstörung (recodiert), Zeitnutzung, Zeitverschwendung (recodiert), Klassenführung, Aggression Schüler-Lehrperson (recodiert), Aggression Schüler-Schüler (recodiert)	3.68	.44	.95
Schülerorientierung	Positives Sozialklima, Individualisierung, individuelle Bezugsnormorientierung, diagnostische Kompetenz der Lehrperson im sozialen Bereich, Fehlerkultur, Interaktionstempo, individuelle Lernunterstützung	3.14	.35	.82
Kognitive Aktivierung	Repetitives Üben (recodiert), anspruchsvolles Üben, zu schnelles Lerntempo (recodiert), Einbettung in multiple Kontexte, Lehrperson als Mediator, Motivierungsfähigkeit der Lehrperson	2.98	.55	.94

Anmerkung:
Daten gewichtet

8.4   Ergebnisse

Die Ergebnisdarstellung gibt zuerst einen Überblick über die durchschnittlichen Schülerwahrnehmungen des Unterrichts nach Sprachregion, Schultypen und Geschlecht. In einem weiteren Schritt werden die Beobachterurteile nach Sprachregion und Schultypen dargestellt. Zum Schluss wird der Frage nachgegangen, inwieweit die Schülersicht mit der Beobachtersicht auf Unterricht übereinstimmt.

8.4.1 Die Unterrichtswahrnehmungen der Schülerinnen und Schüler in den drei Sprachregionen

Wie nehmen die Schülerinnen und Schüler den Mathematikunterricht in den drei Sprachregionen der Schweiz wahr? In Abbildung 8.1 sind die durchschnittlichen Schülereinschätzungen pro Merkmal und Sprachregion dargestellt. Durchwegs hohe Zustimmungswerte erhielten in allen drei Sprachregionen die Merkmale „Klarheit/Strukturierung" und „Klassenführung". Auch die Merkmale „Individuelle Unterstützung", „Kognitive Aktivierung" und „Soziales Klima" erhalten deutliche Zustimmungswerte; die Bewertungen fallen allerdings heterogener aus. Alle drei Aspekte werden in der italienischsprachigen Schweiz tendenziell am günstigsten und in der französischsprachigen Schweiz am ungünstigsten bewertet. Die Wahrnehmung der Autonomiefreiräume fällt deutlich verschieden von den anderen Unterrichtsmerkmalen aus. Generell kommen Autonomiefreiräume in allen drei Sprachregionen eher selten vor; am ehesten sind autonomieunterstützende Elemente wie die Vereinbarung von Lernzielen, Freiräume beim Bearbeiten von Aufgaben (unter anderem Wahl des Vorgehens, eigener Lösungsansatz) sowie die Mitbestimmung bei der Auswahl von Themen und Inhalten im Mathematikunterricht in der Deutschschweiz zu finden.

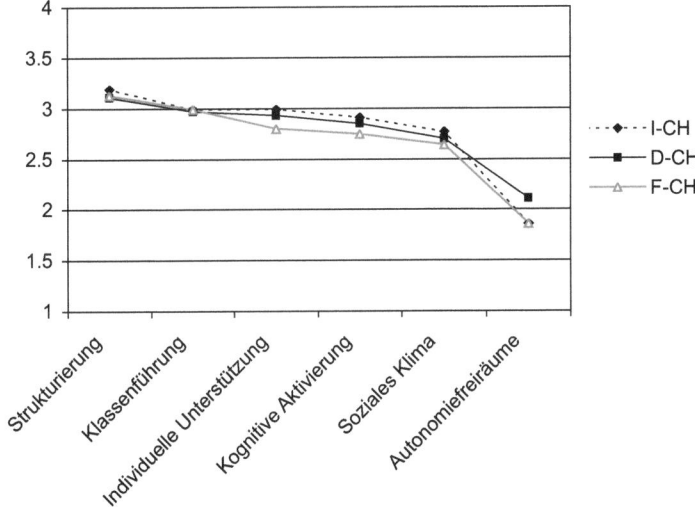

Abbildung 8.1: Unterrichtswahrnehmungen der Schülerinnen und Schüler in den drei Sprachregionen der Schweiz (D-CH = Deutschschweiz; F-CH = Westschweiz; I-CH = Tessin)

Zur Überprüfung von Mittelwertdifferenzen zwischen den drei Sprachregionen wurden in WesVar unter Anwendung des JK2-Algorithmus einfaktorielle Varianzanalysen berechnet. Signifikante Differenzen ergaben sich für das Merkmal Autonomiefreiräume [$F(2.49) = 13.23$, $p < .001$, $R^2 = .05$]. Die paarweisen Vergleiche mit anschliessender Bonferroni-Korrektur verweisen auf signifikante Differenzen bezüglich dieses Merkmals zwischen der deutschsprachigen und der italienischsprachigen Schweiz (*Cohens d*= .26) sowie zwischen der deutschsprachigen und der französischsprachigen Schweiz (*Cohens d*= .40).

8.4.2 Die Unterrichtswahrnehmung der Schülerinnen und Schüler in den verschiedenen Schultypen

Wie wird der Mathematikunterricht in den verschiedenen Schultypen wahrgenommen? Die unterschiedliche Organisation der kantonalen Schulsysteme machte eine Zuteilung der Klassen in ein einheitliches Schultypenraster[4] notwendig (vgl. Kapitel 2). In den Abbildungen 8.2 bis 8.4 sind die durchschnittlichen Schülerwahrnehmungen in den einzelnen Schultypen nach Sprachregionen getrennt abgebildet.

Ein erster Blick zeigt, dass die mittleren Schülerwahrnehmungen des Unterrichts in den acht Schultypen nicht allzu verschieden ausfallen. Die Merkmale „Strukturierung", „Klassenführung" und „Individuelle Unterstützung" erhalten tendenziell hohe Zustimmungen; die Wahrnehmungen der Autonomiefreiräume kommen hingegen überall unter dem Skalenmittelpunkt von 2.5 zu liegen. Als wiederkehrendes Muster ist festzustellen, dass die Merkmale „Strukturierung", „Klassenführung", „Individuelle Unterstützung" und „Kognitive Aktivierung" von den Schülerinnen und Schülern des Schultyps mit Basisansprüchen in allen drei Sprachregionen günstiger wahrgenommen werden als in den anderen Schultypen. Beim Merkmal „Soziales Klima" dreht sich das Bild um. Jugendliche in den Schultypen mit erweiterten und hohen Ansprüchen nehmen das soziale Klima in ihrer Klasse positiver wahr als Jugendliche in den Schultypen mit Grundansprüchen. Von diesem Ausprägungsmuster unterscheidet sich allerdings die italienischsprachige Schweiz, wo zwischen den beiden Niveaukursen kaum Differenzen festzustellen sind. Schliesslich finden sich unterschiedliche Einschätzungen der Autonomiefreiräume in den Schultypen der italienisch- und der deutschsprachigen Schweiz, jedoch nicht in der französischsprachigen Schweiz. In der Deutschschweiz und im Tessin berichten die Schülerinnen und Schüler des Basisniveaus bzw. des Schultyps mit Grundansprüchen über grössere Freiräume bei der Wahl von Aufgaben und Themen sowie bei der Wahl des individuellen Vorgehens als ihre Kolleginnen und Kollegen in den Schultypen mit erweiterten und hohen Ansprüchen. In der französischsprachigen Schweiz kommen individuelle Wahlmöglichkeiten und Freiräume für selbstgesteuertes Lernen generell eher selten vor.

---

4   I-BN: italienischsprachige Schweiz, Basisniveau; I-EN: italienischsprachige Schweiz, erweitertes Niveau; D-GA: deutschsprachige Schweiz, Grundansprüche; D-EA: deutschsprachige Schweiz, erweiterte Ansprüche; D-HA: deutschsprachige Schweiz, hohe Ansprüche; F-GA: französischsprachige Schweiz, Grundansprüche; F-EA: französischsprachige Schweiz, erweiterte Ansprüche; F-HA: französischsprachige Schweiz, hohe Ansprüche.

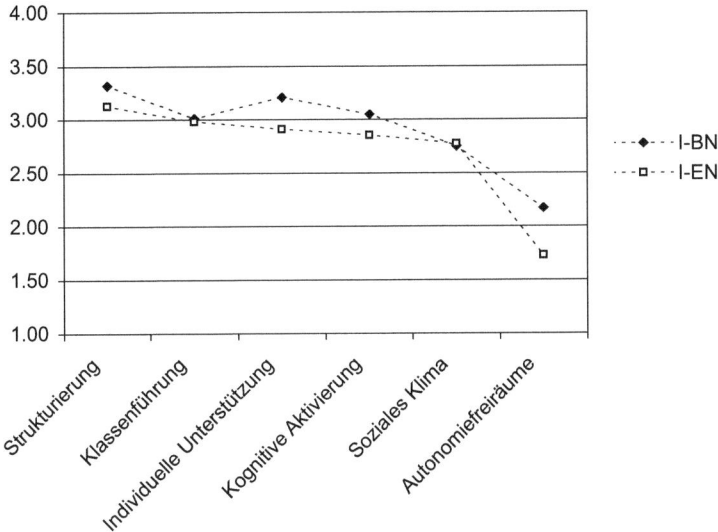

Abbildung 8.2: Mittlere Unterrichtswahrnehmungen der Schülerinnen und Schüler in den beiden Niveaukursen der italienischsprachigen Schweiz

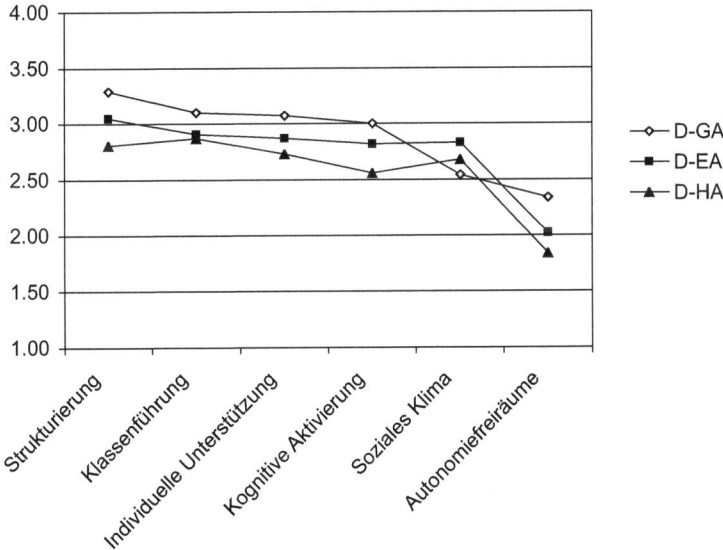

Abbildung 8.3: Mittlere Unterrichtswahrnehmungen der Schülerinnen und Schüler in den drei Schultypen der deutschsprachigen Schweiz

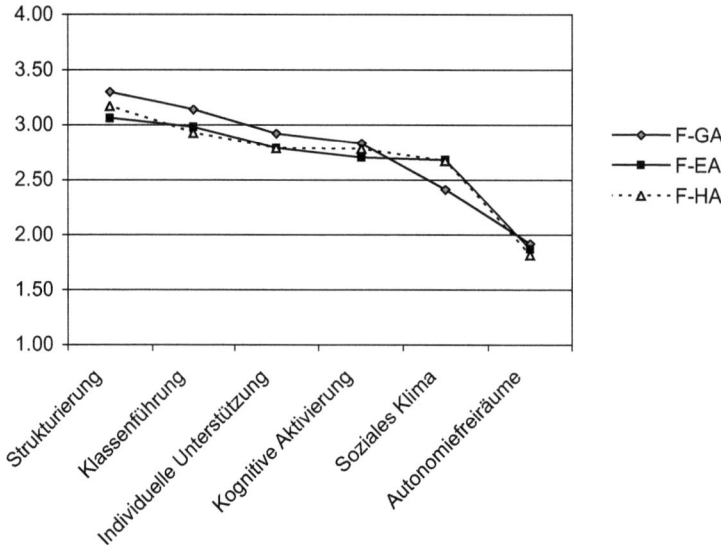

Abbildung 8.4: Mittlere Unterrichtswahrnehmungen der Schülerinnen und Schüler in den drei Schultypen der französischsprachigen Schweiz

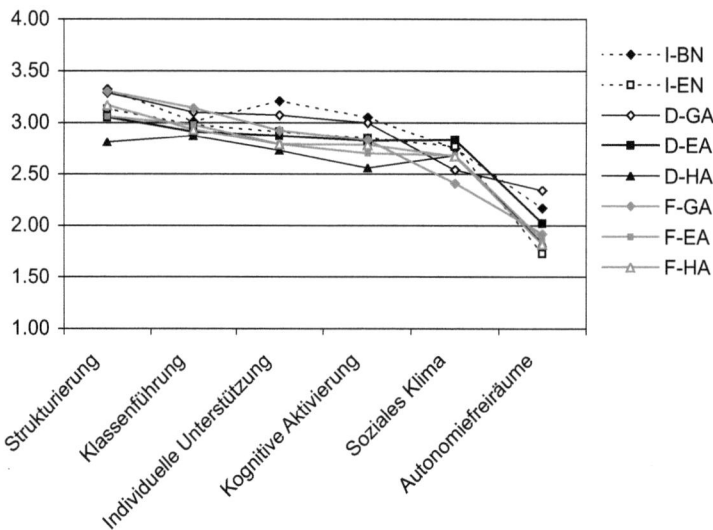

Abbildung 8.5: Mittlere Unterrichtswahrnehmungen der Schülerinnen und Schüler in allen untersuchten Schultypen (vgl. im Einzelnen Abb. 8.2, 8.3 und 8.4)

Im Gesamtvergleich (Abbildung 8.5) wird zudem ersichtlich, dass die Unterrichtswahrnehmungen der Deutschschweizer Schülerinnen und Schüler im Schultyp mit hohen Ansprüchen nahezu durchgehend am kritischsten, jene des Deutschschweizer Schultyps mit Grundansprüchen hingegen durchwegs sehr günstig ausfallen.

Zur statistischen Absicherung der beobachteten Schultypendifferenzen wurden in WesVar basierend auf dem JK2-Algorithmus univariate Varianzanalysen und paarweise Vergleichstests gerechnet. Globale Mittelwertsdifferenzen ergaben sich für fünf der insgesamt sechs untersuchten Unterrichtsmerkmale (Tabelle 8.6). Keine signifikante Differenz lag für das Merkmal „Soziales Klima" vor. Weiter wurden Paarvergleiche mit Bonferroni-Korrektur vorgenommen, wobei 18 Vergleiche als sinnvoll betrachtet wurden: Vergleiche *innerhalb einer Sprachregion zwischen den Schultypen* sowie Vergleiche *der gleichen Schultypen über die Sprachregionen hinweg.*[5] Die Ergebnisse zeigen, dass insbesondere zwischen dem Deutschschweizer Schultyp mit Grundansprüchen und demjenigen mit hohen Ansprüchen Unterschiede in den Schülerwahrnehmungen des Unterrichts bestehen. In den anderen Sprachregionen sind solche ausgeprägten Unterschiede nicht festzustellen. Die Ausnahme bildet das Merkmal „Autonomiefreiräume", dem unter anderem auch in der italienischsprachigen Schweiz im Basisniveau eine wichtigere Rolle zukommt als im Niveau mit erweiterten Ansprüchen. Paarvergleiche über die Sprachregionen hinweg zeigen für dieses Merkmal signifikante Unterschiede zwischen dem Schultyp mit Grundansprüchen in der Deutschschweiz bzw. dem Basisniveau im Tessin und dem Schultyp mit Grundansprüchen in der französischsprachigen Schweiz. Signifikante Differenzen ergeben sich auch im Schultyp mit erweiterten Ansprüchen zwischen der Deutschschweiz und dem Tessin. Autonomiefreiräume scheinen demzufolge ein Charakteristikum der Deutschschweizer Schultypen mit Grundanforderungen und erweiterten Anforderungen zu sein.

Tabelle 8.6: Kennwerte der Varianzanalysen für Unterrichtsmerkmale nach Schultypen sowie signifikante Paarvergleiche

	Kennwerte der univariaten Varianzanalysen				Paarvergleiche innerhalb Sprachregion	Effekt-stärke	Paarvergleiche über Sprach-regionen hinweg	Effekt-stärke
	F	df	p	R^2	$p<.05$	d	$p<.05$	d
Klarheit/Strukturierung	6.04	7, 44	<.001	.06	D-GA > D-HA	.86		
Klassenführung	4.27	7, 44	<.001	.03	D-GA > D-HA	.44		
Individuelle Unterstützung	4.47	7, 44	<.001	.05	D-GA > D-HA	.69		
Kognitive Aktivierung	10.52	7, 44	<.001	.06	D-GA > D-HA	.86		
Autonomiefreiräume	12.38	7, 44	<.001	.12	D-GA > D-EA	.55	D-EA > I-EN	.35
					D-GA > D-HA	.97	I-BN > F-GA	.61
					I-BN > I-EN	.81	D-GA > F-GA	.74
Soziales Klima	2.02	7, 44	n.s.	.04	D-EA > D-GA	.41		

---

5 Da in der italienischsprachigen Schweiz ein Niveausystem mit zwei Niveauklassen besteht, wurden die erweiterten Niveaus der deutsch- und französischsprachigen Schweiz sowohl mit dem tieferen wie auch mit dem höheren Niveau verglichen.

8.4.3 Die Unterrichtswahrnehmungen von Mädchen und Jungen

Aus den TIMSS-Untersuchungen (vgl. z.B. Keller, 1998) und den PISA-Untersuchungen (Bundesamt für Statistik, 2002; Zahner Rossier, 2005) ist bekannt, dass das Fach Mathematik in der Schweiz auf der Sekundarstufe I bei Jungen tendenziell beliebter ist als bei Mädchen. Ob dadurch auch die Einschätzung des Unterrichts beeinflusst wird, ist unklar. Im Folgenden wird der Frage nach Geschlechterdifferenzen in der Unterrichtswahrnehmung der Schülerinnen und Schüler nachgegangen. In Abbildung 8.6 sind die durchschnittlichen Einschätzungen der sechs untersuchten Unterrichtsmerkmale für Jungen und Mädchen getrennt dargestellt.

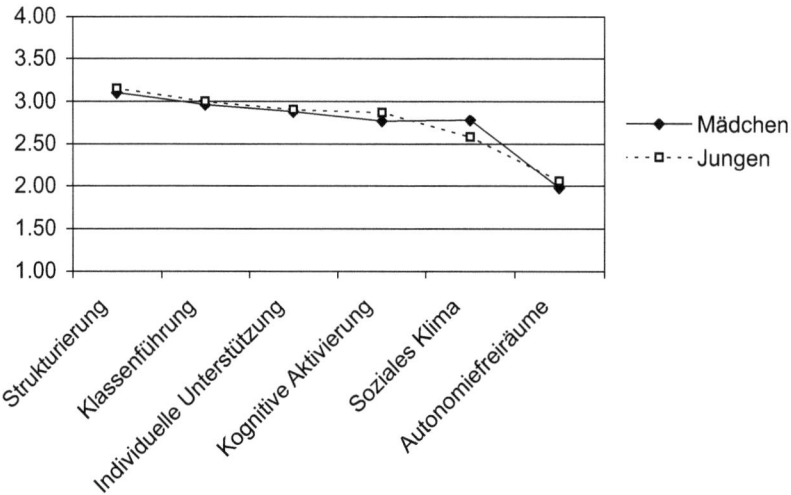

Abbildung 8.6: Unterrichtswahrnehmungen von Mädchen und Jungen

Es zeigt sich, dass in der Wahrnehmung der Merkmale „Strukturierung", „Klassenführung" und „Individuelle Unterstützung" kaum Unterschiede zwischen den Geschlechtern bestehen. Die Jungen nehmen im Mittel die Merkmale „Kognitive Aktivierung" und „Autonomiefreiräume" etwas günstiger wahr. Die Differenzen sind sowohl für das Merkmal „Kognitive Aktivierung" (M_{Md}=2.77, SE=.03, M_{Jn}=2.87, SE=.03, *Cohens d*=18) [F (1.50)=13.56, p<.001, R^2=.01] wie auch für das Merkmal „Autonomieunterstützung" (M_{Md}=1.98, SE=.03, M_{Jn}=2.06, SE=.04, *Cohens d*=.16) [F (1.50)=4.84, p<.05, R^2=.01] signifikant. Hingegen wird das soziale Klima von den Mädchen (M=2.78, SE=.03) positiver beschrieben als von den Jungen (M=2.58, SE=.04). Dieser Unterschied (*Cohens d*=.34) ist ebenfalls statistisch signifikant [F (1.50)=25.83, p <.000, R^2=.03].

8.4.4 Klassenspezifische Unterrichtskulturen

In Anbetracht der mehrheitlich nicht allzu grossen Schultypen- und Geschlechterdifferenzen stellt sich die Frage, inwiefern die Unterrichtswahrnehmungen der Schülerinnen und Schüler durch ihre Zugehörigkeit zu einer Klasse und damit durch klassenspezifische Unterrichtskulturen geprägt sind. In Tabelle 8.7 sind die Intraklassenkorrelationen für die sechs untersuchten Unterrichtsmerkmale dargestellt, die Auskunft geben über die Anteile der Varianz zwischen Klassen. Die Interkorrelationen wurden einmal ohne Kontrolle des Schultyps und einmal mit Kontrolle des Schultyps berechnet. Die Ergebnisse zeigen, dass 16 % bis 34 % der Varianz in den untersuchten Unterrichtsmerkmalen durch die Klassenzugehörigkeit entstehen, das heisst, dass zwischen den Klassen beträchtliche Unterschiede in der Unterrichtsgestaltung bestehen.

Wird der Schultyp kontrolliert, so fällt auf, dass die durch die Klassenzugehörigkeit verursachte Varianz in den Merkmalen „Klassenführung", „Kognitive Aktivierung", „Individuelle Unterstützung" und „Soziales Klima" nur geringfügig zurückgeht. Die Kennwerte deuten darauf hin, dass die Zugehörigkeit zu einer bestimmten Klasse und damit die Klassen- und Lehrpersonenspezifische Unterrichtskultur eine wichtige Rolle für die Wahrnehmung dieser Merkmale spielt. Mit den Einschätzungen der Klarheit/Strukturierung und der Autonomiefreiräume verhält es sich anders. Hier reduzieren sich die beiden Intraklassenkorrelationskoeffizienten in beträchtlichem Masse, wenn der Schultyp kontrolliert wird. Die Ergebnisse deuten darauf hin, dass die Gewährung von Autonomiefreiräumen zumindest teilweise an schultypenspezifische Gestaltungsmuster gebunden ist – beispielsweise in der Deutschschweiz durch den verstärkten Einsatz von erweiterten Lehr- und Lernformen im Schultyp mit Grundansprüchen – und dass auch die Wahrnehmung der Klarheit und Strukturierung in gewissem Masse schultypenspezifisch geprägt ist.

Tabelle 8.7: Intraklassenkorrelationen ohne und mit Kontrolle der Schultypenzugehörigkeit (8 Schultypen)

	ohne Schultyp	mit Schultyp
Strukturierung	.34	.15
Klassenführung	.23	.21
Kognitive Aktivierung	.27	.23
Individuelle Unterstützung	.34	.31
Autonomiefreiräume	.34	.25
Soziales Klima	.16	.15

8.4.5 Die Unterrichtsbeurteilungen der Beobachterinnen und Beobachter nach Sprachregion

Wie bewerten Beobachterinnen und Beobachter den Mathematikunterricht auf der Grundlage einer videografierten Lektion? In diesem Abschnitt werden deskriptive Werte zu den drei Sprachregionen dargestellt; der nachfolgende Abschnitt dokumentiert die Ergebnisse zu den acht Schultypen. Zur Darstellung kommen die vier – faktorenanalytisch bestätigten – Unterrichtsdimensionen „Klarheit/Strukturierung", „Instruktionseffizienz", „Schülerorientierung" und „Kognitive Aktivierung".

In Abbildung 8.7 sind die mittleren Beobachterurteile zu den vier faktorenanalytisch festgestellten Unterrichtsdimensionen nach Sprachregionen getrennt dargestellt. Es liegt eine überaus günstige Bewertung des Merkmals „Klarheit/Strukturierung" vor, aber auch die anderen drei Dimensionen werden positiv beurteilt. Unterschiede zwischen den Regionen deuten sich am ehesten im Merkmal „Kognitive Aktivierung" an.

Zur Absicherung der Mittelwertdifferenzen in den einzelnen Unterrichtsmerkmalen zwischen den drei Sprachregionen wurden in WesVar Jackknife-basierte (JK2) univariate Varianzanalysen berechnet. Es ergaben sich signifikante Differenzen in den Merkmalen

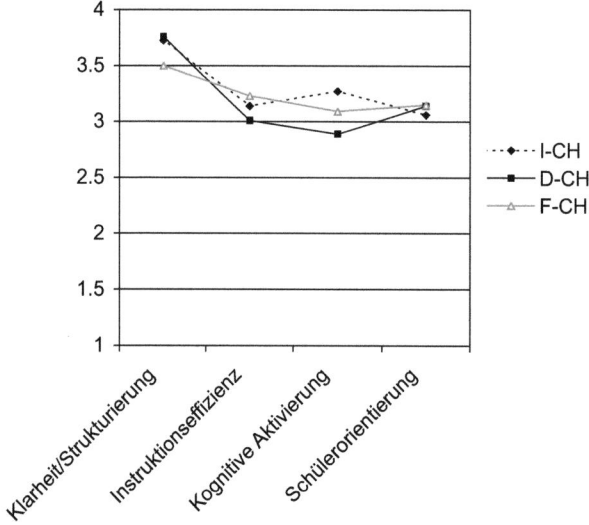

Abbildung 8.7: Beobachterurteile zu zentralen Unterrichtsdimensionen in den drei Sprachregionen

„Klarheit/Strukturierung", „Instruktionseffizienz" und „Kognitive Aktivierung" (siehe Tabelle 8.8). Die im Anschluss durchgeführten Paarvergleiche mit Bonferroni-Korrektur zeigen, dass die Klarheit/Strukturierung in der deutschsprachigen Schweiz signifikant höher bewertet wird als in der französischsprachigen Schweiz; bei der Instruktionseffizienz verhält es sich gerade umgekehrt. Der kognitive Anregungsgehalt des Mathematikunterrichts wird in der italienischsprachigen Schweiz deutlich günstiger beurteilt als in der deutschsprachigen Schweiz.

Tabelle 8.8: Kennwerte der Varianzanalysen für Beobachterurteile

| | Kennwerte der univariaten Varianzanalysen | | | | Signifikante Paarvergleiche | Effektstärke |
	F	df	p	R^2	$p < .05$	d
Klarheit/Strukturierung	4.89	2, 49	.01	.04	F-CH > D-CH	.46
Instruktionseffizienz	5.99	2, 49	.01	.07	D-CH > F-CH	.51
Kognitive Aktivierung	6.98	2, 49	.01	.05	I-CH > D-CH	.81
Schülerorientierung	0.87	2, 49	n.s.	.01	-	-

8.4.6 Die Unterrichtsbeurteilungen der Beobachter nach Schultyp

In den Abbildungen 8.8 bis 8.11 sind die mittleren Beobachterurteile nach Schultyp abgebildet. Die Beobachtereinschätzungen der vier Unterrichtsdimensionen fielen in der italienischsprachigen Schweiz recht homogen aus. Auffällig ist, dass die kognitive Aktivierung in beiden Niveaus ähnlich hoch eingeschätzt wurde. In der deutschsprachigen Schweiz fallen die hohen Werte bei der Instruktionseffizienz ins Auge; die anderen Merkmale wurden hingegen kritischer beurteilt. Unterschiede in der Unterrichtsgestaltung finden sich vor allem bei der kognitiven Aktivierung, die im Schultyp mit Grundansprüchen deutlich tiefer eingeschätzt wurde als in den beiden anderen Schultypen.

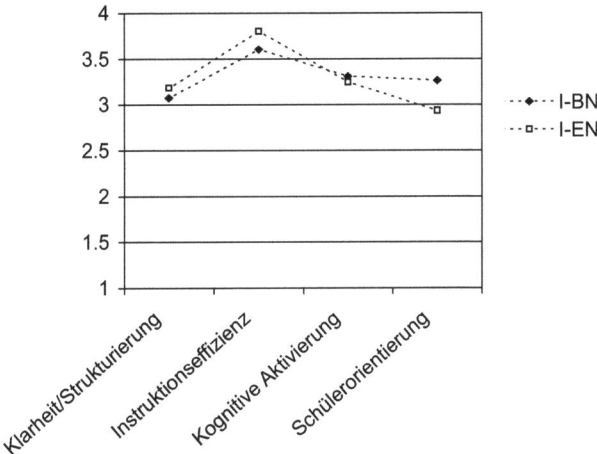

Abbildung 8.8: Beobachterurteile zu zentralen Unterrichtsdimensionen in den beiden Niveaukursen der italienischsprachigen Schweiz

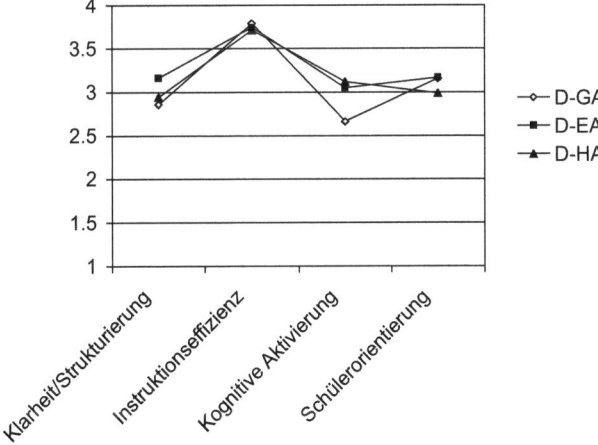

Abbildung 8.9: Beobachterurteile zu zentralen Unterrichtsdimensionen in den drei Schultypen der deutschsprachigen Schweiz

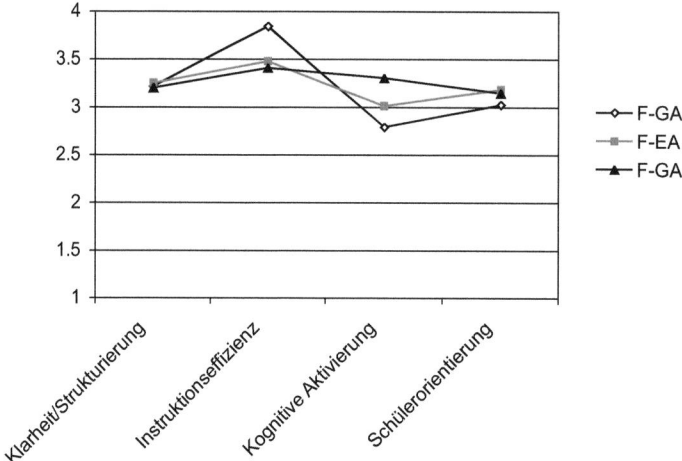

Abbildung 8.10: Beobachterurteile zu zentralen Unterrichtsdimensionen in den drei Schultypen der französischsprachigen Schweiz

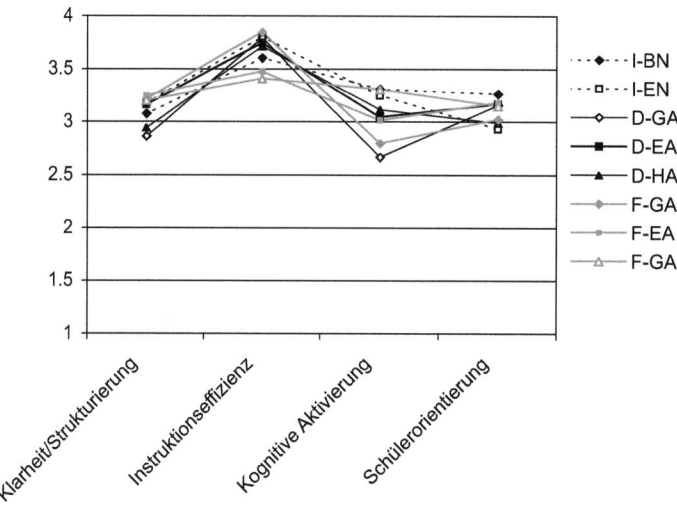

Abbildung 8.11: Beobachterurteile zu zentralen Unterrichtsdimensionen in allen acht untersuchten Schultypen (vgl. im Einzelnen Abb. 8.8, 8.9 und 8.10)

Im Mathematikunterricht der französischsprachigen Schweiz werden die Schultypen mit erweiterten und hohen Ansprüchen recht ähnlich beurteilt, die Unterrichtsgestaltung im Schultyp mit Grundansprüchen scheint sich davon in stärkerem Masse zu unterscheiden. Dieser Unterricht zeichnet sich durch eine überaus effiziente Klassenführung bei gleichzeitig eher niedrigem kognitivem Anregungsgehalt aus. Der Blick über die Sprachregionen hinweg zeigt im Übrigen, dass ein solches Muster in der Deutschschweiz und in der Westschweiz in den Schultypen mit Grundansprüchen zu finden ist; in der italienischsprachigen Schweiz hingegen findet es sich nicht.

Zur statistischen Absicherung von Mittelwertsunterschieden wurden in WesVar uni-variate Varianzanalysen berechnet (Tabelle 8.9). Globale Schultypendifferenzen finden sich in den Merkmalen „Strukturierung", „Klassenführung" und „Kognitive Aktivierung". Immerhin 16 % der Varianz im Merkmal „Kognitive Aktivierung" werden durch die Schultypenzugehörigkeit aufgeklärt; bei den anderen Merkmalen ist der Schultypeneffekt deutlich geringer. In den anschliessend durchgeführten Paarvergleichen mit Bonferroni-Korrektur erweisen sich einige Differenzen im Merkmal kognitive Aktivierung als sta-tistisch bedeutsam. Die Beobachterurteile unterscheiden sich signifikant in der Einschät-zung des Aktivierungsniveaus im Deutschschweizer Schultyp mit hohen Anforderungen und demjenigen mit Grundansprüchen. Weiter unterscheiden sich der Deutschschweizer Schultyp mit Grundansprüchen und das Basisniveau der italienischsprachigen Schweiz voneinander, wobei der Anregungsgehalt des Tessiner Basisniveaus deutlich positiver beurteilt wurde. Die Beobachterurteile machen deutlich, dass ein kognitiv aktivierender Unterricht durchaus auch in Klassen des Basisniveaus bzw. des Schultyps mit Grund-anforderungen stattfinden kann und nicht notwendigerweise an das Leistungsniveau der Schülerinnen und Schüler gebunden ist.

Tabelle 8.9: Kennwerte der Varianzanalysen für Beobachterurteile in den acht Schultypen

	Kennwerte der univariaten Vari-anzanalysen				Paarvergleiche innerhalb Sprachregion		Paarvergleiche über Sprachregi-onen hinweg	
	F	df	p	R^2	$p < .05$	d	$p < .05$	d
Klarheit/Strukturierung	2.25	7, 44	.05	.10	-		-	
Klassenführung	3.61	7, 44	.01	.11	-		-	
Kognitive Aktivierung	3.84	7, 44	.00	.16	D-HA > D-GA	1.14	I-BN > D-GA	1.48
Schülerorientierung	1.72	7, 44	n.s.	.04	-		-	

8.4.7 Übereinstimmung der Schüler- und Beobachtersicht auf Unterricht

In welchem Mass stimmen Beobachterurteile und die Unterrichtswahrnehmung der Schü-lerinnen und Schüler überein? In Tabelle 8.10 sind die Korrelationskoeffizienten zwi-schen Beobachterurteilen und Schülerwahrnehmungen aufgelistet. Die grau schattierten Bereiche bezeichnen jene Korrelationskoeffizienten, die den Grad an Übereinstimmung gleicher oder zumindest ähnlicher Merkmale beschreiben. Engere Übereinstimmungen sind für die Bereiche „Instruktionseffizienz/Klassenführung" und „Schülerorientierung/ Individuelle Unterstützung/Autonomiefreiräume" zu beobachten. Im Falle der „Klarheit/ Strukturierung" und der „Kognitiven Aktivierung" sind die Übereinstimmungen nicht all-zu gross. Beobachterinnen und Beobachter und Schülerinnen und Schüler scheinen unter-schiedliche Vorstellungen über einen strukturierten und kognitiv anregend gestalteten Un-terricht zu besitzen. Die leicht unterschiedlichen Operationalisierungen dieser Merkmale im Schülerfragebogen und im Beobachterinstrument scheinen nicht der alleinige Grund für die vorliegenden Ergebnisse zu sein. Vielmehr deuten die Ergebnisse auf perspektiven-abhängige Differenzen bei der Beurteilung des Unterrichts hin, wie sie auch DeJong und Westerhof (2000) oder Clausen (2002) festgestellt haben.

Tabelle 8.10: Korrelationen zwischen Schülerwahrnehmungen (aggregiert auf Klassenebene) und Beobachterurteilen

		Beobachterurteile			
		Klarheit/ Strukturiertheit	Instruktions- effizienz	Schüler- orientierung	Kognitive Aktivierung
Schülerwahr-nehmungen	Klarheit/Strukturierung	.16	.32***	.27**	.08
	Klassenführung	.06	.42***	.10	-.03
	Individuelle Unterstützung	.10	.31	.36***	.13
	Autonomiefreiräume	-.19*	.11	.32***	-.02
	Kognitive Aktivierung	.05	.42***	.31***	.19*
	Soziales Klima	.11	.09	.10	.25**

Anmerkungen:
* p < .05, ** p < .01, *** p < .000

Die weiteren teilweise signifikanten Korrelationskoeffizienten sind unter inhaltlicher Perspektive zu betrachten. Es besteht ein negativer Zusammenhang zwischen den von den Schülerinnen und Schülern berichteten Autonomiefreiräumen und der von Beobachterinnen und Beobachtern bewerteten Strukturiertheit der Lektion. Die von Beobachterinnen und Beobachtern eingeschätzte Instruktionseffizienz ist mit den Schülerberichten zur Klarheit/Strukturierung und zur kognitiven Aktivierung assoziiert. Umgekehrt ist die durch die Beobachterinnen und Beobachter festgestellte Aktivierung nur sehr lose und negativ mit den Schülereinschätzungen der Klassenführung verbunden; sie hängt aber mit dem von den Lernenden berichteten sozialen Klima zusammen. Weiter geht die durch Beobachterinnen und Beobachter festgestellte Schülerorientierung mit der positiven Wahrnehmung der Klarheit/Strukturiertheit, der individuellen Unterstützung und der kognitiven Aktivierung einher. Angesichts dieser Befunde muss die Frage gestellt werden, ob es inhaltliche Gründe gibt, die solche Zusammenhänge nahelegen. Der negative Befund zum Verhältnis von Autonomiefreiräumen und Strukturierung weckt alte Vorurteile zum offenen Unterricht. Der signifikante Zusammenhang der kognitiven Aktivierung mit dem sozialen Klima der Klasse könnte Verhältnisse in Schultypen charakterisieren: Ein negatives Klassenklima, das von Streitereien und Gewalt geprägt ist und mit einem geringen Grad an kognitiver Aktivierung einhergeht, ist eher im Schultyp mit Grundansprüchen zu erwarten, ein anspruchsvoller Unterricht, der in Klassen mit einem günstigen Klassenklima stattfindet, ist im Schultyp mit erweiterten und hohen Ansprüchen zu vermuten. Die nach Schultypen getrennte Überprüfung der Korrelationen zwischen den beiden Variablen deutet auf einen solchen Zusammenhang hin (erweiterte und hohe Ansprüche: Pearsons $r = .22, p < .05$; Grundansprüche: Pearsons $r = .14$, n.s.). Eine alternative Erklärung besteht darin, dass ein anspruchsvoller Unterricht mit einer eher distanzierten Lehrer-Schüler-Beziehung dazu führt, dass sich Lernende miteinander solidarisieren und dies sich auf die Einschätzung des sozialen Klimas günstig auswirkt.

8.5 Zusammenfassung und Ausblick

Im vorliegenden Kapitel wurden die Schülerwahrnehmungen von sechs zentralen Unterrichtsmerkmalen sowie hochinferente Beobachterurteile zu vier Dimensionen der Unterrichtsqualität dargestellt. Im Überblick betrachtet fallen die Beurteilungen der Beobachterinnen und Beobachter sowie die Einschätzungen der Lernenden durchwegs positiv aus. Eine Ausnahme bilden hierbei die Autonomiefreiräume, deren Vorkommen als wenig häufig eingeschätzt wurde. Der Einfluss der Sprachregion auf die Unterrichtseinschätzungen erwies sich als relativ gering und auch die Differenzen zwischen den Schultypen waren nicht allzu gross.

Werden die mittleren Unterrichtswahrnehmungen der Schülerinnen und Schüler pro Schultyp betrachtet, fallen die durchwegs hohen Werte der Einschätzung der Strukturierung, der Klassenführung und der individuellen Unterstützung auf. Leicht tiefere Zustimmungswerte sind im Merkmal „Kognitive Aktivierung" zu beobachten. Die vergleichsweise doch eher ungünstige Einschätzung der kognitiven Aktivierung im Schultyp mit hohen Ansprüchen in der Deutschschweiz überrascht auf den ersten Blick. Allerdings sind ähnliche Einschätzungen auch aus Deutschland bekannt, berichten doch auch dort die Hauptschülerinnen und Hauptschüler von stärker aktivierendem Unterricht (Kunter, Brunner et al., 2005). Kunter und Mitautoren deuten diesen Befund dahingehend, dass die Angaben der Schülerinnen und Schüler eher den Grad an persönlich erlebter Schwierigkeit abbilden und weniger das tatsächliche Unterrichtsangebot. Ob diese Begründung auch für die (deutsch)schweizerische Situation zutrifft, ist nicht sicher. In der vorliegenden Studie wurden bei der Operationalisierung des Merkmals „Kognitive Aktivierung" die Skalen „Alltagsbezug", „Vermittlung von Lerntechniken", „Vermittlung von Problemlösestrategien" und „Einforderung multipler Lösungswege einbezogen".[6] Wir vermuten, dass insbesondere die Strategievermittlung und der Alltagsbezug Kennzeichen des Unterrichts im Basisniveau bzw. im Schultyp mit Grundansprüchen sind und dass diese Merkmale in den Schultypen mit erweiterten bzw. hohen Ansprüchen tatsächlich eine weniger prominente Stellung einnehmen.

Gemäss Schüleraussagen werden im Schweizer Mathematikunterricht eher wenige Autonomiefreiräume gewährt. Am ehesten sind Autonomiefreiräume im Tessiner Basisniveau und in den Deutschschweizer Klassen mit Grundansprüchen anzutreffen. Über vergleichsweise geringere Freiräume berichten die Schülerinnen und Schüler in der Westschweiz und im Deutschschweizer Schultyp mit hohen Ansprüchen. Die Gewährung von Autonomiefreiräumen in den Schultypen mit Grundansprüchen erfolgt vermutlich häufig als Reaktion auf eine stark heterogene Schülerschaft, die den Einsatz differenzierender Massnahmen nahelegt. Es ist zu prüfen, inwiefern damit das Risiko eingegangen wird, dass schwache Schülerinnen und Schüler leistungsmässig noch weiter abhängen, da sie mit solchen Settings, die doch eine gewisse Selbstständigkeit abfordern, möglicherweise überfordert sind. Es sollte aber auch nach den Auswirkungen der – gemäss Schüleraussagen – wenig ausgeprägten Autonomiefreiräume in Schultypen mit erweiterten und

---

6 Skalen wie „Repetitives Üben" oder „Anspruchsvolles Üben", wie sie üblicherweise bei Schülerbefragungen zum Mathematikunterricht eingesetzt werden (BIJU, PISA), ergaben im Pretest schwache Konsistenzkoeffizienten und wurden aus diesem Grund in den gekürzten Fragebogenfassungen der französisch- und italienischsprachigen Schweiz nicht eingesetzt

hohen Ansprüchen gefragt werden. Wird der Selbstbestimmungstheorie gefolgt, die das Bedürfnis nach Autonomie und Selbstbestimmung als dem Menschen angeboren und dessen Befriedigung als zentral für die Ausprägung der Lernmotivation beschreibt, so sind hier gewisse Risiken auszumachen. Es ist zu fragen, ob sich fehlende Autonomiefreiräume nicht negativ auf die Entwicklung von Interessen und die Aufrechterhaltung der Lernfreude auswirken.

Mädchen und Jungen unterscheiden sich in ihrer durchschnittlichen Wahrnehmung des Mathematikunterrichts systematisch voneinander. Die Mädchen nehmen das soziale Klima in der Klasse als weniger von Aggressionen und Streitereien geprägt wahr als die Jungen; die Jungen stimmen hingegen den Fragen zur kognitiven Aktivierung und zur Autonomieunterstützung in verstärktem Masse zu. Die Geschlechtseffekte sind allerdings nicht allzu gross.

Zu den Beobachterurteilen ist zunächst festzuhalten, dass diese generell auf sehr hohem Niveau zu liegen kommen. Schultypenspezifische Ausprägungen des Unterrichts sind vor allem im Bereich der kognitiven Aktivierung auszumachen. Der Anregungsgehalt des Unterrichts wird in der deutsch- und französischsprachigen Schweiz in den Schultypen mit hohen Anforderungen deutlich höher eingeschätzt als in den Schultypen mit Grundansprüchen. Dieselben schultypenspezifischen Verteilungsmuster berichten auch Kunter und Mitautoren (2005) für Deutschland. In der italienischsprachigen Schweiz liegt ein solches Muster nicht vor. In der Beurteilung der kognitiven Aktivierung bestehen kaum Differenzen zwischen den beiden Anspruchsniveaus. Bezeichnenderweise findet sich dieses Ergebnis in einem Schulsystem, in dem Stammklassen mit Leistungsgruppierungen in den Hauptfächern unterrichtet werden. Es führt uns vor Augen, dass der Einsatz kognitiv aktivierender Elemente im Unterricht (zum Beispiel anspruchsvolle Übungsaufgaben, offene Problemstellungen oder anwendungsbezogene Aufgaben) nicht notwendigerweise an das Leistungsniveau einer Klasse gebunden ist und somit nicht nur im Schultyp mit hohen Ansprüchen stattfinden kann.

Wird ein Fazit gezogen, so deuten sich in den bis hierher berichteten Ergebnissen schultypenspezifische Kulturen hinsichtlich der Merkmale „Autonomiefreiräume" und „Kognitive Aktivierung" an. Grössere Autonomiefreiräume finden sich im Basisniveau in der deutschsprachigen und in der italienischsprachigen Schweiz, geringere in den übrigen Schultypen. Bei der kognitiven Aktivierung sind Unterschiede zwischen den Schultypen mit Grundanforderungen und denjenigen mit höheren Anforderungen in der deutschsprachigen und französischsprachigen Schweiz zu finden, nicht jedoch in der italienischsprachigen Schweiz. Die korrelativen Befunde zur Übereinstimmung der Informationen aus den beiden Datenquellen zeigen, dass die Beobachtersicht und die Schülersicht auf Unterricht nicht in allen Punkten systematisch zusammenhängen. Insbesondere im Merkmal der Klarheit/Strukturierung gehen die Einschätzungen auseinander. Zu diesem Ergebnis mag die unterschiedliche Operationalisierung dieses Merkmals beitragen, wurden doch in den Beobachtungsbogen vielfältigere Beobachtungspunkte miteinbezogen. Bei den Schülerinnen und Schülern können jedoch auch das Vorwissen sowie weitere individuelle Präferenzen eine bedeutsame Rolle darin spielen, ob der Unterricht klar und strukturiert wahrgenommen wird, und es dürfte für ihre Einschätzungen entscheidend sein, dass ihre individuellen Bedürfnisse ihre Entsprechung in der Unterrichtsgestaltung finden. An dieser Stelle sei nochmals hervorgehoben, dass die vorliegenden Datenquellendivergenzen nicht als Fehler in der Messung von Unterricht einzuschätzen sind, sondern differenzielle Validitäten besitzen. Mit den Beobachter- und Schülerdaten wurden unterschiedliche Perspektiven auf Unterricht gewählt und die vorliegenden Daten beruhen auf unterschiedlich gewählten Beobachtungsausschnitten des Unterrichts.

Abschliessend sei bemerkt, dass die hier vorliegenden Darstellungen noch keine Aussagen über die Wirksamkeit des Unterrichts enthalten. Dem Zusammenhang zwischen der Unterrichtsgestaltung und den beiden Zielkriterien „Interesse" und „Mathematikleistungen" wird in Kapitel 9 dieses Bandes nachgegangen.

Literatur

Assor, A., Kaplan, H. & Roth, G. (2002). Choice is good, but relevance is excellent: Autonomy-enhancing and suppressing teacher behaviours predicting students' engagement in schoolwork. *British Journal of Educational Psychology, 72* (2), 261-278.

Baumert, J. (1993). Lernstrategien, motivationale Orientierungen und Selbstwirksamkeitsüberzeugungen im Kontext schulischen Lernens. *Unterrichtswissenschaft, 21,* 327-355.

Baumert, J., Lehmann, R., Lehrke, M., Schmitz, B., Clausen, M., Hosenfeld, I., Köller, O. & Neubrand, J. (1997). *TIMSS – Mathematisch-naturwissenschaftlicher Unterricht im internationalen Vergleich. Deskriptive Befunde* (daraus Kapitel H.: Mathematikunterricht im Drei-Länder-Vergleich: Deutschland, Japan und USA). Opladen: Leske & Budrich.

Baumert, J., Kunter, M., Brunner M., Krauss, St., Blum, W. & Neubrand, M. (2004). Mathematikunterricht aus Sicht der PISA-Schülerinnen und -Schüler und ihrer Lehrkräfte. In Pisa-Konsortium Deutschland (Hrsg.), *PISA 2003. Der Bildungsstand der Jugendlichen in Deutschland – Ergebnisse des zweiten internationalen Vergleichs* (S. 314-354). Münster: Waxmann.

Beaton, A.E., Mullis, I., Materin, M.O., Gonzales, E.J., Kelly, D.L. & Smith, T.A. (1996). *Mathematics achievement and in the middle school years: IEA's Third International Mathematics and Science Study (TIMSS).* Chestnut Hill, MA: Boston College.

Brophy, J. & Good, T.L. (1986). Teacher Behavior and Student Achievment. In M.C. Wittrock (Hrsg.), *Handbook of Research on Teaching* (S. 328-375). New York: Macmillan.

Bühner, M. (2004). *Einführung in die Test- und Fragebogenkonstruktion.* München: Pearson-Studium.

Bundesamt für Statistik & Schweizerische Konferenz der kantonalen Erziehungsdirektoren. (2002). *Für das Leben gerüstet? Die Grundkompetenzen der Jugendlichen – Nationaler Bericht der PISA 2000 Erhebungen.* Neuchâtel: Bundesamt für Statistik.

Byrne, B.M., Shavelson, R.J. & Muthen, B. (1989). Testing for the equivalence of factor covariance and mean structures: The issue of partial measurement invariance. *Psychological Bulletin, 105,* 456-466.

Campbell, J., Kyriakidis, L., Muijs, D. & Robinson, W. (2004). *Assessing teacher effectiveness: Developing a differentiated model.* London: Routledge.

Church, M., Elliot, A.J. & Gable, S.L. (2001). Perceptions of classroom environment, achievement goals and achievement outcomes. *Journal of Educational Psychology, 93* (1), 43-54.

Clausen, M. (2002). *Unterrichtsqualität. Eine Frage der Perspektive? Empirische Analysen zur Übereinstimmung, Konstrukt- und Kriteriumsvalidität.* Münster: Waxmann.

Clausen, M., Reusser, K. & Klieme, E. (2003). Unterrichtsqualität auf der Basis hochinferenter Unterrichtsbeurteilungen. Ein Vergleich zwischen Deutschland und der deutschsprachigen Schweiz. *Unterricchtswissenschaft, 31* (2), S. 122-141.

Cobb, P. & Bowers, J. (1999). Cognitive and situated learning perspectives in theory and practice. *Educational Researcher, 28,* 4-15.

Cornelius-White, J. (2007). Learner-centered teacher-student relationships are effective: a meta-analysis. *Review of Educational Research, 77* (1), 113-143.

Cronbach, L.J. (1976). *Research in classrooms and schools. Formulation of questions, design and analysis.* Stanford, CA: Stanford Evaluation Consortium.

Deci, E.L. & Ryan, R.M. (1985). *Intrinsic motivation and self-determination in human behaviour.* New York: Plenum Press.

Deci, E.L. & Ryan, R.M. (1987). The support of autonomy and the control of behavior. *Journal of Personality and Social Psychology, 53,* 1024-1037.

Deci, E.L. & Ryan, R.M. (1993). Die Selbstbestimmungstheorie der Motivation und ihre Bedeutung für die Pädagogik. *Zeitschrift für Pädagogik, 39,* 223-228.

DeCorte, E. (2004). Mainstreams and Perspectives in Research on Learning (Mathematics) From Instruction. *Applied Psychology: An International Review, 53* (2), 279-310.

DeJong, R. & Westerhof, K.J. (2001). The quality of student ratings of teacher behaviour. *Learning Environments Research, 4* (1), 51-85.

Dreesmann, H. (1982). *Unterrichtsklima. Wie Schüler den Unterricht wahrnehmen. Ein Beitrag zur „Ökologie des Lernens".* Weinheim: Beltz

Eder, F. (1996). *Schul- und Klassenklima. Ausprägungen, Determinanten und Wirkungen des Klimas an höheren Schulen.* Wien: Studien-Verlag.

Eder, F. (1998). *Linzer Fragebogen zum Schul- und Klassenklima für die 8.-13. Klasse (LFSK 8-13). Handanweisung.* Göttingen: Hogrefe.

Einsiedler, W. (1997). Unterrichtsqualität und Leistungsentwicklung: Literaturüberblick. In F.E. Weinert & A. Helmke (Hrsg.), *Entwicklung im Grundschulalter* (S. 225-240). Weinheim: Beltz, Psychologie-Verlags-Union.

Fend, H. (2001). *Entwicklungspsychologie des Jugendalters* (2. Aufl.). Opladen: Leske & Budrich.

Fend, H. & Specht, W. (1986). *Erziehungsumwelten. Bericht aus dem Projekt „Entwicklung im Jugendalter".* Konstanz: Universität Konstanz, Sozialwissenschaftliche Fakultät.

Fend, H. & Stöckli, G. (1997). Der Einfluss des Bildungssystems auf die Humanentwicklung: Entwicklungspsychologie der Schulzeit. In F.E. Weinert (Hrsg.), *Psychologie des Unterrichts und der Schule. Enzyklopädie der Psychologie: Pädagogische Psychologie, Band 3* (S. 1-35). Göttingen: Hogrefe.

Freudenthal, H. (1977). *Mathematik als pädagogische Aufgabe.* Stuttgart: Klett.

Gruehn, S. (2000). *Unterricht und schulisches Lernen.* Münster: Waxmann.

Helmke, A. (2003). *Unterrichtsqualität erfassen, bewerten, verbessern.* Seelze: Kallmeyer.

Helmke, A. & Weinert, F.E. (1997). Unterrichtsqualität und Leistungsentwicklung: Ergebnisse aus dem SCHOLASTIK-Projekt. In F.E. Weinert & A. Helmke (Hrsg.), *Entwicklung im Grundschulalter* (S. 241-251). Weinheim: Beltz, Psychologie-Verlags-Union.

Hiebert, J. & Grouws, D.A. (2007). The effects of classroom mathematics teaching on students' learning. In F.K. Lester (Hrsg.), *Second handbook of research on mathematics teaching and learning* (S. 371-404). Charlotte, NC: Information Age.

Jacobs, J., Garnier, H., Gallimore, R., Hollingsworth, H., Bogard, G.K., Rust, K., Kawanaka, T., Smith, M., Wearne, D., Manaster, A., Etterbeek, W., Hiebert, J., Stigler, J. & Gonzales, P. (2003). *Third International Mathematics and Science Study 1999 Video Study Technical Report. Volume 1: Mathematics (No. NCES 2003-012)*. Washington, DC: National Center for Education Statistics, Institute of Education Statistics, U.S. Department of Education.

Keller, C. (1998). *Geschlechterdifferenzen in der Mathematik: Prüfung von Erklärungsansätzen. Eine mehrebenenanalytische Untersuchung im Rahmen der ‚Third International Mathematics and Science Study'*. Unveröffentlichte Dissertation, Universität Zürich.

Klieme, E. & Baumert, J. (2001). Identifying national cultures of mathematics education: Analysis of cognitive demands and differential item functioning in TIMSS. *European Journal of Psychology of Education, 16* (3), 385-402.

Klieme, E., Lipowsky, F., Rakoczy, K. & Ratzka, N. (2006). Qualitätsdimensionen und Wirksamkeit von Mathematikunterricht. Theoretische Grundlagen und ausgewählte Ergebnisse des Projekts „Pythagoras". In L. Allolio-Näcke & M. Prenzel (Hrsg.), *Untersuchungen zur Bildungsqualität von Schule. Abschlussbericht des DFG-Schwerpunktprogramms* (S. 127-146). Münster: Waxmann.

Klieme, E. & Rakoczy, K. (2003). Unterrichtsqualität aus Schülerperspektive: Kulturspezifische Profile, regionale Unterschiede und Zusammenhänge mit Effekten von Unterricht. In J. Baumert et al. (Hrsg.), *PISA 2000. Ein differenzierter Blick auf die Länder der Bundesrepublik Deutschland* (S. 333-354). Opladen: Leske & Budrich.

Klieme, E., Schümer, G. & Knoll, S. (2001). Mathematikunterricht in der Sekundarstufe I: „Aufgabenkultur" und Unterrichtsgestaltung im internationalen Vergleich. In E. Klieme & J. Baumert (Hrsg.), *TIMSS – Impulse für Schule und Unterricht* (S. 43-57). Bonn: Bundesministerium für Bildung und Forschung.

Kline, R.B. (1998). *Principles and practice of structural equation modeling*. New York: Guilford Press.

Köller, O. (2000). Goal orientations: Their impact of academic learning and their development during early adolescence. In J. Heckhausen (Hrsg.), *Motivational Psychology of Human Development* (S. 129-142). Amsterdam: Elsevier.

Kounin, J.S. (1976). *Techniken der Klassenführung*. Bern: Hans Huber.

Krapp, A. (1998). Entwicklung und Förderung von Interessen im Unterricht. *Psychologie in Erziehung und Unterricht, 45*, 186-203.

Kunter, M. (2005). *Multiple Ziele im Mathematikunterricht*. Münster: Waxmann.

Kunter, M. & Baumert, J. (2006). Linking TIMSS to Research on Learning and Instruction: A Re-analysis of the German TIMSS and TIMSS Video Data. In S.J. Howie & T. Plomp (Hrsg.), *Contexts of Learning Mathematics and Science* (S. 335-351). London: Routledge.

Kunter, M., Baumert, J. & Köller, O. (2007). Effective classroom management and the development of subject-related interest. *Learning and Instruction 17*, 494-509.

Kunter, M., Brunner, M., Baumert, J., Klusmann, U., Krauss, St., Blum, W., Jordan, A. & Neubrand, M. (2005). Der Mathematikunterricht der PISA-Schülerinnen und -Schüler. Schulformunterschiede in der Unterrichtsqualität. *Zeitschrift für Erziehungswissenschaft, 8* (4), 502-520.

Kunter, M., Dubberke, T., Baumert, J., Blum, W., Brunner M., Jordan A., Klusmann U., Krauss, St., Löwen, K., Neubrand, M. & Tsai, Y.-M. (2006). Mathematikunterricht in den PISA-Klassen 2004: Rahmenbedingungen, Formen und Lehr-Lernprozesse. In J. Baumert, M. Prenzel, W. Blum, R. Lehmann, D. Leutner, M. Neubrand, R. Pekrun, J. Rost & U. Schiefele (Hrsg.), *PISA 2003. Untersuchungen zur Kompetenzentwicklung im Verlauf eines Schuljahres* (S. 161-90). Münster: Waxmann.

Lampert, M. (1986). Knowing, doing, and teaching multiplication. *Cognition and Instruction, 3*, 305-342.

Lampert, M. & Cobb, P. (2003). Communication and language. In J. Kilpatrick, W.G. Martin & D. Schifter (Hrsg.), *A research companion to principles and standards for school mathematics* (S. 235-249). Reston, VA: NCTM.

Lewalter, D., Krapp, A. & Wild, K.-P. (2000). Motivationsförderung in Lehr-Lern-Arrangements – eine interessentheoretische Perspektive. In Ch. Harteis, H. Heid & S. Kraft (Hrsg.), *Kompendium Weiterbildung. Aspekte und Perspektiven betrieblicher Personal- und Organisationsentwicklung* (S. 155-162). Opladen: Leske & Budrich.

Lipowski, F., Rakozcy, K., Pauli, C., Drollinger-Vetter, B., Klieme, K. & Reusser, K. (in Druck). Quality of geometry instruction and its short-term impact on students' understanding of the Pythagorean Theorem. *Learning and Instruction*, doi:10.1016/j.learninstruc.2008.11.001.

Mayer, D.P. (1999). Measuring instructional practice: Can policy makers trust survey data? *Educational Evaluation and Policy Analysis, 21* (1), 29-45.

Mayer, R.E. (2004). Should there be a three-strikes rule against pure discovery learning? The case for guided methods of instruction. *American Psychologist, 59* (1), 14-19.

Moser, U., Ramseier, E., Keller, C. & Huber, M. (1997). *Schule auf dem Prüfstand. Eine Evaluation der Sekundarstufe I auf der Grundlage der „Third Mathematics and Science Study".* Chur: Rüegger.

Pauli, C., Drollinger-Vetter, B., Hugener, I. & Lipowsky, F. (2008). Kognitive Aktivierung im Mathematikunterricht. *Zeitschrift für pädagogische Psychologie, 22* (2), 127-133.

Pekrun, R. (1985). Schulklima. In W. Twellmann (Hrsg.), *Handbuch Schule & Unterricht* (S. 524-547). Düsseldorf: Schwann.

Rakozcy, K. (2006). Motivationsunterstützung im Mathematikunterricht. Zur Bedeutung von Unterrichtsmerkmalen für die Wahrnehmung von Schülerinnen und Schülern. *Zeitschrift für Pädagogik, 52* (6), 822-843.

Rakozcy, K. (2008). *Motivationsunterstützung im Mathematikunterricht. Unterricht aus der Perspektive von Lernenden und Beobachtern.* Münster: Waxmann.

Rakozcy, K. & Pauli, C. (2006). Hoch inferentes Rating: Beurteilung der Qualität unterrichtlicher Prozesse. In E. Klieme, C. Pauli & K. Reusser (Hrsg.), *Dokumentation der Erhebungs- und Auswertungsinstrumente zur schweizerisch-deutschen Videostudie „Unterrichtsqualität, Lernverhalten und mathematisches Verständnis". Teil 3, Videoanalysen* (S. 206-233). Frankfurt: Deutsches Institut für Internationale Pädagogische Forschung.

Reiss, K., Hellmich, F. & Thomas, J. (2002). Individuelle und schulische Bedingungsfaktoren für Argumentationen und Beweise im Mathematikunterricht. In M. Prenzel & J. Doll (Hrsg.), *Bildungsqualität von Schule: Schulische und ausserschulische Bedin-*

gungen mathematischer, naturwissenschaftlicher und überfachlicher Kompetenzen (45. Beiheft für Pädagogik, S. 51-64). Weinheim: Beltz.

Reiss, K. & Reiss, M. (2006). Unterrichtsqualität und der Mathematikunterricht. In I. Hosenfeld & F.-W. Schrader (Hrsg.), *Schulische Leistung. Grundlagen, Bedingungen, Perspektiven* (S. 225-242). Münster: Waxmann.

Reusser, K. (2006). Konstruktivismus. Vom epistemologischen Leitbegriff zur Erneuerung der didaktischen Kultur. In M. Baer, M. Fuchs, P. Füglister, K. Reusser & H. Wyss (Hrsg.), *Didaktik auf psychologischer Grundlage. Von Hans Aeblis kognitionspsychologischer Didaktik zur modernen Lehr- und Lernforschung* (S. 151-168). Bern: H.E.P.

Ryan, A. & Patrick, H. (2001). The classroom social environment and changes in adolescents' motivation and engagement during middle school. *American Educational Research Journal, 38* (2), 437-460.

Ryan, R.M. & Deci, E.L. (2000). Self-Determination Theory and the Facilitation of Intrinsic Motivation, Social Development, and Well-Being. *American Psychologist, 55* (1), 68-78.

Schiefele, U. (1996). *Motivation und Lernen mit Texten*. Göttingen: Hogrefe.

Schweinle, A., Meyer, D.K. & Turner, J.C. (2006). Striking the Right Balance: Students' Motivation and Affect in Elementary Mathematics. *The Journal of Educational Research, 99* (5), 271-293.

Seidel, T. (2003). *Lehr-Lernskripts im Unterricht*. Münster: Waxmann.

Skinner, E.A. & Belmont, M.J. (1993). Motivation in the classroom: Reciprocal effects of teacher behavior and student engagement across the school year. *Journal of Educational Psychology, 85*, 571-581.

Steenkamp, J.-B. & Baumgartner, H. (1998). Assessing Measurement Invariance in Cross-National Consumer Research. *Journal of Consumer Research, 25* (June), 78-90.

Stefanou, C.R., Prencevich, K.C., DiCintio, M. & Turner, J.C. (2004). Supporting Autonomy in the Classroom: Ways teachers encourage student decision making and ownership. *Educational Psychologist, 39* (2), 97-110.

Stigler, J., Gonzales, P., Kawanaka, T., Knoll, S. & Serrano, A. (1999). *The TIMSS Videotape Classroom Study: Methods and Findings From an Exploratory Research Project on Eighth-Grade Mathematics Instruction in Germany, Japan and the United States (No. NCES 1999-074)*. Washington, DC: U.S. Department of Education, National Center for Education Statistics.

Turner, J.C. & Meyer, D.K. (2004). A Classroom Perspective on the Principle of Moderate Challenge in Mathematics. *The Journal of Educational Research, 97* (6), 311-318.

Von Saldern, M. & Littig, K.E. (1985). Die Konstruktion der Landauer Skalen zum Sozialklima. *Zeitschrift für Entwicklungspsychologie und Pädagogische Psychologie, 2*, 138-149.

Walberg; H.J. & Paik, S.J. (2000). Effective educational practices. *Educational practices series*. Genf: International bureau of education of the UNESCO.

Wang, M.C., Haertel, G.D. & Walberg, H.J. (1993). Toward a knowledge base for school learning. *Review of Educational Research 63*, 249-294.

Wentzel, K.R. (1997). Student motivation in the middle school: The role of perceived pedagogical caring. *Journal of Educational Psychology, 89*, 411-419.

Westat Inc. (Hrsg.). (2000). *WesVar 4.0 User's Guide*. Rockville, MD: Westat.

Wittmann, E.Ch. (1995). Aktiv-entdeckendes und soziales Lernen im Arithmetikunterricht. In G.N. Müller & E.Ch. Wittmann (Hrsg.), *Mit Kindern Rechnen* (S. 10-41). Frankfurt am Main: Arbeitskreis Grundschule.

Zahner Rossier, C. (Hrsg.). (2005). *PISA 2003: Kompetenzen für die Zukunft – Zweiter nationaler Bericht*. Neuchâtel und Bern: Bundesamt für Statistik.

Monika Waldis, Urs Grob, Christine Pauli & Kurt Reusser

9 Der Einfluss der Unterrichtsgestaltung auf Fachinteresse und Mathematikleistung

Im theoretischen Teil zu Kapitel 8 wurde im Überblick über neuere Literatur auf zentrale Unterrichtsmerkmale hingewiesen, die für die Leistungsentwicklung und die Entwicklung und Aufrechterhaltung von Sachinteresse und Motivation bedeutsam sind. In jenem Kapitel haben wir uns auf die Darstellung deskriptiver Ergebnisse zur Unterrichtsgestaltung beschränkt. In diesem Kapitel wird nun der Frage nachgegangen werden, ob und in welchem Masse die untersuchten Unterrichtsmerkmale Einfluss auf die Mathematikleistungen und das Mathematikinteresse der befragten Jugendlichen gegen Ende der obligatorischen Schulzeit nehmen. Für beide Indikatoren liegt eine Messung am Ende des 8. Schuljahres vor; für die deutschsprachige und italienischsprachige Schweiz kann zudem auf Daten aus einer zweiten Messung am Ende des 9. Schuljahres zurückgegriffen werden.

9.1 Interesse und fachlicher Wissens- und Kompetenzaufbau als Zielbereiche des Unterrichts

Der Wissens- und Kompetenzaufbau stellt ein allgemein anerkanntes Ziel des Mathematikunterrichts dar. Im Hinblick auf die Befähigung zum lebenslangen Lernen kommt ausserdem dem Aufbau von Lernkompetenzen und Lernbereitschaften Bedeutung zu. Als zentral für den längerfristigen Bildungserfolg werden Faktoren wie Lernfreude, Anstrengungsbereitschaft sowie die Herausbildung einer auf Selbstbestimmung und Interesse beruhenden Lernmotivation erachtet (Krapp, 2003). Die Frage nach der Lernmotivation gewinnt zusätzlich an Bedeutung, da kognitive und motivationale Prozesse in einer komplexen Wechselwirkung zueinander stehen. Ausgangspunkt stellt dabei die lernpsychologische Auffassung dar, dass Lernen ein aktiver, konstruktiver, selbstgesteuerter mentaler Prozess ist, der situativ in Auseinandersetzung mit der sozialen Umwelt erfolgt (Cobb & Bowers, 1999; Greeno, Collins & Resnick, 1996; Reinmann-Rothmeier & Mandl, 2001; Stebler, Reusser & Pauli, 1994; Weinert, 2001). Selbst in Lernsituationen, die von Lehrpersonen angeleitet werden, müssen Lernende eigene Aufbauleistungen auf individuellem Wissens- und Erfahrungshintergrund erbringen. Lernmotivation stellt dabei eine wichtige Bedingung dafür dar, dass Lernen überhaupt stattfindet. Befunde der Motivationsforschung zeigen, dass nicht nur die Stärke der Lernmotivation, sondern vor allem auch deren Qualität das Lernen und die Lernergebnisse beeinflusst (vgl. Kapitel 10 in diesem Band; Prenzel et al., 2000). Besondere Bedeutung kommt dabei dem fachspezifischen Interesse als längerfristigem Ergebnis von Bildungsprozessen und als Voraussetzung für die motivierte Auseinandersetzung mit Lerngegenständen zu.

Die Förderung von Interessen und einer von Freude und Neugierde geprägten schulischen Arbeitshaltung stellt sich gerade in der Sekundarstufe I als Herausforderung dar. In empirischen Studien wird in vielen schulischen Fächern ein Rückgang des Interesses im Verlauf der obligatorischen Schulzeit berichtet (Baumert & Köller, 1998; Daniels, 2008;

Schiefele, Krapp & Schreyer, 1993). Die Gründe dafür sind vielfältiger Art. Einerseits werden entwicklungsbedingte Ausdifferenzierungsprozesse angenommen, die sich dahin gehend auswirken, dass Interessen in bestimmten Gebieten fallen gelassen werden zugunsten anderer und neuer Interessen. In der Gesamtbetrachtung einer Population verschieben sich die Gruppenmittelwerte damit nach unten. Empirischer Support für diese These findet sich beispielsweise in den BIJU-Daten von Daniels (2008). Arbeiten von Hofer und Mitautoren (2004) verweisen auf die Konkurrenz nicht schulischer Angebote in westlichen Industrieländern und die damit einhergehenden motivationalen Handlungskonflikte bei der Wahl schulischer und ausserschulischer Ziele. Merkmale der Schul- und Unterrichtssituation werden ebenfalls als Ursache für den Interessenrückgang beschrieben. Eccles und Mitautoren (1993) vermuten in ihrer *Stage-Environment-Fit*-These, dass die Lernumwelten in der Sekundarstufe I generell weniger gut auf die Bedürfnisse der Lernenden abgestimmt sind als beispielsweise in der Grundschule. Sie beobachteten im amerikanischen Schulsystem eine Zunahme von Druck und Kontrolle, weniger Möglichkeiten zur Verantwortungsübernahme und distanziertere Lehrer-Schüler-Beziehungen. Der Zusammenzug der Schülerinnen und Schüler an grösseren Schulen, kombiniert mit einem Fachlehrersystem, führte dazu, dass motivationale Probleme von einzelnen Lernenden teilweise über längere Zeit unbemerkt blieben.

Es werden aber auch didaktische Versäumnisse beklagt. Verschiedene Autorinnen und Autoren führen als Grund für den Interessenrückgang in den Naturwissenschaften die Dominanz einer wissenschaftlichen Ausrichtung des Unterrichts einhergehend mit einem mangelnden Bezug zur alltäglichen Lebenswelt der Lernenden ins Feld (Schoenfeld, 1988; Travers, 1978, zit. nach Baumert & Köller, 1998, S. 244). Weiter wird vermutet, dass ein von der Lehrperson dominierter, relativ eng geführter fragend-entwickelnder Unterricht, wie er im Rahmen der TIMSS 1995 Video Study für das Fach Mathematik als für Deutschland typisch beschrieben worden ist (Baumert et al., 1997), wenig Freiheitsgrade für die selbstbestimmte und selbstregulierte Auseinandersetzung mit den Lerninhalten bereithält. Genau dies wäre eine notwendige Voraussetzung für interessengeleitete Lernaktivitäten (Köller, Baumert & Schnabel, 2000; Krapp, 1998). Diesen Beobachtungen kann entgegengehalten werden, dass Schule und Unterricht eine Umgebung darstellen, die paradigmatisch geeignet ist, eine systematische und wiederkehrende Begegnung mit Wissensinhalten zu ermöglichen. Damit ist eine grundlegende Voraussetzung für die Entwicklung von Interessen und den Wissensaufbau gegeben, die es positiv zu nutzen gilt. Eine hohe Bedeutung haben dabei Erkenntnisse zum Aufbau und zur Aufrechterhaltung von Interesse.

9.2   Aufbau und Aufrechterhaltung von Interesse

Was sind Interessen und wie entstehen sie? In Abgrenzung zum allgemeinen Begriff der Lernmotivation wird unter dem Begriff „Interesse" die gegenstandsspezifische Motivation verstanden. Interesse wird in der pädagogisch-psychologischen Literatur als besondere Art der „Person-Gegenstands-Beziehung" beschrieben (Krapp, 1992, 1998; Lewalter, Krapp & Wild, 2000; Prenzel, 1988). Dabei wird unter Interesse „kein stabiles Persönlichkeits- und Charaktermerkmal [verstanden], sondern eine mehr oder weniger dauerhafte intrinsische motivationale Orientierung, welche die Qualität der Auseinandersetzung mit einem Ausschnitt oder einem Teilgebiet ihrer erfahrbaren Umwelt bestimmt" (Lewalter, Krapp & Wild, 2000, S. 2). Der Gegenstand eines Interesses kann ein konkretes Objekt, ein inhaltliches Thema, eine abstrakte Idee oder eine Tätigkeit sein.

Seit White (1959) wird davon ausgegangen, dass Neugierde und Interesse an neuen, herausfordernden und dissonanzerzeugenden Stimuli dem Menschen angeboren sind. In gegenwärtigen theoretischen Arbeiten zum Interesse wird zwischen situationalen und individuellen Interessen unterschieden (z.B. Hidi & Renninger, 2006; Krapp, 1998). Situationale Interessen entstehen in der Regel in ersten Begegnungen mit dem betreffenden (Lern-)Gegenstand, wobei solche Situationen typischerweise von Neugierde und Spass an der Sache begleitet sind. Bei wiederholtem Kontakt können sich daraus situationsüberdauernde individuelle Interessen entwickeln. Charakterisiert wird ein solcher Zustand durch eine verinnerlichte positive Grundhaltung gegenüber dem Interessengegenstand und einer relativ stabilen Tendenz der Person, sich immer wieder mit einem bestimmten Gegenstand auseinanderzusetzen. Aus der Forschungsperspektive ist nun entscheidend, mit welchen psychologischen Prozessen der Übergang zwischen situationalem und individuellem Interesse einhergeht. Krapp (1992, 1998) beschreibt in seinem „Funktionalen Modell der Interessengenese" zwei Ebenen der Informationsverarbeitung: eine bewusst reflexive und eine den Individuen nur zum Teil bewusste oder gar unbewusste emotionale Ebene. Bewusst-reflexive Prozesse spielen bei der Interessengenese besonders bei Zielentscheidungen eine Rolle. Solche stehen im Jugendalter an, geht es doch um die Herausbildung einer personalen Identität und um Entscheidungen zur Studien- und Berufswahl. Darüber hinaus bezieht die Interessentheorie auch wertbezogene Aspekte des Lerngegenstands mit ein (Krapp, 2002). Die Theorie sieht einen engen Bezug zwischen dem Erleben subjektiver Bedeutsamkeit eines Gegenstands und der Identifikation mit diesem Gegenstand. Aber auch Anforderungen oder Aufgaben, die sich einem Lerner in einem bestimmten Wissensgebiet stellen, werden allmählich übernommen und in Abstimmung mit dem persönlichen Wertesystem gebracht.

Des Weiteren geht die Theorie davon aus, dass emotionale Steuerungsprozesse und Erlebensqualitäten dazu beitragen, dass eine Beschäftigung mit einem Gegenstand längerfristig aufrechterhalten wird. Positive emotionale Erfahrungen bei der Beschäftigung mit einem bestimmten Interessengegenstand stützen dabei die Bereitschaft einer Person, sich auch in Zukunft mit diesem zu beschäftigen. Mit der Zeit entwickelt sich so eine Vorliebe für einen bestimmten Handlungs- bzw. Wissensbereich.

Für die Bestimmung der *emotionalen Erlebensqualitäten* in der Auseinandersetzung mit dem Lerngegenstand knüpft die Interessentheorie an die Selbstbestimmungstheorie von Deci und Ryan (1993) an. Mit ihrer Ausrichtung auf die Erklärung selbstbestimmt und intrinsisch motivierten Verhaltens bietet dieser Theorieansatz wichtige Einsichten in die Bedingungen der menschlichen Motivation. Deci und Ryan identifizierten induktiv und auf der Grundlage bereits bestehender Arbeiten (DeCharmes, 1968; Harter, 1978; White, 1959) drei grundlegende psychologische Bedürfnisse, deren Befriedigung für das Erleben von Selbstbestimmung zentral sind: Das Bedürfnis nach Autonomie, das heisst, sich selbst als eigenständiges Handlungszentrum zu erleben, das Bedürfnis nach Kompetenz, das heisst, sich selber als wirksam zu erleben, sowie das Bedürfnis nach sozialer Eingebundenheit, das heisst, sich einem sozialen Milieu zugehörig und verbunden zu fühlen. Laut

Deci und Ryan ist die Erfüllung dieser Bedürfnisse essenziell für menschliches Wachstum und Wohlbefinden und bildet die energetische Grundlage für die „organismische Integration". Die Befriedigung der drei Bedürfnisse geht mit positivem emotionalem Erleben einher und ermöglicht es dem Individuum, sich mit Inhalten und Zielen zu identifizieren und selbstbestimmte Formen der Motivation zu entwickeln (Deci & Ryan, 2000). Die Grundannahme des engen Zusammenhangs zwischen dem *subjektiven Erleben* von Selbstbestimmung und dem Auftreten schulischer Interessen und Lernmotivation ist mittlerweile empirisch gut abgesichert (Grolnick & Ryan, 1986; Kunter, 2005; Miserandino, 1996; Skinner & Belmont, 1993; Prenzel et al., 2001; Rakozcy, 2008). Es wird demzufolge davon ausgegangen, dass *Lernsituationen, die Anlässe zur Erfahrung von Autonomie, Kompetenz und sozialer Eingebundenheit bereithalten,* sich positiv auf das emotionale Erleben und die Aufrechterhaltung situationaler Interessen auswirken und sich längerfristig in der Entwicklung individueller Interessen niederschlagen.

9.3   Interessen- und lernförderliche Unterrichtsgestaltung

Sollen lern- und interessenförderliche Umgebungen identifiziert und beschrieben werden, so wird dies idealerweise auf der Grundlage von Theorien zur schulischen Motivation wie auch auf der Grundlage der Erkenntnisse zum Wissensaufbau und zur Leistungsentwicklung getan. Ein mittlerweile sowohl theoretisch wie auch empirisch gut fundiertes Konzept zur schulischen Förderung von intrinsisch motiviertem und interessiertem Lernen stammt von Prenzel und Mitarbeiterinnen (Prenzel & Drechsel, 1996; Prenzel, Kramer & Drechsel, 2001). Sie ergänzen die auf der Grundlage der Selbstbestimmungstheorie postulierten Gestaltungsgrundsätze der *Autonomie- und Kompetenzunterstützung* sowie der *Förderung der sozialen Eingebundenheit* um drei weitere unterrichtsrelevante Bedingungen, die sich aus Theorien und Befunden der Forschung zu Lernmotivation, zu Interesse und zu konstruktivistischen Lehr- und Lernmodellen ableiten lassen. Sie betonen die Wichtigkeit der *wahrgenommenen inhaltlichen Relevanz des Lehrstoffs* (beispielsweise Alltagsbezug, Situiertheit, Anwendungsbezug), der *wahrgenommenen Instruktionsqualität* (beispielsweise Klarheit/Strukturiertheit, Handlungsorientierung, Verständlichkeit) und des *wahrgenommenen inhaltlichen Interesses der Lehrperson* (beispielsweise Engagement, Enthusiasmus).

Ansätze, die in stärkerem Masse das inhaltliche Lernen und die Leistungsentwicklung im Mathematikunterricht in den Blick nehmen, gehen von drei übergeordneten Merkmalsbereichen aus, die für mathematische Lehr- und Lernprozesse relevant sind (Baumert et al., 2004; Ditton, 2006; Klieme, Schümer & Knoll, 2001; Klieme, Lipowsky, Rakoczy & Ratzka, 2006; Lipowsky, Rakozcy, Pauli, Drollinger-Vetter, Klieme & Reusser, im Druck; Kunter et al., 2005; Kunter et al., 2006): Die Nutzung der zur Verfügung stehenden Lernzeit wird erstens gewährleistet durch eine *effektive Strukturierung* der Unterrichtsstunden, in der möglichst wenig Zeitverluste durch Störungen entstehen und Inhalte klar und strukturiert dargeboten werden. Zweitens spielt der kognitive Anregungsgehalt der Lernumgebung eine Rolle, das heisst, inwieweit die Lernenden zur aktiven Auseinandersetzung mit dem Lerngegenstand angeregt und angeleitet werden. In der Literatur hat sich zur Beschreibung dieses Merkmalsbereichs der Begriff „*Kognitive Aktivierung*" eingebürgert. Drittens werden die Bedeutung der Beziehungsebene und die Anpassung des Unterrichts an individuelle Bedürfnisse der Lernenden im sozialen und kognitiven Bereich – das heisst Merkmale, die die soziale Interaktion zwischen der Lehrkraft und den Lernenden beschreiben – mit dem Begriff *„Schülerorientierung"* (Klieme et al., 2001) bzw. *„Lernunterstützendes Unterrichtsklima"* (Klieme et al., 2006; Lipowsky et al., in Druck) hervorgehoben.

In jüngerer Zeit ist eine Zusammenführung der beiden Forschungstraditionen – der motivationspsychologischen Forschung und der effizienztradierten Unterrichtsforschung – zu verzeichnen und es wird das systematische Zusammenwirken von Unterrichtskontext und individuellem Unterrichtserleben auf die Leistungs- und Motivationsentwicklung untersucht (vgl. Klieme et al., 2006; Kunter, 2005; Rakoczy, 2008). Die Gegenüberstellung der oben genannten sechs motivationsunterstützenden Unterrichtsmerkmale und der Operationalisierungen der drei Basisdimensionen von Unterrichtsqualität zeigt, dass durchaus Gemeinsamkeiten zwischen einzelnen Merkmalen bestehen. Dabei sollte jedoch nicht ausser Acht gelassen werden, dass die gewählten Begrifflichkeiten unterschiedlich weit gefasste Merkmalsbereiche umschreiben und dass teilweise recht unterschiedliche Theoriebezüge bestehen. Abbildung 9.1 gibt einen Überblick über inhaltliche Gemeinsamkeiten.

Abbildung 9.1: Gemeinsamkeiten zwischen den drei Basisdimensionen der Unterrichtsqualität und grundlegenden Merkmalen der Motivationsunterstützung.

In Kapitel 8 dieser Publikation wurde die Ausgestaltung einzelne Qualitätsmerkmale bereits relativ detailliert beschrieben. Die interessierten Leserinnen und Leser werden für weiterführende Ausführungen auf jenes Kapitel verwiesen. Im folgenden Abschnitt wird die Bedeutung der hier dargestellten Unterrichtsmerkmale für die Interessen- und Leistungsentwicklung erläutert. Die Gliederung des Abschnitts folgt den drei Basisdimensionen der Unterrichtsqualität; an passender Stelle wird jeweils auf Merkmale eines motivationsunterstützenden Unterrichts eingegangen.

9.4 Effekte der Unterrichtsgestaltung auf die Interessen- und Leistungsentwicklung

9.4.1 Strukturierung und effiziente Klassenführung

Seit Längerem bekannt sind die positiven Effekte eines klar strukturierten Unterrichts und einer effizienten Klassenführung auf die Leistungsentwicklung (Walberg & Paik, 2000; Wang, Haertel & Walberg, 1993). Weniger klar sind die Wirkungen eines strukturierten und störungsarm geführten Unterrichts auf die Interessen- und Motivationsentwicklung. Motivationspsychologische Theorien weisen auf die günstige Wirkung von Kontexten hin, die Raum für Selbstorganisation und Selbstregulierung bei zugleich geringer externer Strukturierung lassen. Aus dieser Perspektive betrachtet geht mit einem allzu rigide strukturierten und kontrollierenden Unterricht mit eng umschriebenen Teilaufgaben das Risiko einher, dass Lernende überwiegend aus extrinsischen motivationalen Gründen handeln und wenig aus innerem Antrieb tun. Assor, Kapplan und Roth (2002) fanden beispielsweise einen negativen Einfluss von kontrollierenden Lernumgebungen auf das Autonomieempfinden, was sich wiederum negativ auf die Lernmotivation auswirkte. Kunter, Baumert und Köller (2007) schlagen vor, zwischen kontrollierenden und verhaltensstrukturierenden Regulationsmechanismen zu unterscheiden. So würden beispielsweise klar kommunizierte Verhaltensregeln und die kontinuierliche Überwachung von Klassenzimmerprozessen den Lernenden als Rahmen dienen, innerhalb dessen das eigene Verhalten reguliert werden kann. Ausserdem schaffe ein strukturierter Unterrichtsablauf Raum für die zielgerichtete Auseinandersetzung mit dem Lerngegenstand, was sich wiederum positiv auf das Erleben eigener Kompetenz auswirken dürfte. Diese Argumentation findet ihre Bestätigung in empirischen Untersuchungen. Sowohl Kunter und Mitautoren (2007) wie auch Rakoczy (2006, 2008) berichten von stabilen positiven Zusammenhängen zwischen einer effizienten Klassenführung und dem Selbstbestimmungserleben im Unterricht. Diese Befunde können dahingehend interpretiert werden, dass eine klare Strukturierung des Unterrichts (unter anderem Einsatz von Advanced Organizers, Zusammenfassungen und Rückblick, klar strukturierte und vom sprachlichen Niveau gut verständliche Lehrererklärungen) und ein effizienter Umgang mit Störungen von den Schülerinnen und Schülern nicht als kontrollierend empfunden, sondern eher als lernunterstützend wahrgenommen werden. Nebst dieser direkten Beeinflussung kann auch von einer indirekten Wirkungsweise auf die Motivation ausgegangen werden: Die durch effizienten Unterricht erzielten Lernzuwächse könnten sich wiederum günstig auf die Motivation auswirken (Kunter, 2005).

Häufig wird in Studien unter dem Aspekt der Strukturierung die klare und strukturierte Präsentation von Lerninhalten erfasst. Die dazu eingesetzten Skalen und Items beziehen sich dabei vorrangig auf verbale Äusserungen der Lehrperson sowie auf organisatorische Massnahmen. So erhoben beispielsweise Helmke und Weinert (1997) in der Scholastik-

Studie die Aspekte „Prägnanz" und „Hervorhebungen/Cues" und auch in der BIJU-Studie (Gruehn, 2000; Daniels, 2008) wurden zur Erfassung von Klarheit und Strukturiertheit Items wie „Unser Lehrer kann gut erklären" oder „Unser Lehrer fasst häufig noch einmal den Stoff zusammen, damit wir ihn uns gut merken können" eingesetzt. Ein anderes Verständnis von Strukturierung beinhaltet die auf einem tiefen disziplinären Verständnis basierende Präsentation von Lerninhalten, welche die Planung und Gestaltung von Unterrichtseinheiten bzw. Lektionen und die Auswahl von Lernaufgaben entlang einer strukturellen inhaltlichen Logik umfasst. Dieser Aspekt wurde in einer neueren Videostudie mit dem Merkmal „Strukturelle Klarheit" erfasst (vgl. Rakoczy, Klieme, Drollinger-Vetter et al., 2007).

9.4.2 Kognitive Aktivierung

Der Einfluss kognitiv aktivierender Gestaltungselemente auf die Leistungsentwicklung und die Ausbildung von Interessen ist weniger breit abgesichert als derjenige der Strukturierung. Es wird erwartet, dass ein herausfordernder Unterricht, in dem in Abstimmung auf den Lernstand der Schülerinnen und Schüler anspruchsvolle, aber nicht zu schwierige Aufgaben gestellt werden, Fehler als Lerngelegenheiten behandelt und mathematische Aufgabenstellungen verstärkt an lebensweltlichen Kontexten und Problembezügen ausgerichtet werden, für die Herausbildung von Problemlösekompetenzen wichtig und zentral ist. Vorliegende empirische Ergebnisse zur Wirksamkeit eines „kognitiv aktivierenden Unterrichts" sind allerdings keineswegs so eindeutig, wie dies die theoretischen Überlegungen vermuten lassen. Wird die Schulform kontrolliert, so liegen oftmals keine oder nur geringe Effekte auf die Leistungsentwicklung im Fach Mathematik vor. So ergaben beispielsweise die von Klieme und Rakoczy (2003) im Rahmen der deutschen Ergänzungsstudie von PISA 2000 durchgeführten Analysen, dass die von den Schülerinnen und Schülern wahrgenommene kognitive Aktivierung für die individuelle Leistungsentwicklung auf der Gymnasialstufe eine eher untergeordnete Rolle spielt. Kunter (2005) sowie Kunter und Baumert (2006) fanden im Rahmen einer Reanalyse der TIMSS-1995-Daten nach Kontrolle der Schultypen keinen bedeutsamen Einfluss der kognitiven Herausforderung auf die Leistungsentwicklung. Die kognitive Herausforderung wurde auf der Basis eines Unterrichtsvideos pro Klasse durch ein hochinferentes Unterrichtsrating durch externe Beobachterinnen und Beobachter ermittelt.

Es gibt aber auch Studien, in denen durchaus Effekte der kognitiven Aktivierung auf die Leistung gefunden wurden. Gruehn (2000) wies in ihren Analysen von Daten aus der Studie „Bildungsverläufe und psychosoziale Entwicklung im Jugendalter" (BIJU) nach, dass eine aus Schülersicht konstruktivistische Unterrichtsführung – operationalisiert mit der Skala „Anspruchsvolles Üben" – in Gymnasialklassen zu höheren Lernresultaten im Fach Mathematik führt. Klieme und Mitarbeitende (2006) fanden in einer je 20 deutsche und schweizerische Klassen umfassenden Stichprobe (des Schultyps mit erweiterten oder hohen Ansprüchen) einen signifikant positiven Effekt des prozessorientierten Umgangs mit Hausaufgaben auf die Leistungsentwicklung im Fach Mathematik innerhalb eines Schuljahres. Lipowsky und Mitautoren (in Druck) stellten einen positiven Zusammenhang zwischen der von Videobeobachterinnen und -beobachtern beurteilten kognitiven Aktivierung und Lernzuwächsen im Inhaltsbereich „Pythagoras" fest. Schülerinnen und Schüler in Klassen mit höherer kognitiver Aktivierung lernten mehr und entwickelten ein tieferes Verständnis des Satzes des Pythagoras als Lernende in Klassen mit einem tieferen Grad an kognitiver Aktivierung. Im Rahmen der Analysen der PISA-I-Längsschnittdaten stellten Kunter und Mitautoren (2006) einen signifikanten Effekt des kognitiven Aufgabenpotenzials – erhoben mittels Codierung der eingesetzten Lernaufgaben – und der Klassenführung auf die Leistungsentwicklung innerhalb des 10. Schuljahres fest.

Die unterschiedlichen und teils gegensätzlichen Befunde zur Wirksamkeit der kognitiven Aktivierung sind zumindest teilweise auf unterschiedliche Operationalisierungen des Konstrukts, unterschiedliche Studiendesigns mit Fokus auf kurz-, mittel- oder langfristige Effekte und unterschiedliche Erhebungsstrategien wie Schülerbefragung, Videoanalysen einer Mathematiklektion oder Aufgabenanalysen zurückzuführen. Hinzu kommt, dass unterschiedliche Populationen untersucht wurden, bezogen sich doch manche Studien auf die Gymnasialstufe, während andere alle Schultypen einbezogen. Dies führt dazu, dass die Resultate nur begrenzt vergleichbar sind. Wird davon ausgegangen, dass bei der kognitiven Aktivierung die Passung zwischen Herausforderung und individuellem Lernstand möglicherweise wichtiger ist als ein „Möglichst-viel-von", so stellt dies besondere Ansprüche an die Erfassung und Analyse dieser Beziehung. Aufschlussreich in dieser Hinsicht sind auch die Analysen von Lipowsky und Mitautoren (in Druck), die der Frage nach Interaktionseffekten der Unterrichtsgestaltung mit dem Eingangsinteresse nachgingen. Den knapp nicht signifikanten Interaktionseffekt zwischen der kognitiven Aktivierung und dem Eingangsinteresse und den signifikanten Interaktionseffekt zwischen dem lernunterstützenden Klima und dem Eingangsinteresse auf die Leistungsentwicklung kommentieren die Autoren wie folgt: „… more cognitively activating instruction and a more supportive classroom climate have the power to encourage students and to transform their existing interests into mathematics achievement" (Lipowsky et al., in Druck, S. 8).

Inwiefern eine kognitiv anregende bzw. herausfordernde Unterrichtsgestaltung sich auch im motivationalen Bereich auswirkt, ist derzeit noch weitgehend ungeklärt. Stefanou und Mitautoren (2004) weisen auf mögliche positive Wirkungen der Vorgabe offener Problemstellungen und der Möglichkeiten zur selbstständigen und kreativen Auseinandersetzung mit dem Lerngegenstand für das Selbstbestimmungs- und Autonomieerleben hin. Verschiedene Studien machen auf die Bedeutung der Passung zwischen Herausforderung und individuellem Lernstand sowie auf die Verfügbarkeit individueller Unterstützung und Hilfestellungen aufmerksam. Turner und Mitarbeiterinnen zeigten auf, dass eine *moderat empfundene Herausforderung* positiv mit der Motivationsentwicklung zusammenhängt (Schweinle, Turner & Meyer, 2006; Turner & Meyer, 2004). Besonders wichtig schien dies für leistungsschwächere Schülerinnen und Schüler zu sein. Kunter (2005) berichtete über signifikante Zusammenhänge zwischen der erlebten Herausforderung im Mathematikunterricht und der Interessenentwicklung zwischen der 7. und 8. Klasse (Sekundarstufe I).

Als Teilaspekt der kognitiven Aktivierung wird häufig der Alltagsbezug bzw. die kontextuelle Einbettung untersucht. Dieser Aspekt ist umso bedeutsamer, als er mit Sinn- und Wertzuschreibungen in Verbindung gebracht wird (Brophy, 2008; Rakoczy, Klieme & Pauli, 2008). Die Erfahrung der Bedeutsamkeit und des Werts eines Lerninhalts wird unter anderem dadurch beeinflusst, dass die Anwendbarkeit und die Bedeutung für lebensweltliche Problemlösungen erkannt werden. Lehrpersonen fördern solche Erfahrungen unter anderem dadurch, dass sie den Bezug des Lerngegenstands zur Lebenswelt der Schülerin oder des Schülers aufzeigen (Assor, Kapplan & Roth, 2002). Häussler und Hoffmann zeigten in ihren Untersuchungen zur Entwicklung des Physikinteresses von Schülerinnen und Schülern von der 5. bis zur 10. Jahrgangsstufe, dass die Kontextualisierung der Lerngegenstände eine Rolle spielt. Den gleichen Inhaltsgebieten wurde ein sehr viel stärkeres Interesse entgegengebracht, wenn Querbezüge zur Erfahrungswelt der Schülerinnen und Schüler hergestellt und praktische Problemlösungen aufgezeigt wurden. Insbesondere die Mädchen reagierten auf diese kontextuelle Einbindung sehr sensibel (Hoffmann, Häussler & Lehrke, 1998; Hoffmann, 2002). Auch in der Studie von Rakoczy, Klieme und Pauli (2008) erwies sich der Alltagsbezug in einer Unterrichtseinheit zu Pythagoras als motivationsfördernd.

Das Engagement in domänenspezifischen Lernaktivitäten erwies sich in der Meta-Analyse von Seidel und Shavelson (2007) generell als entscheidendes Element für schulische Lernprozesse: „Providing opportunities for students to engage in domain-specific learning activities was shown to be the component with the highest effect sizes, regardless of domain (reading, mathematics, sciences), stage of schooling (elementary, secondary), or type of learning outcome (learning processes, motivational-affective, cognitive)" (Seidel & Shavelson, 2007, S. 483). Die Studie verweist explizit auf die Bedeutung inhaltsbezogener Lernaktivitäten für das Interesse.

9.4.3 Schülerorientierung/Individuelle Unterstützung

In der Literatur zur Unterrichtsforschung werden Aspekte der Lehrer-Schüler-Interaktion unter dem Begriff der Schülerorientierung als dritte Basisdimension der Unterrichtsqualität beschrieben (Klieme et al., 2001; Klieme et al., 2006; Kunter et al., 2006). Nebst der individuellen Unterstützung in Lernsituationen, der diagnostischen Kompetenz der Lehrperson und der individuellen Bezugsnormorientierung wurden in verschiedenen Studien unter dem Begriff der Schülerorientierung auch Merkmale des Klassenklimas gefasst wie zum Beispiel ein respektvoller Umgang der Lehrperson und der Schülerinnen und Schüler untereinander (Clausen, 2002) oder Möglichkeiten der Mitbestimmung (Gruehn, 2000). Neuerdings ist eine Schärfung des doch recht schillernden Begriffs zu beobachten. Einerseits werden eine Eingrenzung des Begriffs auf individuelle Unterstützungsmassnahmen und eine Fokussierung auf fachliche Lernprozesse vorgeschlagen (Kunter et al., 2006). Andererseits wird die Anbindung an die Selbstbestimmungstheorie vorgeschlagen (vgl. Klieme et al., 2006; Rakoczy, 2008). In diesem Falle werden unter dem Konstrukt „Schülerorientierung" Massnahmen subsumiert, die im Unterricht zum Erleben von Autonomie, Kompetenz und sozialer Eingebundenheit beitragen. Im Folgenden wird der Schwerpunkt auf diesen zweiten Ansatz gelegt.

In der Literatur zur Übertragung der Prämissen der Selbstbestimmungstheorie auf den Schulkontext werden als konkrete Massnahmen zur Förderung des Autonomie- und Kompetenzerlebens die Anpassung des Unterrichtstempos, informative Rückmeldungen zuhanden der einzelnen Lernerin oder des einzelnen Lerners, Hilfestellungen bei individuellen Verstehensschwierigkeiten sowie die Gewährung von Freiräumen in Bereichen, in denen die Schülerinnen und Schüler bereits selbstständig handeln können, genannt (Lewalter et al., 2000; Prenzel et al., 2001). Rakoczy (2006) ging in einer deutsch-schweizerischen Videostudie zum Mathematikunterricht der Frage nach der Wirksamkeit von *Gestaltungs-*

massnahmen auf der Klassenebene auf das *Kompetenz- und Autonomieerleben* nach. Es zeigte sich, dass in erster Linie Freiräume für eigene Entscheidungen zu einer positiven Wahrnehmung der Autonomieunterstützung beitragen, dass aber auch eine disziplinierte und störungsfreie Atmosphäre sowie wertschätzende Beziehungen und sachlich-konstruktive Rückmeldungen dazu führen, dass der Unterricht als autonomieunterstützend erlebt wird. Die Strukturiertheit des Unterrichts leistete überdies einen bedeutsamen Beitrag zur wahrgenommenen Kompetenzunterstützung.

Die empirischen Befunde *zum Zusammenhang der auf Klassenebene ermittelten Qualität der Lehrer-Schüler-Interaktion und der Interessen- und Leistungsentwicklung* sind allerdings weniger eindeutig. Die Meta-Analyse von Cornelius-White (2007) ergab insgesamt positive Effekte von schülerorientiertem Unterricht auf affektiv-behaviorale sowie kognitive Variablen; im kognitiven Bereich war allerdings eine grössere Variabilität auszumachen.

Reeve (2002) überprüfte den Zusammenhang zwischen dem im Video codierten autonomieunterstützenden Verhalten, dem selbstberichteten Motivierungsstil der Lehrpersonen und dem Interesse der Schülerinnen und Schüler. Er fand zwar Zusammenhänge zwischen den Lehrerselbstberichten und dem beobachteten Verhalten, diese waren jedoch nicht systematisch mit dem Interesse der Schülerinnen und Schüler assoziiert. Kunter (2005) fand moderat positive Effekte zwischen den auf Klassenebene aggregierten Schülerwahrnehmungen der Bewertungsstruktur und Möglichkeiten der Schülermitbestimmung und der individuellen Interessenentwicklung zwischen der 7. und 8. Klasse. Rakozcy (2008) fand keine direkten Effekte der – mittels hochinferenter Videoratings erfassten – organisatorischen Freiräume, konstruktiven Rückmeldungen und einer wertschätzenden Lehrer-Schüler-Beziehung auf die intrinsische Motivation. Organisatorische Freiräume wiesen gar in Verbindung mit dem kognitiven Niveau einer Pythagoras-Unterrichtseinheit einen signifikant negativen Effekt auf die Motivationsentwicklung auf. Die Autorin erklärt dies mit dem anspruchsvollen Inhaltsgebiet des Satzes des Pythagoras: Anspruchsvolle Aufgaben können dazu führen, dass sich Schülerinnen und Schüler mit grossen Freiräumen überfordert und allein gelassen fühlen.

Die Erfahrung des Eingebundenseins prägt sich in sozialen Interaktionen aus und wird unter anderem beeinflusst durch einen respektvollen und wertschätzenden Umgang mit den Lernenden und einem echten Interesse der Lehrperson für die Lernprozesse der Schülerinnen und Schüler (Wentzel, 1997). Die Einschätzung einer Lehrperson als wertschätzend bzw. *caring* ging in der Studie von Wentzel mit einer positiven Entwicklung im motivationalen Bereich einher. In der Studie von Ryan und Patrick (2001) erwiesen sich die Förderung der Interaktion und des Respekts der Lernenden untereinander sowie die Schülerwahrnehmung der Lehrerunterstützung als positiv assoziiert mit der Lernmotivation und dem Lernverhalten. Dieses Resultat wird unterstützt durch Befunde von Skinner und Belmont (1993), die einen Zusammenhang zwischen dem von Lehrpersonen gezeigten Engagement zum Aufbau sozialer Beziehungen im Klassenzimmer und positiven Lernemotionen fanden. Hughes und Mitautoren (2008) fanden, dass Schülerinnen und Schüler, die eine warme und akzeptierende Beziehung zur Lehrperson erfuhren, motivierter und eher bereit waren, Klassenzimmerregeln und Lehrererwartungen zu entsprechen. Einschränkend wird darauf hingewiesen, dass zum gegenwärtigen Zeitpunkt kaum etwas bekannt ist über das wechselseitige Zusammenspiel zwischen der Qualität der Lehrer-Schüler-Beziehung, dem Engagement der Schülerinnen und Schüler sowie der Leistung und dass es auch an Untersuchungen zu reziproken Effekten des Engagements auf die Lehrer-Schüler-Beziehung fehlt, und zwar in dem Sinne, dass engagierte Schülerinnen und Schüler zum Aufbau einer positiven Lehrer-Schüler-Beziehung aktiv beitragen (vgl. Hughes, Luo, Kwok & Loyd, 2008).

Hinsichtlich der *Leistungsentwicklung* sind die Befunde zur Schülerorientierung disparat. Kunter und Mitautoren (2006) fanden im PISA-Längsschnitt 2003 einen positiven Effekt der konstruktiven Unterstützung auf die Leistungsentwicklung. Wurden allerdings der kognitive Anregungsgehalt und die Klassenführung gleichzeitig mit der konstruktiven Unterstützung untersucht, so reduzierte sich der Effekt des letztgenannten Merkmals und liess sich statistisch nicht mehr absichern; dies wohl auch aus dem Grund, dass in dieser Studie Klassenführung und konstruktive Unterstützung über Skalen der Schülerbefragung erfasst wurden und miteinander korreliert waren. Klieme und Rakozcy (2003) stellten in den von ihnen untersuchten Gymnasialklassen der deutschen PISA-2000-Stichprobe keinen Einfluss der über einen Schülerfragebogen erfassten Schülerorientierung auf die Leistungsentwicklung fest; das Merkmal erwies sich hingegen für die Vorhersage der Interessenentwicklung als bedeutsam. Gruehn (2000) ermittelte in ihren Analysen einen negativen Effekt der Schülerorientierung auf die Leistungsentwicklung. Die Studie von Lipowsky et al. (in Druck) untersuchte die Unterrichtsgestaltung in 114 Mathematiklektionen zum Thema „Pythagoras" (je 3 Lektionen von 38 Klassen) mittels hochinferenter Beobachterratings und bezog drei Aspekte zur Erfassung eines unterstützenden Lernklimas ein: a) die von der Lehrperson gezeigte Akzeptanz und den Respekt gegenüber den Lernenden, b) konstruktive Rückmeldungen und c) ein Klima der Verbundenheit. Das auf diese Weise ermittelte Lernklima stand in keinem bedeutsamen Zusammenhang mit der Leistungsentwicklung in diesem Themenbereich.

Die Umsetzung schülerorientierter bzw. autonomie- und kompetenzunterstützender Massnahmen wird vor allem auch in „offenen Lernumgebungen" vermutet, das heisst, mit einer bestimmten Inszenierungsform von Unterricht in Verbindung gebracht. In den letzten Jahren wurde immer wieder die Frage diskutiert, ob ein derart gestalteter Unterricht neben den erwarteten positiven Auswirkungen im motivationalen Bereich auch gute kognitive Leistungen ermöglichen kann (Einsiedler, 2000; Lipowsky, 2002). Die Meta-Analyse von Giaconia und Hedges (1982) weist darauf hin, dass ein offener Unterricht, in dem Schülerinnen und Schüler ihr Lernen weitgehend selbst steuern, im Vergleich zu traditionellen Lernkontexten im kognitiven Bereich zu geringfügig schlechteren Leistungen, im motivationalen Bereich eher zu positiven Auswirkungen führt. Eigene Untersuchungen an einer Teilstichprobe der vorliegenden Studie zeigten, dass die häufige Verwendung offener Gestaltungselemente, wie sie unter dem Begriff der „Erweiterten Lehr- und Lernformen" in der Schweiz bekannt sind, mit leicht erhöhtem Wohlbefinden einhergeht bei gleichbleibendem Niveau im Leistungsbereich und im Interesse (Pauli, Reusser, Waldis & Grob, 2003). Dieser Befund stimmt überein mit einer Studie von Hartinger (2005), in der sich zeigte, dass die beobachtete Öffnung von Unterricht auf der Grundschulstufe zwar positiv mit dem individuellen Selbstbestimmungsempfinden zusammenhängt, dass jedoch kein systematischer Zusammenhang mit dem Interesse der Schülerinnen und Schüler vorliegt.

9.4.4 Fazit

Zusammenfassend ist festzustellen, dass eine effiziente Unterrichtsführung und ein gut strukturierter Unterricht sich sowohl auf kognitive Prozesse wie auch auf motivationale Prozesse günstig auswirken. Die empirischen Befunde zur Bedeutung der kognitiven Aktivierung für die Leistungsentwicklung fielen bislang keineswegs so eindeutig und klar aus, wie dies aus theoretischer Sicht zu erwarten wäre. Wird davon ausgegangen, dass gerade in diesem Bereich die Passung zwischen Unterrichtsangebot und individuellen Schülervoraussetzungen eine wichtige Rolle spielt und eine sorgfältige Abstimmung des Unterrichtsangebots mit den Lernvoraussetzungen der Schülerinnen und Schüler notwendig ist, erstaunt die Disparität der vorliegenden Befunde keineswegs. Sie verweist vielmehr mit aller Deutlichkeit auf die Schwierigkeit, diesen Bereich in Large-scale-Studien valide und reliabel zu operationalisieren. Empirische Erkenntnisse zum Zusammenhang zwischen der kognitiven Aktivierung und dem Interesse sind noch nicht sehr zahlreich. Aufgrund der theoretischen Prämissen ist jedoch zu vermuten, dass ein ausgewogenes Passungsverhältnis zwischen individuellem Vorwissen und kognitiver Herausforderung zu Kompetenzerfahrungen beiträgt, die wiederum der Interessenentwicklung zuträglich sind. Die Befunde zur Wirksamkeit von Aspekten der Schülerorientierung, die Aspekte wie individuelle Unterstützung, konstruktive Rückmeldungen, das Verständnis von Fehlern als Lerngelegenheit, die Gewährung von Autonomiefreiräumen sowie einen respektvollen und wertschätzenden Umgang miteinander umfasst, erwiesen sich sowohl hinsichtlich der Interessen- wie auch der Leistungsentwicklung als disparat.

9.5   Forschungsfragen

Der primär deskriptiven Anlage der Studie folgend wird zunächst die Ausprägung des Mathematikinteresses und der Mathematikleistungen im 8. Schuljahr in der Schweiz dargestellt. In einem zweiten Schritt wird der Frage nach dem Zusammenhang zwischen der Unterrichtsgestaltung und dem Fachinteresse bzw. den Fachleistungen nachgegangen. Es stellen sich die folgenden Fragen:

- Wie sind die Mathematikinteressen und Mathematikleistungen im 8. Schuljahr in den drei Sprachregionen und in den 8 Schultypen durchschnittlich ausgeprägt? Wie homogen bzw. heterogen präsentieren sich die beiden Outcome-Kriterien?
- Welche Zusammenhänge bestehen zwischen dem auf Klassenebene festgestellten Unterrichtsangebot und dem Mathematikinteresse bzw. den erfassten Mathematikleistungen im 8. Schuljahr?
- In welchem Masse tragen die im 8. Schuljahr erfassten Unterrichtsmerkmale zur Erklärung der individuellen Interessen- und Leistungsentwicklung im Zeitraum eines Schuljahres bei?

9.6 Methode

9.6.1 Stichprobe

Die Untersuchung der oben formulierten Fragestellungen erfolgte auf der Grundlage des repräsentativen Datensatzes der internationalen TIMSS 1999 Video Study. Einbezogen wurden alle Schweizer Klassen, von denen eine Unterrichtsvideoaufnahme vorliegt sowie Daten der nationalen Schülerbefragung und des Mathematikleistungstests. Es handelt sich dabei um 131 Klassen mit 2398 Schülerinnen und Schülern aus allen drei Sprachregionen der Schweiz. 7 Klassen mussten aufgrund von Lücken bei einem der eingesetzten Instrumente von den Analysen ausgeschlossen werden. Der Ausfall dieser Klassen sowie allfällige Verzerrungen der Stichprobe wegen unterschiedlicher Teilnahmequoten in den drei Sprachregionen und unterschiedlicher Rekrutierungsquoten in den einzelnen Schulformen wurden mittels Gewichtungsvariablen korrigiert. Tabelle 9.1 gibt einen Überblick über die repräsentative Querschnittstichprobe im 8. Schuljahr.

Tabelle 9.1: Repräsentative Stichprobe (8. Schuljahr) nach Ausschluss von Klassen mit unvollständiger Datenstruktur ($n = 7$)

	Deutschschweiz			Westschweiz			Tessin		
	n Klassen	*n* Schüler	% weibl.	*n* Klassen	*n* Schüler	% weibl.	*n* Klassen	*n* Schüler	% weibl.
Grundansprüche	24	418	51.4	5	89	43.8	9	103	55.3
Erweiterte Ansprüche	35	692	54.6	18	343	51.3	18	320	50.0
Hohe Ansprüche	8	166	55.4	14	267	54.3			
Total	71	1276	53.7	37	699	51.5	27	423	51.3

Anmerkung:
Im Kanton Tessin ist die Oberstufe als Gesamtschulsystem mit tieferem und höherem Niveaukurs im Fach Mathematik organisiert. Diese Organisationsform ist nur bedingt mit dem dreigliedrigen System, das in der Deutschschweiz nach wie vor vorherrschend ist, vergleichbar.

Die Stichprobe für die längsschnittlichen Analysen unterscheidet sich von der beschriebenen Querschnittstichprobe in mehrerlei Hinsicht: Der Nachtest konnte nur in der Deutschschweiz und in der italienischsprachigen Schweiz durchgeführt werden. In der französischsprachigen Schweiz musste aus bildungspolitischen und finanziellen Gründen auf eine Nachbefragung verzichtet werden. Aber auch innerhalb der Deutschschweizer und Tessiner Klassen waren ausgeprägte Datenausfälle zu verzeichnen, die mit der Auflösung bzw. Zusammenlegung von Klassen und der Fluktuation von einzelnen Schülerinnen und Schülern zusammenhingen. Für den vorliegenden Klassenlängsschnitt wurden diejenigen Klassen aus der deutsch- und italienischsprachigen Schweiz berücksichtigt, die sowohl bei den Videoerhebungen in der 8. Klasse (Schuljahr 2000/2001) wie auch bei den Nachbefragungen in der 9. Klasse (März 2002) mit vergleichbarer Schülerzusammensetzung teilnahmen. Die Bedingung war, dass von mindestens 50% der in der 8. Klasse untersuchten Schülerinnen und Schüler Daten zu den beiden Nachtestinstrumenten – Leistungstest und Schülernachbefragung – vorlagen.[1] Da wir an längerfristigen Effekten der Unterrichtsgestaltung interessiert waren, mussten sechs Klassen mit Lehrpersonenwechsel im Untersuchungszeitraum ausgeschlossen werden. Unter Anwendung der genannten Ausschlusskriterien liegen den nachfolgend präsentierten Längsschnittanalysen Daten von 843 Schülerinnen und Schülern aus 54 Klassen zugrunde (vgl. Tabelle 9.2).

Tabelle 9.2: Längsschnittstichprobe

	Deutschschweiz			Tessin		
	n Klassen	*n* Schüler	% weibl.	*n* Klassen	*n* Schüler	% weibl.
Grundansprüche	13	212	48.6	7	72	59.7
Erweiterte Ansprüche	17	258	58.1	15	260	50.4
Hohe Ansprüche	2	41	58.5			
Total	32	511	54.2	22	332	52.4

Anmerkung:
Die niedrige Zellbesetzung im Schultyp mit hohen Ansprüchen in der deutschsprachigen Schweiz kann Probleme bei statistischen Analysen verursachen und führt nur bedingt zu aussagekräftigen Resultaten. Es wurde deshalb beschlossen, die beiden betroffenen Klassen in den nachfolgenden Analysen dem Schultyp mit erweiterten Ansprüchen zuzuordnen.[2]

Aufgrund des substanziellen Datenausfalls zwischen dem 8. und dem 9. Schuljahr wurde entschieden, auf eine Korrektur des Ausfalls mittels Gewichten zu verzichten und den Anspruch der „Repräsentativität" fallen zu lassen. Stattdessen wurden die Ausfallprozesse genau analysiert, das heisst, es wurde der Frage nachgegangen, ob systematische Unterschiede hinsichtlich zentraler Variablen vorliegen, die für einen Verzerrungseffekt verantwortlich sein könnten (vgl. Abschnitt 9.8.1). Die mit diesem Datensatz durchgeführten Zusammenhangsanalysen sind als explorativ zu betrachten. Sie sind von einigem Interesse, da sie einen Hinweis darauf zu geben vermögen, wie die Effekte der Unterrichtsgestaltung im Zeitraum eines Schuljahrs einzuordnen sind.

9.6.2   Eingesetzte Instrumente zur Erfassung des Unterrichts

Merkmale der Unterrichtsgestaltung wurden einerseits durch Befragung der Schülerinnen und Schüler und andererseits mittels videobasierter Unterrichtsanalysen auf der Grundlage einer Mathematiklektion pro Klasse erfasst.

Schülerdaten
Die Schülerinnen und Schüler wurden zu ihrer *Wahrnehmung des Unterrichts* schriftlich befragt. Die in die vorliegenden Analysen einbezogenen Unterrichtsmerkmale „Strukturierung", „Klassenführung", „Individuelle Unterstützung", „Autonomieunterstützung",

---

[1]   Es wurden nur jene Schülerinnen und Schüler in die Längsschnittstichprobe aufgenommen, die zu beiden Zeitpunkten teilnahmen.
[2]   Dieser Entscheid ist durchaus vertretbar, da es sich bei den beiden Klassen um Bezirksschulklassen aus dem Kanton Aargau handelt. Dieser Schultyp integriert teilweise Schülerinnen und Schüler, die aufgrund ihrer Schulleistungen in anderen Kantonen dem Schultyp mit erweiterten Ansprüchen zugewiesen würden.

„Kognitive Aktivierung" und „Soziales Klima" wurden mit mehreren Skalen erfasst. Die verwendeten Skalen einschliesslich ihrer Kennwerte sind in Kapitel 8, Tabelle 8.3 dieser Publikation dargestellt. Nach Überprüfung der Messäquivalenz in den drei Sprachregionen wurden die eingesetzten Instrumente zu Skalen zweiter Ordnung zusammengefasst (vgl. Kapitel 8, Tabelle 8.4).

Die Erfassung des *Fachinteresses* erfolgte ebenfalls per Schülerfragebogen. Es wurden sowohl die emotionale wie auch die wertbezogene Valenz erfasst. Die Beispiel-Items lauteten: „Mathematik ist spannend" und „Mathematik ist mir persönlich sehr wichtig". Es war ein 4-stufiges Antwortformat vorgegeben („stimmt genau"=4; „stimmt gar nicht" =1). Umfangreiche Analysen zur faktoriellen Struktur und Skalenqualität mittels SPSS und AMOS (vgl. die Ausführungen zur sprachregionenübergreifenden Messäquivalenz in Kapitel 8.3.3 in diesem Band) legten für die landesteilübergreifenden Auswertungen die Bildung eines Interessenscores nahe, welcher die emotionale Valenz umfasst. Die unten stehende Tabelle 9.3 bildet die Kennwerte dieses Scores ab.

Tabelle 9.3: Kennwerte der eingesetzten Fragebogenskalen zur Erfassung des Interesses (emotionale Valenz)

Beispiel-Item	Anzahl Items	M	D-CH SD	α	M	I-CH SD	α	M	F-CH SD	α
Mathematik ist spannend.	4	2.82	.78	.87	2.66	.87	.89	2.53	.92	.91

Anmerkung:
Daten gewichtet, $n=2392$

Videodaten

Die vorliegenden Videolektionen (eine Lektion pro Klasse) wurden mittels hochinferentem Ratingfragebogen analysiert (vgl. Clausen, Reusser & Klieme, 2003; Waldis, Kapitel 2 in diesem Band). Auf der Grundlage eines Beobachtungsbogens gaben insgesamt vier Expertinnen ihre Einschätzung der Lektion zu den im Beobachtungsbogen umschriebenen Merkmalen ab. Es waren 94 Einzelitems auf einer Skala von „trifft überhaupt nicht zu" bis „trifft voll und ganz zu" einzuschätzen. Die Analyseeinheit bildete die ganze Lektion. Die vorgenommenen Unterrichtsbeurteilungen liessen sich aufgrund der Ergebnisse von explorativen Faktorenanalysen mit dem Statistikprogramm SPSS vier übergreifenden Merkmalsbereichen zuordnen: *(1) Klarheit und Strukturiertheit, (2) Schülerorientierung, (3) kognitive Aktivierung und (4) Instruktionseffizienz.* Die statistischen Kennwerte dieser vier Merkmalsbereiche sind in Kapitel 8, Tabelle 8.5 ausgewiesen.

Leistungstests

Zur Erfassung der Mathematikleistung kamen in der vorliegenden Studie die Mathematikaufgaben des TIMSS-Instrumentariums von 1994/1995 zum Einsatz. Diese waren in acht verschiedenen Testheftversionen angeordnet. Der Vergleich der für die vorliegende gesamtschweizerische Stichprobe berechneten Itemparameter mit denjenigen der internationalen Studie von 1994/1995 ergab nur geringe Abweichungen. Demzufolge wurde eine Skalierung nach dem Rasch-Modell auf Grundlage der damaligen internationalen Itemkennwerte vorgenommen (vgl. Adams, Wu & Macaskill, 1997, S. 132 ff.).[3]

Die Überprüfung des Testheft-Effekts ergab für die gesamte Schweiz wie auch innerhalb der drei Sprachregionen und der acht Schultypen höchst signifikante Differenzen: Die mittleren Leistungsunterschiede zwischen den einzelnen Testheftversionen betrugen bis zu 20 Punkte, innerhalb der Schultypen gar bis zu 30 Punkte.[4] Da im Rahmen dieser Studie auch Modelle auf Individualebene berechnet werden sollten, wurde die testheftbedingte (Fehler-)Varianz reduziert mittels Korrektur der Leistungsscores für die mittleren Testheftschwierigkeiten, die auf der Ebene der Schultypen ermittelt wurden.

Die Schülerinnen und Schüler wurden mittels des beschriebenen TIMSS-Tests in zwei Zeitpunkten getestet: In der Mitte der 8. Klasse (Januar 2000) und ein Jahr später gegen Ende der 9. Klasse (März 2001). Es wurde eine systematische Rotation der Testheftversionen vorgenommen. Die vorliegenden Daten eröffnen die Möglichkeit, die Leistungsentwicklung sowohl auf der Individual- als auch auf der Klassenebene zu betrachten.

9.6.3   Umgang mit fehlenden Werten: Daten-Imputation

Die vorliegende Studie war mit den üblichen Datenausfällen konfrontiert, die sich in Large-scale-Untersuchungen mit mehreren Erhebungszeitpunkten und dem Einsatz von verschiedenen Erhebungsinstrumenten ergeben. Datenausfälle ergaben sich auf der Klassenebene in Form von Ausfällen in einzelnen Erhebungsinstrumenten sowie auf der Individualebene durch eine punktuelle Abwesenheit einzelner Schülerinnen und Schüler an einzelnen Erhebungstagen sowie durch systematische Ausfälle bedingt durch Klassenwiederholung oder Schulformwechsel zwischen dem 8. und dem 9. Schuljahr.

Im Umgang mit den Ausfällen wurden für die Quer- und Längsschnittstichprobe unterschiedliche Strategien gewählt: Wie bereits erwähnt, wurden in der Querschnittstichprobe sieben Klassen mit Lücken bei einem Erhebungsinstrument ausgeschlossen und der Datenausfall wurde mittels Gewichtungsvariable korrigiert. Lückenhafte Datenstrukturen auf der Ebene der Individuen mussten ebenfalls behandelt werden, da solche Ausfälle einerseits mit systematischen Verzerrungseffekten verbunden sein können, beispielsweise der Zusammenhang des Fehlens mit psychosozialen Merkmalen, und andererseits, weil fehlende Werte bei den in diesem Kapitel eingesetzten Mehrebenenanalysen Probleme verursachen können. Probleme bereiten in dieser Hinsicht vor allem der Verlust an Effizienz durch eingeschränkte Stichprobengrössen sowie der erschwerte Umgang mit Daten bei statistischen Analysen, da die gängigen Standardverfahren von vollständigen Datenmatrizen ausgehen (vgl. Köller, Trautwein, Lüdtke & Baumert, 2006).

Für das vorliegende Kapitel nahmen wir mit dem Programm NORM (Schafer, 1999) eine Mehrfachschätzung der fehlenden Daten vor, bei der nebst den zu ergänzenden Va

---

3   Trotz dieses analogen Vorgehens sind Vergleiche mit den Schweizer Ergebnissen der besagten TIMS-Studie nur bedingt möglich, liegen doch aufgrund des anders im Schuljahr platzierten Erhebungszeitpunktes deutliche Differenzen bezüglich des durchschnittlichen Alters vor.

4   Bereits für die TIMS-Studie von 1994/1995 ergaben eigene Reanalysen der Schweizer Daten signifikante Mittelwertdifferenzen zwischen den Testheftversionen. Solange es nur um die Berechnung von Mittelwerten auf Landes- oder Landesteilebene geht, mitteln sich die entsprechenden Messfehler aufgrund der systematisch variierten Vergabe der Testhefte weitestgehend aus.

riablen die Zugehörigkeit zur Klasse sowie der Schultyp und das Geschlecht Berücksichtigung fanden. Dieses Verfahren wurde für die Datensätze der deutsch-, italienisch- und französischsprachigen Schweiz separat durchgeführt, wobei je zehn Datensätze gebildet wurden. Diese wurden anschliessend untereinander per Zufallsprinzip kombiniert (D x F x I). Schliesslich wurden sie in das Programm HLM 6.03 (Raudenbush, Bryk & Congdon, 2005) eingelesen und mittels Mehrebenenanalysen ausgewertet. HLM 6.03 mittelt die für die zehn Datensätze resultierenden Parameter aus und nimmt auch die Signifikanzprüfung nach dem Ansatz von Rubin (1987) vor.

In der Längsschnittstichprobe wurde von einer Imputation fehlender Werte abgesehen, da der Datenausfall bei den in den Klassen verbliebenen Schülerinnen und Schülern relativ gering war. Zudem erachteten wir es als sinnlos, die durch organisatorische und strukturelle Prozesse ausgefallenen Klassen und Schülerinnen und Schüler „künstlich" aufrechtzuerhalten.

9.6.4 Vorgehen bei der Datenanalyse

Die vorliegenden Schülerdaten weisen eine Mehrebenenstruktur auf. Schülerinnen und Schüler sind in Klassen zusammengefasst und teilen somit ähnliche Erfahrungen mit Unterricht. Für die adäquate Berücksichtigung dieser Tatsache sind statistische Verfahren zu wählen, die der hierarchischen Datenstruktur Rechnung tragen. Hierzu zählen zum einen Jackknife-Verfahren, die Standardfehler nicht als reine Funktion der Grösse einer Stichprobe mit Zufallscharakter betrachten, sondern diese aus Eigenschaften der Stichprobe selbst – mittels multiplem Resampling – schätzen. Nach diesem Prinzip wurden die deskriptiven und gruppenvergleichenden Analysen in der Statistikapplikation WesVar 4.2 berechnet. Die zweite Möglichkeit des angemessenen Umgangs mit hierarchischen Datenstrukturen stellt die Mehrebenenanalyse dar. Auf sie wurde für die mehrfaktoriellen Zusammenhangsanalysen zurückgegriffen. Zum Einsatz kam die Software HLM 6.03 (Raudenbush et al., 2005). Um den Effekt der Unterrichtsmerkmale auf die Leistung und das Interesse zu ermitteln, wurden mehrere Zwei-Ebenen-Regressionsmodelle gerechnet, die sich durch die Vorhersagevariable auf der Klassenebene unterschieden. In einem ersten Schritt wurde zunächst der Effekt jeder Unterrichtsvariablen einzeln betrachtet; in einem zweiten Schritt wurde der Gesamteffekt der untersuchten Unterrichtsmerkmale auf die beiden Variablen „Interesse" und „Leistung" betrachtet. Diese multivariaten Modelle geben Auskunft über die spezifische Erklärungskraft der einzelnen Variablen. In allen Modellen wurde der Effekt der Schultypenzugehörigkeit kontrolliert. Als Referenzschultyp wurde der Schultyp mit erweiterten Ansprüchen in der Deutschschweiz gewählt. Systematische Einflüsse durch individuelle Merkmale wie Geschlecht, soziokultureller Hintergrund der Familie und Nationalitätszugehörigkeit wurden auf der Individualebene durch Mitführen der entsprechenden Prädiktoren erfasst.

Werden Schülerwahrnehmungen über Unterricht verwendet, so stellt sich die Frage, auf welcher Ebene diese sinnvollerweise ins Modell eingeführt werden. In der aktuellen Lehr- und Lernforschung werden sie häufig als Ratings von Unterrichtsmerkmalen interpretiert, die auf Langzeiterfahrungen der Schülerinnen und Schüler basieren und zum Zwecke der Identifikation von Unterschieden zwischen Klassenzimmern erhoben wurden (Cronbach, 1976; Lüdtke, Robitzsch, Trautwein & Kunter, 2009). In diesem Zusammen-

hang interessiert nicht die einzelne Wahrnehmung sondern die über verschiedene Schülerinnen und Schüler gemittelte Beurteilung des Unterrichts. Da in diesem Kapitel die Frage des Einflusses des Unterrichtsangebots auf Leistung und Interesse im Zentrum stand,
wurde mit den auf Klassenebene gemittelten Schülerdaten gerechnet. Dieses Vorgehen
erlaubt zudem einen Vergleich mit den auf der Grundlage einer videografierten Lektion
generierten Beobachterdaten. Alle in die Analysen eingegangenen metrischen Variablen
wurden vorgängig standardisiert.

9.7   Interesse und Leistungen im 8. Schuljahr: Ergebnisse der Querschnittanalysen

In den Abschnitten 9.7.1 und 9.7.2 werden zunächst die deskriptiven Ergebnisse zur Ausprägung des Mathematikinteresses und der Mathematikleistungen für die gesamtschweizerische Stichprobe dargestellt. In den nachfolgenden Abschnitten wird dem Zusammenhang zwischen Unterrichtsgestaltung, Fachinteresse und Mathematikleistungen im 8.
Schuljahr nachgegangen. Es handelt sich dabei um Querschnittanalysen.

9.7.1 Mathematikinteresse im 8. Schuljahr

Wie interessiert sind die Schülerinnen und Schüler im 8. Schuljahr im Fach Mathematik?
Abbildung 9.2 gibt Auskunft über die Verteilung der individuellen Interessenscores in
der Gesamtstichprobe, in den drei Sprachregionen und in den acht Schultypen. Gesamt-
schweizerisch betrachtet kommt das mittlere Mathematikinteresse der Jugendlichen über
dem theoretischen Skalenmittelwert von 2.5 zu liegen. Ungefähr die Hälfte der Schülerinnen und Schüler erreichen einen Interessenscore zwischen 2 und 3.25.

   Der Blick auf die Sprachregionen verweist auf Unterschiede in den mittleren Interessenausprägungen. Eine Jackknife-basierte einfaktorielle Varianzanalyse ergibt signifikante
Differenzen im Mathematikinteresse zwischen den drei Landesteilen [F (2.49)$= 12.25$, p
$< .000$, $R^2 = .03$].[5] Die anschliessenden paarweisen Vergleiche mit Bonferroni-Korrektur
belegen eine höchst signifikante Differenz im Mathematikinteresse der Schülerinnen und
Schüler der deutschsprachigen ($M=2.83$, $SE=.04$) und der französischsprachigen Schweiz
($M=2.50$, $SE =.05$).

   Werden die acht Schultypen miteinander verglichen, so ergeben sich auch hier systematische Unterschiede. Die positivsten Ausprägungen im Mathematikinteresse finden sich
in den Deutschschweizer Schultypen mit Grundansprüchen und erweiterten Ansprüchen
und im Tessin im Leistungsniveau mit erweiterten Ansprüchen. In den anderen Schultypen
ist das Mathematikinteresse durchschnittlich tiefer ausgeprägt.

   Die zur statistischen Absicherung der Schultypendifferenzen berechnete Jackknife-
basierte einfaktorielle Varianzanalyse belegt einen generellen Effekt der Schultypen (Tabelle 9.4). Die paarweisen Vergleiche mit anschliessender Bonferroni-Korrektur[6] bele-

---

5   Die Freiheitsgrade ergeben sich aus der Anzahl von $n = 50$ Replikationsvariablen.
6   In Analogie zu den Leistungsauswertungen wurde von 18 sinnvollen Vergleichen zwischen Schultypen glei-
     cher oder angrenzender Stufung ausgegangen.

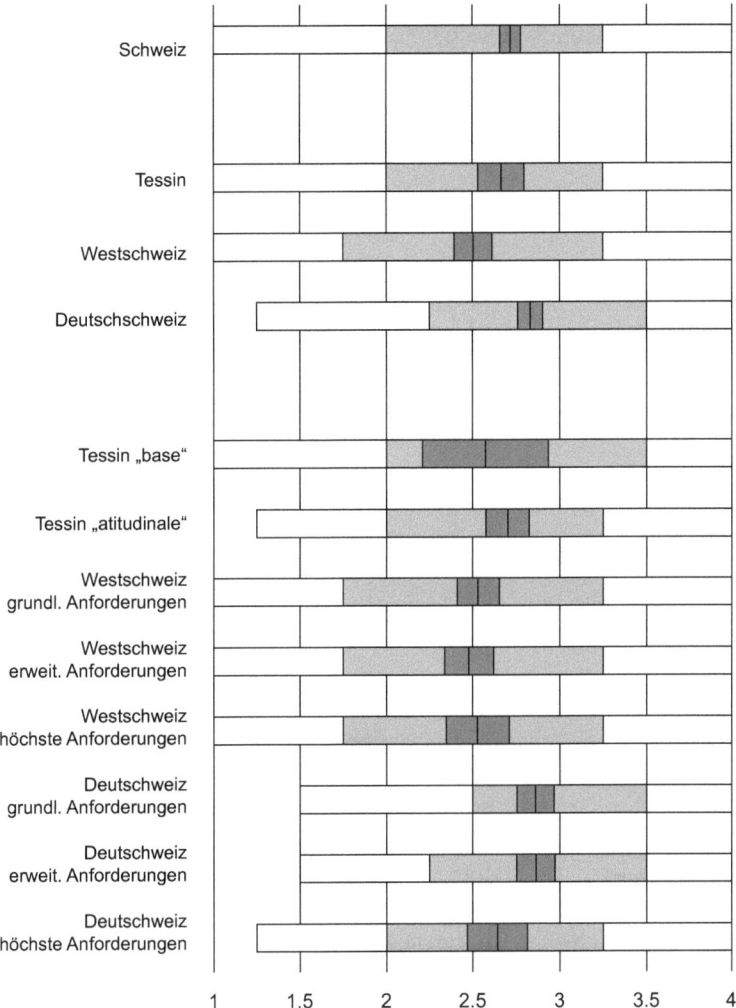

Abbildung 9.2: Mathematikinteresse in der Schweiz, in den drei Sprachregionen und in den acht Schultypen

gen signifikante Differenzen im Mathematikinteresse zwischen dem Deutschschweizer Schultyp mit Grundansprüchen ($M=2.86$, $SE=.05$) und dem Westschweizer Schultyp mit Grundansprüchen ($M=2.53$, $SE=.06$) sowie zwischen dem Deutschschweizer Schultyp mit erweiterten Ansprüchen ($M=2.86$, $SE=.06$) und dem Westschweizer Schultyp mit erweiterten Ansprüchen ($M=2.48$, $SE=.07$).

Wie bereits mehrfach für die Schweiz dargestellt, unterscheidet sich das Mathematikinteresse der Oberstufenschülerinnen und -schüler nach Geschlecht (ohne Abbildung). Die geschlechtsbezogene Differenz ist signifikant, wie die einfaktorielle Varianzanalyse belegt

Tabelle 9.4: Kennwerte der univariaten Varianzanalyse zur Aufklärung der Schultypen-differenzen im Mathematikinteresse (t_1)

	Kennwerte der univariaten Varianzanalysen				Paarvergleiche inner-halb jeder Sprachregion	Paarvergleiche über die Sprachregionen hinweg
	F	df	p	R^2	$p < .05$	$p < .05$
Mathematik-interesse (Gesamtscore)	5.65	7.44	<.000	.04	-	D-GA > F-GA D-EA > F-EA

Anmerkungen:
Die Abkürzungen bedeuten Folgendes: D=deutschsprachige Schweiz, F=französischsprachige Schweiz, I=italienischsprachige Schweiz. GA=Schultyp mit Grundansprüchen; EA=Schultyp mit erweiterten Ansprüchen; HA= Schultyp mit hohen Ansprüchen.

[$F(1.50)=47.71, p < .000, R^2=.04$]. Die Mädchen ($M=2.56$, $SE=.04$) sind weniger interessiert an Mathematik als die Jungen ($M=2.89$, $SE=.04$).

Interessanterweise ist die bezüglich des Mathematikinteresses feststellbare Geschlechterdifferenz in den drei Landesteilen nicht gleich stark ausgeprägt. Während sie in der Deutschschweiz [$F(1.50)=39.73$, $p < .001$, $R^2=.041$] und der Westschweiz [$F(1.50)=17.46$, $p < .001$, $R^2=.043$] höchst signifikant ist, erweist sie sich im Tessin als weit weniger stark ausgeprägt und nicht statistisch signifikant [$F(1.50)=1.77$, p=n.s., $R^2=.007$].

Zusammenfassend ist festzustellen, dass die Ausprägungen des Mathematikinteresses zwar insgesamt mit den Schultypen zusammenhängen; jedoch besteht kein systematisches Zusammenhangsmuster mit dem *Anspruchsniveau* des Schultyps. Dieser Befund zeigte sich auch in den Schweizer Analysen zu PISA 2003 (Brühwiler & Biedermann, 2003). In der Tendenz deuten sich in der vorliegenden Studie sprachregionale Differenzen an. Während in der Westschweiz das Mathematikinteresse in den drei untersuchten Schultypen kaum unterschiedlich ausfällt, finden sich Differenzen in der Deutschschweiz und in der italienischsprachigen Schweiz. Im Tessin fällt das Mathematikinteresse im Niveau mit erweiterten Ansprüchen in der Tendenz höher aus als im Niveau mit Grundansprüchen. In der Deutschschweiz verhält es sich gerade umgekehrt. Hier sind die Schülerinnen und Schüler des Schultyps mit hohen Ansprüchen weniger interessiert an Mathematik als ihre Altersgenossinnen und -genossen in den beiden anderen Schultypen. Die zufallskritische Überprüfung der beobachteten Differenzen ergibt allerdings nicht signifikante Werte.

9.7.2 Mathematikleistungen im 8. Schuljahr

Wie fielen die Mathematikleistungen in den videografierten Klassen im 8. Schuljahr aus? Die mittels des TIMSS-Instrumentariums erfassten Mathematikleistungen der Schülerinnen und Schüler sind in Abbildung 9.3 dargestellt. Die Schülerinnen und Schüler waren zum Zeitpunkt des Mathematiktests durchschnittlich 14.5 Jahre alt. Im Mittel erreichten sie einen gesamtschweizerischen Durchschnittswert von 550 Punkten. Die Hälfte aller Schülerinnen und Schüler erreichte zwischen 498 und 610 Punkte. Vergleicht man die vorliegenden Ergebnisse mit früheren Messungen, so zeigen sich geringfügige Abweichungen, lag doch bei der TIMS-Studie von 1994/1995 der Mittelwert für die gesamtschweizerische Stichprobe von Schülerinnen und Schülern der 7. und 8. Klasse mit einem mittleren Alter von 14.2 Jahren bei rund 545 Punkten (Gonzalez, 1997, S. 154; Moser, Ramseier, Keller & Huber, 1997, S. 29).[7] Deutlich höher lagen damals die Schulleistungen bei Eingrenzung der Schweizer Stichprobe auf Schülerinnen und Schüler der 8. Klasse – ohne Berücksichtigung des Alters, welches in dieser Teilstichprobe 15.0 Jahre betrug. Hier belief sich die mittlere Mathematiktestleistung auf 586 Einheiten (Moser, Ramseier, Keller & Huber 1997, S. 37). Die Vergleichbarkeit der vorliegenden Daten mit denjenigen von TIMSS 1994/95 ist allerdings aufgrund des im Schuljahr anders platzierten Erhebungszeitpunktes begrenzt (vgl. Abschnitt 9.6.2).

Zwischen den drei Sprachregionen sind keine ausgeprägten Differenzen zu finden. Eine Jackknife-basierte einfaktorielle Varianzanalyse zeigt, dass hier keine überzufälligen Differenzen vorliegen [$F(2.49) = 0.33$, $p =$ n.s., $R^2 = .0$].[8] Ausgeprägte Unterschiede ergeben sich hingegen zwischen den Schultypen, wie eine entsprechende Varianzanalyse belegt (vgl. Tabelle 9.5). Die im Anschluss durchgeführten paarweisen Vergleiche mit Bonferroni-Korrektur[9] verweisen auf signifikante Differenzen in der Deutschschweiz zwischen dem Schultyp mit Grundansprüchen und den beiden anderen Schultypen. In der italienischsprachigen Schweiz unterscheiden sich die Testleistungen der Schülerinnen und Schüler der beiden Leistungsniveaus ebenfalls überzufällig voneinander und in der französischsprachigen Schweiz finden sich signifikante Differenzen zwischen dem Schultyp mit hohen Ansprüchen und demjenigen mit Grundansprüchen. Die sprachregional übergreifenden Analysen zeigen, dass sich der Deutschschweizer Schultyp mit erweiterten Ansprüchen sowohl vom Tessiner Niveau mit erweiterten Ansprüchen wie auch vom Westschweizer Schultyp mit erweiterten Ansprüchen unterscheidet.

Keinesfalls dürfen diese Differenzen so gedeutet werden, dass darin unterschiedliche pädagogisch-didaktische Qualitäten und Erfolgsquoten zum Ausdruck gelangen. Die mittlere Mathematikleistung in einem Schultyp ist ebenso das Ergebnis von Prozessen der Selektion wie der Qualifikation. Welches Segment einer Population in einem Typus versammelt ist, bestimmt zu einem weit höheren Grad die mittleren Leistungen als die Qualität der schulischen Angebotsseite. Dies zeigt sich darin, dass trotz deutlicher Unterschiede zwischen den Schultypen der drei Landesteile die Mittelwerte je Landesteil praktisch gleich hoch ausfallen.

Wie verhält es sich nun mit Geschlechterdifferenzen? Mädchen und Jungen unterscheiden sich im Leistungsniveau signifikant voneinander [$F(1.50) = 9.95$, $p > .01$, $R^2 = .01$] (ohne Abbildung). Die Mädchen erzielten durchschnittlich leicht geringere Leistungen ($M = 544.1$, $SD = 78.7$; $SE = 3.9$) als die Jungen ($M = 558.1$; $SE = 5.1$). Die Effektstärke ist allerdings mit 0.8% aufgeklärter Varianz äusserst gering.

---

7 Das mittlere Alter der Schülerinnen und Schüler liegt in der vorliegenden Studie bei 14.5 Jahren (für den Zeitpunkt des ersten Mathematiktests).

8 Die Freiheitsgrade ergeben sich aus der Anzahl von $n = 50$ Replikationsvariablen.

9 Die Bonferroni-Korrektur wurde analog zum internationalen Bericht der TIMSS 1999 Video Study durchgeführt (Hiebert et al., 2003). Wegen des Verlusts von Power wurde auf sinnvolle Paarvergleiche fokussiert. Es wurde von 18 sinnvollen Vergleichen zwischen Schultypen gleicher Stufe oder zwischen angrenzenden Schultypen ausgegangen.

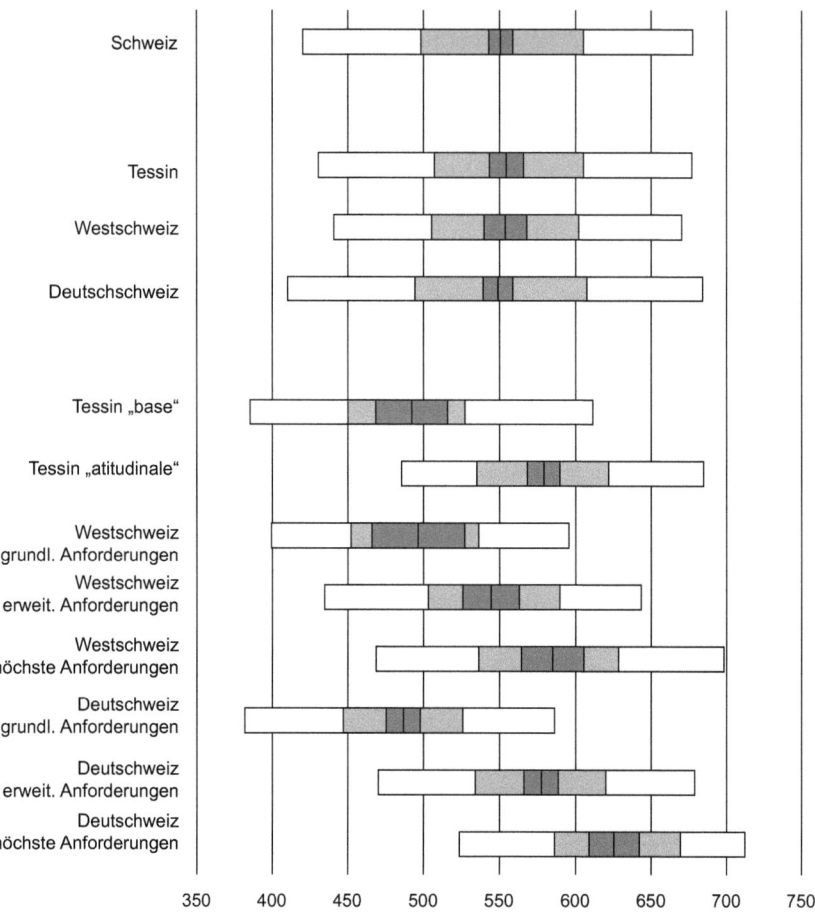

Erklärung zur gewählten Darstellung: Der dunkel gefärbte Balkenabschnitt repräsentiert den Mittelwert +/- zwei Standardfehler. Die Enden der hellgrau gefärbten Balkenabschnitte repräsentieren das 25%-Perzentil bzw. das 75%-Perzentil. Die Enden der weiss belassenen Abschnitte markieren das 5%- bzw. 95%-Perzentil.

Abbildung 9.3: Durchschnittliche Mathematikleistungen im 8. Schuljahr in den acht Schultypen.

9.7.3 Varianzen im Fachinteresse und in den Mathematikleistungen zwischen den Klassen im 8. Schuljahr (Querschnittstichprobe)

Im Folgenden interessiert die Frage, inwiefern die in Kapitel 8 untersuchten Unterrichtsmerkmale mit den beiden Kriterien „Mathematikleistung" und „Mathematikinteresse" assoziiert sind. Um solche Unterrichtseffekte beurteilen zu können, ist die Betrachtung der Klassenebene die angemessene Analyseeinheit. Konkret geht es um die Frage, inwiefern Interessen und Mathematikleistungen systematisch zwischen Klassen variieren. Liegen systematische Variationen vor, so ist im nächsten Schritt nach den Beiträgen der Unterrichtsgestaltung zu fragen. Auskunft über den Grad an Varianz zwischen den Klas-

Tabelle 9.5: Kennwerte der univariaten Varianzanalyse zur Aufklärung der Schultypen-differenzen in der Mathematikleistung (8. Schuljahr)

	Kennwerte der univariaten Varianzanalysen				Paarvergleiche innerhalb jeder Sprachregion	Paarvergleiche über die Sprachregionen hinweg
	F	df	p	R^2	$p < .05$	$p < .05$
Mathematik-leistung t_1	50.35	7.44	<.001	.34	D-HA > D-GA D-EA > D-GA I-EN > I-BN F-HA > F-EA	D-EA > I-BN D-EA > F-EA

Anmerkungen:
Die Abkürzungen bedeuten Folgendes: D = deutschsprachige Schweiz, F = französischsprachige Schweiz, I = italienischsprachige Schweiz; GA = Schultyp mit Grundansprüchen; EA = Schultyp mit erweiterten Ansprüchen; HA = Schultyp mit hohen Ansprüchen; BN = Basisniveau; EN = erweitertes Niveau.

sen geben die Intraklassenkorrelationskoeffizienten. In Tabelle 9.6 sind sie einmal ohne und einmal mit Berücksichtigung der Schultypenzugehörigkeit ausgewiesen.

Rund 10% der Varianz im Interesse und 50% der Varianz im Leistungsscore (global) können auf die Klassenzugehörigkeit zurückgeführt werden. Das mathematikspezifische Interesse ist somit weit weniger deutlich von der Zugehörigkeit zu einer Klasse abhängig, als dies die Leistungsmerkmale sind. Wird der Schultyp kontrolliert, reduziert sich der Anteil der durch die Klassenzugehörigkeit erklärten Varianz in den Leistungsmerkmalen um mehr als die Hälfte. Beim Mathematikinteresse wird rund ein Drittel des auf Klassenebene vorfindbaren Varianzanteils durch die Zugehörigkeit einer Klasse zu einem bestimmten Schultyp erklärt. Wichtig und zentral ist die Erkenntnis, dass sowohl mathematikbezogene Leistungen wie auch Interessen in gewissem Masse auf Klassenebene variieren und von daher die Frage nach dem Einfluss der Unterrichtsgestaltung bedeutsam ist. Zugleich unterstreichen die vorliegenden Ergebnisse die Notwendigkeit der Verwendung eines mehrebenenanalytischen Zugangs.

Tabelle 9.6: Intraklassenkorrelationen für die Leistungs- und Interessenmasse in der repräsentativen Stichprobe ($n = 131$ Klassen)

	Intraklassen-korrelation (in %)	Mit Berücksichtigung der Schultypenzugehörigkeit (in %)
Mathematikinteresse t_1	10.0	7.3
Mathematikleistung t_1	50.0	22.6

9.7.4 Korrelation der untersuchten Unterrichtsmerkmale untereinander sowie mit der Mathematikleistung und dem Fachinteresse

Wie eng hängen die untersuchten Unterrichtsmerkmale untereinander zusammen und wie hoch sind sie mit dem Mathematikinteresse und der Mathematikleistung assoziiert? In Tabelle 9.7 sind die Korrelationen der individuellen Wahrnehmungen der Schülerinnen und Schüler mit den beiden Kriteriumsvariablen abgebildet. Es ergaben sich unterschiedlich

Tabelle 9.7: Korrelationen der untersuchten Unterrichtsmerkmale untereinander und mit den Merkmalen „Interesse" und „Mathematikleistung" (repräsentative Querschnittstichprobe, 8. Schuljahr)

	Mathematik-interesse t_1	Mathemtik-leistung t_1	1	2	3	4	5
1 Strukturierung	.34	-.08					
2 Klassenführung	.17	-.09	.52				
3 Individuelle Unterstützung	.30	-.08	.69	.52			
4 Autonomiefreiräume	.15	-.23	.28	.17	.40		
5 Kognitive Aktivierung	.29	-.08	.57	.40	.62	.9	
6 Soziales Klima	.06	.12	.11	.10	.05 n.s.	-.10	-.02 n.s.

Anmerkungen:
n zwischen 1073 und 2391 Schülerinnen und Schüler. Daten gewichtet. Berechnet wurde Pearsons *r*. Wo nicht anders vermerkt, sind die Korrelationen mindestens auf dem Niveau von 0.05 (2-seitig) signifikant. Nicht signifikante Korrelationen sind gekennzeichnet mit „n.s.".

enge Zusammenhänge mit dem Mathematikinteresse. Die Merkmale „Strukturierung", „Individuelle Unterstützung" und „Kognitive Aktivierung" sind deutlich enger mit dem Interesse assoziiert als die Merkmale „Klassenführung", „Autonomiefreiräume" und „Soziales Klima". Mit der Mathematikleistung ergeben sich durchwegs negative Korrelationen. Die untersuchten Unterrichtsmerkmale hängen untereinander unterschiedlich eng zusammen. Hohe Korrelationen finden sich zwischen dem Merkmal der Klarheit/Strukturierung und der Klassenführung, der individuellen Unterstützung und der kognitiven Aktivierung. Ein enger Zusammenhang ergab sich auch zwischen den beiden Merkmalen „Autonomiefreiräume" und „Kognitive Aktivierung".

In Tabelle 9.8 sind die Korrelationen der hochinferenten Unterrichtsbeurteilungen untereinander sowie deren Zusammenhang mit den beiden auf Klassenebene aggregierten

Tabelle 9.8: Korrelation der hochinferenten Beobachterratings (HIR) untereinander und mit den Merkmalen „Interesse" und „Mathematikleistung" (repräsentative Stichprobe, 8. Schuljahr)

	Mathematik-interesse t_1	Mathematik-leistung t_1	1	2	3
1 Strukturierung	.15 n.s.	??			
2 Klassenführung	.43	.07 n.s.	.35		
3 Schülerorientierung	.28	-.11 n.s.	.48	.15 n.s.	
4 Kognitive Aktivierung	.20	.34	.55	.30	.51

Anmerkungen:
n = 131 Klassen. Daten gewichtet. Berechnet wurde Pearsons *r*. Wo nicht anders vermerkt sind die Korrelationen mindestens auf dem Niveau von 0.05 (2-seitig) signifikant. Nicht signifikante Korrelationen sind gekennzeichnet mit „n.s.".

Kriteriumsvariablen „Interesse" und „Leistung" abgebildet. Ein engerer Zusammenhang ergibt sich zwischen der Klassenführung und dem Interesse sowie zwischen der kognitiven Aktivierung und der Mathematikleistung. Die vier Unterrichtsmerkmale sind durchwegs recht eng miteinander korreliert. Eine Ausnahme stellt der Korrelationskoeffizient der Merkmale „Klassenführung" und „Schülerorientierung" dar.

9.7.5 Der Zusammenhang zwischen Merkmalen der Unterrichtsqualität und dem individuellen Fachinteresse im 8. Schuljahr (Querschnittanalysen)

Im Folgenden wird der Frage nach dem Zusammenhang zwischen der Unterrichtsgestaltung und den individuellen Lernergebnissen im kognitiven und motivationalen Bereich in Mehrebenenanalysen nachgegangen. Es wurden einerseits die aggregierten Schülerwahrnehmungen des Unterrichts und andererseits die Beobachterurteile untersucht. In allen Analysen wurden die Effekte für die Schultypenzugehörigkeit kontrolliert. Die Koeffizienten zu den einzelnen Schultypen wurden jedoch aus Platzgründen in den folgenden Ergebnistabellen nicht aufgeführt. Auf der Individualebene wurden die Merkmale „Geschlecht", „Nationalität" (Schweizer Staatsangehörigkeit/andere) und „Soziokultureller Hintergrund der Familie der Schülerin bzw. des Schülers" als Kontrollvariablen in den Analysen mitgeführt. Sowohl die Outcome-Variablen wie auch die metrischen Prädiktor-Variablen wurden vorgängig z-standardisiert. In Tabelle 9.9 sind die Ergebnisse zum Mathematikinteresse dargestellt.

Die Modelle 1 bis 5 enthalten die Analyseergebnisse zu den Beobachterdaten. Ein Blick auf die individuellen Kontrollvariablen zeigt, dass das Geschlecht für die Prädiktion des Mathematikinteresses bedeutsam ist, nicht jedoch die Nationalitätszugehörigkeit oder der sozioökonomische Hintergrund der Familie. Zur Untersuchung der Bedeutung der Unterrichtsgestaltung für die individuelle Interessenausprägung in der 8. Klasse wurden zunächst Modelle gerechnet, in denen je eine Unterrichtsvariable Berücksichtigung fand (Modelle 1 bis 4). Die von den Beobachterinnen und Beobachtern eingeschätzten Merkmale „Strukturierung", „Klassenführung", „Schülerorientierung" und „Kognitive Aktivierung" sind durchwegs positiv mit dem Interesse assoziiert. Werden die vier Merkmale gemeinsam in einem multivariaten Modell untersucht, erweist sich die von den Beobachterinnen und Beobachtern beurteilte Klassenführung als dominanter und einziger signifikanter Prädiktor für das Interesse. Die Effekte der anderen drei Merkmale werden zu wesentlichen Teilen bereits durch die Klassenführung repräsentiert, ihre „unikalen", das heisst alleinigen Erklärungsbeiträge sind zu gering, als dass sie statistisch bedeutsam würden.

Auch die Bedeutung der durch aggregierte Schülerwahrnehmungen erfassten Unterrichtsmerkmale für die individuellen Interessenausprägungen in der 8. Klasse wurden zunächst in Modellen untersucht, in denen je eine Unterrichtsvariable Berücksichtigung fand (Modelle 6 bis 11). Es ergaben sich durchwegs signifikante positive Effekte der untersuchten Unterrichtsmerkmale auf das Interesse. Einzig das soziale Klima der Klasse erwies sich als nicht signifikant. Im multivariaten Modell (M12) erwies sich das Merkmal „Strukturierung" für die Vorhersage des Interesses als bedeutsam. Auch dieses Ergebnis ist auf Überschneidungsanteile der erhobenen Variablen zurückzuführen.

Tabelle 9.9: Standardisierte Regressionskoeffizienten (β) und aufgeklärte Varianz aus den Modellen zur Vorhersage des individuellen Mathematikinteresses im 8. Schuljahr

	Beobachterwahrnehmungen					Schülerwahrnehmungen						
	M1	M2	M3	M4	M5 multivariat	M6	M7	M8	M9	M10	M11	M12 multivariat
Klassenebene												
Strukturierung	.09**				-.01	.23**						.18**
Klassenführung		.14**			.12**		.15**					-.01
Schülerorientierung			.10**		.07							
Individuelle Unterstützung								.22**				.05
Autonomiefreiräume									.12**			-.02
Kognitive Aktivierung				.12**	.04					.20**		.03
Soziales Klima											.00	-.02
Individualebene												
Geschlecht [a]	.38**	.38**	.38**	.38**	.38**	.38**	.38**	.38**	.38**	.38**	.38**	.15**
Nationalität [b]	.06	.07	.05	.06	.06	.05	.05	.05	.05	.05	.06	.07
Soziokultureller Hintergrund	.02	.02	.02	.02	.02	.02	.02	.02	.02	.02	.02	.00
R^2	27.6	34.4	34.4	31.7	37.3	54.6	35.6	50.8	29.6	44.7	22.2	53.9

Anmerkungen:

[a] 0 = Mädchen, 1 = Junge; [b] 0 = schweizerische Nationalität, 1 = andere. R^2 = Aufgeklärte Varianz auf der Klassenebene. Daten gewichtet; kontrolliert nach Schultypen. Referenzgrösse: Mädchen im Deutschschweizer Schultyp mit erweiterten Ansprüchen. Aufgeklärte Varianz nach Korrektur gemäss Snijders und Bosker (1994); mittlere Klassenstärke = 18.5. Die mittels hochinferenter Videoratings erfassten Beobachterwahrnehmungen waren im Wortlaut nicht identisch mit den Skalen, die bei den Schülerinnen und Schülern eingesetzt wurden. Der Aspekt der Schülerorientierung wurde bei den Lernenden mit mehreren Skalen abgefragt. Daraus ergaben sich zwei faktorenanalytisch trennbare Konstrukte: „Individuelle Unterstützung durch die Lehrperson" (sowohl akademisch wie auch emotional) und „Autonomiefreiräume" (organisatorischer Art).

** $p < .01$; * $p < .05$; $^{t}p < .10$, nicht signifikant

9.7.6 Der Zusammenhang zwischen Unterrichtsmerkmalen und den individuellen Mathematikleistungen im 8. Schuljahr (Querschnittanalysen)

Im nächsten Schritt wurde dem Zusammenhang zwischen Unterrichtsmerkmalen und den individuellen Mathematikleistungen nachgegangen. Es wurde ein analoges sequenzielles Vorgehen unter Einbezug jeweils einer einzelnen Unterrichtsvariablen gewählt und danach ein multivariates Modell berechnet. In allen Analysen wurde die Zugehörigkeit zum Schultyp kontrolliert. Die Resultate sind in Tabelle 9.10 abgebildet.

Bevor die einzelnen Analyseergebnisse kommentiert werden, sei in Erinnerung gerufen, dass die individuellen Mathematikleistungen systematisch nach Schultypen variieren. Der Blick auf die individuellen Kontrollvariablen zeigt einen positiven Effekt des kulturellen Hintergrunds der Familie und der Zugehörigkeit zum männlichen Geschlecht auf die Mathematikleistungen. Zwischen der Zugehörigkeit zu einer anderen Nationalität und den individuellen Mathematikleistungen besteht ein negativer Zusammenhang. In den Modellen 1 bis 4 wurden die durch externe Beobachterinnen und Beobachter ein-

Tabelle 9.10: Standardisierte Regressionskoeffizienten (β) und aufgeklärte Varianz aus den Modellen zur Vorhersage der individuellen Mathematikleistungen im 8. Schuljahr

| | Beobachterwahrnehmungen | | | | | Schülerwahrnehmungen | | | | | | |
	M1	M2	M3	M4	M5 multivariat	M6	M7	M8	M9	M10	M11	M12 multivariat
Klassenebene												
Strukturierung	.11*				.11*	.07						.08
Klassenführung		.14**			.10*		-.01					-.10*
Schülerorientierung			-.03		.12**	-	-	-	-	-	-	-
Individuelle Unterstützung					-			.07				.10
Autonomiefreiräume					-				-.08^t			-.16**
Kognitive Aktivierung				.07	.04					.05		.03
Soziales Klima					-						.11**	.08
Individualebene												
Geschlecht [a]	.25**	.24**	.24**	.24**	.25**	.24**	.24**	.24**	.24**	.24**	.24**	.25**
Nationalität [b]	-.21**	-.21**	-.21**	-.21**	-.21**	-.21**	-.20**	-.21**	-.21**	-.21**	-.21**	-.21**
Soziokultureller Hintergrund	.07**	.07**	.07**	.07**	.08**	.07**	.07**	.07**	.07**	.07**	.07**	.07**
R^2	71.9	73.1	69.7	70.6	74.7	70.4	69.8	70.6	70.5	70.2	71.7	73.7

Anmerkungen:
[a] 0 = Mädchen, 1 = Junge; [b] 0 = schweizerische Nationalität, 1 = andere. R^2 = Aufgeklärte Varianz auf der Klassenebene. Daten gewichtet; kontrolliert nach Schultypen. Referenzgrösse: Mädchen im Deutschschweizer Schultyp mit erweiterten Ansprüchen. Aufgeklärte Varianz nach Korrektur gemäss Snijders und Bosker (1994); mittlere Klassenstärke = 18.5.
** $p < .01$; * $p < .05$; ^{t} $p < .10$, nicht signifikant

geschätzten Unterrichtsmerkmale einzeln untersucht. Eine effiziente Klassenführung und die klare und strukturierte Stoffpräsentation stehen in einem signifikanten positiven Zusammenhang mit den individuellen Mathematikleistungen. Den Merkmalen „Schülerorientierung" und „Kognitive Aktivierung" kommt hingegen keine überzufällige Bedeutung zu. Im multivariaten Modell (M5) deutet sich an, dass eine effiziente Klassenführung und die Strukturierung der Lektion positiv mit den Mathematikleistungen assoziiert sind, die Schülerorientierung hingegen negativ.

In den Modellen 6 bis 11 sind die Ergebnisse der Analysen der Schülerdaten dargestellt. Die Merkmale „Strukturierung", „Klassenführung", „Individuelle Unterstützung" und „Kognitive Aktivierung" erweisen sich als unbedeutsam für die Vorhersage der individuellen Mathematikleistungen. Das soziale Klima der Klasse hingegen ist positiv mit den Leistungen assoziiert. Den Autonomiefreiräumen kommt ein tendenziell negativer Effekt auf die Leistungen zu, wobei das Ergebnis knapp nicht signifikant ist. Ein signifikant positiver Zusammenhang ist für das soziale Klima der Klasse und die Mathematikleistungen zu verzeichnen. Werden die sechs von den Schülerinnen und Schülern perzipierten Unterrichtsmerkmale gleichzeitig in einem multivariaten Modell untersucht, so ergeben sich signifikant negative Zusammenhänge zwischen der Klassenführung, den Autonomiefreiräumen und der Leistung.

Im Überblick über die Ergebnisse zu den beiden Kriteriumsvariablen „Interesse" und „Leistung" ist festzustellen, dass sowohl Beobachter- wie auch Schülerdaten in stärkerem

Masse mit dem Mathematikinteresse assoziiert sind. Die Zusammenhänge mit der Mathematikleistung sind weniger eng. Werden die Modelle betrachtet, die den Effekt einer einzigen Unterrichtsvariablen auf das Interesse bzw. auf die Leistungen untersuchen, so ergeben sich für das Mathematikinteresse durchwegs signifikante Effekte sowohl bei den Beobachter- wie auch bei den Schülerdaten. Bei der Mathematikleistung sind hingegen differenzielle Zusammenhänge zu beobachten. Aus Beobachtersicht sind es insbesondere die Klarheit und Strukturierung des Unterrichts sowie eine effiziente Klassenführung, die mit höheren Leistungen zusammenhängen; in den Schülerdaten erweist sich das soziale Klima in der Klasse als bedeutsam für die Leistung, und die Autonomieunterstützung ist in der Tendenz negativ mit diesem Kriterium assoziiert.

Die vorliegenden Befunde zu den multivariaten Modellen, in denen jeweils nur noch eine oder zwei Variablen die Signifikanzgrenze erreichen, deuten beim Interesse auf das Vorliegen eines Suppressoreneffekts hin, dessen Auftreten mit der Korrelation der einzelnen Merkmale untereinander erklärt werden kann. Bei den Mathematikleistungen scheinen sich gewisse Verstärkungen zu ergeben, deren Entstehung im Einzelnen nicht nachvollzogen werden kann. Der signifikant negative Effekt der durch die Schülerinnen und Schüler wahrgenommenen Klassenführung auf die Leistung steht in keinerlei Übereinstimmung mit zahlreichen empirischen Befunden aus anderen Studien. Da es sich bei diesem Merkmal sowie beim Merkmal „Soziales Klima" um Variablen handelt, bei denen in hohem Masse Datenausfälle korrigiert werden mussten, sind diese Befunde mit äusserster Vorsicht zur Kenntnis zu nehmen. Der negative Effekt der Klassenführung ist möglicherweise technisch bedingt und sollte inhaltlich nicht weiter interpretiert werden.

Generell ist zu bemerken, dass bis hierhin Querschnittdaten analysiert wurden. Die Einordnung der festgestellten Effekte bleibt – trotz Einbezug der Schultypen als Kontrollvariablen – limitiert, da die Angaben zum Vorwissen bzw. zum vorausgegangenen Interesse fehlen und somit streng genommen keine Aussagen zu Unterrichtswirkungen gemacht werden können. Die nachfolgenden Analysen der Interessen- und Leistungsentwicklung im Zeitraum eines Schuljahrs vermögen einen vertiefenden Einblick in diese Thematik zu geben und enthalten Hinweise für die Einordnung der vorliegenden Ergebnisse.

9.8 Leistungsentwicklung und Interessenentwicklung zwischen dem 8. und 9. Schuljahr: Längsschnittanalysen

Für die untersuchten Zielvariablen „Interesse" und „Mathematikleistung" liegen für die deutschsprachige und italienischsprachige Schweiz Daten aus einer zweiten Messung gegen Ende des 9. Schuljahres vor. Diese Daten erlauben die Untersuchung der Frage, inwiefern mit den im 8. Schuljahr erhobenen Unterrichtsmerkmalen die individuelle *Entwicklung* des Interesses und der Mathematikleistung vorhergesagt werden kann. Zur Einordnung der Längsschnittbefunde werden an dieser Stelle zunächst die Ausfallprozesse genauer dargestellt, anschliessend die Veränderungen in den beiden Outcome-Kriterien im Verlauf eines Schuljahrs untersucht und in einem dritten Schritt die Effekte des Unterrichtsangebots auf die Interessen- und Leistungsentwicklung in Mehrerebenen-Regressionsmodellen analysiert.

9.8.1 Charakteristika der Längsschnittstichprobe

Inwiefern unterscheiden sich die Nachtestteilnehmerinnen und -teilnehmer von denjenigen Schülerinnen und Schülern der deutsch- und italienischsprachigen Schweiz, die beim Nachtest im 9. Schuljahr nicht mehr erfasst werden konnten? Allfällige Gruppenunterschiede in den beiden unabhängigen Variablen „Leistung" und „Interesse", in weiteren Merkmalen, die systematisch mit den Ausfällen zusammenhängen könnten (beispielsweise „Mathematiknote" und „Fähigkeitsselbstkonzept") sowie in weiteren Kontrollvariablen wie „Geschlecht", „Nationalitätszugehörigkeit" und „Soziokultureller Hintergrund der Familie" wurden mit dem Statistikprogramm WesVar 4.2 untersucht. Wie die Ergebnisse in Tabelle 9.11 belegen, ergab sich einzig bei der Mathematikleistung ein systematischer Unterschied zwischen den beiden Gruppen. Die mittels Gruppenzugehörigkeit aufgeklärte Varianz war aber auch in diesem Merkmal gering.

Tabelle 9.11: Mittelwerte und Standardabweichungen sowie Ergebnisse der Jackknife-gestützten Mittelwertvergleiche zwischen der Längsschnittstichprobe und den am Nachtest nicht teilnehmenden Individuen

	Längs-schnitt-teilnehmende (n=843)	Schüler/-innen, die beim Nachtest fehlten (n=856)				
	M (SD)	M (SD)	b (SE)	t	p	R^2
Interesse emotional 8. Schuljahr	2.83 (.76)	2.81 (.80)	-.03 (.06)	-0.44	n.s.	.000
Mathematikleistung 8. Schuljahr	537.51 (75.56)	559.28 (83.65)	21.77 (9.99)	2.18	*	.018
Selbstkonzept mathematischer Fähigkeiten	3.08 (.59)	. 3 005 (.66)	-.03 (.05)	-0.69	n.s.	.001
Geschlecht [a]	46% (50%)	47% (50%)	.01 (.03)	0.18	n.s.	.000
Nationalität [b]	18% (39%)	19% (40%)	.01 (.04)	0.23	n.s.	.000
Soziokultureller Hintergrund	3.39 (1.19)	3.59 (1.26)	.20 (.13)	1.83	+	.006

Anmerkungen:
[a] 0 = weiblich, 1 = männlich;
[b] 0 = schweizerische Nationalität, 1 = andere. Zur statistischen Absicherung der Gruppendifferenzen wurde in WesVar 4.2 ein Regressionsmodell berechnet unter Verwendung einer Dummy-Variable: 0 = keine Teilnahme am Retest, 1 = Teilnahme am Retest; b = unstandardisierte Regressionskoeffizienten; SE = Jackknife-gestützt berechnete Standardfehler. Daten gewichtet;
**$p < .01$; *$p < .05$; +$p < .10$.; n.s. $p \geq .10$

9.8.2 Varianz im Fachinteresse und in den Mathematikleistungen im 9. Schuljahr

Wie verhält es sich nun mit den Intraklassenkoeffizienten der untersuchten Kriterien „Fachinteresse" und „Mathematikleistungen im 9. Schuljahr"? In Tabelle 9.12 sind die entsprechenden Werte aufgeführt. Die Varianz zwischen den Klassen beläuft sich für das Interesse auf rund 7% und für die Mathematikleistungen auf rund 33%. Im Vergleich zur repräsentativen Stichprobe liegen im Nachtestsample bei beiden Kriterien leicht verringerte Varianzanteile zwischen den Klassen vor. Die Bedeutung der Schultypenzugehörigkeit für die Varianz im Interesse war bei der repräsentativen Stichprobe eher gering und fällt auch in der Nachtestgruppe marginal aus; die Varianz in den Mathematikleistungen wird in beiden Stichproben in starkem Masse von der Schultypenzugehörigkeit bestimmt.

Tabelle 9.12: Intraklassenkorrelationen der Leistungs- und Interessenmasse in der Längsschnittstichprobe

	Intraklassen- korrelation (in %)	Unter Berücksichtigung der Schultypenzugehörigkeit (in %)
Interesse t_1	7.5	7.5
Interesse t_2	7.2	6.4
Mathematikleistung t_1	39.1	10.8
Mathematikleistung t_2	33.9	9.4

Anmerkung:
$n = 54$ Klassen aus der Deutschschweiz und aus dem Tessin
In der Deutschschweiz wurden bei den Nachtestanalysen der Schultyp mit erweiterten und der Schultyp mit hohen Ansprüchen zusammengefasst (vgl. Abschnitt 9.6.1).

9.8.3 Veränderungen im Interesse und in den Mathematikleistungen im Verlauf eines Schuljahrs

Inwiefern traten bei den Schülerinnen und Schülern im Verlaufe eines Schuljahrs Veränderungen im Interesse und in den Mathematikleistungen auf? Zur Feststellung intraindividueller Veränderungen zwischen dem 8. und dem 9. Schuljahr wurden zunächst in SPSS Varianzanalysen mit Messwiederholung durchgeführt. Für das Interesse ergab sich hinsichtlich der geprüften Entwicklung innerhalb eines Jahres ein signifikantes Ergebnis mit allerdings geringer Effektstärke [F (1.809) = 10.94, p <.001, η^2 = .01]. Das Interesse ging zwischen der 8. und der 9. Klasse leicht zurück (Interesse 8: M = 2.80, SD = .79; Interesse 9: M = 2.73, SD = .83). Hinsichtlich der Entwicklung der Mathematikleistungen [F (1.831) = 286.47, p < .000, η^2 = .26] ergab sich ebenfalls ein signifikanter Effekt mit mittlerer Effektstärke. Im Durchschnitt konnte ein durchschnittlicher Leistungsanstieg von 32.8 Testpunkten vermerkt werden (Leistung 8: M = 549.50, SD = 73.80; Leistung 9: M = 582.32, SD = 76.35).

Diese mit dem Statistikprogramm SPSS durchgeführten Varianzanalysen mit Messwiederholung sind mit dem Mangel behaftet, dass sie der Bündelung der Individualdaten in übergeordneten Einheiten nicht Rechnung tragen und somit das Risiko der Überschätzung der Standardfehler besteht. Zur Überprüfung des Geschlechtereffekts und der Schultypen effekte wurden deshalb Mehrebenenregressionsmodelle berechnet, die das im 8. Schuljahr gemessene Interesse bzw. die festgestellte Leistung als Prädiktor-Variable einbezogen. Werden weitere Variablen in die Modelle eingefügt, so können diese daraufhin beurteilt werden, inwieweit sie Entwicklungen im Interesse beeinflussen.

Wie die Ergebnisse in Tabelle 9.13 zeigen, erweist sich das Mathematikinteresse im 8. Schuljahr als bedeutsamer Prädiktor für das Interesse im 9. Schuljahr (Modell 1). Rund 47% der Varianz zwischen den Individuen wird aufgeklärt, wenn das vorjährige Inter-

Tabelle 9.13: Standardisierte Regressionskoeffizienten (β) und aufgeklärte Varianzen aus den Modellen zur Vorhersage des individuellen Mathematikinteresses und der individuellen Mathematikleistung im 9. Schuljahr

	Interesse 9. Schuljahr		Mathematikleistung 9. Schuljahr	
	M1	M2	M3	M4
Klassenebene				
I-CH Basisniveau[a]		-.08		-.26*
I-CH erweitertes Niveau[a]		.08		.13
D-CH Grundansprüche[a]		.16*		-.27**
Individualebene				
Geschlecht[b]		.10[t]		-.02
Interesse 8. Schuljahr	.69**	.68**	-	-
Mathematikleistung 8. Schuljahr	-	-	.67**	.63**
R²	58.6	62.0	78.4	82.6

Anmerkungen:
[a] 0 = nicht zum Schultyp zugehörig, 1 = zum Schultyp zugehörig; [b] T0 = weiblich, 1 = männlich; - Effekt wurde nicht modelliert. R^2 = Aufgeklärte Varianz auf der Klassenebene nach Korrektur gemäss Snijders und Bosker (1994); mittlere Klassenstärke = 15.6. Referenzgrösse: Mädchen im Deutschschweizer Schultyp mit erweiterten Ansprüchen. **$p < .01$; *$p < .05$; '$p < .10$

esse berücksichtigt wird. Es besteht demzufolge ein relativ hohes Mass an Stabilität in der Interessentwicklung. Die Zugehörigkeit zum Deutschschweizer Schultyp mit Grundansprüchen geht mit einem positiven Effekt auf die Interessenentwicklung einher. Das Geschlecht erweist sich als knapp nicht signifikant (Modell 2). Geschlechtsspezifische Entwicklungsverläufe im Interesse kommen demzufolge nicht systematisch vor, sie sind aber hie und da zu beobachten.

Hinsichtlich der Leistungsentwicklung erwies sich die im 8. Schuljahr erhobene Mathematikleistung als bedeutsam (Modell 3). Die Zugehörigkeit zu den beiden Schultypen mit Basisansprüchen ging mit geringeren Leistungszuwächsen einher. Das Geschlecht spielte für die Leistungsentwicklung keine überzufällige Rolle (Modell 4). Die mittlere Testleistung der Klasse im 8. Schuljahr hatte keinen Effekt auf die individuelle Leistungsentwicklung, sofern der Schultyp kontrolliert wurde (ohne Abbildung).

9.8.4 Effekte des Unterrichtsangebots auf die Interessenentwicklung

Um mögliche Effekte der Unterrichtsmerkmale bestimmen zu können, wurden wiederum Mehrebenenregressionsmodelle berechnet unter Einbezug der Schultypen als Kontrollvariablen auf der Klassenebene sowie der individuellen Merkmale „Geschlecht", „Nationalitätszugehörigkeit" und „Soziokultureller Hintergrund der Familie". Zusätzlich wurden die auf der Individualebene in der 8. Klasse erhobenen Eingangsvoraussetzungen betreffend das untersuchte Kriterium einbezogen. Damit wird der Effekt der untersuchten Unterrichtsmerkmale auf die Interessen- bzw. Leistungsentwicklung im Verlauf eines Schuljahres festgestellt.

Die Ergebnisse zur Interessenentwicklung sind in Tabelle 9.14 festgehalten. Es wurde zunächst jedes Unterrichtsmerkmal einzeln untersucht. Die aufgeführten Ergebnisse zeigen, dass die Beobachtereinschätzungen der Strukturierung, Klassenführung, Schülerorientierung und kognitiven Aktivierung kaum zur Erklärung der Interessenentwicklung beitragen. Die Effekte sind nicht signifikant und es werden auch keine nennenswerten weiteren Varianzanteile erklärt. Auch im multivariaten Modell (M5) finden sich keine signifikanten Effekte der untersuchten Unterrichtsmerkmale.

Tabelle 9.14: Standardisierte Regressionskoeffizienten (β) und aufgeklärte Varianzen aus den Modellen zur Vorhersage des individuellen Mathematikinteresses im 9. Schuljahr

	Beobachterwahrnehmungen					Schülerwahrnehmungen						
	M1	M2	M3	M4	M5 multi-variat	M6	M7	M8	M9	M10	M11	M12 multi-variat
Klassenebene												
Strukturierung	.02				.00	.03						.05
Klassenführung		.01			.01		.01					-.01
Schülerorientierung			.02		.04							-
Individuelle Unterstützung					-			.01				-.02
Autonomiefreiräume					-				-.00			-.02
Kognitive Aktivierung				-.00	-.04					.02		.02
Soziales Klima											-.01	-.02
Individualebene												
Geschlecht [a]	.09	.09	.09	.09	.09	.09	.09	.09	.09	.09	.09	.09
Nationalität [b]	-.16*	-.16*	-.16*	-.16*	-.16*	-.16*	-.16*	-.16*	-.16*	-.16*	-.16*	-.16*
Soziokultureller Hintergrund	-.05	-.05	-.05	-.05	-.05	-.05	-.05	-.05	-.05	-.05	-.05	-.05
Interesse t_1	.68**	.68**	.68**	.68**	.68**	.68**	.68**	.68**	.68**	.68**	.68**	.68**
R^2	61.9	62.0	62.0	62.1	60.0	62.2	62.0	61.9	61.9	62.4	62.1	58.7

Anmerkungen:
[a] 0 = Mädchen, 1 = Junge; [b] 0 = schweizerische Nationalität, 1 = andere. R^2 = Aufgeklärte Varianz auf der Klassenebene. Alle Analysen kontrolliert nach Schultypen. Referenzgrösse: Mädchen im Deutschschweizer Schultyp mit erweiterten Ansprüchen. Aufgeklärte Varianz nach Korrektur gemäss Snijders und Bosker (1994); mittlere Klassenstärke = 15.6. ** $p < .01$; * $p < .05$; $^t p < .10$, nicht signifikant

Dasselbe Bild ergibt sich für die auf Klassenebene gemittelten Unterrichtswahrnehmungen der Schülerinnen und Schüler. Diese in der 8. Klasse erfassten Wahrnehmungen tragen nach Kontrolle des Geschlechts, der Nationalitätszugehörigkeit, des sozioökonomischen Hintergrunds der Familie und des Schultyps nicht zur weiteren Erklärung der Interessenentwicklung bei.

9.8.5 Effekte des Unterrichtsangebots auf die Leistungsentwicklung

Inwiefern wird die Leistungsentwicklung zwischen der 8. und 9. Klasse durch Merkmale der Unterrichtsgestaltung beeinflusst? Wiederum wurden Mehrebenenregressionsanalysen unter Kontrolle individueller Hintergrundvariablen auf der Individualebene und der Schultypenzugehörigkeit auf der Klassenebene durchgeführt. Die Ergebnisse sind in Tabelle 9.15 festgehalten. Sowohl bei den Beobachterdaten (Modelle 1 bis 4) wie auch bei den Schülerwahrnehmungen (Modelle 6 bis 11) erweist sich die Klassenführung als bedeutsam für die Leistungsentwicklung. Die Effekte der anderen Merkmale sind hingegen nicht signifikant. Im multivariaten Modell zu den Beobachterdaten (Modell 5) wird die Bedeutung der Klassenführung für die Leistungsentwicklung nochmals deutlich. Der ausbleibende Effekt der Klassenführung im multivariaten Modell (M12) bei den Schülerdaten ist womöglich durch die relativ hohen Korrelationen der einbezogenen Konstrukte bedingt.

Tabelle 9.15: Standardisierte Regressionskoeffizienten (β) und aufgeklärte Varianzen aus den Modellen zur Vorhersage der individuellen Mathematikleistung im 9. Schuljahr

	Beobachterwahrnehmungen					Schülerwahrnehmungen						
	M1	M2	M3	M4	M5 multivariat	M6	M7	M8	M9	M10	M11	M12 multivariat
Klassenebene												
Strukturierung	.07^t				.06	.04						.06
Klassenführung		.13**			.13**		.08*					.09^t
Schülerorientierung			.03		-.06							
Individuelle Unterstützung								.01				-.07
Autonomiefreiräume									-.02			-.02
Kognitive Aktivierung				.02	.01					.01		-.01
Soziales Klima											.04	.04
Individualebene												
Geschlecht[a]	-.02	-.02	-.02	-.02	-.01	-.02	-.02	-.02	-.02	-.02	-.02	-.02
Nationalität[b]	.01	.01	.01	.01	.01	.01	.01	.01	.01	.01	.01	.01
Soziokultureller Hintergrund	.01	.01	.01	.01	.02	.01	.01	.01	.01	.01	.01	.01
Mathematikleistung t_1	.63**	.63**	.63**	.63**	.63**	.63**	.63**	.63**	.63**	.63**	.63**	.63**
R^2	83.6	85.7	82.7	82.6	85.8	82.9	84.1	82.6	82.7	82.6	83.0	83.3

Anmerkungen:
[a] 0 = Mädchen, 1 = Junge; [b] 0 = schweizerische Nationalität, 1 = andere. R^2 = Aufgeklärte Varianz auf der Klassenebene. Alle Analysen kontrolliert nach Schultypen. Referenzgrösse: Mädchen im Deutschschweizer Schultyp mit erweiterten Ansprüchen. Aufgeklärte Varianz nach Korrektur gemäss Snijders und Bosker (1994); mittlere Klassenstärke = 15.6. ** $p < .01$; * $p < .05$; $^t p < .10$, nicht signifikant

9.9   Diskussion

In diesem Kapitel wurden die Ergebnisse zur Ausprägung des Mathematikinteresses und der Mathematikleistungen gegen Ende des 8. Schuljahrs berichtet. Es zeigten sich ausgeprägte Schultypendifferenzen im Leistungsmerkmal. Beim Mathematikinteresse fanden sich signifikante Differenzen zwischen den drei Sprachregionen der Schweiz. In einem weiteren Schritt wurde der Frage des Einflusses der Unterrichtsgestaltung auf das Fachinteresse und die Mathematikleistungen nachgegangen. Untersucht wurden die Merkmale „Strukturierung", „Klassenführung", „Kognitive Aktivierung" und „Schülerorientierung" bzw. „Individuelle Unterstützung", „Autonomiefreiräume" und „Soziales Klima". Aufgrund bisheriger empirischer Befunde und theoretischer Überlegungen wurde erwartet, dass die erfassten Unterrichtsmerkmale sowohl mit den Mathematikleistungen wie auch mit dem Mathematikinteresse in Zusammenhang stehen. Die oben genannten Unterrichtsmerkmale wurden einerseits mittels hochinferenter Videoratings auf der Grundlage einer gefilmten Videolektion erfasst und andererseits wurden die auf Klassenebene aggregierten Schülerwahrnehmungen des Unterrichts einbezogen. Die auf verschiedenen Perspektiven beruhenden Einschätzungen der Unterrichtsqualität wurden auf ihre Prädiktionskraft hinsichtlich der Interessen- und Leistungsentwicklung untersucht. Über die Einzelergebnisse hinaus kann damit die Frage angegangen werden, ob sich in Abhängigkeit zur Datenquelle differenzielle Effekte zeigen.

Die Ergebnisse der Mehrebenenregressionsanalysen zum repräsentativen Querschnittsample ($n = 131$ Klassen) belegen sowohl bei den Beobachterdaten wie auch in den Schülerdaten durchwegs signifikante Zusammenhänge zwischen den erfassten Unterrichtsmerkmalen und dem Interesse. Zu beobachten ist, dass das Schülerinteresse mit den erhobenen Unterrichtsmerkmalen durchgehend hoch korreliert ist. Dieser Befund gibt Anlass zur Vermutung, dass nicht nur dem Unterricht Einfluss auf das Interesse zukommt; vielmehr dürften Schülerinnen und Schüler, die am Fach Mathematik stärker interessiert sind, dazu neigen, aufgrund positiverer Emotionen, erhöhter Aufmerksamkeit und stärkerer Beteiligung die Angebotsseite als reichhaltiger und positiver wahrzunehmen. Eine vertiefte Analyse der vermutlich wechselseitigen Prozesse ist im Rahmen der vorliegenden Studie nicht möglich, da dazu Daten aus mindestens drei Messungen benötigt würden. Aber auch die Beobachtereinschätzungen könnten zumindest teilweise vom Interesse der Klasse beeinflusst sein – etwa dann, wenn die Einschätzungen der einzelnen Merkmale durch die allgemeine Wahrnehmung, dass der Unterricht bei den Lernenden „ankommt" und sie zu aktivieren vermag, beeinflusst werden. In diesem Zusammenhang stellt sich die Frage nach dem Auftreten eines Halo-Effekts, also dass aufgrund weniger Hinweisreize in globaler Art und Weise über Unterricht geurteilt wird. Insbesondere die hochinferenten Beobachterurteile müssen diesbezüglich kritisch betrachtet werden. Läge ein solcher Effekt vor, so wären ähnlich hohe Korrelationen der Unterrichtsmerkmale untereinander zu erwarten. Die vorliegenden korrelativen Ergebnisse (vgl. Abschnitt 9.7.4) deuten jedoch nicht auf das Vorhandensein solcher Muster hin.

Die Ergebnisse zum Zusammenhang zwischen den Beobachterurteilen bzw. den Schülerwahrnehmungen des Unterrichts und den Mathematikleistungen weisen weit weniger Parallelitäten auf als jene zum Interesse. Durchaus literaturkonform sind die Befunde bei den Beobachterdaten. Hier erweisen sich der mittels hochinferenter Ratings erfasste Strukturierungsgrad des Unterrichts sowie die Klassenführung als bedeutsam. Im multivariaten Modell deutet sich zudem die erfasste Schülerorientierung als Risikofaktor für die Leistungsentwicklung an. Keine Effekte ergaben sich bezüglich der kognitiven Aktivierung. Aus theoretischer Perspektive wäre hier durchaus ein Zusammenhang zu erwarten gewesen. Das vorliegende Ergebnis findet jedoch seine Entsprechung in anderen Studien (z.B. Klieme & Rakozcy, 2003; Kunter, 2005; Kunter & Baumert, 2006).

Die Ergebnisse zum Zusammenhang zwischen den Schülerwahrnehmungen des Unterrichts und den Mathematikleistungen irritieren. Schwierig zu interpretieren sind die Ergebnisse der multivariaten Analysen. Überraschend ist auch der gefundene Zusammenhang zwischen dem sozialen Klima der Klasse und den Testleistungen, bei gleichzeitig ausgebliebenen Effekten in den anderen Variablen. Dieses Bild entspricht keineswegs den Ergebnissen anderer Studien (z.B. Gruehn, 2000). Auf die Möglichkeit eines technischen Artefaktes, bedingt durch eine hohe Imputationsquote in den Merkmalen „Klassenführung" und „Soziales Klima", wurde bereits hingewiesen. Es wird demzufolge von einer weiteren Interpretation dieser Ergebnisse abgesehen.

Zu den Ergebnissen der Längsschnittanalysen ist einschränkend zu bemerken, dass aufgrund der Stichprobenausfälle mit einem recht stark redimensionierten Datensatz gearbeitet werden musste. Die Überprüfung der Ausfallprozesse ergab allerdings keine nennenswerten Differenzen zwischen den Längsschnittteilnehmerinnen und -teilnehmern und den im Nachtest fehlenden Individuen. Die vorliegenden Ergebnisse zeigen, dass das Fachinteresse im Untersuchungszeitraum zwischen der 8. und der 9. Klasse mehrheitlich stabil blieb. Für die Vorhersage der individuellen Testleistungen im 9. Schuljahr erwies sich die im 8. Schuljahr erfasste Mathematikleistung als äusserst zuverlässiger Prädiktor; das heisst, dem Vorwissen kam eine grosse Bedeutung für das Abschneiden im Nachtest zu. Des Weiteren zeigte sich sowohl in den Beobachterdaten wie auch in den Schülerdaten eine effiziente Klassenführung für die Leistungsentwicklung als bedeutsam. Ein nicht unwesentliches Detail stellt die Tatsache dar, dass beim Längsschnittdatensatz von einer Datenimputation abgesehen wurde. Dies verstärkt den obigen Eindruck eines technischen Artefakts bei den Resultaten der Querschnittstichprobe.

Es wäre sicherlich ein Kurzschluss, aus den hier vorliegenden Befunden zu folgern, der Unterricht habe längerfristig betrachtet kaum Einfluss auf die Interessen- und Leistungsentwicklung. Gründe für die zum Teil ausgebliebenen Effekte sind vielmehr im gewählten Untersuchungszeitraum und in den Operationalisierungen gewisser Indikatoren zu suchen. Eine Einschränkung der Studie besteht darin, dass bei der Erfassung des Interesses relativ stabile Dispositionen abgefragt wurden mit Items wie „Mathematik ist spannend". Ganz offensichtlich scheinen gegen Ende der obligatorischen Schulzeit solche globalen Interessedispositionen relativ gefestigt zu sein. Dies zeigte sich beispielsweise in den PISA-I-Längsschnittuntersuchungen von Frenzel, Pekrun und Zimmer (2006), die zwischen der 9. und der 10. Klasse eine Konsolidierung im Fachinteresse Mathematik feststellen konnten. Auch in der BIJU-Studie zeigte sich in den Fächern Physik, Biologie und Mathematik ein ausgeprägter Interessenrückgang innerhalb der 7. Jahrgangsstufe mit einer Abflachung des Interessenabfalls hin zur 10. Jahrgangsstufe (Daniels, 2008). Die Untersuchung des Einflusses der Unterrichtsgestaltung auf die Entwicklung und Aufrechterhaltung solcher stabilen individuellen Interessen erscheint aus diesem Blickwinkel wenig fruchtbar. Lohnenswert wäre es, den Blick auf die Entstehung und Aufrechterhaltung von situationalen Interessen zu richten. So zeigten beispielsweise Tsai und Mitautoren (2008) in einer Untersuchung dreiwöchiger Unterrichtssequenzen, dass die Interessenerfahrungen der Schülerinnen und Schüler im 7. Schuljahr von der wahrgenommenen Autonomieunterstützung und der wahrgenommenen Kontrolle im Unterricht beeinflusst wurden. Der Einsatz von Videoanalysen und Schülerbefragungen unmittelbar im Anschluss an gefilmte Lektionen ist dafür prädestiniert, einen erhellenden Blick auf das Zusammenspiel von situational unterstützenden Elementen der Unterrichtsgestaltung und des individuellen Unterrichtserlebens zu werfen. Solche Erkenntnisse zu Beeinflussungsgrössen der Interessengenese während der Phase des Wissenserwerbs sind umso wichtiger, wenn anerkannt wird, dass es keine *cold cognitions* gibt und die Komponenten unseres Wissens mehr oder weniger mit emotionalen Bewertungen verbunden sind, die in späteren Phasen Einfluss auf die Erinnerung und die Aktivierung des Wissens nehmen (Krapp, 1998).

Auch bei der Leistungserfassung wurden mit dem verwendeten Testinstrument relativ langfristige Effekte erfasst, die von unterschiedlichsten Prozessen und Faktoren, wie der Schultypenzugehörigkeit, persönlichen Zielsetzungen im Hinblick auf die Berufs- und Studienwahl oder dem familiären Stützsystem zu Hause, beeinflusst werden. Demzufolge müssen die Erwartungen an den Einfluss der Unterrichtsgestaltung auch in diesem Bereich relativiert werden. Immerhin erwies sich in den vorliegenden Daten eine effiziente Klassenführung als für die Leistungsentwicklung relevant. Dieser Befund ist zwar wenig aufregend, repliziert aber eines der am besten gesicherten Ergebnisse der Unterrichtsforschung (Einsiedler, 1997; Walberg & Paik, 2000).

Betreffend Operationalisierung der untersuchten Unterrichtsmerkmale ist zu fragen, inwiefern diese geeignet waren, die theoretisch bedeutsamen lern- bzw. interessenförderlichen Eigenschaften abzubilden. Die kritische Bemerkung gilt weniger den Konstrukten wie „Strukturierung" oder „Klassenführung", bei denen auf erprobte Instrumente zurückgegriffen werden konnte, sondern Merkmalen wie „Kognitive Aktivierung" oder „Schülerorientierung". Vorbehalte sind unter anderem angebracht beim Merkmal der kognitiven Aktivierung, das bei den Schülerdaten mittels weniger und recht allgemeiner Skalen ermittelt werden musste. Hinzu kommt, dass es Schülerinnen und Schülern gerade in diesem Bereich an Vergleichsmöglichkeiten fehlt (Kunter & Baumert, 2006). In den letzten Jahren ist eine theoretische Schärfung des Konstrukts „Kognitive Aktivierung" zu beobachten, und es wurden alternative Zugänge zur Erfassung dieses Merkmals gewählt wie beispielsweise hochinferente Beobachterurteile (Klieme, Schümer & Knoll, 2001; Kunter, 2005; Rakozcy et al., 2007; Rakozcy, 2008), die Untersuchung der Interaktionsstrukturen im Unterricht (Pauli et al., 2008) oder die Analyse der eingesetzten Mathematikaufgaben (Kunter et al., 2006). Die vorgelegten Operationalisierungen erlauben die konkretere Erfassung dessen, was unter kognitiver Aktivität verstanden wird, und ergaben durchaus aussagekräftige Resultate. So fanden beispielsweise Rakozcy und Mitautoren (2007) den weitaus grössten Effekt auf die Leistungsentwicklung beim Merkmal „Strukturelle Klarheit", und Kunter und Mitautoren (2006) stellten einen signifikanten Zusammenhang zwischen dem Anspruchsniveau der eingesetzten Lernaufgaben und der Leistungsentwicklung fest. Auch in der vorliegenden Studie konnte bei der Durchführung der Beobachterratings ein differenzierteres Instrument genutzt werden, das Merkmalsdimensionen wie „Repetitives Üben", „Anspruchsvolles Üben", „Pacing", „Motivationsqualität", „Lehrperson als Mediator" sowie „Lernproduktivität der Schülerinnen und Schüler" umfasste. Allerdings erwies sich das auf diese Weise erfasste Merkmal der kognitiven Aktivierung in den Mehrebenenregressionsanalysen nach Kontrolle des Schultyps als unbedeutsam. Dieses Ergebnis kann zumindest teilweise mit der systematischen Variation der kognitiven Aktivierung nach Schultypen begründet werden (vgl. Kapitel 8). Eine weitere Einschränkung ergibt sich in unserer Studie dadurch, dass das Merkmal auf der Grundlage einer einzigen Lektion beurteilt werden musste. Das Vorliegen mehrerer gefilmter Lektionen mit unterschiedlichen didaktischen Zielsetzungen dürfte einen breiteren Einblick in die Unterrichtspraxis einer Klasse gewähren und dadurch zu einer erhöhten Validität der Urteile im Bereich der kognitiven Aktivierung führen.

Bezüglich der Schülerorientierung stellten Clausen, Reusser und Klieme (2003) an einem Teilsample der vorliegenden Studie bei den Beobachterdaten einen – im Verhältnis zu den anderen drei Merkmalen – geringeren Generalisierbarkeitskoeffizienten fest. Die auf der Grundlage einer gefilmten Mathematiklektion basierende hochinferente Beurteilung der Schülerorientierung wird demzufolge als weniger zuverlässig eingeschätzt als die Urteile in den anderen Bereichen. Generell wird vermutet, dass für die Erfassung dieses Bereichs Schüleraussagen verlässlicher sind (Kunter et al., 2006). Ein direkter Vergleich von Beobachterdaten und Schülerdaten in der vorliegenden Studie ist schwierig, da zum Teil unterschiedliche Aspekte erfasst wurden. Die vorliegenden Ergebnisse weisen jedoch nicht auf grundlegende Abweichungen hin, so dass per se gefolgert werden müsste, dass Beobachterratings in diesem Bereich nicht verwendet werden sollten.

Ganz allgemein zeigten sich erstaunlich viele Parallelen zwischen den beiden Datenquellen wie die durchwegs signifikanten Zusammenhänge zwischen den Unterrichtsmerkmalen und dem Interesse bei den Querschnittanalysen oder der bedeutsame Effekt der Klassenführung auf die Leistungsentwicklung. Dies ist für die Einschätzung der Validität der hochinferenten Beobachterurteile ein zentraler Befund. Offensichtlich scheint es doch möglich zu sein, aufgrund eines relativ begrenzten Unterrichtsausschnitts gewisse Qualitäten von Unterricht zu erfassen, die hinsichtlich der Prädiktion zentraler Outcome-Kriterien zu aussagekräftigen Ergebnissen führen.

Literatur

Adams, R.J., Wu, M.L. & Macaskill, G. (1997). Scaling methodology and procedures for the mathematics and science scales. In M.O. Martin & D.L. Kelly (Hrsg.), *Third international mathematics and science study. Technical report: Vol. II. Implementation and analysis. Primary and middle school years* (Kapitel 7, S. 111-146). Chestnut Hill: Boston College.

Assor, A., Kaplan, H. & Roth, G. (2002). Choice is good, but relevance is excellent: Autonomy-enhancing and suppressing teacher behaviours predicting students' engagement in schoolwork. *British Journal of Educational Psychology, 72* (2), 261-278.

Baumert, J. & Köller, O. (1998). Interest Research in Secondary Level I: An Overview. In L. Hoffmann, A. Krapp, K.A. Renninger & J. Baumert (Hrsg.), *Interest and Learning. Proceedings of the Seeon Conference on Interest and Gender* (S. 241-256). Kiel: Institut für die Pädagogik der Naturwissenschaften an der Universität Kiel.

Baumert, J., Kunter, M., Brunner M., Krauss, S., Blum, W. & Neubrand, M. (2004). Mathematikunterricht aus Sicht der PISA-Schülerinnen und -Schüler und ihrer Lehrkräfte. In Pisa-Konsortium Deutschland (Hrsg.), *PISA 2003. Der Bildungsstand der Jugendlichen in Deutschland – Ergebnisse des zweiten internationalen Vergleichs* (S. 314-354). Münster: Waxmann.

Baumert, J., Lehmann, R., Lehrke, M., Schmitz, B., Clausen, M., Hosenfeld, I., Köller, O. & Neubrand, J. (1997). *TIMSS – Mathematisch-naturwissenschaftlicher Unterricht im internationalen Vergleich. Deskriptive Befunde* (daraus Kapitel H. Mathematikunterricht im Drei-Länder-Vergleich: Deutschland, Japan und USA). Opladen: Leske & Budrich.

Brophy, J. (2008). Developing Students' Appreciation for What is Taught in School. *Educational Psychologist, 43* (3), 132-141.

Brophy, J. & Good, T.L. (1986). Teacher behavior and student achievement. In M.C. Wittrock (Hrsg.). *Handbook of Research on Teaching* (S. 328-375). New York: Macmillan.

Brühwiler, Ch. & Biedermann, H. (2005). Selbstreguliertes Lernen als Voraussetzung für erfolgreiches Mathematiklernen. In C. Zahner Rossier (Hrsg.), *PISA 2003: Kompetenzen für die Zukunft. Zweiter nationaler Bericht* (S. 57-74). Neuchâtel/Bern: Bundesamt für Statistik und Schweizerische Konferenz der kantonalen Erziehungsdirektoren (EDK).

Clausen, M. (2002). *Unterrichtsqualität: Eine Frage der Perspektive?* Münster: Waxmann.

Clausen, M., Reusser, K. & Klieme, E. (2003). Unterrichtsqualität auf der Basis hochinferenter Unterrichtsbeurteilungen. Ein Vergleich zwischen Deutschland und der deutschsprachigen Schweiz. *Unterrichtswissenschaft 31,* 122-141.

Cobb, P. & Bowers, J. (1999). Cognitive and situated learning perspectives in theory and practice. *Educational Researcher, 28,* 4-15.

Cornelius-White, J. (2007). Learner-centered teacher-student relationships are effective: a meta-analysis. *Review of Educational Research, 77* (1), 113-143.

Cronbach, L.J. (1976). *Research on classrooms and schools: Formulation of questions, design and analysis.* Stanford, CA: Stanford Evaluation Consortium.

Daniels, Z. (2008). *Entwicklung schulischer Interessen im Jugendalter.* Münster: Waxmann.

DeCharmes, R. (1968). *Personal causation: The internal affective determinants of behavior.* New York: Academic Press.

Deci, E.L. & Ryan, R.M. (1993). Die Selbstbestimmungstheorie der Motivation und ihre Bedeutung für die Pädagogik. *Zeitschrift für Pädagogik, 39,* 223-238.

Deci, E.L. & Ryan, R.M. (2000). The „What" and „Why" of Goal Pursuits: Human Needs and the Self-Determiation of Behavior. *Psychological Inquiry, 11* (4), 227-268.

Ditton, H. (2006). Unterrichtsqualität. In K.-H. Arnold, U. Sandfuchs & J. Wiechmann (Hrsg.), *Handbuch Unterricht* (S. 235-243). Bad Heilbrunn: Klinkhardt.

Eccles, J.S., Midgley, C., Wigfield, A., Miller Buchanan, C. Reuman, D., Flanagan, C. & Iver, D.M. (1993). Development During Adolescence. The Impact of Stage-Environment Fit on Young Adolescents' Experiences in Schools and in Families. *American Psychologist, 48* (2), 90-101.

Einsiedler, W. (1997). Unterrichtsqualität und Leistungsentwicklung: Literaturüberblick. In F.E. Weinert & A. Helmke (Hrsg.), *Entwicklung im Grundschulalter* (S. 225-240). Weinheim: Beltz, Psychologie-Verlags-Union.

Einsiedler, W. (2000). Von Erziehungs- und Unterrichtsstilen zur Unterrichtsqualität. In M.K.W. Schweer (Hrsg.), *Lehrer-Schüler-Interaktion. Pädagogisch-psychologische Aspekte des Lehrens und Lernens in der Schule* (S. 109-128). Opladen: Leske & Budrich.

Frenzel, A., Pekrun, R. & Zimmer K. (2006). Im Blickpunkt: Schülermerkmale. Selbstvertrauen, Engagement und Lernverhalten in Mathematik. In M. Prenzel, J. Baumert, W. Blum, R. Lehmann, D. Leutner, Detlev, M. Neubrand, R. Pekrun, J. Rost & U. Schiefele (Hrsg.), *PISA 2003* (S. 195-209). Münster: Waxmann.

Giaconia, R.M. & Hedges, L.V. (1982). Identifying features of effective open education. *Review of Educational Research, 52* (4), 579-602.

Gonzalez, E.J. (1997) Reporting Student Achievement in Mathematics and Science. In M.O. Martin & D.L. Kelly (Hrsg.), *Third International Mathematics and Science Study. Technical Report. Volume II: Implementation and Analysis* (S. 147-174). Chestnut Hill, MA: Center for the Study of Testing, Evaluation, and Educational Policy, Boston College.

Greeno, J., Collins, A.M. & Resnick, L.B. (1996). Cognition and Learning. In D.C. Berliner & R.C. Calfee (Hrsg.), *Handbook of educational psychology* (S. 15-46). New York: MacMillan.

Grolnick, W.S. & Ryan, R.M. (1986). Origins and pawns in the classroom: Self-report and projective assessments of individual differences in children's perceptions. *Journal of Personality and Social Psychology, 50* (3), 550-558.

Gruehn, S. (2000). *Unterricht und schulisches Lernen.* Münster: Waxmann.

Harter, S. (1978). Effectance motivation reconsidered: Toward a developmental model. *Human Development, 1*, 661-669.

Hartinger, A. (2005). Verschiedene Formen der Öffnung von Unterricht und ihre Auswirkungen auf das Selbstbestimmungsempfinden von Grundschulkindern. *Zeitschrift für Pädagogik, 41*, 531-553.

Helmke, A. & Weinert, F.E. (1997). Unterrichtsqualität und Leistungsentwicklung: Ergebnisse aus dem Scholastik-Projekt. In F.E. Weinert & A. Helmke (Hrsg.), *Entwicklung im Grundschulalter,* (S. 241-251). Weinheim, Beltz.

Hidi, S. & Renninger, K.A. (2006). The four-phase model of interest development. *Educational Psychologist, 41* (2), 111-127.

Hiebert, J., Gallimore, R., Garnier, H., Bogard Givvin, K., Hollingsworth, H., Jacobs, J., Chui, A.M.Y., Wearne, D., Smith, M., Kersting, N., Manaster, A., Tseng, E., Etterbeek, W., Manaster, C., Gonzales, P. & Stigler, J.W. (2003). *Teaching Mathematics in Seven Countries. Results from the TIMSS 1999 Video Study (No. NCES 2003-013).* Washington, DC: U.S. Department of Education, National Center for Education Statistics.

Hofer, M., Fries, S., Reinders, H., Clausen, M., Dietz, F. & Schmid, S. (2004). Individuelle Werte, Handlungskonflikte und schulische Lernmotivation In J. Doll & M. Prenzel (Hrsg.), *Bildungsqualität von Schule: Lehrerprofessionalisierung, Unterrichtsentwicklung und Schülerförderung als Strategien der Qualitätsverbesserung* (S. 329-344). Münster: Waxmann.

Hoffmann, L. (2002). Promoting girls' interest and achievement in physics classes for beginners. *Learning and Instruction, 12*, 447-465.

Hoffmann, L., Häußler, P. & Lehrke, M. (1998). Die IPN-Interessenstudie Physik. Kiel: IPN.

Hughes, J.N., Luo, W., Kwok, O. & Loyd, L. (2008). Teacher-student support, effortful engagement, and achievement: A 3-year longitudinal study. *Journal of Educational Psychology, 100*, 1-14.

Klieme, E., Lipowsky, F., Rakoczy, K. & Ratzka, N. (2006). Qualitätsdimensionen und Wirksamkeit von Mathematikunterricht. Theoretische Grundlagen und ausgewählte Ergebnisse des Projekts „Pythagoras". In L. Allolio-Näcke & M. Prenzel (Hrsg.), *Untersuchungen zur Bildungsqualität von Schule. Abschlussbericht des DFG-Schwerpunktprogramms* (S. 127-146). Münster: Waxmann.

Klieme, E. & Rakoczy, K. (2003). Unterrichtsqualität aus Schülerperspektive: Kulturspezifische Profile, regionale Unterschiede und Zusammenhänge mit Effekten von Unterricht. In Deutsches PISA-Konsortium (Hrsg.), *PISA 2000. Ein differenzierter Blick auf die Länder der Bundesrepublik Deutschland* (S. 333-354). Opladen: Leske & Budrich.

Klieme, E., Schümer, G. & Knoll, S. (2001). Mathematikunterricht in der Sekundarstufe I: „Aufgabenkultur" und Unterrichtsgestaltung im internationalen Vergleich. In E. Klieme & J. Baumert (Hrsg.), *TIMSS – Impulse für Schule und Unterricht* (S. 43-57). Bonn: Bundesministerium für Bildung und Forschung.

Köller, O., Baumert, J. & Schnabel, K. (2000). Zum Zusammenspiel von schulischem Interesse und Lernen im Fach Mathematik: Längsschnittanalysen in den Sekundarstufen I und II. In U. Schiefele & K.-P. Wild (Hrsg.), *Interesse und Lernmotivation. Untersuchungen zu Entwicklung, Förderung und Wirkung* (S. 163-181). München: Waxmann.

Köller, O., Trautwein, U., Lüdtke, O. & Baumert, J. (2006). Zum Zusammenspiel von schulischer Leistung, Selbstkonzept und Interesse in der gymnasialen Oberstufe. *Zeitschrift für Pädagogische Psychologie, 20* (1/2), 27-39.

Krapp, A. (1992). Konzepte und Forschungsansätze zur Analyse des Zusammenhangs von Interesse, Lernen und Leistung. In A. Krapp & M. Prenzel (Hrsg.), *Interesse, Lernen, Leistung. Neuere Ansätze in der pädagogisch-psychologischen Interessenforschung* (S. 9-52). Münster: Aschendorff.

Krapp, A. (1998). Entwicklung und Förderung von Interessen im Unterricht. *Psychologie in Erziehung und Unterricht, 45,* 186-203.

Krapp, A. (2002). Structural and dynamic aspects of interest development: Theoretical considerations from an ontogenetic perspective. *Learning and Instruction, 12,* 383-409.

Krapp, A. (2003). Nachhaltige Lernmotivation als Ziel von Bildung und Unterricht. In Arbeitskreis Gymnasium und Wirtschaft (Hrsg.), *Nachhaltige Lernmotivation und schulische Bildung, Heft 6: Motivieren und Evaluieren in Bildung und Unterricht* (S. 16-40). München: Arbeitskreis Gymnasium und Wirtschaft e.V.

Kunter, M. (2005). *Multiple Ziele im Mathematikunterricht.* Münster: Waxmann.

Kunter, M. & Baumert, J. (2006). Linking TIMSS to Research on Learning and Instruction: A Re-analysis of the German TIMSS and TIMSS Video Data. In T. Plomp & S.J. Howie, *Contexts of Learning Mathematics and Science* (S. 335-351). London: Routledge.

Kunter, M., Baumert, J., Köller, O. (2007). Effective classroom management and the development of subject-related interest. *Learning and Instruction, 17,* 494-509.

Kunter, M., Brunner, M., Baumert, J., Klusmann, U., Krauss, S., Blum, W., Jordan, A. & Neubrand, M. (2005). Der Mathematikunterricht der PISA-Schülerinnen und -Schüler. Schulformunterschiede in der Unterrichtsqualität. *Zeitschrift für Erziehungswissenschaft, 8* (4), 502-520.

Kunter, M., Dubberke, T., Baumert, J., Blum, W., Brunner M., Jordan A., Klusmann U., Krauss, S., Löwen, K., Neubrand, M. & Tsai, Y.-M. (2006). Mathematikunterricht in den PISA-Klassen 2004: Rahmenbedingungen, Formen und Lehr-Lernprozesse. In J. Baumert, M. Prenzel, W. Blum, R. Lehmann, D. Leutner, M. Neubrand, R. Pekrun, J. Rost & U. Schiefele (Hrsg.), *PISA 2003. Untersuchungen zur Kompetenzentwicklung im Verlauf eines Schuljahres* (S. 161-190). Münster: Waxmann.

Lewalter, D., Krapp, A. & Wild, K.-P. (2000). Motivationsförderung in Lehr-Lern-Arrangements – eine interessentheoretische Perspektive. In Ch. Harteis, H. Heid, & S. Kraft (Hrsg.), *Kompendium Weiterbildung, Aspekte und Perspektiven betrieblicher Personal- und Organisationsentwicklung* (S. 155-162). Opladen: Leske & Budrich.

Lipowsky, F. (2002). Zur Qualität offener Lernsituationen im Spiel empirischer Forschung – Auf die Mikroebene kommt es an. In U. Drews & W. Wallrabenstein (Hrsg), *Freiarbeit in der Grundschule* (S. 126-159). Frankfurt: Arbeitskreis Grundschule.

Lipowsky, F., Rakoczy, K., Pauli, C., Drollinger-Vetter, B., Klieme, E. & Reusser, K. (in Druck). Quality of geometry instruction and its short-term impact on students' understanding of the Pythagorean theorem. *Learning and Instruction*, doi:10.1016/j.learninstruc.2008.11.001.

Lüdtke, O., Robitzsch, A., Trautwein, U. & Kunter, M. (2009). Assessing the impact of learning environments: How to use student ratings of classroom or school characteristics in mulitlevel modelling. *Contemporary Educational Psychology, 34*, 120-131.

Miserandino, M. (1996). Children who do well in school: Individual differences in perceived competence and autonomy in above-average children. *Journal of Educational Psychology, 88* (2), 203-214.

Moser, U., Ramseier, E., Keller, C. & Huber, M. (1997). *Schule auf dem Prüfstand. Eine Evaluation der Sekundarstufe I auf der Grundlage der „Third mathematics and Science Study".* Chur: Rüegger.

Pauli, C., Drollinger-Vetter, B., Hugener, I. & Lipowsky, F. (2008). Kognitive Aktivierung im Mathematikunterricht. *Zeitschrift für pädagogische Psychologie, 22* (2), 127-133.

Pauli, C., Reusser, K., Waldis, M. & Grob, U. (2003). „Erweiterte Lehr- und Lernformen" im Mathematikunterricht der Deutschschweiz. *Unterrichtswissenschaft, 3* (4), 291-320.

Pekrun, R., Vom Hofe, R., Blum, W., Götz, T., Wartha, S., Frenzel, A. & Jullien, S. (2006). Projekt zur Analyse der Leistungsentwicklung in Mathematik (PALMA). Entwicklungsverläufe, Schülervoraussetzungen und Kontextbedingungen von Mathematikleistungen in der Sekundarstufe I. In M. Prenzel & L. Allolio-Näcke (Hrsg.), *Untersuchungen zur Bildungsqualität von Schule. Abschlussbericht des DFG-Schwerpunktprogramms* (S. 21-53). Münster: Waxmann.

Prenzel, M. (1988). *Die Wirkungsweise von Interesse. Ein Erklärungsversuch aus pädagogischer Sicht.* Opladen: Leske & Budrich.

Prenzel, M. & Drechsel, B. (1996). Ein Jahr kaufmännische Erstausbildung: Veränderungen in Lernmotivation und Interesse. *Unterrichtswissenschaft, 3*, 217-234.

Prenzel, M., Drechsel B., Kliewe A., Kramer K. & Räber N. (2000). Lernmotivation in der Aus- und Weiterbildung: Merkmale und Bedingungen. In Ch. Harteis, H. Heid & S. Kraft (Hrsg.), *Kompendium Weiterbildung, Aspekte und Perspektiven betrieblicher Personal- und Organisationsentwicklung* (S. 163-173). Opladen: Leske + Budrich.

Prenzel, M., Kramer, K. & Drechsel, B. (2001). Selbstbestimmt motiviertes und interessiertes Lernen in der kaufmännischen Erstausbildung – Ergebnisse eines Forschungsprojekts. In K. Beck & V. Krumm (Hrsg.), *Lehren und Lernen in der beruflichen Erstausbildung. Grundlagen einer modernen kaufmännischen Berufsqualifizierung* (S. 37-61). Opladen: Leske + Budrich.

Rakoczy, K. (2006). Motivationsunterstützung im Mathematikunterricht. *Zeitschrift für Pädagogik, 52* (6), 822-843.

Rakoczy, K. (2008). *Motivationsunterstützung im Mathematikunterricht. Unterricht aus der Perspektive von Lernenden und Beobachtern.* Münster: Waxmann.

Rakoczy, K., Klieme, E., Drollinger-Vetter, B., Lipowsky, F., Pauli, C. & Reusser, K. (2007). Structure as a Quality Feature in Mathematics Instruction: Cognitive and Motivational Effects of a Structured Organisation of the Learning Environment vs. a Structured Presentation of Learning Content. In M. Prenzel (Hrsg.), *Studies on the educational quality of schools. The final report on the DFG Priority Programme* (S. 101-120). Münster: Waxmann.

Rakoczy, K., Klieme, E. & Pauli, C. (2008). Die Bedeutung der wahrgenommenen Unterstützung motivationsrelevanter Bedürfnisse und des Alltagsbezugs im Mathematikunterricht für die selbstbestimmte Motivation. *Zeitschrift für Pädagogische Psychologie, 22* (1), 25-35.

Raudenbush, S., Bryk, A. & Congdon, R. (2005). *HLM 6.03 – Hierarchical linear and nonlinear modelling.* Lincolnwood: Scientific Software International.

Reeve, J.M. (2002). Self-Determination Theory Applied to Educational Settings. In E.L. Deci & R.M. Ryan (Hrsg.), *Handbook of self-determination research* (S. 183-203). Rochester: The University of Rochester Press.

Reinmann-Rothmeier, G. & Mandl, H. (2001). Unterrichten und Lernumgebungen gestalten. In A. Krapp & B. Weidenmann (Hrsg.), *Pädagogische Psychologie* (4. vollständig überarbeitete Aufl., S. 601-646). Weinheim: Beltz.

Rubin, D.B. (1987). *Multiple imputation for non-response in surveys.* New York: John Wiley & Sons.

Ryan, A. & Patrick, H. (2001). The classroom social environment and changes in adolescents' motivation and engagement during middle school. *American Educational Research Journal, 38* (2), 437-460.

Ryan, R.M. & Deci, E.L. (2000). Self-Determination Theory and the Facilitation of Intrinsic Motivation, Social Development, and Well-Being. *American Psychologist, 55* (1), 68-78.

Schafer, J.L. (1999). *Norm for Windows 95/98/NT. Multiple imputation of incomplete data under a normal model.* University Park, PA: Penn State Department of Statistics.

Schiefele, U., Krapp, A. & Schreyer, I. (1993). Metaanalyse des Zusammenhangs von Interesse und schulischer Leistung. *Zeitschrift für Entwicklungspsychologie und Pädagogische Psychologie, 25,* 120-148.

Schweinle, A., Meyer, D.K. & Turner, J.C. (2006). Striking the Right Balance: Students' Motivation and Affect in Elementary Mathematics. *The Journal of Educational Research, 99* (5), 271-293.

Seidel, T. & Shavelson, R.J. (2007). Teaching effectiveness research in the past decade: The role of theory and research design in disentangling meta-analysis results. *Review of Educational Research, 77,* 454-499.

Skinner, E.A. & Belmont, M.J. (1993). Motivation in the classroom: Reciprocal effects of teacher behavior and student engagement across the school year. *Journal of Educational Psychology, 85,* 571-581.

Snijders, T.A.B. & Bosker, R. (1994). Modelled variance in two-level models. *Sociological Methods and Research, 22,* 342-363.

Stebler, R., Reusser, K., Pauli & C. (1994). Interaktive Lehr-Lern-Umgebungen: Didaktische Arrangements im Dienste des gründlichen Verstehens. In K. Reusser & M. Reusser-Weyeneth (Hrsg.), *Verstehen. Psychologischer Prozess und didaktische Aufgabe* (S. 227-259). Bern: Verlag Hans Huber.

Stefanou, C.R., Prencevich, K.C., DiCintio, M. & Turner, J.C. (2004). Supporting Autonomy in the Classroom: Ways teachers encourage student decision making and ownership. *Educational Psychologist, 39* (2), 97-110.

Tsai, Y., Kunter, M., Lüdkte, O., Trautwein, U. & Ryan, R.M. (2008). What Makes Lessons Interesting? The Role of Situational and Individual Factors in Three School Subjects. *Journal of Educational Psychology, 100* (2), 460-472.

Turner, J.C. & Meyer, D.K. (2004). A Classroom Perspective on the Principle of Moderate Challenge in Mathematics. *The Journal of Educational Research, 97* (6), 311-318.

Wang, M.C., Haertel, G.D. & Walberg, H.J. (1993). Toward a knowledge base for school learning, *Review of Educational Research, 63,* 249-294.

Walberg, H.J. & Paik, S.J. (2000). Effective educational practices. *Educational practices series.* Genf: International bureau of education of the UNESCO.

Weinert, F.E. (2001). Cognitive Development: Learning and Instruction. In N.J. Smelser & P.B. Baltes (Hrsg.), *International encyclopaedia of the social and behavioral sciences* (S. 2108-2112). Oxford: Elsevier.

Wentzel, K.R. (1997). Student motivation in middle school: The role of perceived pedagogical caring. *Journal of Educational Psychology, 89,* 411-419.

White, R.W. (1959). Motivation reconsidered: the concept of competence. *Psychological Review, 66,* 297-333.

Alex Buff, Kurt Reusser & Christine Pauli

10 Die Qualität der Lernmotivation in Mathematik auf der Basis freier Äusserungen: Welches Bild präsentiert sich bei Deutschschweizer Schülerinnen und Schülern im 8. und 9. Schuljahr?

Erfolgreiches Lernen ist von den verschiedensten Faktoren abhängig, oder anders: Schulische Leistungen sind multipel determiniert. Neben dem familiären und schulischen Kontext spielen vor allem Merkmale der einzelnen Schülerinnen und Schülern bzw. deren individuelle Lernvoraussetzungen eine zentrale Rolle. In Wechselwirkung mit Merkmalen der Lernsituation beeinflussen diese das aktuelle Erleben und Handeln in konkreten Lernsituationen und über dieses den Lernerfolg bzw. die Leistungen (u.a. Helmke, Hosenfeld & Schrader, 2002; Pekrun & Schiefele, 1996; Rheinberg & Fries, 1998). Angesichts vorliegender Forschungsbefunde sind es keineswegs allein kognitive Merkmale im engeren Sinne (beispielsweise Intelligenz oder Vorwissen), die sich hierbei als relevant erweisen. Wichtig sind auch Dinge wie etwa Selbstvertrauen (im Sinne von Fähigkeitsüberzeugungen, Selbstwirksamkeit und Ähnlichem) sowie die *Qualität der Lernmotivation* (Buff, Reusser & Pauli, Kapitel 11 in diesem Band; Bandura, 2003; Helmke, 1992; Helmke & Weinert, 1997; Krapp & Ryan, 2002; Pintrich, 2003). Solche Grössen sind, wie beispielsweise Rheinberg, Vollmeyer und Burns (2001) in einem Lernexperiment zeigen, insbesondere dann zentral, wenn die Situation aufgrund hoher Anforderungen oder auftretender Schwierigkeiten von den Lernenden verstärkte Selbstregulation bzw. ein dauerhaftes Engagement erfordert. Die Ausbildung entsprechend günstiger Voraussetzungen aufseiten der Schülerinnen und Schüler muss unseres Erachtens daher neben dem Aufbau fachspezifischer Kompetenzen und Fertigkeiten ein zentrales Ziel von Schule und Unterricht sein (Bandura, 2003; Lewalter, Krapp & Wild, 2000; Satow & Schwarzer, 2003).

Ryan und La Guardia (1999) machen pointiert darauf aufmerksam, dass Schule und Unterricht nicht nur hinsichtlich fachspezifischer Kompetenzen und Fertigkeiten Spuren hinterlassen, sondern dass durch die tagtäglichen Erfahrungen auch Selbstvertrauen, und Lernmotivation nachhaltig geformt werden. Für Bandura (2003) sind genau diese Effekte von zentraler Bedeutung für erfolgreiches Lernen in der Schule, aber insbesondere auch für das selbstgesteuerte Lernen „im Leben danach". In gleicher Weise äussern sich auch Koestner und Loisier (2002): „The way one has internalized the values of school activities exerts a wide-ranging impact on individuals' growth and development because of the centrality of academic domain in Western cultures" (S. 113).

Der vorliegende Beitrag nimmt die Qualität der Lernmotivation bzw. deren Entwicklung gegen Ende der Sekundarstufe I in den Fokus und fragt nach den unterrichtsbezogenen Voraussetzungen und Folgen.

10.1   Lernmotivation: Was ist das eigentlich?

Gespräche in Lehrerzimmern über die (vielfach scheinbar fehlende) Lernmotivation der Schülerinnen und Schüler gehören zum pädagogischen Alltag. Auf die Frage, was denn Lernmotivation eigentlich sei, hört man häufig: „Was soll die Frage? Ist doch klar!" Wird insistiert, bleibt es nicht selten ruhig. Es muss nachgedacht werden über etwas, worüber vorher (sehr) intensiv und ganz selbstverständlich diskutiert wurde. Bei den Antworten, die nach einiger Zeit gegeben werden, handelt es sich dann meist eher um Aufzählungen der „Folgen" von Lernmotivation (wie beispielsweise Mitarbeit im Unterricht, Bemühen, Anstrengung).

Alltagssprachlich geht es bei Motivation generell, wie Rheinberg (1997) ausführt, um eine Grösse, die in ihrer Stärke variiert und die dem angestrengten, ablenkungsfreien Zielstreben einer Person zugrunde liegt. Unter Lernmotivation versteht Schiefele (1996) den „Wunsch bzw. die Absicht, bestimmte Inhalte oder Fertigkeiten zu lernen" (S. 50).[1] Spricht man über Lernmotivation, so scheinen nach heutigem Stand der Diskussion zwei Differenzierungen zentral zu sein:

*   Aktuelle Lernmotivation versus motivationale Orientierung,
*   Stärke versus Qualität der Lernmotivation.

10.1.1 Aktuelle Lernmotivation versus motivationale Orientierung

Mit *aktueller Lernmotivation* ist der motivationale Zustand in einer ganz spezifischen Situation gemeint. Dieser äussert sich beispielsweise dadurch, dass sich eine Schülerin oder ein Schüler hier und jetzt besonders anstrengt. Bei einer *motivationalen Orientierung* geht es vielmehr um zeitlich überdauernde und situationsübergreifende interindividuelle Differenzen in der Präferenz für bestimmte Anreizklassen, beispielsweise das Lösen mathematischer Probleme (vgl. etwa Krapp, 1999; Wild, 2000). Lernmotivation als motivationale Orientierung kann unter Bezug auf Pekrun (1988) aufgefasst werden als ein *habituelles* oder ein *dispositionales* Merkmal der Person. Im Sinne eines habituellen Merkmals *beschreibt* motivationale Orientierung lediglich Verhaltens- oder Erlebenswiederholungen, die in zeitlich begrenzter Form bei vielen Gelegenheiten und in typischer Weise auftreten bzw. beobachtbar sind. Beispielsweise sind bei einer Schülerin im Fach Mathematik immer wieder Engagement und freudiges Mittmachen zu beobachten. Im Sinne eines dispositionalen Merkmals wird angenommen, dass der motivationalen Orientierung spezifische relativ *zeitstabile somatische oder psychische Strukturen* (zum Beispiel Überzeugungen) zugrunde liegen. Eine motivationale Orientierung in diesem Sinne wird als Teil der Persönlichkeitsstruktur einer Schülerin oder eines Schülers aufgefasst, die in konkreten Lernsituationen in relativ konsistenter Weise eine spezifische aktuelle Lernmotivation handlungswirksam werden lässt bzw. dazu prädisponiert, welche sich ihrerseits wiederum beispielsweise in konzentriertem Engagement oder widerstrebendem Mittun äussern kann. So könnte die eben beschriebene generelle Tendenz sich anzustrengen auf

---

1   Diese Definition beschränkt sich auf Lernen im Sinne von intentionalem Handeln. Inzidentielles Lernen ist in der Definition nicht eingeschlossen. Insbesondere im Kontext von institutionalisiertem Lernen in der Schule erscheint diese Beschränkung jedoch sinnvoll (vgl. Ramseier, 2004).

der festen Überzeugung basieren, dass Mathematik von hohem Nutzen zur Erreichung eines persönlich wichtigen Ziels ist. Köller (1998) nimmt an, dass dispositionale Merkmale oft vermittelt über habituelle Merkmale – und in Wechselwirkung mit spezifischen Kontextbedingungen – aktuelles Erleben und Verhalten beeinflussen. Welchen Status (habituell oder dispositional) spezifische Konstrukte allerdings haben, ist in einigen Fällen umstritten und teilweise wird auf die Unterscheidung gänzlich verzichtet (vgl. etwa Köller, 1998; Ramseier, 2004).

Für die pädagogische Praxis ist die Differenzierung zwischen dispositionalen und habituellen Merkmalen eher zweitrangig. Wichtig sind im Unterschied zur aktuellen Motivation jedoch die relative zeitliche und transsituative Konstanz sowie die interindividuelle Variation, welche motivationale Orientierungen auszeichnen (zur Unterscheidung verschiedener hierarchischer Ebenen der Motivation und der damit verbundenen Implikationen unter anderem hinsichtlich deren Stabilität vgl. Vallerand & Ratelle, 2002). Deutlich wird der Unterschied zwischen aktueller Motivation und motivationaler Orientierung etwa im Falle einer Schülerin, die von der Lehrerin angesprochen auf ihren mangelnden Einsatz am Ende einer Unterrichtsstunde, sagt: „Eigentlich interessiert mich Mathe ja, aber ...“ Die Schülerin hat vermutlich eine grundsätzlich positive motivationale Orientierung, diese kam jedoch im konkreten Fall unter Umständen aufgrund spezifischer Kontextbedingungen nicht zum Tragen, denn aktuelle Lernmotivation ist, wie bereits erwähnt, immer das Ergebnis mehrerer Faktoren, die gleichzeitig wirken: Person und Kontext. Auf die eingangs erwähnten Gespräche im Lehrerzimmer bezogen hiesse dies, dass differenziert werden müsste zwischen „jetzt“ und „allgemein“, wenn über die (mangelnde) Motivation gesprochen (bzw. geklagt) wird.

10.1.2 Stärke versus Qualität der Lernmotivation

Krapp und Ryan (2002) sind der Ansicht, dass Lernmotivation oft lediglich unter dem Gesichtspunkt ihrer Stärke oder Intensität betrachtet werde. Gerade im pädagogischen Kontext komme es jedoch nicht nur darauf an, wie stark jemand motiviert sei, sondern auch darauf, welche „Qualität“ die Motivation habe. Auch Schiefele (1996) vermerkt, dass in der oben erwähnten Definition von Lernmotivation letztlich offen bleibe, aus welchen Gründen, mit welcher Zielsetzung eine Person zu lernen beabsichtigte. Die entscheidende Frage hinsichtlich der Qualität der Lernmotivation lauter also: *Warum* tut jemand etwas? *Mit welchen Zielen* engagiert er oder sie sich? Unterschiedliche Beweggründe für das (fehlende) Engagement von Schülerinnen und Schülern werden auch von Lehrpersonen immer wieder angesprochen. Lehrperson X sagt beispielsweise: „A macht Französisch offensichtlich Spass, B hingegen tut erst etwas, wenn man Druck aufsetzt. Und C übrigens, scheint nach dem Klassenlager in der welschen Schweiz nun endlich begriffen zu haben, dass er nicht für die Schule, sondern für das Leben lernt!“

In der geläufigen Unterscheidung zwischen *intrinsischer* und *extrinsischer* Lernmotivation ist die Frage qualitativer Aspekte bereits aufgegriffen. *Intrinsisch* motiviertes Handeln zeichnet sich dadurch aus, dass es um seiner selbst Willen ausgeführt wird, weil etwas zum Beispiel als interessant, spannend oder herausfordernd wahrgenommen wird. „Die Handlung fungiert gewissermassen als ihre eigene Belohnung“ (Schiefele & Schreyer, 1994, S. 1 f.). Es braucht zu deren „Aufrechterhaltung keine vom Handlungsge-

schehen ‚separierbaren' Konsequenzen ..., d.h. keine externen oder intrapsychischen An-
stösse, Versprechungen oder Drohungen" (Deci & Ryan, 1993, S. 225). Von *extrinsischer*
Lernmotivation wird hingegen gesprochen, wenn der Wunsch bzw. die Absicht besteht,
„eine Lernhandlung durchzuführen, weil damit positive Folgen herbeigeführt oder negative Folgen vermieden werden können. Wichtig [ist dabei], dass diese Folgen per se
nichts mit der Lernhandlung und ihrem Gegenstand zu tun haben" (Schiefele & Schreyer,
1994, S. 2). Extrinsisch motiviertes Handeln wird in seiner Natur als *instrumentell* betrachtet: Die Handlung ist Mittel zum Zweck (beispielsweise Belohnung erlangen, Strafe
vermeiden). Extrinsische Motivation bzw. das darauf basierende Handeln ist also auf Ziele
gerichtet, „die ausserhalb des Verhaltens liegen" (Pekrun, 1983, S. 48). Diese dichotome
Konzeption hat sich in den verschiedensten Bereichen (auch in der pädagogisch-psychologischen Forschung) als fruchtbar erwiesen (vgl. Schiefele & Schreyer, 1994) und hat
die Diskussionen um die Qualität der Lernmotivation – zumindest im deutschsprachigen
Raum – bis in die 90er-Jahre geprägt. Aus heutiger Sicht ist sie jedoch aufseiten der extrinsischen Motivation zu undifferenziert, denn „not all extrinsically motivated behaviors
are alike" (Grolnick, Gurland, Jacob & Decourcey, 2002, S. 150). Um auf das obige Beispiel zurückzukommen: A scheint intrinsisch, B hingegen extrinsisch motiviert. Und C?
Was die Lehrperson nicht weiss: Seit dem Klassenlager hat C eine französischsprachige
„Flamme". C verschwendet, entgegen der Vermutung der Lehrperson, (eventuell) keinen
Gedanken an die Bedeutung von Französisch für seine (weitere, berufliche) Zukunft. Ein
paar Brocken zu können, könnte sich aber unter Umständen als sehr nützlich erweisen, um
die Beziehung aufrechtzuerhalten oder zu vertiefen. Das seit dem Klassenlager erwachte
Engagement von C ist also lediglich Mittel zu einem Zweck (... um zu ...), der ausserhalb
des Lernens von bzw. der Beschäftigung mit Französisch liegt. Es braucht jedoch wenig
Phantasie um sich vorzustellen, dass zwischen B und C qualitative Unterschiede in der
Motivation vorhanden sind.

Insbesondere der deutschsprachige Artikel zur *Selbstbestimmungstheorie der Motivation* von Deci und Ryan (1993) in der Zeitschrift für Pädagogik, hat unseres Erachtens
auch im deutschen Sprachraum zu einer erheblich differenzierteren Sicht auf unterschiedliche Qualitäten der *extrinsischen* Lernmotivation geführt, welche keineswegs nur, aber
gerade im pädagogischen Kontext relevant erscheint.

10.2   Die Selbstbestimmungstheorie der Motivation

Kurz zusammengefasst (detaillierter: Deci & Ryan, 1985, 1993; Ryan & Deci, 2000,
2002): Zentral für die Qualität der Lernmotivation ist, wie weit das Verhalten durch Kräfte
„ausserhalb oder innerhalb" der Person reguliert bzw. in welchem Masse das Handeln
durch das Individuum als selbstbestimmt wahrgenommen wird. Die Selbstbestimmungstheorie unterscheidet zwischen Amotivation, extrinsischer und intrinsischer Motivation.
Die verschiedenen Formen lassen sich auf einem Kontinuum erlebter Selbstbestimmung
bzw. Autonomie anordnen (vgl. Abbildung 10.1).[2]

---

2   Autonomie (*autonomy*) und Selbstbestimmung (*self-determination*) werden von Deci und Ryan als Syno-
    nyme verwendet (Deci et al., 1991; Ryan & Deci, 2000). Auch darf Autonomie im Sinne der Selbstbestim-
    mungstheorie nicht mit dem alltäglichen Verständnis von Autonomie verwechselt werden. Autonomie im

Abbildung 10.1: Motivationsformen, Regulationsstile und erlebte Selbstbestimmung (in Anlehnung an Ryan & Deci, 2000, 2002)

Prototyp selbstbestimmter Motivation ist die intrinsische Motivation, Gegenpol ist die Amotivation. „Amotivated behaviors are initiated and regulated by forces wholly beyond the person's intentional control. Behaviors are neither intrinsically nor extrinsically motivated in the sense that they are intentional" (Deci & Ryan, 1985, S. 150).

Zentral im vorliegenden Zusammenhang sind die *vier* verschiedenen Handlungsregulationsformen innerhalb der extrinsischen Motivation: *external, introjiziert, identifiziert, integriert*. Diese unterscheiden sich dadurch, in welchem Masse Gründe bzw. Ziele, auf denen das Handeln basiert, ins Selbstkonzept integriert sind. Dies wird aus den nachfolgenden Charakterisierungen der verschiedenen Formen deutlich.

- Bei der *externalen* Regulation wird allein wegen externer Kontingenzen gehandelt. Die Person antizipiert Belohnung oder Bestrafung und versucht, diese durch Handeln (oder Nicht-Handeln) zu erlangen bzw. zu vermeiden. Es handelt sich, wie Krapp und Ryan (2002) schreiben, um eine fremdbestimmte und insofern hochgradig „abhängige Motivationsform" (S. 61).
- Bei der *introjizierten* Regulation veranlassen einen verinnerlichte Regeln, Forderungen, Gebote oder Ziele, so und nicht anders zu handeln. „One is behaving because one feels one has to and not because one wants to and this regulation is accompanied by the experience of pressure and tension" (Deci, Eghrari, Patrick & Leone, 1994, S. 121). Die Handlungsregulation hat sich hier bereits „nach innen" verlagert, Selbstbestimmung wird hier jedoch kaum erlebt.
- Bei der *identifizierten* Regulation erlebt die Person in deutlich stärkerem Masse Autonomie bzw. Selbstbestimmung. Nicht mehr äussere oder innere Zwänge, sondern persönlich Gründe, beispielsweise das Erreichen eines persönlich als wichtig und wertvoll erachteten Ziels, sind für das Handeln ausschlaggebend. „Der Schlüssel zum Verständnis der identifizierten Handlungsregulation ist der persönliche Wertbezug" (Krapp & Ryan, 2002, S. 62).

Sinne der Selbstbestimmungstheorie ist „keineswegs gleichzusetzen mit Unabhängigkeit von der (sozialen) Umgebung, sondern bezieht sich darauf, ob eine Person mit den Anregungen, Vorgaben oder Normen der Umwelt übereinstimmt und deshalb freiwillig bereit ist, das eigene Verhalten daran zu orientieren" (Krapp & Ryan, 2002, S. 65).

- Bei der *integrierten* Regulation wird ein hoher Grad an Selbstbestimmung erlebt. Sie resultiert aus der vollständigen Integration unterschiedlicher Identifikationen in ein kohärentes Selbstkonzept. Normen, Ziele und Ähnliches sind in ein Gesamtsystem der persönlichen Wertbezüge eingeordnet und stehen in Harmonie zueinander. Eine Person handelt, wie Krapp und Ryan (2002) schreiben, in diesem Falle „authentisch" (S. 63). Integrierte Regulation „bildet gemeinsam mit der intrinsischen Motivation die Basis des selbstbestimmten Handelns" (Deci & Ryan, 1993, S. 228) und ist entsprechend begleitet von positiven Erlebensqualitäten (Freude, Wohlbefinden usw.), wie sie auch der intrinsischen Regulation zugeschrieben werden.

Die verschiedenen Regulationsstufen extrinsischer Motivation repräsentieren gewissermassen verschiedene Stadien eines mehr oder weniger fortgeschrittenen *Internalisierungsprozesses*, in dessen Verlaufe sich der Ort der wahrgenommenen Handlungsregulation immer stärker von „aussen nach innen" verlagert. Von external zu integriert ist das Individuum immer stärker der Ansicht, aus freien Stücken und in Übereinstimmung mit seinem Selbstkonzept (Zielen, Werten, Interessen usw.) zu handeln. Kommen wir nun nochmals zu unserem Beispiel zurück: A wäre nach dieser Terminologie intrinsisch, B external motiviert. C scheint identifiziert motiviert: Es ist ihm nun einfach offensichtlich wichtig und es dient persönlichen Zielen, ein paar Brocken Französisch zu können. Internalisierung ist allerdings kein Prozess, der immer linear verläuft. Ryan und Deci (2002) schreiben: „We do not suggest that it is a developmental continuum per se, nor that people must progress through each stage of internalization with respect to each regulation" (S. 18). Im Verlaufe der Entwicklung sind zudem Bewegungen in beide Richtungen möglich: Was man früher freiwillig tat, weil es einem wichtig erschien, tut man nun nur noch, weil man muss (und umgekehrt).

„Das eigentlich Neue an der Selbstbestimmungstheorie von Deci und Ryan ist die Annahme, dass nicht nur intrinsische Motivation als selbstbestimmt erlebt werden kann, sondern auch extrinsische Motivation" (Rustemeyer, 2004, S. 34). Und genau dies – der Grad erlebter Selbstbestimmung bzw. Autonomie – erscheint für die Effekte der Motivation zentral. Zahlreiche empirische Befunde – nicht nur im pädagogischen Bereich – sprechen für diese Konzeption (im Überblick vgl. auch Reeve, 2002; Ryan & Deci, 2000). Im schulischen Kontext zeigt sich verschiedentlich, dass auf mehr Selbstbestimmung basierende Formen der Motivation (identifizierte, integrierte und intrinsische Regulation) in aller Regel einhergehen mit beispielsweise *grösserer Anstrengung* (Ryan & Connell, 1989; Vallerand, Blais, Brière & Pelletier, 1989), *besserer Konzentration* (Vallerand et al., 1989; Vallerand et al., 1993), *positiveren Emotionen* im Zusammenhang mit Schule und Lernen (Ryan & Connell, 1989; Vallerand et al., 1993), *günstigeren Copingstrategien* beim Umgang mit Misserfolg (Ryan & Connell, 1989), *optimistischeren Perspektiven* hinsichtlich der eigenen Schulkarriere (Vallerand et al., 1993), *seltenerem Kursabbruch* (*drop out*) und *Streben nach höherwertigen Schulabschlüssen* (Vallerand & Bissonette, 1992; Vallerand, Foretier & Guay, 1997). Bei autonomeren Formen der Motivation finden sich im Vergleich zu heteronomeren Formen (external, introjiziert) auch *bessere Leistungen* (Black & Deci, 2000; Fortier, Vallerand & Guay, 1995; Miserandiono, 1996). Insbesondere dann, wenn *verstehensorientierteres (konzeptuelles) Lernen* gefragt ist (Grolnick & Ryan, 1987).

Die Qualität der Lernmotivation bzw. der Grad erlebter Selbstbestimmung scheint also, wie postuliert, insbesondere qualitativ anspruchsvolles Lernen zu fördern bzw. kann als *eine* zentrale Voraussetzung dafür erachtet werden (Deci & Ryan, 1993; Krapp & Ryan, 2002). Überdies sind auf mehr Selbstbestimmung basierende Formen der Motivation, wie dargestellt, mit einer Reihe weiterer pädagogisch wünschenswerter Effekte verbunden, insbesondere grösserem Engagement im Unterricht. Für Furrer und Skinner (2003) ist Engagement ein Schlüsselkonstrukt in der Motivationsforschung, „because it is considered a primary pathway by which motivational processes contribute to learning and development. ... Engagement in school is an important academic outcome in its own right" (S. 149; vgl. auch Reeve, 2002; Skinner & Edge, 2002; Pintrich, 2003).

10.3   Unterrichtsgestaltung und Qualität der Lernmotivation

Wie kommen Schülerinnen und Schüler zu einer selbstbestimmteren Lernmotivation? Kann der Internalisierungsprozess im positiven Sinne beeinflusst werden?

In der Selbstbestimmungstheorie wird dezidiert die Meinung vertreten, dass der soziale Kontext die Ausbildung selbstbestimmterer Formen der Lernmotivation fördern, aber auch hemmen kann (Deci & Ryan, 1993; Krapp & Ryan, 2002; Lewalter, Krapp & Wild, 2000). Entscheidende Bedeutung für die Entwicklung bzw. das Auftreten selbstbestimmterer Formen der Lernmotivation (intrinsisch, integriert, identifiziert) wird der *Befriedigung dreier grundlegender psychologischer Bedürfnisse* (*basic human needs*) beigemessen: *Autonomie, Kompetenz* und *soziale Eingebundenheit*. Was ist damit gemeint?

- *Autonomie:* Menschen streben danach, ihre Handlungen als selbstbestimmt wahrzunehmen, frei von äusserem Druck und inneren Zwängen. Menschen möchten das Gefühl haben bzw. erleben, dass sie Dinge aus freien Stücken tun oder lassen.
- *Kompetenz:* Menschen streben danach, ihre Umwelt zu verstehen, vorherzusagen und vor allem ihren Intentionen gemäss beeinflussen zu können. Menschen wollen sich als „wirksam" wahrnehmen.
- *Soziale Eingebundenheit:* Menschen wollen in einem Milieu leben, in dem sie sich sicher, akzeptiert, den anderen verbunden und von diesen unterstützt fühlen.

Für die Entwicklung einer intrinsischen Motivation erscheinen insbesondere das Erleben von Autonomie und Kompetenz zentral, für den Internalisierungsprozess im Bereich der extrinsischen Motivation ist überdies das Gefühl sozialer Eingebundenheit von entscheidender Bedeutung (Ryan & Deci, 2002). Je besser es Schule und Unterricht gelingt, diese Bedürfnisse zu befriedigen bzw. die Befriedigung der Bedürfnisse zu unterstützen, desto günstigere Voraussetzungen sind gegeben, dass Schülerinnen und Schüler selbstbestimmtere Formen der Lernmotivation entwickeln. Prenzel und Drechsel (1996) machen unter Verweis auf Theorien und Befunde aus der Forschung zu Lernmotivation, Interesse und konstruktivistischen Lehr- und Lernmodellen auf drei weitere Merkmale aufmerksam, die ihrer Ansicht nach zu einer Verbesserung der Qualität der Lernmotivation im Unterricht beitragen: *inhaltliche Relevanz des Stoffes, Instruktionsqualität des Unterrichts* sowie *inhaltliches Interesse der Lehrenden.*

Was könnte bei der Unterrichtsgestaltung konkret getan werden, um den sechs Punkten Rechnung zu tragen? Prenzel und Drechsel (1996, S. 220) geben hierfür Beispiele:

- *Autonomieunterstützung:* zum Beispiel Wahlmöglichkeiten, Spielräume, Unterstützung von selbstständigem Erkunden, Planen, Handeln, Lernen.

- *Kompetenzunterstützung:* zum Beispiel Rückmeldungen aus der Sache, informierendes Feedback, individuelle Bezugsnormorientierung.
- *Soziale Einbindung:* zum Beispiel kollegialer Umgang, Empathie, kooperatives Arbeiten, entspannte, freundliche Lernatmosphäre.
- *Inhaltliche Relevanz des Stoffes:* zum Beispiel Anwendungsbezüge, Realitätsnähe, Verknüpfungen über Fächer, Lernsituationen und Lernorte.
- *Instruktionsqualität:* zum Beispiel gezieltes Situieren, Handlungsorientierung, abstrahierendes Vorgehen, klare Struktur, Verständlichkeit.
- *Inhaltliches Interesse der Lehrenden:* zum Beispiel Ausdrücken von Empfindungen, Engagement, Enthusiasmus bei der Stoffvermittlung.

Wichtig ist es, im Auge zu behalten, dass die verschiedenen Merkmale der Unterrichtsgestaltung von den Schülerinnen und Schülern auch entsprechend wahrgenommen werden müssen. Die inhaltliche Relevanz des Stoffes beispielsweise mag von „aussen" oder von der Lehrperson her betrachtet unbestritten und hoch sein, die Schülerinnen und Schüler sehen oder empfinden dies jedoch ganz anders. Prenzel und Drechsel (1996) sprechen denn unter anderem auch von *wahrgenommener* Instruktionsqualität und *wahrgenommener* Kompetenzunterstützung. Auf die zentrale Bedeutung der subjektiven Perspektive verweisen unter anderem auch Grolnick, Gurland, Jacob und Decourcey (2002), Lepper und Henderlong (2000), Rakoczy (2006) wie auch Ryan und Deci (2002).

Zum heutigen Zeitpunkt existiert eine Fülle empirischer Befunde, welche die postulierten Zusammenhänge zwischen Kontext- bzw. Unterrichtsgestaltung und Qualität der Lernmotivation belegen: Je günstiger die Ausprägung der Merkmale im erwähnten Sinne, desto besser die Qualität der Lernmotivation. Man beschränkte sich in einigen Studien keineswegs „nur" auf die Schülerperspektive, sondern es wurde teilweise auch experimentell gearbeitet oder „objektive(re)" Unterrichtsbeurteilungen (Videoanalysen des Unterrichts, Unterrichtsbeobachtung) wurden mit der Qualität der Lernmotivation in Beziehung gesetzt (vgl. etwa Rakoczy, 2006; Seidel, Rimmele & Prenzel, 2003). In den wenigsten Studien wurden indes alle sechs Merkmale gleichzeitig berücksichtigt. Vielfach beschränkte man sich auf einzelne. Besonders gut erforscht ist die Autonomieunterstützung (im Überblick Reeve, 2002). Deci, Eghrari, Patrick und Leon (1994) konnten in einer experimentellen Studie zudem zeigen, dass sich selbst kleine Autonomiespielräume positiv auswirken. Weitere Überblicke hinsichtlich der *basic human needs* finden sich bei Ryan (1995) bzw. Ryan und Deci (2000). Im Rahmen des DFG-Schwerpunktprogramms „Lehr-Lern-Prozesse in der kaufmännischen Erstausbildung" konnten entsprechende Zusammenhänge auch für die anderen drei Merkmale nachgewiesen werden (unter anderem Prenzel & Drechsel, 1996; Prenzel, Kramer & Drechsel, 2001).

10.4 Fragestellungen

Alles in allem scheint die Befundlage zur Selbstbestimmungstheorie überzeugend zu sein. Anzumerken ist allerdings, dass es sich bei einigen vor allem älteren Studien um Querschnittuntersuchungen handelt, womit die Frage der Wirkrichtung letztlich offen bleibt. Zudem wurden in den allermeisten bisherigen Untersuchungen die verschiedenen Qualitätsformen der Lernmotivation mittels spezifischer Skalen, basierend auf geschlossenen

Items, erhoben. Im pädagogischen Kontext spielten vor allem in den frühen Studien (auch im deutschen Sprachraum) die Instrumente von Ryan und Connell (1989) bzw. Vallerand et al. (1992, 1993) eine zentrale Rolle. Aus verschiedenen Gründen[3] entschieden wir uns 1997 in Zürich einen anderen Weg zu gehen: Es sollte versucht werden, *die Qualität der Lernmotivation aus freien Äusserungen von Schülerinnen und Schülern* zu ermitteln (vgl. Buff, 2001). Die Ergebnisse insgesamt schienen so ermutigend zu sein, dass eine unseres Erachtens verbesserte Variante der damaligen Vorgehensweise auch in der vorliegenden Studie eingesetzt wurde.[4]

Ziel der nachfolgenden Darstellungen ist es unter Verwendung dieses alternativen methodischen Zugangs folgende drei Fragen zu prüfen:

1. Wie steht es um die Qualität der Lernmotivation bzw. deren Veränderung gegen Ende der Sekundarstufe I?
2. Zeigen sich die positiven Zusammenhänge zwischen einer entsprechend wahrgenommenen Unterrichtsgestaltung (vgl. oben) und der Qualität der Lernmotivation?
3. Besteht ein positiver Zusammenhang zwischen der Qualität der Lernmotivation einerseits und dem Engagement andererseits?

Hinsichtlich der zweiten und dritten Frage werden nicht nur positive Beziehungen unter quer- bzw. längsschnittlicher Perspektive (im Sinne von prognostischer Relevanz) erwartet, sondern auch günstige Effekte auf die *Entwicklung* der Qualität der Lernmotivation bzw. des Engagements.

10.5 Methode

10.5.1 Stichprobe

Beim nachfolgend verwendeten Datensatz handelt es sich um ein nichtrepräsentatives Subsample der Swiss Video Study ($N=641$ Schülerinnen und Schüler der Deutschschweiz; 53% weiblich, 47% männlich; 47 Klassen (durchschnittliche Klassengrösse: $n \sim 13.5$, min. $n=7$, max. $n=20$)), dessen Klassen im 8. und 9. Schuljahr an der Studie teilnahmen und auf der hier primär interessierenden Variablen (Qualität der Lernmotivation) gültige Werte aufweisen. Zudem durfte vom 8. zum 9. Schuljahr kein Wechsel der Lehrperson stattgefunden haben. Das Durchschnittsalter im 8. Schuljahr betrug ca. 14.8 Jahre. 69% der Schülerinnen und Schüler besuchten einen Schultyp mit erweiterten Anforderungen (Sekundarschule, Gymnasium) 31% einen Schultyp mit Grundanforderungen (Realschule).

---

3 Unter anderem erachteten wir die damals vorliegenden Instrumente aufgrund des Alters unserer Zielgruppe (8. und 9. Schuljahr) als wenig geeignet.
4 Auf einige wesentliche Unterschiede zwischen den beiden Varianten wird, soweit es der Platz gestattet, im Methodenteil jeweils in Fussnoten hingewiesen.

10.5.2 Qualität der Lernmotivation

Um Hinweise auf die Qualität der Lernmotivation zu erhalten, stellten wir den Schülerinnen und Schülern nach einer Einleitung – „Es gibt verschiedene Gründe, warum Schülerinnen und Schüler in der Schule lernen, sich anstrengen, im Unterricht mitmachen usw." – folgende Frage: „Wenn Du für Mathematik etwas machst, warum tust du das dann?" Danach folgte die Aufforderung: „Bitte schreibe nachfolgend auf, warum" (5 leere Zeilen).[5]

Um ein globales Mass für die Qualität der Lernmotivation zu erhalten, wurde in vier Schritten (vgl. unten) ein *„Autonomieindex"* gebildet, der es wie der „Relative Autonomy Index" (RAI) (Grolnick & Ryan, 1987) erlauben soll, die einzelnen Individuen entsprechend ihrem Grad an Selbstbestimmung auf einem Kontinuum zu lokalisieren (vgl. Abbildung 10.1). Wie Vallerand (1997) ausführt, hat sich der RAI gut bewährt, wenn Zusammenhänge zwischen Selbstbestimmung und anderen Grössen in eher globalem Sinne interessieren.

Der *erste* Schritt bestand in der *Zerlegung der gesamten Äusserungen in einzelne Gründe* (in Klammern jeweils die Angaben für das 9. Schuljahr). Zuerst identifizierten 2 (2) Personen die Anzahl der ihrer Ansicht nach vorhandenen einzelnen Gründe und markierten diese mit unterschiedlichen Farben. Hierbei beschränkte man sich aus pragmatischen Überlegungen auf die Identifikation der ersten drei Gründe. Insgesamt wurden im 8. (9.) Schuljahr bei 258 (329) Schülerinnen und Schülern ein, bei 280 (224) zwei und bei 103 (88) drei Gründe identifiziert. Als (grobes) Mass für die Übereinstimmung zwischen den beiden Urteilenden wurde die (unjustierte) Intraklassenkorrelation (ICC; vgl. Bortz & Döring, 1995) bezogen auf die Anzahl identifizierter Gründe berechnet. Das Ergebnis ist (insbesondere im 9. Schuljahr) zufriedenstellend: $ICC = .65$ (.81); $ICC_{MW} = .79$ (.89); vollkommene Übereinstimmungen rund 71% (83%). In beiden Jahren wurde im Falle gleicher Anzahl identifizierter Gründe jeweils ein Vergleich der markierten Textstellen durchgeführt, und auch hier ergab sich weitestgehende Übereinstimmung. Nach Bereinigung der Differenzen wurden die einzelnen Texte entsprechend der Anzahl genannter Gründe vervielfacht und die im nächsten Schritt zu kategorisierenden Textteile im Gesamttext farbig markiert. Eine Schülerin oder ein Schüler konnte entsprechend der Anzahl identifizierter Gründe im Datensatz des nächsten Schrittes also mehrmals vorkommen.

Der *zweite* Schritt bestand in der *inhaltlichen Kategorisierung* der ermittelten Gründe. Die 1127 (1041) Gründe wurden zufällig in zwei Hälften gesplittet. Jede Hälfte wurde anschliessend von je einem 2er-Team (3er-Team) neuer Personen anhand des folgenden, aufgrund der Erfahrungen in der ersten Studie überarbeiteten Kategoriensystems codiert.[6]

---

5   In der Vorstudie wurden die Schülerinnen und Schüler explizit aufgefordert, einen, zwei, aber maximal drei Gründe zu nennen und für jeden Grund eine speziell vorgezeichnete und nummerierte Linie zu benutzen. Dies kann zum Problem führen, dass jemand zunächst spontan zwar einen oder zwei ihm relevant erscheinende Gründe nennt, danach aber die Möglichkeit, noch mehr Gründe nennen zu können, als Aufforderung missversteht und nur noch Hypothesen generiert darüber, was auch noch eine Rolle spielen könnte (Ericsson & Simon, 1980, 1984; Nisbestt & Wilson, 1977). Die neue Variante verzichtet daher gänzlich auf spezielle Vorgaben bzw. Vorstrukturierungen (sieht man von der Anzahl freier Linien ab).

6   Aus Platzgründen kann hier nicht auf die Änderungen im Vergleich zur Vorstudie eingegangen werden (vgl. hierzu Buff, 2001).

(1) *Positive Emotionen:* Äusserungen, in denen positive Emotionen in Verbindung mit dem Fach bzw. den darin stattfindenden Tätigkeiten zum Ausdruck gebracht werden (Beispiel: „... weil ich Mathematik gern habe").

(2) *Interesse:* Es wird hier explizit das Interesse am Fach bzw. an den darin stattfindenden Tätigkeiten zum Ausdruck gebracht (Beispiel: „... weil mich Mathematik interessiert").

(3) *Kompetenzgewinn:* Das Anliegen, Mathematik zu verstehen, zu beherrschen oder allgemein dazuzulernen stehen im Vordergrund, wobei unmittelbar keine weiteren über dieses Anliegen hinausgehenden instrumentellen Aspekte (... um zu ...) genannt werden (Beispiel: „... weil ich es können möchte").

(4) *Relevanz:* Entscheidend ist hier, dass der Mathematik bzw. mathematischen Kompetenzen eine allgemeine oder persönliche Relevanz zugesprochen wird (Beispiel: „... weil Mathematik wichtig ist").

(5) *Nutzen:* Der Mathematik bzw. mathematischen Kompetenzen wird ein allgemeiner oder persönlicher Nutzen (... um zu ...) zugesprochen (Beispiel: „... ich will Ingenieur werden").

(6) *Selbstdiagnose positiv:* Eine (implizit oder explizit) positive Selbsteinschätzung kommt zum Ausdruck (Beispiel: „... weil ich in Mathe gut bin").

(7) *Selbstdiagnose negativ:* Äusserungen, in denen eine negative Selbsteinschätzung zum Ausdruck gebracht wird (Beispiel: „... weil ich in Mathematik Mühe habe").

(8) *Wunsch nach Verbesserung:* In diese Kategorie fallen Äusserungen in denen der Wunsch nach Verbesserung der Kompetenzen, besseren Noten und Ähnlichem zum Ausdruck gebracht wird (Beispiel: „... um besser zu werden").

(9) *Gut sein:* „Gut sein" bzw. gute Noten zu erhalten oder zu erreichen ist ein Anliegen oder „Mittel zum Zweck" zur Erlangung positiver Konsequenzen (Beispiel: „... weil ich gute Noten möchte").

(10) *Nicht schlecht sein:* „Nicht schlecht sein" bzw. keine schlechten/ungenügenden Noten zu haben oder diese zu verhindern, ist ein Anliegen oder „Mittel zum Zweck" zur Vermeidung einer negativen Konsequenz (Beispiel: „... weil ich keinen schlechten Schnitt möchte").

(11) *Gratifikationen, Sanktionen, Druck, Zwang und Erwartungen:* Äusserungen, in denen zum Ausdruck kommt, dass materielle oder soziale Gratifikationen bzw. Sanktionen, Erwartungen der sozialen Umgebung, Druck oder Zwang wesentliche Faktoren des Engagements darstellen (Beispiel: „... weil ich muss").

(12) *Restkategorie.*

Zur Prüfung der Güte der Übereinstimmung diente Cohens κ (vgl. Bortz & Döring, 1995). Die erreichten Werte können als gut bis sehr gut angesehen werden: κ *Md* = .82 (.81).

Der *dritte* Schritt bestand in der empirischen *Ermittlung der Autonomiereferenzwerte für die einzelnen Kategorien.*[7] Fünf neue Personen, die mit der Selbstbestimmungstheorie vertraut waren, wurden gebeten, die Inhaltskategorien aufgrund ihrer Beschreibung auf einer Skala von 6 (*weitgehend autonom, selbstbestimmt*) bis 1 (*weitgehend kontrol-*

---

7   Die Zuordnung der einzelnen Kategorien zu bestimmten Qualitätsstufen der Motivation wurde in der Vorstudie allein aufgrund theoretischer Überlegungen vorgenommen.

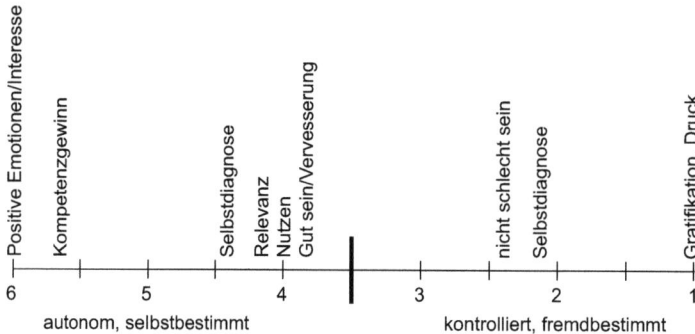

Abbildung 10.2: Lokalisation der Kategorien auf dem Selbstbestimmungskontinuum

liert, fremdbestimmt) anzuordnen. Die Übereinstimmung kann aufgrund der ICC-Werte (unjustiert) als gut betrachtet werden: $ICC=.87$, $ICC_{MW}=.97$. Abbildung 10.2 zeigt die Positionierung der einzelnen Kategorien auf dem Kontinuum „selbstbestimmt – fremdbestimmt". Die Mittelwerte (Durchschnittswert der fünf Ratings) und die Standardabweichungen für die einzelnen Kategorien betragen dabei: „Positive Emotionen" und „Interesse", $M=6.0$ ($SD=0$); „Kompetenzgewinn", $M=5.6$ ($SD=.55$); „Selbstdiagnose positiv", $M=4.4$ ($SD=.55$); „Relevanz", $M=4.2$ ($SD=45$); „Nutzen", $M=4.0$ ($SD=.71$); „Gut sein", $M=3.8$ ($SD=1.3$); „Wunsch nach Verbesserung", $M=3.8$ ($SD=.87$); „Nicht schlecht sein", $M=2.4$ ($SD=.55$), „Selbstdiagnose negativ", $M=2.2$ ($SD=.45$); „Druck usw.", $M=1$ ($SD=0$).

Die eigentliche Indexbildung erfolgte im *vierten* Schritt. Jedem genannten Grund wurde der entsprechende Referenzwert zugeordnet, diese Referenzwerte wurden pro Person aufsummiert und durch die Anzahl der Gründe dividiert. Die Restkategorie wurde dabei nicht berücksichtigt und ebenso wurde auch keine Gewichtung hinsichtlich der Reihenfolge der Gründe vorgenommen. Jede Schülerin bzw. jeder Schüler erhielt so einen Wert zwischen 6 (*weitgehend autonom, selbstbestimmt*) und 1 (*weitgehend kontrolliert, fremdbestimmt*).[8]

10.5.3 Weitere in die Analysen einbezogene Instrumente

Angaben zur *Unterrichtsgestaltung aus Sicht der Schülerinnen und Schüler* wurden mittels folgender sechs Skalen erhoben: „Gestaltung der Lernwege" (3 Items, Beispiel: „Im Mathematikunterricht können wir selber entscheiden, woran wir arbeiten wollen." $\alpha=.64$), „Vermittlung von Problemlösestrategien" (6 Items, Beispiel: „Im Mathematikunterricht zeigt uns der Lehrer, wie wir Aufgaben erfolgreich lösen können." $\alpha=.82$), „Beziehung zur Lehrperson" (5 Items, Beispiel: „Ich glaube mein Mathematiklehrer mag mich." $\alpha=.81$), „Alltagsbezug des Unterrichts" (5 Items, Beispiel: „Unser Mathematiklehrern zeigt uns an Beispielen aus dem täglichen Leben, wozu man Mathematik brauchen

---

8 In der Vorstudie wurden die Schülerinnen und Schüler hinsichtlich der Qualität ihrer Lernmotivation nicht auf einem Kontinuum positioniert, sondern anhand der Kombination der genannten Gründe distinkten Gruppen zugeordnet.

kann." α=.82), „Motivierfähigkeit" (3 Items, Beispiel: „Unser Mathematiklehrer kann auch trockenen Stoff richtig interessant machen." α=.83), „Erklärkompetenz" (6 Items, Beispiel: „Der Mathematiklehrer vergisst beim Erklären oft wichtige Dinge." α=.82). Die Erhebung der Unterrichtswahrnehmung durch die Schülerinnen und Schüler erfolgte lediglich im 8. Schuljahr.

Das Engagement im Mathematikunterricht wurde im 8. und im 9. Schuljahr erhoben (6 Items, Beispiel: „Im Mathematikunterricht arbeite ich immer konzentriert mit." α=.77 bzw. .82). In der Skala thematisiert werden die Aspekte der Konzentration und der Anstrengung.[9]

Das Antwortformat war in allen Fällen 4-stufig in der Form „stimmt genau", „stimmt eher", „stimmt eher nicht" und „stimmt gar nicht" (Ausnahme Lernwege: „häufig", „manchmal", „selten", „nie"). Die Skalenbildung erfolgte jeweils durch Summation der (nötigenfalls umgepolten) Items. Sämtliche Skalenwerte sind auf das ursprüngliche Antwortformat 1-4 transformiert. Höhere Werte indizieren mehr Spielraum in der Gestaltung der Lernwege, mehr Alltagsbezug, höheres Engagement usw.

10.6 Ergebnisse

Die Ergebnisdarstellung gliedert sich in vier Teile. Zuerst interessiert, welche Gründe die Schülerinnen und Schüler für ihr Engagement überhaupt nennen. Der zweite Teil beinhaltet eine Darstellung der Qualität der Lernmotivation im 8. und 9. Schuljahr und deren Veränderung. Im dritten Teil gilt die Aufmerksamkeit den Zusammenhängen zwischen wahrgenommener Unterrichtsgestaltung und der Qualität der Lernmotivation. Zum Schluss steht die Beziehung zwischen der Qualität der Lernmotivation und dem Engagement im Zentrum des Interesses.

10.6.1 Warum engagieren sich die Schülerinnen und Schüler im Fach Mathematik?

Tabelle 10.1 zeigt die Verteilung der Antworten auf die verschiedenen Kategorien insgesamt sowie nach Geschlecht und Schultyp separiert. Im 8. wie auch im 9. Schuljahr nennen die Schülerinnen und Schüler für ihr Engagement in Mathematik vor allem Gründe aus den Bereichen „Nutzen", „Gut sein", „Kompetenzgewinn" (vor allem 8. Schuljahr), „Gratifikation, Druck usw." sowie „Positive Emotionen/Interesse". Andere Gründe scheinen quantitativ gesehen eher eine untergeordnete Rolle zu spielen.

Betrachtet man Knaben und Mädchen, so zeigt sich in beiden Schuljahren ein ähnliches Bild: Knaben betonen stärker den „Nutzen", bei den Mädchen finden sich mehr Äusserungen aus dem Bereich „Gut sein". Hinsichtlich der Kategorien „Positive Emotionen/Interesse", „Gratifikation, Druck usw." und „Kompetenzgewinn" sind die Unter-

---

9   Die hier verwendete Konzeption von Engagement unterscheidet sich von derjenigen bei Reeve (2002) oder Stipek (2002). Letztere setzt sich aus einer behavioralen *und* einer affektiven Komponente zusammen: „Engagement refers to the intensity and emotional quality of students' involvement during learning" (Reeve, 2002, S.194).

Tabelle 10.1: Gründe für das Engagement im Fach Mathematik im 8. und 9. Schuljahr

	Total		Geschlecht				Schultyp			
			w		m		GA		EA	
Schuljahr	8.	9.	8.	9.	8.	9.	8.	9.	8.	9.
N =	1127	1041	638	581	489	460	307	295	820	746
Positive Emotionen	8.4	9.6	6.4	8.8	11.0	10.7	8.8	9.8	8.3	9.5
Interesse	3.4	6.1	3.4	6.2	3.3	6.1	1.6	2.4	4.0	7.6
Kompetenzgewinn	12.0	7.3	12.5	8.6	11.2	5.7	15.6	7.8	10.6	7.1
Relevanz	3.4	3.0	4.4	2.9	2.0	3.0	5.2	4.7	2.7	2.3
Nutzen	33.5	32.9	28.8	26.7	39.9	40.9	44.0	45.8	29.6	27.9
Selbstdiagnose positiv	1.6	3.0	1.6	2.8	1.6	3.3	1.6	2.4	1.6	3.2
Selbstdiagnose negativ	1.2	0.8	1.7	1.2	0.4	0.2	1.0	1.0	1.2	0.7
Wunsch nach Verbesserung	4.1	1.9	4.4	2.8	3.7	0.9	1.6	1.7	5.0	2.0
Gut sein!	14.6	18.7	16.8	20.8	11.7	16.1	6.5	11.5	17.6	21.6
Nicht schlecht sein!	3.1	3.1	4.2	4.1	1.6	1.7	1.3	2.0	3.8	3.5
Gratifikationen, Druck usw.	14.0	13.2	15.2	14.8	12.5	11.1	12.4	10.8	14.6	14.1
Rest	0.8	0.4	0.6	0.3	1.0	0.4	0.3	0.0	1.0	0.5

Anmerkungen:
Angaben in %; 100% entsprechen jeweils dem Total der Nennungen (*N*), d.h. Schülerinnen und Schüler mit mehr als einer Antwort sind entsprechend mehrmals berücksichtigt; GA: Schultyp mit Grundanforderungen, EA: Schultyp mit erweiterten Anforderungen; w: weiblich, m: männlich

schiede gering. Bezüglich der Schultypen finden sich bei Schülerinnen und Schülern aus dem Schultyp mit Grundanforderungen deutlich mehr Äusserungen in den Kategorien „Nutzen" sowie „Kompetenzgewinn" (8. Schuljahr), bei denjenigen aus dem Schultyp mit erweiterten Anforderungen in den Bereichen „Gut sein", „Gratifikation, Druck usw." (8. Schuljahr) sowie „Positive Emotionen/Interesse" (9. Schuljahr).

Insgesamt scheint das Kategoriensystem die Palette der genannten Gründe recht gut abzudecken, die Besetzung der Restkategorie ist in allen Fällen gering.

10.6.2 Qualität der Lernmotivation

Wie steht es um die Qualität der Lernmotivation bzw. deren Veränderung gegen Ende der Sekundarstufe I? Um diese Frage zu beantworten, wurde der Autonomieindex als Indikator für die Qualität der Lernmotivation herangezogen. Geschlecht und Schultypenzugehörigkeit wurden in den Analysen mitberücksichtigt, da sich bei den genannten Gründen gewisse Differenzen angedeutet hatten.[10]

---

10 Der Mehrebenencharakter der Daten wurde vorerst vernachlässigt. Dies erscheint aufgrund des in erster Line deskriptiven Charakters der Analyse vertretbar. Zudem liegt der Designeffekt für die Variable „Qualität der Lernmotivation" im 8. und 9. Schuljahr mit 1.68 bzw. 1.54 jeweils deutlich unter 2, was auch bei Nichtberücksichtigung der hierarchischen Struktur der Daten zu keinen schwerwiegend irreführenden Schlussfolgerungen führen dürfte (Hox & Maas, 2002).

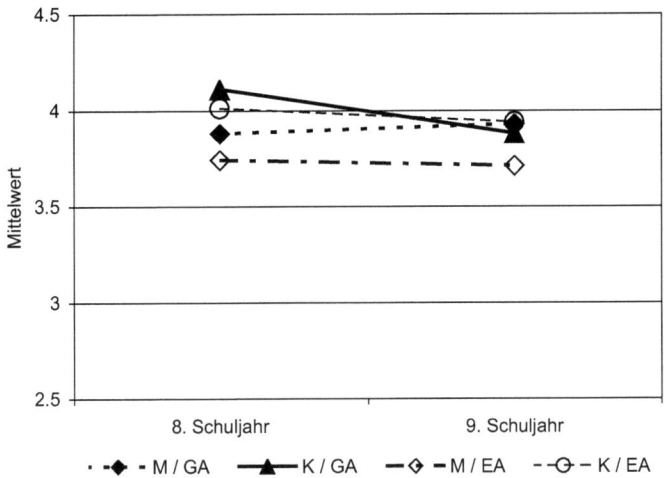

Abbildung 10.3: Qualität der Lernmotivation im 8. und 9. Schuljahr

Abbildung 10.3 zeigt die Mittelwerte der 641 Schülerinnen und Schüler im 8. und 9. Schul-jahr getrennt nach Geschlecht (M=Mädchen, K=Knaben) und Schultyp (GA=Grund-anforderungen, EA=erweiterte Anforderungen). Zu beachten ist, dass nicht der gesamte Wertebereich des Autonomieindexes (1=kontrolliert, fremdbestimmt – 6=autonom, selbstbestimmt) dargestellt ist.

Zu beiden Messzeitpunkten liegen die Mittelwerte leicht über dem theoretischen Mittel-wert der Skala von 3.5, was bedeutet, dass die Qualität der Lernmotivation im Durch-schnitt in Richtung Selbstbestimmung/Autonomie tendiert. Bezogen auf das 8. Schuljahr findet sich hier – auch wenn die Ergebnisse aufgrund der unterschiedlichen Verarbeitung der Daten nur bedingt vergleichbar sind (vgl. oben) – eine Parallele zum Ergebnis der Vorstudie (Buff, 2001). In der zahlenmässigen Besetzung der einzelnen Qualitätsstufen der Lernmotivation deutet sich auch dort eine Tendenz in Richtung Selbstbestimmung/ Autonomie an.

Vom 8. zum 9. Schuljahr sind weder insgesamt noch in den einzelnen Gruppen bedeut-same Veränderungen festzustellen, und die Unterschiede zwischen den einzelnen Grup-pen sind in beiden Schuljahren marginal. Andeutungsweise, insbesondere im 8. Schul-jahr, zeigt sich ein Unterschied zwischen den Geschlechtern: Bei den Mädchen ist die Qualität der Lernmotivation insgesamt leicht tiefer als bei den Knaben. Geschlecht und insbesondere Schultyp scheinen hier jedoch als Hintergrundvariablen zur Erklärung der Qualität der Lernmotivation bzw. deren Entwicklung von eher untergeordneter Bedeutung zu sein.[11] Dass sich im Durchschnitt kaum etwas verändert, darf aber nicht zum Fehl-schluss verleiten, dass dies auch bei den einzelnen Individuen der Fall sei. Anzeichen für

---

11 Die Ergebnisse basieren auf einer 2 (Qualität Lernmotivation: 8. bzw. 9. Schuljahr) x 2 (Geschlecht: Mädchen, Knaben) x 2 (Schultyp: Grundansprüche, erweiterte Ansprüche)-faktoriellen Varianzanaly-se mit Messwiederholung auf dem ersten Faktor. Allein der Haupteffekt Geschlecht ist knapp signifikant $[F(1, 637)=4.10, p < .04$, partiales $\eta^2=.01]$. Der geringe η^2-Wert lässt aber auch diesen Effekt als vernachlässigbar erscheinen.

eine vorhandene Dynamik ist die relativ tiefe Korrelation der beiden Autonomieindizes ($r = .26$).[12]

10.6.3 Wahrgenommene Unterrichtsgestaltung und Qualität der Lernmotivation

Da die Studie nicht explizit vor dem Hintergrund der Selbstbestimmungstheorie geplant wurde, können die dort genannten relevanten Unterrichtsaspekte von Autonomie- und Kompetenzunterstützung sowie erlebter sozialer Eingebundenheit nachfolgend lediglich ansatzweise durch mehr oder weniger dafür indikative Variablen operationalisiert werden. Ähnlich verhält es sich insbesondere mit der von Prenzel und Drechsel (1996) genannten Dimension „Inhaltliches Interesse der Lehrperson". Ausgegangen wird von folgenden Zuordnungen: Die Möglichkeit der individuellen (räumlich und zeitlichen) *Gestaltung der eigenen Lernwege* wird als eine Form der Autonomieunterstützung betrachtet. Die *Vermittlung von Problemlösestrategien* kann als ein Weg der Kompetenzunterstützung aufgefasst werden und die *Beziehung zur Lehrperson* stellt einen wichtigen „klimatischen" Aspekt des Unterrichts dar und kann als ein Indikator für die erlebte soziale Eingebundenheit interpretiert werden. Der *Alltagsbezug des Unterrichts* erleichtert die Wahrnehmung der inhaltlichen Relevanz des Lehrstoffs, die *Fähigkeit zu motivieren* wird als Anzeichen für den Enthusiasmus der Lehrperson bei der Stoffvermittlung interpretiert und *Erklärkompetenz der Lehrperson* schliesslich wird als indikativ für die Klarheit und Strukturiertheit des Unterrichts erachtet. Je positiver die Unterrichtsgestaltung in den Augen der Schülerinnen und Schüler hinsichtlich der genannten Merkmale, desto günstiger müssten die Effekte bezüglich der Qualität der Lernmotivation bzw. deren Entwicklung ausfallen.

Wie erste, aus Platzgründen nicht näher dargestellte Analysen zeigen, ist die Interkorrelation zwischen den Skalen (ohne Lernwege[13]) teilweise beträchtlich (zwischen $r = .40$ und $r = .64$, im Durchschnitt um .50). Damit besteht die Gefahr von Multikollinearitätsproblemen bei simultaner Berücksichtigung aller Merkmale in Regressionsanalysen. Zudem stellt sich grundsätzlich die Frage, wie weit die verschiedenen Skalen Unterschiedliches messen oder ob sie nicht besser als Indikatoren eines globaleren Konstrukts betrachtet werden sollten. Vor diesem Hintergrund wird in den nachfolgenden korrelativen Analysen neben den sechs Einzelskalen auch die „Superskala" „Motivierungsqualität des Unterrichts mitberücksichtigt".[14]

Tabelle 10.2 zeigt die *korrelativen Beziehungen* (Pearson) zwischen den von den Schülerinnen und Schülern perzipierten Unterrichtsmerkmalen im 8. Schuljahr sowie der Qualität der Lernmotivation im 8. und 9. Schuljahr.[15] Mit Ausnahme des Merkmals

---

12 Für die tiefe Korrelation könnten allerdings (zumindest partiell) auch Reliabilitätsprobleme bei der Erfassung der Qualität der Lernmotivation eine Rolle spielen. Hierauf wird in der Diskussion noch eingegangen.

13 Die Korrelationen mit den anderen Skalen sind hier generell tiefer und reichen von r = .17 bis immerhin r = .55.

14 Dass sich ein Zusammenzug der sechs Einzelskalen rechtfertigt, belegt eine entsprechende explorative Faktoren- und eine Reliabilitätsanalyse. Erstere zeigt, dass alle sechs Skalen auf einem gemeinsamen Faktor laden (Ladungen zwischen .85 und .46, 53% aufgeklärte Varianz), in Letzterer wird eine befriedigende Reliabilität der „Superskala" deutlich ($\alpha = .81$; Trennschärfen zwischen .33 und .73).

15 In Anbetracht des wiederum primär deskriptiven Charakters der Analyse, wurde auch hier vorerst auf eine Mehrebenenanalyse verzichtet.

Tabelle 10.2: Wahrgenommene Unterrichtsmerkmale und Qualität der Lernmotivation im 8. und 9. Schuljahr

	Qualität der Lernmotivation 8. Schuljahr	Qualität der Lernmotivation 9. Schuljahr
Lernwege	.06	.06
Problemlösestrategien	.16***	.15***
Beziehung Lehrperson	.12**	.16***
Alltagsbezug	.15***	.14***
Motivierfähigkeit	.14***	.16***
Erklärkompetenz	.13**	.16***
Motivierungsqualität des Unterrichts	.17***	.20***

Anmerkungen:
N zwischen 630 und 640; * $p < .05$, ** $p < .01$, *** $p < .001$

„Lernwege" korrelieren sämtliche anderen Unterrichtsmerkmale signifikant positiv mit der Qualität der Lernmotivation. Dies bedeutet, dass der Grad erlebter Selbstbestimmung mit zunehmendem Ausmass der Wahrnehmung der entsprechenden Unterrichtsmerkmale ansteigt.[16] Bemerkenswert erscheint insbesondere, dass sich die Korrelationswerte über den Zeitraum von rund einem Jahr kaum verändern. Wie sich zudem zeigt, unterscheiden sich die Korrelationskoeffizienten der einzelnen Unterrichtsmerkmale (mit Ausnahme des Merkmals „Lernwege") mit der Qualität der Lernmotivation in ihrer Grösse kaum, was aufgrund der beträchtlichen Interkorrelation nicht besonders erstaunt. Insgesamt repräsentiert die „Superskala" die vorhandenen Beziehungen zwischen den Einzelmerkmalen der Unterrichtsgestaltung und der Qualität der Lernmotivation zusammenfassend recht gut. Es scheint nicht so zu sein, dass bei alleiniger Verwendung dieses Globalindikators unstritig vorhandene Differenzen in den Beziehungen (mit Ausnahme der Variablen „Lernwege") grobfahrlässig missachtet würden. Daher und aus Gründen der Sparsamkeit der Modelle wird in den nachfolgenden Analysen lediglich der Globalindikator weiterverwendet.

Welchen Beitrag leistet die wahrgenommene Motivierungsqualität des Unterrichts zur Erklärung der Qualität der Lernmotivation der einzelnen Schülerinnen und Schüler im 8. bzw. 9. Schuljahr bei Kontrolle der Einflüsse von Schultyp und Geschlecht? Die interessierenden Koeffizienten sind in Tabelle 10.3 (Spalte 1 bzw. 2) grau unterlegt.[17] Ersichtlich wird, dass die wahrgenommene Motivierungsqualität des Unterrichts in beiden Fällen einen, wenn auch bescheidenen, Beitrag zur Erklärung der Qualität der Lernmotivation leistet.

Interessanter ist die Frage, ob die wahrgenommene Motivierungsqualität des Unterrichts auch einen positiven Einfluss auf die Veränderung der Qualität der Lernmotivation

---

16 Die Korrelationswerte verändern sich nur unwesentlich, wenn Geschlecht und Schultyp kontrolliert werden.

17 Die Mehrebenenanalysen wurden mit dem Programm MLwiN (Rasbash et al., 2002) durchgeführt. Dargestellt sind die Ergebnisse von Random-intercept-Modellen. Die von MLwiN ausgegebenen unstandardisierten Regressionskoeffizienten wurden zur besseren Vergleichbarkeit in β-Koeffizienten umgerechnet (Hox, 2002, S. 21). Die Signifikanzprüfungen basieren auf *t*-Werten (Hox, 2002, S. 43). Getestet wurde jeweils zweiseitig unter Verwendung der üblichen Signifikanzschwellen. Die Ermittlung der Varianzaufklärung (R^2) erfolgte unter Verwendung der von Snijders und Bosker vorgeschlagenen Korrektur (Hox, 2002, S. 68).

hat. Durch den Einbezug der Qualität der Lernmotivation im 8. Schuljahr können die Effekte der übrigen Prädiktoren als Wirkung auf die Veränderung der Qualität der Lernmotivation interpretiert werden (Satow, 2002; Trautwein, Köller & Baumert, 2004). Wie sich zeigt (vgl. Tabelle 10.3, Modell 3), ist dies der Fall: Eine positiv wahrgenommene Motivierungsqualität des Unterrichts im 8. Schuljahr wirkt sich günstig auf die Entwicklung der Qualität der Lernmotivation aus.

Tabelle 10.3: Wahrgenommene Motivierungsqualität des Unterrichts und Qualität der Lernmotivation

Prädiktoren (8. Schuljahr)	Modell 1 Lernmotivation 8. Schuljahr β	Modell 2 Lernmotivation 9. Schuljahr β	Modell 3 Lernmotivation 9. Schuljahr β
Individualebene			
Geschlecht (0 = w, 1 = m)	.09*	.04	.02
Motivierungsqualität Unterricht	.15***	.20***	.16***
Qualität der Lernmotivation			.22***
R^2	4%	4%	9%
Klassenebene			
Schultyp (0 = GA, 1 = EA)	-.03	-.01	-.01
R^2	24%	19%	25%

Anmerkungen:
β = standardisierte Regressionskoeffizienten; Geschlecht: w = weiblich, m = männlich; Schultyp: GA = Grundansprüche, EA = erweiterte Ansprüche; * $p < .05$, ** $p < .01$, *** $p < .001$; R^2 = aufgeklärte Varianz in %; $N = 630$

Die Effekte der wahrgenommenen Motivierungsqualität des Unterrichts sind insgesamt zwar eher bescheiden, die postulierten positiven Zusammenhänge können jedoch bestätigt werden. Bemerkenswert ist hierbei insbesondere das Ergebnis, dass sich die wahrgenommene Motivierungsqualität des Unterrichts auch auf die Veränderung der Qualität der Lernmotivation günstig auswirkt.

10.6.4 Qualität der Lernmotivation und Engagement

Wie eingangs dargestellt, finden sich empirische Belege dafür, dass sich mit steigender Qualität der Lernmotivation auch das Engagement der Schülerinnen und Schüler verbessert. Dieser Zusammenhang steht nachfolgend im Zentrum.

Die Analysestrategie hinsichtlich der Beziehung zwischen Qualität der Lernmotivation (im 8. Schuljahr) und Engagement ist dieselbe wie im vorangegangenen Abschnitt. Gerechnet wurden drei Modelle. Modell 1 untersucht den Zusammenhang querschnittlich, Modell 2 (im Sinne einer Prädiktion) längsschnittlich und in Modell 3 wird nach dem Effekt der Qualität der Lernmotivation auf die Veränderung des Engagements gefragt. In die Analysen einbezogen wurden wiederum das Geschlecht, der Schultyp und insbesondere die wahrgenommene Motivierungsqualität des Unterrichts. In Tabelle 10.4 sind die Ergebnisse der Analysen dargestellt. Die im vorliegenden Fall entscheidenden Koeffizienten sind wiederum grau unterlegt.

Tabelle 10.4: Qualität der Lernmotivation und Engagement

Prädiktoren (8. Schuljahr)	Modell 1 Engagement 8. Schuljahr β	Modell 2 Engagement 9. Schuljahr β	Modell 3 Engagement 9. Schuljahr β
Individualebene			
Geschlecht (0 = w, 1 = m)	.08*	.06	.01
Motivierungsqualität Unterricht	.29***	.28***	.11***
Qualität der Lernmotivation	.23***	.20***	.06
Engagement			.58***
R^2	16%	14%	43%
Klassenebene			
Schultyp (0 = GA, 1 = EA)	.09*	-.03	-.09*
R^2	23%	28%	58%

Anmerkungen: β = standardisierte Regressionskoeffizienten; Geschlecht: w = weiblich, m = männlich; Schultyp: GA = Grundansprüche, EA = erweiterte Ansprüche; * $p < .05$, ** $p < .01$, *** $p < .001$; R^2 = aufgeklärte Varianz in %; $N = 630$

Betrachtet man das Ergebnis von Modell 1, so zeigt sich, dass das Engagement im 8. Schuljahr wie erwartet mit zunehmender Qualität der Lernmotivation ansteigt. Dies deckt mit den Befunden der Vorstudie (Buff, 2001). Ein nahezu identisches Ergebnis findet sich auch für das Engagement im 9. Schuljahr (Modell 2). Die Qualität der Lernmotivation im 8. Schuljahr erweist sich als statistisch relevante Grösse zur Prognose des Engagements im 9. Schuljahr. Werden in beiden Modellen lediglich das Geschlecht, der Schultyp und die Motivierungsqualität des Unterrichts einbezogen, so sind die β-Koeffizienten für Letztere in Modell 1 bzw. Modell 2 mit .32 bzw. .31 (p jeweils kleiner .001) leicht höher als bei Mitberücksichtigung der Qualität der Lernmotivation. Dies deutet darauf hin, dass zumindest ein (allerdings kleiner) Teil des Effekts der wahrgenommenen Motivierungsqualität des Unterrichts auf das Engagement durch die Qualität der Lernmotivation vermittelt sein könnte.

In Modell 3 wird deutlich, dass sich die wahrgenommene Motivierungsqualität des Unterrichts im 8. Schuljahr positiv auf die Entwicklung des Engagements vom 8. zum 9. Schuljahr auswirkt: Bei Schülerinnen und Schülern, die den Unterricht im 8. Schuljahr als motivierender wahrnehmen, zeigt sich eine günstigere Entwicklung des Engagements. Die Qualität der Lernmotivation im 8. Schuljahr verfehlt diesbezüglich die Signifikanzschwelle knapp ($p < .07$). Wird die wahrgenommene Motivierungsqualität des Unterrichts aus Modell 3 ausgeschlossen, resultiert für die Qualität der Lernmotivation ein signifikanter Effekt. Alles in allem zeigen sich auch hinsichtlich der Beziehung von Qualität der Lernmotivation und Engagement die postulierten positiven Zusammenhänge, wenn auch im Falle des Effekts auf die Veränderung des Engagements lediglich tendenziell.

10.7   Zusammenfassung und Diskussion

Im Zentrum dieses Kapitels stand die Lernmotivation der Schülerinnen und Schüler im Fach Mathematik im 8. und 9. Schuljahr. Hervorgehoben wurde insbesondere die Bedeutung der Unterscheidung von Stärke und Qualität sowie unter Bezugnahme auf die Selbstbestimmungstheorie die Notwendigkeit der Differenzierung zwischen verschiedenen Formen extrinsischer Motivation. Unter Verwendung eines alternativen methodischen Zugangs zur Operationalisierung der Qualität der Lernmotivation – Ermittlung der Qualität aus freien Äusserungen der Schülerinnen und Schüler – wurden drei Fragestellungen bearbeitet: Deskription der Qualität der Lernmotivation, Zusammenhang zwischen wahrgenommener Unterrichtsgestaltung und Qualität der Lernmotivation sowie die Beziehung zwischen der Qualität der Lernmotivation und dem Engagement. Die zentralen Ergebnisse lauten kurz zusammengefasst wie folgt:

- Die von den Schülerinnen und Schülern im 8. und 9. Schuljahr genannten Gründe für ihr Engagement im Fach Mathematik entstammen mit Abstand am häufigsten der Kategorie „Nutzen". Sowohl im 8. als auch im 9. Schuljahr zeigt sich im Durchschnitt eine eher selbstbestimmte motivationale Orientierung. Auch lässt sich keine, zumindest keine „dramatische", Verschlechterung der Qualität der Lernmotivation feststellen.
- Zwischen der Unterrichtsgestaltung aus Schülersicht und der Qualität der Lernmotivation zeigen sich die erwarteten Zusammenhänge: Im 8. Schuljahr korreliert die wahrgenommene Motivierungsqualität des Unterrichts positiv mit der Qualität der Lernmotivation. Je besser die wahrgenommene Motivierungsqualität des Unterrichts im 8. Schuljahr, desto besser auch die Qualität der Lernmotivation im 9. Schuljahr. Zudem entwickelt sich die Qualität der Lernmotivation vom 8. zum 9. Schuljahr bei positiverer Unterrichtswahrnehmung im 8. Schuljahr günstiger.
- Auch hinsichtlich der Beziehung zwischen Qualität der Lernmotivation und Engagement wurden für den postulierten positiven Zusammenhang weitgehend bestätigende Belege gefunden: Je besser die Qualität der Lernmotivation im 8. Schuljahr, desto grösser das Engagement im 8. und 9. Schuljahr. Zumindest tendenziell konnte auch gezeigt werden, dass sich die Qualität der Lernmotivation im 8. Schuljahr günstig auf die Entwicklung des Engagements auswirkt.

Die Grösse bzw. Stärke der gefundenen Zusammenhänge mag zwar jeweils eher klein erscheinen (vgl. hierzu auch Rakoczy, 2006, S. 187 f.), zu bedenken ist hier jedoch, dass man sich, wie erwähnt, hinsichtlich der verwendeten Unterrichtsmerkmale grösstenteils „behelfen" musste und die verwendeten Skalen teilweise nur bedingt denjenigen Konstrukten nahekommen, die als relevant erachtet werden. Dies könnte auch ein Grund dafür sein, dass entgegen unserer Erwartungen keine signifikanten Zusammenhänge zwischen der Skala „Lernwege" (dem Indikator für Autonomieunterstützung) und der Qualität der Lernmotivation gefunden wurden. Möglich ist hier allerdings auch, dass dem Gewähren von Handlungsspielräumen im Sinne des Gestaltens der eigenen Arbeitsweise, des Lerntempos usw. mit Blick auf die Autonomieunterstützung grundsätzlich nicht die Bedeutung zukommt, wie bisher meist angenommen. Für Stefanou, Perencievich, DiCintio und Turner (2004) handelt es sich dabei lediglich um *eine* Form und unter Umständen nicht einmal die bedeutungsvollste (vgl. auch Buff, Reusser & Pauli, Kapitel 11 in diesem Band). Zu bedenken gilt es zudem, dass die Qualität der Lernmotivation lediglich auf der Basis je *einer* Auskunft der Schülerinnen und Schüler ermittelt wurde, was faktisch einer Ein-Item-Messung gleichkommt. Die damit verbundene Reliabilitätsproblematik und deren Folgen sind hinlänglich bekannt. Auch bei oder gerade trotz der (noch) vorhandenen Probleme unseres Ansatzes zu Ermittlung der Qualität der Lernmotivation erscheint es alles in allem jedoch auch unter Verwendung des alternativen methodischen Zugangs weitgehend gelungen, die Annahmen der Selbstbestimmungstheorie zu bestätigen, was deren Bedeutung einmal mehr unterstreicht.

Womit wir bei der für die Praxis entscheidenden Frage wären: *Was genau ist nun für den Schulalltag das Wesentliche an der Selbstbestimmungstheorie?* Aus unserer Sicht gilt es (im Moment) vor allem einen Punkt hervorzuheben: Man hat sich von einer (nicht nur) in der Schulpraxis weit verbreiteten Vorstellung zu verabschieden, dass intrinsische Motivation „gut" und extrinsische Motivation generell „minderwertig" ist (vgl. auch Schiefele & Schreyer, 1994), denn *extrinsische Motivation ist nicht gleich extrinsische Motivation.* Koestner und Losier (2002) beispielsweise zeigen in verschiedenen längsschnittlich angelegten Studien, dass eine vorwiegend intrinsische motivationale Orientierung hinsichtlich der längerfristigen individuellen Entwicklung nicht unbedingt optimal ist. Aufgrund der Resultate wird kurz zusammengefasst das Fazit gezogen: Intrinsische Motivation ist gut, für ein längerfristiges Aufrechterhalten des Engagements (vor allem, wenn Sachen uninteressant werden und keinen unmittelbaren Spass machen) scheint Identifikation zentral zu sein. Koestner und Losier (2002) meinen daher, dass „it may be important to promote identified reasons for engaging in various activities even if a person displays high levels of intrinsic motivation" (S. 119). In gleicher Weise äussert sich auch Reeve (2002): „Intrinsic motivation is fine, but extrinsic motivation seems necessary too" (S. 195).

Im Auge zu behalten gilt es auch, dass Handeln im Alltag und insbesondere Lernen in der Schule in aller Regel „motivational mehrfach verankert" (Krapp & Ryan, 2002, S. 59) ist (vgl. auch Pekrun, 1993; Schiefele, 1996). Entsprechend meinen Lepper und Henderlong (2000) denn auch, dass „success in school, as in many areas of life outside of school, may require us to attend simultaneously to both intrinsic and extrinsic sources of motivation" (S. 295). In diese Richtung weist auch ein Ergebnis der Vorstudie, in welcher von der Grundschule zur Sekundarstufe II eine deutliche Zunahme einer gemischtmotivationalen Orientierung mit intrinsischen und fremdbestimmt-extrinsischen Anteilen festgestellt werden konnte (Buff, 2001). Längerfristig rein intrinsisch motiviertes Lernen – insbesondere in „kognitiven" Fächern wie Mathematik – dürfte eher eine (seltene) Ausnahme darstellen, und das Ziel, viele (oder gar die Mehrheit) der Schülerinnen und Schüler dazu zu bringen, ist wohl eine Illusion. Lernen ist (auch) Arbeit und kann nicht immer (nur) Spass machen. Oder wie Koestner und Losier (2002) es ausdrücken: „There is a considerable evidence that long-term skill improvement will … require more than playful engagement in the domain" (S. 116; vgl. auch Grolnick, Gurland, Jacobs & Decourcey, 2002; Lepper & Henderlong, 2000). Intrinsische Motivation bzw. eine intrinsische motivationale Orientierung ist zweifellos wichtig. Hält man sich allerdings die Realisierungschancen wie auch den längerfristigen (adaptiven) Nutzen für die Schülerinnen und Schüler vor Augen (vgl. oben), müssten sich die pädagogischen Bemühungen unseres Erachtens vermehrt (auch) darauf richten, möglichst viele Schülerinnen und Schüler zu *höheren* Qualitätsstufen extrinsischer Motivation zu führen bzw. den *Internalisierungsprozess* zu unterstützen (vgl. Assor, Kaplan & Roth, 2002; Ryan, 1995). Denn: „Perhaps the most valuable result of all education is the ability to make yourself do the thing you have to do, when it ought to be done, whether you like it or not …" (Huxley, 1987; zit. nach Lepper & Henderlong, 2000, S. 298).

Auf Möglichkeiten der Unterrichtsgestaltung (*design principles*), die hierfür relevant sein könnten, wurde im Beitrag hingewiesen. Erinnert sei in diesem Zusammenhang jedoch zum einen an Pintrich (2003), der darauf aufmerksam macht, dass Klassen erheblich voneinander differieren können und diesem Umstand bei der Unterrichtsgestaltung Rechnung zu tragen sei. Gemeint ist damit die klassenspezifische Umsetzung der *design principles* im Unterricht. Nicht infrage gestellt werden dabei jedoch die fundamentalen Prinzipien wie etwa Autonomieunterstützung oder Kompetenzunterstützung. Zum anderen meint Krapp (1998), dass es in der Einstiegsphase vergleichsweise leicht sei, die Neugier für ein Thema zu wecken und kurzfristig die Aufmerksamkeit der Schülerinnen und Schüler „gefangen" zu nehmen (*to catch*), womit allerdings noch wenig gewonnen sei. Entscheidend sei die Erzeugung einer Lernbereitschaft, die über einen längeren Zeitraum anhalte (*to hold*). Ist dies das Ziel, dann kann und darf es bei der Unterrichtsgestaltung nicht primär oder gar allein darum gehen, mit Tricks und Kniffen die Motivation der Schülerinnen und Schüler kurzfristig zu sichern, sondern es muss vielmehr mittel- und längerfristig geplant und gehandelt werden. Kurzfristig dürfen von entsprechenden Massnahmen auch keine „Wunder" erwartet werden, denn eine eher selbstbestimmte *motivationale Orientierung* ist in den meisten Fällen das Ergebnis längerfristiger Erfahrungs- bzw. Sozialisationsprozesse.

Literatur

Assor, A., Kaplan, H. & Roth, G. (2002). Choice is good, but relevance is excellent: Autonomy-enhancing and suppressing teacher behaviours predicting students' engagement in schoolwork. *British Journal of Educational Psychology, 72*, 261-278.

Bandura, A. (2003). *Self-efficacy: the exercise of control* (7nd ed.). New York: Freeman and Company.

Black, A.E. & Deci, E.L. (2000). The effects of instructors' autonomy support and students' autonomous motivation on learning organic chemistry: A self-determination theory perspective. *Science Education, 84*, 740-756.

Bortz, J. & Döring, N. (1995). *Forschungsmethoden und Evaluation*. Berlin: Springer.

Buff, A. (2001). Warum lernen Schülerinnen und Schüler? Eine explorative Studie zur Lernmotivation auf der Basis qualitativer Daten. *Zeitschrift für Entwicklungspsychologie und Pädagogische Psychologie, 33*, 157-164.

Deci, E.L., Eghrari, H., Patrick, B.C. & Leone, D.R. (1994). Facilitating internalization: The self-determination theory perspective. *Journal of Personality, 62*, 119-142.

Deci, E.L. & Ryan, R.M. (1985). *Intrinsic motivation and self-determination in human behavior*. New York: Plenum.

Deci, E.L. & Ryan, R.M. (1993). Die Selbstbestimmungstheorie der Motivation und ihre Bedeutung für die Pädagogik. *Zeitschrift für Pädagogik, 39*, 223-238.

Deci, E.L. & Ryan, R.M. (2002). *Handbook of self-determination research*. Rochester, NY: The University of Rochester Press.

Deci, E.L., Vallerand, R.J., Pelletier, L.G. & Ryan, R.M. (1991). Motivation and education: The self-determination perspective. *Educational Psychologist, 26*, 325-346.

Ericsson, K.A. & Simon, H.A. (1980). Verbal reports as data. *Psychological Review, 87*, 215-251.

Ericsson, K.A. & Simon, H.A. (1984). *Protocol analysis – verbal reports as data*. Cambridge: MIT.

Fend, H. (1998). *Qualität im Bildungswesen. Schulforschung zu Systembedingungen, Schulprofilen und Lehrerleistungen*. Weinheim: Juventa.

Fortier, M.S., Vallerand, R.J. & Guay, F. (1995). Academic motivation and school performance: Toward a structural model. *Contemporary Educational Psychology, 20*, 257-274.

Furrer, C. & Skinner, E. (2003). Sense of relatedness as a factor in children's academic engagement and performance. *Journal of Educational Psychology, 95*, 148-162.

Grolnick, W.S., Gurland, S.T., Jacob, K.F. & Decourcey, W. (2002). The development of self-determination in middle childhood and adolescence. In A. Wiggfield & J.S. Eccles (Hrsg.), *Development of achievement motivation* (S. 147-171). San Diego: Academic Press.

Grolnick, W.S. & Ryan, R.M. (1987). Autonomy in children's learning: An experimental and individual difference investigation. *Journal of Personality and Social Psychology, 52*, 890-898.

Helmke, A. (1992). *Selbstvertrauen und schulische Leistungen*. Göttingen: Hogrefe.

Helmke, A., Hosenfeld, I. & Schrader, F.-W. (2002). Unterricht, Mathematikleistung und Lernmotivation. In A. Helmke & R.J. Jäger (Hrsg.), *Das Projekt MARKUS. Mathematik-Gesamtergebung Rheinland-Pfalz: Kompetenzen, Unterrichtsmerkmale, Schulkontext* (S. 413-480). Landau: Verlag Empirische Pädagogik.

Helmke, A. & Weinert, F.E. (1997). Bedingungsfaktoren schulischer Leistungen. In F.E. Weinert (Hrsg.), *Psychologie des Unterrichts und der Schule. Enzyklopädie der Psychologie, Bd. 3* (S. 71-176). Göttingen: Hogrefe.

Hox; J.J. (2002). *Multilevel analysis: techniques and applications*. Mahwah, NJ: Erlbaum.

Hox, J.J. & Maas, C.J.M. (2002). Sample sizes for multilevel modeling. In J. Blasius, J. Hox , E. de Leeuw & P. Schmidt (Hrsg.), *Social Science Methodology in the New Millennium*. Proceedings of the Fifth International Conference on Logic and Methodology. Second expanded edition. Opladen: Leske + Budrich.

Koestner, R. & Losier, G.F. (2002). Distinguishing three ways of being highly motivated: A closer look at introjection, identification, and intrinsic motivation. In E.L. Deci & R.M. Ryan (Hrsg.), *Handbook of self-determination research* (S. 101-121). Rochester, NY: The University of Rochester Press.

Köller, O. (1998). *Zielorientierungen und schulisches Lernen*. Münster: Waxmann.

Krapp, A. (1998). Entwicklung und Förderung von Interessen im Unterricht. *Psychologie in Erziehung und Unterricht, 44*, 185-201.

Krapp, A. (1999). Intrinsische Lernmotivation und Interesse. Forschungsansätze und konzeptuelle Überlegungen. *Zeitschrift für Pädagogik, 45*, 387-406.

Krapp, A. & Ryan, R.N. (2002). Selbstwirksamkeit und Lernmotivation. In M. Jerusalem, & D. Hopf (Hrsg.), *Zeitschrift für Pädagogik. Selbstwirksamkeit und Motivationsprozesse in Bildungsinstitutionen. 44. Beiheft*, 54-82.

Lepper, M.R. & Henderlong, J. (2000). Turning „play" into „work" and „work" into „play": 25 years of research on intrinsic versus extrinsic motivation. In C. Sansone & J.M. Harackiewicz (Hrsg.), *Intrinsic and extrinsic motivation: The search for optimal motivation and performance* (S. 257-307). San Diego: Academic Press.

Lewalter, D., Krapp, A. & Wild, K.-P. (2000). Motivationsförderung in Lehr-Lern-Arrangements – eine interessentheoretische Perspektive. In C. Harteis, H. Heid & S. Kreft (Hrsg.), *Kompendium Weiterbildung. Aspekte und Perspektiven betrieblicher Personal- und Organisationsentwicklung* (S. 155-162). Opladen: Leske & Budrich.

Miserandino, M. (1996). Children who do well at school: Individual differences in perceived competence and autonomy in above-average children. *Journal of Educational Psychology, 88,* 203-214.

Nisbett, R.E. & Wilson, T.D. (1977). Telling more than we can know: Verbal reports on mental processes. *Psychological Review, 84,* 231-259.

Pekrun, R. (1983). *Schulische Persönlichkeitsentwicklung.* Frankfurt: Lang.

Pekrun, R. (1988). *Emotion, Motivation und Persönlichkeit.* Weinheim: Psychologie Verlags Union.

Pekrun, R. (1993). Entwicklung von schulischer Aufgabenmotivation in der Sekundarstufe: Ein erwartungs-wert-theoretischer Ansatz. *Zeitschrift für Pädagogische Psychologie, 7,* 71-76.

Pekrun, R. & Schiefele, U. (1996). Emotions- und motivationspsychologische Bedingungen der Lernleistung. In F.E. Weinert (Hrsg.), *Enzyklopädie der Psychologie: Themenbereich D Praxisgebiete, Serie I Pädagogische Psychologie, Band 2 Psychologie des Lernens und der Instruktion* (S. 153-180). Göttingen: Hogrefe.

Pintrich, P.R. (2003). A motivational science perspective on the role of student motivation in learning and teaching. *Journal of Educational Psychology, 95,* 667-686.

Prenzel, M. & Drechsel, B. (1996). Ein Jahr kaufmännische Erstausbildung: Veränderungen in Lernmotivation und Interesse. *Unterrichtswissenschaft, 24,* 217-234.

Prenzel, M., Kramer, K. & Drechsel, B. (2001). Selbstbestimmt motiviertes und interessiertes Lernen in der kaufmännischen Erstausbildung – Ergebnisse eines Forschungsprojekts. In K. Beck & V. Krumm (Hrsg.), *Lehren und Lernen in der beruflichen Erstausbildung. Grundlagen einer modernen kaufmännischen Berufsqualifizierung* (S. 37-61). Opladen: Leske & Budrich.

Rakoczy, K. (2006). *Motivationsunterstützung im Mathematikunterricht: Unterricht aus der Perspektive von Lernenden und Beobachtern.* Unveröffentlichte Dissertation, Johann Wolfgang Goethe-Universität Frankfurt am Main.

Ramseier, E. (2004). *Motivation als Ergebnis und als Determinante schulischen Lernens. Dissertation,* Universität Zürich.

Rasbash, J., Browne, W., Goldstein, H., Yang, M., Healy, M., Woodhouse, G., Draper, D., Langford, I. & Lewis, T. (2002). *A user's guide to MLwiN (Version 2.1d).* London: Centre for Multilevel Modelling, Institute of Education, University of London.

Reeve, J. (2002). Self-determination theory applied to educational settings. In E.L. Deci & R.M. Ryan (Hrsg.), *Handbook of self-determination research* (S. 183-203). Rochester, NY: The University of Rochester Press.

Rheinberg, F. (1997). *Motivation* (2. Aufl.). Stuttgart: Kohlhammer.

Rheinberg, F. & Fries, S. (1998). Förderung der Lernmotivation: Ansatzpunkte, Strategien und Effekte. *Psychologie in Erziehung und Unterricht, 44,* 168-184.

Rheinberg, F., Vollmeyer, R. & Burns, B. D. (2001). FAM: Ein Fragebogen zur Erfassung aktueller Motivation in Lern- und Leistungssituationen. *Diagnostica, 47,* 57-66.

Rustemeyer, R. (2004). *Einführung in die Unterrichtspsychologie.* Darmstadt: Wissenschaftliche Buchhandlung.

Ryan, M.R. (1995). Psychological needs and the facilitation of integrative processes. *Journal of Personality, 63*, 397-427.

Ryan, M.R. & Connell, J.P. (1989). Perceived locus of causality and internalization: Examining reasons for acting in two domains. *Journal of Personality and Social Psychology, 57,* 749-761.

Ryan, M.R. & Deci, E.L. (2000). Self-determination theory and the facilitation of intrinsic motivation, social development, and well-being. *American Psychologist, 55*, 68-78.

Ryan, R.M. & Deci, E.L. (2002). An overview of self-determination theory: An organismic-dialectical perspective. In E.L. Deci & R.M. Ryan (Hrsg.), *Handbook of self-determination research* (S. 3-33). Rochester, NY: The University of Rochester Press.

Ryan, R.M. & La Guardia, J. (1999). Achievement motivation within a pressured society. Intrinsic and extrinsic motivation to learn and the politics of school reform. In T.C. Urdan (Hrsg.), *Advances in motivation and achievement* (S. 45-85). Stamford, CT: JAI Press.

Satow, L. (2002). Unterrichtsklima und Selbstwirksamkeitsdynamik. In M. Jerusalem & D. Hopf (Hrsg.), *Zeitschrift für Pädagogik. Selbstwirksamkeit und Motivationsprozesse in Bildungsinstitutionen. 44. Beiheft*, 174-191.

Satow, L. & Schwarzer, R. (2003). Entwicklung schulischer und sozialer Selbstwirksamkeitserwartung. *Psychologie in Erziehung und Unterricht, 50*, 168-181.

Schiefele, U. (1996). *Motivation und Lernen mit Texten*. Göttingen: Hogrefe.

Schiefele, U. & Schreyer, I. (1994). Intrinsische Lernmotivation und Lernen. *Zeitschrift für Pädagogische Psychologie, 8*, 1-13.

Seidel, T., Rimmele, R. & Prenzel, M. (2003). *Goal orientation in instruction as a scaffold for cognitive and motivational learning processes*. Paper presented at the 10th Conference of the European Association for Research on Learning and Instruction, in Padova, Italy, August 26-30.

Skinner, E. & Edge, K. (2002). Self-determination, coping, and motivation. In E.L. Deci & R.M. Ryan (Hrsg.), *Handbook of self-determination research* (S. 297-337). Rochester, NY: The University of Rochester Press.

Stefanou, C.R., Perencevich, K.C., DiCinto, M. & Turner, J.C. (2004). Supporting autonomy in the classroom: Ways teachers encourage student decision making and ownership. *Educational Psychologist, 39,* 97-110.

Stipek, D. (2002). Good instruction is motivating. In A. Wigfield & J.S. Eccles (Hrsg.), *Development of achievement motivation* (S. 309-332). San Diego: Academic Press.

Trautwein, U., Köller, O. & Baumert, J. (2004). Des einen Freud', der anderen Leid? Der Beitrag schulischen Problemverhaltens zur Selbstkonzeptentwicklung. *Zeitschrift für Pädagogische Psychologie, 18*, 15-29.

Vallerand, R.J. (1997). Toward a hierarchical model of intrinsic and extrinsic motivation. In M.P. Zanna (Hrsg.), *Advances in experimental social psychology* (Band 29, S. 271-360). San Diego Academic Press.

Vallerand, R.J. & Bissonette, R. (1992). Intrinsic, extrinsic, and amotivational styles as predictors of behavior: A prospective study. *Journal of Personality, 60*, 599-620.

Vallerand, R.J., Blais, M.R., Brière, N.M. & Pelletier, L.G. (1989). Construction et validation de l'Echelle de Motivation en Education (EME). *Canadian Journal of Behavioral Sciences, 21*, 323-349.

Vallerand, R.J., Foretier, M.S. & Guay, F. (1997). Self-determination and persistence in real-life settings: Toward a motivational model of high school dropout. *Journal of Personality and Social Psychology, 72*, 1161-1176.

Vallerand, R.J., Pelletier, L.G., Blais, M.R., Brière, N.M., Sénecal, C. & Vallières, E.F. (1992). The Academic Motivation Scale: A measure of intrinsic, extrinsic, and amotivation in education. *Educational and Psychological Measurement, 52*, 1003-1017.

Vallerand, R.J., Pelletier, L.G., Blais, M.R., Brière, N.M., Sénecal, C. & Vallières, E.F. (1993). On the assessment of intrinsic, extrinsic, and amotivation in education: Evidence on the concurrent and construct validity of the academic scale. *Educational and Psychological Measurement, 53,* 159-172.

Vallerand, R.J. & Ratelle, C.F. (2002). Intrinsic and extrinsic motivation: A hierarchical model. In E.L. Deci & R.M. Ryan (Hrsg.), *Handbook of self-determination research* (S. 37-63). Rochester, NY: The University of Rochester Press.

Wild, K.-P. (2000). *Lernstrategien im Studium.* Münster: Waxmann.

Alex Buff, Kurt Reusser & Christine Pauli

11 Selbstvertrauen ist wichtig, aber nicht ausreichend – Die Bedeutung von Unterricht, Selbstvertrauen und Qualität der Lernmotivation für Engagement und Leistung im Fach Mathematik

Ohne Fleiss kein Preis! Alle kennen diese Redewendung und wenn man sich daran zu erinnern versucht, bei welchen Gelegenheiten man sie zu hören bekommen hat, dann fallen einem einige Situationen ein, in denen man insbesondere von Eltern und Lehrpersonen daran erinnert wurde, dass nichts gratis zu haben ist, dass der Erwerb spezifischer (nicht nur intellektueller) Kompetenzen bzw. eben Lernen in aller Regel eines gewissen regelmässigen und fortdauernden persönlichen Engagements bedarf. Dass in dieser „Weisheit" mehr als ein Körnchen Wahrheit steckt, weiss man heute aufgrund eigener Erfahrungen zur Genüge und hat es, wenn man ehrlich ist, damals schon gewusst. Nur eben: Sich hinzusetzen, sich (nochmals) mit der Sache zu beschäftigen, erschien so mühsam.

Genau wie gute Medizin nicht zwangsläufig bitter schmecken muss, wird Engagement nicht immer als Mühsal erlebt. Es gibt Situationen, in denen man sich mit etwas beschäftigt, von etwas so gefangen ist, dass man sich voll einsetzt, Raum und Zeit um sich herum vergisst und alles wie von selbst abläuft. Csikszentmihalyi (1985) bezeichnet den psychischen Zustand in solchen Momenten als *flow*, „the holistic sensation that people feel when they act with total involvement" (S. 36). An solche Gelegenheiten erinnert man sich im schulischen Kontext insbesondere in den mehr kognitiven Fächern wie etwa Mathematik allerdings eher weniger. Pintrich und Schunk (2002) machen indes deutlich, dass *flow* bei allen Aktivitäten erlebt werden kann, obwohl „it is more likely to occur with activities that allow for free expression and creativity such as games, play, and art" (S. 283). Interessant ist im folgenden Zusammenhang, unter welchen Bedingungen *flow* grundsätzlich auftreten kann. Ausschlaggebend hierfür scheint insbesondere zu sein, dass sich Anforderungen und persönliche Kompetenzen möglichst im Gleichgewicht befinden (Csikszentmihalyi, 1990); bei zu tiefen Anforderungen im Verhältnis zu den eigenen Ressourcen resultiert Langeweile, bei zu hohen Angst. Pintrich und Schunk (2002) sind allgemein der Ansicht, dass „one of the most optimal patterns of motivation comes when the relation between skill or knowledge levels is matched to the challenge or difficulty of the task" (S. 284).

Zentral ist nachfolgend, dass es sich bei den persönlichen Ressourcen weniger um gewissermassen „objektiv" vorhandene Fähigkeiten, Fertigkeiten oder Ähnliches handelt, sondern vielmehr um deren *subjektive* Wahrnehmung. Das Vertrauen in die eigenen Fähigkeiten, der Glaube daran, etwas erreichen zu können, stellt eine der wichtigsten Voraussetzungen für erfolgreiches Lernen dar. Frank Pajares bringt es in einem Interview auf den Punkt (vgl. Madewell & Shaughnessy, 2003):

> What we know, the skills we possess, or what we have previously accomplished are not always good predictors of subsequent attainment because the beliefs we hold about our capabilities powerfully influence the ways we behave … This is because unless people believe

that their actions can produce the outcomes they desire, they have little incentive to act or to persevere in the face of difficulties ... Consequently, their academic performances are in part the results of what they come to believe that they have accomplished and can accomplish ... It is the things we believe that determine the things we attempt. (S. 381 f.)

Was Pajares beschreibt, würde man umgangssprachlich als *leistungsbezogenes Selbstvertrauen* bezeichnen. Leistungsbezogenes Selbstvertrauen, seine Beziehung zur Unterrichtsgestaltung, zum Unterrichtserleben, zur Qualität der Lernmotivation (vgl. Buff, Reusser & Pauli, in diesem Band) sowie seine Bedeutung für leistungsbezogens Verhalten im Fach Mathematik steht im Zentrum dieses Beitrags.

11.1   Selbstvertrauen: Worum geht es?

„Selbstvertrauen" ist eine eher globale, umgangssprachliche Bezeichnung für den Sachverhalt, dass jemand (mehr oder weniger) an seine Möglichkeiten glaubt, Dinge erreichen bzw. den Lauf der Dinge den eigenen Wünschen entsprechend beeinflussen zu können. Selbstvertrauen in diesem Sinne kommt dem ziemlich nahe, was in der *action-theory perspective of psychological control* (Skinner, Chapman & Baltes, 1988) als „Kontrollüberzeugungen" bezeichnet wird, nämlich „beliefs about the extent to which an agent can produce desired events and prevent undesired events" (Skinner, 1996, S. 567). Solche Überzeugungen können sich auf mehr oder weniger breite Inhaltsklassen beziehen: beispielsweise gute Noten in der bevorstehenden Französischprüfung, in einem bestimmten Fach generell, in der Schule ganz allgemein. Im vorliegenden Kapitel interessiert der Aspekt guter Leistungen im Fach Mathematik, womit eine positive Kontrollüberzeugung etwa in der Aussage einer Schülerin zum Ausdruck käme wie: „Ich kann in Mathematik gute Noten erreichen!"

Überzeugungen sind von situationsspezifischen Erwartungen zu trennen. Jemand kann der Auffassung sein, dass er oder sie in Mathematik grundsätzlich fähig ist, gute Noten zu erreichen, für die bevorstehende konkrete Prüfung aber schwarzsehen (und umgekehrt). Erwartungen werden in diesem Kapitel als aktuelle Kognitionen in spezifischen Situationen verstanden, Überzeugungen hingegen als deren „persönlichkeitspsychologische Gegenstücke" (Pekrun, 1988, S. 68). Bei der Ausbildung von Überzeugungen spielen Generalisierungsprozesse eine zentrale Rolle, das heisst, dass es aufgrund wiederholter (mehr oder weniger) konsistenter Erfahrungen in verschiedenen Situationen durch Abstraktion vom konkreten Fall zu relativ zeitstabilen, situationsübergreifenden Urteilen kommt (vgl. Krampen, 1987; Pekrun, 1988). Werden beispielsweise die positiven Erwartungen einer Schülerin durch die Resultate in Mathematiktests in relativ konsistenter Weise bestätigt, so bildet sich allmählich die Überzeugung, in Mathematik generell gute Noten erzielen zu können. In diesem Sinne handelt es sich bei Überzeugungen um generalisierte Erwartungen (Krampen, 1987), die im Gedächtnis gespeichert sind und von Pekrun (1988) den dispositionalen Merkmalen eines Individuums zugeordnet werden (zur Unterscheidung von akuellen, habituellen und dispositionalen Merkmalen (vgl. Buff, Reusser & Pauli, Kapitel 10 in diesem Band).

Skinner (1996) meint weiter, „a sense of control includes a view of the self as competent and efficacious and a view of the world as structured and responsive" (S. 559). Nach dieser Auffassung sind für Kontrollüberzeugungen zwei andere Arten von Überzeugungen konstitutiv: *Kompetenz- und Kontingenzüberzeugungen* (in Klammern jeweils synonym verwendete Bezeichnungen in verschiedenen Publikationen zur Konzeption von Skinner, Chapman & Baltes, 1988).

- *Kompetenzüberzeugungen* (*agency beliefs*, *capacity beliefs*) sind Überzeugungen hinsichtlich des Verfügens über bzw. des Zugangs zu potenziell zielführenden „Mitteln" (in weitem Sinne): „Beliefs about the extent to which an agent possesses or has access to potential means" (Skinner, 1996, S. 566). Bezogen auf gute Leistungen in Mathematik spiegeln sich solche Überzeugungen etwa in Aussagen wie: „Ich bin begabt für Mathematik". Andere Bezeichnungen für diese Art von Überzeugungen sind etwa „Fähigkeitsselbstkonzept" (Krampen, 1987; Pekrun, 1983), „Konzept der eigenen Begabung" (Meyer, 1984) oder „Kompetenzmeinung" (Flammer, 1990). In ihrer generalisierten Form gehören auch die Selbstwirksamkeitserwartung (Bandura, 1977) oder die Situations-Handlungs-Erwartungen bzw. Kompetenzerwartungen (Krampen, 1987) in diese Kategorie.

- *Kontingenzüberzeugungen* (*causality beliefs*, *strategy beliefs*, *means-ends beliefs*) sind subjektive Theorien hinsichtlich Ursache-Wirkungs-Zusammenhängen bzw. Überzeugungen hinsichtlich der Nützlichkeit oder Wirksamkeit spezifischer „Mittel" zur Erreichung des angestrebten Ziels: „Beliefs about the extent to which certain classes of potential causes are effective in producing desired or preventing undesired outcomes" (Skinner, 1996, S. 568). Indikativ für diese Art von Überzeugungen wären beispielsweise Aussagen wie: „Anstrengung ist der Schlüssel zum Erfolg. Um eine gute Note zu erreichen, muss ich Glück haben." Wie die Beispiele zeigen, ist bei dieser Art zwischen allgemeinen oder selbstbezogenen Überzeugungen zu differenzieren. Oder anders: Was man im Allgemeinen für wichtig hält, muss nicht unbedingt (zumindest nicht in gleichem Masse) auch für die eigene Person gelten. Kompetenzüberzeugungen andererseits sind immer selbstbezogen (vgl. auch Schwarzer & Jerusalem, 2002, S. 36). Konzeptuell entsprechen diesem Typus von Überzeugungen etwa die Kontingenzmeinung (Flammer, 1990), die Kausalitätsüberzeugungen bei Köller und Hosenfeld (1999) wie auch die generalisierte Form der Ergebniserwartungen (*outcome expectations*) bei Bandura (1977).[1]

Abbildung 11.1 zeigt die Relationen der drei Überzeugungstypen in der Konzeption von Skinner, Chapman und Baltes (1988).

Kompetenz- und Kontingenzüberzeugungen sind häufig, jedoch keineswegs immer positiv miteinander korreliert im Sinne hoher (bzw. tiefer) Kompetenz- *und* Kontingenzüberzeugungen (Bandura, 1982, 1986). Eine Schülerin kann mit Blick auf die bevorstehende Geschichtsprüfung durchaus der Überzeugung sein, dass sie in der Lage ist, den angekündigten Stoff so vorzubereiten, dass sie ihn beherrscht (hohe Kompetenzüberzeugung) und gleichzeitig nicht daran glauben, dass eine gute Vorbereitung im Hinblick auf die Note viel bringt (tiefe Kontingenzüberzeugung), da sie wiederholt die Erfahrung ge-

---

1 Auf das Problem, dass die gleichen Bezeichnungen teilweise nicht nur, wie hier dargestellt, Überzeugungen hinsichtlich vorwärtsgerichteter Ursache-Wirkungs-Zusammenhänge beinhalten, sondern im Sinne generalisierter Kausalattributionen auch rückwärtsgerichtete, wird hier nicht näher eingegangen, da dies für das vorliegende Kapitel nicht von Bedeutung ist (vgl. hierzu Buff, 2004).

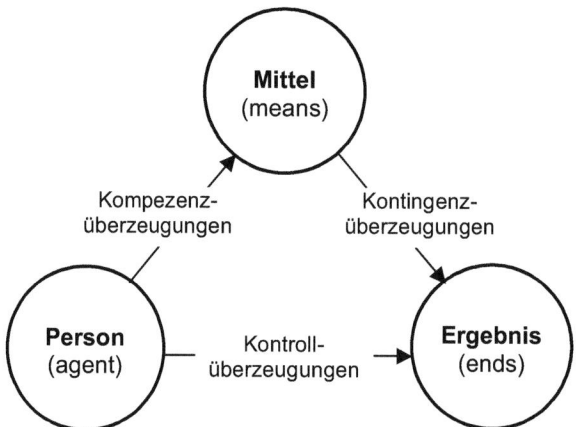

Abbildung 11.1: Kompetenz-, Kontingenz- und Kontrollüberzeugungen (nach Skinner, Chapman & Baltes, 1988)

macht hat, dass in den Prüfungen neben dem angekündigten Stoff jeweils noch viele andere Dinge gefragt werden. Denkbar sind grundsätzlich sämtliche Kombinationsmuster, für die jeweils unterschiedliche verhaltensmässige und affektive Folgen postuliert werden; im obigen Fall beispielsweise Ärger und Protest (vgl. Bandura, 1982, S. 140). Skinner (1996) weist jedoch darauf hin, dass in vielen Situationen, beispielsweise im Falle von Prüfungen in der Schule, die Ursache-Wirkungs-Zusammenhänge allgemein bekannt und hoch seien: Je seriöser die Vorbereitung des angekündigten Stoffes, desto wahrscheinlicher in aller Regel eine gute Note. Bandura (1986, S. 392 f.) ist zudem der Ansicht, dass zwar nicht immer, jedoch sehr häufig Kontingenz- von Kompetenzüberzeugungen abhängig seien. Dies ist mitunter ein Grund, warum in Untersuchungen darauf verzichtet wird, beide Überzeugungsarten zu erfassen. Skinner (1996) macht allerdings deutlich: „In interventions that seek to enhance control, however, researchers must attend to both aspects" (S. 560).

Eine positiv ausgeprägte Kontrollüberzeugung ist entsprechend grundsätzlich dann zu erwarten, wenn eine Schülerin mit Blick auf eine Prüfung der Auffassung ist, über die entsprechenden Kompetenzen zu verfügen (zum Beispiel den angekündigten Stoff seriös vorbereiten zu können) und dies auch als zielführend erachtet (seriöse Vorbereitung ist ein relevantes Mittel zur Erreichung guter Noten). Obwohl sich Kontrollüberzeugungen theoretisch also auf der Basis von Kompetenz- und Kontingenzüberzeugungen konstituieren, ist, wie Flammer (1990) meint, davon auszugehen, dass Erstere häufig nicht eine rationale und exakte „Verrechnung" Letzterer darstellen. Skinner, Chapman und Baltes (1988) gelang jedenfalls entgegen den Erwartungen aus den beiden anderen Grössen nur eine mässige Rekonstruktion der Kontrollüberzeugung, in der Schule gute Leistungen erreichen zu können. Dies spricht nach Flammer (1990) dafür, dass eine Kontrollüberzeugung „oft aus der Kontingenz-Kompetenz-Analyse hervorgeht, gelegentlich aber durchaus nicht" (S. 91).

Zusammenfassend kann festgehalten werden, dass es sich bei Kontrollüberzeugungen um von anderen lern- und leistungsbezogenen Überzeugungen *theoretisch* klar unterscheidbare, unspezifischere Überzeugungen handelt. Kontrollüberzeugungen sind, wenn auch nicht in einem mathematischen Sinne, gewissermassen die Resultate von Kompetenz- und Kontingenzüberzeugungen. Dass im vorliegenden Kapitel der eher umgangssprachliche Begriff „Selbstvertrauen" verwendet wird, hat seinen Grund primär darin, dass bei der Operationalisierung der verschiedenen Überzeugungsarten die theoretischen Feinheiten nicht selten verschwimmen. Dies betrifft insbesondere die Kompetenz- und Kontrollüberzeugungen. Die Skala zur schulischen Selbstwirksamkeitserwartung[2] (Satow, 1999, S. 106) beispielsweise (theoretisch in ihrer generalisierten Form eine Kompetenzüberzeugung) enthält Items, wie sie auch von Skinner (1995, S. 177) zur Operationalisierung der Kontrollüberzeugung verwendet werden.[3] Letztlich wird erst bei genauer Betrachtung aller (!) in den jeweiligen Instrumenten verwendeten Items deutlich, welche Art oder Arten von Überzeugung(en) angesprochen wird bzw. werden. Nicht selten ist es eine (teilweise bewusste) Mischung.[4] Im Falle der in den folgenden Abschnitten zitierten Literatur war gerade dies nur in beschränktem Masse möglich. Da davon auszugehen ist, dass es sich daher in einigen Fällen um (eher) die eine oder andere Überzeugungsart handelt, bevorzugen wir den Begriff „Selbstvertrauen", der zudem für die Praxis intuitiv verständlicher ist. Die damit verbundene konzeptuelle und terminologische „Unschärfe" erscheint unseres Erachtens auch deshalb vertretbar, da verschiedentlich festgestellt wurde, dass Kontroll- und Kompetenzüberzeugungen (zumindest was die Facette der eigenen Begabung betrifft) untereinander und mit Leistungen (meist Noten) teilweise beträchtliche positive Korrelationen aufweisen (Karasawa, Little, Miyashita, Mashima & Azuma,1997; Little, Oettingen & Baltes, 1995; Little, Oettingen, Stetsenko & Baltes, 1995; Skinner, Chapman & Baltes, 1988; Stetsenko, Little, Oettingen & Baltes, 1995).

11.2 Selbstvertrauen, Lernen und Leistung

Das Vertrauen in die eigenen Möglichkeiten, den Lauf der Dinge in wichtigen Lebensbereichen den eigenen Intentionen entsprechend beeinflussen zu können, ist, wie erwähnt, eine der zentralsten personalen Ressourcen hinsichtlich erfolgreichen schulischen Lernens. Selbstvertrauen beeinflusst in vielfältiger Weise kognitive, motivationale, emotionale, volitionale und aktionale Prozesse in konkreten Lernsituationen und über diese letztlich die Lernergebnisse bzw. die Leistungen. Ein Schüler beispielsweise, der überzeugt ist, in Mathematik einfach auf keinen grünen Zweig zu kommen, wird der nächsten Mathematikprobe wenig zuversichtlich entgegensehen, einmal mehr einen Misserfolg erwarten und unter Umständen generell darauf verzichten, sich überhaupt noch vorzubereiten, was sich auf seine Leistungen und sein (späteres) Selbstvertrauen kaum förderlich auswirken

---

2 Es handelt sich hierbei eher um eine Überzeugung, als um eine situationsspezifische bzw. aufgabenspezifische Erwartung (vgl. zu den Charakteristiken von Selbstwirksamkeitsmassen Zimmerman, 2000).

3 Skinner (1996, S. 554) vermerkt zudem, dass sich Bandura selber in seiner Definition von Selbstwirksamkeit in Richtung Kontrollüberzeugung bewege.

4 Bei Helmke (1992, S. 74 f.) beispielsweise konstituiert sich Selbstvertrauen aus verschieden Komponenten. Die ersten beiden Komponenten (absolutes und relatives Fähigkeitsselbstbild) sind den Kompetenzüberzeugungen zuzuordnen, die dritte Komponente (prospektives Leistungsselbstbild) tendiert in Richtung Kontrollüberzeugung (vgl. Helmke, 1992, S. 91 f.), wenn man davon absieht, dass Anstrengung als Mittel in der Itemformulierung erwähnt wird (zur Operationalisierung der Kontrollüberzeugung vgl. Skinner, Chapman & Baltes, 1988, S. 118).

dürfte. In relativ konsistenter Weise und weitgehend unabhängig von den tatsächlichen kognitiven Fähigkeiten finden sich denn auch Zusammenhänge zwischen einer günstigen Ausprägung des Selbstvertrauens sowie etwa (vgl. Bandura, 2003; Helmke, 1992; Helmke & Weinert, 1997; Schunk & Pajares, 2005; Schwarzer & Jerusalem, 2002; Pintrich & Schunk; 2002, Zimmerman, 2000):

* erfolgsorientierter Zuversicht,
* einer günstigeren Lernmotivation bzw. höherem Interesse,
* weniger lernhemmenden Emotionen (zum Beispiel Bedrohungsgefühle, Angst),
* der Wahl herausfordernder, schwierigerer Aufgaben,
* zielbezogenerem Handeln,
* vermehrter Anstrengungsinvestition und Persistenz (im Sinne von Aufrechterhaltung der Lernprozesse trotz Widerständen und Schwierigkeiten),
* einer effektiveren Selbstregulation (zum Beispiel Setzen anspruchsvollerer Ziele, verstärkte Selbstüberwachung der Lernprozesse, höhere Standards bei der Beurteilung eigener Lernergebnisse, flexiblere und effizientere Strategienutzung),
* lernförderlicheren Attributionen von Lernergebnissen.

Selbstvertrauen erweist sich zudem als relevante Grösse mit Blick auf schulische Leistungen und zwar relativ unabhängig von Klassenstufe, Geschlecht oder Leistungsindikator (Testleistungen oder Noten). In ihrer Metaanalyse von Längsschnittstudien kommen Valentine, DuBois und Cooper (2004) zum Schluss, dass Selbstvertrauen einen *eigenständigen* günstigen Effekt auf die Leistungen bzw. deren Entwicklung hat.[5] Lange Zeit umstritten, für die Praxis jedoch von erheblicher Bedeutung, war die Frage, ob Selbstvertrauen die Leistungen beeinflusst oder Ersteres nicht viel mehr Ausdruck bzw. Folge von Letzteren sei (vgl. zur Diskussion Helmke, 1992). Je nachdem haben Interventionen an einer anderen Stelle anzusetzen: Im ersten Falle beim Selbstvertrauen (*self-enhancement*-Ansatz), im zweiten Falle müssen zuerst die Leistungen besser werden (*skill-development*-Ansatz). In der Zwischenzeit hat sich weitgehend die Ansicht durchgesetzt, dass grundsätzlich von einer Wechselwirkung auszugehen ist: Selbstvertrauen beeinflusst Leistung und umgekehrt. Solche reziproken Effekte finden sich in aller Regel – jedoch nicht immer (z.B. Satow & Schwarzer, 2000) – bei älteren Schülerinnen und Schülern ab ca. Ende der Primarschule (vgl. etwa Marsh, Trautwein, Lüdtcke, Köller & Baumert, 2004; Skaalvik & Hagtvet, 1995, ältere Kohorte). Bei jüngeren Schülerinnen und Schülern hingegen waren sie in älteren Studien kaum oder gar nicht vorhanden (z.B. Skaalvik & Hagtvet, 1995, jüngere Kohorte; Van Aken, Helmke & Schneider, 1997). Dies führte zur Vermutung, dass Selbstvertrauen bei jüngeren Schülerinnen und Schülern primär Ausdruck bzw. Folge vorangehender Leistungen sein könnte und sich erst allmählich reziproke Beziehungen entwickeln (Frome & Eccles, 1998; Helmke & van Aken, 1995). Guay, Marsh und Boivin (2003) konnten jedoch in einer neueren Längsschnittstudie mit drei Kohorten (2.-4., 3.-5.

---

5 Dieser Effekt ist umso grösser, je spezifischer der Leistungsbereich (beispielsweise Mathematik und nicht Schulleistungen generell) und je besser die Abstimmung zwischen gemessenem Selbstvertrauen und Leistungsbereich (beispielsweise Selbstvertrauen in Mathematik und Leistungen in Mathematik) ist. Pietsch, Walker und Chapman (2003) weisen zudem darauf hin, dass eine behaviorale Operationalisierung der selbstbezogenen Überzeugungen („Ich kann ..."), wie sie Selbstwirksamkeits- oder Kontrollüberzeugungen kennzeichnet, stärkere Zusammenhänge mit Leistungen aufweist, als mehr evaluative Operationalisierungen („Ich bin ..."), wie sie etwa bei der Erfassung des Fähigkeitsselbstkonzepts verwendet werden.

und 4.-6. Klasse) zeigen, dass schon sehr früh in der Schulkarriere (in der ersten Kohorte) von einer Wechselwirkung zwischen den beiden Grösse auszugehen ist.

Die jeweils vorhandenen effektiven Fähigkeiten setzen unseren Möglichkeiten zweifellos Grenzen. Was jedoch letztlich erreicht werden kann, ist, wie Pajares meint, „not simply a matter of how capable you are, it is also a matter of how capable you think you are" (Madewell & Shaughnessy, 2003, S. 385). Was wir aus unseren Fähigkeiten machen, ist demnach in erheblichem Masse (auch) eine Frage unseres Selbstvertrauens. Selbstvertrauen beeinflusst, wie Bandura (2003) betont, sowohl die Aneignung wie auch den Gebrauch bzw. den Einsatz von kognitiven Skills. Entsprechend ist Pajares der Ansicht, „competent functioning requires harmony between self-beliefs on the one hand and possessed skills and knowledge on the other" (Madewell & Shaughnessy, 2003, S. 381).

11.3   Alles eine Frage des Selbstvertrauens?!

Ein Schüler kann im Vorfeld einer Prüfung davon überzeugt sein, dass er eine gute Note erzielen könnte, wenn er sich seriös vorbereitet. Und trotzdem verzichtet er darauf, weil ihm beispielsweise die Prüfung zu wenig wichtig ist, ihn die Sache langweilt und/oder ihm die Prüfungsvorbereitung zu aufwendig erscheint. Wesentlich für die Initiierung und Aufrechterhaltung von Lernprozessen ist nicht allein die Überzeugung bzw. Erwartung es schaffen zu können, sondern auch der Anreiz (Wert, Valenz) einer Thematik, Tätigkeit bzw. die mit einem Handlungsergebnis (möglicherweise) verbundenen positiven/negativen Folgen (Rheinberg, 1997). Krapp und Ryan (2002) erachten Selbstvertrauen denn auch als lediglich „eine Komponente im umfassenden Puzzle des Motivationsgeschehens" (S. 57), eine wichtige aber keinesfalls hinreichende Bedingung für das, was Stefanou, Perencevich, DiCinto und Turner (2004) „deep-level student engagement in learning" (S. 100) nennen und im Unterricht anzustreben sei. Hierfür ist, wie Krapp und Ryan (2002) ausführen, neben Selbstvertrauen unter anderem auch die Qualität der Lernmotivation bzw. eine entsprechende motivationale Orientierung entscheidend (zur Bedeutung anreizbezogener Konstrukte vgl. auch Brophy, 1999; Eccles, 2005).[6] Der Anreiz einer Thematik, einer Tätigkeit dürfte insbesondere dann von besonderer Bedeutung sein, wenn auf freiwilliger Basis gehandelt werden kann. Hat man grundsätzlich die Wahl, sich für oder gegen etwas zu entscheiden, ist für ein allfälliges Engagement vermutlich nicht selten primär einmal die Frage ausschlaggebend: „Will ich es?" Eventuell wird gar nicht gefragt: „Kann ich es?" Entsprechende Entscheide können jedoch tief greifende Folgen für die weitere Entwicklung haben, indem Chancen ergriffen werden oder man Möglichkeiten verstreichen lässt. Für zielgerichtetes Handeln wie etwa schulisches Lernen, dessen Initiierung und optimale Regulation scheint Selbstvertrauen allein also nicht zu genügen (Glonick, Ryan & Deci, 1991; Krapp & Ryan, 2002).

In neueren auf Erwartungs-Wert-theoretischen Überlegungen basierenden Handlungs- bzw. Motivationsmodellen wird dies berücksichtigt, wenn es darum geht, Handeln zu prognostizieren bzw. zu erklären (Pintrich & Schunk, 2002). Ein im schulischen Kontext

---

6   „Qualität der Lernmotivation" und „Qualität der motivationalen Orientierung" werden nachfolgend synonym verwendet (vgl. Buff, Reusser & Pauli, Kapitel 10 in diesem Band).

diesbezüglich sehr populäres Modell ist das *Expectancy-Value Model of Achievement Motivation* von Eccles und Mitarbeitenden (Eccles, 2005; Eccles & Wigfield, 2002; Wigfield & Eccles, 2000). Leistungsbezogenes Handeln – beispielsweise Engagement, Peristenz, Wahl spezifischer Leistungskurse, aber auch Leistungen – wird hierin als (unmittelbar) abhängig von einer Erwartungs- *und* einer Wertkomponente betrachtet. Die Erwartung manifestiert sich nach Pintrich und Schunk (2002) in der Antwort auf die Frage „Kann ich es?", der Wert in der Antwort auf die Frage „Will ich es und warum?". Ausschlaggebend für Letzteres sind Überlegungen hinsichtlich der Wichtigkeit, der Interessantheit, des Nutzens sowie allfällig anfallender „Kosten" (zum Beispiel Arbeitsaufwand, Verlust an Freizeit), die mit einem entsprechenden Engagement verbunden sein könnten. Beide Komponenten – von ihrer theoretischen Konzeption her in unserem Verständnis eher situations- bzw. aufgabenspezifisch[7] – werden ihrerseits von generalisierteren Konstrukten beeinflusst: die Erwartungskomponente beispielsweise vom Selbstvertrauen, die Wertkomponente zudem von sogenannten affektiven Erinnerungen, die sich aufgrund wiederholter positiver oder negativer Erfahrungen gebildet haben. Selbstvertrauen wie auch die affektiven Erinnerungen wiederum sind über weite Strecken die Folge der subjektiven Verarbeitung von Erfahrungen (unter anderem eigener leistungsbezogener Erfahrungen) in spezifischen kulturellen Milieus. Das Modell wurde im Verlaufe der Zeit, insbesondere was die Beziehungen der Modellkomponenten untereinander betrifft, modifiziert und verfeinert (vgl. etwa Eccles & Wigfield, 2002 versus Wigfield & Eccles, 2000). Die (beträchtlich) vereinfachte Skizze in Abbildung 11.2 basiert auf der Version von Eccles (2005).

Die Ergebnisse einer Vielzahl empirischer Studien belegen die Bedeutung aktueller oder generalisierter, erwartungs- *und* wertbezogener Konstrukte für leistungsbezogenes Handeln (vgl. Eccles, 2005; Eccles et al., 1998; Wigfield & Eccles, 2000, 2002). Zunehmend deutlich wird jedoch, dass zwischen den beiden Grössen funktionale Unterschiede bestehen könnten. Für akademische Leistungen scheinen primär erwartungs- bzw. fähigkeitsbezogene Konstrukte wie etwa Selbstvertrauen ausschlaggebend zu sein, während wertbezogene stärker das Wahlverhalten (beispielsweise Leistungskurswahlen) beeinflussen (Eccles, 2005; Eccles & Wigfield, 2002; Schunk & Pajares, 2005). In die gleiche Richtung weisen auch Befunde, die sich mit der Bedeutung von individuellen Interessen im schulischen Kontext beschäftigen (vgl. Baumert & Köller, 1998; Köller, Baumert & Schnabel, 2000; Marsh, Trautwein, Lüdtke, Köller & Baumert, 2004). In der Tradition der Person-Gegenstands-Konzeption von Interesse handelt es sich bei individuellen Interessen nach Krapp (1998, 2002) um besondere (relativ überdauernde) Beziehungen einer Person zu einem Gegenstandsbereich (Inhalte, Tätigkeitsklassen und Ähnliches). Die Besonderheit dieser Person-Gegenstands-Beziehung äussert sich in einer hohen subjektiven Wertschätzung des Gegenstands (wertbezogene Valenz) sowie positiven emotionalen Erfahrungen während der Auseinandersetzung mit diesem (emotionale Valenz). Interessen in diesem Sinne sind der Wertseite des Modells zuzuordnen (Krapp & Ryan, 2002) und

---

7   Es zeigt sich, dass „Aufgabe" (*task*) im Modell von Eccles und Mitarbeitenden vielfach relativ umfassend verstanden wird – zum Beispiel bezogen auf die Leistungen im nächsten Schuljahr – und daher die Operationalisierungen der Komponenten teilweise entsprechend global ausfallen (vgl. Beispielitems: Pintrich & Schunk, 2002, S. 63). Dies könnte mitunter ein Grund dafür sein, dass es bisher nicht gelang, Kompetenzüberzeugungen von Erfolgserwartungen empirisch zu trennen (vgl. Wigfield & Eccles, 2002, S. 96), da beide auf einer eher dispositionalen Ebene erhoben wurden.

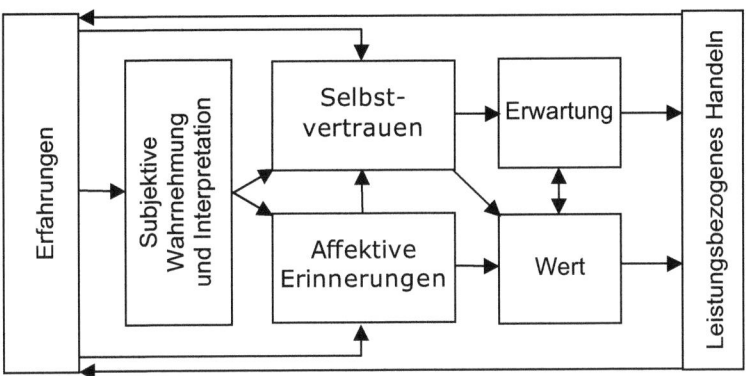

Abbildung 11.2: Grundidee des *Expectancy-Value Model of Achievement Motivation* von Eccles, Wigfield und Mitarbeitenden (in Anlehnung an Eccles, 2005)

sind nach Pintrich und Schunk (2002) Bestanteil der affektiven Erinnerungen. Wird in einem längsschnittlichen Design mit zwei Messzeitpunkten beides berücksichtigt, also Interesse und Selbstvertrauen, so erweist sich Ersteres bei Kontrolle der Eingangsnoten wie auch der Testleistungen als unbedeutend hinsichtlich sowohl der Testleistungen als auch der Noten ein Jahr später (Marsh, Trautwein, Lüdtke, Köller & Baumert, 2004). Andererseits zeigen Köller, Baumert und Schnabel (2000), dass das Interesse (nicht aber die Leistungen) im 10. Schuljahr die Kurswahl Mathematik (Leistungskurs versus Grundkurs) in der gymnasialen Oberstufe vorhersagt. Bei Köller, Daniels, Schnabel und Baumert (2000) erweisen sich das im 10. Schuljahr erhobene Fähigkeitsselbstkonzept wie auch das Interesse als relevante Prädikoren für das Kurswahlverhalten im Fach Mathematik Mitte des 12. Schuljahrs und dies selbst bei Mitberücksichtigung von mathematischen Fähigkeiten (Testleistungen) und Noten (erhoben im 10. Schuljahr). In einer neueren Studie (10.-12. Schuljahr) finden Köller, Trautwein, Lüdtke und Baumert (2006) nun allerdings, dass für die Leistungskurswahl Mathematik in der gymnasialen Oberstufe sowohl kompetenz- wie auch wertbezogene Überzeugungen (Interesse) eine Rolle spielen, und vor allem, dass selbst bei Kontrolle der Eingangsleistungen Kompetenzüberzeugungen *wie auch* das Interesse (im 10. Schuljahr) einen günstigen Effekt auf die Leistungsentwicklung haben. Pintrich (2003) meint, „values and efficacy perceptions have different roles to play in motivating students, and we need research to understand how they work together …" (S. 675).

Die bisherigen Ausführungen machen deutlich, dass mit Blick auf optimales Lernen bzw. eine optimale Entwicklung beides im Auge behalten werden muss: kompetenz- *und* wertbezogene Grössen wie etwa Selbstvertrauen bzw. die motivationale Orientierung. Wir gehen daher mit Bandura (2003) einig, wenn er schreibt: „The major goal of formal education should be to equip students with the intellectual tools, efficacy beliefs, and intrinsic interests needed to educate themselves in a variety of pursuits throughout their lifetime" (S. 214).

Eine allerdings noch weitgehend offene Frage ist diejenige nach den Beziehungen zwischen den kompetenz- und wertbezogenen Komponenten im Modell von Eccles und Mitarbeitenden bzw. kompetenz- und wertbezogenen Konstrukten generell, die in der Regel mehr oder weniger stark miteinander korrelieren (Fredricks & Eccles, 2002; Helmke, 1997; Pintrich & Schunk, 2002; Wigfield & Eccles, 2002). Ob diesen Korrelationen allerdings, wie etwa Bandura (2003) im Falle von Selbstvertrauen und Interesse vermutet, letztlich einseitig gerichtete Beziehungen – Selbstvertrauen beeinflusst Interesse – zugrunde liegen, ist unklar (Eccles & Wigfield, 2002; Eccles, Wigfield & Schiefele, 1998; Pintrich & Schunk, 2002). Marsh, Trautwein, Lüdtke, Köller und Baumert (2004) fanden zwischen Interesse und Selbstvertrauen reziproke, jedoch sehr schwache Effekte über ein Jahr hinweg. Die diesbezüglich im Modell von Eccles und Mitarbeitenden gemachten Annahmen (vgl. Abbildung 11.2) dürften aufgrund der doch eher spärlichen empirischen Befundlage daher als vorläufig zu betrachten sein.

11.4   Unterricht, Selbstvertrauen und motivationale Orientierung

Aufgrund ihrer Bedeutung für erfolgreiches Lernen sind Selbstvertrauen wie auch die Qualität der motivationalen Orientierung (bzw. verwandte Konstrukte) als eigenständige Zielkriterien von Schule und Unterricht zu betrachten. Wie dargestellt, ist im *Expectancy-Value Model of Achievement Motivation* von Eccles und Mitarbeitenden für beide Grössen die subjektive Verarbeitung von Erfahrungen in unterschiedlichen kulturellen Milieus zentral. Ein im vorliegenden Zusammenhang speziell bedeutungsvolles Milieu dürfte der „tagtägliche" Unterricht im Fach Mathematik sein. Die nachfolgend interessierende Frage lautet entsprechend: *Wie könnte bzw. müsste ein Unterricht gestaltet sein, damit günstige Bedingungen gegeben sind dafür, dass sich bei den Schülerinnen und Schülern ein positives Selbstvertrauen* und *eine günstige motivationale Orientierung entwickeln können bzw. erhalten bleiben?*

Es würde zu weit führen, an dieser Stelle die verschiedenen Kataloge, Listen und Übersichten förderlicher und beeinträchtigender Unterrichtsmerkmale bezogen auf die beiden Grössen auch nur ansatzweise darstellen zu wollen. Vielmehr soll nachfolgend die Relevanz der im empirischen Teil des Kapitels berücksichtigten drei Aspekte der Unterrichtsgestaltung – *Schülerorientierung, Gewähren von Handlungsspielräumen* und *kognitive Aktivierung* – dargestellt und begründet werden. Die Auswahl gerade dieser drei Aspekte impliziert nicht, dass wir sie als *die* entscheidendsten erachten, sondern ist vielmehr (auch) eine Folge der Datenlage: Das gesamte Projekt wurde nicht mit der Zielsetzung konzipiert, die Bedeutung verschiedener Unterrichtsmerkmale hinsichtlich Selbstvertrauen und Qualität der motivationalen Orientierung zu identifizieren bzw. evaluieren.

Im Zentrum unserer Überlegungen stehen die *Selbstbestimmungstheorie* (Deci & Ryan, 1985, 1993; Ryan & Deci, 2002) sowie der *Mastery-Klima-Ansatz* (Satow, 1999, 2002; Satow & Schwarzer, 2003). Erstere ist auf die Qualität der motivationalen Orientierung fokussiert, während bei Letzterem das Selbstvertrauen im Zentrum steht. Die *Selbstbestimmungstheorie* erachtet die Befriedigung der drei grundlegenden Bedürfnisse nach Autonomie, Kompetenz und sozialer Eingebundenheit als zentral für die Entwicklung bzw. das Auftreten selbstbestimmterer Formen der motivationalen Orientierung. Wege, im Unterricht die Befriedigung dieser Bedürfnisse zu erleichtern, sind nach Prenzel und Drechsel (1996, S. 220) hinsichtlich Autonomie beispielsweise Wahlmöglichkeiten für die Schülerinnen und Schüler, bezüglich Kompetenz zum Beispiel die Verwendung einer individuellen Bezugsnormorientierung bei der Beurteilung von Schülerbeiträgen und mit Blick auf die soziale Einbindung unter anderem eine entspannte, freundliche Lernatmosphäre. Eine ganze Reihe empirischer Befunde stützen die postulierten positiven Zusammenhänge zwischen Unterrichtsgestaltung bzw. deren Wahrnehmung einerseits und der Qualität der motivationalen Orientierung andererseits (vgl. Buff, Reusser & Pauli, Kapitel 10 in diesem Band). Ein *Mastery-Klima* zeichnet sich a) durch individualisierte Lehrer-Schüler-Beziehungen, b) supportive Schüler-Schüler-Beziehungen sowie c) allgemeine Unterrichtszufriedenheit und Autonomie aus. „Als wesentliche Merkmale individualisierter Lehrer-Schüler-Beziehungen werden dabei die erlebte Lehrerfürsorglichkeit und die erlebte individuelle Lehrerbezugsnormorientierung angesehen. Supportive Schüler-Schüler-Beziehungen sind durch Hilfsbereitschaft, Rücksichtnahme und soziale Verantwortung gekennzeichnet" (Satow, 1999, S. 69). Das Erleben von Autonomie und Unterrichtszufriedenheit sind einerseits die Folge der Qualität der Lehrer-Schüler- wie auch der Schüler-Schüler-Beziehungen (Satow, 1999, S. 72), andererseits aber auch günstiger Rahmenbedingungen wie etwa eines interessanten Unterrichts (Satow & Schwarzer, 2003, S. 171). Ein entsprechend dem Mastery-Ansatz *individuell* erlebtes Klassenklima, erweist sich denn auch als relevanter Prädiktor hinsichtlich der Entwicklung des schulischen Selbstvertrauens (Satow, 1999; Satow & Schwarzer, 2003). Unübersehbar sind die Parallelen der beiden Konzeptionen hinsichtlich der als relevant erachteten Voraussetzungen für eine günstige Entwicklung des Selbstvertrauens bzw. der Qualität der Lernmotivation: In beiden Fällen werden die Bedeutung von Autonomie bzw. Autonomieerleben sowie soziale Aspekte des Unterrichts insbesondere des Umgangs der Akteure miteinander betont. Auf diese beiden Grössen beziehen sich auch die von uns berücksichtigten Merkmale.

- „Gewähren von Handlungsspielräumen" und „Kognitive Aktivierung" beziehen sich auf den Aspekt der Autonomieunterstützung. Das Gewähren von Handlungsspielräumen (Wahl zwischen verschiedenen Aufgaben, Bestimmen der eigenen Arbeitsweise und des Lerntempos usw.) wurde lange Zeit gewissermassen als „Prototyp" von Autonomieunterstützung betrachtet. Stefanou, Perencievich, DiCintio und Turner (2004) betonen allerdings, dass dies lediglich *eine* Form sei: unterschieden wird zwischen organisatorischer, prozeduraler und kognitiver Autonomieunterstützung. Das Gewähren von Handlungsspielräumen kann als Indikator für die beiden ersten Formen betrachtet werden. Stefanou, Perencievich, DiCintio und Turner (2004) vermuten aufgrund der Analyse von Unterrichtssequenzen, dass der dritten Form unter Umständen grössere motivationale Bedeutung zukommen könnte. Die Charakterisierung kognitiver Autonomieunterstützung durch die Autorinnen und Autoren hat bei näherer Betrachtung einiges gemeinsam mit dem, was hier als „Kognitive Aktivierung" (beispielsweise zum Denken herausfordernde Problemstellungen, Diskussion verschiedener Ideen und Lösungen in der Klasse, Lehrperson als Mediator) bezeichnet wird.

- „Schülerorientierung" fokussiert auf den Umgang der Lehrpersonen mit den Schülerinnen und Schülern. Wir verstehen eine positive Schülerorientierung in dem Sinne, dass im Unterricht unter anderem verstärkt eine individuelle Bezugsnorm bei der Beurteilung bzw. Kommentierung von Schülerbeiträgen Anwendung findet, die Lehrperson für Bedürfnisse und Stimmungen der Schülerinnen und Schüler sensibel ist und diese auch ernst nimmt, Schülerinnen und Schüler individuell unterstützt und ermutigt, und Fehler als normaler Bestandteil von Lernprozessen betrachtet werden. Schülerorientierung in diesem Sinne umfasst deutlich mehr als das Bemühen um eine gute affektive Beziehung, wie sie letztlich in Sympathie bzw. Antipathie zum Ausdruck kommt, wobei sich Schülerorientierung im hier gemeinten Sinne zweifellos auch diesbezüglich positiv auswirken dürfte.

Wir gehen davon aus, dass ein Unterricht, der sich durch Schülerorientierung, das Gewähren von Handlungsspielräumen sowie kognitive Aktivierung auszeichnet, dazu führt, dass Schülerinnen und Schüler mehr Selbstbestimmung und Selbstverantwortung erleben, sich aktiver am Lernprozess beteiligt fühlen und individuelle Fortschritte besser erkennen. Der Unterricht insgesamt wird verstärkt als bewältigbare Herausforderung wahrgenommen und das allgemeine Wohlbefinden ist grösser. Eine so *erlebte Lernumwelt* wiederum sollte sich positiv auf das Selbstvertrauen *sowie* die Qualität der motivationalen Orientierung auswirken und über diese leistungsbezogenes Verhalten (Engagement und Leistungen) günstig beeinflussen. Es sei an dieser Stelle speziell darauf hingewiesen, dass es weniger die „objektive" Lernumwelt bzw. die Unterrichtsgestaltung ist, von der positive Effekte erwartet werden. Entscheidender dürfte die subjektive Wahrnehmung des Unterrichts bzw. dessen globales Erleben sein. Die Auffassung, dass nicht primär die reale, „objektive" Umwelt, sondern vielmehr deren subjektive Wahrnehmung und deren Interpretation entscheidend für die Formation von Überzeugungen bzw. Orientierungen als auch für die Steuerung des Verhalten sind, liegt allen theoretischen Konzeptionen zugrunde, auf die hier Bezug genommen wird: Mastery-Klima-Ansatz, Selbstbestimmungstheorie wie auch *Expectancy-Value Model of Achievement Motivation* (vgl. hierzu auch Rakoczy, 2006).

11.5   Fragestellungen

Auf der Basis der bisherigen Ausführungen steht nun die Prüfung der folgenden drei Fragen im Zentrum des empirischen Teils des Kapitels:

*   Besteht ein positiver Zusammenhang zwischen Unterrichtsgestaltung und Unterrichtserleben?
*   Wirken sich Unterrichtsgestaltung und (insbesondere) Unterrichtserleben positiv auf das Selbstvertrauen und die Qualität der motivationalen Orientierung aus?
*   Zeigt sich ein positiver Effekt von Unterrichtsgestaltung, Unterrichtserleben, Selbstvertrauen und Qualität der motivationalen Orientierung hinsichtlich des Engagements und der Leistungen?

Bezogen auf die zweite und dritte Frage sind wir der Ansicht, dass von einem *positiven Effekt* grundsätzlich dann gesprochen werden kann, wenn Merkmale, die früher erhoben wurden, (zumindest) einen signifikanten Beitrag zur Erklärung einer später erhobenen abhängigen Grösse leisten; jedoch vor allem dann, wenn die Entwicklung Letzterer – im vorliegenden Falle über ein Jahr hinweg (vgl. unten) – günstig beeinflusst wird.

11.6   Methode

11.6.1 Stichprobe

Beim nachfolgend verwendeten Datensatz handelt es sich um ein nichtrepräsentatives Subsample der Swiss Video Study. Einbezogen wurden lediglich diejenigen Schülerinnen und Schüler, die im 8. und 9. Schuljahr an der Studie teilnahmen, auf allen hier interessierenden Variablen gültige Werte aufwiesen und bei denen vom 8. zum 9. Schuljahr kein Wechsel der Lehrperson stattgefunden hatte: $N = 501$ Schülerinnen und Schüler der Deutschschweiz (54% weiblich, 46% männlich) aus 40 Klassen (Durchschnittliche Klassengrösse: $n \sim 12.5$, min. $n = 7$, max. $n = 19$). Das Durchschnittsalter im 8. Schuljahr betrug ca. 14.8 Jahre. 70% der Schülerinnen und Schüler besuchten einen Schultyp mit erweiterten Anforderungen (Sekundarschule, Gymnasium), 30% einen Schultyp mit Grundanforderungen (Realschule).

11.6.2 Instrumentarium

In der Darstellung werden nachfolgend vier Bereiche unterschieden: Unterrichtsgestaltung, wahrgenommene Lernumwelt, Selbstvertrauen und Qualität der Lernmotivation sowie leistungsbezogenes Verhalten. In Klammern wird jeweils angegeben, in welchen Schuljahren die Variablen erhoben wurden.

Unterrichtsgestaltung (8. Schuljahr)
Die Skala „Gewähren von Handlungsspielräumen" wurde aufgrund der Angaben der Lehrpersonen zur Gestaltung ihres Mathematikunterrichts gebildet (6 Items, Beispiel: „In meinem Mathematikunterricht arbeiten die Schülerinnen und Schüler nach individuellem Arbeitsplan." $\alpha = .70$. Antwortformat 5-stufig: „fast jede Lektion", „zwei- bis dreimal pro Woche", „einmal pro Woche", „ein- bis zweimal pro Monat" und „weniger als einmal pro Monat").

Zur Operationalisierung der Merkmale „Schülerorientierung" sowie „Kognitive Aktivierung" dienten Expertenangaben. Beurteilt wurde pro Klasse je eine videografierte Mathematiklektion auf der Basis des Inventars zur Unterrichtsqualität von Clausen, Reusser und Klieme (2003). Dieses umfasst 94 Einzelitems (Antwortformat 4-stufig: „trifft überhaupt nicht zu", „trifft eher nicht zu", „trifft eher zu" und „trifft voll und ganz zu"), die zu 27 Kurzskalen verschiedener Unterrichtsaspekte zusammengefasst werden (zu den Kurzskalen vgl. Clausen, Reusser & Klieme, 2003; zu den Einzelitems vgl. Online-Rater-Inventar: http://www.ew2.uni-mannheim.de/videorating/online_rater.htm). Wie Clausen, Reusser und Klieme (2003) darstellen, erweist sich die Reliabilität der Kurzskalen in den allermeisten Fällen als zufriedenstellend bis gut. Diese Angaben basieren auf den Urteilen von vier speziell trainierten Raterinnen und Ratern (Expertinnen und Experten), welche je 30 Mathematiklektionen aus Deutschland und der deutschsprachigen Schweiz begutachteten. Ein Teil der im vorliegenden Beitrag verwendeten Stichprobe war Bestandteil des Schweizer Samples. Nach dem gleichen Ansatz wurden sämtliche Mathematiklektionen in der Swiss Video Study geratet. Zur Konstruktion der Skalen für die Merkmale „Schülerorientierung" sowie „Kognitive Aktivierung" wurden die Ratings derjenigen Expertin verwendet, die sämtliche Lektionen der deutschsprachigen Schweiz beurteilt hatte, womit die Reliabilität der verwendeten Kurzskalen gegeben sein dürfte. Ausgehend von den theoretischen Überlegungen zum Zusammenhang von Unterricht, Selbstvertrauen und Qualität der Lernmotivation (vgl. oben), wurden die beiden Skalen „Schülerorientierung" (6 Kurzskalen, unter anderem „Individuelle Lernunterstützung", „Individuelle Bezugsnormorientierung" und „Positive Fehlerkultur". $\alpha = .88$) sowie „Kognitive Aktivierung" (5 Kurzskalen, unter anderem „Lehrer als Mediator", „Anspruchsvolles Üben" und „Mathematische Produktivität". $\alpha = .90$) gebildet. In einer Faktorenanalyse (Hauptkomponentenanalyse mit schiefwinkliger Rotation) auf der Basis sämtlicher 70 Deutschschweizer Klassen[8] ergaben sich zwei Faktoren (aufgeklärte Varianz: 70%, Ladungen zwischen .67 und .90, keine „Fehlladungen" grösser absolut .25 auf dem jeweils anderen Faktor), die Komponentenkorrelation ist mit .47 jedoch recht hoch.

Wahrgenommene Lernumwelt (8. Schuljahr)
Hinsichtlich des *Unterrichtserlebens*, wurden die Schülerinnen und Schüler gefragt: „Wie fühlst du dich meistens im Mathematikunterricht?" Sie antworteten auf der Grundlage von verschiedenen 6-stufigen bipolaren Einzelratings. Die Skala „Unterrichtserleben" umfasst 8 Einzelratings (beispielsweise: unbeteiligt–beteiligt, leistungsfähig–blockiert, frei–eingeschränkt, unwohl–wohl. $\alpha = .84$). Zusätzlich berücksichtigt wurde die Skala „Beziehung zur Lehrperson" (5 Items, Beispiel: „Ich glaube, dass ich mit meinem Mathematiklehrer auch persönliche Probleme besprechen könnte." $\alpha = .80$. Antwortformat 4-stufig: „stimmt genau", „stimmt eher", „stimmt eher nicht" und „stimmt gar nicht"). Dies geschah vor dem Hintergrund, dass, wie Helmke, Hosenfeld, Schrader und Wagner (2002, S. 338) vermerken, bei Unterrichtbeurteilungen von Schülerinnen und Schülern nie (ganz) ausgeschlossen werden kann, dass diese durch Sympathie bzw. Antipathie gegenüber der Lehrperson verzerrt sind (vgl. auch Clausen, 2002). Empfohlen wird daher, einen allfälligen Effekt durch die Mitberücksichtigung einer spezifischen Skala in den Analysen nach Möglichkeit zu kontrollieren.[9] Durch den Einbezug dieser Skala als Kontrollvariable sollte es besser möglich sein, in den Analysen allfällige Effekte der eher unterrichtsbezogenen Seite der Skala „Unterrichtserleben" herauszuschälen. Eine ähnliche Vorgehensweise findet sich unter anderem auch bei Stipek (2002).

Selbstvertrauen und Qualität der Lernmotivation (8. und 9. Schuljahr)
Die Skala „Selbstvertrauen" umfasst 8 Items (Beispiel: „Was ich mir in Mathematik vornehme, kann ich auch erreichen." $\alpha = .90/.93$ im 8./9. Schuljahr. Antwortformat 4-stufig: „stimmt genau", „stimmt eher", „stimmt eher nicht" und „stimmt gar nicht"). Grundlage für die Itemformulierung war die Charakterisierung des Konstrukts „Kontrollüberzeugungen" in der Konzeption von Skinner, Chapman und Baltes (1988, S. 118). Die Qualität der Lernmotivation wurde aufgrund freier Äusserungen der Schülerinnen und Schüler ermittelt. Die Gründe für dieses Vorgehen sind bei Buff (2001) dargestellt. Nach einer Einleitung – „Es gibt verschiedene Gründe, warum Schülerinnen und Schüler in der

---

8   Die Faktorenanalyse basiert hier nicht auf den 40 Klassen des Subsamples, da in diesem Falle das minimal angestrebte 1:5-Verhältnis zwischen Variablen und Individuen (hier Klassen) unterschritten worden wäre (vgl. Hair, Anderson, Tatham & Black, 1998).
9   Die Korrelation zwischen „Unterrichtserleben" und „Beziehung zur Lehrperson" beträgt $r = .41$ ($p < .001$).

Schule lernen, sich anstrengen, im Unterricht mitmachen usw." – wurde den Schülerinnen und Schülern folgende Frage gestellt: „Wenn Du für Mathematik etwas machst, warum tust du das dann?" Es folgte die Aufforderung: „Bitte schreibe nachfolgend auf, warum." Anschliessend wurden alle Texte von jeweils drei speziell trainierten Personen auf einer Skala von 6 (weitgehend autonom, selbstbestimmt) bis 1 (weitgehend kontrolliert, fremdbestimmt) hinsichtlich der Qualität der Lernmotivation geratet. Die Ermittlung der Qualität der Lernmotivation erfolgte vor dem theoretischen Hintergrund der Selbstbestimmungstheorie (Deci & Ryan, 1985, 1993; Ryan & Deci, 2002). Bezogen auf das *Expectancy-Value Model of Achievement Motivation* von Eccles und Mitarbeitenden (Eccles, 2005; Eccles & Wigfield, 2002; Wigfield & Eccles, 2000) kann die Qualität der Lernmotivation als Teil der wertbezogenen Seite des Modells betrachtet werden (vgl. hierzu Eccles, 2005). Als Masse für die Übereinstimmung zwischen den Urteilenden wurde die (unjustierte) Intraklassenkorrelation (ICC; vgl. Bortz & Döring, 1995) berechnet. Diese kann im 8./9. Schuljahr als befriedigend bis gut betrachtet werden (*ICC* = .69/.74 bzw. *ICC*$_{MW}$ = .87/.90). Den einzelnen Schülerinnen und Schülern wurde anschliessend der durchschnittliche Wert der drei Raterinnen und Rater zugewiesen.[10]

Leistungsbezogenes Verhalten (8. und 9. Schuljahr)
Die Skala „Engagement" (6 Items, Beispiel: „Im Mathematikunterricht arbeite ich immer konzentriert mit." α = .77/.82 im 8./9. Schuljahr. Antwortformat 4-stufig: „stimmt genau", „stimmt eher", „stimmt eher nicht" und „stimmt gar nicht") thematisiert die Aspekte der Konzentration und Anstrengung und unterscheidet sich damit von den Konzeptionen, wie sie Reeve (2002) oder Stipek (2002) verwenden, bei denen sich das Konstrukt aus einer behavioralen und einer affektiven Komponente zusammensetzt. Engagement kann in gewissem Sinne als „Wahlverhalten" verstanden werden: als Entscheid nämlich, sich anzustrengen und einzusetzen. Zur Ermittlung der Leistungen in Mathematik wurde der Mathematiktest von TIMSS eingesetzt (vgl. Kapitel 2, insbesondere Abschnitt 2.6.2.3).

Die Skalenbildung erfolgte mit Ausnahme des Leistungstests in allen Fällen durch Summation der (nötigenfalls umgepolten) Items, Einzelratings bzw. Kurzskalen. Sämtliche Skalenwerte sind auf ihr ursprüngliches Antwortformat transformiert. Höhere Werte indizieren jeweils die positive Ausprägung der entsprechenden Konstrukte: mehr Handlungsspielräume, grösseres Selbstvertrauen, höheres Engagement usw.

11.7 Ergebnisse

Die Ergebnisdarstellung folgt den formulierten Fragestellungen. Zuerst interessiert der Zusammenhang zwischen Unterrichtsgestaltung einerseits und Unterrichtserleben andererseits. Effekte von Unterrichtsgestaltung und Unterrichtserleben auf das Selbstvertrauen

---

10 Sofern man lediglich an einem Globalscore für die Qualität der Lernmotivation interessiert ist und nicht auf spezifische thematische Aspekte der Äusserungen zurückgreifen möchte, stellt diese Art der Verarbeitung der freien Äusserungen eine sehr ökonomische Alternative zu der bei Buff, Reusser und Pauli (Kapitel 10 in diesem Band) dargestellten Vorgehensweise dar. Die Korrelation der beiden Formen beträgt im 8./9. Schuljahr: *r* = .80/.84 (*p* jeweils kleiner .001). Es versteht sich von selber, dass bei der Aufarbeitung der Daten auf die eine oder andere Art *nicht* die gleichen Personen beteiligt waren.

und die Qualität der Lernmotivation bzw. deren Entwicklung sind Inhalt des zweiten Teils. Der dritte Teil fokussiert auf die Bedeutung von Unterrichtsgestaltung, Unterrichtserleben, Selbstvertrauen und Qualität der Lernmotivation für leistungsbezogenes Verhalten (Engagement und Mathematikleistungen) bzw. dessen Entwicklung.

In allen nachfolgenden Analysen als Kontrollvariablen berücksichtigt werden „Schultyp", „Geschlecht", „Beziehung zur Lehrperson" sowie „Mathematikleistungen im 8. Schuljahr". Letztere wurden als Kontrollvariable eingeführt, da die Mathematikleistungen im 8. Schuljahr rund zwei Monate vor allen übrigen Variablen erhoben wurden und in einigen Fällen davon auszugehen ist, dass die Leistungen die Ausprägung hier zentraler Variablen beeinflussen (beispielsweise das Selbstvertrauen). Mit Ausnahme der in Tabelle 11.1 dargestellten Resultate handelt es sich bei allen übrigen um die Ergebnisse von Mehrebenenanalysen.[11]

11.7.1 Unterrichtsgestaltung und Unterrichtserleben

In Tabelle 11.1 sind die gegenseitigen Beziehungen (Korrelationen auf Klassenebene) der drei Indikatoren für die Unterrichtsgestaltung dargestellt. Ersichtlich wird, dass insbesondere die beiden aus den videografierten Lektionen gewonnenen Indikatoren „Schülerorientierung" und „Kognitive Aktivierung" hoch miteinander korrelieren. In den beobachteten Stunden scheint – zumindest im Urteil der Expertinnen und Experten – die Ausprägung des einen Merkmals gewissermassen Hand in Hand mit der Ausprägung des anderen einherzugehen. Auch zwischen „Gewähren von Handlungsspielräumen" und den beiden anderen Indikatoren finden sich zwar kleinere aber immer noch deutlich positive Beziehungen. Dass diese geringer ausfallen, mag zumindest teilweise an den verschiedenen Datenquellen (Expertenurteile versus Angaben der Lehrperson) und/oder den unterschiedlichen Zeithorizonten, auf die sich die Angaben beziehen (Beurteilung *einer* Lektion versus Unterrichtsgestaltung im Allgemeinen), liegen.

Tabelle 11.1: Merkmale der Unterrichtsgestaltung

	Handlungsspielräume	Schülerorientierung
Handlungsspielräume (AL)		
Schülerorientierung (V)	.39*	
Kognitive Aktivierung (V)	.40*	.71***

Anmerkungen:
$N = 40$; * $p < .05$, ** $p < .01$, *** $p < .001$. AL = Angabe Lehrperson, V = Videoratings

---

11 Die Mehrebenenanalysen wurden mit dem Programm MLwiN (Rasbash et al., 2002) durchgeführt. Dargestellt sind die Ergebnisse von Random-intercept-Modellen. Die von MLwiN ausgegebenen unstandardisierten Regressionskoeffizienten wurden zur besseren Vergleichbarkeit in β-Koeffizienten umgerechnet (Hox, 2002, S. 21). Die Signifikanzprüfungen basieren auf *t*-Werten (Hox, 2002, S. 43). Getestet wurde jeweils zweiseitig unter Verwendung der üblichen Signifikanzschwellen. Die Ermittlung der Varianzaufklärung (R^2) erfolgte unter Verwendung der von Snijders und Bosker vorgeschlagenen Korrektur (Hox, 2002, S. 68).

Aufgrund der gefundenen, teilweise beträchtlichen Interkorrelationen sowie weiterer nachfolgend dargestellter Überlegungen werden die drei Merkmale der Unterrichtsgestaltung für die weiteren Analysen zum Indikator „Supportiver Unterricht" zusammengefasst. Ausschlaggebend ist in erster Linie die Überlegung, dass es wohl weniger einzelne Massnahmen sind, die sich in der Praxis positiv auf Selbstvertrauen, Qualität der Lernmotivation und Ähnliches auswirken, sondern es vielmehr der Kombination verschiedener Merkmale zu einer spezifisch gestalteten Lernumwelt bedarf. Satow und Schwarzer (2003, S. 172) betonen ausdrücklich, dass es sich beim Mastery-Klima um ein systemisches Konstrukt handle, das nicht durch einen Indikator alleine erfasst werden könne, sondern eine komplexe Konstellation verschiedener Merkmale darstelle. Auch mit Blick auf die Komplexität der zu rechnenden Regressionsmodelle (vgl. unten) sowie allfälliger Multikolliniaritätsprobleme erscheint eine Zusammenfassung günstig. Um Unterschiede hinsichtlich Quelle und Zeitperspektive der drei Indikatoren bei der Bildung des neuen Indikators einigermassen gleichmässig zu berücksichtigen, wurden zuerst die beiden Merkmale aus den Videoanalysen zusammengefasst und diese Hilfsvariable danach mit den Angaben der Lehrperson zum Gewähren von Handlungsspielräumen (nach vorgängiger z-Standardisierung beider Variablen) zum neuen Globalindikator „Supportiver Unterricht" verrechnet.[12] Wiederum entsprechen höhere Werte einer günstigeren Ausprägung des Konstrukts.

Wie bereits dargestellt, wird verschiedentlich betont, dass weniger der „effektive" Unterricht, sondern primär der wahrgenommenen Lernumwelt Relevanz hinsichtlich der positiven Entwicklung von Selbstvertrauen und der Qualität der Lernmotivation usw. zukommt. Es scheint jedoch interessant zu sein, einen Blick darauf zu werfen, ob bzw. wie weit „externe" Charakterisierungen des Unterrichts mit der subjektiv wahrgenommenen Lernumwelt der Schülerinnen und Schüler korrespondieren. Die Frage lautet entsprechend: *Existieren Zusammenhänge zwischen dem Indikator „Supportiver Unterricht" einerseits und dem Unterrichtserleben andererseits?* Als abhängige Variable fungiert das Unterrichtserleben der Schülerinnen und Schüler. Gerechnet wurden zwei Modelle: Modell 1 berücksichtigt als Kontrollvariable „Beziehung zur Lehrperson nicht", in Modell 2 wird diese Variable zusätzlich einbezogen. Tabelle 11.2 zeigt die Ergebnisse der beiden Analysen. Die interessierenden Koeffizienten sind grau unterlegt.

Wie aus Tabelle 11.2 ersichtlich wird, findet sich in Modell 1 eine signifikant positive Beziehung zwischen supportivem Unterricht und dem Unterrichtserleben. Wird allerdings zusätzlich die Beziehung zur Lehrperson berücksichtigt (Modell 2), erweist sich der entsprechende Koeffizient als knapp nicht signifikant ($p < .07$). Das Ergebnis bestärkt uns in der Absicht, die Beziehung zur Lehrperson als zusätzliche Kontrollvariable – im Sinne der eher affektiven Seite der wahrgenommenen Lernumwelt – in die Analysen einzubeziehen.

Alles in allem erscheint es trotz der mässigen Beziehungen gerechtfertigt, davon auszugehen, dass der subjektiv erlebte Unterricht keineswegs (vollkommen) losgelöst von „objektiven" Merkmalen desselben zu betrachten ist.

---

12 Die Korrelation zwischen der Hilfsvariablen und den Angaben der Lehrperson zum Gewähren von Handlungsspielräumen beträgt auf Klassenebene $r = .43$ ($p < .01$).

Tabelle 11.2: Supportiver Unterricht und Unterrichtserleben

| | Unterrichtserleben (8. Schuljahr) | |
| | Modell 1 | Modell 2 |
Prädiktoren (8. Schuljahr)	β	β
Individualebene		
Geschlecht (0=w, 1=m)	.02	.01
Mathematikleistung	.20***	.19***
Beziehung zur Lehrperson		.39***
R^2	16%	59%
Klassenebene		
Schultyp (0=GA, 1=EA)	-.08	-.05
Supportiver Unterricht	.17**	.09
R^2	6%	20%

Anmerkungen: β = standardisierte Regressionskoeffizienten; Geschlecht: w=weiblich, m=männlich; Schultyp: GA=Grundansprüche, EA=erweiterte Ansprüche; * $p < .05$, ** $p < .01$, *** $p < .001$; R^2=aufgeklärte Varianz in %; N=501

11.7.2 Selbstvertrauen und Qualität der Lernmotivation

Im Zentrum der nachfolgenden Analysen steht der Zusammenhang zwischen supportivem Unterricht und Unterrichtserleben einerseits sowie dem Selbstvertrauen und der Qualität der Lernmotivation andererseits. Erwartet werden positive Effekte insbesondere des Unterrichtserlebens auf das Selbstvertrauen, die Qualität der Lernmotivation sowie deren Entwicklung.

Für jede der beiden abhängigen Variablen („Selbstvertrauen", „Qualität der Lernmotivation") wurden zwei Modelle gerechnet. In Modell 1 wird nach der prognostischen Potenz der beiden unterrichtsbezogenen Variablen gefragt. In Modell 2 steht die Frage eines allfälligen Einflusses auf die Entwicklung von Selbstvertrauen bzw. Qualität der Lernmotivation im Zentrum. Die beiden Modelle unterscheiden sich insofern, als dass im zweiten Fall die Ausprägung der jeweils interessierenden Variablen im 8. Schuljahr als zusätzlicher Prädiktor berücksichtigt wird. Dadurch können die Effekte der übrigen Prädiktoren als Wirkung auf die Veränderung der abhängigen Variable interpretiert werden (Satow, 2002; Trautwein, Köller & Baumert, 2004). In den Analysen zusätzlich berücksichtigt wird auch die jeweils andere Grösse in ihrer Ausprägung im 8. Schuljahr, das heisst im Falle des Selbstvertrauens als abhängige Variable die Qualität der Lernmotivation (und umgekehrt). Dies geschieht vor dem Hintergrund, dass wir *grundsätzlich* von einer Wechselwirkung zwischen Selbstvertrauen und Qualität der Lernmotivation ausgehen (vgl. oben).

Tabelle 11.3 fasst die Ergebnisse der Analysen zusammen. Die primär interessierenden Koeffizienten sind wiederum grau unterlegt. Wie der Tabelle (Spalte 1) zu entnehmen ist, erweist sich das Unterrichtserleben im 8. Schuljahr als relevanter Prädiktor für das Selbstvertrauen ein Jahr später: Je positiver das Unterrichtserleben, desto höher das Selbstvertrauen. Tendenziell ($p < .08$) zeigt sich auch ein günstiger Effekt auf die Entwicklung des Selbstvertrauens (vgl. Spalte 2). Supportiver Unterricht erweist sich im vorliegenden Zusammenhang als bedeutungsloser Prädiktor. Wie sich weiter zeigt, leistet die Qualität

Tabelle 11.3: Selbstvertrauen und Qualität der Lernmotivation

Prädiktoren (8. Schuljahr)	Selbstvertrauen (9. Schuljahr)		Qualität der Lernmotivation (9. Schuljahr)	
	Modell 1	Modell 2	Modell 1	Modell 2
	β	β	β	β
Individualebene				
Geschlecht (0 = w, 1 = m)	.13**	.06	.05	.04
Mathematikleistung	.31***	.20***	-.03	-.02
Beziehung zur Lehrperson	.01	.04	.12*	.12*
Unterrichtserleben	.34***	.07	.19**	.12*
Selbstvertrauen		.57***	.15**	.10
Qualität Lernmotivation	.15***	.07		.26***
R^2	32%	54%	16%	22%
Klassenebene				
Schultyp (0 = GA, 1 = EA)	-.22***	-.12**	-.07	-.07
Supportiver Unterricht	-.03	-.01	.04	.03
R^2	14%	53%	40%	44%

Anmerkungen: β = standardisierte Regressionskoeffizienten; Geschlecht: w = weiblich, m = männlich; Schultyp: GA = Grundansprüche, EA = erweiterte Ansprüche; * $p < .05$, ** $p < .01$, *** $p < .001$; R^2 = aufgeklärte Varianz in %; $N = 501$

der Lernmotivation einen eigenständigen Beitrag zur Erklärung des Selbstvertrauens im 9. Schuljahr (Spalte 1). Hinsichtlich der Entwicklung des Selbstvertrauens (Spalte 2) findet sich auch hier lediglich ein tendenzieller Effekt ($p < .08$).

Bezüglich der *Qualität der Lernmotivation* zeigt sich ein ähnliches Bild. „Unterrichtserleben im 8. Schuljahr" ist hier allerdings nicht nur ein relevanter Prädiktor für die Qualität der Lernmotivation im 9. Schuljahr (Spalte 3), sondern hat zudem einen positiven Effekt auf deren Entwicklung (Spalte 4). „Supportiver Unterricht" ist als Prädiktor wiederum irrelevant. Ähnlich wie mit der Qualität der Lernmotivation hinsichtlich des Selbstvertrauens verhält es sich auch im umgekehrten Falle: Selbstvertrauen erweist sich hinsichtlich der Prognose der Qualität der Lernmotivation als relevante Grösse, bezogen auf deren Entwicklung ist lediglich noch ein tendenzieller Effekt ($p < .07$) vorhanden (vgl. Spalte 3 bzw. 4).

Insgesamt belegen die Ergebnisse die Annahme der Bedeutung des subjektiven *Unterrichtserlebens* hinsichtlich des Selbstvertrauens und der Qualität der Lernmotivation bzw. deren Entwicklung (im Falle des Selbstvertrauens allerdings lediglich tendenziell). *Supportiver Unterricht* bleibt ohne Effekt. Daran ändert sich auch nichts, wenn die Beziehung zur Lehrperson wie auch das Unterrichtserleben aus den Analysen eliminiert werden. „Selbstvertrauen" wie auch „Qualität der Lernmotivation" haben zwar hinsichtlich der Prognose der jeweils anderen Grösse – selbst bei Berücksichtigung aller übrigen Variablen – eigenständige positive Effekte, bezogen auf deren Entwicklung ist dies allerdings nur noch tendenziell der Fall.

11.7.3 Engagement und Leistungen

Welche Bedeutung haben supportiver Unterricht, Unterrichtserleben, Selbstvertrauen und die Qualität der Lernmotivation für das Engagement im Fach Mathematik und Mathematikleistungen? Erwartet werden auch hier positive Effekte, insbesondere des Unterrichtserlebens auf beide Indikatoren leistungsbezogenen Verhaltens. Entsprechend den Annahmen des Erwartungs-Wert-Modells müssten sich diese erheblich reduzieren, wenn zusätzlich die Qualität der Lernmotivation und im Falle der Mathematikleistungen, aufgrund vorliegender Forschungsergebnisse, insbesondere das Selbstvertrauen, mitberücksichtigt werden.

Die Analysen folgen hinsichtlich des Engagements weitgehend dem bisherigen Muster. Gefragt wird zuerst nach der prognostischen Potenz der interessierenden Variablen für das Engagement im 9. Schuljahr (Modelle 1 und 2) und anschliessend nach deren Einfluss auf die Entwicklung desselben vom 8. zum 9. Schuljahr (Modelle 3 und 4). In den Modellen 2 und 4 werden jeweils zusätzlich zu den anderen Variablen die Qualität der Lernmotivation sowie das Selbstvertrauen einbezogen. Im Falle der Mathematikleistungen reduziert sich die Modellzahl auf zwei (mit und ohne Qualität der Lernmotivation sowie Selbstvertrauen), da die Mathematikleistungen im 8. Schuljahr in allen Modellen als Kontrollvariable berücksichtigt wurden (vgl. oben). Hier interessiert lediglich der Entwicklungsaspekt. Die primär interessierenden Koeffizienten sind wiederum grau unterlegt.

Tabelle 11.4 beinhaltet die Ergebnisse bezogen auf das *Engagement*. Wie Modell 1 zeigt, erweist sich das Unterrichtserleben als relevanter Prädiktor für das Engagement ein Jahr später. In Modell 2 wird deutlich, dass sich dieser Effekt erwartungsgemäss reduziert, wenn zusätzlich die Qualität der Lernmotivation und das Selbstvertrauen mitberück-

Tabelle 11.4: Engagement im Fach Mathematik

Prädiktoren (8. Schuljahr)	Engagement im Fach Mathematik (9. Schuljahr)			
	Modell 1 β	Modell 2 β	Modell 3 β	Modell 4 β
Individualebene				
Geschlecht (0 = w, 1 = m)	.07	.04	.01	.01
Mathematikleistung	.08	.06	.11*	.11*
Beziehung zur Lehrperson	.08	.08	.06	.05
Unterrichtserleben	.41***	.31***	.13**	.12*
Selbstvertrauen		.08		-.02
Qualität Lernmotivation		.17***		.07
Engagement			.55***	.53***
R^2	24%	27%	45%	46%
Klassenebene				
Schultyp (0 = GA, 1 = EA)	-.14*	-.11	-.17***	-.17***
Supportiver Unterricht	-.05	-.06	-.03	-.03
R^2	41%	41%	67%	67%

Anmerkungen:
β = standardisierte Regressionskoeffizienten; Geschlecht: w = weiblich, m = männlich;
Schultyp: GA = Grundansprüche, EA = erweiterte Ansprüche; * $p < .05$, ** $p < .01$, *** $p < .001$;
R^2 = aufgeklärte Varianz in %; $N = 501$

sichtigt werden, was auf die vermittelnde Funktion der beiden Grössen hindeutet.[13] Eine, aus Platzgründen nicht näher dargestellte, zusätzliche Analyse in diesem Zusammenhang zeigt, dass wenn lediglich das Selbstvertrauen *oder* die Qualität der Lernmotivation in das Modell aufgenommen wird, sich beides als relevant erweist. Wird jedoch beides gleichzeitig berücksichtigt, erscheint für das Engagement die Qualität der Lernmotivation bedeutungsvoller. Das Unterrichtserleben stellt auch hinsichtlich der Entwicklung des Engagements eine relevante Grösse dar (Modell 3): Je positiver das Erleben des Unterrichts im 8. Schuljahr, desto günstiger entwickelt sich das Engagement über ein Jahr hinweg. Daran ändert sich auch nichts, wenn zusätzlich das Selbstvertrauen und die Qualität der Lernmotivation mitberücksichtigt werden (Modell 4). Selbstvertrauen erweist sich bezogen auf die Entwicklung des Engagements als bedeutungslos, und auch hinsichtlich der Qualität der Lernmotivation kann lediglich ein tendenziell positiver Effekt festgestellt werden ($p < .07$). Keinerlei signifikante Zusammenhänge finden sich hinsichtlich des Prädiktors „Supportiver Unterricht".

Wie aus Tabelle 11.5 (Modell 1) ersichtlich wird, wirkt sich das Unterrichtserleben auch günstig auf die *Leistungsentwicklung* aus. Werden jedoch das Selbstvertrauen und die Qualität der Lernmotivation mitberücksichtigt (Modell 2), so erweist sich dieser Effekt als nicht mehr signifikant. Von den hier primär interessierenden Grössen ist es allein das Selbstvertrauen, welches mit der Leistungsentwicklung einen signifikanten Zusammenhang aufweist: Höheres Selbstvertrauen im 8. Schuljahr beeinflusst die Leistungsent-

Tabelle 11.5: Mathematikleistungen

| | Mathematikleistungen (9. Schuljahr) | |
| | Modell 1 | Modell 2 |
Prädiktoren (8. Schuljahr)	β	β
Individualebene		
Geschlecht (0=w, 1=m)	.03	.01
Mathematikleistung	.58***	.54***
Beziehung zur Lehrperson	.02	.02
Unterrichtserleben	.14***	.06
Selbstvertrauen		.16***
Qualität Lernmotivation		-.01
R2	56%	57%
Klassenebene		
Schultyp (0=GA, 1=EA)	.19***	.22***
Supportiver Unterricht	-.06	-.05
R2	82%	84%

Anmerkungen:
β=standardisierte Regressionskoeffizienten; Geschlecht: w=weiblich, m=männlich;
Schultyp: GA=Grundansprüche, EA=erweiterte Ansprüche; * $p < .05$, ** $p < .01$, *** $p < .001$;
R^2=aufgeklärte Varianz in %; N=501

---

13 Um die Annahme der vermittelnden Funktion von Selbstvertrauen und der Qualität der Lernmotivation schlüssig belegen zu können, hätten die beiden Grössen im 8. Schuljahr unseres Erachtens zeitlich nach dem Unterrichtserleben erhoben werden müssen, was jedoch nicht der Fall war. Dies ist nachfolgend zu bedenken, wenn im Text von „vermittelnder Funktion" und Ähnlichem gesprochen wird.

wicklung positiv. Eine, aus Platzgründen wiederum nicht näher dargestellte, zusätzliche Analyse macht deutlich, dass wenn Selbstvertrauen aus dem Modell eliminiert wird, der Qualität der Lernmotivation hinsichtlich der Leistungsentwicklung dennoch *keine* Bedeutung zukommt; der Effekt des Unterrichtserlebens ist dann allerdings wiederum signifikant. Im Falle der Leistungsentwicklung erscheint demnach das Selbstvertrauen als zentrale vermittelnde Grösse bezogen auf den positiven Effekt des Unterrichtserlebens zu fungieren. Hinsichtlich des Prädiktors „Supportiver Unterricht" sind wiederum keine signifikanten Effekte feststellbar.

Alles in allem unterstreichen die Ergebnisse grundsätzlich die Relevanz des Unterrichtserlebens für die Entwicklung des Engagements wie auch der Leistungen. Auch hinsichtlich der angenommenen vermittelnden Funktion von Selbstvertrauen und Qualität der Lernmotivation finden sich insgesamt bestätigende Hinweise, wobei es hier allerdings je nach Indikator für leistungsbezogenes Handeln zu differenzieren gilt. Im Falle des Engagements erweist sich die Qualität der Lernmotivation (tendenziell) als bedeutsam, im Falle der Leistungen das Selbstvertrauen. „Supportiver Unterricht" erweist sich in allen Analysen als bedeutungsloser Prädiktor. Daran änderst sich nichts, wenn die Beziehung zur Lehrperson wie auch das Unterrichtserleben aus den Analysen eliminiert werden.

11.8   Zusammenfassung und Diskussion

Leistungsbezogenes Selbstvertrauen im Fach Mathematik stand im Zentrum des Beitrags. Einerseits wurde seine herausragende, eigenständige Bedeutung für die erfolgreiche Bewältigung schulischer Anforderungen bzw. das Lernen hervorgehoben, andererseits vor dem Hintergrund primär Erwartungs-Wert-theoretischer Überlegungen auch betont, dass Selbstvertrauen nur eine Seite der Medaille darstellt. Für leistungsbezogenes Verhalten in einem weiteren Sinne (Engagement wie auch Leistungen) kommt es nicht nur darauf an, ob man glaubt, etwas bewältigen zu können, sondern auch, welchen Wert man einer Sache beimisst. Die Qualität der Lernmotivation stellt im Beitrag die andere Seite der Medaille dar. Ausgehend von der Überzeugung, dass Selbstvertrauen und Qualität der Lernmotivation als eigenständige Zielkriterien von Schule und Unterricht zu betrachten sind, wurde nach Möglichkeiten der Unterrichtsgestaltung gefragt, welche sich positiv auf die Entwicklung der beiden Grössen auswirken. Schülerorientierung, kognitive Aktivierung und das Gewähren von Handlungsspielräumen scheinen diesbezüglich wichtige Ingredienzien zu sein, die im Konstrukt „Supportiver Unterricht" zusammengefasst wurden. Die Annahme war allerdings, dass weniger dieser auf der Basis von Lehrerangaben und der Beurteilung videografierter Mathematiklektionen durch Expertinnen und Experten gewonnene „objektive" Indikator positive Effekte zeitigt, sondern vielmehr die subjektive Wahrnehmung des Unterrichts bzw. im vorliegenden Falle *dessen globales Erleben*. Im empirischen Teil interessierten drei Fragen: Zusammenhang zwischen supportivem Unterricht und dem Unterrichtserleben, Einfluss dieser beiden Grössen auf das Selbstvertrauen und die Qualität der Lernmotivation sowie die Bedeutung der bisher genannten Variablen für das Engagement und die Leistungen im Fach Mathematik. Die Analysen basierten auf einem Datensatz mit zwei Messzeitpunkten (8. und 9. Schuljahr), wobei die den Unterricht bzw. dessen Erleben betreffenden Variablen zu Beginn, alle anderen zu Beginn und am Ende des Untersuchungszeitraums erhoben wurden. Fasst man die zentralen Ergebnisse in sechs Punkten kurz zusammen, so zeigt sich Folgendes:

- Zwischen „objektiver" Lernumwelt („Supportiver Unterricht") und Unterrichtserleben findet sich lediglich ein schwacher Zusammenhang, und dies auch nur, solange die Beziehung zur Lehrperson nicht berücksichtigt wird.

- Hinsichtlich des Unterrichtserlebens zeigen sich die erwarteten positiven Effekte bezogen auf das Selbstvertrauen und die Qualität der Lernmotivation bzw. deren Entwicklung (im Falle von Selbstvertrauen bezogen auf die Entwicklung lediglich tendenziell).

- Das Selbstvertrauen und die Qualität der Lernmotivation leisten jeweils eigenständige positive Beiträge zur Prognose der jeweils anderen Grösse ein Jahr später. Hinsichtlich deren Entwicklung ist dies allerdings nur tendenziell der Fall.

- Das Unterrichtserleben erweist sich für das Engagement und die Leistungen bzw. deren Entwicklung als bedeutungsvoll. Hinsichtlich der Leistungsentwicklung gilt dies allerdings nur, solange das Selbstvertrauen nicht berücksichtigt wird.

- Es existieren theoriekonforme Hinweise, dass ein Teil der positiven Effekte des Unterrichtserlebens auf das Engagement und die Leistungen bzw. deren Entwicklung über Selbstvertrauen/Qualität der Lernmotivation vermittelt sein könnte. Wichtig ist hierbei, dass je nach Kriterium differenziert werden muss: im Falle des Engagements ist die Qualität der Lernmotivation, im Falle der Leistungen das Selbstvertrauen ausschlaggebend.

- „Supportiver Unterricht" erweist sich hinsichtlich Selbstvertrauen, Qualität der Lernmotivation wie auch Engagement und Leistungen als irrelevanter Prädiktor.

Warum finden sich kaum namhafte bzw. keine Zusammenhänge zwischen supportivem Unterricht, dem „objektiven" Indikator für die Lernumwelt, und den anderen Grössen? Ein Grund hierfür könnte in der (zu schmalen) Operationalisierung liegen: ein Merkmal der Unterrichtsgestaltung aus der Sicht der Lehrperson sowie Videoratings einer Lektion. Problematisch ist unseres Erachtens insbesondere, dass es sich bei „Supportiver Unterricht" letztlich zur Hälfte um eine situationsspezifische Variable handelt, bei allen abhängigen Variablen jedoch um generalisiertere Konstrukte. Dieser Mismatch hinsichtlich des Generalisierungsniveaus scheint insofern problematisch zu sein, als dass die Variable auf tiefster Hierarchiestufe, das heisst auf situationsspezifischer Ebene, als unabhängige Variable in den Modellen fungiert. Singuläre, situationsspezifische Erfahrungen können zwar durchaus teilweise tiefe Spuren bei Konstrukten höherer Ebene hinterlassen, einzelne videografierte Mathematiklektionen dürften jedoch kaum die Potenz eines in diesem Sinne „kritischen Lebensereignisses" haben (hinsichtlich „Top-down"- und „Bottom-up"-Effekten zwischen verschiedenen Hierarchieebenen vgl. etwa Shavelson & Marsh, 1986; Vallerand & Ratelle, 2002). Substanzielle Zusammenhänge bzw. Effekte zwischen Unterrichtsgestaltung und Unterrichtserleben, Lernmotivation usw. sind insbesondere dann zu erwarten bzw. müssten sich zeigen, wenn die entsprechenden Variablen auf gleicher hierarchischer Ebene angesiedelt sind (vgl. hierzu auch Rakoczy, 2006). Im Falle einzelner videografierter oder beobachteter Lektionen also dann, wenn unter anderem das Unterrichtserleben und die Lernmotivation ebenfalls situationsspezifisch erhoben werden (vgl. etwa Stipek, 2002). Wird mit generalisieteren Konstrukten operiert, müsste wohl auch der Indikator für den Unterricht bzw. die Unterrichtsgestaltung breiter angelegt sein. Möglich

wäre natürlich auch, dass unsere Überlegungen falsch waren und irrelevante Unterrichts-
merkmale zur Konstruktion des Indikators „Supportiver Unterricht" verwendet wurden.
Dagegen spricht unseres Erachtens, dass bei der Auswahl nicht allein theoretische Überlegungen, sondern auch empirische Befunde anderer Studien ausschlaggebend waren.
Zudem finden sich zwar schwache, jedoch positive Beziehungen zwischen supportivem
Unterricht einerseits und Unterrichtserleben andererseits (vgl. Tabelle 11.2, Modell 1).
Alles in allem scheinen uns die fehlenden Effekte des Prädiktors „Supportiver Unterricht"
eher die Folge der geschilderten Problematik unterschiedlicher hierarchischer Ebenen, auf
denen die Konstrukte angesiedelt sind, und weniger bzw. nicht Ergebnis der Berücksichtigung irrelevanter Unterrichtsaspekte zu sein. Der empirische Beleg für diese Folgerung
wäre allerdings noch zu erbringen.

Einmal mehr konnte die zentrale Bedeutung von Selbstvertrauen und Qualität der
Lernmotivation für Engagement und Leistungen bzw. deren Entwicklung belegt werden.
Zudem finden sich Hinweise, dass zumindest ein Teil der positiven Effekte des Unterrichtserlebens hinsichtlich leistungsbezogenem Verhalten über diese beiden Grössen vermittelt
sein könnte. Das Befundmuster deutet auch darauf hin, dass zwischen Erwartungs- und
Wert-Komponente bzw. entsprechenden generalisierteren Konstrukten funktionale Unterschiede bestehen: Für Leistungen scheint primär die Erwartungs-, für das Engagement
die Wertkomponente ausschlaggebend. Angesichts der zunehmenden Bedeutung nationaler und internationaler (Leistungs-)Vergleichsstudien könnte aufgrund der Ergebnisse
(zu) schnell der Schluss gezogen werden, dass die Qualität der Lernmotivation vernachlässigbar sei.[14] Der Qualität der Lernmotivation kommt jedoch durchaus Relevanz zu,
wenn leistungsbezogenes Verhalten im Sinne des Modells von Eccles und Mitarbeitenden
breiter definiert wird und Leistungsscores nicht als einziges Kriterium zur Beurteilung
von Unterrichtsqualität betrachtet werden. Die Qualität der Lernmotivation hat zumindest tendenziell einen eigenständigen Effekt auf die Entwicklung des Engagements, und
dieses wird von uns hier als ein Aspekt von Wahlverhalten (im weitesten Sinne) betrachtet (vgl. oben). Wie im theoretischen Teil des Kapitels dargestellt, dürfte diese Facette
leistungsbezogenen Verhaltens insbesondere dann bedeutsam und entwicklungsrelevant
werden, wenn sich jemand (mehr oder weniger) frei für oder gegen etwas entscheiden
kann (wie etwa bei der Wahl von Leistungskursen). Köller, Baumert und Schnabel (2000)
betonen in diesem Zusammenhang, dass aus Kurswahl oder Laufbahnentscheiden bzw.
der damit verbundenen weiteren und unter Umständen noch intensiveren Beschäftigung
mit bestimmten Gegenständen höhere Leistungen bzw. eine optimale Ausschöpfung des
individuellen Entwicklungspotenzials resultieren könne. Die Qualität der Lernmotivation oder verwandte Konstrukte wie etwa Interesse sind also keineswegs irrelevant! Dies
wird auch bei Little, Hawley, Heinrich und Marsland (2002) im Konzept des *agentic self*
deutlich. Als Voraussetzung für eine optimale Handlungsregulation in der Interaktion mit
der Umwelt werden sowohl günstige Kompetenz- und Kontingenzüberzeugungen, also
Selbstvertrauen, wie auch eine selbstbestimmt-motivationale Orientierung als notwendig

---

14 Geprüft wurde in einer zusätzlichen Analyse, ob allenfalls Reliabilitätsprobleme für das Ergebnis ausschlag-
     gebend sein könnten, denn bei der Erfassung der Qualität der Lernmotivation handelt es sich letztlich um
     eine Ein-Item-Messung. An der dargestellten Befundlage hinsichtlich der Leistungsentwicklung ändert sich
     jedoch nichts, wenn anstelle der Qualität der Lernmotivation, bei ansonsten identischen Analysemodellen,
     eine Interessenskala ($\alpha = .90$) verwendet wird.

erachtet: „Together, the motivational orientation and the action-control beliefs profiles reflect the overall quality of the agentic self" (Little, Hawley, Heinrich & Marsland, 2002, S. 399).

In seiner Bedeutung unbestritten, stellt sich hinsichtlich des Selbstvertrauens die Frage: „How much confidence is too much confidence?" Pajares meint (vgl. Madewell & Shaughnessy, 2003):

> According to social cognitive theory, successful functioning is typically best served by reasonably accurate efficacy appraisals, although the most functional efficacy judgements are those that slightly exceed what one can actually accomplish. (S. 388 f.)

Wo hier allerdings genau die Grenze zwischen funktionaler und disfunktionaler Überschätzung liegt, ist im Moment eine empirisch noch weitgehend unbeantwortete Frage. Pajares ist der Ansicht, dass es ohnehin wichtiger sei, Schülerinnen und Schülern zu helfen, ihre Möglichkeiten und Grenzen besser zu erkennen, ohne sie dabei zu entmutigen und ihren Elan zunichte zu machen, als zu versuchen ihr Selbstvertrauen – anhand welcher Kriterien auch immer – zu „kalibrieren" (vgl. Madewell & Shaughnessy, 2003, S. 397). Damit rückt die Thematik der Unterrichtsgestaltung bzw. das Unterrichtserleben wieder ins Blickfeld.

Entsprechend unserer Annahmen erwies sich das Unterrichtserleben als äusserst bedeutungsvoll hinsichtlich der Prädiktion der primär interessierenden Variablen (Selbstvertrauen, Qualität der Lernmotivation usw.) über ein Jahr hinweg wie auch grösstenteils bezüglich deren Entwicklung. Dieses Ergebnis ist umso bemerkenswerter, wenn man berücksichtigt, dass in den jeweiligen Analysen eine ganze Reihe anderer potenter Einflussgrössen mitberücksichtigt wurden. Speziell zu erwähnen ist an dieser Stelle die Beziehung zur Lehrperson. Insgesamt zeigen sich diesbezüglich eher schwache Effekte, wenn die Variable zusammen mit dem Unterrichtserleben in den Modellen berücksichtigt wird. Dies weist unserer Ansicht nach darauf hin, dass in der Variable „Unterrichtserleben" mehr zum Ausdruck kommt als Sympathie bzw. Antipathie und das Unterrichtserleben daher, wie intendiert, als Indikator für eine als förderlich und unterstützend wahrgenommene Unterrichtsgestaltung in einem breiteren Sinne betrachtet werden kann. Deutlich wird unseres Erachtens jedoch auch, dass eine positive affektive Beziehung im engeren Sinne zwar wichtig ist, jedoch mehr getan werden kann (und sollte), um auf positive Weise zu versuchen, Einfluss auf die Entwicklung von Selbstvertrauen, Qualität der Lernmotivation und leistungsbezogenem Verhalten zu nehmen. Akzeptiert man unter Berücksichtigung der erwähnten Probleme (vgl. oben) die relativ schwachen Beziehungen zwischen supportivem Unterricht und dem Unterrichtserleben als Indikator dafür, dass Ersterer in Letzterem, wenn auch in bescheidenem Masse, seinen Niederschlag findet, so liefert dieses Kapitel auch Hinweise darauf, worin dieses „Mehr" (auch) bestehen könnte: in *Schülerorientierung, kognitiver Aktivierung und dem Gewähren von Handlungsspielräumen.*

Literatur

Bandura, A. (1977). Self-efficacy: Toward a unified theory of behavioral change. *Psychological Bulletin, 84*, 191-215.

Bandura, A. (1982). Self-efficacy mechanisms in human agency. *American Psychologist, 37,* 122-147.

Bandura, A. (1986). *Social foundations of thought and action: A social cognitive theory.* Englewood Cliffs, NJ: Prentice-Hall.

Bandura, A. (2003). *Self-efficacy: The Exercise of Control* (7ⁿᵈ ed.). New York: Freeman and Company.

Baumert, J. & Köller, O. (1998). Interest in research in secondary level I: An overview. In L. Hoffmann, A. Krapp, K.A. Renninger & J. Baumert (Hrsg.), *Interest and learning* (S. 241-256). Kiel: IPN.

Bortz, J. & Döring, N. (1995). *Forschungsmethoden und Evaluation.* Berlin: Springer.

Brophy, J. (1999). Toward a model of the value aspects of motivation in education: Developing appreciation for particular learning domains and activities. *Educational Psychologist, 34,* 75-85.

Buff, A. (2001). Warum lernen Schülerinnen und Schüler? Eine explorative Studie zur Lernmotivation auf der Basis qualitativer Daten. *Zeitschrift für Entwicklungspsychologie und Pädagogische Psychologie, 33,* 157-164.

Buff, A. (2004). Sind selbst- und fremdbezogene Kausalüberzeugungen austauschbar? *Zeitschrift für Entwicklungspsychologie und Pädagogische Psychologie, 36,* 10-18.

Clausen, M. (2002). *Qualität von Unterricht – Eine Frage der Perspektive?* Münster: Waxmann.

Clausen, M., Reusser, K. & Klieme, E. (2003). Unterrichtsqualität auf der Basis hoch-inferenter Unterrichtsbeurteilungen. *Unterrichtswissenschaft, 31,* 122-141.

Csikszentmihaly, M. (1985). Emergent motivation and the evolution of the self. In D.A. Kleiber & M.L. Maehr (Hrsg.), *Advances in motivation and achievement* (Band 4, S. 93-119). Greenwich, CT: JAI Press.

Csikszentmihaly, M. (1990). *Flow.* New York: Harper & Row.

Deci, E.L. & Ryan, R.M. (1985). *Intrinsic motivation and self-determination in human behavior.* New York: Plenum.

Deci, E.L. & Ryan, R.M. (1993). Die Selbstbestimmungstheorie der Motivation und ihre Bedeutung für die Pädagogik. *Zeitschrift für Pädagogik, 39,* 223-238.

Eccles, J.S. (2005). Subjective task value and the Eccles et al. model of achievement-related choices. In A.J. Elliot & C.S Dweck (Hrsg.), *Handbook of competence and motivation* (S. 105-121). New York: Guilford Press.

Eccles, J.S., Barber, B.L., Updegraff, K. & O'Brien, K.M. (1998). An expectancy-value model of achievement choices: The role of ability self-concepts, perceived task utility and Interest in predicting activity choice and course enrollment. In L. Hoffmann, A. Krapp, K. A. Renninger & J. Baumert (Hrsg.), *Interest and learning* (S. 267-279). Kiel: IPN.

Eccles, J.S. & Wigfield, A. (2002). Motivational beliefs, values, and goals. *Annual Reviews Psychology, 53,* 109-132.

Eccles, J.S., Wigfield, A. & Schiefele, U. (1998). Motivation to succeed. In N. Eisenberg (Volume Editor) & W. Damon (Series Editor), *Handbook of child psychology* (5ᵗʰ ed., Volume 3, S. 1017-1095). New York: John Wiley & Sons.

Flammer, A. (1990). *Erfahrung der eigenen Wirksamkeit.* Bern: Huber.

Fredricks, J.A. & Eccles, J.S. (2002). Children's competence and value beliefs from childhood through adolescence: Growth trajectories in two male-sex-typed domains. *Developmental Psychology, 4,* 519-533.

Frome, P.M. & Eccles, J.S. (1998). Parents' influence on children's achievement-related perceptions. *Journal of Personality and Social Psychology, 74,* 435-452.

Grolnick, W.S., Ryan, R.M. & Deci, E.L. (1991). Inner resources for school achievement: motivational mediators of children's perceptions of their parents. *Journal of Educational Psychology, 4,* 508-517.

Guay, F., Marsh, H.M. & Boivin, M.L. (2003) Academic self-concept and academic achievement: developmental perspectives on their causal ordering. *Journal of Educational Psychology, 95,* 124-136.

Hair, J.F., Anderson, R.E., Tatham, R.L. & Black, W.C. (1998). *Multivariate data analysis.* New Jersey: Prentice Hall.

Helmke, A. (1992). *Selbstvertrauen und schulische Leistungen.* Göttingen: Hogrefe.

Helmke, A. (1997a). Individuelle Bedingungsfaktoren der Schulleistung: Ergebnisse aus dem SCHOLASTIK-Projekt. In F.E. Weinert & A. Helmke (Hrsg.), *Entwicklung im Grundschulalter* (S. 203-216). Weinheim: PVU.

Helmke, A., Hosenfeld, I., Schrader, F.-W. & Wagner, W. (2002). Unterricht aus der Sicht der Beteiligten. In A. Helmke & R.J. Jäger (Hrsg.), *Das Projekt MARKUS. Mathematik-Gesamterhebung Rheinland-Pfalz: Kompetenzen, Unterrichtsmerkmale, Schulkontext* (S. 325-411). Landau: Verlag Empirische Pädagogik.

Helmke, A. & van Aken, M.A.G. (1995). The causal ordering of academic achievement and self-concept of ability during elementary school: A longitudinal study. *Journal of Educational Psychology, 87,* 624-634.

Helmke, A. & Weinert, F.E. (1997). Bedingungsfaktoren schulischer Leistungen. In F.E. Weinert (Hrsg.), *Psychologie des Unterrichts und der Schule. Enzyklopädie der Psychologie, Bd. 3* (S. 71-176). Göttingen: Hogrefe.

Hox, J.J. (2002). *Multilevel analysis: techniques and applications.* Mahwah, NJ: Erlbaum.

Karasawa, M., Little, T.D., Miyashita, T., Mashima, M., & Azuma, H. (1997). Japanese children's action-control beliefs about school performance. *International Journal of Behavioral Development, 20,* 405-423.

Köller, O., Baumert, J. & Schnabel, K. (2000). Zum Zusammenspiel von schulischem Interesse und Lernen im Fach Mathematik: Längsschnittanalysen in der Sekundarstufe I und II. In U. Schiefele & K.-P. Wild (Hrsg.), *Interesse und Lernmotivation: Untersuchungen zu Entwicklung, Förderung und Wirkung* (S. 163-181). Münster: Waxmann.

Köller, O., Daniels, Z., Schnabel, K.U. & Baumert, J. (2000). Kurswahlverhalten von Mädchen und Jungen im Fach Mathematik: Zur Rolle von fachspezifischem Selbstkonzept und Interesse. *Zeitschrift für Pädagogische Psychologie, 14,* 26-37.

Köller, O. & Hosenfeld, I. (1999). Kausalitätsüberzeugungen, Selbstwirksamkeitsüberzeugungen und Schulleistungen. In B. Hannover, U. Kittler & H. Metz-Göckel (Hrsg.), *Sozialkognitive Aspekte der Pädagogischen Psychologie – Dokumentation des 3. Dortmunder Symposiums für Pädagogische Psychologie 1998* (S. 140-151). Essen: Die Blaue Eule.

Köller, O., Trautwein, U., Lüdtke, O. & Baumert, J. (2006). Zum Zusammenspiel von schulischer Leistung, Selbstkonzept und Interesse in der Gymnasialen Oberstufe. *Zeitschrift für Pädagogische Psychologie, 20,* 27-39.

Krampen, G. (1987). *Handlungstheoretische Persönlichkeitspsychologie.* Göttingen: Hogrefe.

Krapp, A. (1998). Entwicklung und Förderung von Interessen im Unterricht. *Psychologie in Erziehung und Unterricht, 44,* 185-201.

Krapp, A. (2002). An educational-psychological theory of interest and ist relation to SDT. In E.L. Deci & R.M. Ryan (Hrsg.), *Handbook of self-determination research* (S. 405-427). Rocherster, NY: The University of Rochester Press.

Krapp, A. & Ryan, R.N. (2002). Selbstwirksamkeit und Lernmotivation. In M. Jerusalem, & D. Hopf (Hrsg.), *Zeitschrift für Pädagogik. Selbstwirksamkeit und Motivationsprozesse in Bildungsinstitutionen. 44. Beiheft,* 54-82.

Little, T.D., Hawley, P.H., Heinrich, C.C. & Marsland, K.W. (2002). Three views of the agentic self: A developmental synthesis. In E.L. Deci & R.M. Ryan (Hrsg.), *Handbook of self-determination research* (S. 389-404). Rocherster, NY: The University of Rochester Press.

Little, T.D., Oettingen, G. & Baltes, P.B. (1995). *The revised control, agency, and means-ends interview (CAMI).* Berlin: Max-Planck-Institut für Bildungsforschung.

Little, T.D., Oettingen, G., Stetsenko, A. & Baltes, P.B. (1995). Children's action-control beliefs and school performance: How do American children compare with German and Russian children? *Journal of Personality and Social Psychology, 69,* 686-700.

Madewell, J. & Shaughnessy, M.F. (2003). An interview with Frank Pajares. *Educational Psychology Review, 15,* 375-397.

Marsh, H.W., Trautwein, U., Lüdtke, O., Köller, O. & Baumert, J. (2004). *Academic self-concept, interest, grades and standardized test scores: Reciprocal effects models of causal ordering.* Paper presented at the 3th International Biennial SELF Research Conference in Berlin, Germany, July 4-7.

Meyer, W.-U. (1984). *Das Konzept der eigenen Begabung.* Bern: Huber.

Pekrun, R. (1983). *Schulische Persönlichkeitsentwicklung.* Frankfurt: Lang.

Pekrun, R. (1988). *Emotion, Motivation und Persönlichkeit.* Weinheim: Psychologie Verlags Union.

Pietsch, J., Walker, R. & Chapman, E. (2003). The relationship among self-concept, self-efficacy, and performance in mathematics during secondary school. *Journal of Educational Psychology, 3,* 589-603.

Pintrich, P.R. (2003). A motivational science perspective on the role of student motivation in learning and teaching. *Journal of Educational Psychology, 95,* 667-686.

Pintrich, P.R. & Schunk, D.H. (2002). *Motivation in education: Theory, research and application* (2nd ed.). Upper Saddle River, NJ: Prentice Hall.

Prenzel, M. & Drechsel, B. (1996). Ein Jahr kaufmännische Erstausbildung: Veränderungen in Lernmotivation und Interesse. *Unterrichtswissenschaft, 24,* 217-234.

Rakoczy, K. (2006). *Motivationsunterstützung im Mathematikunterricht: Unterricht aus der Perspektive von Lernenden und Beobachtern.* Unveröffentlichte Dissertation, Johann Wolfgang Goethe-Universität Frankfurt am Main.

Rasbash, J., Browne, W., Goldstein, H., Yang, M., Healy, M., Woodhouse, G., Draper, D., Langford, I. & Lewis, T. (2002). *A user's guide to MLwiN 1.10 (Version 2.1d).* London: Centre for Multilevel Modelling, Institute of Education, University of London.

Reeve, J. (2002). Self-determination theory applied to educational settings. In E.L. Deci & R.M. Ryan (Hrsg.), *Handbook of self-determination research* (S. 183-203). Rochester, NY: The University of Rochester Press.

Rheinberg, F. (1997). *Motivation* (2. Aufl.). Stuttgart: Kohlhammer.

Ryan, R.M. & Deci, E.L. (2002). An overview of self-determination theory: An organismic-dialectical perspective. In E.L. Deci & R.M. Ryan (Hrsg.), *Handbook of self-determination research* (S. 3-33). Rochester, NY: The University of Rochester Press.

Satow, L. (1999). *Klassenklima und Selbstwirksamkeitsentwicklung: Eine Längsschnittstudie in der Sekundarstufe I.* Unveröffentlichte Dissertation, Freie Universität Berlin.

Satow, L. (2002). Unterrichtsklima und Selbstwirksamkeitsdynamik. In M. Jerusalem & D. Hopf (Hrsg.), *Zeitschrift für Pädagogik. Selbstwirksamkeit und Motivationsprozesse in Bildungsinstitutionen. 44. Beiheft*, 174-191.

Satow, L. & Schwarzer, R. (2000). Selbstwirksamkeitserwartungen, Besorgtheit und Schulleistungen: Eine Längsschnittuntersuchung in der Sekundarstufe I. *Empirische Pädagogik, 14,* 131-150.

Satow, L. & Schwarzer, R. (2003). Entwicklung schulischer und sozialer Selbstwirksamkeitserwartung. *Psychologie in Erziehung und Unterricht, 50,* 168-181.

Schunk, D.H. & Pajares, F. (2005). Competence perceptions and academic functioning. In A.J. Elliot & Dweck, C.S. (Hrsg.), *Handbook of competence and motivation* (S. 85-104). New York: Guilford Press.

Schwarzer, R. & Jerusalem, M. (2002). Das Konzept der Selbstwirksamkeit. In: M. Jerusalem & D. Hopf (Hrsg.), *Zeitschrift für Pädagogik. Selbstwirksamkeit und Motivationsprozesse in Bildungsinstitutionen. 44. Beiheft*, 28-53.

Shavelson, R.J. & Marsh, H.W. (1986). On the structure of the self-concept. In R. Schwarzer (Hrsg.), *Anxiety and cognitions* (S. 305-330). Hillsdale, NJ: Erlbaum.

Skaalvik, E.M. & Hagtvet, K.A. (1995). Academic achievement, self-concept, and conformity to school norms: A developmental analysis. *Zeitschrift für Pädagogische Psychologie, 9,* 211-220.

Skinner, E.A. (1995). *Perceived control, motivation, and coping.* Thousand Oaks: Sage.

Skinner, E.A. (1996). A guide to constructs of control. *Journal of Personality and Social Psychology, 3,* 549-570.

Skinner, E.A., Chapman, M. & Baltes, P.B. (1988). Control, means-ends, and agency beliefs: A new conceptualization and its measurement during childhood. *Journal of Personality and Social Psychology, 54,* 117-133.

Stefanou, C.R., Perencevich, K.C., DiCinto, M. & Turner, J.C. (2004). Supporting autonomy in the classroom: Ways teachers encourage student decision making and ownership. *Educational Psychologist, 39,* 97-110.

Stetsenko, A, Little, T.D., Oettingen, G. & Baltes, P.B. (1995). Agency, control, and means-ends beliefs about school performance in Moscow children: How similar are they to beliefs of Western Children? *Developmental Psychology, 31,* 285-299.

Stipek, D. (2002). Good instruction is motivating. In A. Wigfield & J.S. Eccles (Hrsg.), *Development of achievement motivation* (S. 309-332). San Diego: Academic Press.

Trautwein, U., Köller, O. & Baumert, J. (2004). Des einen Freud', der anderen Leid? Der Beitrag schulischen Problemverhaltens zur Selbstkonzeptentwicklung. *Zeitschrift für Pädagogische Psychologie, 18,* 15-29.

Valentine, J.C., DuBois, D.L. & Cooper, H. (2004). The relationship between self-beliefs and academic achievement: A meta-analytic review. *Educational Psychologist, 39,* 111-133.

Vallerand, R.J. & Ratelle, C.F. (2002). Intrinsic and extrinsic motivation: A hierarchical model. In E.L. Deci & R.M. Ryan (Hrsg.), *Handbook of self-determination research* (S. 37-63). Rochester, NY: The University of Rochester Press.

Van Aken, M.A.G., Helmke, A. & Schneider, W. (1997). Selbstkonzept und Leistungen – Dynamik ihres Zusammenspiels: Ergebnisse aus dem SCHOLASTIK-Projekt. In F.E. Weinert & A. Helmke (Hrsg.), *Entwicklung im Grundschulalter* (S. 341-350). Weinheim: PVU.

Wigfield, A. & Eccles, J.S. (2000). Expectancy-value theory of achievement motivation. *Contemporary Educational Psychology, 25,* 68-81.

Wigfield, A. & Eccles, J.S. (2002). The development of competence beliefs, expectancies for success, and achievement values from childhood through adolescence. In A. Wigfield & J.S. Eccles (Hrsg.), *Development of achievement motivation* (S. 91-120). San Diego: Academic Press.

Zimmerman, B.J. (2000). Self-efficacy: An essential motive to learn. *Contemporary Educational Psychology, 25,* 82-91.

Christine Pauli, Kurt Reusser & Urs Grob

12 Reformorientierter Mathematikunterricht in der Deutschschweiz

Dieses Kapitel beschäftigt sich mit der Frage, inwieweit sich Konzepte reformorientierten Unterrichts im Denken und Handeln der gefilmten Deutschschweizer Mathematiklehrpersonen widerspiegeln.[1] Damit knüpfen wir an Kapitel 7 an, welches sich bereits mit der Selbst- und Unterrichtswahrnehmung der Lehrpersonen beschäftigt hat. Fokussiert wird vor allem ein Reformmodell, welches unter der Bezeichnung „Erweiterte Lehr- und Lernformen" seit den 1990er-Jahren den Unterricht in der Deutschschweiz massgeblich beeinflusst hat. Verschiedene Gründe sprachen dafür, dieser Unterrichtsreform zum Abschluss des Buches ein eigenes Kapitel zu widmen:

- *Experteninterviews zu „Modell-Lektionen":* Wie die in Kapitel 3.2 dargestellten Ergebnisse der Experteninterviews im Vorfeld der Videoaufnahmen deutlich machten, gingen die Deutschschweizer Expertinnen und Experten davon aus, dass ein Teil der Deutschschweizer Mathematiklehrpersonen in ihrem Unterricht erweiterte Lehr- und Lernformen („ELF") praktiziert. Als Modell-Lektion gemäss ELF beschrieben die Expertinnen und Experten eine Mathematikstunde, welche durch individuelle Arbeit der Lernenden an einem Wochenplan charakterisiert war. Die Experten und Expertinnen erwarteten, dass ein Teil der auf Video aufgezeichneten Deutschschweizer Mathematikstunden Merkmale erweiterter Lehr- und Lernformen aufweisen müsste.
- *Lehrerbefragung (schweizerischer Fragebogen):* Die Erwartung der Expertengruppe wurde durch die Ergebnisse der Lehrerbefragung (Deutschschweizer Version des Fragebogens) bestärkt: In der Deutschschweizer Version des Schweizer Lehrerfragebogens wurden die Lehrpersonen nach einer globalen Selbsteinschätzung in Bezug auf die Umsetzung erweiterter Lehr- und Lernformen im eigenen Mathematikunterricht gefragt. Auf die Frage, wie oft sie ihren Unterricht nach Prinzipien von ELF gestalteten, gaben insgesamt 42% der Lehrpersonen an, ihren Mathematikunterricht entweder „häufig" oder „(fast) immer" nach Prinzipien der erweiterten Lehr- und Lernformen zu gestalten (Pauli, Reusser, Waldis & Grob, 2003), und weitere 52% gaben an, „ab und zu" nach ELF-Prinzipien zu unterrichten.[2]
- *Internationale und nationale Videoanalysen zur Frage kulturspezifischer Unterrichtsskripts oder -muster* (vgl. Kapitel 3.3.2 und 4.3.4): Indirekte Hinweise auf eine mögliche Koexistenz verschiedener Unterrichtsskripts in der Stichprobe der Schweizer Lehrpersonen, zum Beispiel eines traditionellen, lehrergesteuerten Unterrichts einerseits und eher offener, für die erweiterten Lehr- und Lernformen charakteristischer Formen der Unterrichtsorganisation, vermittelten die internationalen Auswertungen

---

1 Ein Teil der Ergebnisse dieses Abschnitts ist in englischer Sprache im *International Journal of Educational Research* publiziert worden (Pauli, Reusser & Grob, 2007).

2 Tendenziell scheinen ELF an den Gymnasialklassen weniger verbreitet zu sein. Häufigkeiten in den Schultypen (gerundet): „häufig oder (fast) immer": Real: 48%, Sek: 44%, Gym: 17%; „ab und zu ELF": Real: 44%, Sek: 53% Gymnasium: 83%. Vergleiche für eine ausführlichere Darstellung dieser Ergebnisse Pauli et al. (2003).

unter dem Gesichtspunkt kulturspezifischer Unterrichtsmuster (Givvin, Hiebert, Jacobs, Hollingsworth & Gallimore, 2005): So zeigte sich innerhalb der schweizerischen Stichprobe eine gegenüber den Stichproben der anderen Länder vergleichsweise grosse Heterogenität, was den Ablauf der gefilmten Mathematikstunden angeht. Dies könnte einerseits darauf beruhen, dass das Videomaterial sowohl Einführungs- als auch Vertiefungslektionen umfasste. Andererseits könnte die Heterogenität auch als Hinweis auf das von der Expertengruppe vorhergesagte Nebeneinander von eher traditionellen und ELF-Lektionen gedeutet werden. Unterstützt wird diese Deutung durch die typenbildenden Auswertungen der Deutschschweizer Lektionen von Hugener und Krammer (vgl. Kapitel 4): In diesen Analysen wurde eine Gruppe der gefilmten Lektionen als „entdecken-lassender Unterricht" mit Phasen des selbstständigen Problemlösens und eine weitere Gruppe als „Planarbeit" (Lernplan, Wochenplan) charakterisiert.

Sowohl die Lehrerbefragung als auch die Videoanalysen der gefilmten Mathematikstunden weisen somit in Übereinstimmung mit den Vorhersagen der Expertengruppe darauf hin, dass die Deutschschweizer Stichprobe einerseits Lehrpersonen mit einem eher traditionellen Unterrichtsskript umfasst und andererseits Lehrpersonen, welche sich in ihrem Unterricht stärker an den erweiterten Lehr- und Lernformen orientieren. Damit wird es unter Nutzung der in der Schweiz verfügbaren, gegenüber der internationalen Videostudie erweiterten Datenbasis (Lehrer- und Schülerbefragung, Tests, Unterrichtsvideos) möglich, am Beispiel der erweiterten Lehr- und Lernformen Fragen im Zusammenhang mit der Rezeption und Umsetzung von Reformkonzepten im Unterricht zu bearbeiten, so etwa die Frage nach dem Zusammenhang zwischen reformorientiertem Unterricht und den zugrunde liegenden Lehr- und Lernkonzepten der Lehrpersonen, oder die Frage nach dem Zusammenhang zwischen der selbst eingeschätzten Reformpraxis einerseits und der Wahrnehmung des Unterrichts durch Expertinnen und Experten einerseits und Lernende andererseits. Ein Teil dieser Fragen war bereits im Rahmen früherer Auswertungen bearbeitet worden und entsprechende Ergebnisse wurden publiziert. Diese Ergebnisse lassen sich wie folgt zusammenfassen (Pauli et al., 2003): Unterscheidet man zwischen Lehrpersonen, welche in einer globalen Selbsteinschätzung ihren Unterrichts nie oder nur ab und zu nach ELF-Prinzipien gestalten (Gruppe „Nicht-ELF"; $N=33$), und Lehrpersonen, welche ihren Unterricht häufig oder fast immer nach ELF-Prinzipien gestalten (Gruppe „ELF"; $N=38$), dann

- unterscheiden sich die selbst eingeschätzten Häufigkeiten des Einsatzes bestimmter Lehr- und Lernformen durch die Lehrpersonen in der erwarteten Richtung: Lehrpersonen der ELF-Gruppe setzen die für ELF charakteristischen Lehrformen (unter anderem Wochenplan, Lernverträge, Lerntagebuch, Werkstattunterricht) häufiger ein und die Lernenden haben häufiger Gelegenheit, selber zu entscheiden, in welcher Sozialform (Einzel-, Partner- oder Gruppenarbeit) sie arbeiten wollen, während die Häufigkeit des Frontalunterrichts, des Lehrervortrags und des Abschreibens von der Wandtafel geringer eingeschätzt wird als bei der Nicht-ELF-Gruppe. Kein Unterschied besteht bei der geschätzten Häufigkeit des fragend-entwickelnden Unterrichts.

- wird der Unterricht von Lehrpersonen der ELF-Gruppe im Vergleich zur Nicht-ELF-Gruppe von ihren Klassen (aggregierte Schülerwahrnehmung auf Klassenebene) günstiger beurteilt hinsichtlich Klarheit und Strukturiertheit, individueller Unterstützung durch die Lehrperson, organisatorischer Adaptivität (Gelegenheiten zu selbstgesteuerten Lernaktivitäten), kognitiver Aktivierung und der Vermittlung von Lernstrategien. Keine Differenz zeigte sich in Bezug auf die Klassenführung (Disziplinprobleme) sowie das Klassenklima, wohl aber in Bezug auf das Wohlbefinden der Lernenden, welches in den ELF-Klassen höher eingeschätzt wird.

- schneiden die gefilmten Mathematikstunden der ELF-Gruppe im Vergleich mit der Nicht-ELF-Gruppe bei hochinferenten, globalen Einschätzungen der Unterrichtsqualität durch geschulte Expertinnen besser ab in Bezug auf die Adaptivität des Unterrichts bzw. Schülerorientierung, die kognitive Aktivierung sowie die Instruktionseffizienz (Klassenführung und Disziplin).

- bestehen keine Unterschiede zwischen den Klassen der ELF- und jenen der Nicht-ELF-Gruppe in Bezug auf die (auf Klassenebene erfassten) Mathematikleistungen der Lernenden sowie deren Interesse an Mathematik (unter Berücksichtigung des Schultyps und der Klassenzusammensetzung hinsichtlich Geschlecht, sozioökonomischem Hintergrund und Nationalität der Lernenden).

Offen blieb bei diesen Auswertungen zunächst die Frage nach Art und Qualität der Umsetzung der erweiterten Lehr- und Lernformen im Unterricht. So ist nicht klar, was genau der günstigeren Einschätzung des Unterrichts in den ELF-Klassen sowohl bei den Lernenden als auch bei den Expertinnen zugrunde liegt: Liegt es primär an der methodisch-organisatorischen Gestaltung an der Unterrichtsoberfläche oder aber an der Qualität der initiierten Lern- und Problemlösungsaktivitäten, beispielsweise einem grösseren Gewicht auf offenen Problemstellungen oder der Ermöglichung selbstständiger Denk- und Problemlösungsprozesse? Damit verbindet sich auch die Frage, ob und inwiefern sich ELF-Lehrpersonen von traditionell unterrichtenden Lehrpersonen hinsichtlich ihres Lehr- und Lernkonzepts unterscheiden: Ist eine eher reformorientierte Unterrichtspraxis in besonderem Masse mit einem anspruchsvollen, konstruktivistisch orientierten Verständnis von mathematischen Lehr- und Lernprozessen verbunden? Diese Frage interessiert vor dem Hintergrund internationaler Untersuchungen zur Umsetzung von Unterrichtsreformen, welche auf komplexe Zusammenhänge zwischen der Weiterentwicklung von pädagogischen Überzeugungen und Lehr- und Lernkonzepten im Rahmen von Weiterbildungen einerseits und dem Unterrichtshandeln der betroffenen Lehrpersonen andererseits hinweisen (Brown, 1994; Franke, Fennema & Carpenter, 1997; Richardson & Placier, 2001; Tittle, 2006). So zeigte sich beispielsweise, dass Lehrpersonen, die in Weiterbildungsprogrammen mit einem konstruktivistischen Lernkonzept konfrontiert worden waren, vielfach ihren Unterricht nicht – wie eigentlich intendiert – in Richtung einer vermehrten *kognitiven* Aktivierung der Lernenden weiterentwickelten, sondern eher in Richtung eines behavioralen Aktivismus (Brodie, Lelliott & Davis, 2002; Richardson & Placier, 2001). Im Zusammenhang mit der Umsetzung erweiterter Lehr- und Lernformen im Deutschschweizer Mathematikunterricht stellt sich in diesem Zusammenhang die Frage, inwiefern hier ähnliche Diskrepanzen zwischen Anspruch und konkreter Umsetzung des Reformkonzepts auftreten. Eher dagegen spricht die Tradition eines konstruktivistisch geprägten Verständnisses von Lehr- und Lernprozessen in der Deutschschweizer Lehrerbildung, welche sich in den individuellen Lehr- und Lernkonzepten der Lehrpersonen widerspiegeln müsste, so dass die Wahrscheinlichkeit von Missverständnissen wie die Gleichsetzung eines konstruktivistisch orientierten didaktischen Vorgehens mit behavioralem Aktivismus unter den Schweizer Lehrpersonen geringer sein könnte. Dazu kommt, dass das Modell der erweiterten Lehr- und Lernformen wesentlich im Praxiskontext entwickelt und im Rahmen von Fortbildungen ebenso wie in der Literatur stets (u.a. Achermann, 1992; Croci, Imgrüth, Landwehr & Spring, 1995; Müllener-Malina & Leonhardt, 1997) sehr praxisbezogen vermittelt wurde, was möglichen Missverständnissen ebenfalls entgegenwirken könnte. Andererseits handelt es sich bei den erweiterten Lehr- und Lernformen um ein vielschichtiges Konzept, das unterschiedliche Interpretationen und entsprechend auch unterschiedliche – und möglicherweise auch einseitige – Akzentuierungen zulässt, wobei das zugrunde liegende Lehr- und Lernkonzept eine Rolle spielen könnte.

Im Folgenden erläutern wir zunächst das Konzept der erweiterten Lehr- und Lernformen und gehen auf Forschungsergebnisse zur Umsetzung von Reformkonzepten im internationalen Kontext ein, bevor im zweiten Teil anhand von Datenauswertungen untersucht wird, (1) wie sich ELF-Unterricht gemäss den Selbstbeschreibungen der Lehrpersonen in der Alltagspraxis des Deutschschweizer Mathematikunterrichts artikuliert, welche Akzente von den Lehrpersonen dabei gesetzt werden und wie unterschiedliche Akzentsetzungen mit den individuellen Lehr- und Lernkonzepten der Lehrpersonen zusammenhängen; (2) ob die von den Lehrpersonen beschriebene Praxis reformorientierter Unterrichtsgestaltung sich in ihrem Handeln tatsächlich so artikuliert, dass sich dies einerseits auf die Unterrichtswahrnehmung und das Unterrichtserleben der Schülerinnen und Schüler und andererseits – auf der Basis der videografierten Mathematikstunde – auch auf die Einschätzung der Unterrichtsqualität durch geschulte Expertinnen und Experten auswirkt; und (3) ob sich Effekte auf die fachliche Leistungsentwicklung und das fachliche Interesse an Mathematik nachweisen lassen.

12.1 Erweiterte Lehr- und Lernformen – Reformansätze im Deutschschweizer (Mathematik-)Unterricht

Was die Deutschschweizer Expertinnen und Experten in den in Kapitel 3 dargestellten Interviews als typische Einführungs- und Vertiefungslektionen in der Deutschschweiz beschrieben haben und was sich aufgrund der internationalen und nationalen Videoanalysen auch als Muster der Inszenierung eines grossen Teils der gefilmten schweizerischen Mathematiklektionen abzeichnet, dürfte den meisten Leserinnen und Lesern noch aus der eigenen Schulzeit vertraut sein: Im Zentrum steht einerseits die Erarbeitung von neuem Stoff im Klassengespräch, gelenkt von den Fragen der Lehrperson, und andererseits, im Anschluss an die Erarbeitung, das selbstständige Lösen von mehr oder weniger anspruchsvollen Übungs- und Anwendungsaufgaben (oft auch als „Stillarbeit" bezeichnet). Die individuelle Beschäftigung mit Aufgaben, welche der Vertiefung und Konsolidierung des neuen Stoffes dient, kann – in Falle von Einführungslektionen – nur einen kleinen Teil oder aber – im Falle von Vertiefungslektionen – nahezu die ganze Mathematikstunde ausfüllen.

Unter der Voraussetzung einer adäquaten Durchführung hinsichtlich einer Reihe von Qualitätskriterien lässt sich diese Art der Orchestrierung von Mathematikstunden, die wir im Folgenden vereinfachend als „traditionellen" Unterricht bezeichnen, gut mit Aeblis Modell des Begriffsaufbaus vereinbaren, wie er in den „Zwölf Grundformen des Lehrens", Aeblis „Didaktik auf psychologischer Grundlage" (Aebli, 1983) beschrieben wurde: Dem *problemlösenden Aufbau* im fragend-entwickelnden Unterricht folgen in diesem Modell das *Durcharbeiten* mit dem Ziel der Förderung der Flexibilität und Anwendbarkeit der kognitiven Struktur und danach das *Üben und Wiederholen* sowie die *Anwendung* anhand neuer, anspruchsvoller Problemstellungen. Psychologische Grundlage dieses Modells ist ein konstruktivistisch geprägtes Verständnis von Lehr- und Lernprozessen auf der Grundlage der Assimilationstheorie von Piaget, dessen Schüler Aebli bekanntlich war. Mit Piaget teilte Aebli die Überzeugung, dass das Lernen ein aktiver und konstruktiver Prozess ist, der nur von den Lernenden selber vollzogen werden kann. Anders als Piaget schrieb er jedoch der Führung und Anleitung kognitiver Konstruktionsleistungen im Sinne gezielter Instruktion eine zentrale Rolle zu: So bedarf der Aufbau von Denkstrukturen im schulischen Kontext der gezielten Initiierung und Anleitung durch die Lehrperson, und dies gelingt gemäss Aebli am besten mittels des von der Lehrperson angeleiteten und gelenkten Lösens einer im Hinblick auf die aufzubauende Struktur sorgfältig ausgewählten Problemstellung. Die Lenkung erfolgt durch adaptiv eingesetzte Impulse und Fragen, welche die konstruktive kognitive Aktivität der Lernenden zielbezogen anregen und leiten – ein Vorgehen, das Aebli als problemlösenden, fragend-entwickelnden Unterricht beschrieben hat. Damit steht bei Aebli ein lehrergelenkter Wissensaufbau im Klassengespräch nicht im Gegensatz zu einer konstruktivistischen Sichtweise von Lehr- und Lernprozessen im schulischen Unterricht, sondern stellt die didaktische Grundfigur des Wissensaufbaus dar – womit sich Aeblis Modell deutlich unterscheidet von der in der Literatur teilweise anzutreffenden Auffassung, wonach „konstruktivistischer Unterricht" weitgehend gleichzusetzen ist mit entdeckendem Lernen bzw. weitestgehend selbstständigem Wissensaufbau mithilfe des individuellen oder kooperativen Explorierens von Problemstellungen (vgl. auch Kirschner, Sweller & Clark, 2006; Richardson, 2003) und der daraus folgenden generellen Ablehnung des fragend-entwickelnden Unterrichts.

Festzustellen ist indessen, dass Aeblis theoretische Erörterungen der „Grundformen des Lehrens" vor allem die *kognitiven* Prozesse der (angeleiteten) individuellen Wissenskonstruktion fokussierte, während die Qualität der soziokognitiven Prozesse der gemeinsamen Wissenskonstruktion im Dialog zwischen Lehrperson und Lernenden, auf theoretischer Ebene wenig Beachtung fand (Pauli, 2006). Im Zusammenhang mit der Erweiterung des individuumszentrierten kognitiv-konstruktivistischen Lernbegriffs in Richtung eines soziokulturellen Konstruktivismus wurde die Bedeutung dieser sozialen Perspektive im Kontext der Lehr-, Lern- und Unterrichtsforschung zunehmend erkannt (Reusser, 2001, 2006), vor allem unter dem Einfluss der Rezeption der Entwicklungspsychologie Vygotskys (Vygotsky, 1978) und weiterer, unter anderem auch soziologischer und sozialpsychologischer Theorieansätze und ihrer Anwendung auf den Kontext schulischer Lehr- und Lernprozesse (vgl. u.a. Bruner, 1986; Rogoff, 1991; Sfard, 2002; Wells & Claxton, 2002; Williams, Davis & Black, 2007). Vor diesem theoretischen Hintergrund sind in jüngerer Zeit allgemein- und fachdidaktische Reformbestrebungen – auch gerade bezogen auf das Fach Mathematik – entstanden, welche die starke Dominanz des fragend-entwickelnden Unterrichts beim Wissensaufbau kritisch hinterfragen. Gefordert wird eine Erweiterung des Methodenrepertoires beim Wissensaufbau um alternative didaktische Arrangements, welche den Lernenden mehr Möglichkeiten zur eigenständigen, aktiven und kooperativen Auseinandersetzung mit anspruchsvollen Problemstellungen geben sowie zur Teilnahme am diskursiven Austausch von Argumenten im Zuge ko-konstruktiver Wissensgenerierung als verantwortliches Mitglied einer Wissensbildungsgemeinschaft (vgl. u.a. Affolter et al., 2006; Blum & Neubrand, 1998; Cobb, Stephan, McClain & Gravemeijer, 2001; De Corte, 2004; Franke, Kazemi & Battey, 2007; Hiebert et al., 1996; Hiebert & Grouws, 2007; Hollenstein, 1996; Lampert & Cobb, 2003; NCTM, 2000; Reiss & Reiss, 2006; Schoenfeld, 2006; Wälti-Scolari, 2001). Damit kommt den Lernenden im Vergleich zum fragend-entwickelnden Unterricht eine veränderte Rolle zu, indem sie vergleichseise mehr Verantwortung übernehmen für die Lösung von Problemen sowie für die gemeinsame Wissensgenerierung der Klasse – ein Rollenwechsel, der namentlich auch im Hinblick auf den Aufbau eines flexibel nutzbaren, bzw. transferierbaren Wissens als bedeutsam betrachtet wird (Greeno, 2006a, 2006b). Generelle Leitvorstellung dieses Reformkonzepts ist die Orientierung am Aufbau *mathematischer Kompetenz* als Ziel des Mathematikunterrichts: Die Lernenden sollen zu einem kompetenten Umgang mit Mathematik befähigt werden, bzw. „fähig [sein], mathematisches Wissen anzuwenden und mit Hilfe der Mathematik Probleme zu modellieren und zu lösen" (Reiss & Reiss, 2006, S. 230). Dies erfordert neben der Förderung eines gründlich verstandenen und flexiblen Wissens auch die Förderung von kognitiven, metakognitiven, kommunikativen und volitionalen Fähigkeiten, Interessen und Dispositionen (De Corte, 2004; Reiss & Reiss, 2006; Simons, Van der Linden & Duffy, 2000).

Das im Anschluss an die TIMSS-Dreiländer-Videostudie als charakteristisches Inszenierungsmuster der japanischen Mathematikstunden beschriebene Vorgehen (vgl. Stigler & Hiebert, 1999) stellt ein prominent gewordenes Beispiel eines Vorgehens dar, welches Gelegenheiten zu eigenständigem Problemlösen, zum Beschreiten eigener Denkpfade und zum mathematischen Argumentieren ausgehend von anspruchsvollen Problemstellungen bietet. Auch in der Schweiz scheinen Reformbestrebungen in diese Richtung den Mathematiklehrpersonen keineswegs fremd zu sein: So beschrieb anlässlich der Experteninterviews im Vorfeld der Videoaufzeichnungen der Tessiner Experte ein entsprechendes, problemlösend-diskursives Verfahren des Begriffsaufbaus als eines von drei typischen Inszenierungsmustern von Mathematikstunden im Tessin (vgl. Kapitel 3.2). Variationen eines solchen Vorgehens wurden auch in einem Teil (28%) der von den Lehrpersonen im schweizerischen Fragebogen beschriebenen Unterrichtsskripts bzw. „typischen Verlaufsmuster" von Mathematikstunden (vgl. Kapitel 7.3.2.3; dort als „explorierend-entdeckendes Vorgehen" bezeichnet) gefunden, und schliesslich ordneten Hugener und Krammer (Kapitel 4 in diesem Band) aufgrund ihrer typenbildenden Analyse der gefilmten Deutschschweizer Lektionen rund die Hälfte der Einführungslektionen dem Typus „entdecken lassender Unterricht mit Phasen des selbstständigen Erarbeitens" zu (vgl. Kapitel 4.3.5.2).

Diese auch im internationalen Kontext fachdidaktisch und lernpsychologisch fundierter Unterrichtsreformen breit abgestützte Forderung nach einer Erweiterung der Lehr und Lernformen mit dem Ziel, Lernenden vermehrt Gelegenheiten zum eigenständigen Problemlösen und zur diskursiven Auseinandersetzung mit anspruchsvollen mathematischen Inhalten zu gewähren, traf in der Deutschschweiz auf das seit den 1980er-Jahren im Praxiskontext gut verankerte Reformkonzept der „Erweiterten Lehr- und Lernformen", kurz ELF, welches generell auf eine stärkere Individualisierung und Förderung des selbstverantwortlichen und selbstgesteuerten Lernens durch vermehrten Einbezug offener Unterrichtsformen zielte. Begründet wurden diese Reformbestrebungen, deren Verbreitung durch eine Reihe praxisnaher Handreichungen ebenso wie im Rahmen der Aus- und Weiterbildung von Lehrpersonen gefördert wurde, weniger mit fachdidaktischen als mit schulpädagogischen und bildungstheoretischen Argumenten. So drängt sich eine stärkere Individualisierung des Unterrichts angesichts heterogen zusammengesetzter Klassen auf – ein Argument, dessen Aktualität zurzeit durch die in verschiedenen Schweizer Kantonen bereits eingeführte oder kürzlich beschlossene Aufhebung der Sonderklassen zugunsten der Integration von Lernenden mit besonderen Bedürfnissen in die Regelklassen unterstrichen wird. Ausserdem sollten die ELF der Bedeutung von fachbezogenen und allgemeinen Lernkompetenzen, Dispositionen und motivationalen Orientierungen im Hinblick auf die Bereitschaft und Befähigung zu lebenslangem Lernen stärker Rechnung tragen, indem den Lernenden eine aktive Rolle und damit auch Mitverantwortung bei der Planung, Steuerung und Reflexion des eigenen Lernens zugestanden werden sollte. Zusammenfassend orientieren sich die ELF an vier hauptsächlichen Zielsetzungen (Croci et al., 1995):

*   Fördern und Ermöglichen vermehrter Selbststeuerung der Lernaktivität durch die Lernenden (unter anderem durch vermehrte Wahlmöglichkeiten);
*   Erhöhung der Adaptivität des Unterrichts (unter anderem durch ein differenziertes Lernangebot, vermehrte individuelle Unterstützung und eine Weiterentwicklung der Beurteilungs- und Bewertungspraxis);
*   Förderung der Lernkompetenzen durch bewusste Förderung der Reflexion des eigenen Lern-, Arbeits- und Kommunikationsverhaltens, beispielsweise in Form eines Lerntagebuchs;
*   hohe Eigenaktivität der Lernenden bei der Auseinandersetzung mit dem Lernstoff.

Im Hinblick auf diese Zielsetzungen setzen ELF auf den vermehrten Einsatz von Lehr- und Lernformen, welche den Lernenden mehr Wahlmöglichkeiten, Spielraum für eigene Steuerungsentscheide, Verantwortungsübernahme und Reflexion gewähren, so unter anderem eine Reihe von Lehrformen, welche bereits zu Beginn des 20. Jahrhunderts im Kontext der Reformpädagogik entwickelt wurden und dem „offenen Unterricht" zugeordnet werden können, wie beispielsweise Projektarbeit, Werkstattunterricht, Lernverträge, Freiarbeit und insbesondere Unterricht mit Arbeitsplänen[3]. Kennzeichnend für die ELF ist indessen, dass explizit nicht ein möglichst vollständiger *Verzicht* auf traditionell eingesetzte Formen wie etwa den fragend-entwickelnden Unterricht angestrebt wird, sondern vielmehr eine *Erweiterung oder Ergänzung* durch offenere Lehr- und Lernformen. ELF erscheinen damit im Vergleich zu offenem Unterricht (oder *open education*), wie er in der internationalen Literatur dargestellt und diskutiert wird (z.B. Gudjons, 2004; Jürgens, 2006; Peschel, 2002), als gemässigtes Reformkonzept, das sich eher durch eine grössere Methodenvielfalt oder -variabilität von einem traditionellen Unterricht unterscheidet als durch eine grundsätzliche und durchgehende Konzentration auf „offene" Unterrichtsformen (Pauli et al., 2003; Stebler & Reusser, 2000). Dies zeichnet sich auch in den Daten der vorliegenden Videostudie ab, wie weiter oben bereits dargelegt: So zeigen frühere Auswertungen, dass zwischen der Gruppe der Lehrpersonen, welche angaben, in ihrem Unterricht häufig oder fast immer nach ELF-Prinzipien zu unterrichten, und den nur selten oder ab und zu ELF einsetzenden Lehrpersonen bedeutsame Unterschiede bei der

---

3   Für eine ausführlichere Erörterung von Unterricht mit Arbeitplänen verweisen wir auf eine thematische DVD mit Videobeispielen (Krammer, Hugener & Reusser, 2007).

angegebenen Häufigkeit des Einsatzes offener Lehrformen (unter anderem Arbeitspläne, Lernverträge, Werkstattunterricht) bestanden, nicht aber bei der Häufigkeit des fragend-entwickelnden Unterrichts (Pauli et al., 2003).

Zusammenfassend lassen sich Hinweise auf zwei unterschiedliche Akzentuierungen der beiden Reformbewegungen feststellen, welche sich an der Art der angestrebten Autonomieunterstützung festmachen lassen, wie sie unter anderem Stefanou und Mitarbeitende (2004) herausgearbeitet haben: So steht bei der Forderung nach einer verstärkten Orientierung an selbstständigem Problemlösen und diskursiver Auseinandersetzungen mit mathematisch anspruchsvollen Inhalten auf der Grundlage eine sozialkonstruktivistischen Lernkonzepts vor allem die Unterstützung der *kognitiven Autonomie* der Lernenden (im Sinne von mehr Freiräumen für eigene Denkwege und Problemlösungen sowie für den gleichberechtigten Austausch von Ideen, Lösungen und Konzepten unter Lernenden und mit der Lehrperson) im Vordergrund, während der vermehrte Einsatz offener Lehr- und Lernformen (zum Beispiel Unterricht mit Arbeitsplänen, Werkstätten, Projektunterricht) im Sinne von ELF stärker auf die *organisatorische* und *prozedurale Autonomieunterstützung* (Wahlmöglichkeiten unter anderem hinsichtlich Arbeits- und Sozialform, Leistungskontrolle, Lernmaterial, zeitliche Anordnung der Lernaktivitäten) zielt. Eine optimale Lernumgebung im Hinblick auf das fachlich-kognitive Lernen wie auch im Hinblick auf nicht kognitive Bildungsziele würde sich nach Stefanou und Mitarbeitern durch eine adäquate Autonomieunterstützung in allen drei Bereichen gleichzeitig auszeichnen.

Angesichts dieser unterschiedlichen Möglichkeiten der Akzentsetzung stellt sich im Zusammenhang mit der Umsetzung erweiterter Lehr- und Lernformen im Mathematikunterricht der Deutschschweiz die Frage, inwieweit und wie diese tendenziell unterschiedlichen Akzentuierungen und Zielsetzungen in der Unterrichtspraxis gleichermassen verwirklicht werden, auf welchem Lernverständnis der Lehrpersonen sie beruhen und welche Unterrichtswirkungen sich damit verbinden. Bevor diese Fragen mithilfe unseres Datenmaterials beantwortet werden, werfen wir im folgenden Abschnitt erst noch einen Blick auf die empirische Evidenz im Zusammenhang mit Bedingungen und Wirkungen reformorientierten Unterrichts im internationalen Kontext.

12.2 Empirische Forschung zu reformorientiertem Mathematikunterricht: „Offener Unterricht" und problemlösungsorientierter, diskursiver Unterricht

Wir unterscheiden im Folgenden zwischen empirischen Untersuchungen zum „Offenen Unterricht" und andererseits eher fachdidaktisch ausgerichteten Reformkonzepten auf der Basis eines sozialkonstruktivistischen Verständnisses mathematischer Lehr- und Lernprozesse. Mit Blick auf die Ergebnisse empirischer Untersuchungen zum offenen Unterricht spricht Jürgens (2006) in einem neueren Handbuchartikel von einer „sehr disparaten Forschungslage" (S. 283), benennt aber vier Ergebnisse einer sich abzeichnenden Befundlage, nämlich, (1) dass im offenen Unterricht etwa gleich gute Schülerleistungen erzielt würden (im Hinblick auf fachliches Lernen) wie in „formellem" Unterricht (ebd.), (2) dass die Förderung allgemeiner Persönlichkeitsmerkmale wie Selbststeuerung, Selbstständigkeit, Eigeninitiative, Kreativität, positive Einstellung zum schulischen Lernen oder allgemeines

Selbstkonzept im offenen Unterricht nachhaltiger und besser gelinge, (3) dass offener Unterricht stärker als anderer Unterricht zur Stabilisierung des Verhaltens von Problemschülerinnen und Problemschülern beitragen könne und (4) dass Lehrpersonen, welche häufig offenen Unterricht durchführen, in den „Kernkategorien' für einen guten Lehrer" positiver beurteilt würden. Schwierig einzuschätzen scheinen die Wirkungen insbesondere in Bezug auf das fachliche Lernen zu sein. So kommen Gruehn (2000) sowie Lüders und Rauin (2004) aufgrund ihres Literaturüberblicks zu einer eher negativen Einschätzung der Wirkungen offenen Unterrichts in Bezug auf das fachliche Lernen gegenüber einer positiven Einschätzung in Bezug auf überfachliche Lernziele im Vergleich mit einem eher traditionellen Unterricht. Nach Gruehn (2000) stehen beim offenen Unterricht fachliches und überfachliches Lernen in einem gewissen Widerspruch zueinander (S. 52). Demgegenüber weist eine von Lipowsky (1999) zusammengestellte, detaillierte Übersicht über eine ganze Reihe von Untersuchungen im internationalen Kontext darauf hin, dass zwar in einigen Untersuchungen leichte Nachteile des offenen Unterrichts im Vergleich mit traditionellem Unterricht in Bezug auf das fachliche Lernen gefunden wurden, in anderen Studien jedoch keine Unterschiede festzustellen waren. Ein Grund für die gemischten Ergebnisse ist auch darin zu sehen, dass es nach wie vor schwierig ist, präzise zu bestimmen, was genau mit „offenem Unterricht" jeweils gemeint ist (Hartinger, 2005; Rabenstein & Reh, 2007). So sind zahlreiche Varianten und Abstufungen der Öffnung des Unterrichts möglich (Hartinger, 2005), womit sich möglicherweise auch unterschiedliche Unterrichtswirkungen verbinden. Zudem ist davon auszugehen, dass für den Lernerfolg weniger die Frage der Öffnung an sich als vielmehr die Qualität der Lehr- und Lernprozesse ausschlaggebend ist, und dies sowohl unter den Bedingungen eines eher traditionellen als auch eines offenen Unterrichts (Hartinger & Hawelka, 2005; Lipowsky, 2007). Einheitlich positiv zugunsten offenen Unterrichts sind die Ergebnisse gemäss Lipowsky – in Übereinstimmung mit der oben angeführten generellen Einschätzung durch Jürgens (2007) – hinsichtlich nicht kognitiver Lernziele in Bezug auf die Persönlichkeitsentwicklung der Lernenden. Einschränkend muss allerdings angemerkt werden, dass sich die meisten Forschungsergebnisse auf die Grundschulstufe beziehen und kaum auf die Sekundarstufe I, welche im vorliegenden Zusammenhang besonders interessieren würde.

Was die empirische Evidenz im Zusammenhang mit stärker im fachdidaktischen Kontext verankerten Unterrichtsreformen im Sinne *sozialkonstruktivistisch orientierter Lernumgebungen* betrifft, liegen vor allem Ergebnisse aus Design-Studien vor. Dabei wird typischerweise der Unterricht in wenigen Versuchsklassen in enger Zusammenarbeit zwischen Lehrpersonen und Forschenden oder von Forschenden im Sinne des Reformkonzepts gestaltet und hinsichtlich seiner Qualität – zum Beispiel durch Mikroanalysen von Sequenzen der didaktischen Kommunikation – sowie teilweise seiner Wirkungen im Vergleich zu Kontrollklassen sorgfältig untersucht. Charakteristisch für diese Lernumgebungen ist, dass im Vergleich zu traditionellem Unterricht das eigenständige, häufig auch kooperative Problemlösen sowie das Präsentieren und Diskutieren von selbstständig oder kooperativ generierten Ideen, Lösungswegen oder Hypothesen eine grössere Rolle spielen als in traditionellen Formen der Unterrichtsgestaltung. Ein besonderes Augenmerk gilt auch den „soziomathematischen Normen" (Franke et al., 2007; Voigt, 1995), die gewisse Standards der Verstehensgüte, der Qualität von Argumenten und Problemlösungen sowie der Partizipation der Lernenden an den Problemlösungen und der Wissensgenerierung festlegen (vgl. u.a. Boaler, 2002; Cobb et al., 2001; Schoenfeld, 2002; Verschaffel et al., 1999). Insgesamt weisen die Ergebnisse auf positive Effekte solcher Lernumgebungen sowohl in Bezug auf die Leistungsentwicklung (verstanden als Erwerb einer flexibel nutzbaren, transferierbaren Wissensbasis) als auch auf weitere Bildungsziele wie den Erwerb kognitiver und metakognitiver Lern- und Problemlösungsstrategien, die Entwicklung mathematikbezogener motivationaler Orientierungen, Dispositionen und epistemischer Überzeugungen hin (Bowers, Cobb & McClain, 1999; Cobb, Wood & Yackel, 1991; De Corte, 2003; Franke et al., 2007; Greeno, 2006b; Hiebert & Grouws, 2007). Die Tatsache, dass sich diese Ergebnisse vor allem auf Design-Untersuchungen oder zumindest Vergleiche ausgewählter Reformschulen mit „traditionellen" Schulen beziehen, dürfte zur positiven Bilanz allerdings nicht unwesentlich beigetragen haben – die *Qualität der Umsetzung* der Reformmodelle ist in diesen Fällen vermutlich weitgehend gewährleistet. Die Frage, inwieweit sich diese positiven Wirkungen sozialkonstruktivistisch orientierter Lernumgebungen auch unter „Alltagsbedingungen" realisieren lassen, lässt sich demgegenüber bisher nicht eindeutig beantworten, da nur wenige Forschungsergebnisse vorliegen (vgl. auch die oben erwähnten Beispiele einseitiger oder defizitärer Umsetzungen von Reformprogrammen). Zwar zeigt eine viel beachtete Studie von Staub und Stern (2002), dass Schülerinnen und Schüler deutscher Grundschullehrpersonen, welche sich durch ein stärker konstruktivistisch ausgerichtetes Lehr- und Lernverständnis auszeichneten, im Bereich des Lösens von anspruchsvollen Textaufgaben einen höheren Leistungszuwachs erzielten als Schülerinnen und Schüler von Lehrpersonen mit einem weniger konstruktivistisch orientierten Lernkonzept, und dass die konstruktivistischer orientierten Lehrpersonen in ihrem Mathematikunterricht anspruchsvollere Aufgaben einsetzten. Andererseits konnte beispielsweise Kunter (2005) aufgrund von Videoanalysen von Mathematiklektionen auf Sekundarstufe I keinen Vorteil einer „konstruktivistischen Unterrichtsgestaltung" für den Lernerfolg der Schülerinnen und Schüler nachweisen. Ähnlich wie beim offenen Unterricht erweist es sich auch bei sozialkonstruktivistischen Lernumgebungen als schwierig, zu bestimmen, was genau darunter verstanden werden soll und wie sich solche Reformkonzepte von problematischen Umsetzungen abgrenzen lassen, wie beispielsweise einem Verzicht auf Lernunterstützung zugunsten eines unangeleiteten und unstrukturierten „entdeckenden Lernens" oder einer bloss behavioralen bzw. äusserlichen anstelle einer *kognitiven* Aktivierung der Lernenden (Mayer, 2004; Reusser, 2006; Richardson, 2003).

12.3   Fragestellung

Vor dem Hintergrund dieser Ergebnisse ist es das Ziel der im Folgenden dargestellten Datenauswertungen, den Zusammenhang zwischen dem Lehr- und Lernverständnis der Lehrpersonen und der Unterrichtsgestaltung auszuleuchten, wobei im Gegensatz zu den früheren Auswertungen (Pauli et al., 2003) nicht auf die globalen Selbsteinschätzungen der Lehrpersonen in Bezug auf die Häufigkeit des Einsatzes von ELF abgestellt wird, sondern auf die von den Lehrpersonen angegebene Häufigkeit des Einsatzes konkreter Lehr- und Lernformen, und zwar einerseits der für die ELF typischen reformpädagogischen Lehr- und Organisationsformen wie Wochenplan, Werkstattunterricht und Projektunterricht und andererseits von Lehrformen, welche auf eigenständiges Problemlösen durch die Lernenden zielen. Auf diese Weise soll untersucht werden, inwieweit zwei zentrale Zielsetzungen erweiterter Lehr- und Lernformen – die verstärkte Selbststeuerung und Individualisierung einerseits und die Förderung aktiven und eigenständigen Problemlösens andererseits – im Unterricht realisiert werden. Im Weiteren wird – anhand von Schülerwahrnehmungen und der Einschätzung durch Expertinnen – untersucht, inwieweit aus der von den Lehrpersonen selbst beschriebenen reformorientierten Unterrichtspraxis beobachtbare Veränderungen der Unterrichtsqualität in Bezug auf die Schülerorientierung und die kognitive Aktivierung der Lernenden resultieren – zwei Qualitätsmerkmale, welche aus der Sicht des Reformkonzepts von zentraler Bedeutung sind. Eine letzte Frage gilt den möglichen Unterrichtswirkungen: Es stellt sich die Frage, inwieweit sich – entsprechend den oben beschriebenen empirischen Untersuchungen – auch in unserer Stichprobe positive Effekte reformorientierten Mathematikunterrichts auf die Leistungsentwicklung sowie auf nicht kognitive Bildungsziele (Interesse) finden lassen, obwohl sich unsere Daten im Unterschied zur Mehrzahl der referierten Studien auf Unterricht unter Alltagsbedingungen beziehen.

12.4   Methodisches Vorgehen

12.4.1 Stichprobe

Die vorliegende Analyse basiert auf einer erweiterten Teilstichprobe der schweizerisch-internationalen Videostudie (vgl. Kapitel 2). Die repräsentative Stichprobe der Deutschschweiz ($N=74$ Klassen) wurde für die vorliegenden Auswertungen um 15 Klassen von Lehrpersonen erweitert, welche gemäss verschiedener Quellen als aufgeschlossen gegenüber erweiterten Lehr- und Lernformen galten.[4] Es resultierte somit eine Stichprobe von 89 Lehrpersonen. Die 10 Klassen des höchsten Schultyps (Gymnasialklassen) wurden von der Analyse ausgeschlossen, da die Lehrerbefragung zeigte, dass nur in zwei Klassen dieses Schultyps Anhaltspunkte für den Einsatz von ELF bestanden. Somit beziehen sich die folgenden Auswertungen auf eine nicht repräsentative Stichprobe von $N=79$ Lehrpersonen der beiden unteren Schultypen (32 Klassen mit Grundansprüchen, 47 Klassen mit erweiterten Ansprüchen mit einer Gesamtanzahl von 1407 Schülerinnen und Schülern, davon 51.4% weiblich und 48.6% männlich).

12.4.2 Datenerhebung, Tests und Befragungsinstrumente

Für die Beschreibung der Datenerhebung verweisen wir auf Kapitel 2 in diesem Buch. Insgesamt wurden für die vorliegenden Auswertungen Daten aus folgenden Quellen genutzt: (a) Videoanalysen, (b) Lehrerbefragungen, (c) Schülerbefragungen zu Beginn und am Ende des Schuljahrs (unter anderem Motivation, Interesse, Unterrichtswahrnehmung und Unterrichtserleben) und (d) Mathematikleistungstests (zu Beginn und am Ende des

---

4   Diese Lehrpersonen wurden uns von verschiedenen Stellen (Schulleitungen, Schulaufsicht) als besonders aufgeschlossen gegenüber ELF empfohlen. Auch bei diesen Lehrpersonen können jedoch die videografierten Mathematikstunden als Alltagsunterricht bezeichnet werden.

Schuljahrs). Für die Wiederholung der Schülerbefragung und des Mathematikleistungstests (t_2) standen aus verschiedenen Gründen (vgl. Kapitel 9.6.1) nicht mehr alle Klassen
zur Verfügung.

Lehrerbefragung
Pädagogische Überzeugungen der Lehrpersonen: Die konstruktivistische Ausrichtung
der pädagogischen Überzeugungen der Lehrpersonen wurde mithilfe der in Kapitel 7 ausführlich beschriebenen, von Staub und Stern (2002) übernommenen und adaptierten Skala
erfasst. Diese Skala umfasst 14 Items (Cronbachs α=.80; *M*=2.65, *SD*=.31) und bildet
das Ausmass der konstruktivistischen Orientierung der pädagogischen Überzeugungen
der Lehrpersonen ab: Je höher der Wert einer Lehrperson, desto stärker die konstruktivistische Orientierung ihres Lehr- und Lernverständnisses.

Reformorientierte Unterrichtsarrangements (Erweiterte Lehr- und Lernformen): Für
die Erfassung der reformorientierten Unterrichtsgestaltung wurden die von den Lehrpersonen angegebenen Häufigkeiten des Einsatzes von erweiterten Lehr- und Lernformen
herangezogen (vgl. Kapitel 7.2.2). Um die beiden Dimensionen des Reformkonzepts zu
erfassen, wurden zwei Skalen gebildet: *„Gelegenheiten für selbstständiges Problemlösen"* (3 Items, Beispiel-Item: „Die Schüler suchen selbstständig nach Lösungswegen
für anspruchsvolle Probleme"; Cronbachs α=.72; *M*=2.84, *SD*=.81) und *„Gelegenheiten
für selbstgesteuertes, individualisierendes Lernen"* (8 Items, Beispiel-Item: „In meinem
Mathematikunterricht arbeiten die Schüler gemäss einem individuellen Wochenplan";
Cronbachs α=.65; *M*=1.81, *SD*=.55).

Schülerbefragung
Wahrgenommene Unterrichtsqualität: Die Skala *„Kognitiv aktivierender Unterricht"*
(Cronbachs α=.78; *M*=2.96, *SD*=.47) setzt sich aus sechs Subskalen zusammen, welche
die verschiedenen Aspekte kognitiv aktivierenden Unterrichts festhalten (unter anderem
motivationale Qualität, anspruchsvolles Üben, Besprechung mehrerer Lösungswege und
entdeckungsorientierter Problemzugang). Die Skala *„Wahrgenommene Schülerorientierung"* (Cronbachs α=.83; *M*=3.01, *SD*=.54) umfasst neun Subskalen, welche einerseits
die Wahrnehmung einer gewissen Autonomie im Lernprozess erfassen (unter anderem
Mitbestimmung des Lösungswegs und Zielvereinbarungen) und andererseits die adaptive Unterstützung des Lernprozesses durch die Lehrperson (unter anderem diagnostische
Kompetenz, Fehlerkultur und individuelle Lernunterstützung; alle Skalen mit vierstufigem
Antwortformat).

Emotionales Erleben des Unterrichts: Eine positive emotionale Erlebensqualität während des Unterrichts wurden mithilfe von elf bipolaren Ratings, bezogen auf die Frage
„Wie fühlst du dich im Mathematikunterricht meistens?" erfasst (zum Beispiel: „frei –
eingeschränkt", „herausgefordert – gelangweilt", „unbeteiligt – beteiligt"). Aus acht dieser Ratings konnte eine Skala gebildet werden (Cronbachs α=.79; sechsstufiges Antwortformat; *M*=4.09, *SD*=.82).

Interesse: Das Interesse der Schülerinnen und Schüler wurde anhand einer Skala mit
acht Items erfasst (Cronbachs α=.91; t_1: *M*=2.93; *SD*=.68; t_2: *M*=2.86, *SD*=.74; Bei-

spiel-Items: „Mathematik ist spannend" oder „Mathematik bringt mir Nutzen"; vierstu-figes Antwortformat).

Bei allen Skalen zeigen höhere Werte eine positivere Ausprägung der erfassten Kons-trukte an.

Leistungstest: Die Erfassung der mathematischen Leistung erfolgte durch den TIMSS-Mathematiktest von 1995 (Martin & Kelly, 1996, 1997; Moser, Ramseier, Keller & Huber, 1997) (t_1: $M = 547.09$, $SD = 78.47$; t_2: $M = 573.70$; $SD = 75.93$).

Eine detailliertere Beschreibung des Leistungstests und der Skalen zur Erfassung des Interesses findet sich in Kapitel 9, zu den Skalen zur Unterrichtswahrnehmung durch die Schülerinnnen und Schüler in Kapitel 8.

12.4.3 Videoanalysen: Hochinferente Ratings von Unterrichtsqualität

Für die Experteneinschätzung der Unterrichtsqualität wurden die hochinferenten Exper-tenratings herangezogen, welche in Kapitel 8 ausführlich beschrieben worden sind. Für die vorliegenden Auswertungen wurden die zwei Skalen „Kognitive Aktivierung" (Cron-bachs $\alpha = .93$; $M = 3.05$, $SD = .48$) und „Schülerorientierung" (Cronbachs $\alpha = .84$; $M = 3.09$, $SD = .38$) verwendet. Obwohl diese Skalen mehrheitlich Unterskalen gleichen Wortlauts umfassen wie die gleichnamigen Skalen der Schülerwahrnehmung, sind sie doch nicht gänzlich deckungsgleich.

12.5 Ergebnisse

12.5.1 Analysestrategie

Da eine hierarchische Datenstruktur vorliegt und wir an vermittelten Effekten interessiert sind, wurden Pfadmodelle auf zwei Ebenen gerechnet. Die Modelle A und B (vgl. Abbil-dungen 12.1 und 12.2) wurden mithilfe des Programms Mplus (Version 4) erstellt, wobei die Stichprobengrösse auf Ebene 1 $N = 1407$ Schülerinnen und Schüler betrug und die Anzahl der Klassen (Gruppen auf Ebene 2) $N = 79$. Die durchschnittliche Gruppengrösse belief sich auf $N = 17.8$. In Bezug auf Variablen des Zeitpunkts t_1 liegen die Anteile der fehlenden Werte auf Ebene 1 zwischen 0.0% und 6.7%, mit einem Mittelwert von 2.8%. Aufgrund fehlender Daten konnte nur etwa die Hälfte der Klassen in die zweite Datener-hebung (t_2) einbezogen werden. Aus diesem Grund sind die Anteile der fehlenden Werte bei t_2 für „Mathematikinteresse" und „Mathematikleistung" wesentlich höher (bei 48.0% bzw. 52.5%). Um die hohe Anzahl fehlender Werte in der Nachfolgestudie berücksich-tigen zu können, wurde der *Full-Information-Maximum-Likelihood*-Algorithmus ange-wendet (Wothke, 2000). Da einige Variablen leicht von der Normalverteilung abwichen (*CR* der Skewness oder der Kurtosis > 1.96), wurden robuste Standardfehler mithilfe des Sandwich-Schätzers berechnet. Die Intraklassen-Korrelationen betragen gemäss dem von Mplus geschätzten Modell A zwischen 0.090 für „Positive Emotionen" (t_1) und 0.468 für „Mathematikleistung" (t_1). In Modell B variieren die Werte zwischen sehr tiefen 0.043 für „Mathematikinteresse" (t_1) und 0.299 für „Schülerorientierung" (t_1).

Um die Komplexität zu reduzieren, wurden zwei verschiedene Modelle gerechnet, welche je nur eines der beiden erfassten Merkmale von Unterrichtsqualität aus Schüler- und Expertensicht abbilden. Aufgrund des in Kapitel 8 ausführlich dargestellten Forschungsstandes zu Bedingungen der Leistungs- und Interessenentwicklung wurde in Modell A (vgl. Abbildung 12.1) die kognitive Aktivierung berücksichtigt und auf die Leistungsentwicklung bezogen, während Modell B (Abbildung 12.2) die Schülerorientierung berücksichtigt und auf die Interessenentwicklung bezogen wurde. Das Unterrichtserleben der Schülerinnen und Schüler wurde in beide Modelle einbezogen, ebenso der Einfluss des Schultyps.

Beide Modelle enthalten relativ wenige Restriktionen. Ausgangspunkt bildete die Annahme, dass sich zum einen die konstruktivistische Orientierung der Lehrpersonen auf die Wahrnehmungen der Schülerinnen und Schüler sowie der Expertinnen und Experten nicht direkt auswirkt und es zum anderen auch keine direkten Auswirkungen der Berichte der Lehrpersonen über ihren Unterrichtsstil auf die Schülerinnen und Schüler gibt. Beide Modelle dienten somit eher heuristischen Zwecken als der Überprüfung von Hypothesen. Ausgehend vom aktuellen Forschungsstand (vgl. oben) war es nicht das Ziel der Analyse, ein voll elaboriertes Modell als Ganzes zu überprüfen. Vielmehr ging es darum, das Zusammenspiel der einzelnen Faktoren zu explorieren. Konsequenterweise wurden die nicht signifikanten Pfade in Übereinstimmung mit den vergleichsweise wenigen theoretischen Annahmen und bekannten Auswirkungen in diesem Forschungsbereich nicht aus dem Modell eliminiert.

Alle Ergebnisse sind in den Abbildungen 12.1 und 12.2 enthalten. Die in den Modellen zur Anwendung gelangende Darstellung folgt den Empfehlungen von Muthén und Muthén (2006).

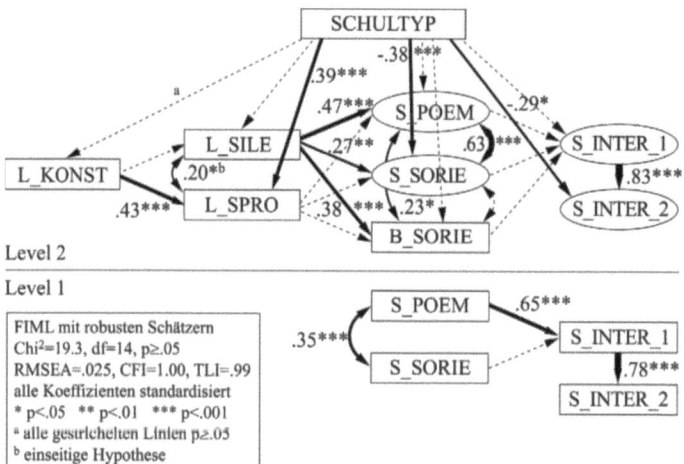

Abbildung 12.1: Mehrebenen-Pfadmodell A: Zusammenhänge zwischen pädagogischer Überzeugung der Lehrkräfte (L_KONST), selbstberichteter reformorientierter Unterrichtspraxis (L_SILE; L_SPRO), Beobachtereinschätzung der gefilmten Mathematiklektion hinsichtlich Schülerorientierung, Unterrichtswahrnehmung (Schülerorientierung) und Unterrichtserleben (positive Emotionen) sowie Mathematikinteresse der Lernenden unter Kontrolle des Schultyps (0 = Grundansprüche, 1 = erweiterte Ansprüche).

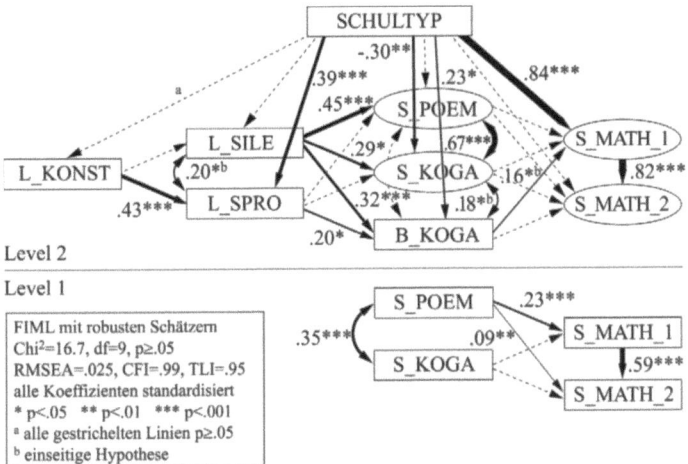

Abbildung 12.2: Mehrebenen-Pfadmodell B: Zusammenhänge zwischen pädagogischer Überzeugung der Lehrkräfte (L_KONST), selbstberichteter reformorientierter Unterrichtspraxis (L_SILE; L_SPRO), Beobachtereinschätzung der gefilmten Mathematiklektion hinsichtlich kognitiver Aktivierung der Lernenden, Unterrichtswahrnehmung (kognitive Aktivierung) und Unterrichtserleben (positive Emotionen) der Lernenden sowie Leistung im Mathematiktest unter Kontrolle des Schultyps (0=Grundansprüche, 1=erweiterte Ansprüche).

12.5.2 Lehrpersonen

Wie die Modelle in den Abbildungen 12.1 und 12.2 deutlich machen, zeigt sich ein hoch signifikanter Effekt (β=.43***) der konstruktivistischen Orientierung der pädagogischen Überzeugungen der Lehrpersonen (L_KONST) auf die selbstberichtete reformorientierte Unterrichtspraxis mit Bezug auf den Aspekt der Gelegenheiten für selbstständiges Problemlösen (L_SPRO). Je stärker die konstruktivistische Orientierung der Beliefs über Lehr- und Lernprozesse, desto häufiger schaffen die Lehrpersonen in ihrem Unterricht Gelegenheiten für selbstständiges Problemlösen. Auf den zweiten Aspekt der Reform, die Häufigkeit von Gelegenheiten für selbstgesteuertes, individualisierendes Lernen (L_SILE), hat die konstruktivistische Orientierung des Lehr- und Lernverständnisses der Lehrpersonen jedoch keinen Einfluss. Die Abbildungen zeigen des Weiteren einen hoch signifikanten Effekt (β=.39**) der Schulform (TYP): Lehrpersonen des höheren Schultyps schaffen in deutlich höherem Masse Gelegenheiten für selbstständiges Problemlösen als Lehrpersonen des tieferen Schultyps, während die Schulform auf die Häufigkeit von Lehrformen für selbstgesteuertes Lernen keinen Einfluss hat. Zwischen den beiden Aspekten des Reformmodells – „Selbstgesteuertes individualisierendes Lernen" (L_SILE) und „Selbstständiges Problemlösen" (L_SPRO) – besteht ein Zusammenhang (.20), der allerdings nur bei einseitigem Test auf dem .05-Niveau signifikant ist.

12.5.3 Beobachter- und Schülerwahrnehmung der Unterrichtsqualität

Mit Blick auf die *Expertenratings der Unterrichtsqualität* zeigt sich ein hoch signifikanter positiver Effekt des Ausmasses von Gelegenheiten für selbstorganisiertes Lernen
(L_SILE) auf beide Qualitätsdimensionen: Expertinnen und Experten beurteilen die gefilmten Lektionen von Lehrpersonen, welche angeben, häufiger Settings selbstorganisierten Lernens einsetzen, nicht nur als schülerorientierter (Modell B, B_SORIE, $\beta=.38^{***}$),
sondern auch als kognitiv aktivierender (Modell A, B_KOGA; $\beta=.32^{***}$). Die Experteneinschätzung der *kognitiven Aktivierung* wird zudem von der angegebenen Häufigkeit von
Gelegenheiten für selbstständiges Problemlösen (L_SPRO) positiv beeinflusst ($\beta=20^*$),
während dieser Aspekt für die Expertenratings der *Schülerorientierung* keine Rolle spielt.
Die Experteneinschätzung der kognitiven Aktivierung, nicht aber der Schülerorientierung,
wird beeinflusst von der Schulform: Im höheren Schultyp wird die kognitive Aktivierung
höher eingeschätzt ($\beta=.23^*$).

Im Gegensatz zur Experten- oder Beobachtereinschätzung wird die *Schülerwahrnehmung* der Unterrichtsqualität nur von der durch die Lehrperson angegebenen Häufigkeit
der Lehrformen für selbstgesteuertes Lernen, nicht aber vom angegebenen Ausmass an
Gelegenheiten für selbstständiges Problemlösen beeinflusst: Es zeigt sich ein substanziel-
ler positiver Effekt des Faktors „Gelegenheiten für selbstgesteuertes, individualisierendes
Lernen" auf die von den Schülerinnen und Schülern wahrgenommene kognitive Aktivierung (Modell A, S_KOGA; $\beta=.29^*$) und die Schülerorientierung (Modell B, S_SORIE;
$\beta=.27^{**}$). Noch stärker ist der positive Effekt auf das emotionale Erleben (S_POEM; Mo-
dell A: $\beta=.45^{***}$; Modell B: $\beta=.47^{***}$) der Schülerinnen und Schüler. Allerdings muss
hier berücksichtigt werden, dass beim emotionalen Unterrichtserleben der grösste Teil der
Varianz nicht zwischen den Klassen, sondern innerhalb derselben zu finden ist (ICC für
S_POEM: .09 bzw. .09; für S_KOGA: .31; für S_SORIE: .30). Zwischen dem emotionalen Erleben und der Unterrichtswahrnehmung der Schülerinnen und Schüler besteht auf
Klassen- und Individualebene ein Zusammenhang, der auf beiden Ebenen (Level 2=Klas-
senebene; Level 1=Individualebene) sowohl in Bezug auf die kognitive Aktivierung (Level 2: .67***; Level 1: .35***) als auch auf die Schülerorientierung (Level 2: .63***;
Level 1: .35***) hoch signifikant ist. Die *Schulform* wirkt sich auf die Expertenurteile und
die Schülerwahrnehmung unterschiedlich aus: Während die Expertinnen und Experten
die kognitive Aktivierung in den videografierten Lektionen des höheren Schultyps höher
einschätzen ($\beta=.22^*$), beurteilen die Schülerinnen und Schüler des höheren Schultyps sowohl die kognitive Aktivierung ($\beta=-.30^{**}$) als auch die Schülerorientierung ($\beta=-.38^{***}$)
deutlich negativer als die Schülerinnen und Schüler des tieferen Schultyps.

Schülerinnen und Schüler sowie Expertinnen und Experten stimmen in der Beurteilung der Unterrichtsqualität in Bezug auf die kognitive Aktivierung tendenziell überein
(.18, signifikant nur bei einseitigem Test), während kein Zusammenhang im Hinblick auf
die wahrgenommene Schülerorientierung besteht. Ein Zusammenhang besteht jedoch
zwischen den positiven Emotionen der Schülerinnen und Schüler und der von den Expertinnen und Experten eingeschätzten Schülerorientierung des Unterrichts (.23*). Die
konstruktivistische Orientierung der Lehrpersonen wirkt sich nicht direkt auf die Schüler-
und Expertenwahrnehmung der Unterrichtsqualität und auf das emotionale Erleben der
Schülerinnen und Schüler im Unterricht aus.

12.5.4 Reformorientierter Unterricht und Leistungs- sowie Interessenentwicklung

In Bezug auf die Mathematikleistungen (Modell A) zeigt sich auf Klassenebene ein positiver Effekt der Expertenratings der kognitiven Aktivierung (B_KOGA) auf die Mathematikleistungen, jedoch nur beim ersten Testzeitpunkt (S_MALEI_1; $\beta=.16$, signifikant auf dem .05-Level bei einseitigem Test), nicht aber beim Testzeitpunkt 2 (S_MALEI_2). Erwartungskonform ist der substanzielle positive Effekt der Schulform (TRACK; $\beta=.84^{***}$), der sich jedoch auch nur beim ersten Testzeitpunkt zeigt. Die Mathematikleistung im Nachfolgetest wird auf Klassenebene durch keine der ins Modell einbezogenen Variablen erklärt; selbst die Schulform spielt für die Mathematikleistungen bei t_2 keine Rolle mehr. Auf der Individualebene (Level 1) zeigt sich ein positiver Effekt des (positiven) emotionalen Erlebens des Unterrichts auf die Mathematikleistungen sowohl zu Zeitpunkt 1 (S_MALEI_1; $\beta=.23^{***}$) als auch zu Zeitpunkt 2 (S_MALEI_2; $\beta=.09^{**}$). Insgesamt erweist sich die Leistung zwischen t_1 und t_2 vor allem auf Klassenebene ($\beta=.82^{***}$), aber auch auf Individualebene ($\beta=59^{***}$) als stabil.

Bei Modell B mussten im Vergleich zu Modell A gewisse Restriktionen vorgenommen werden. Alle direkten Effekte auf das Mathematikinteresse zum Zeitpunkt 2, mit Ausnahme des Stabilitätskoeffizienten (*Mathematikinteresse* t_1) und des Effekts der Schulform wurden auf 0 festgelegt, um eine Konvergenz der Schätzung zu erlauben. Die Plausibilität dieser Annahme wird durch die guten Fit-Werte des Modells gestützt.

Anders als bei den Leistungen wirkt sich die *Schulform* beim mathematikbezogenen Interesse nicht auf den ersten (S_MAINT_1), sondern nur auf den zweiten Messzeitpunkt (S_MAINT_2) aus, und zwar negativ ($\beta=-.29^{***}$). Die Interessenentwicklung ist somit im höheren Schultyp negativer als im tieferen Schultyp, wobei das Interesse zwischen den beiden Messzeitpunkten eine hohe Stabilität aufweist (Klassenebene: $\beta=.83^{***}$; Individualebene: $\beta=78^{***}$). Mit Ausnahme der Schulform wird das Interesse auf Klassenebene durch keine andere der ins Modell einbezogenen Variablen erklärt. Auf der Individualebene (Level 1) zeigt sich ein positiver Effekt des emotionalen Erlebens auf das Interesse, jedoch nur zum Zeitpunkt 1 ($\beta=.65^{***}$). Während für die Leistungen zumindest zum Zeitpunkt 1 Faktoren auf Klassenebene eine wesentliche Rolle spielen (vor allem die Schulform) und sich ein beträchtlicher Teil der Varianz *zwischen* den Klassen findet (ICC für S_MALEI_1: .47; für S_MALEI_1: .38), spielen Merkmale auf Klassenebene für das Interesse nur eine geringe Rolle. Entscheidend sind vielmehr Faktoren auf der Individualebene. Der geringe ICC des Interesses (S_MAINT_1: .04; S_MAINT_2: .08) zeigt, dass der grösste Teil der Gesamtvarianz hier nicht zwischen den Klassen, sondern *innerhalb* derselben besteht.

12.5.5 Wie lässt sich die positive Beurteilung des Unterrichts reformorientierter Lehrpersonen erklären?

Der positive Zusammenhang zwischen der von den Lehrpersonen angegebenen Häufigkeit des Einsatzes reformorientierter Lehr- und Lernformen, insbesondere in Bezug auf Gelegenheiten für selbstgesteuertes und individualisierendes Lernen, und dem Unterrichtserleben der Lernenden sowie der Wahrnehmung der kognitiven Aktivierung und Schülerorientierung sowohl durch die Lernenden als auch durch die Expertinnen wirft die Frage nach möglichen Erklärungen dieser positiveren Einschätzung auf. Was die Expertenurteile über die videografierte Lektion betrifft, stellt sich die Frage, ob sich die Qualitätseinschätzung an Merkmalen festmachen lässt, welche durch die internationalen Videoanalysen erfasst worden sind (vgl. Kapitel 3). Erwartet werden könnte einerseits ein Zusammenhang zwischen reformorientierter Unterrichtsgestaltung und Merkmalen der Unterrichtsorganisation, nämlich weniger Klassenunterricht und mehr individuelle Schülerarbeit sowie weniger häufige Wechsel der Sozialform, und andererseits – vor allem in Bezug auf die Häufigkeit von Gelegenheiten für selbstständiges Problemlösen – ein Zusammenhang mit Merkmalen der Aufgabenkultur, nämlich anspruchsvollere Aufgaben während der selbstständigen Schülerarbeit sowie mehr Gelegenheiten zur Exploration und Diskussion von Lösungswegen.

Was den Aspekt der Förderung des selbstständigen und individualisierenden Lernens betrifft, wären überdies Zusammenhänge mit zentralen Merkmalen einer an den Prinzipien der erweiterten Lehr- und Lernformen orientierten Lernkultur zu erwarten, die sich nicht auf die Häufigkeit bestimmter Lehrformen beschränkt. Dazu gehört insbesondere auch eine bewusst gestaltete *Beurteilungspraxis,* die sich – durchaus in Ergänzung herkömmlicher, auch benoteter Prüfungen – durch lernzielorientierte Formen der Beurteilung mit differenzierenden Aussagen über den individuellen Leistungsstand der Lernenden und – damit verbunden – durch die Förderung der Selbstbeurteilung durch die Lernenden auszeichnet (Landwehr, o.J.). Lehrpersonen, welche sich an ELF-Ideen orientieren, sollten sich zudem durch ein erweitertes Rollenverständnis auszeichnen und sich – über die Rolle der Wissensvermittlung hinaus – stärker auch als Beratende, Coachs, Moderatoren, Animatoren und Fachexperten verstehen (Croci et al., 1995, S. 9; Reusser, 2000, S. 130) und eine intensive Zusammenarbeit im Kollegium pflegen (Croci et al., 1995).

Um mögliche Zusammenhänge zwischen diesen Merkmalen der Lernkultur sowie zu den oben erwähnten, in den internationalen Videoanalysen festgestellten Merkmalen der Unterrichtsgestaltung und Aufgabenkultur in den gefilmten Lektionen zu prüfen, wurden Partialkorrelationen zwischen diesen Merkmalen und den von den Lehrpersonen angegebenen Häufigkeiten des Einsatzes reformorientierter Unterrichtsmethoden (unter Kontrolle des Schultyps) gerechnet.

Was die Unterrichtsgestaltung und Aufgabenkultur in den gefilmten Lektionen betrifft, so zeigten sich die aus theoretischer Sicht zu erwartenden Zusammenhänge jedoch mehrheitlich nicht, mit Ausnahme eines signifikant negativen Zusammenhangs zwischen dem Ausmass an Klassenunterricht sowie der Zahl der Sozialformwechsel und der angegebenen Häufigkeit von Lehrformen für individualisierendes und selbstgesteuertes Lernen (vgl. Tabelle 12.1): In den gefilmten Lektionen jener Lehrpersonen, welche nach eigenen Angaben häufiger individualisierende Lernformen wie Wochenplan oder Werkstattunterricht einsetzen, wurden weniger Klassenunterricht und eine geringere Zahl von Sozialformwechseln beobachtet, was mit einem höheren Anteil an individualisierenden Lehrformen gut vereinbar ist.

Unterstrichen werden diese Befunde durch die in Kapitel 4 dargestellten Ergebnisse von Hugener und Krammer zu den beobachteten Inszenierungsmustern. So zeigt sich wie zu erwarten ein positiver Zusammenhang zwischen der von den Lehrpersonen eingeschätzten Häufigkeit des Einsatzes individualisierender Lehr- und Lernformen und der

Tabelle 12.1: Partialkorrelationen zwischen der von den Lehrpersonen angegebenen Häufigkeit reformorientierter Lehr- und Lernformen und Merkmalen der Unterrichtsgestaltung und Aufgabenkultur (internationale Videoanalysen)

Merkmale der Unterrichtsgestaltung und der Aufgabenkultur (internationale Videoanalysen)	SILE[1]	SPRO[2]
Prozentualer Anteil Klassenunterricht an gefilmter Lektion	-.31, $p < .05$	n.s.
Anzahl Sozialformwechsel pro Lektion	-.30, $p < .05$	n.s.
Anteil selbstständige Schülerarbeitszeit, die für das Lösen anspruchsvoller Aufgaben (versus repetitives Üben) eingesetzt wird	n.s.	n.s.
Anteil Aufgaben mit selbstständiger Exploration durch die Lernenden und Diskussion verschiedener Lösungswege	n.s.	n.s.

Anmerkung: Partialkorrelation unter Kontrolle des Schultyps
1   Gelegenheiten für selbstgesteuertes, individualisiertes Lernen, Angaben der Lehrpersonen
2   Gelegenheiten für selbstständiges Problemlösen, Angaben der Lehrperson

Zuteilung der gefilmten Lektion zum Muster „Planarbeit" (Kendalls Tau $b = .33, p < .005$). Dieses Ergebnis zeigt jedoch auch, dass mit höheren Werten der selbst eingeschätzten Häufigkeit individualisierender Lehrformen keineswegs in jedem Fall auch ein für diese Lehrformen typisches Inszenierungsmuster in der gefilmten Lektion einherging.

Dass sich keine Zusammenhänge zwischen der angegebenen Häufigkeit von reformorientierter Lehrformen und den erfassten Merkmalen der *Aufgabenkultur* zeigten, mutet auf den ersten Blick überraschend an, nicht zuletzt angesichts des positiven Zusammenhangs mit der Experteneinschätzung der kognitiven Aktivierung. Dieser Befund lässt sich jedoch teilweise dadurch erklären, dass die Expertinnen bei der Einschätzung der kognitiven Aktivierung vor allem auf *Qualitätsmerkmale der Lehrer-Schüler-Interaktion* achteten (vier der sechs beurteilten Dimensionen) und weniger auf Merkmale der Aufgaben, wie sie bei den internationalen Analysen im Zentrum standen. Dies könnte auch der Grund sein, wes-

Tabelle 12.2: Partialkorrelationen zwischen der angegebenen Häufigkeit reformorientierter Lehr- und Lernformen (SILE, SPRO) und Merkmalen der Beurteilungs- bzw. Bewertungspraxis und der Rolle im Unterricht und im Lehrpersonenkollegium (schweizerischer Lehrerfragebogen)

Beurteilungspraxis und Lehrerrolle[1]	SILE[2]	SPRO[3]
Beurteilungspraxis: Individuelle Bezugsnorm	n.s.	n.s.
Beurteilung: Verbale Beurteilung anstatt/in Ergänzung zu Noten	.44, $p < .001$	.27, $p < .05$
Beurteilungspraxis: Einbezug der Selbstbeurteilung durch die Lernenden	.33, $p < .005$	n.s.
Rolle im Unterricht: Prozentualer Anteil der Unterrichtszeit, in welcher die Lehrperson mit Lernberatung und Unterstützung von Schüleraktivitäten beschäftigt ist (versus Stoffdarstellung)	.25, $p < .05$	n.s.
Wöchentliche Arbeitszeit, die für die fachliche Kooperation im Lehrpersonenkollegium investiert wird	.42, $p < .001$	n.s.

Anmerkungen: Partialkorrelation unter Kontrolle des Schultyps
1   Angaben der Lehrpersonen
2   Gelegenheiten für selbstgesteuertes, individualisiertes Lernen, Angaben der Lehrpersonen
3   Gelegenheiten für selbstständiges Problemlösen, Angaben der Lehrpersonen

halb die Beobachterinnen insbesondere die Lektionen der Lehrpersonen mit Präferenz für individualisierendes und selbstgesteuertes Lernen nicht nur hinsichtlich der Schülerorientierung, sondern auch hinsichtlich der kognitiven Aktivierung höher einschätzten.

Anders als für den Zusammenhang zwischen Lehrpersonenangaben und den in den internationalen Videoanalysen identifizierten Merkmalen der Aufgabenkultur zeigten sich die erwarteten Zusammenhänge zwischen der von den Lehrpersonen angegebenen Häufigkeit des Einsatzes reformorientierter Lehrformen einerseits und Merkmalen einer an ELF-Ideen orientierten Lernkultur, allerdings praktisch nur in Bezug auf die Häufigkeit von Gelegenheiten für selbstständiges und individualisiertes Lernen und nicht in Bezug auf Gelegenheiten für selbstständiges Problemlösen. Zwar konnte – entgegen der Erwartung – kein bedeutsamer Zusammenhang mit der Verwendung der individuellen Bezugsnorm, wohl aber mit dem Einsatz verbaler Beurteilungen und mit dem Einbezug der Selbstbeurteilung der Lernenden gefunden werden. Auch der Zusammenhang zwischen angegebener Häufigkeit von Gelegenheiten für selbstständiges und individualisierendes Lernen und der Lehrerrolle (grösserer Anteil an Unterrichtszeit für Lernberatung, Unterstützung, Hilfestellung) sowie der kollegialen Zusammenarbeit entspricht den Erwartungen. Insgesamt weisen diese Zusammenhänge auf eine stärkere Orientierung der Lehrpersonen am einzelnen Individuum hin, welche über die Unterrichtsorganisation im Sinne des Einsatzes von Lehr- und Lernformen hinauszugehen scheint und von den Schülerinnen und Schülern offensichtlich positiv wahrgenommen und erlebt wird. Bemerkenswert ist, dass sich die besondere Qualität der Lern- und Interaktionskultur auch Beobachterinnen einer einzigen Mathematikstunde offenbart, wie die Expertinneneinschätzungen deutlich machen. Die aus Tabellen 12.1 und 12.2 ersichtlichen Zusammenhangsmuster weisen allerdings auch darauf hin, dass eine verstärkte Orientierung an ELF-Prinzipien vor allem mit dem vermehrten Einsatz von Gelegenheiten für selbstgesteuertes und individuelles Lernen im Sinne der Unterrichtsorganisation (vor allem Wochenplanunterricht) verbunden ist, jedoch nicht zwingend auch mit einer anspruchsvollen Aufgabenkultur (im Sinne einer verstärkten Förderung fachlich anspruchsvoller Denk- und Problemlösungsaktivitäten) im Unterricht.

12.6   Diskussion

Ziel der in diesem Kapitel dargestellten Auswertungen war es, zu untersuchen, wie sich aktuelle Reformbestrebungen im Denken und Unterrichtshandeln von Deutschschweizer Mathematiklehrpersonen der Sekundarstufe I (Real- und Sekundarschule) widerspiegeln. Ein besonderes Augenmerk lag dabei auf zwei Zielsetzungen aktueller Reformkonzepte, wovon die eine – die Öffnung des Unterrichts im Hinblick auf eine stärkere Individualisierung und Förderung des selbstgesteuerten und eigenverantwortlichen Lernens – vor allem dem teilweise an reformpädagogischen Methoden orientierten, stark im Praxiskontext verankerten Konzept der „Erweiterten Lehr- und Lernformen" zugeschrieben werden kann, während die andere – die Förderung des eigenständigen Problemlösens und höherer Denkleistungen in einem diskursiven Unterricht – vor allem im Kontext fachdidaktisch begründeter Konzepte guter Unterrichtsqualität auf der Basis eines konstruktivistischen Verständnisses von Lehr- und Lernprozessen eine wichtige Rolle spielt. Ausgehend von der Annahme, dass beide Zielsetzungen für den Lernerfolg im Sinne des Aufbaus mathematischer Kompetenz (was den Wissensaufbau ebenso wie die Entwicklung kognitiver, metakognitiver und motivationaler Lernkompetenzen, Dispositionen und Überzeugungen einschliesst) gleichermassen bedeutsam sind, müsste eine optimale Verwirklichung erweiterter Lehr- und Lernformen die traditionelle Unterrichtsgestaltung entsprechend in zweifacher Weise erweitern: Auf der Ebene der *Unterrichtsorganisation* durch die Schaffung vermehrter Autonomiespielräume für die selbstverantwortliche und selbstgesteuerte Planung, Durchführung, Evaluation und Reflexion der individuellen Lernaktivitäten und auf der Ebene der *Tiefenstruktur* des Unterrichts durch die Schaffung vermehrter Gelegenheiten zur aktiven und eigenständigen Auseinandersetzung mit mathematischen Problemstellungen im Sinne einer *kognitiv aktivierenden* Unterstützung der Lernprozesse. Um Aufschluss darüber zu erhalten, inwieweit sich diese doppelte Zielsetzung im Denken und Handeln von (Deutschschweizer) Mathematiklehrpersonen tatsächlich widerspiegelt, wurden – im Gegensatz zu früheren Auswertungen des Datenmaterials, welche sich auf eine globale und unspezifische Selbsteinschätzung der Lehrpersonen in Bezug auf den Stellenwert erweiterter Lehr- und Lernformen in ihrem Unterricht gestützt hatten (Pauli et al., 2003) – zum einen die von den Lehrpersonen eingeschätzte Häufigkeit von individualisierenden, auf selbstgesteuertes Lernen ausgerichteten Methoden der Unterrichtsorganisation (unter anderem Wochenplan, Werkstatt, Lernvertrag) und zum andern die selbst eingeschätzte Häufigkeit von Gelegenheiten für selbstständiges Problemlösen erfasst und in Beziehung gesetzt zum Lehr- und Lernverständnis bzw. zum Ausmass, in welchem die pädagogisch-didaktischen Überzeugungen der Lehrpersonen einer konstruktivistischen Sichtweise auf mathematische Lehr- und Lernprozesse entsprechen. Die Selbstbeschreibungen der Lehrpersonen wurden sodann dem Unterrichtserleben sowie der Unterrichtswahrnehmung der Lernenden sowie von unabhängigen Beobachterinnen und Beobachtern gegenübergestellt und auf die Unterrichtswirkungen (Leistungs- und Interessenentwicklung) bezogen.

Hinsichtlich der *Lehrerbefragung* weisen die Ergebnisse darauf hin, dass die Zielsetzung, eine vermehrte Schülerorientierung (individualisierende Lehr- und Lernformen) mit einer verstärkten kognitiven Aktivierung der Schülerinnen und Schüler zu verbinden, sich im Denken und Handeln der untersuchten Mathematiklehrpersonen nur ansatzweise widerspiegelt. So besteht zwischen dem Ausmass an individualisierenden Lehrformen, welche vor allem eine Veränderungen des Unterrichts in Bezug auf Merkmale der Unterrichtsorganisation und somit der Oberflächenstruktur des Unterrichts darstellen, und der vermehrten Realisierung von Gelegenheiten für selbstständiges Problemlösen ein eher schwacher und nur knapp signifikanter Zusammenhang. Daraus lässt sich schliessen, dass der vermehrte Einsatz schülerorientierter und individualisierender didaktischer Arrangements zwar nicht, wie verschiedentlich befürchtet (Giaconia & Hedges, 1982; Kunter, 2005), *auf Kosten* von Lerngelegenheiten gehen muss, welche auf die Förderung höherer Denk- und Problemlösungsaktivitäten zielen, dass aber die beiden Dimensionen doch relativ unabhängig voneinander realisiert werden. Die von den Lehrpersonen angegebene Häufigkeit individualisierender und schülerorientierter Lehr- und Lernformen ist zudem im Gegensatz zur Häufigkeit von Gelegenheiten für selbstständiges Problemlösen unabhängig von den pädagogisch-didaktischen Überzeugungen in Bezug auf ein konstruktivistisches Lehr- und Lernverständnis. Lehrpersonen, welche vermehrt individualisierende

Lehrformen einsetzen, unterscheiden sich somit nicht von anderen Lehrpersonen hinsichtlich ihrer Vorstellungen über mathematische Lehr- und Lernprozesse, und die stärkere Förderung des selbstorganisierten Lernens geht nur in relativ geringem Ausmass mit vermehrten Gelegenheiten für eigenständiges mathematisches Problemlösen einher. Zudem weisen die fehlenden Zusammenhänge zwischen reformorientierter Unterrichtsgestaltung aus Lehrersicht und den in den internationalen Videoanalysen erfassten Merkmalen der Aufgaben darauf hin, dass zumindest in den gefilmten Lektionen auch hinsichtlich der Stoff- und Aufgabenkultur keine Differenz besteht, und dies sowohl in Bezug auf Lehrpersonen mit Präferenz für individualisierende Lehr- und Lernformen als auch für Lehrpersonen, welche häufiger Gelegenheiten für selbstständiges Problemlösen schaffen. Dieser Befund stimmt mit Ergebnissen empirischer Untersuchungen im internationalen Kontext überein, wonach bei der Umsetzung von Reformkonzepten vielfach stärker auf die Weiterentwicklung der Unterrichtsorganisation und der Interaktionsformen als auf die Qualität der Aufgaben und der fachlichen Lernprozesse fokussiert wird (vgl. z.B. Brodie et al., 2002; Richardson & Placier, 2001).

Auch der in unseren Daten beobachtete *Schulformeffekt*, wonach Lehrpersonen des höheren Schultyps häufiger Gelegenheiten zu selbstständigem Problemlösen schaffen als Lehrpersonen des tieferen Schultyps, stimmt mit Forschungsbefunden im internationalen Kontext überein (Kunter, 2005; Raudenbush, Rowan & Cheong, 1993). Im Unterschied zur Untersuchung von Kunter, welche sich auf den Mathematikunterricht in Deutschland bezieht, wurden in unserer Studie jedoch individualisierende, reformpädagogische Lehrformen im tieferen Schultyp nicht häufiger verwendet als im höheren Schultyp, wobei allerdings zu beachten ist, dass die Gymnasialklassen aus der Stichprobe ausgeschlossen wurden. Der Schulformeffekt in Bezug auf die Häufigkeit von Gelegenheiten zu selbstständigem Problemlösen könnte mit der bis vor Kurzem noch unterschiedlichen Ausbildung und beruflichen Situation der Lehrpersonen für die beiden Schultypen zusammenhängen: Mindestens ein Teil der Lehrpersonen des höheren Schultyps verfügt, wie in Kapitel 7 gezeigt wurde, über eine fundierte fachliche Ausbildung in Mathematik auf universitärem Niveau, und diese Lehrpersonen unterrichten in der Regel ausser Mathematik nur wenige andere Fächer, während Lehrpersonen des tieferen Schultyps als „Allrounder" bisher eine relativ kurze, alle Fächer umfassende Ausbildung genossen und eine grosse Palette von Fächern unterrichten. Da die Gestaltung von Lernumgebungen für selbstständiges Problemlösen hohe Ansprüche an die mathematische und fachdidaktische Kompetenz der Lehrperson stellt, ist es plausibel anzunehmen, dass sich Lehrpersonen mit einer fundierteren mathematischen Ausbildung dazu eher in der Lage sehen. Zohar, Degani und Vaaknin (2001) haben zudem mithilfe einer Interviewstudie mit Lehrpersonen in Israel gezeigt, dass der Einsatz kognitiv anspruchsvoller didaktischer Arrangements auch von Vorstellungen der Lehrpersonen über das Lernen unterschiedlich leistungsfähiger Schülerinnen und Schüler beeinflusst wird. Anspruchsvolle Lernsituationen, welche höhere Denkfähigkeiten und Problemlösungsstrategien erfordern und fördern, werden für schwächere Schülerinnen und Schüler oft als Überforderung betrachtet. Dass dies auch bei unseren Lehrpersonen teilweise der Fall sein könnte, darauf weisen die in Kapitel 7 dargestellten Ergebnisse zur konstruktivistischen Orientierung des Lehr- und Lernverständnisses der Lehrpersonen hin, welche zeigen, dass die Zustimmung der Lehrpersonen zu einem konstruktivistischen Verständnis in Bezug auf leistungsstarke Lernende tendenziell höher ist als in Bezug auf schwächere Lernende. Allerdings konnte in Bezug auf das durchschnittliche Ausmass der konstruktivistischen Orientierung kein bedeutsamer Schulformeffekt nachgewiesen werden (vgl. Abbildungen 12.1 und 12.2).

Was die *Einschätzung der Unterrichtsqualität* durch Lernende und Expertinnen betrifft, zeigen unsere Ergebnisse, dass sich die Reformorientierung der Lehrpersonen durchaus in Merkmalen der Unterrichtsqualität widerspiegelt, die sowohl von externen Beobachterinnen und Beobachtern als auch von den Schülerinnen und Schülern wahrgenommen werden, und zwar in Richtung einer positiveren Beurteilung. So sind bei den *Expertenurteilen* insbesondere die substanziellen positiven Effekte der von den Lehrpersonen angegebenen Häufigkeit der reformpädagogischen, individualisierenden Lehrformen auf die Qualitätseinschätzung bemerkenswert, wobei sowohl die Schülerorientierung als auch die kognitive Aktivierung höher eingeschätzt wird. Dies steht im Einklang mit der in Abschnitt 12.2 referierten Forschungsbilanz von Jürgens (2006), wonach *offener Unterricht* generell positiv beurteilt wird. Bemerkenswert sind die Effekte insbesondere auch deshalb, weil sich die Expertenurteile lediglich auf eine einzige, zufällig ausgewählte Lektion bezogen. Berücksichtigt man, dass auch die stärker reformorientierten Lehrpersonen in den gefilmten Lektionen keineswegs nur offene Lehr- und Lernformen wie beispielsweise Arbeit nach Wochenplan einsetzen (vgl. Abschnitt 12.5.5), deutet dies darauf hin, dass sich der Unterricht dieser Lehrpersonen nicht allein durch dessen methodische Gestaltung auszeichnet, sondern durch weitere Merkmale, welche vermutlich vor allem die Qualität der Lehrer-Schüler-Interaktion betreffen. Entsprechende Hinweise lassen sich den in Abschnitt 12.5.5 dargestellten Zusammenhängen mit der Praxis der Leistungsbeurteilung und dem Rollenverständnis der Lehrpersonen entnehmen. Auch das deutlich positivere Unterrichtserleben der Lernenden weist in diese Richtung. Mit Lüders und Rauin (2004, S. 713) könnte hier auch von indirekten Effekten langfristig angelegter Lehrerinterventionen gesprochen werden. Dass eine gute Qualität der Lehrer-Schüler-Interaktion im Sinne eines schülerzentrierten Lehrerverhaltens das Unterrichtserleben der Lernenden in erheblichem Masse positiv beeinflusst, hat eine kürzlich publizierte Metaanalyse deutlich gemacht (Cornelius-White, 2007). Dieser Zusammenhang scheint sich auch in unseren Daten abzubilden. Zum positiven Unterrichtserleben der Lernenden dürften aber auch die grösseren Autonomiespielräume beitragen, welche mit dem vermehrten Einsatz individualisierender Lehr- und Lernformen verbunden sind (vgl. für eine ausführlichere Erörterung der Bedeutung von Autonomiespielräumen für die Lernenden die Kapitel 10 und 11 in diesem Band). Wie auch eine Untersuchung von Hartinger (2005) gezeigt hat, lässt sich bereits bei Grundschulkindern ein erhöhtes Selbstbestimmungsempfinden im Zusammenhang mit dem Einsatz offener Lehrformen im Unterricht nachweisen. In unserer Studie wurde das Selbstbestimmungsempfinden der Lernenden zwar nicht separat erhoben, es ist jedoch in der Skala zum emotionalen Unterrichtserleben durchaus enthalten. Der positive Effekt auf das emotionale Erleben ist in zweierlei Hinsicht bedeutsam: Einerseits ist es an sich wünschenswert, dass sich die Schülerinnen und Schüler im Unterricht wohlfühlen, andererseits zeigt die Forschung im Bereich von lernbezogenen Emotionen, dass positive Emotionen relevant sind in Bezug auf die Förderung wichtiger Bildungsziele wie selbstreguliertes Lernen, die Entwicklung fachbezogener Interessen, aber auch die Leistungsentwicklung (Pekrun, 2005; Pekrun, Goetz, Titz & Perry, 2002). Der enge Zusammenhang zwischen dem emotionalen Erleben der Schülerinnen und Schüler und deren Unterrichtswahrnehmung deutet im Übrigen auf einen gewissen Halo-Effekt hin: Ein Unterricht, in dem sich die Schülerinnen und Schüler wohlfühlen, wird von ihnen generell auch hinsichtlich seiner Qualität günstig beurteilt (Clausen, 2002).

Abgesehen von der gleichermassen positiven Wahrnehmung des Unterrichts von reformorientierten Lehrpersonen in Bezug auf individualisierende Lehrformen durch Lernende und Expertinnen zeigen sich in Übereinstimmung mit der bisherigen Forschung (Clausen, 2002) auch *Perspektivenunterschiede* zwischen den Expertenurteilen und der Schülerwahrnehmung. Im Gegensatz zu den Lernenden, für welche nur das berichtete Ausmass an individualisierenden Lernformen, jedoch nicht das Ausmass an Gelegenheiten für selbstständiges Problemlösen eine Rolle spielt, wurde die Qualitätseinschätzung der Expertinnen auch von Letzterem beeinflusst: Auch die Lektionen von Lehrpersonen, welche in höherem Ausmass Gelegenheiten für eigenständiges Problemlösen zu schaffen angaben, wurden von den Expertinnen als *kognitiv aktivierender* beurteilt, wobei sich hier zudem ein Schulformeffekt zeigte (die Lektionen des höheren Schultyps wurden von den Expertinnen als kognitiv aktivierender beurteilt). Die Expertinnen, nicht aber die Schülerinnen und Schüler, scheinen somit auch Unterrichtsmerkmale zu berücksichtigen, welche eher die fachdidaktische Gestaltung des Unterrichts und die Qualität der initiierten Lehr- und Lernprozesse im engeren Sinne betreffen. Wie bereits erwähnt, wurden allerdings auch keine bedeutsamen Zusammenhänge zwischen der von den Lehrpersonen angegebenen Häufigkeit von Gelegenheiten für selbstständiges Problemlösen einerseits und den in diesem Zusammenhang interessierenden, in den internationalen Videoanalysen erhobenen Merkmalen der Stoff- und Aufgabenkultur (Anspruchsniveau der selbstständigen Schülerarbeit, Gelegenheit zur selbstständigen Exploration und Diskussion von Lösungswegen) andererseits gefunden, so dass der Effekt – auch aufgrund des Fokus der Skala „Kognitive Aktivierung" – vermutlich eher der Qualität der didaktischen Kommunikation sowie veränderten Interaktionsformaten zuzuschreiben ist als dem kognitiven Anspruch der fachlichen Auseinandersetzung mit dem Stoff. In diesem Zusammenhang zeigt sich auch, dass die in unserer Studie genutzten Analyseverfahren – hier: die niedriginferenten internationalen Analysen der Aufgabenmerkmale und die hochinferenten Einschätzungen von Qualitätsmerkmalen – je unterschiedliche Aspekte des Unterrichtsgeschehens und der -qualität erfassen und sich im Hinblick auf spezifische Fragestellungen gezielt kombinieren lassen (Hugener, Rakoczy, Pauli & Reusser, 2006).

Dass sich in unseren Modellen weder die von den Lehrpersonen berichtete reformorientierte Unterrichtspraxis noch die Einschätzung der Unterrichtsqualität durch die Expertinnen und Experten sowie die Schülerinnen und Schüler systematisch auf die *Leistungs- und Interessenentwicklung* auswirkt, steht in gewissem Widerspruch zu verschiedenen Forschungsbefunden im internationalen Kontext. So fanden Klieme, Schümer und Knoll (2001) aufgrund von Videoanalysen zumindest auf Klassenebene einen positiven Effekt des Ausmasses an kognitiver Aktivierung der Lernenden auf die Leistungsentwicklung, wobei das gleiche Beurteilungsinstrument wie in unserer Studie verwendet worden war. Auch eine an die vorliegende Videostudie anschliessende schweizerisch-deutsche Videostudie, welche anhand gefilmter Unterrichtseinheiten die Einführung in die Satzgruppe des Pythagoras in 20 deutschen und 20 schweizerischen Schulklassen untersuchte, konnte mittels eines Vor- und Nachtests einen signifikanten positiven Effekt des hochinferent eingeschätzten Ausmasses an kognitiver Aktivierung der Lernenden auf den kurzfristigen

Lernerfolg nachweisen (Lipowsky et al., in Druck). Wie bereits erwähnt, fanden Staub und Stern einen direkten, positiven Effekt konstruktivistisch orientierter pädagogischer Überzeugungen von Lehrpersonen auf die Leistungsentwicklung von Grundschulkindern in Deutschland (Staub & Stern, 2002). Hierzu ist allerdings anzumerken, dass sich in der Studie von Staub und Stern die konstruktivistisch geprägten Überzeugungen nur auf bestimmte Komponenten der Leistungsentwicklung (Lösen anspruchsvoller, aber nicht Routineaufgaben) positiv auswirkte. Differenzierte Wirkungen erweiterter Lehr- und Lernformen oder vergleichbarer reformorientierter Unterrichtsmodelle auf unterschiedliche Komponenten des fachlichen Lernens wiesen beispielsweise auch Niggli und Kersten (1999) sowie Boaler (2004) nach. In der vorliegenden Studie war es demgegenüber nicht möglich, einzelne Komponenten der Mathematikleistung im Vor- und Nachtest differenziert zu erfassen, so dass die Leistungsentwicklung anhand relativ globaler Testscores ermittelt werden musste. Dies könnte zum Ausbleiben eines Zusammenhangs beigetragen haben.

Eine weitere Erklärung dürfte mit der Erfassung der kognitiven Aktivierung zusammenhängen, welche vor allem auf Qualitätsmerkmale der Lehrer-Schüler-Interaktion fokussierte, während Merkmale der Lehrstoff- und Aufgabenkultur (Reusser, 2006), wie sie teilweise in den internationalen Videoanalysen erfasst wurden – beispielsweise der mathematische Anforderungsgehalt der bearbeiteten Problemstellungen –, eine geringere Rolle spielten. Demgegenüber weisen die internationalen Analysen darauf hin, dass sich gerade hinsichtlich der Aufgabenkultur der Unterricht der reformorientierten Lehrkräfte nicht von jenem der übrigen Lehrkräfte unterscheidet. So spricht denn auch wenig dafür, bedeutsame positive Effekte auf das fachliche Lernen zu erwarten, weder in positiver noch in negativer Richtung. Umgekehrt lassen sich anhand unserer Ergebnisse aber auch die verschiedentlich nachgewiesenen und häufig befürchteten *negativen* Effekte einer vermehrten Schülerorientierung und Individualisierung auf die Leistungsentwicklung (Giaconia & Hedges, 1982; Gruehn, 2000) nicht bestätigen – womit sich Befürchtungen in Richtung einer reformorientierten „Kuschelpädagogik" und die Annahme einer prinzipiellen Unvereinbarkeit kognitiver und nicht kognitiver Zielsetzungen im Zusammenhang mit dem Reformmodell der erweiterten Lehr- und Lernformen als ungerechtfertigt erweisen.

Trotzdem weisen die Ergebnisse insgesamt darauf hin, dass sich die Umsetzung der erweiterten Lehr- und Lernformen als Reformkonzept durch eine stärkere Berücksichtigung der Qualität der Stoff- und Aufgabenkultur noch optimieren liesse, wobei angesichts des positiven Unterrichtserlebens der Lernenden im Zusammenhang mit individualisierenden Lehr- und Lernformen allerdings die gleichzeitige Gewichtung individualisierender Formen der Unterrichtsorganisation unbedingt beizubehalten wäre. Dies würde einer Lernkultur entsprechen, welche sich – um eine Umschreibung von Turner und Meyer (2004) zu verwenden – durch ein optimales Verhältnis von *challenge and caring* auszeichnet. Im Hinblick auf die Unterrichtsentwicklung in diese Richtung bieten sich vor allem Weiterbildungsformen an, welche eng an der fachlich-inhaltlichen Unterrichtsgestaltung anknüpfen und dabei die Qualität der Lernprozesse der Schülerinnen und Schüler fokussieren, beispielsweise im Rahmen videogestützter Unterrichtsreflexion (Krammer & Reusser, 2005) oder fachspezifisch-pädagogischer Coachings (Staub, 2004), geht es doch insbesondere darum, die didaktische Kompetenz in Bezug auf Möglichkeiten der Initiierung und Unterstützung anspruchsvoller mathematisch-kognitiver Schüleraktivitäten zu erweitern, ohne auf eine schülerorientierte, individualisierende und autonomieunterstützende Unterrichtsorganisation zu verzichten, wie sie offensichtlich von vielen Deutschschweizer Mathematiklehrpersonen mit sichtbarem Erfolg bereits praktiziert wird.

Literatur

Achermann, E. (1992). *Mit Kindern Schule machen*. Zürich: Verlag Lehrerinnen und Lehrer Schweiz.

Aebli, H. (1983). *Zwölf Grundformen des Lehrens*. Stuttgart: Klett-Cotta.

Affolter, W., Beerli, G., Hurschler, H., Jaggi, B., Jundt, W., Krummenacher, R., Nydegger, A., Wälti, B. & Wieland, G. (2006). *mathbu.ch. Impulse zur Mathematikdidaktik*. Bern: blmv.

Blum, W. & Neubrand, M. (1998). *TIMSS und der Mathematikunterricht. Informationen, Analysen und Konsequenzen*. Hannover: Schroedel.

Boaler, J. (2002). *Experiencing school mathematics. Traditional and reform approaches to teaching and their impact on student learning*. Mahwah, NJ: Erlbaum.

Boaler, J. (2004). *Promoting equity in mathematics classrooms – Important teaching practices and their impact on student learning* Paper presented at the ICME, 2004, Copenhagen. Verfügbar unter: http://www.stanford.edu/~joboaler/pubs.html (Stand: 15.02.2008).

Bowers, J., Cobb, P. & McClain, K. (1999). The evolution of mathematical practices: A case study. *Cognition and Instruction, 17* (1), 25-64.

Brodie, K., Lelliott, A. & Davis, H. (2002). Forms and substance in learner-centred teaching: teachers' take-up from an in-service programme in South Africa. *Teaching and Teacher Education, 18*, 541-559.

Brown, A.L. (1994). The advancement of learning. *Educational Researcher, 23* (8), 4-12.

Bruner, J.S. (1986). *Actual minds, possible worlds*. Cambridge, MA und London: Harvard University Press.

Clausen, M. (2002). *Unterrichtsqualität: Eine Frage der Perspektive? Empirische Analysen zur Übereinstimmung, Konstrukt- und Kriteriumsvalidität*. Münster: Waxmann.

Cobb, P., Stephan, M., McClain, K. & Gravemeijer, K. (2001). Participating in classroom mathematical practices. *The Journal of the Learning Sciences, 10* (1&2), 113-163.

Cobb, P., Wood, T. & Yackel, E. (1991). A constructivist approach to second grade mathematics. In E. v. Glasersfeld (Hrsg.), *Radical constructivism in mathematics education* (S. 157-176). Dordrecht: Kluwer.

Cornelius-White, J. (2007). Learner-centered teacher-student relationships are effective: A meta-analysis. *Review of Educational Research, 77* (1), 113-143.

Croci, A., Imgrüth, P., Landwehr, N. & Spring, K. (1995). *ELF – ein Projekt macht Schule*. Aarau: NWEDK.

De Corte, E. (2003). Designing learning environments that foster the productive use of acquired knowledge and skills. In E. De Corte, L. Verschaffel, N. Entwistle & J.J.G. van Merrienboer (Hrsg.), *Powerful learning environments: Unravelling basic components and dimensions* (S. 21-33). Amsterdam: Pergamon.

De Corte, E. (2004). Mainstreams and perspectives in research on learning (mathematics) from instruction. *Applied Psychology: An International Review, 53* (2), 279-310.

Franke, M.L., Fennema, E. & Carpenter, T.P. (1997). Teachers creating change: Examining evolving beliefs and classroom practice. In E. Fennema & B.S. Nelson (Hrsg.), *Mathematics teachers in transition* (S. 255-282). Mahwah, NJ: Erlbaum.

Franke, M.L., Kazemi, E. & Battey, D. (2007). Mathematics teaching and classroom practice. In F.K. Lester (Hrsg.), *Second handbook of research on mathematics teaching and learning. A project of the National Council of Teachers of Mathematics* (S. 225-256). Charlotte, NC: Information Age Publishing/NCTM.

Giaconia, R.M. & Hedges, L.V. (1982). Identifying features of effective open education. *Review of Educational Research, 52* (4), 579-602.

Givvin, K.B., Hiebert, J., Jacobs, J., Hollingsworth, H. & Gallimore, R. (2005). Are there national patterns of teaching? Evidence from the TIMSS 1999 Video Study. *Comparative Education Review, 49* (3), 311-343.

Greeno, J.G. (2006a). Authoritative, accountable positioning and connected, general knowing: Progressive themes in understanding transfer. *The Journal of the Learning Sciences, 15* (4), 537-547.

Greeno, J.G. (2006b). Theoretical and practical advances through research on learning. In Y.L. Green, G. Camilli, P. Elmore, A. Skukauskaite & E. Grace (Hrsg.), *Handbook of complementary methods in education research* (S. 795-822). Washington, DC: American Educational Research Association.

Gruehn, S. (2000). *Unterricht und schulisches Lernen. Schüler als Quellen der Unterrichtsbeschreibung.* Münster: Waxmann.

Gudjons, H. (2004). Was ist eigentlich „offen" am Offenen Unterricht? *Pädagogik, 12,* 6-9.

Hartinger, A. (2005). Verschiedene Formen der Öffnung von Unterricht und ihre Auswirkungen auf das Selbstbestimmungsempfinden von Grundschulkindern. *Zeitschrift für Pädagogik, 51* (3), 397-414.

Hartinger, A. & Hawelka, B. (2005). Öffnung und Strukturierung von Unterricht. Widerspruch oder Ergänzung? *Die Deutsche Schule, 97* (3), 329-341.

Hiebert, J., Carpenter, T.P., Fennema, E., Fuson, K., Human, P., Hanlie, M., Olivier, A. & Wearne, D. (1996). Problem solving as a basis for reform in curriculum and instruction: the case of mathematics. *Educational Researcher, 25* (4), 12-21.

Hiebert, J. & Grouws, D.A. (2007). The effects of classroom mathematics teaching on students' learning. In F.K. Lester (Hrsg.), *Second handbook of research on mathematics teaching and learning* (S. 371-404). Charlotte, NC: Information Age Publishing.

Hollenstein, A. (1996). *Schreibanlässe im Mathematikunterricht: eine Unterrichtsform für den anwendungsorientierten Mathematikunterricht auf der Sekundarstufe: theoretische Analyse, didaktischer Vorschlag und empirische Evaluation.* Bern: Haupt.

Hugener, I., Rakoczy, K., Pauli, C. & Reusser, K. (2006). Videobasierte Unterrichtsforschung: Integration verschiedener Methoden der Videoanalyse für eine differenzierte Sicht auf Lehr-Lernprozesse. In S. Rahm, I. Mammes & M. Schratz (Hrsg.), *Schulpädagogische Forschung. Unterrichtsforschung. Perspektiven innovativer Ansätze* (S. 41-53). Innsbruck: StudienVerlag.

Jürgens, E. (2006). Offener Unterricht. In K.-H. Arnold, U. Sandfuchs & J. Wiechmann (Hrsg.), *Handbuch Unterricht* (S. 280-284). Bad Heilbrunn: Klinkhardt.

Kirschner, P.A., Sweller, J. & Clark, R.E. (2006). Why minimal guidance during instruction does not work: An analysis of the failure of constructivist, discovery, problem-based, experiential, and inquiry-based teaching. *Educational Psychologist, 41* (2), 75-86.

Klieme, E., Schümer, G. & Knoll, S. (2001). Mathematikunterricht in der Sekundarstufe I: „Aufgabenkultur" und Unterrichtsgestaltung. In E. Klieme & J. Baumert (Hrsg.), *TIMSS – Impulse für Schule und Unterricht* (S. 43-57). Bonn: Bundesministerium für Bildung und Forschung.

Krammer, K., Hugener, I. & Reusser, K. (2007). Adaptiver Unterricht mit Arbeitsplänen (DVD Nr. 3 aus der Reihe: Unterrichtsvideos für die Aus- und Weiterbildung von Lehrpersonen, hrsg. von K. Reusser, C. Pauli & K. Krammer). Zürich: Universität Zürich, Pädagogisches Institut.

Krammer, K. & Reusser, K. (2005). Unterrichtsvideos als Medium der Aus- und Weiterbildung von Lehrpersonen. *Beiträge zur Lehrerbildung, 23* (1), 35-50.

Kunter, M. (2005). *Multiple Ziele im Mathematikunterricht.* Münster: Waxmann.

Lampert, M. & Cobb, P. (2003). Communication and language. In J. Kilpatrick, W.G. Martin & D. Schifter (Hrsg.), *A research companion to principles and standards for school mathematics* (S. 235-249). Reston, VA: NCTM.

Landwehr, N. (o.J.). *Erweiterte Lernformen. 11 Fragen auf ELF-Fragen.* Aarau: Erziehungsdepartement des Kantons Aargau, Pädagogische Arbeitsstelle.

Lipowsky, F. (1999). *Offene Lernsituationen im Grundschulunterricht. Eine empirische Studie zur Lernzeitnutzung von Grundschülern mit unterschiedlicher Konzentrationsfähigkeit.* Frankfurt a.M.: Lang.

Lipowsky, F. (2007). Unterrichtsqualität in der Grundschule – Ansätze und Befunde der nationalen und internationalen Forschung. In K. Möller, P. Hanke, C. Beinbrech, A. K. Hein, T. Kleickmann & R. Schages (Hrsg.), *Qualität von Grundschulunterricht entwickeln, erfassen und bewerten* (S. 35-49). Wiesbaden: VS Verlag für Sozialwissenschaften.

Lipowsky, F., Rakoczy, K., Pauli, C., Drollinger-Vetter, B., Klieme & E., Reusser, K. (in Druck). Quality of geometry instruction and its short-term impact on students' understanding of the Pythagorean theorem. *Learning and Instruction* (DOI:10.1016/j.learn instruc.2008.11.001)

Lüders, M. & Rauin, U. (2004). Unterrichts- und Lehr-Lern-Forschung. In W. Helsper & J. Böhme (Hrsg.), *Handbuch für Schulforschung* (S. 691-719). Wiesbaden: VS Verlag Sozialwissenschaften.

Martin, M.O. & Kelly, D.L. (Hrsg.). (1996). *TIMSS Technical Report. Volume I: Design and development.* Chestnut Hill, MA: Boston College.

Martin, M.O. & Kelly, D.L. (Hrsg.). (1997). *TIMSS Technical Report. Volume II: Implementation and analysis, primary and middle school years.* Chestnut Hill, MA: Boston College.

Mayer, R.E. (2004). Should there be a three-strikes rule against pure discovery learning? The case for guided methods of instruction. *American Psychologist, 59* (1), 14-19.

Moser, U., Ramseier, E., Keller, C. & Huber, M. (1997). *Schule auf dem Prüfstand. Eine Evaluation der Sekundarstufe I auf der Grundlage der „Third International Mathematics and Science Study".* Chur: Rüegger.

Müllener-Malina, J. & Leonhardt, R. (1997). *Unterrichtsformen konkret: auf dem Weg zu einem pädagogischen Schulprofil.* Zug: Klett und Balmer.

Muthén, L.K. & Muthén, B.O. (2006). *Mplus User's Guide* (4. Aufl.). Los Angeles, CA: Muthén & Muthén.

NCTM. (Hrsg.). (2000). *Principles and standards for school mathematics.* Reston: NCTM (National Council of Teachers in Mathematics).

Niggli, A. & Kersten, B. (1999). Lehrerverhalten und Wochenplanunterricht. Wirkungen auf Mathematikleistungen und nicht-kognitive Merkmale von Lernenden. *Bildungsforschung und Bildungspraxis, 21* (3), 272-290.

Pauli, C. (2006). „Fragend-entwickelnder Unterricht" aus der Sicht der soziokulturalistisch orientierten Unterrichtsgesprächsforschung. In M. Baer, M. Fuchs, P. Füglister, K. Reusser & H. Wyss (Hrsg.), *Didaktik auf psychologischer Grundlage. Von Aeblis kognitionspsychologischer Didaktik zur modernen Lehr-Lernforschung* (S. 192-206). Bern: h.e.p.

Pauli, C., Reusser, K. & Grob, U. (2007). Teaching for understanding and/or self-regulated learning? A video-based analysis of reform-oriented mathematics instruction in Switzerland. *International Journal of Educational Research, 46* (5), 294-305.

Pauli, C., Reusser, K., Waldis, M. & Grob, U. (2003). „Erweiterte Lehr- und Lernformen" im Mathematikunterricht der Deutschschweiz. *Unterrichtswissenschaft, 31* (4), 291-320.

Pekrun, R. (2005). Progress and open problems in educational emotion research. *Learning and Instruction, 15* (5), 497-506.

Pekrun, R., Goetz, T., Titz, W. & Perry, R.P. (2002). Academic emotions in students' self-regulated learning and achievement: A program of qualitative and quantitative research. *Educational Psychologist, 37* (2), 91-105.

Peschel, F. (2002). *Offener Unterricht – Idee, Realität, Perspektive und ein praxiserprobtes Konzept zur Diskussion (Teil I: Allgemeindidaktische Überlegungen; Teil II: Fachdidaktische Überlegungen).* Baltmannsweiler: Schneider Verlag Hohengehren.

Rabenstein, K. & Reh, S. (2007). Kooperative und selbstständigkeitsfördernde Arbeitsformen im Unterricht. Forschungen und Diskurse. In K. Rabenstein & S. Reh (Hrsg.), *Kooperatives und selbstständiges Arbeiten von Schülern. Zur Qualitätsentwicklung von Unterricht* (S. 23-38). Wiesbaden: VS Verlag für Sozialwissenschaften.

Raudenbush, S.W., Rowan, B. & Cheong, Y.F. (1993). Higher order instructional goals in secondary school: Class, teacher and school influences. *American Educational Research Journal, 30* (3), 523-553.

Reiss, K. & Reiss, M. (2006). Unterrichtsqualität und der Mathematikunterricht. In I. Hosenfeld & F.-W. Schrader (Hrsg.), *Schulische Leistung. Grundlagen, Bedingungen, Perspektiven* (S. 225-242). Münster: Waxmann.

Reusser, K. (2000). Unterricht zwischen Wissensvermittlung und Lernen lernen. Alte Sackgassen und neue Wege in der Bearbeitung eines pädagogischen Jahrhundertproblems. In C. Finkbeiner & G.W. Schnaitmann (Hrsg.), *Lehren und Lernen im Kontext empirischer Forschung und Fachdidaktik.* Donauwörth: Auer.

Reusser, K. (2001). Co-constructivism in educational theory and practice. In N.J. Smelser, P.B. Baltes & F.E. Weinert (Hrsg.), *International encyclopedia of the social and behavioral sciences* (S. 2058-2062). Oxford: Pergamon/Elsevier Science.

Reusser, K. (2006). Konstruktivismus – vom epistemologischen Leitbegriff zur Erneuerung der didaktischen Kultur. In M. Baer, M. Fuchs, P. Füglister, K. Reusser & H. Wyss (Hrsg.), *Didaktik auf psychologischer Grundlage. Von Hans Aeblis kognitionspsychologischer Didaktik zur modernen Lehr- und Lernforschung* (S. 151-168). Bern: h.e.p.

Richardson, V. (2003). Constructivist pedagogy. *Teachers College Record, 105* (9), 1623-1640.

Richardson, V. & Placier, P. (2001). Teacher change. In V. Richardson (Hrsg.), *Handbook of research on teaching* (4. Aufl., S. 905-947). Washington, DC: American Educational Research Association.

Rogoff, B. (1991). *Apprenticeship in thinking. Cognitive development in social context.* Oxford: Oxford University Press.

Schoenfeld, A.H. (2002). A highly interactive discourse structure. In J. Brophy (Hrsg.), *Social constructivist teaching: Its affordances and constraints* (S. 131-170). New York: Elsevier.

Schoenfeld, A. H. (2006). Mathematics teaching and learning. In P.A. Alexander & P. Winne (Hrsg.), *Handbook of educational psychology* (2. Aufl., S. 479-510). Mahwah, NJ: Erlbaum.

Sfard, A. (2002). There is more to discourse than meets the ears: Looking at thinking as communicating to learn more about mathematical learning. In C. Kieran, E. Forman & A. Sfard (Hrsg.), *Learning discourse. Discursive approaches to research in mathematics education* (S. 13-57). Dordrecht: Kluwer.

Simons, R.J., Van der Linden, J. & Duffy, T. (2000). New learning: Three ways to learn in a new balance. In R.J. Simons, J. Van der Linden & T. Duffy (Hrsg.), *New learning* (S. 1-20). Dordrecht: Kluwer.

Staub, F.C. (2004). Fachspezifisch-Pädagogisches Coaching: Ein Beispiel zur Entwicklung von Lehrerfortbildung und Unterrichtskompetenz als Kooperation. *Zeitschrift für Erziehungswissenschaft, 7, Beiheft 3*, 113-141.

Staub, F.C. & Stern, E. (2002). The nature of teachers' pedagogical content beliefs matters for students' achievement gains: Quasi-experimental evidence from elementary mathematics. *Journal of Educational Psychology, 94* (2), 344-355.

Stebler, R. & Reusser, K. (2000). Progressive, classical or balanced – a look at mathematical learning environments in Swiss-German lower-secondary schools. *Zentralblatt für die Didaktik der Mathematik, 32* (1), 1-10.

Stefanou, C.R., Perencevich, K.C., DiCintio, M. & Turner, J.C. (2004). Supporting autonomy in the classroom: Ways teachers encourage student decision making and ownership. *Educational Psychologist, 39* (2), 97-110.

Stigler, J.W. & Hiebert, J. (1999). *The teaching gap.* New York: Free Press.

Tittle, C.K. (2006). Assessment of teacher learning and development. In P.A. Alexander & P. Winne (Hrsg.), *Handbook of educational psychology* (2. Aufl., S. 953-980). Mahwah, N.J.: Erlbaum.

Turner, J.C. & Meyer, D.K. (2004). Are challenge and caring compatible in middle school mathematics classrooms? In P.R. Pintrich & M.L. Maehr (Hrsg.), *Motivating students, improving schools: The legacy of Carol Midgley* (S. 331-360). Amsterdam: Elsevier.

Verschaffel, L., De Corte, E., Lasure, S., Van Vaerenbergh, G., Bogaerts, H. & Ratinckx, E. (1999). Learning to solve mathematical application problems: A design experiment with fifth graders. *Mathematical Thinking and Learning, 1* (3), 195-229.

Voigt, J. (1995). Thematic patterns of interaction and sociomathematical norms. In P. Cobb & H. Bauersfeld (Hrsg.), *The emergence of mathematical meaning: Interaction in classroom cultures* (S. 163-201). Hillsdale, NJ: Erlbaum.

Vygotsky, L.S. (1978). *Mind in society. The development of higher psychological processes.* Cambridge, MA: Harvard University Press.

Wälti-Scolari, B. (2001). *Problemlösen macht Schule: Anregungen zum Mathematikunterricht auf der Sekundarstufe 1*. Zug: Klett und Balmer.

Wells, G. & Claxton, G. (Hrsg.). (2002). *Learning for life in the 21st century. Sociocultural perspectives on the future of education*. Oxford: Blackwell Publishers.

Williams, J., Davis, P. & Black, L. (2007). Sociocultural and Cultural-Historical Activity Theory perspectives on subjectivities and learning in schools and other educational contexts. *International Journal of Educational Research, 46*, 1-7.

Wothke, W. (2000). Longitudinal and multi-group modeling with missing data. In T.D. Little, K.-U. Schnabel & J. Baumert (Hrsg.), *Modling longitudinal and multilevel data: Practical issues, applied approaches, and specific examples* (S. 219-240).

Zohar, A., Degani, A. & Vaaknin, E. (2001). Teachers' beliefs about low-achieving students and higher order thinking. *Teaching and Teacher Education, 17*, 469-485.

Kurt Reusser & Christine Pauli

13 Abschluss und Bilanz

Mit den TIMSS 1995 und TIMSS 1999 Video Studies haben Stigler, Hiebert und Gallimore und ihre Forschungsgruppe eine Entwicklung initiiert, welche auf die empirische
Unterrichtsforschung des letzten Jahrzehnts einen nachhaltigen Einfluss hatte (vgl. Pauli
& Reusser, 2006). Der Einbezug von systematischen Videoanalysen erscheint in der aktuellen Unterrichtsforschung mittlerweile als nahezu selbstverständlich. Mit den durch
Unterrichtsvideografie generierten Daten zur *didaktischen Inhalts- und Prozessstruktur*
des Unterrichts stellen Videostudien eine wichtige und notwendige Ergänzung dar zu vergleichenden Leistungsmessungen wie etwa TIMSS, PISA und anderen Untersuchungen,
die primär auf die Unterrichts*wirkungen* fokussieren. Die Aufklärung differenzieller Unterrichtswirkungen erfolgt in diesen Untersuchungen vor allem mit Blick auf Eingangsvoraussetzungen der Lernenden sowie wichtiger Merkmale des Unterrichts*kontextes*, wie
etwa Merkmalen der Schule und der Lehrerkollegien oder der professionellen Kompetenz
des Lehrpersonals. Solche Faktoren können in der Regel durch schriftliche Befragungen
und Tests optimal erfasst werden.

Befragungsdaten weisen allerdings Einschränkungen auf, wenn es um die Erfassung
der *Prozessstruktur* des Unterrichts, insbesondere allgemein- und fachdidaktischer Merkmale der Gestaltung von Lernumgebungen und der Lehrer-Schüler-Interaktion geht (vgl.
auch Kapitel 8). Hier stellt der Einbezug von Beobachtungsdaten eine wesentliche Verbesserung dar. Bereits in den Siebzigerjahren spielte die Unterrichtsbeobachtung im Rahmen
der Prozess-Produkt-Forschung zur Unterrichtsqualität deshalb eine zentrale Rolle, teilweise auch unter Verwendung von Unterrichtsvideografie (u.a. Brophy, 2006).

Die durch die beiden TIMSS Video Studies eingeleitete Innovation besteht vor diesem
Hintergrund v.a. darin, dass erstmals alltäglicher Unterricht verschiedener Länder auf der
Basis repräsentativer Stichproben aufgezeichnet und im Hinblick auf einen internationalen Querschnitt in vergleichender Perspektive systematisch analysiert wurde. Damit wurde nicht nur ein neuer Forschungstyp – der „Video Survey" (Stigler, 1998; Stigler, Gallimore & Hiebert, 2000) – entwickelt, sondern die im Rahmen dieser Studien entwickelten
Verfahren, Instrumente und Standards der Aufzeichnung, Aufbereitung, Auswertung und
Dokumentation von Unterrichtsvideos haben massgeblich zur Entwicklung der aktuellen
videobasierten Unterrichtsforschung und -entwicklung beigetragen.

Der wissenschaftliche Ertrag der TIMSS 1999 Video Study beschränkt sich denn auch
nicht auf die gewonnenen inhaltlichen Erkenntnisse, sondern ist darüber hinaus auch in
dieser methodischen Innovation sowie in der generierten, nachhaltig nutzbaren Datenbasis zu sehen. Dies soll im Folgenden kurz erläutert werden, bevor im zweiten Abschnitt
nochmals die wichtigsten Ergebnisse unter Bezugnahme auf die zentralen Fragestellungen
in den Blick genommen werden.

Ertrag und Bedeutung der TIMSS 1999 Video Study
Dokumentierter Alltagsunterricht in 7 Ländern auf 4 Kontinenten aufgrund repräsenta-
tiver Stichproben: Mit den TIMSS 1995 und 1999 Video Studies wurde erstmals Alltags-

unterricht anhand repräsentativer Stichproben in methodisch standardisierter Art und Weise aufgezeichnet und durch übersetzte Transkripte einer länder- und kulturvergleichenden Betrachtung und systematischen Analysen zugänglich gemacht. So wurde mit der Sieben-Länder-Studie ein Datensatz generiert, der differenzierte Einblicke in die Lehr- und Lernkultur des Unterrichts in 7 Ländern auf 4 Kontinenten im Fach Mathematik, einem der Kernfächer des internationalen Bildungskanons, erlaubt. Da mehrere „Best Practice"-Länder (gemessen an den Resultaten von TIMSS Leistungstests) an dieser zweiten Studie teilgenommen haben, konnte u.a. der Frage nachgegangen werden, inwieweit sich ein modernes, in der Lehr-Lernforschung und in der didaktischen Theoriebildung seit Längerem artikuliertes (konstruktivistisches) Verständnis von Lernen, Lehren und Fachdidaktik auch im beobachtbaren alltäglichen Unterricht widerspiegelt, und sodann, wie homogen bzw. heterogen sich dieser Unterricht im internationalen Vergleich präsentiert. Bis heute ermöglich(t)en die Datensätze der beiden Studien über die internationalen Analysen hinaus zudem vertiefende Untersuchungen mit teilweise erweiterten Forschungsdesigns. Im Anschluss an die Drei-Länder-Videostudie war dies v.a. in Deutschland der Fall (Übersicht vgl. Klieme & Rakoczy, 2008), während die Sieben-Länder-Videostudie die Basis für die in diesem Band dokumentierte schweizerische Videostudie darstellt. Die Nachhaltigkeit des Datenmaterials zeigt sich nicht zuletzt darin, dass es auch „studienübergreifend" genutzt werden kann, so etwa im Falle der Re-Analyse der japanischen Unterrichtsvideos aus der Drei-Länder-Videostudie in der Sieben-Länder-Videostudie oder in einer vergleichenden Untersuchung (Expertenbeurteilungen) der Unterrichtsqualität in Mathematikstunden aus Deutschland und der Schweiz auf der Basis einer Teilstichprobe deutscher (TIMSS 95 Video Study) und schweizerischer (TIMSS 1999 Video Study) Unterrichtsvideos (Clausen, Reusser & Klieme, 2003). Die Videodaten werden zudem auch von Forschenden anderer Disziplinen ausserhalb der Video-Forschungsgruppe für die Bearbeitung spezifischer Fragestellungen genutzt (z.B. Krause, 2004; Steiner, 2008).

Unterrichtsvideografie als innovatives Medium und Instrument der Lehrerbildung und der Unterrichtsentwicklung: Über die Unterrichtsforschung hinaus stellen die international gefilmten Unterrichtslektionen wertvolles Material für die Nutzung im Kontext der Unterrichtsentwicklung und der Aus- und Weiterbildung von Lehrkräften dar (vgl. u.a. Brophy, 2004; Krammer et al., 2008; Sherin & van Es, 2009; Tochon, 1999). Durch ihre Anschaulichkeit, den ganzheitlichen, die Komplexität bewahrenden Blick auf das Unterrichtsgeschehen und durch ihr Potenzial für eine kognitive und emotional aktivierende Auseinandersetzung mit Fragen von Unterrichtsqualität, Lehrerprofessionalität und Lernwirksamkeit sind Unterrichtsvideos gegenwärtig im Begriff, zu einem künftig wohl unverzichtbaren Instrument der Lehrerinnen- und Lehrerbildung zu werden. In unserer schweizerischen Studie wurde eine solche Nutzung von Anfang an angestrebt und bereits bei der Datenerhebung berücksichtigt, so dass wichtige Bedingungen des Datenschutzes berücksichtigt werden konnten. Diese Massnahmen haben es ermöglicht, einen Teil der Videos auf einem *Videoportal* zugänglich zu machen[1]. Zurzeit sind gegen 150 Unterrichtslektionen einschliesslich Begleitmaterialien im Sinne einer digitalen Videobibliothek für Weiterbildungszwecke freigegeben und können nach einer Anmeldung auf dem Portal im Streaming-Verfahren genutzt werden. Ausserdem wurden bisher drei thematische DVDs

---

1   Vgl. http://www.didac.uzh.ch/videoportal/.

(„Problemlösen im Mathematikunterricht": Hugener, Krammer & Reusser, 2007; „Adaptiver Unterricht mit Arbeitsplänen": Krammer, Hugener & Reusser, 2007; „Einführungssequenzen": Zobrist, Krammer & Reusser, 2005) mit Videosequenzen und Begleitmaterial zur Nutzung bei videogestützten Formen der Unterrichtsentwicklung und Lehrerbildung entwickelt, ebenfalls mit dem ausdrücklichen Einverständnis der betroffenen Lehrpersonen,[2] die auf grosses Interesse gestossen sind. Dass die Arbeit mit Unterrichtsvideos in Praxisfeldern der Ausbildung und professionellen Weiterbildung von Lehrkräften offensichtlich als Gewinn erfahren und gewertet wird, zeigen auch eigene Erfahrungen der Forschungsgruppe mit videogestützter Weiterbildung für Lehrpersonen (Krammer et al., 2008).

„Video Survey" – ein innovativer Forschungsansatz: Ein wesentlicher Beitrag der TIMSS Video Studies liegt, wie oben erwähnt, zweifellos in der methodischen Innovation. Mit dem „Video Survey" wurde ein neuer Forschungstyp entwickelt und damit verbunden Instrumente und Verfahren geschaffen, welche die Nutzung videogestützter Unterrichtsbeobachtung als wichtiges Instrument zur Erfassung von Unterrichtsprozessen und Unterrichtsqualität auch für grössere Stichproben ermöglichen. Dies war zuvor – auch aus technischen Gründen – nur eingeschränkt möglich, so dass sich die Unterrichtsforschung jeweils entweder auf die Befragung der Lehrpersonen und/oder der Lernenden oder auf direkte Beobachtung im Klassenzimmer stützen musste, was mit erheblichen Einschränkungen verbunden war. Durch den möglich gewordenen systematischen Einbezug und die Analyse von Videodaten können diese Einschränkungen massgeblich verringert werden (Pauli, 2008). Mit der Schaffung verbesserter Möglichkeiten, Unterrichtsprozesse und (fach-)didaktische Qualitätsmerkmale standardisiert und anhand grösserer Stichproben zu erfassen, haben die Video Surveys die Entwicklung vielfältiger und innovativer Projekte videogestützter Unterrichtsforschung angestossen und vorangetrieben und insgesamt dazu beigetragen, dass die Bildungsforschung heute vermehrt das Prozessgeschehen des Unterrichts als Kerngeschäft von Schule und Lehrpersonen in den Blick nimmt.

„Best Practice-Modell Japan?" – Eine differenzierte Sicht auf Ergebnisse der TIMSS 1995 Video Study: Anknüpfend an die Ergebnisse der Vorläuferstudie bestand eines der Forschungsziele der TIMSS 1999 Video Study darin, die besondere Qualität des japanischen Mathematikunterrichts, die sich als Ergebnis der TIMSS 1995 Video Study herauskristallisiert hatte, auf der Basis einer erweiterten Stichprobe von ebenfalls im internationalen Leistungsvergleich gut abgeschnitten habender Länder und unter Verwendung weitergehender Analysen noch weiter auszuloten. Die Analysen im Rahmen der Sieben-Länder-Videostudien machen deutlich, dass sich die (aus der TIMSS 1995 Video Study stammenden) japanischen Mathematikstunden auch von der erweiterten Stichprobe, und damit auch von den Mathematikstunden der anderen „leistungsstarken" Länder weiterhin abheben (vgl. unten), und dass in Ländern mit sehr guten Mathematiktestleistungen im internationalen Vergleich keineswegs zwingend nach „japanischem Muster" unterrichtet wird: Offensichtlich können auch mit einem ganz anderen Unterricht ebenfalls sehr gute Leistungen in internationalen Vergleichsuntersuchungen wie TIMSS oder PISA erzielt werden. Gleichzeitig wurden die Ergebnisse der TIMSS 1995 Video Study zum japa-

---

2 Wir danken den Lehrkräften an dieser Stelle nochmals herzlich für Ihr Einverständnis, die Videos der von ihnen gehaltenen Stunden auf den DVDs zu verwenden!

nischen Unterricht durch die differenzierten Analysen der 1999er-Videostudie aber auch teilweise relativiert, indem etwa gezeigt wurde, dass das im Rahmen der Drei-Länder-Studie für Japans Mathematikstunden als typisch erkannte „problemlösend-entdeckende" Inszenierungsmuster keineswegs in *jeder,* sondern in *einem Viertel* (24 Prozent) der Mathematikstunden der japanischen Stichprobe beobachtet werden konnte (was allerdings immer noch deutlich häufiger ist als in den meisten der teilnehmenden Länder).

Globale Perspektive auf die Handlungsstrukturen und die Qualität von Unterricht: Nach den im Rahmen der TIMSS 1995 Video Study herausgearbeiteten länderspezifischen Unterrichtsskips wurde in der TIMSS 1999 Video Study die Frage nach globalen, kulturübergreifenden versus länderspezifisch geprägten Handlungsmustern und Qualitätsmerkmalen von Unterricht aufgegriffen. So handelt es sich bei der TIMSS 1999 Video Study um die erste Untersuchung, in der eine grosse Zahl (genau: 637) Mathematikstunden aus mehreren Ländern anhand repräsentativer Stichproben einer Reihe sehr differenzierter, methodisch äusserst skrupulös durchgeführter, länderübergreifender Analysen unterzogen wurden. Dabei musste ein erheblicher Aufwand geleistet werden, um in der international zusammengesetzten Forschungs- und Code-Entwicklungsgruppe eine hinreichende Verständigung über die Bedeutung der in den Videoaufzeichnungen beobachtbaren Handlungen und Ereignisse und damit das für die Entwicklung der Analyseinstrumente erforderliche, kulturübergreifende „Grounding" zu erreichen. In einem über ein Jahr dauernden Entwicklungsprozess gelang es ein beobachtungsnahes Codiersystem zu entwickeln und damit Merkmale der *Handlungsstruktur* und der *Unterrichtsinszenierung* reliabel zu erfassen. Als bedeutend schwieriger erwies sich demgegenüber die kulturübergreifende Verständigung über *tiefenstrukturelle Aspekte der Unterrichtsqualität* (vgl. unten).

Insgesamt vermitteln die differenzierten Analysen einen faszinierenden Einblick in den Alltagsmathematikunterricht aus sieben Ländern, wobei zwei Befunde auffallen: Erstens erweist sich Unterricht als ein Geschehen mit einer erstaunlichen kulturübergreifenden Gleichförmigkeit, und zweitens sind seine Handlungsstrukturen auch in Ländern, die in internationalen Leistungsvergleichen gut abschneiden, wesentlich simpler als die im wissenschaftlichen Kontext entworfenen kognitionspsychologischen und fachdidaktischen Bildungswelten. Dies zeigt der folgende Überblick über wichtige Ergebnisse der Sieben-Länder-Videostudie.

Ergebnisse im Überblick: Mathematikunterricht in sieben Ländern
Gemeinsamkeiten des beobachteten Unterrichts lassen sich in Bezug auf alle drei durch die Grundfigur des didaktischen Dreiecks definierten Qualitätsfelder (vgl. Kapitel 1.2) feststellen. Vor allem ins Auge fallen dabei Gemeinsamkeiten bei der *Wissens- und Lernkultur, jedoch* auch bei der *Stoff- und Aufgabenkultur.* Letztere wurde v.a. durch aufwendige und differenzierte Analysen der insgesamt an die 15 000 in den gefilmten Mathematikstunden bearbeiteten Aufgaben erfasst. Zusammenfassend zeigt sich folgendes länderübergreifende Bild des Mathematikunterrichts (vgl. Kapitel 3):
- Schwergewichtige Aktivität im Unterricht (mindestens 80 Prozent der Unterrichtszeit) ist in allen Ländern das Lösen von Aufgaben.
- Dies geschieht in allen Ländern teils unter der Leitung der Lehrperson im Klassenverband und teils in individueller Schülerarbeit (v.a. Einzel-, seltener auch Partner- oder

Gruppenarbeit), wobei in allen Ländern mit Ausnahme der Niederlande der Klassenunterricht den grösseren Teil ausmacht.

- Praktisch in allen Mathematikstunden werden Arbeitsblätter oder Lehrbücher eingesetzt.
- Bei den Aufgaben dominieren in allen Ländern mit Ausnahme Japans kurze Aufgaben, die in weniger als 4 Minuten gelöst werden können, von relativ geringer Komplexität sind, die Anwendung bekannter Prozeduren erfordern und kaum Bezüge zu Problemstellungen im Alltag aufweisen.
- Eher selten sind mit dem Lösen der Aufgaben anspruchsvolle mathematische Tätigkeiten wie das Erkennen oder Herstellen von mathematischen Beziehungen, das selbstständige Explorieren von Problemlösungen, das Vergleichen und Diskutieren von unterschiedlichen Lösungswegen oder die Bearbeitung mathematischer Beweise verbunden, mit Ausnahme der japanischen Mathematikstunden.
- Was die *Beziehungs- und Unterstützungskultur* betrifft, beschränkten sich die internationalen Codierungen auf die Erfassung der Sprechanteile von Lehrpersonen und Schülern im Unterricht. Lehrpersonen sprechen demnach in den gefilmten Mathematikstunden der untersuchten Länder[3] rund achtmal mehr als alle Schülerinnen und Schüler zusammen.

Bedeutsame Abweichungen von diesem Muster zeigen sich bei drei Ländern, nämlich *Japan*, den *Niederlanden* und den *USA*. Ein markant eigenständiges Profil lässt sich jedoch nur bei den japanischen Stunden erkennen.

- Die *japanischen* Mathematikstunden unterscheiden sich einerseits durch eine andere Qualität der Aufgaben, andererseits durch die Aktivitäten der Lernenden von den Mathematikstunden der übrigen Länder. So ist beispielsweise der Anteil an komplexen Aufgaben sowie an Aufgaben, die das Erkennen und Stiften von mathematischen Beziehungen oder die Durchführung eines Beweises beinhalten, durchgehend am höchsten – höher als in allen oder den meisten andern Ländern. In den japanischen Stunden wird demzufolge eine deutlich geringere Zahl von entsprechend zeitaufwendigeren Aufgaben bearbeitet, und im Unterschied zu allen andern Ländern sind die Lernenden während der selbstständigen Schülerarbeit nicht primär mit repetitiven Tätigkeiten wie dem Üben von Prozeduren, sondern zum grösseren Teil mit anspruchsvolleren kognitiven Aktivitäten (z.B. Problemlösen) beschäftigt. Die Besonderheiten der japanischen Stunden sind nur zum Teil darauf zurückzuführen, dass die japanische Stichprobe fast nur Geometriestunden umfasst: Werden von allen Ländern nur die Geometriestunden in den Vergleich einbezogen, verkleinert sich die Differenz zwar teilweise, bleibt aber grösstenteils bedeutsam. Mit den nachgewiesenen Besonderheiten der japanischen Mathematikstunden bestätigen die Ergebnisse der Sieben-Länder-Videostudie mit wenigen Ausnahmen (Anteil explorativ bearbeiteter Probleme, vgl. oben) die Befunde der TIMSS 1995 Video Study (Stigler & Hiebert, 1999), welche in den USA und in Deutschland wesentlich zur Diskussion über Qualitätsdefizite und Optimierungsmöglichkeiten des Mathematikunterrichts im Anschluss an die für die beiden Länder unbefriedigend ausgefallenen TIMSS-Leistungsvergleiche sowie zur

---

3   Die Schweizer Mathematikstunden konnten in diese Analysen nicht einbezogen werden.

Entwicklung von Reforminitiativen geführt hatten (u.a. Baumert et al., 1997; Blum & Neubrand, 1998; Klieme & Baumert, 2001; Neubrand, 1998).

• Kennzeichnend für die *niederländischen* Mathematikstunden ist, dass der selbstständigen Schülerarbeit grösseres Gewicht zukommt als in den andern Ländern: Sie nimmt im Durchschnitt mehr als die Hälfte der Unterrichtszeit ein. Dabei wird vergleichsweise viel Zeit für die Beschäftigung mit Hausaufgaben verwendet, sei es in Form von Besprechung der erledigten Hausaufgaben oder dass bereits in der Stunde an künftigen Hausaufgaben gearbeitet wird. Auch die Erarbeitung von neuem Wissen geschieht in den niederländischen Lektionen im Gegensatz zu den meisten andern Ländern nicht nur im Klassenunterricht, sondern zum Teil auch in Phasen selbstständiger Schülerarbeit – ein Merkmal, das auch in den schweizerischen und japanischen Mathematikstunden beobachtet werden kann (Hiebert et al., 2003, S. 148). Die niederländischen Mathematikstunden weisen ausserdem einen höheren Anteil an Aufgaben mit Alltagsbezug auf als die Stunden der übrigen Länder.

• Eine Besonderheit, welche die *amerikanischen* Mathematikstunden von jenen der übrigen Länder unterscheidet,[4] besteht darin, dass die amerikanischen Lehrpersonen dazu tendierten, auch ‚an sich' anspruchsvolle Aufgaben bei der Bearbeitung stark zu vereinfachen oder „kleinzuarbeiten". So wurden die kognitiven Anforderungen an die Lernenden auch bei hinsichtlich ihres mathematischen Potenzials anspruchsvollen Aufgaben häufig auf die Anwendung bekannter Prozeduren reduziert. Dies spiegelt sich ebenfalls in den (aufgrund detailliert verschriftlichter Unterrichtsprotokolle „blind" erfolgenden) Qualitätseinschätzungen einer Teilstichprobe von 20 Mathematikstunden durch eine amerikanische Expertengruppe wider, welche die fachdidaktische Qualität der amerikanischen Stunden durchwegs tiefer als alle übrigen einschätzte.

Was lässt sich in unserer international vergleichenden Perspektive über den *schweizerischen* Mathematikunterricht sagen?

• *Unauffällig im internationalen Vergleich und anders als Japan:* Die Schweiz teilt mit Australien die Besonderheit, in keinem der insgesamt 110 erfassten Merkmale als einziges Land von allen übrigen abzuweichen. Dabei ordnet sich die Schweiz im Durchschnitt fast ausnahmslos in das oben gezeichnete Mehrheitsprofil eines primär durch die Bearbeitung einer Vielzahl von mehrheitlich wenig komplexen, in kurzer Zeit lösbaren Aufgaben mit einem Fokus auf repetitiven Aktivitäten, durch das relativ seltene Vorkommen mathematischer Beweise und wenig Spielraum zur Generierung und Diskussion multipler Lösungswege charakterisierten Mathematikunterrichts ein.

• *Vergleichsweise grössere Heterogenität innerhalb der Schweizer Stichprobe:* In Bezug auf die *Unterrichtsorganisation* erscheint die schweizerische Stichprobe im Ländervergleich weniger homogen als jene der übrigen Länder, wenn nicht nur die durchschnittliche Häufigkeit der beobachteten Aktivitäten und Sozialformen, sondern deren zeitliche Abfolge im Verlauf der Mathematikstunden berücksichtigt wird (Givvin, Hiebert, Jacobs, Hollingsworth & Gallimore, 2005; Hiebert et al., 2003). Verglichen mit andern Ländern lässt sich damit für die Schweiz weniger gut voraussagen,

---

4 Analysen ohne Schweizer Beteiligung.

wann in einer Mathematikstunde Klassenunterricht oder selbstständige Schülerarbeit stattfindet oder wann die Klasse mit der Einführung von neuem Stoff oder aber mit Vertiefungs- und Übungsaktivitäten beschäftigt ist.

Zusätzliche Videoanalysen im Rahmen der schweizerischen Studie erlauben es, das Bild des schweizerischen Mathematikunterrichts zu differenzieren. Zum einen wurden einzelne internationale Codierungen zum Ausgangspunkt weitergehender Analysen genommen, um zusätzliche, aus unserer Sicht bedeutsame Gestaltungsmerkmale des Unterrichts zu erfassen, und zum andern interessierte – nicht zuletzt angesichts der beobachteten Heterogenität des Schweizer Unterrichts hinsichtlich Lehr-Lernorganisation – die Frage nach möglicherweise unterschiedlichen Unterrichtskulturen *innerhalb* der Schweiz. Ausserdem wurden weitere Datenquellen und Analysen einbezogen, um eine *mehrperspektivische* Sicht auf den Unterricht zu ermöglichen sowie Aufschluss über *Bedingungen* und *Wirkungen* des Unterrichts der gefilmten Lehrkräfte zu erhalten. Auf dieser Basis lässt sich – kurz zusammengefasst – Folgendes festhalten:

- *Vielfalt der Unterrichtsinszenierungen:* Innerhalb der schweizerischen Stichprobe lassen sich unterschiedliche Inszenierungsformen der Mathematiklektionen unterscheiden. Dabei fällt zunächst die Unterscheidung von Einführungs- und Vertiefungsstunden ins Auge. In allen drei in die Untersuchung einbezogenen Sprachregionen (französisch-, italienisch- und deutschsprachige Schweiz) wurde von den Lehrpersonen bei der schriftlichen Befragung zwischen Einführungs- und Vertiefungs- oder Übungslektionen unterschieden (vgl. Kap. 7). Beide Lektionstypen lassen sich auch im Videomaterial aufgrund der Lehrerangaben zur gefilmten Mathematikstunde (Zielsetzung, Einbettung in die grössere Unterrichtseinheit) identifizieren. Sodann lassen sich auch innerhalb der Einführungs- und Vertiefungslektionen unterschiedliche Inszenierungsmuster erkennen. Diese unterschiedlichen Organisationsformen hängen jedoch weder mit der Sprachregion noch mit der Schulform (Basis-, erweiterte oder hohe Anforderungen) zusammen, sondern deuten auf die Umsetzung didaktischer Reformen im Unterricht hin (z.B. Deutschschweiz: „Erweiterte Lehr- und Lernformen"). Damit lässt sich durch die Videoanalysen der schweizerischen Studie bestätigen, was sich zuvor aufgrund von Befragungen von Lehrpersonen abgezeichnet hatte (vgl. auch Stebler & Reusser, 2000): Im Mathematikunterricht der Sekundarstufe I gehören innovative Formen der Unterrichtsgestaltung und des Lehrerhandelns wie z.B. die „Erweiterten Lehr- und Lernformen" (ELF) bei einem nicht unbeträchtlichen Teil der Lehrkräfte zum Alltag.
- *Positive, jedoch begrenzte Wirkungen erweiterter Lehr- und Lernformen*: Während erweiterte Lehr-und Lernformen zu einem *breiteren Formenspektrum* auf der Ebene der Unterrichtsorganisation geführt haben und die *Unterrichtsqualität* reformorientierter Lehrpersonen sowohl von deren Schülerinnen und Schülern als auch von aussenstehenden Experten und Expertinnen positiver eingeschätzt wird als jene der übrigen Lehrpersonen, schlägt sich dieser Befund *nicht in der Leistungs- und Interessentwicklung nieder*. Auch in Bezug auf die Qualität der in den videografierten Stunden bearbeiteten *Aufgaben* (u.a. Komplexität, Alltagsbezug, Bearbeitungsdauer usw.) zeigen sich keine Unterschiede zwischen den Mathematikstunden jener (Deutschschweizer) Lehrpersonen, die ihren Unterricht selbst als reformorientiert bezeichnen, und jenen von Lehrpersonen, welche sich selber einen traditionellen Unterricht zu-

schreiben (vgl. Kap. 12). In dasselbe Bild passt sodann, dass sich ELF-Lehrpersonen gegenüber traditionell Unterrichtenden weder durch eine höhere *konstruktivistische Orientierung* im Lehr-Lernverständnis noch durch einen stärker *problemlösenden Unterricht* auszeichnen (vgl. Pauli, Reusser & Grob, 2007).

- *Grundsätzlich positive Unterrichtswahrnehmung aus der Innenperspektive der Lernenden:* Die Schüler und Schülerinnen beurteilen den Unterricht ihrer Lehrpersonen überwiegend positiv. Mit Ausnahme der wahrgenommenen Autonomiefreiräume liegen die Klassenmittelwerte bei den erfassten Qualitätsdimensionen (Strukturierung, Klassenführung, individuelle Unterstützung, kognitive Aktivierung und soziales Klima) durchwegs im positiven Bereich.

- *Positive Beurteilung der Unterrichtsqualität unter in der Forschung etablierten Kriterien auch aus einer Aussenperspektive*: Die Qualitätsbeurteilung der videografierten Mathematikstunden durch Experten und Expertinnen hinsichtlich Klarheit/ Strukturiertheit, Instruktionseffizienz, Schülerorientierung und kognitive Aktivierung fiel durchwegs sehr günstig aus. Damit findet sich die ebenfalls günstige Qualitätseinschätzung einer Teilstichprobe von 20 Mathematikstunden durch amerikanische Experten (vgl. Kap. 3) durch die Einschätzung des gesamten schweizerischen Datensatzes durch schweizerische und deutsche Expertinnen in der Tendenz bestätigt, auch wenn sich die beiden Expertengruppen bei ihren Urteilen auf je unterschiedliche Beurteilungsinstrumente stützten.

- *Schulformunterschiede:* Der besuchte Schultyp (Basis-, erweiterte oder hohe Anforderungen bzw. gymnasiale Klassen) übt einen erheblichen Einfluss auf die Lernerfahrungen der Schülerinnen und Schüler aus. Hinsichtlich der Beurteilung der Angebotsstruktur des Unterrichts zeigt sich dies v.a. in der Deutschschweiz: Die Differenz zwischen der Schülerwahrnehmung der Unterrichtsqualität zwischen dem „tiefsten" und dem „höchsten" Schultyp ist hier besonders ausgeprägt. Demgegenüber unterscheidet sich die Schülerwahrnehmung der Unterrichtsqualität in den beiden Niveaukursen in der italienischsprachigen Schweiz nicht bedeutsam (Kap. 8). Dies zeigt sich auch bei der *Qualitätsbeurteilung durch Expertinnen*: In Übereinstimmung mit anderen Untersuchungen (u.a. Kunter et al., 2005) findet sich in der Deutschschweiz ein Schulformeffekt beim kognitiven Anregungsgehalt des Unterrichts (in gymnasialen Klassen höher als in Klassen des Basisniveaus), der so im Tessin nicht beobachtbar ist: Offensichtlich wird im Tessin auch in Klassen des tieferen Leistungsniveaus genau so kognitiv anregend unterrichtet wie in jenen des höheren Niveaus. Ausgeprägte Schulformunterschiede zeigten sich bei den *Leistungen* und der Leistungsentwicklung zugunsten der höheren Schulformen (Kap. 9). Auch das *Interesse* der Lernenden an Mathematik hängt mit der Schulform zusammen, allerdings je nach Sprachregion in durchaus unterschiedlicher Weise. Während in der Deutschschweiz im Schultyp mit Basisanforderungen das Mathematikinteresse am höchsten ausgeprägt ist, ist es in der italienischsprachigen Schweiz gerade umgekehrt: Lernende, welche das höhere Kursniveau besuchen, zeigen tendenziell ein höheres Mathematikinteresse.

- *Unterricht und Interesse- sowie Leistungsentwicklung*: Während die durchwegs positiven Zusammenhänge zwischen Unterrichtsqualität und Interesse in den querschnittlichen Auswertungen auf eine wechselseitige Beziehung hinweisen (interessierte Lernende nehmen den Unterricht positiv wahr, und umgekehrt lässt sich mit interessierten Lernenden auch anspruchsvoller unterrichten), erwiesen sich die entsprechenden Qualitätsmerkmale (Beobachter- und Schülersicht) für die *Entwicklung* des Interesses über ein Schuljahr hinweg als nicht relevant. Das Mathematikinteresse blieb zwischen dem 8. und 9. Schuljahr mehrheitlich stabil, ebenso wie die individuellen Mathematikleistungen. Hinsichtlich der Leistungsentwicklung bestätigt unsere Untersuchung einmal mehr die Bedeutsamkeit einer effizienten Klassenführung (Schüler- und Beobachterurteil).

- *Motivation, Engagement und Selbstvertrauen der Schüler und Schülerinnen:* Eine Besonderheit der schweizerischen Videostudie besteht darin, dass die Qualität der Motivation der Lernenden mittels freier Schülerantworten auf eine offene Frage erfasst wurde (Kap. 10 und 11). Diese weisen auf mehrheitlich selbstbestimmte Formen der Lernmotivation hin, wobei unter der grossen Palette von Gründen, sich in Mathematik anzustrengen, vor allem Gründe genannt wurden, die auf den Nutzen dieses Fachs Bezug nehmen. Eine von den Lernenden günstig beurteilte Motivierungsqualität des Unterrichts wirkte sich positiv sowohl auf die Entwicklung der Lernmotivation als auch auf die Entwicklung des Engagements zwischen dem 8. und 9. Schuljahr aus. Als ebenso bedeutsam erwies sich das Erleben der Lernumwelt. Obwohl zwischen dem Unterrichtserleben der Lernenden und objektiv erfassten, aus theoretischer Sicht motivationsrelevanten Merkmalen der Unterrichtsqualität (Schülerorientierung, kognitive Aktivierung und Gewähren von Handlungsspielräumen) nur ein schwacher Zusammenhang nachgewiesen werden konnte (vgl. aber auch Kap. 12), sollten solche Merkmale der Unterrichtsgestaltung nicht aus den Augen verloren werden, wenn es um die Förderung von mathematikbezogener Lernmotivation und Leistungsverhalten geht. Denn wie die Ergebnisse verdeutlichen, spielt das Unterrichtserleben nicht nur in Bezug auf die Entwicklung der Lernmotivation und des mathematikbezogenen Selbstvertrauens der Lernenden, sondern auch für die Entwicklung des Engagements und der Leistungen im Fach Mathematik im Verlauf des Schuljahrs eine sehr bedeutsame Rolle.

Unterrichtsgestaltung und Unterrichtsqualität international und in der Schweiz – abschliessende Bilanz

Ziel der internationalen Videostudie war ein Vergleich des alltäglichen Mathematikunterrichts in sieben Ländern, wovon sechs aufgrund guter Ergebnisse in den TIMSS-Leistungsvergleichen ausgewählt worden waren, (1) unter dem Gesichtspunkt möglicher kulturspezifischer Unterrichtsskripts und (2) unter dem Gesichtspunkt der Verwirklichung von Qualitätsmerkmalen eines aus fachdidaktischer Sicht „guten" Mathematikunterrichts. Die schweizerische Videostudie erweiterte die Untersuchung, indem (3) zusätzliche Unterrichtsmerkmale erfasst, zwischen Sprachregionen und Schultypen differenziert, Bedingungen und Wirkungen des Unterrichts berücksichtigt und der Einfluss von Unterrichtsreformen auf den Deutschschweizer Mathematikunterricht untersucht wurden. Wie sind nun die Ergebnisse unter diesen Gesichtspunkten zu interpretieren?

(1) Was die Frage nach *kulturspezifischen Unterrichtsskripts* betrifft, fällt zuerst einmal die ausgeprägte internationale Gleichförmigkeit des Mathematikunterrichts auf. Zu dieser – angesichts der in der Literatur immer wieder hervorgehobenen Komplexität des Un-

terrichtsgeschehens und der denkbaren Variabilität von Lehrer-Schüler-Interaktionen und Lernwegen einigermassen erstaunlichen – Ähnlichkeit trägt zweifellos das untersuchte *Schulfach Mathematik* bei: Im Gegensatz zu anderen Fächern, wie etwa Geschichte oder Muttersprache, ist Mathematik als schulischer Lerngegenstand kaum kulturell ausgeprägt. Auch wenn gewisse kulturspezifische Abweichungen oder Akzentuierungen durchaus in Rechung zu stellen sind, beispielsweise die je nach Land ungleiche Gewichtung des Beweisens im Unterricht (vgl. z.B. Clarke, Keitel & Shimizu, 2006), besteht insgesamt eine relativ hohe Übereinstimmung hinsichtlich der Lernziele und des Curriculums. Dazu kommt, dass der Mathematikunterricht in hohem Masse durch (oft obligatorische) Lehrmittel gesteuert wird, welche durch international geteilte, kollektive Theorien über mathematische Lehr- und Lernprozesse geprägt sind. Solche kollektiven Theorien, in denen sich ein seit Längerem durchaus international geführter fachdidaktischer Diskurs spiegelt, dürften sich auch in den Vorstellungen der Lehrkräfte über schulische Handlungsprozesse niederschlagen und so das Handeln im Unterricht wesentlich beeinflussen (vgl. auch Tharp & Dalton, 2007, S. 54). Aus dieser Sicht ist die Annahme kultur- bzw. länderspezifischer Skripts entlang nationaler Grenzen, wie sie im Anschluss an die Drei-Länder-Videostudie (TIMSS 1995 Video Study) postuliert worden sind, in Frage zu stellen, obwohl sich, je nach Betrachtungsebene und -fokus, auch bei den Daten der TIMSS 1999 Video Study durchaus mehr oder weniger grosse Konvergenzen innerhalb der Länder-Stichproben ausmachen lassen (Givvin et al., 2005). Unsere weitergehenden Auswertungen im Rahmen der schweizerischen Videostudie sowie die Ergebnisse einer weiteren, schweizerisch-deutschen Videostudie (Klieme, Pauli & Reusser, 2009) sprechen eher für die Annahme unterschiedlicher *Lehr-Lernkulturen* sowohl innerhalb als auch über Landesgrenzen hinweg, welche primär durch die Rezeption und Umsetzung von pädagogisch-fachdidaktischen Reformkonzepten – und durch damit zusammenhängende oder diesen zugrunde liegende (vgl. Kap. 12) pädagogisch-psychologische Lehr-Lernvorstellungen – charakterisiert sind und somit eher als *pädagogische „Theoriekulturen"* zu betrachten sind (Pauli & Reusser, 2003).

Auch über das Fach Mathematik hinaus gibt es gute Gründe dafür, im internationalen Vergleich von videografierten Unterrichtsstunden mehr Gemeinsamkeiten als fundamentale Unterschiede zu erwarten. Vor dem Hintergrund einer international beobachtbaren *Grammar of Schooling* (Tyack & Tobin, 1994) moderner Gesellschaften, in denen sich Schule als Habitus der intergenerationalen Transmission von Wissen und Kompetenz durchgesetzt hat (z.B. LeTendre, Baker, Akiba, Goesling & Wiseman, 2001), erscheint, wie etwa Terhart (2007) deutlich macht, das Kerngeschäft der Lehrkräfte, nämlich der institutionell organisierte Unterricht, international gesehen als relativ stabil und in seinem Formenspektrum begrenzt: „Die grammar of schooling moderner Gesellschaften hat in ihren Grundzügen eine Form gefunden, die zwar Varianzen kennt, aber keine wirklichen Alternativen" (Terhart, 2007, S. 31); dies nicht zuletzt auch aufgrund des Mehrebenen-Charakters von Bildung und Unterricht, indem die Organisation in Staatsschulen die Variabilität einschränkt.

Dass der beobachtete Unterricht im Lichte der internationalen Analysen nicht nur relativ gleichförmig, sondern zudem aus Expertensicht auch eher einfach, eintönig und fixiert auf repetitive Aufgaben erscheint, ist nicht bloss negativ zu interpretieren, sondern kann, worauf wiederum auch Terhart (ebd.) hingewiesen hat, auch als Ausdruck der realistischeren Sicht praktizierender Lehrpersonen auf das betrachtet werden, was, unter gegebenen Bedingungen mit gegebenen Schülern und Schülerinnen (i.d.R. heterogen zusammengesetzte Klassen) mit Bezug auf Problemlösen und Aufgabenniveaus möglich ist – und dies ist vermutlich nicht alles, was theoretisch wünschbar erscheint. In diesem Sinne ist eine gewisse Resistenz des Lehrerhandelns gegenüber Reformmodellen keineswegs nur negativ zu werten, sondern kann auch als Ausdruck von Professionalität betrachtet werden, indem Innovationen nicht kritiklos umgesetzt, sondern reflektiert und an die gegebenen Umstände angepasst werden, wie es Clarke und Mitautoren auf den Punkt gebracht haben: „(T)eachers seldom adopt, they almost always adapt" (Clarke et al., 2006, S. 11). Dass gut vorbereitete und auf die Bewältigung wesentlicher Problemlagen des staatlich organisierten Unterrichts (u.a.: Heterogenität) ausgerichtete Reformkonzepte durchaus Chancen haben, die Alltagspraxis des Unterrichts nachhaltig zu verändern, darauf weisen die Ergebnisse der schweizerischen Videostudie im Zusammenhang mit den „Erweiterten Lehr- und Lernformen" in der Deutschschweiz hin (vgl. Kap. 12).

(2) Die Frage nach der beobachtbaren *Qualität des Unterrichts* wurde in der internationalen Videostudie einerseits durch kleinere Teilstudien bearbeitet, andererseits spiegelt sie sich in einem grossen Teil der für die deskriptiven Analysen entwickelten Codes wider, in denen sich unschwer fach- und allgemeindidaktische sowie pädagogische Vorstellungen eines „guten" Mathematikunterrichts erkennen lassen. Nicht direkt untersucht wurden Fragen der Unterrichtsqualität in einem zweiten, an den Unterrichtswirkungen orientierten Verständnis, da auf die Erhebung von Daten, wie sie für die Erfassung der Lernwirksamkeit des Unterrichts benötigt werden, international verzichtet werden musste. Dass in die Untersuchung gezielt sechs Länder mit besonders guten Testleistungen in den TIMS-Studien einbezogen worden sind, trägt zum hypothesengenerierenden Potenzial der Studie bei.

Was lässt sich aufgrund der internationalen Analysen über Unterrichtsqualität sagen? Zunächst deuten die Ergebnisse der niedriginferenten Codierungen wie oben erwähnt darauf hin, dass der aufgezeichnete japanische Unterricht den fachdidaktischen Modellvorstellungen eines „guten" – kognitiv aktivierenden, inhaltlich anspruchsvollen, diskursiven, verstehens- und problemlösungsorientierten – Mathematikunterrichts deutlich näher kommt als derjenige aller übrigen Länder. Zur Besonderheit der japanischen Stunden trägt allerdings mindestens teilweise die besondere Beschaffenheit der japanischen Stichprobe bei, die – anders als jene der übrigen Länder – nicht Stunden zu vielfältigen mathematischen Inhalten umfasste, sondern fast ausschliesslich Geometriestunden. Darüber hinaus lässt sich vor dem Hintergrund eines Angebots-Nutzungs-Modells von Bildungsqualität und -wirkungen (Fend, 2002) am Beispiel des japanischen Unterrichtssystems der Einfluss nutzungsbezogener Stützsysteme besonders gut illustrieren: Untersuchungen zu den Bedingungen schulischen Lernens in Japan zeigen, dass japanische Schülerinnen und Schüler einen wesentlichen Teil der unterrichtsfreien Zeit in Schularbeiten investieren, sei es unter Aufsicht der Eltern, oder sei es durch den verbreiteten zusätzlichen Unterricht an privaten Ergänzungsschulen (Schümer, 1998). Auf dieser Basis ist denkbar und anzunehmen, dass japanische Lehrpersonen in ihren Mathematiklektionen u.a. deshalb so viel Unterrichtszeit in das Lösen anspruchsvoller Probleme investieren können, weil sie sich darauf verlassen können, dass das ebenfalls notwendige Üben in der unterrichtsfreien Zeit bzw. in dem von sehr vielen Schülern und Schülerinnen besuchten Zusatzunterricht erfolgt. Gerade Letzteres ist in den übrigen in die Studie einbezogenen Ländern jedoch deutlich weniger der Fall, wodurch ein wesentlicher Teil des Übens, worauf vor allem die leistungsschwächeren Schülerinnen und Schüler besonders angewiesen sind, in die reguläre Unterrichtszeit fällt – und in den internationalen Codierungen als repetitives Aufgabenlösen zu Buche schlägt.

Zu den mit Blick auf die Unterrichtsqualität interessantesten Analysen der internationalen Videostudie zählen zweifellos die unter der Leitung von Margaret Smith durchgeführten Analysen der Aufgabenqualität und -bearbeitung unter dem Gesichtspunkt einerseits des in einer Aufgabe steckenden bzw. durch diese intendierten Lernpotenzials und andererseits der (bei der gemeinsamen Bearbeitung) tatsächlich initiierten bzw. bei den Schülern ausgelösten mathematischen Denkprozesse (vgl. Kapitel 3). Die Ergebnisse dieser Analysen machen nicht nur auf ein offensichtlich im amerikanischen Mathematikunterricht verbreitetes, jedoch nicht auf diesen beschränktes, fachdidaktisch bedeutsames Defizit aufmerksam, nämlich das systematische Kleinarbeiten an sich anspruchsvoller Aufgaben in leicht zu bewältigende, nur mehr elementarste mathematische und kognitive Anforderungen an die Lernenden stellende Aufgaben. Die Analysen machen überdies deutlich, dass es für die Unterrichtsentwicklung kaum genügt, den Lehrkräften neue Lehrmittel mit anspruchsvolleren Aufgaben zur Verfügung zu stellen, sondern dass darüber hinaus wohl in den meisten Fällen weitere Anstrengungen erforderlich sind, wenn es darum geht, im Unterricht vermehrt Gelegenheiten zur aktiven Teilnahme an mathematisch anspruchsvollen Tätigkeiten zu schaffen.

Des Weiteren lässt sich den Ergebnissen dieser Analysen entnehmen, dass eine gute Ausschöpfung des fachdidaktischen Aufgabenpotenzials relativ unabhängig von vielen andern Merkmalen der Unterrichtsgestaltung zu sein scheint: So besteht hinsichtlich des durchschnittlichen Anteils an Aufgaben des höchsten Anforderungsniveaus („Verknüpfungsaufgaben"), welche auch tatsächlich auf diesem Niveau bearbeitet werden, kein bedeutsamer Unterschied zwischen den Lektionen aus Tschechien, Hongkong, den Niederlanden oder Japan, abgesehen von der Tatsache, dass solche Aufgaben in den japanischen Stunden häufiger vorkommen. Dieses Ergebnis illustriert auch, dass eine niedriginferente Codierung der Handlungsstrukturen des Unterrichts – überhaupt der Blick primär auf dessen methodische Handlungsorganisation – dessen Qualität nur unzureichend zu erfassen vermag. Letzteres erfordert Analysen, die stärker auf tiefenstrukturelle Unterrichtsmerkmale zielen (Hugener, Rakoczy, Pauli & Reusser, 2006; Reusser, 2009; Roth, 2004).

Allerdings stellt die Erfassung tiefenstruktureller Qualitätsmerkmale nochmals deutlich höhere Anforderungen hinsichtlich des Erreichens einer hinreichenden Interraterreliabilität. Hier stiess die international zusammengesetzte Code-Entwicklungsgruppe der TIMSS 1999 Video Study an Grenzen: Die Generierung eines gemeinsam geteilten Verständnisses über tiefenstrukturelle Qualitätsmerkmale des Unterrichts in den videografierten Mathematiklektionen aus sieben Ländern als notwendige Voraussetzung solcher Analysen erwies sich bei vernünftigem Aufwand als unmöglich, was angesichts einer bislang fehlenden international akzeptierten Theorie des Lernens und Lehrens und einer entwickelten Fachsprache zur Verständigung über Lehr- und Lernprozesse kaum erstaunt. Schwierigkeiten bei der Verständigung über gemeinsam geteilte operationale Kriterien in der Code-Entwicklungsgruppe zeigten sich beispielsweise bei Konzepten wie dem „Durcharbeiten", einer im schweizerischen Kontext der allgemeinen Didaktik auf der Grundlage von Aeblis „Grundformen des Lehrens" (Aebli, 1983) durchaus geläufigen Funktion im Lehr-Lernprozess, der kognitiv aktivierenden Stofferarbeitung oder der individuellen Lernunterstützung. Divergente Auffassungen über Kriterien zentraler, auf einer abstrakten Ebene durchaus unbestrittener Qualitätsmerkmale wie etwa *Verständnisorientierung* oder *aktive Beteiligung der Lernenden* zeigten sich auch in den Gruppeninterviews mit Expertinnen und Experten der Mathematikdidaktik, die im Anschluss an die Videostudie in den teilnehmenden Ländern durchgeführt worden sind (vgl. Kapitel 6): „Mathematics educators in different countries identified common, key features of effective instruction, but defined some of the general constructs in different ways" (Givvin, Jacobs, Hollingsworth & Hiebert, 2009, S. 53).

Für die Datenauswertungen im Rahmen der *internationalen* Videostudie bedeutete dies, dass mit Ausnahme der von Margaret Smith entwickelten Analysen des Anforderungsniveaus der Aufgaben und der Aufgabenbearbeitung (vgl. Kapitel 3.3.3) sowie eines Qualitätsratings auf der Basis einer Teilstichprobe von je 20 Videos pro Land durch eine Gruppe amerikanischer Mathematikdidaktikerinnen und -didaktiker auf die Erfassung weiterer tiefenstruktureller Qualitätsmerkmale verzichtet werden musste. Im Rahmen der *schweizerischen* Videostudie konnten demgegenüber Merkmale der Unterrichtsqualität mit Hilfe eines hochinferenten Ratings reliabel erfasst und durch die Schülerwahrnehmung ergänzt werden (vgl. Kapitel 8). Gerade in der Kombination von niedriginferenter Erfassung der Handlungsstrukturen mit der Erfassung tiefenstruktureller (psychologischdidaktischer) Qualitätsmerkmale liegt zweifellos ein besonderes Potenzial videobasierter Unterrichtsforschung und -entwicklung, da sich auf diese Weise eine Einschätzung der Unterrichtsqualität auf der Basis relativ allgemeiner und abstrakter Kriterien wie z.B. kognitive Aktivierung, Strukturklarheit oder Schülerorientierung mit spezifischen didaktischen Handlungsstrukturen, Inhalts- und Formmerkmalen des Unterrichts verbinden lässt. So erlaubte beispielsweise die Kombination von niedriginferenten Codierungen von Aufgabenmerkmalen, Qualitätseinschätzungen durch Experten und Schülerwahrnehmungen des Unterrichts im Rahmen der schweizerischen Videostudie die Identifikation von Stärken aber auch konkreten Schwachpunkten in der Umsetzung „Erweiterter Lehrund Lernformen" im Deutschschweizer Mathematikunterricht, und auf dieser Basis die Formulierung von Empfehlungen im Hinblick auf die künftige Unterrichtsentwicklung (vgl. Kapitel 12).

(3) Aus der Sicht der Schweiz interessierte neben der Positionierung des schweizerischen Mathematikunterrichts im internationalen Vergleich auch die Frage nach möglichen *Unterschieden innerhalb der Schweiz,* insbesondere zwischen den drei in die Studie einbezogenen Sprachregionen. Wie bereits erwähnt, zeigten sich in den durchgeführten Analysen kaum sprachregionale Unterschiede. Als bedeutsamer als die Sprachregionen als solche erwies sich der Grad der Umsetzung von Reformkonzepten im Unterricht (vgl. oben) und die Schulformen. Bemerkenswert ist dabei insbesondere der festgestellte Zusammenhang zwischen Sprachregion und Schulform: In der italienischsprachigen Schweiz konnten, anders als in der deutsch- und französischsprachigen Schweiz, zwischen den Klassen des höheren und tieferen Leistungsniveaus keine Unterschiede beim Ausmass der von Beobachtern eingeschätzten kognitiven Aktivierung und der Schülerwahrnehmung der Unterrichtsqualität festgestellt werden. Die Tatsache, dass im Tessin – im Gegensatz zur Deutsch- und Westschweiz – nicht getrennt nach unterschiedlichen Schulformen, sondern

lediglich nach fachbezogenen Leistungsgruppen (base vs. attitudinale) unterrichtet wird, spiegelt sich nicht nur im Wegfall solcher Schulformunterschiede, sondern auch in unterschiedlichen Zusammenhängen zwischen Leistungsniveau und Mathematikinteresse (vgl. Kapitel 8) sowie auch in Merkmalen der Lehrpersonen, von der Ausbildung bis hin zu den subjektiven Lernkonzepten wider (vgl. Kapitel 7). Hier zeigt sich deutlich, wie Schulformen unterschiedliche Lernkulturen generieren können (Neumann et al., 2007).

Unabhängig von Schulform und Sprachregion zeigt sich aufgrund der zusätzlichen Analysen der schweizerischen Videos eine bemerkenswerte Vielfalt der Unterrichtsorganisation innerhalb der schweizerischen Stichprobe, welche sich nur teilweise auf die unterschiedliche Gestaltung von Einführungs- und Vertiefungslektionen (vgl. auch Clarke et al., 2007) und auf die Umsetzung von didaktischen Reformen zurückführen lässt. Im Vergleich mit den internationalen Ergebnissen der TIMSS 1999 Video Study zeigt dies, dass je nach Auflösungsgrad der Analyse eher die Gemeinsamkeiten des Unterrichts als universeller Handlungs- und Interaktionskontext oder aber eher die Variation und die spezifischen Gestaltungsmöglichkeiten der Akteure innerhalb der gegebenen Rahmenbedingungen sichtbar werden (vgl. auch Givvin et al., 2005).

Darüber hinaus macht der Vergleich der in der Schweiz durchgeführten zusätzlichen Datenanalysen mit den internationalen Codierungen deutlich, dass die im internationalen Vergleich für die schweizerischen Mathematikstunden feststellbare Unauffälligkeit durchaus unterschiedliche Interpretionen zulässt: Einerseits kann man mit einer gewissen Enttäuschung den höchst „durchschnittlichen" Unterricht beklagen, der so gar nicht den Erwartungen an didaktisch raffinierte Lernumgebungen in Zeiten sozial-konstruktivistischer Diskurse über Unterrichtsqualität zu entsprechen scheint. Andererseits kann mit Blick auf die insgesamt günstigen Schülerurteile und die positiv ausfallenden Qualitätsratings sowohl der deutschen und schweizerischen Raterinnen als auch der US-amerikanischen Expertengruppen konstatiert werden, dass aus den videografierten Schweizerischen Mathematikstunden insgesamt das Bild eines vielleicht nicht spektakulären, aber offenbar soliden und gut gemachten Mathematikunterrichts ersichtlich wird, der sowohl durch eine relativ ausgeprägte Steuerung durch die Lehrperson als auch eine aktive Teilnahme der Lernenden charakterisiert ist. Dies war auch der Eindruck einiger Experten aus den andern Teilnehmerländern beim Betrachten von drei Unterrichtsvideos aus der Schweiz anlässlich der internationalen Gruppeninterviews (Givvin et al., 2009; vgl. auch Kapitel 6). „Unauffälligkeit" wäre dann nicht primär als „durchschnittlich" (im negativen Sinne), sondern eher als „ausgewogen" zu interpretieren (vgl. auch Kapitel 6), was nicht heisst, dass kein Optimierungsbedarf zu erkennen wäre. Solchen machen die internationalen Analysen, wie bereits im Zusammenhang mit der Umsetzung von Reformen erwähnt, v.a. im Zusammenhang mit der Aufgabenkultur sichtbar (vgl. Kapitel 12); weitere Entwicklungsmöglichkeiten zeigen sich auch im Zusammenhang mit der individuellen Lernunterstützung (vgl. Kapitel 5) und Formen individualisierender Unterrichtsorganisation.

Insgesamt verdeutlichen diese auf die Schweiz bezogenen Ergebnisse, was auch als eine zentrale Aussage der internationalen Videostudie gelten darf: die Vorstellung von DEM guten Unterricht ist eine Fiktion. Der Unterricht, welcher sich in verschiedenen Ländern Tag für Tag im Alltag abspielt, ist gewöhnlicher und einfacher gestrickt als die Diskurse, welche die Wissenschaft darüber führt. Dies gilt, wie die Ergebnisse der TIMSS 1999 Video Study deutlich zeigen, auch für den Alltagsunterricht in Ländern, die aufgrund von Testergebnissen in internationalen Leistungsvergleichen als „Best Practice"-Länder gelten können: Auch hier spiegelt der durchschnittliche Unterricht, erfasst anhand repräsentativer Stichproben von immerhin rund 100 Mathematikstunden pro Land, kaum wider, was aufgrund pädagogisch-psychologischer und fachdidaktischer Theorie als wünschbare Modellvorstellung beschrieben werden könnte (und im Rahmen von Design-Experimenten unter sorgfältig arrangierten Bedingungen teilweise auch praktiziert wird). Doch immerhin, auch dies zeigt die internationale Videostudie, scheint es ein Fundament von Qualitätskriterien eines guten Mathematikunterrichts zu geben, die offensichtlich auch international gelten.

Deren Wirksamkeit und Relevanz in Bezug auf die Erreichung multikriterialer Bildungsziele zu untersuchen im Hinblick auf „evidenzbasierte" und (fach-)didaktisch und pädagogisch-psychologisch begründete Aussagen über Unterrichtsqualität, bleibt weiterhin Aufgabe künftiger Unterrichtsforschung, nicht nur bezogen auf den Mathematikunterricht. Das diesbezügliche Potenzial von Videodaten lässt sich an der rasant zunehmenden Zahl von Projekten videobasierter Unterrichtsforschung ablesen, welche teilweise mittels aufwendiger Forschungsdesigns stärker auch den vielfältigen Bedingungen von Unterrichtsqualität auf dem Hintergrund eines Angebots-Nutzungs-Modells von Bildungswirkungen Rechnung zu tragen versuchen (vgl. u.a. Klieme, Pauli & Reusser, 2009; Seidel et al., 2006). Videodaten stellen dabei insbesondere für die Erfassung und Differenzierung fachdidaktischer Qualitätsmerkmale eine wichtige Datenquelle dar: zum einen, weil gerade diese Dimensionen mit Hilfe von Schülerwahrnehmungen nur unzureichend erfasst werden können und zum andern als konkrete Grundlage für die Weiterentwicklung des interdisziplinären, fach- und allgemeindidaktischen wissenschaftlichen Diskurses im Zusammenhang mit Unterrichtsqualität, der bislang u.a. durch das Fehlen einer international akzeptierten Lehrtheorie und einer Fachsprache zur Verständigung über fachliche Lehr- und Lernprozesse noch erschwert (Grossman & McDonald, 2008) und zum Teil von Missverständnissen geprägt ist (Reusser, 2006; Tobias & Duffy, 2009). Hierzu erscheinen für künftige Videostudien insbesondere auch multimethodische Analysestrategien viel versprechend, wie sie durch die Reanalysemöglichkeiten von Videodaten ermöglicht werden, bis hin zur Integration quantitativer und qualitativer Analyseverfahren (Engle, Conant & Greeno, 2007), die bis anhin mehrheitlich getrennte Wege gegangen sind.

Literatur

Aebli, H. (1983). *Zwölf Grundformen des Lehrens*. Stuttgart: Klett-Cotta.

Baumert, J., Lehmann, R., Lehrke, M., Schmitz, B., Clausen, M., Hosenfeld, I., Köller, O. & Neubrand, J. (1997). *TIMSS Mathematisch-naturwissenschaftlicher Unterricht im internationalen Vergleich. Deskriptive Befunde.* Opladen: Leske + Budrich.

Blum, W. & Neubrand, M. (1998). *TIMSS und der Mathematikunterricht. Informationen, Analysen und Konsequenzen.* Hannover: Schroedel.

Brophy, J. (Hrsg.). (2004). *Using video in teacher education.* Amsterdam: Elsevier.

Brophy, J. (2006). Observational research on generic aspects of classroom teaching. In P. A. Alexander & P. Winne (Hrsg.), *Handbook of educational psychology* (2. Aufl., S. 755-780). Mahwah, N.J.: Erlbaum.

Clarke, D., Keitel, C. & Shimizu, Y. (2006). The learner's perspective study. In D. Clarke, C. Keitel & Y. Shimizu (Hrsg.), *Mathematics classrooms in twelve countries: The insider's perspective* (S. 1-14). Rotterdam: Sense.

Clarke, D., Mesiti, C., O'Keefe, C., Xu, L.H., Jablonka, E., Mok, I.A.C. & Shimizu, Y. (2007). Addressing the challenge of legitimate international comparisons of classroom practice. *International Journal of Educational Research, 46*, 28-293.

Clausen, M., Reusser, K. & Klieme, E. (2003). Unterrichtsqualität auf der Basis hochinferenter Unterrichtsbeurteilungen. Ein Vergleich zwischen Deutschland und der deutschsprachigen Schweiz. *Unterrichtswissenschaft, 31* (2), 122-141.

Engle, R.A., Conant, F.R. & Greeno, J.G. (2007). Progressive refinement of hypotheses in video-supported research. In R. Goldman, R.D. Pea, B. Barron & S. Derry (Hrsg.), *Video research in the learning sciences* (S. 239-254). Mahwah, N.J.: Erlbaum.

Fend, H. (2002). Mikro- und Makrofaktoren eines Angebot-Nutzungsmodells von Schulleistungen. Zum Stellenwert der Pädagogischen Psychologie bei der Erklärung von Schulleistungsunterschieden verschiedener Länder. *Zeitschrift für Pädagogische Psychologie, 16* (3/4), 141-149.

Givvin, K.B., Hiebert, J., Jacobs, J., Hollingsworth, H. & Gallimore, R. (2005). Are there national patterns of teaching? Evidence from the TIMSS 1999 Video Study. *Comparative Education Review, 49* (3), 311-343.

Givvin, K.B., Jacobs, J., Hollingsworth, H. & Hiebert, J. (2009). What is effective mathematics teaching? International educators' judgments of mathematics lessons from the TIMSS 1999 Video Study. In J. Cai, A. Kaiser, B. Perry & N.-Y. Wong (Hrsg.), *Effective mathematics teaching from teachers' perspectives: National and cross-national studies* (S. 37-69). Rotterdam: Sense Publishers.

Grossman, P. & McDonald, M. (2008). Back to the future: Directions for research in teaching and teacher education. *American Educational Research Journal, 45* (1), 184-205.

Hiebert, J., Gallimore, R., Garnier, H., Givvin, K.B., Hollingsworth, H. & Jacobs, J. (2003). *Teaching mathematics in seven countries. Results from the TIMSS 1999 video study.* Washington, DC: U.S. Department of Education, National Center for Education Studies.

Hugener, I., Krammer, K. & Reusser, K. (2007). Problemlösen im Mathematikunterricht (DVD Nr. 2 aus der Reihe: Unterrichtsvideos für die Aus- und Weiterbildung von Lehrperson, hrsg. von K. Reusser, C. Pauli & K. Krammer). Zürich: Universität Zürich, Pädagogisches Institut.

Hugener, I., Rakoczy, K., Pauli, C. & Reusser, K. (2006). Videobasierte Unterrichtsforschung: Integration verschiedener Methoden der Videoanalyse für eine differenzierte Sicht auf Lehr-Lernprozesse. In S. Rahm, I. Mammes & M. Schratz (Hrsg.), *Schulpädagogische Forschung. Unterrichtsforschung. Perspektiven innovativer Ansätze* (S. 41-53). Innsbruck: StudienVerlag.

Klieme, E. & Baumert, J. (Hrsg.). (2001). *TIMSS - Impulse für Schule und Unterricht. Forschungsbefunde, Reforminitiativen, Praxisberichte und Video-Dokumente.* Bonn: Bundesministerium für Bildung und Forschung.

Klieme, E., Pauli, C. & Reusser, K. (2009). The Pythagoras Study: Investigating effects of teaching and learning in Swiss and German mathematics classrooms. In T. Janik & T. Seidel (Hrsg.), *The Power of Video Studies in Investigating Teaching and Learning in the Classroom.* Münster: Waxmann.

Klieme, E. & Rakoczy, K. (2008). Empirische Unterrichtsforschung und Fachdidaktik. *Zeitschrift für Pädagogik, 54* (2), 222-237.

Krammer, K., Hugener, I. & Reusser, K. (2007). Adaptiver Unterricht mit Arbeitsplänen. In K. Reusser, C. Pauli & K. Krammer (Hrsg.), *Unterrichtsvideos mit Begleitmaterialien für die Aus- und Weiterbildung von Lehrpersonen. DVD 3.* Zürich: Universität Zürich, Pädagogisches Institut.

Krammer, K., Schnetzler, C.L., Ratzka, N., Reusser, K., Pauli, C., Lipowsky, F. & Klieme, E. (2008). Lernen mit Unterrichtsvideos: Konzeption und Ergebnisse eines netzgestützten Weiterbildungsprojekts mit Mathematiklehrpersonen aus Deutschland und der Schweiz. *Beiträge zur Lehrerbildung, 26* (2), 178-197.

Krause, A. (2004). Erhebung aufgabenbezogener psychischer Belastungen im Unterricht – ein Untersuchungskonzept. *Zeitschrift für Arbeits- und Organisationspsychologie, 48* (3), 139-147.

Kunter, M., Brunner, M., Baumert, J., Klusmann, U., Krauss, S., Blum, W., Jordan, A. & Neubrand, M. (2005). Der Mathematikunterricht der PISA-Schülerinnen und -schüler. Schulformunterschiede in der Unterrichtsqualität. *Zeitschrift für Erziehungswissenschaft, 8* (4), 502-520.

LeTendre, G., Baker, D. P., Akiba, M., Goesling, B. & Wiseman, A. (2001). Teachers' work: Institutional isomorphism and cultural variation in the U.S., Germany, and Japan. *Educational Researcher, 30* (6), 3-5.

Neubrand, J. (1998). Japanischer Unterricht aus mathematikdidaktischer Sicht. *Mathematik lehren, 90*, 52-55.

Neumann, M., Schnyder, I., Trautwein, U., Niggli, A., Lüdtke, O. & Cathomas, R. (2007). Schulformen als differenzielle Lernmilieus. Institutionelle und kompositionelle Effekte auf die Leistungsentwicklung im Fach Französisch. *Zeitschrift für Erziehungswissenschaft, 10* (3), 399-420.

Pauli, C. (2008). Unterrichtsbeobachtung. In F. Hellmich (Hrsg.), *Lehr-Lernforschung und Grundschulpädagogik* (S. 143-155). Bad Heilbrunn: Klinkhardt.

Pauli, C. & Reusser, K. (2003). Unterrichtsskripts im schweizerischen und im deutschen Mathematikunterricht. *Unterrichtswissenschaft, 31* (3), 238-272.

Pauli, C. & Reusser, K. (2006). Von international vergleichenden Video Surveys zur videobasierten Unterrichtsforschung und -entwicklung. *Zeitschrift für Pädagogik, 52* (6), 774-798.

Reusser, K. (2006). Konstruktivismus - vom epistemologischen Leitbegriff zur Erneuerung der didaktischen Kultur. In M. Baer, M. Fuchs, P. Füglister, K. Reusser & H. Wyss (Hrsg.), *Didaktik auf psychologischer Grundlage. Von Hans Aeblis kognitionspsychologischer Didaktik zur modernen Lehr- und Lernforschung* (S. 151-168). Bern: h.e.p.

Reusser, K. (2009). Unterricht. In S. Andresen, R. Casale, T. Gabriel, R. Horlacher, S. Larcher Klee & J. Oelkers (Hrsg.), *Handwörterbuch Erziehungswissenschaft* (S. 881-896). Weinheim: Beltz.

Roth, K. J. (2004). *TIMSS 1999 Science Video Study Methodology: Developing a Shared „Words-to-Images" Language.* Paper presented at the annual meeting of the American Educational Research Association (AERA), San Diego, CA, April 12-16, 2004.

Schümer, G. (1998). Mathematikunterricht in Japan – ein Überblick über den Unterricht an öffentlichen Grund- und Mittelschulen und privaten Ergänzungsschulen. *Unterrichtswissenschaft, 26* (3), 195-228.

Seidel, T., Prenzel, M., Rimmele, R., Dalehefte, I.M., Herweg, C., Kobarg, M. & Schwindt, K. (2006). Blicke auf den Physikunterricht. Ergebnisse der IPN Videostudie. *Zeitschrift für Pädagogik, 52* (6), 798-821.

Sherin, M.G. & van Es, E.A. (2009). Effects of Video Club participation on teachers' professional vision. *Journal of Teacher Education, 60* (1), 20-37.

Stebler, R. & Reusser, K. (2000). Progressive, classical or balanced – a look at mathematical learning environments in Swiss-German lower-secondary schools. *Zentralblatt für die Didaktik der Mathematik, 32* (1), 1-10.

Steiner, A. (2008). *Unterrichtskommunikation. Eine linguistische Untersuchung der Gesprächsorganisation und des Dialektgebrauchs in Gymnasien der Deutschschweiz.* Tübingen: Gunter Narr.

Stigler, J.W. (1998). Video Surveys: New data for the improvement of classroom instruction. In S.G. Paris & H.M. Wellman (Hrsg.), *Global prospects for education. Development, culture and schooling.* (S. 129-168). Washington, DC: American Psychological Association.

Stigler, J.W., Gallimore, R. & Hiebert, J. (2000). Using video surveys to compare classrooms and teaching across cultures: Examples and lessons from the TIMSS video studies. *Educational Psychologist, 35* (2), 87-100.

Stigler, J.W. & Hiebert, J. (1999). *The teaching gap.* New York: Free Press.

Terhart, E. (2007). Lehrerbildung, Lehrerberuf und Lehrerarbeit – unmöglich und nicht reformierbar? *Pädagogik, 59* (9), 28-31.

Tharp, R.G. & Dalton, S.S. (2007). Orthodoxy, cultural compatibility, and universals in education. *Comparative Education, 43* (1), 53-70.

Tobias, S. & Duffy, T. (Hrsg.). (2009). *Constructivist instruction: success or failure?* New York: Routledge.

Tochon, F.V. (1999). *Video study groups for education, professional development, and change.* Madison: Atwood.

Tyack, T.B. & Tobin, W. (1994). The „grammar" of schooling: Why has it been so hard to change? *American Educational Research Journal, 31* (3), 453-479.

Zobrist, B., Krammer, K. & Reusser, K. (2005). Einführungssequenzen. In K. Reusser, C. Pauli & K. Krammer (Hrsg.), *Unterrichtsvideos mit Begleitmaterialien für die Aus- und Fortbildung von Lehrpersonen. DVD 1.* Zürich: Universität Zürich, Pädagogisches Institut.

Autorinnen und Autoren

Buff, Alex
Prof. Dr., Dozent an der Pädagogischen Hochschule Zürich mit Schwerpunkt im Bereich Forschung und Entwicklung. Kontakt: alex.buff.phzh.ch

Grob, Urs
Dr. phil., wissenschaftlicher Mitarbeiter und Lehrbeauftragter, Universität Zürich, Institut für Erziehungswissenschaft, Lehrstühle Pädagogische Psychologie und Didaktik sowie Theorie und Empirie schulischer Bildungsprozesse. Kontakt: grob@ife.uzh.ch

Hugener, Isabelle
Dr. phil., Dozentin an der Pädagogischen Hochschule Zentralschweiz (PHZ) in Luzern. Kontakt: isabelle.hugener@phz.ch

Krammer, Kathrin
Dr. phil., Leiterin Studiengang Kindergarten/Unterstufe an der Pädagogischen Hochschule Zentralschweiz (PHZ) in Luzern. Kontakt: kathrin.krammer@phz.ch

Pauli, Christine
Dr. phil., Wissenschaftliche Mitarbeiterin, Universität Zürich, Institut für Erziehungswissenschaft, Lehrstuhl Pädagogische Psychologie und Didaktik. Kontakt: cpauli@ife.uzh.ch

Petko, Dominik
Prof. Dr., Dozent und Leiter des Bereichs Forschung und Entwicklung an der Pädagogischen Hochschule Zentralschweiz Schwyz. Kontakt: dominik.petko@phz.ch

Reusser, Kurt
Prof. Dr., Ordinarius für Pädagogische Psychologie und Didaktik, Universität Zürich, Institut für Erziehungswissenschaft. Kontakt: reusser@ife.uzh.ch

Waldis, Monika
Dr., Wissenschaftliche Mitarbeiterin, Fachhochschule Nordwestschweiz, Pädagogi-sche Hochschule, Forschung und Entwicklung, Zentrum Politische Bildung und Geschichtsdidaktik, Aarau. Kontakt: monika.waldis@fhnw.ch

Schweizerisch-internationale Videostudie: Mitarbeitende und Projektpartner und -partnerinnen

Projektverantwortung Schweiz (Gesamtleitung)

Kurt Reusser   Christine Pauli

Gesamtleitung TIMSS 1999 Video Study (Los Angeles, USA)

Ronald Gallimore, UCLA   James Stigler, UCLA   James Hiebert,
Nicole Kersting   University of Delaware
(Kontaktperson Schweiz)   (Leitung Mathematik)

Projektteam Deutschschweiz und Schweizerische Videostudie

Kurt Reusser   Alex Buff   Isabelle Hugener
Christine Pauli   Monika Waldis

Projektteam Tessin

Emanuele Berger   Francesca Pedrazzini-Pesce   Kathya Tamagni Bernasconi
(Verantwortliche Leitung)

Projektteam Westschweiz

Norberto Bottani   Olivier de Marcellus   Ruhal Floris
(Verantwortliche Leitung)

Videoaufnahmen

Sue Bartholet   Kurt Hess   Selin Öndül Talegon
Gabriel Charmillot   Narjan Jagasia   Giovanni Varini
Matthias Feller   Dominik Petko   Andreas Zollinger

Administration und Datenaufbereitung

Christina Hartmann   Eva Schaffner   Andreas Zollinger
Miriam Leuchter

Support Stichprobenziehung

Erich Ramseier

Transkription

Michele Balmelli
Valérie Bourdet
Laura Cannon
Chiara Ceccarelli
(Übersetzung)
Ankara Chen
Sabina del Grosso
Anne de Preux
Andrea Erzinger
Maria Ferraiuolo
Véronique Gendre

Ueli Halbheer
Sandra Hay
Petra Kohler
Leata Kollart
Nur Kussan
Anita Lovasz
Malaika Mani
Céline Marco
Annamaria Mauramatti
Giovanni Murialdo
Luisa Murialdo

Philippe Poirson
Astrid Sigrist
Doris Steinemann
Simona Torriani
Emilie Tran
Mélanie Tudisco
Nathalie Vital
Esther Wertmüller
Rebekka Wyss
Salome Zahn

Videocodierung (internationale und schweizerische Videostudie)

Giuliana Cossi
Natascha Eckstein
Domenica Flütsch

Isabelle Hugener
Kathrin Krammer
Anita Lovasz

Ursula Schwarb
Regina Suhner
Monika Waldis

Buch-Lektorat und Layout

Jonna Truniger (Lektorat)   Heidi Lehmann (Layout)